FINDING MEANING
IN THE AGE OF DARWIN

THE ROBOT'S REBELLION

KEITH E. STANOVICH

ロボットの反逆

ヒトは生存機械《サバイバルマシン》にすぎないのか

キース・E・スタノヴィッチ

訳——木島泰三／藤田美菜子
解説——読書猿

ダイヤモンド社

THE ROBOT'S REBELLION:
Finding Meaning in the Age of Darwin
by
Keith E. Stanovich

ポーラに　もう一度、いまもなお、そしていつまでも

凡例

・本書はKeith E. Stanovich, *The Robot's Rebellion : Finding Meaning in the Age of Darwin* The University of Chicago Press, 2004を底本とした邦訳である。

・本文中の原著者による参考文献の指示は［　］で表記した。原著者の注記は【1】、【2】……と表記して該当箇所の付近に示し、注記内容は巻末の「原注」にまとめた。訳注は1、2……と表記して原注と同様に該当箇所の付近に示し、注記内容は該当箇所を含む本文見開き内の左側にまとめた。

・原文においてイタリック体で強調されている箇所には、傍点を付した。

・「　」は原文のクォーテーションマークを示すほか、重要な用語や意味のまとまりを明確化するために訳者が補ったものもある。

・訳注内で本文中の用語を解説する場合、適宜原語を併記した。その場合の原語は（　）で表記した。

・本文中には訳注以外にも適宜、訳者による補足を付した。補足は〔　〕で表記した。

・引用文については、先行する代表的な訳例がある場合はそれに倣ったが、先行訳を参照しつつ独自に訳出している場合もある。いずれの場合も参照した文献の書誌標目は巻末の「参考文献」リスト中に付記した。リストに上がっていない文献は本文中に訳注の形で示した。

・邦訳のある文献が本文中に取り上げられている場合、文献名は邦訳に倣い、邦訳がない場合は訳者による仮訳と原題を併記した。

・巻末にまとめた「索引」は本文と原注で取り上げられた語句のみを対象とし、それ以外の謝辞、解説、訳注などは索引の対象から除外した。索引内のnは原注番号を指す。

・「索引」の人名については、原則として本文および原注でその思想や研究が取り上げられた人物を対象とし、エピグラフのみに登場する著者、文献名のみ言及されている著者は対象外とした。また姓名の表記法については、原著人名索引の情報をベースに、本文（およびエピグラフ）で明記されている情報を適宜補う方針とした。

目次

第2章 自己自身と対立する脳

第3章 ロボットの秘密兵器 163

第4章 「自律的な脳」のバイアス
――ショートリーシュ型の心が苦しみをもたらす理由 185

解説

ダーウィンのアビス（奈落）より

読書猿

本書は、キース・E・スタノヴィッチの著書、*The Robot's Rebellion : Finding Meaning in the Age of Darwin.* University of Chicago Press, 2004. の全訳である。

この原著はかつて椋田直子の翻訳、鈴木宏昭の解説により『心は遺伝子の論理で決まるのか——二重過程モデルでみるヒトの合理性』との邦題で2008年にみすず書房から邦訳が刊行された。同邦訳（以下「旧訳」と記す）は、その後品切れとなり、近年は入手困難な状態が続いていた。

解説者の著書『独学大全』の主要参考文献のひとつであることから、『独学大全』の版元であるダイヤモンド社で翻訳権を取得、完全な新訳としてこの度刊行したものである。

著者キース・E・スタノヴィッチは、カナダ出身の心理学者であり、現在はトロント大学応用心理学・人間発達部門の名誉教授である。カナダ研究会議の応用認知科学の議長も務めていたこともあり、教育心理学、特に読字能力の認知科学的研究において多くの業績をあげ、2012年にはアメリカ心理学会（APA）からソーンダイク・キャリア・アチーブメント・アワードを受賞している。また、言語学習障害や読み書き障害の研究で多くの賞を得ており、教育における「マタイ効果」についての論文でも注目を集めた。

近年、スタノヴィッチはIQテストでは測れない合理的思考能力の重要性を主張し、合理性の認知心理学的研究に力を入れてきた。「合理性指数RQ（Rationality Quotient）」という新しい評価指標を提案した共著『The Rationality Quotient: Toward a Test of Rational Thinking』は大きな反響を呼んだ。この書は、合理的思考を評価するためのテストCART（Comprehensive Assessment of Rational Thinking）を開発した著者たちが、その理論的背景と実証研究を詳述している。他に『私たちを分断するバイアス――マイサイド思考の科学と政治』などの著作もあり、批判的思考や認知バイアスの観点から、私たちが合理的な判断を行うために何が必要かを科学的に論じる第一人者だと言えよう。

本書の前提であり、また核のひとつとなる主張は、ヒトはわれわれが想像してきたような自律的で合理的な存在ではないというものである。認知科学、そして進化論を中心として開花した生物学の諸分野は、私たちヒトが遺伝的・文化的な進化の力によって強く制約されている事実を明らかにしてきた。スタノヴィッチはこのような人のあり方を次のようにまとめる。人間は遺伝子によって自己増殖のために作られた「生存機械（サバイバルマシン）」あるいは「ロボット」にすぎない。

しかし本書が探究するテーマは、タイトルの通り、その先にある。ロボットに過ぎないわれわれは、いかにしてその制約に対して抵抗し自由を求めることが、反逆を企てることが、できるのだろうか。

心の二重プロセス理論

『THE ROBOT'S REBELLION ロボットの反逆』を支える重要なアイデアが、スタノヴィッチの研究の主要な焦点となっている認知の二重プロセス理論（dual process theory）である。この理論は、人間の心は2つの異なるタイプの思考に依存していると仮定している。しばしば「システム1」と呼ばれるもの、本書では進化的に古い自律的なシステム（TASS）は、速く、自動的で、直感的で、ほとんど無意識的に作動する。そのため、即断即決ができ、パターンを認識し、刺激に素早く反応することができる。しかし、偏見やヒューリスティックが生じやすく、非合理的な、あるいは最適とはいえない決断を下すこともある。

これに対してしばしば「システム2」と呼ばれるもの、進化的に新しい分析的なシステムは、ゆっくり、じっくり、分析的であり、その使用に努力を要する。いま・ここの状況から一旦距離を置き、抽象的な推論を行うことができ、複雑な問題を通して考えることもできる。そして最も重要なのは、システム1に由来する最初の衝動を上書きすることもできる。しかし、認知資源をたくさん消費し、疲れやすいため、私たちは多くの場合、システム1の思考をデフォルトとして日々を送っている。

スタノヴィッチは、この2つのシステムの相互作用という枠組みでわれわれの行動や認識を捉え直す。これによって、私たちの認知の失敗の根底にあるメカニズムを鮮やかに解き明かす。

たとえば、大抵の場合役に立つ、われわれの直感はなぜ失敗することがあるのか、という疑問は次のように考えることができる。

自律的なシステム（TASS）は、われわれの進化の遺産であると考えられる。われわれは、祖先が直面した環境で十分に役立ってきた、それ故に淘汰のスクリーニングを乗り越えてわれわれにもたらされた、自律的なシステム（TASS）を備えている。それは気が遠くなるほど長い進化の過程で最適化されてきた、強力かつローコストな認知メカニズムである。われわれにとって自然な反応、たとえば家族や仲間を大切にする、よそ者を警戒する、といった反応は、改めて熟考する必要なく働くもので、自律的なシステム（TASS）に基づく。熱帯で感染症の多い地域ほど、よそ者警戒の反応は強く出ることから、感染症に対抗する行動免疫であると考えられている。

しかし、われわれの先祖が体験してこなかった、新しい環境を作り上げてきた現代社会では、こうした直感的な反応は私たちを「失敗」させることがある。「よそ者警戒」という行動免疫は、われわれが小規模なコミュニティの中で生活が完結していた環境では確かに有効であったかもしれない。しかし、見ず知らずの人達と繋がり合うことで成り立っている現代社会では、様々な問題をもたらす。たとえば「よそ者警戒」は感染者やその疑いのあるものに対する差別の温床となる。感染症に対して医療的対処法が開発された現代社会では、感染症に関わる差別はむしろ、様々なレベルで受診を抑制し、かえって感染症に勢いを与えかねない。

こうした分析を行うこと、そして分析を受け入れ、行動を変えるためには、自律的なシステム（TASS）ではなく分析的なシステムを活用する必要がある。医療体制に基づく社会的な感染症対策は理屈で考えないと理解できないし、「よそ者警戒」が「自然」な反応であるならば、理屈による理解を優先して「自然」な反応を抑制する必要もある。

しかし分析的なシステムは、最終的な解決ではない。それは確かに合理性と自己修正能力を与えてくれるが、認知的なバイアスは、最も注意深い熟考にも忍び込む可能性がある。われわれは、感情や社会的影響、精神的近道によってあまりにも簡単に揺さぶられてしまう。

しばしば楽観的に考えられるようには、理性は感情にもバイアスにも簡単に勝つことはできない。知能が高い人たちもしばしば非合理的な行動を選択する。重要な地位にある人々でさえ、非合理的な信念を持ち、重大な局面で非合理的に行動する可能性がある。ニュースは今日もそうした人間の愚行をたくさん伝えてくれる。

私たちの心は、われわれが信じてきたほどには合理的ではない。様々なバイアスを克服するためには、自身の非合理性に対する自覚と認識、それに抗う方法と努力が必要となる。

「進化の支配」は完全か？

矛盾や齟齬は、現代社会がもたらす状況と、われわれの祖先が慣れ親しんでいた環境との間にだけあるのではない。ここで検討するのは、そもそも個人として目指すものと、生き物としての「目標」とが一致しない可能性だ。スタノヴィッチは、2つの合理性について取り上げる。「道具的合理性」が個人の目的の達成を指すのに対して、「進化的合理性」

は遺伝子の複製の成功を指すものだが、両者が一致しない場合があると指摘する。ヒトは他の生物と同じく、神の被造物ではなく、進化の産物である。その見た目はもちろん行動や思考の傾向まで、進化の刻印を受けないものはない。

しかし進化の支配は完全なものではない。

たとえば遺伝子の複製のためには繁殖が最も重要だが、繁殖ができない年齢になっても多くの人は生き続ける。この老いの問題はかつては取り扱い困難なものとされていた。集団遺伝学的に考えると、若く健康な個体から資源を奪うことは種の存続にとって「有害」であるため自然淘汰の力は高齢個体を排除するように働くと考えられたからだ。しかしその後、「自然淘汰が個体に働く力は加齢とともに弱くなる」という考え方が受け入れられるようになった。繁殖までは適応的な遺伝子を残すために自然淘汰が強く働くとしても、繁殖を終えた個体についてはそうではない、と考えられるからだ。つまり進化は「余生」にはあまり関与しない。これは必ずしも良い話ではない。たとえば加齢とともに個体にマイナスを及ぼす遺伝子（たとえば中年以降に発症する疾患に関係する遺伝子）は、自然淘汰によって取り除かれにくい、ということでもあるからだ。

しかし、ここからは別の教訓も引き出せる。「余生」が進化から相対的に自由であることは、われわれの進化についての認識が深まることで発見された。ダーウィンが着手した進化についての知は、伝統的な概念や考え方に強力な変更を求める力となった。人間は世界の主役ではなく、遺伝子によって自己増殖のために作られた「生存機械（サバイバルマシン）」あるいは「ロボット」にすぎない、という考えもそうした変更のひとつだ。しかしどのような「ロボット」であるかを更に深く知ることで、遺伝子の支配は完全ではなく、そこには「余地」があることが分かる。そしてわれわれの知を進め、その「余地」を発見させたのは、古い自律的なシステム（TASS）とは異なるもう一つ、分析的なシステムと、それを働かせた知的営為の積み重ねに他ならない。

これこそが、本書のテーマ「ロボットの反逆」を可能にするヒトの武器だ。

認識することによる自由

私たちヒトは、他の生物と同様、長い進化の歴史の産物であり、その心も例外ではない。

その結果、真実の追求や最適な意思決定を必ずしも優先しないように形作られている。

その事実を認識することは、事実を運命として受け入れることではない。むしろ逆に、自由になるためには、われわれを不自由にする制約や必然性を認識することが不可欠である。

たとえばスピノザは、世界のすべての出来事は必然的に生起しており、偶然は存在しない、と主張する。加えて人間の自由意志は幻想であり、人間の行動も必然によって決定されていることを承認する。そのうえでスピノザが提示する、ヒトが自由になるための条件とは次のようなものだった。必然性を理性的に認識することで、受動的な感情から解放され、真の自由を得ることができる。

この議論は、たとえばヘーゲルを参照したエンゲルスの言葉の「自由とは必然性の認識である」にも引き継がれる。ヘーゲルにとっても、必然性を認識し、それを自らのものとすることが、ヒトが自由になる道に他ならない。

スタノヴィッチの提示する「ロボットの反逆」は、これら世界や人のあり方を深く考えてきた人たちがたどり着いた伝統的な解決と呼応するものでもあり、その最新バージョンでもある。すなわち、人類がこれまで積み重ねてきた理性と科学のツールを駆使し、人間の不合理な傾向の進化的ルーツに光を当てることで、より明確に考え、より良い決断を下すための戦略を開発するための出発点を提供してくれる。進化の影響や限界を理解することで、それを超越し始めることができる。直感的な判断を疑い、批判的な自己反省を行い、最も重要なときに分析的システムの思考力を活用することを学ぶことができる。二重過程説は、スタノヴィッチが提唱するような認知的反抗、つまり進化的プログラミングに支配されることを拒否し、個人的・集団的繁栄のためのツールとして理性を用いることにコミットするための基盤を提供する。

自由とは、制約から解き放たれることではない。少なくともヒトが生き物であり、進化の産物である以上、つまり今ここの状況、自然環境はもとより人工的な環境に反応してしまうようにできている以上、そうした「解放」はファンタジーの中にしか存在しない。

ヒトの自由はむしろ、制約に向かい合った先に、完全には程遠くとも理解できた分だけ、「余地」として開かれるのだ。スタノヴィッチが本書で詳解する「ロボットの反逆」は、認知的反抗なのである。

今日では、2008年の旧訳刊行時と比べて、本書を理解する環境は整っていると言えるかもしれない。2012年には『ファスト&スロー』が二重過程説（二重プロセス理論）を取り上げベストセラーとなり、2010年代には行動経済学、進化心理学についての普及が進んだ。2020年代には人工知能と自然知能についてのわれわれの理解を塗り替えるような技術が次々登場し、最も人間らしい領域とされてきたクリエイティブの分野でヒトの独占が突き崩されている。

われわれはかつてないほどヒトの限界と制約を突きつけられている。

人間の非合理性とその進化的な起源について、今後ますます広く共有されるだろう探究の先駆となった本書は、人間に比する知性の出現が予感される現在、改めて検討されることを待っている。

読書猿（どくしょざる）
独学者、『独学大全』著者。昼間は組織人として働きながら、ブログ、書籍の執筆を行う。良書にもかかわらず埋もれている書籍の復刊がライフワークで、本書の復刊にも深く関わる。

はじめに

本書を執筆する動機となったのは、著者に取り憑いて離れない、ひとつのイメージである。それは、未来のディストピアのイメージだ。そこには知的エリートがいて、残りの一般大衆はそれらの帰結を飲み込むことができないと暗黙裡に、またはときにははっきりと認めている。一般大衆に残されているのは、科学以前の時代から伝わる物語。思考の方向転換をほとんど必要としない、心慰める物語だけというわけだ。簡単に言えば、科学的唯物論が支配する未来像だ。その社会は、社会経済的なプロレタリアートをなくすことには成功したのだが、なんのことはない、知的プロレタリアートがそれに取って代わっている。[1]

こうした動向は、現代の科学界においてすでに発生している。いまや現代科学は、意識だとか魂だとか、自己だとか自由意志だとか、はたまた責任、自己コントロール、意志の弱さ、他者といった、人間の心にまつわる基礎的な概念をひっくり返しつつある。いや、全面的につくりかえていると言ってもいい。にもかかわらず、いわゆる民俗心理学《フォーク・サイコロジー》[2]は、進化論の洞察からも神経生理学の知見からも、いまなお隔たったところにある。そこで、生物科学と人間科学が人間についての見方を方向転換させつつある現在の状況を一般読者にも説明するのが本書の目的だということになる。

科学者たちは、非専門家の人々に向けて、今述べたような概念上の方向転換を——中でも、多くの人々を動揺させずにはおれない、ユニバーサル・ダーウィニズム〔ダーウィン的進化の枠組みを、生物進化以外の領域に拡大する試み〕がもたらすさまざまな洞察を——あえて打ち出そうとはしてこなかった。数年前〔本書の原著初版は20

04年）、ダニエル・デネットは著書『ダーウィンの危険な思想』においてまさにこれを敢行したわけだが、結果、集中砲火にさらされることになった。大衆が望むのは、もっとソフトなアプローチ——もっと楽観的で、伝統的な人間観の多くが無傷で生き残れるようなアプローチだと思われる。たしかに、人間のあり方についてのひとつの楽観的な見方、つまりダーウィニズムと整合性を保ちつつ支持し続けられる見方というのは、概念的に盤石な見方ではないとしても、存在する。そしてそれこそが、本書で採用するアプローチである。すなわち、認知科学とユニバーサル・ダーウィニズムがもたらしてきた、私たちの民俗《フォーク》的概念の転換を極限まで推し進め、その後に何が残るかを見極めていくアプローチだ。[3] この実践から帰結する自己の概念がどのようなものになるのかは、相当に不確かではあるが、筆者としては楽観的な見通しを持っている。人間が、生命のダーウィン主義的な見方と折り合いをつけるのに役立ちうるいくつかの知見は、認知心理学、意思決定理論、神経科学の研究の中に含意されており、その大部分はこれまで見過ごされてきたのだが、それらは今後十分に展開される余地がある、というのが本書の中心的な主張である。

　ユニバーサル・ダーウィニズムには、ショッキングかつ私たちを不安にさせずにはおかない数々の洞察が含まれている。そのひとつが、人間は2種類の自己複製子（遺伝子およびミーム）のための宿主として働いており、これらの自己複製子の人間に対する利害関心[4]は、人間が複製のルートとして役立つという、ただその一点に限ら

1　「知的プロレタリアート」とはおそらくそれほど厳密な概念ではなく、「科学の発展によって経済的貧困の問題は解消されたが、知的に貧困な人々、あるいは知識を『持たざる人々』の層が増大してしまった」というほどの意味であろう。

2　folk psychologyは「素朴心理学」「民間心理学」などとも訳されるが、学問としての「心理学」ではなく、人々の日常生活の中で一種の常識（共通了解）としてなかば無意識的に前提され、利用されている自他の心の働きについての説明ないし解釈体系（人が「何かを知っている」「何かをしたがっている」「何かに喜んでいる」等々という説明や解釈）を指す。

3　このイメージはおそらく、後述されるデネットの「万能酸としてのダーウィニズム」というヴィジョンを下敷きにしていると思われる。

れる、というものだ。リチャード・ドーキンスは、20世紀の生物学がもたらした洞察の要約として、私たち人間は、実質的に遺伝子のための「生存機械」でしかないという、衝撃的な認識を私たちにつきつける。現代進化論は生物学を正しい方向へ導くものであったかもしれないが、そこには数々の不穏な知見が含意されてもいる。人間というものを、自己複製子の巨大な集団が乗り込んだ無様な乗り物《ビークル》にたとえたりするのもそのひとつだ（ここでの人間は、本質的に遺伝子の群れ《コロニー》に奉仕する洗練されたロボットと見なされている）。

　同様に、私たちはミーム（文化情報のユニット）の宿主としても働いている。ミームもまた、人間の自律性を毀損しうる人格未満《サブパーソナル》[5]の存在だ。ミームとはまさに、遺伝子がそうであるような意味で、真に利己的な自己複製子である。遺伝子は集合体として、自分たちを住まわせるための身体の設計図を有している。ミームは集合体として、自分たちを伝播させる文化〔的な単位〕を組み立てる。そして、このような自己を扱うミーム研究からは、信念とは必ずしも真理ではなくとも、あるいはまた、必ずしもその信念を抱く人間の役に立つわけではなくても伝播しうる、という基礎的な洞察が導かれる。

　20年以上前〔1970年代〕、ドーキンスは利己的な自己複製子に対する反逆を呼びかけた。私たちにとってこの反逆が必要なのは、人間は一個の完結した有機体として、それぞれの自己複製子の利益〔利害関心〕とは反することを自らの利益〔利害関心〕としうるからだ。そして本書で用いる「ロボットの反逆」という言葉は、自己複製子の限定的な利益を超えて、私たち自身の自律的な目的を定義するために必要となる進化論の洞察と認知改革をひとまとめに指すものだ。つまり、私たちはロボット、すなわち自己複製子の伝播のために設計された乗り物には違いないだろうが、それでも自己複製子の利害関心とは切り離された物事に利害関心を抱く存在であり、そのことを自覚した唯一のロボットでもある、ということだ。いわば、ＳＦに出てくる逃亡ロボット、創造者の利害関心〔利益〕よりも自らの利害関心〔利益〕を優先するロボットなのだ。

人間が、自身の脳機能についての知識、および、脳のさまざまなメカニズムに割り振られた、各メカニズムが実現すべき目的についての知識を得て、その知識をもとに人間自身の行動様式を組み立て直し、それによって人間が自身で設定した目的を実現できるようになるとき、ロボットの反逆は可能になる。人間の利益と自己複製子の利益が食い違うとき、そこには自己複製子の利益よりも人間の利益を優先させるチャンスが生じる。それが、「認知改革」という注目すべき文化的プロジェクトだ。しかしまた、認知改革のプログラムを実行するには、人間の意思決定における〔自己複製子と乗り物のあいだの〕目的の対立を解消する方法を知っていることが前提となる――ここで、現代の認知科学と意思決定理論が核心的な役割を果たすのだ。そしてその上で、私たちの脳には、自己複製子と乗り物の目的をそれぞれ個別に具現する部分が存在することをまずは認識するのが、この認知改革プログラムの最初のステップとなる。

遺伝子が人間の自律性を脅かすのは、遺伝子によって私たちの脳内に「自律的なシステム群（TASS）」[6]が組み込まれており、それらのシステム群は遺伝子に短い引き綱《ショートリーシュ》でつながれているからだ。[7]しかし遺伝子は、TASSだけでなく分析的な制御システムも脳内につくり出している。後者は多かれ少なかれ、道具的合理性を指向

4 「利害関心」の原語 interest には「利益」と「関心」の意味があり、本書では多くの場合「利益」と訳す。後述されるように、自然選択（かそれに類似する過程）が働いている場合、自己複製子の存続や増殖の成功をその自己複製子にとっての「利益」と呼ぶことには理解可能な意味があり、そのような意味で解された「利害」を左右する要因を「利害関心」と呼ぶこともその限りで有意味なので、文脈に応じて訳し分ける。ただし、これは言うまでもなく遺伝子などの自己複製子が心的な態度としての「興味・関心」の文字通りの主体であるということを意味してはいない。

5 subpersonal は人間の人格や意識のレベルよりも下位のレベルで働くプロセスや単位。

6 原語は the autonomous set of systems。詳しくは第2章参照。

7 short leash すなわち「短い引き綱（につなぐ）」は、対概念である long leash すなわち「長い引き綱（につなぐ）」と共に、制御のあり方を特徴づけるための術語として用いられる（第2章参照）。この内の「ショートリーシュ」は、短い引き綱で随時自在に引き回されるような緊密なコントロールを指している。

する（人間としての目的実現を指向する）ものだ。たとえ、TASSモジュールが私たちの最大の関心事である個人的／人格的《パーソナル》[8]な欲求充足を最大化させる〔最大限に満足させる〕ように働いてはいない場合であっても、私たちは合理性の諸原理によって、この分析的処理を発動させるべきタイミングを知り、それによって私たちの人生の目的を追求し続けることができるのだ。本書の主要なテーマは、合理性（およびそれが制度の中で具体化したもの）が、遺伝子ではなく人のレベルで最適となる条件をつくりだす手段を提供することにある。それがすなわち、ロボットの反逆の始まりなのだ。

　合理性の道具の多くは文化的に発明されたものであり、生物学的なモジュール[9]ではない。それゆえに、進化心理学者たちは今日の技術社会におけるその有用性をあっさりと払い除けてしまう。一方、筆者がここで述べている注目すべき文化的プロジェクトは、人間の利益が遺伝子の利益と一致するかどうかにかかわらず、前者を最優先に推し進める方法に関わる。遺伝的な適応の最大化と、人間の欲求充足の最大化の違いを無視してしまえば、このプロジェクトが潜在的に持つ、人間を解放する力を手にすることはできなくなるのだ。

　しかしながら、人間がずっと最近になって到達したもうひとつの自己洞察（第2の自己複製子、すなわちミームの概念から導かれうる洞察）が、この状況を途方もなく複雑にする。ミームの存在がある以上、ある人が自己同一化すべき諸目的（道具的合理性に基づく乗り物の最適化を導く目的）が所与のものだと考えるべきではない。そんなことをすれば、私たちはまたしてもやすやすと自分自身を自己複製子の利益のために明け渡してしまうことになる。そして、ひとたびこの洞察が理解されれば、人間がいわゆる「広い合理性」――道具的な計算に陥りがちな信念や欲求を批判的に見る合理性――を切望すべき理由はたちどころに明らかになるだろう。それなくしては、ミームの目的は、すでにインストールされている遺伝子の目的と変わるところがなくなってしまうのだ。だが、認知科学と意思決定理論がもたらした合理的な自己評価の諸原理は、さまざまな階層にわたる私たちの目的の内に巣くっているかもしれない寄生ミーム（宿主である人間の目的ではなく、自分自身の目的に従うミーム）を一掃する手段を提供してくれる。科学、論理学、意思決定理論といった、価値評価に携わるミーム複合体《ミームプレックス》を有する人々は、人間ならではの反省の手段を編みだせる潜在力を秘めているのである。

人間の利益とは無関係の目的（つまり自己複製）を持つ、ふたつの無精神的な自己複製子が存在する世界で、人はどのように自律性や、生きる意味や価値といったものを見いだすことができるのだろうか。筆者は、生きる意味を見いだすことは可能であると論じる——それは本書の前半で議論される、人間ならではの認知アーキテクチャ[10]のある種の特長によって可能になる。いっぽう最終章では、生きる意味への探求の果てに行き着きかねない、ふたつの袋小路を探索する。筆者が「巨大分子」および「謎のエキス」と呼ぶ、ふたつの袋小路だ。すなわちまず、人間は何世紀にもわたって、自分たちはどこかしら特別な被造物であると信じることで、その生に意味を見いだそうとしてきた。ユニバーサル・ダーウィニズムはこの信念を笑い飛ばす——私たちは単なる「巨大分子」の末裔に過ぎないのだという〔デネットによる〕ジョークとして。ここに第一の袋小路がある。また人々は、本質的にデカルト主義的であるような、民俗《フォーク》的な心の理論を採用してきた。そのなかには、その働きが基本的には謎《ミステリー》でしかない「プロメテウス型の制御者」〔第2章参照〕という考え方も含まれるが、これが第二の袋小路である。現代の認知科学は、このような、脳内に「プロメテウス型の制御者」を求めるような考え方を用済みにし、それに代えて純粋に機械論的な行動制御のモデルを構築してきた。

8 personalには「個人的」以外に、「サブパーソナル＝人格未満」との対で、「人格レベルでの」という意味合いがあると思われる。
9 第2章89頁以下参照。
10 「アーキテクチャ」はもともとコンピュータ用語で「設計思想」を指す。ここでは私たちの認知システムの「基本設計、基本構成」というほどの意味である。

人間の独自性は、人間の心のアーキテクチャが備えているひとつの特徴からじっさいに導かれる、というのが筆者の立場である。その特徴とは、高階の表象を行おうとする傾向だ。つまり、人間は他の動物とは異なり、1階の欲求[11]を批判的に見ようとすることができる。哲学者のハリー・フランクファートは、1階の欲求（その多くが遺伝子によってインストールされたものだが、人間の場合、ウィルスのごときミームによってインストールされることもある）を、それこそロボットじみた流儀で追求するだけの存在を「ウォントン〔思慮分別のない人、の意〕」と名づけた。[12] 私たちが1階の選好に対する2階の〔メタレベルの〕価値評価（いわゆる「強い価値評価」）を行うとき、つまりは先に述べたように、1階の欲求を批判的に見ようとするとき、私たちは言わば「ある選好を選好するかどうか」を問うているのであり、それによってウォントン以上の存在になることができるのである。

人間の価値観は、しばしばこのような、1階の選好に対する批判的検討という形で役割を果たす。例えば、1階の選好と高階の選好のあいだの整合性を実現させようとする葛藤（哲学者ロバート・ノージックは、これを「合理的統合へ至る葛藤」と呼んだ）が、人間の認知に固有の特長となっている。こうした「強い価値評価」の能力こそが、人間の心の他のどんな特長と比べても、他の動物たちと私たち人間とを最もくっきりと区別する特長であり、これに比べると意識は、脳の複雑さに応じてさまざまに異なるとはいえ、動物界全般で生じている見込みがずっと大きい。

私たちが、人間の心的生活のどこかに重要性を認めたいと思うなら、それを認めるべきはこのような価値評価的脳活動に対してであり、それに伴う内的経験よりも、こうした活動それ自体の方が重要だ、というのが筆者の立場である。そこで本書は、ダーウィニズムの帰結を受け入れたときにどのようなことが起こるのかをまずはスケッチし、そのうえで、真に人間だけに固有な事柄に基づいた「自己」の概念の構築に取りかかりたい——地球上の生物のなかで、他でもない私たちだけに可能な方法、すなわち「合理的な自己決定」によって、自らの人生をコントロールできるようになるために。

11 「自分がどのような欲求（選好）を抱く人間になりたいかについての欲求（選好）」を「高階の欲求（選好）」と呼ぶが、このような高階の欲求（選好）との対比で、通常の欲求（選好）はこのように呼ばれる。

12 wantonは「勝手気ままな」を意味する形容詞の名詞化で、この意味での用法は、ほぼフランクファートの造語と言ってよい。詳しくは第8章の訳注374参照。

ある惑星上で知的な生物が成熟したと言えるのは、その生物が自己の存在理由を初めて見出したときだ。……地球の生物は、30億年もの間、自分たちがなぜ存在するのかを知ることもなく生き続けてきたが、ついにそのなかのひとりが真実を理解し始めるに至った。その人の名はチャールズ・ダーウィンだ。

――リチャード・ドーキンス『利己的な遺伝子』［Dawkins 1976, 1］〈邦訳39頁〉

やがて、ダーウィン革命がやって来て地球上のあらゆる教養人の心《マインド》――そして心情《ハート》――の安全で平穏な場所を占領することになるが、しかしダーウィンの死後１００年以上を経た今日でも、私たちはその肝を潰すような意味合いをまだ理解し切っていない。

――ダニエル・デネット『ダーウィンの危険な思想』［Dennett 1995, 19］〈邦訳25頁、訳文一部変更〉

雌鶏は卵が別の卵を産むための手段に過ぎない。

――サミュエル・バトラー『生活と習慣（*Life and Habit*［1910 ed.］）』

このゲームは、ただものをコピーすること。それだけだ。

――マーク・リドレー『メンデルの悪魔（*Mendel's Demon*）』［Ridley 2000, 8］

第1章 ダーウィニズムの深淵を覗きこむ

すぐ前で引用した哲学者ダニエル・デネットの言葉は、知的エリートにとっては自明なことを述べているに過ぎないが、大多数の一般人にとってはそうではない。自明なこととはすなわち、21世紀のいま、現代進化論の果実は認知科学の進展と手を取り合い、人間が何世紀にもわたって受け入れてきた多くの伝統的な概念を破壊しようとしている、という事実だ。例えば、あなたがもし魂という昔ながらの概念を信じているなら、進化論的な理論[13]の含意するところと、認知神経科学の進展を完全に把握したとき、魂という概念はほぼ間違いなく破壊されてしまうことを知っておくべきだろう――このような解明は、あなたが生きている内に進行するかもしれない。本書で伝えたいのは、このことを不可避なものとして受け入れること、そしてその意味するところを退けたり覆い隠したりするのではなく、むしろ生物学および認知科学と矛盾することのない別の世界観を創造するために、私

13 本書で「進化論的な理論（evolutionary theory）」と言われる場合、狭い意味での生物学的な進化論というよりも、その他分野への応用、特に認知心理学への応用が念頭に置かれているようである。「生態学的理論（ecological theory）」も同様。

たちのエネルギーを使おうということだ。すなわち認知科学と進化論がもたらす不快な帰結と戦うのではなく、それを受け入れよう、と筆者は主張したい。そうした帰結から身を隠してしまえば、二層に分断された社会を生みだしてしまうことにもなりかねない――世界をあるがままに見ることができる専門家と、真実と向き合うほど強い心を持っていないであろう一般大衆、すなわち知的プロレタリアートとに分断された社会を。

こうした階層化社会を避けるには、知の世界の地殻変動が起こることを率直に認めなければならない。それは、何世紀にもわたって人間に活力を供給してきた世界観の崩壊を認めることでもある。その上で、それにとって代わる、人間が置かれた境遇に関する新たな見方を、神経科学、認知科学、心の哲学、現代ネオダーウィニズムの中心的洞察を土台に、どのように構築できるかを示そうというのが筆者の狙いである。

本書で、筆者は現代をして「ダーウィン時代」と呼ぶ。『種の起原』が執筆されてから140年以上が経過してはいるが、私たちはダーウィンの洞察が人間の知的活動のあらゆる領域において、いまなお応用されつづけている時代に生きている。現に、進化経済学、進化心理学、進化認識論、進化医学、進化計算科学といった、今日ユニバーサル・ダーウィニズム［Cziko 1995; Dawkins 1983; Dennett 1995; Plotkin 1994; Ruse 1998］と称される分野は近年になってようやく開拓されたものだ。ダーウィンの死から幾星霜、私たちはようやくダーウィン時代の玄関に立っている。こうした比較的新しい科学研究の領域は、未来の社会において、当然の見方として〔つまり「民俗的な《フォーク》」理解として〕取り入れられるべき、人間本性に関する基本前提となるであろう。

しかしながら、ユニバーサル・ダーウィニズムの洞察を取り入れていく過程で、文化生活はさまざまな形で揺さぶられるだろう。私たちはそういう時代に生きている。何世紀にもわたって、私たちは人間の起源と人間の心について数多くの神話を生み出してきた。私たちは何者で、なぜ存在しているのか――それを説明する物語をこしらえてきた。だがいまや、こうした歴史の動向は歩みを止め、私たちはようやく自然における人類の位置づけを事実に基づいて理解する段階に到達した。それでも、こうした理解の仕方を手に入れるには、まずはこれまでにつくりだしてきた神話を吹き飛ばさなければならない。その爆風は、必ずや認知的な痛みをもたらすことになるだろう。そうまでして、なぜ神話を吹き飛ばさねばならないのか。それは、科学そのものを通り抜ける道こそが、ダーウィニズムの不穏な含意から逃れる唯一の道だからだ。私たちは自然選択説の意味するところを、ひるまずに見据える態度を持たなければならない。とはいえ、こうしたひるまぬ態度をひとたび身につければ、本書の基本主張が、心強い味方になってくれるだろう――すなわち、認知心理学、意思決定理論、神経科学といった人間科学の知見から今後導かれる成果が、生きる意味への渇望と、ダーウィニズムに基づく生命観を和解させるための筋の通った方法を明らかにする、というのが本書の基本主張である。

原理主義者ジェリー・ファルウェル[14]が「正しい」理由

デネットは『ダーウィンの危険な思想』［Dennett 1995］の中で、自然選択による進化というダーウィンのアイデアは、知性にとっての「万能酸」〔どんなものでも侵食してしまう空想上の液体〕に他ならないと論じている。「この思想は伝統的な概念をあらかた浸食しつくして、その後にひとつの革新的な思想だけを残していく。古いランドスケープのほとんどはまだそれと見分けがつくが、それらはもう根本的に変容してしまっているのだ」［63］〔邦訳88－89頁、訳文一部変更〕。つまるところ、ダーウィニズムの衝撃波はようやく届きはじめたばかりであり、私たちは進化科学に含まれる、不穏な洞察をいまだ吸収しきれていないのである。

14　ジェリー・ファルウェル（1933－2007）はテレビ宣教師などの活動で強い影響力を奮った、キリスト教原理主義を支持する福音派の牧師。

私たちがダーウィニズムの含意を十分には処理しきれていないというのは、ダーウィン的なものの見方に対して最も激しく抵抗する人々こそが、それを知の万能酸であるとはっきり認識している事実に見てとれる。実際、原理主義的宗教の信者は、自然選択による進化という考えが彼らの神聖視するものを破壊してしまうことを正しく認識している。例えば、進化論的な理論を十全に理解することで、他ならぬ魂の概念が脅かされることを心得ているのだ。

端的に言って、ダーウィニズムの含意を誤って理解しているのは宗教的穏健派、いわゆる自由主義宗教《リベラル・レリジョン》の支持者のほうだ。自然選択については納得していると自任しつつ、実はその不穏な意味合いを感知できていない人々のあいだには、典型的な誤解が散見される。こうした誤解は、ダーウィニズムのいっそう衝撃的な原理をぼかすことによって（あるいはときに反転しさえすることで）ダーウィニズムを口当たりのよい見解にしてしまうことがある。例えば、多くの人々はいまや〔専門家の間では〕信憑性の薄まった「前進的な進化」という思想を、いまだに信じている。スティーヴン・J・グールド［Gould 1989, 1996, 2002］が数々のベストセラーで繰り返しその間違いと戦ってきたにもかかわらずだ。前進進化という思想の核心にして見当違いなところは、人間は不可避の成り行きとして進化の頂点に君臨している（「丘の王者に……のぼりつめるのさ」という、古い流行歌の歌詞のように）という信念だ。この誤りを正そうというグールドの奮闘にもかかわらず、それはなおも居座っている。グールドが繰り返し喚起したように、私たちの存在は歴史上の偶発事なのであって、そうではない世界もありえた――別のなんらかの生物が、この惑星で権勢を誇っている可能性もありえたのだ。

しかし、ここにはまた別の誤解があり、こちらのほうが本書のテーマとより密接に関わってくる。それは、私たちの遺伝子は「種の存続のため」に存在するという誤解、あるいはこの誤解と近い、私たちが遺伝子を持つのは、まずもって「私たち自身を複製するため」だという誤解だ。前者であれば、遺伝子は種のために働いているということになるだろうし、後者であれば遺伝子は私たち一人ひとりのために働いているということになるだろう。いずれの形をとるにせよ、共通しているのは遺伝子が私たちの目的に奉仕しているという考え方である。リチャード・ドーキンスの有名な著作『利己的な遺伝子』に仕込まれた時限爆弾は、いまのところ大爆発には至っていないが、上記のすべてを反転させるものだ。すなわち、私たちが遺伝子の利益のために組み立てられているのであって、その逆ではない。遺伝子は「私たちを複製するために存在する」という広く行き渡った考えは、実情に背を向けたものでしかないのだ。つまり私たちは、遺伝子がそれら自身を複製するために存在している。それら（遺伝子）が主であり、私たち（人間）は従なのだ。私たちが存在しているのは、人間をつくることが遺伝子の目的に適っていたからに他ならない。

実際、「遺伝子は私たちを複製するために存在する」という主張が無理筋なのは、少し考えればわかることだ。私たちは自分自身を複製したりしない。遺伝子がするのだ。私たちの意識が複製されて、子どもたちに受け渡されることがないのは明らかで、その意味において私たちが個体として永続性をもつことなどあろうはずもない。私たちは自分の遺伝子の中の、ランダムなシャッフルで選ばれた半分だけを子どもたちに引き渡す。[15] 5世代も下れば、私たちと子孫が共有する遺伝子は32分の1にまで減るし、表現型〔生物一個体が持つ遺伝子が発現した形質〕のレベルで見てそれと認識することは、多くの場合不可能だ。「遺伝子は私たちを複製するために存在する」という思い込みの背後に潜む誤謬を指摘するドーキンスの議論は的を射たものである。それによれば、私たちはむしろ「遺伝子の機械としてつくられている」というのだ。つまり「私たちは、遺伝子を伝えるために作られた遺伝子機械である。しかし、遺伝子機械としての私たちの姿は、三世代もたてば忘れ去られるに違いない。子ども

15　減数分裂によって性細胞が形成される過程で、それぞれの親の遺伝子の中のランダムに選定された半数は捨てられる。

や、あるいは孫も、私たちとどこか似た点を持ってはいるだろう。……しかし、世代がひとつ進むごとに、私たちの遺伝子の寄与は半減していくのだ。その寄与率は遠からず無視しうる値になってしまう。私たちの遺伝子自体は不滅かもしれないが、特定の個人を形成する遺伝子の集まりは崩れ去る運命にある。エリザベス2世は征服王ウィリアム〔ウィリアム1世〕の直系の子孫である。しかし彼女がいにしえの大王の遺伝子をひとつも持ち合わせていない可能性は大いにあるのである。繁殖という過程の中に不滅を求めるべきではないのである」[Dawkins 1976, 199]〔邦訳342‐343頁、訳文一部変更〕。

私たちの身体は遺伝子の組み合わせでできているが、同じ組み合わせはふたつとない。これは、私たちの唯一性を賞賛したい人々にとっては心躍る見立てだろうが、遺伝子は私たちを再生産するためにこそ存在していると考える人々には、失望を誘うものとなるだろう。つまり、遺伝子が何らかの仕方で「私たち自身の複製」を手助けしてくれていると考えることで、私たちの死すべき定めへの不安を和らげようとするなど、無理な相談なのだ。それどころか、実情はよほど衝撃的で、驚愕的で、屈辱的だ。つまり、私たちのほうが遺伝子の複製プロセスに手を貸しているのであり、私たちは遺伝子が自己複製するために存在しているのだ。ドーキンスの言葉を用いるなら、不死なのは遺伝子であって、私たちではない。[1]

これはドーキンスが大衆文化に投げ込んだ知の手榴弾だが、[2] 文化の側はそれが意味するところを消化できてさえいない。吸収が遅れている理由として、自然選択による進化を信じていると自任する人でさえ、ユニバーサル・ダーウィニズムの意味を真に受け入れたときに、どれほどの概念上の革命が伴うかを過小評価していることが挙げられる。例えばこの問題が大衆的な議論の的になる際、科学（進化論）vs.宗教［Raymo 1999］という対立構図で描かれることが通例だ。そのうえで科学的世界観と宗教的世界観は両立するかしないかという問題として設定される。ここで、自由主義宗教を支持する人々は、〔科学と宗教の〕両立論の立場をとることが多い。彼らはしきりと科学と宗教は和解できると論じる。一方、原理主義者は宗教が科学に打ち勝つことを望むため、両立論を毛嫌いする。

ここにおいて奇妙で皮肉なのは、宗教的原理主義者のほうが事の実態を正確に捉えていることだ。ユニバーサル・ダーウィニズムという考えがはらむ危険を見逃してきたのは、むしろ進化を信じている人のほうなのである。[3] では、その危険とはどういったものだろうか？　まずは自明なことに目を向けてみれば、自然選択を経た人類の進化にはデザイナーたる神もいかなる造物主も必要とされないということがある。すなわち、人類の出現に目的などというものはなかった。それはまた、それ自体として見るなら、生命の形態には「高等」も「下等」もないことを意味する［Gould 1989, 1996, 2002; Sterelny 2001 a を参照］。簡単に言えば、生き物の生の形態に貴賤はないのだ。

次に問題となるのは、進化がアルゴリズム的プロセスであるという事実から、進化のぞっとするような無目的性が帰結することだ［Dennett 1995］。アルゴリズムとは、特定の問題を解決するための形式的な手順（すなわちレシピ）の束に過ぎない。私たちにとって馴染み深いアルゴリズムといえば、コンピュータプログラムである。進化とはコンピュータ上ではなく自然において働くアルゴリズムに過ぎない。ごくごく単純なコンピュータプログラム程度のロジック（「選択プロセスを生き延びる者を複製せよ」）をたどって、自然選択はアルゴリズム的に――機械的に、無精神的に――人間の脳のような複雑な構造物をつくり上げてしまう［Dawkins 1986, 1996 を参照］。

進化を信じている人々の多くは、アルゴリズム的な――機械的で、無精神的かつ無目的な――プロセスが持つ意味についてよくよく考えたりはしない。しかし、ジョージ・バーナード・ショーは1921年の段階でその意味に気がついていた。「最初、それ（進化論）はシンプルに見えるだろう。それがはらむ意味についてすべてを認識することなどないからだ。けれども事の大きさを理解するとき、意気阻喪せずにはいられない。そこにはぞっとするような運命論がある。美と知性を、強さと目的を、名誉と熱望を毀損する、恐ろしく忌まわしいものがある」［Shaw 1921, xl］。ショーの結論が正しいなどと言うつもりはない。ただ、ショーは、ダーウィニズムには自身の世界観を脅かすものがあることを正しく読み取っていた。筆者としては、ダーウィニズムに基づく見方をとれば美や知性が毀損されるなどとは考えていないし、その理由については第8章で説明する。ここでの大事な点は、ショーが正しく理解していた部分にある。彼は進化のアルゴリズム的な性質を正しく捉えていた。アルゴリズム的なプロセスは運命論的なものと見なしうるし、そのアルゴリズムが人生に関わってくるからこそ、ショーはそれを忌むべきものだと感じたのだ。

　筆者はショーの結論を間違ったものだと考えるが、それはショーには決して予見しえなかった理由による。ショーの言う「忌むべき運命論」からの逃げ道はあるのだ（本書を読み進めれば、脱出口のありかと、それを開くために必要な認知科学の概念について知ることができるだろう）。それでも、大づかみに見ればショーは正しかった。人間らしさ《パーソンフッド》、個性、自己、生きる意味、人間存在の意義、魂といったものに対する古典的な見方を改訂することなしに、ダーウィンの洞察をそっくり受け入れることはできない。たしかにこれらの概念がショーの言うような形で毀損されるとは限らないのだが、とはいえ抜本的な再構築は不可避であり、本書ではその一端をスケッチしようと思う。

　科学的な社会に暮らしていれば、ダーウィンの洞察を受け入れるしかない。科学が招き寄せる世界においては、人間観の動揺を甘受する他にその恩恵を享受する道はない。いつの日か社会が科学の恩恵を手放すことになる兆しも見えない。ＤＶＤ、安価な食品、ＭＲＩ、コンピュータ、携帯電話、遺伝子組み換え野菜、ゴアテックスの衣類、ジャンボジェット――私たちは科学が与えてくれるものに目がない。であれば、生きる意味、人間らしさ、あるいは魂といった概念が絶えざる動揺にさらされるのは必定である。なぜならその同じ科学が、生命の本質や脳や意識について、あるいはその他さまざまな世界の姿について明らかにし、揺さぶりをかけてくるからだ。それらは人間存在の本質について考えるときに私たちが前提としてきたものだ。つまり、人々が何らかの科学技術を求めれば、その背後からは物の見方の変更を迫るダーウィニズムの洞察がついてくることになるのだが、しかし技術に付随するそうした洞察には、極めて不穏なものも含まれているのである。

進化を受け入れている穏健な宗教者の犯す過ちは（非宗教的な世界観を持つ多くの人々の過ちと同じく）、科学の取り分は半分だけで、私たちの超越的な価値は手つかずのまま残されると決めてかかっていることにある。しかしながら、ユニバーサル・ダーウィニズムは半分などで満足しない。その点、宗教的原理主義者のほうがよほど物をわかっている。ダーウィニズムはまさに万能酸なのだ。アルゴリズム的プロセスとしての自然選択という考えは、目的、生きる意味、人間存在の意義といった概念を根こそぎ溶解してしまう。あるいは、ダーウィニズムが手を下す前に、同様の効能を持った他の概念がそれらを圧倒してしまうこともあるかもしれないが、いずれにせよ、21世紀においてそうした概念を支えるのは科学でなければならない。もはや見る影もない前科学時代の宗教的神話がそれを担えるわけはない。筆者は、そうした概念はたしかに存在できると考えているし、本書の大部分はそれらの輪郭を描くことに費やされることになる。しかしまずは、万能酸が破壊して回る様子を眺めてみることにしよう。中身のないかりそめの構造物が酸によって取り除かれてしまった後に、新たな構造物を建てる土台として、科学が私たちに何を残すことになるのかを知らねばならない。

「自己複製子」と「乗り物」

進化論的な理論をとりまく曖昧さを払拭し、万能酸に仕事をさせるために、ドーキンスが『利己的な遺伝子』

の中で用いた挑発的な言葉を使うことにしよう。ドーキンスはこの言葉のせいで批判にさらされたが、しかしその言葉は、私たちの進化的起源の意味するところを十全に理解することで開かれる新しい世界観へと、私たちを送りだす手助けをしてくれるはずだ。とりわけ私たちはまず、彼ならではの言い回しである「自己複製子」と「乗り物」の概念的な区別、そして進化のロジックを展開して見せる彼の方法を、ドーキンスから学ぶべきだ。ただし当面の目的において、ここで用いられる進化モデルの詳細な専門的理解は必要ない。すでによく知られた、ドーキンスの主張の要約があれば十分で、筆者はこれに依拠していくことにする。手続きの細部についての論争は、本書でなされるいずれの概念的論証にも関わらない。[4]

ドーキンスが語るストーリーとは次のようなものだ。細部については進化論の理論家のあいだで依然やかましい議論があるが、原材料となる化学物質の溶け込んだ原始のスープが地球上に存在し、それが時を重ねるうちに、どこかの時点である種の安定的な分子が発生した、という見立てにおいては衆目が一致している。どのような分子かと言えば、それはドーキンスが「自己複製子《レプリケーター》」と呼んだ分子、すなわち、自分自身のコピーをつくる分子である。自己複製子が、複製の忠実度、多産性、長寿性をより多く示せば――すなわち、より正確に自己複製を行い、より多くのコピーを残し、より安定的であれば――その分だけそれらは数を増していく。[16] やがて、原始の肉食獣に当たる高分子が現れた。それらはライバルの分子たちを引き裂き、それを材料にして自分たちのコピーをつくった。こうした肉食獣たちの攻撃から身を守るために、蛋白質《たんぱく》の保護膜を発達させた自己複製子も登場する。[5] あるいはさらに、わが身を宿すためのいっそう手の込んだ容器を開発して生き残りと増殖を図る自己複製子も現れる。

自己複製子に宿を提供する、この手の込んだ容器のことをドーキンスは「乗り物《ビークル》」と呼んだ。環境とやりとりするのはこの乗り物である。そして、そのやりとりにおいてどれほどの成功を収めたのかの差異が、そこに住まう自己複製子の成功を左右する。もちろん、ある自己複製子にとっての成功というのは、競合する自己複製子に比してその数を増やすということでしかなく、この点は強調されてよい。簡単に言えば、自己複製子というのはその構造を比較的無傷のままコピーして引き渡す存在だということだ。一方、乗り物のほうは環境と渡り合う存在であり、そこで優位に立てれば、そこに住まう自己複製子は、他の乗り物に住まう複製子よりも優位に立てることになる。ここからしてドーキンスは、乗り物を自己複製子のための「生存機械」と呼び[17]、続けて次のような爆弾を落とす。

生存機械はいっそう大きく、手の込んだものになってゆき、しかもこの過程は累積的、かつ前進的なものであった。……長い長い歳月はいったいどれほど奇妙な自己保存の機関を生みだしたのか？　40億年が過ぎ去った今、太古の自己複製子の運命はどうなったのか？　彼らは死に絶えはしなかった。なにしろ彼らは過去における生存技術の達人だったのだから。とはいえ、海中を気ままに漂う彼らを探そうとしても無駄である。彼らはとうの昔にあの騎士のような自由を放棄してしまった。いまや彼らは、外界から遮断された巨大な無様なロボットのなかに巨大な集団となって群がり、曲がりくねった間接的な道を通じて外界と連絡を取り、リモートコントロールによって外界を操っている。彼らはあなたの中にも私の中にもいる。彼らは私たちを、体と心を生みだした。そして彼らの維持こそ、私たちの存在の究極の理由だ。彼らは自己複製子として長い道のりを歩んできた。いまや彼らは遺伝子という名で呼ばれており、私たちは彼らの生存機械なのである。［1976, 19-20］〔邦訳66頁、訳文一部変更〕

16　このような基本的特徴をめぐる「変異」と「自然選択」の過程がすでに始まっているのである。
17　ちなみに『利己的な遺伝子』の邦訳初版は、ドーキンスのこのような叙述に基づき『生物＝生存機械論』と題されていた。これは訳者のひとり岸由二氏が「利己的な遺伝子」という言葉をそのまま書名にすることが招きかねない、さまざまな誤解を懸念してのことだったという（訳者のひとりがかなり以前伺った話では、そのうえでむしろ「機械論」という「いまどき流行らない」名称をあえて前面に出そうとしたとのことで、本書の構想に照らしても炯眼の選択ではなかったかと感じられる）。

私たちの遺伝子は自己複製子である。そして私たちは彼らの乗り物だ。かくして、先に強調したように、「人間が存在しているのは、人間が遺伝子の複製に好適な乗り物としてつくり出されたからだ」という現代進化論の重大な洞察が導かれる。その逆――遺伝子は私たちを複製するために存在している――は、ドーキンスが指摘する通り、「とんでもない誤りだ」［237］〔邦訳４０３頁〕。なのに進化について考えるとき、ほとんどの人々がまさにこの誤りをしでかしてしまうのが実情だ。生物学者でさえ、深く考えをめぐらせていないときは、こうした思考がデフォルトになっていてもおかしくはない。「生物学者の意識にはまず生物個体がのぼり、自己複製子（現在では遺伝子として知られている）は、生物個体が用いる仕掛け《マシネリー》の一部と見なされた。生物学をもう一度正しい道に戻し、歴史においてだけでなく重要性においても自己複製子が最初に来るということを肝に銘じるためには、自覚的な精神の努力が必要である」［265］〔邦訳４４７頁、訳文一部変更〕。

つまるところ、自然界における人間の究極的な目的は、複雑な生存機械として当代の自己複製子、すなわち遺伝子に仕えることである。そう聞けば、私たちの足がすくむのも当然だろう。

とはいえ、これが人間存在の究極の理由であるというのが一面において真実だとしても、それは私たちが生存機械の役回りを演じつづけなければならないことを意味しない。脱出口はある。無様なロボットである人間は、利己的な自己複製子の掌《てのひら》から逃走することができるのだ。そして、誰であれこの比喩表現の意味するところを真に理解する人は、必ずや脱出口を求めることになるだろう。実に、他ならぬドーキンスその人も、遺伝子の目からの視点[18]に立ち、自然選択による進化という尋常ならざる洞察に驚愕したことを打ち明けている。「私たちは、遺伝子という名の利己的な分子をやみくもに保存するべくプログラムされたロボットの乗り物――生存機械なのだ。この真実に私はいまなお、ただ驚き続けている。何年も前からこのことを知ってはいたが、到底それに完全に慣れてしまえそうにない。私の願いのひとつは、他の人たちをなんとかして驚かせてみることだ」［v］〔邦訳

33頁〕。実際、驚かされるのは間違いない。魔法にかかる、と言ってもいい。考えてもみてほしい。「それ〔遺伝子〕は、シャモア〔ヤギに似た高山性動物〕のように跳びはねながら自由奔放に世代から世代へと移り、一時的に使い捨ての生存機械に寄せ集められるものであり……死すべき存在である生物体を次々と果てしなく脱ぎ捨てていく不滅のコイルだ。……生物の身体が、じつは精子や卵子に乗り込んだ巨大な遺伝的ディアスポラ〔原義は離散して世界中を放浪するユダヤ人集団のコミュニティ、ここでは生物の身体の比喩〕として、知り合う間もなく次の旅程に向かう、互いに対抗的な遺伝的担い手《エージェント》たちによる緩《ゆる》い一時的な連合の産物だなどとはとても思えないはずだ」[234]〔邦訳397頁。割り注も邦訳による。ルビは一部追加〕。

この話のホラー小説じみた部分は、端的に言えば、私たちは無精神的な自己複製子がつくりあげた生存機械であり、自然選択というアルゴリズムの落し子だ、という点にある。そのことから目をそらしたり、顔を背けたり、あるいは小さな子どものように怪物がどこかへ行ってくれることを願ったりしても、ホラーから逃げ出すことはできない。そこから脱出する、あるいは恐怖を和らげる唯一の道は、人間とはいかなる生存機械なのかを認知科学と神経科学に尋ねることである。

いうまでもないが、ドーキンスが「ロボット」というような言葉[6]を用いるのは、民俗心理学に根ざした直観（例えば、遺伝子は人間の目的に奉仕するために存在するという思い込み）を断ち切ってしまう連想の引き金を引くためである。思い込みを断ち切り、それに代えてこう理解すべきなのだ。つまり自己複製子の再生産という目的のために乗り物（植物の世界にも動物の世界にも何千もの異なったタイプの乗り物があって、人間はそのひとつのタイプに過ぎない）がつくられてきたのであり、それゆえに人間が存在するのだと。

18 「遺伝子の目からの視点（gene's eye view）」（あるいは「鳥瞰（bird's eye view）」ならぬ「遺伝子瞰」）は、第1章原注2にもあるように、後の「利己的な遺伝子」の見方の先駆となった、ハミルトンが採用した生物についての見方。

それゆえ本書では、意図的にドーキンスによる挑発的な用語（乗り物、生存機械など）を採用する。この言葉づかいが喚起する進化論の洞察の切れ味を失わせたくはないからだ。新しい視野を開くこれらの洞察を手放すことなく、その禍々しさを十全に理解してこそ、筆者が本書で提唱する認知改革への努力を進んで引き受けようという態度も喚起されるだろう。例えば生物学の哲学のデイヴィッド・ハルや他の論者は、[7]「乗り物」という用語よりも「インタラクター（相互作用子）」という用語を好む。これは、「乗り物」という用語が受動性を含意し、生物個体そのものの因果的な働きかけを（自己複製子に比して）これ以上ないほど切り下げてしまうように思われるからだ。「インタラクター」という用語のほうが、生物個体の能動的な行為者性と自律性をよく表現する、というわけである。たしかにこうした厳密な意味において、「インタラクター」という用語がより適切であるということにまったく異存はないが、それでもここでは「乗り物」という用語を使いつづけたい。進化論的理論は世界における人間という存在を特別な地位から引きずり下ろすことによって、私たちの世界の見方をひっくり返すのであり、「乗り物」という用語は、その不吉なロジックを示すのにふさわしいからだ。加えて、筆者の目的にとっていっそう重要なのは、この「乗り物」という用語が、人間がその生物的起源の意味するところを十全に理解するにつれて直面することになる困難を、はっきりと表現できる点である。人間は無精神的な自己複製子のための乗り物である——人間の出自についてのこのロジックを認めなければ、人間は遺伝子の利益と目的に奉仕させられるだけの輸送管になってしまうだろう。本書のテーマのひとつはこれである。乗り物という用語は、人間にまつわる文脈で使用されると軽蔑的な意味合いを帯びる。だからこそ、認知改革への努力を引き出すのに必要と思われる課題を投げかけてくるのだ。

この点については、「生存機械」や「ロボット」といった語句の使用についても同様である。これらもまた、不穏な直観を——そこから逃げ出したいという直観を——喚起するために、わざと挑発的に用いられる。こうした不吉な直観は私たちに必要とされる認知改革を迫るものであり、そうであればこそ、この直観を忘れさせない言葉が有益なのだ。例えば、ドーキンスはある有名な文章[19]において、人間が、利己的な自己複製子の命令に反抗することができるただひとつの乗り物であることを指摘する。人間が生存機械（自己複製子によってつくられ、自然選択によって進化した無様なロボット）として概念化されうるものだとしても、かつて自己複製子に反逆しようと企てた生存機械は人間だけだと。そして筆者はドーキンスのこの思想を受け継ぎ、進化論の洞察と認知改革を抱き合わせて、「ロボットの反逆」という言葉を使っていこうと思う。そこにおいて人間は、自己複製子の利益に極限された目的の向こう側で、自分たちの自律的な目的を定義することになるだろう。

ヒトとはどんなロボットか？

遺伝子の視点から人間を「ロボット」という言葉で描写したとして、そこに複雑性の欠如や知性の欠如を見てとる必要はない。むしろ実情は正反対である。人間は地球上で最も複雑な乗り物であって、微細な環境の変化を捉えるための柔軟な知性（知能[20]）を有している。そしてこの柔軟な知性のおかげで、生存機械としての人間は他の動物には望めないやり方で遺伝子の要求から逃れることができるのである。そしてこの、人間が遺伝子の命令を超越する方法を理解するには、また別の比喩を駆使する必要がある。さまざまな進化論的理論の支持者に用い

19 『利己的な遺伝子』の初版末尾を飾る（その後の増補版では巻末ではなくなったが）、ドーキンス自身の「ロボットの反逆」宣言とも呼べる一節（本書65頁で引用されている）を指していると思われる。
20 intelligence は「知性」という訳が一般的と思われるが、心理学の専門用語としては「知能」とも訳される。以下、適宜訳し分けるが、訳し分けが決定的なものではない場合も多い。

られている、俗に「火星探査機のアナロジー」と呼ばれるものだ。[8]

デネットによる例を引こう。ラジコン飛行機のような機器を操作する場合、その制御可能範囲を決めるのは装置の性能である。しかし、距離が大きくなる場合、ここに無視できない要因として光の速度が加わる。例えば、火星探査機を受け持つＮＡＳＡの技術者は、ある距離を越えると、探査機を地球から直接コントロールすることができなくなるのを知っている。「なぜなら、信号が行って帰ってくるのにかかる時間が適切な動作のために必要な時間よりも長くなってしまうからだ。……地球上でコントロールを行う人々はもはや探査機にアクセスしてそれをコントロールしようとしても無理なので、探査機は自分で自分をコントロールしなければならない」〔1984, 55, 傍点は原文のまま〕〔邦訳84頁、訳文一部変更〕。そこで、ＮＡＳＡの技術者はラジコン飛行機の場合のように「手取り足取り（ショートリーシュ型）」の直接制御から、「現場任せ（ロングリーシュ型）」の制御へと移行しなければならなかった。探査機にいちいち行動の指針が与えられることはなく、代わりにより柔軟性を持った知性と一般性のある目的が与えられる。

ドーキンスは火星探査機のロジックについて、ＳＦ小説『アンドロメダのＡ』を題材に同様の議論を展開しているが、そこで彼も記しているように〔1976〕、ここには遺伝子が脳をつくる際に働かせるコントロールとの類似がある。「遺伝子にできるのは、……自らの利益のためにコンピュータを組み立て、『予測』できるかぎりの不慮の出来事に対処するための規則と『忠告』を前もってプログラムして、あらかじめ最善の策を講じておくことだけだ。……チェスのプログラム製作者と同様に、遺伝子は自らの生存機械に、生存術の各論ではなく、生きるための一般戦略や一般的方便を『教え』込まなければならない。……このようなプログラムの利点は、最初のプログラムに組み込まなければならない細かい規則の数を大幅に減らせること……だ」〔55, 57〕〔邦訳１１７、１２０頁、訳文一部変更〕。そしてドーキンスによれば、このように組み立てられた人間の脳とはまさに、

> 実行上の決定権をもつ生存機械が、究極的な主人である遺伝子から解放されるという進化の動向の極致だと考えることができる。……生存機械と神経系を組み立てる方法を指令することによって、遺伝子は行動に基本的な力をふるっている。しかし、次に何をするかを一瞬一瞬決定していくのは、神経系だ。遺伝子は方針の決定者で、脳は実行者である。だが、脳はさらに高度に発達するにつれて、次第に実際の方針決定も引き受けるようになり、その際、学習やシミュレーションのような策略を用いるようになった。どの種でもまだそこまでいっていないが、この動向が進めば、論理的には結局、遺伝子が生存機械にたったひとつの包括的な方針を指令するようになるだろう。つまり、私たち〔人間〕を生かしておくのに最もよいと思うことを何でもやれ、という命令を下すようになるのだ。［59-60］
> 〔邦訳123-124頁、訳文一部変更〕

ドーキンスが言及しているロングリーシュ型の制御は、初期の進化的適応において脳にインストールされた、遺伝子が手取り足取り指示するショートリーシュ型の制御機構に追加されるものであって、それに置き換えられるわけではない。つまり脳による制御がさまざまな形に進化を遂げたとしても、それらは先代に取って代わるのではなく、先代の上に重なって層を成しているということだ。[9] もちろん、先代の構造に変更が加えられることもあるだろう［Badcock 2000, 27-29 を参照］。多様な脳システムは、遺伝子の目的を指定するその直接性の度合いにおいて異なる。詳しくは次章で見ることになるが、人間の脳による制御は、それがどんな形態をとるにせよ、すべて同時に働く。それゆえに認知的な衝突は当然ありえるし、その調整は必須のものとなる。個体にとってのあらゆる利益を優先しながら、こうした衝突を解消すること——すなわちロボットの反逆——の本質は、一面においてはここにある。

次章では、脳においてどのタイプの制御システムが支配的なのかを見極めるために心理学者が考案してきた〔実験〕課題をいくつか紹介するが、目下の議論において大事なのは以下のポイントだ。私たちが進化する過程では、

図1-1　ミツバチのような「ダーウィン型生物」の目的構造。乗り物と遺伝子の「利益」には重なり合う部分と重ならない部分があることが示されている

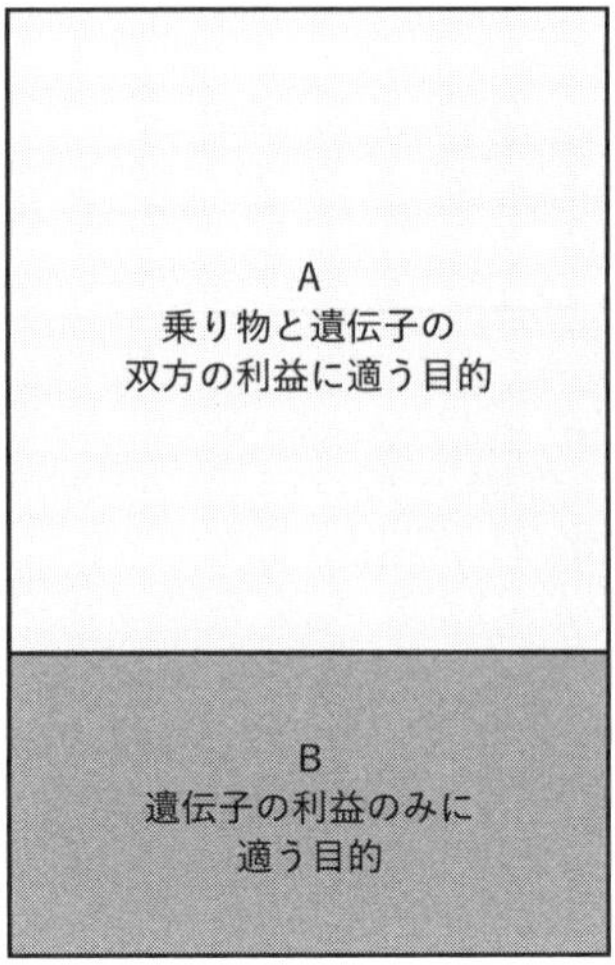

ドーキンスが示唆した現場主義の極北（「最もよいと思うことを何でもやれ」）のような柔軟なシステムが脳の設計に組み入れられてきた。しかしながらここで興味深いのは、結局のところ人間だけが、ここに決定的な疑問があることに気づいたという点である。すなわち、「最もよい」とは誰にとって「最もよい」のだろうか？

私たちの行動は誰のためのもの？

ミツバチについて考えてみよう。いわゆる「ダーウィン型生物」[10]であるこの生き物は、図1－1が示すような目的構造を有している。この図のエリアAは多数派の事例を示し、ここでは自己複製子と乗り物の目的が一致している。「レンガの壁にぶつからない」ことは、一生物個体であるミツバチの利益にも適っているし、自己複製子の利益にも適っている（ミツバチはハチの巣の中で自己複製を促進する役割を担っている）[11]。もちろん、このAというエリアの境界については推定で、その範囲を正確に画定することはできないが、大事なの

は、ゼロではない領域としてエリアBが存在することだ。このエリアBに属する諸目的は自己複製子の利益のためにのみ役立ち、乗り物そのものの利益に向けられてはいない。あるミツバチは、他の個体を助けることで同じ遺伝子に大きな利益があるのなら、乗り物としての自分を犠牲にするだろう（例えばそのミツバチは、遺伝的近親者にあたる女王バチを守る中で、針を失って自らを死に至らしめるかもしれない）[21]。遺伝子が自らの利益のために乗り物を犠牲にするという状況の意味を理解することは、複数の心を持つように進化した生物である人間の立ち位置について、深い示唆を与える【12】。というのも、人間の脳のある部分は、このようなショートリーシュ型の目的を実行しているからである。この点は、次章でも詳しく見ていく[22]。

ミツバチの目的はすべて純然たる遺伝子の目的である。なかには乗り物としてのミツバチの利益と重なるものもあるし、そうでないものもあるが、ミツバチはそれを気にかけるほど頭がよくない。遺伝子からしてみれば、遺伝的な目的と乗り物の目的がどれほど重なるかなどどうでもいいことだし、ミツバチ個体にとっても、自己複製子の利益と乗り物の利益という区分を云々するほどの自己省察力を持ち合わせているわけではない。

だが言うまでもなく、人間において事情は根本的に異なる。遺伝子と乗り物のそれぞれの利益が衝突する可能性は、自己省察できる乗り物である人間にとって深い意味を持っている。それゆえに、遺伝子の利益と乗り物の利益をいっしょくたにするのは（これが、進化心理学の説明ではときおり見受けられるのだが）、人間をミツバチ扱いするのと変わりない。これでは乗り物〔としての人間〕と自己複製子の目的が衝突していることを人間自身が見極め、それぞれの目的がもたらす心的アウトプットの衝突[23]を調整する可能性が、あらかじめ摘み取られてしまう。

21 ミツバチの働きバチは攻撃の際、敵の体に毒を注入する内臓ごと針を打ち込み、内臓を失った当の個体は死に至る。
22 ここでいう「複数の心」とは、後述の「二重プロセス」としての心的作用を指す。
23 例えば、冷静な合理的考察と、衝動的欲求との衝突などがわかりやすいが、それだけではない（第2章原注27など参照）。

しかしながら、目的同士が衝突を起こす可能性があることを認識する前に、先述の自己複製子と乗り物のロジック、およびそれが意味するところを理解しておく必要があるだろう。というのも、自己複製子の目的が乗り物の福利[24]と衝突しうるという洞察は、進化は自己複製子ではなく生物の利益のために働いていると考える多くの人にとっては直観に反するものとなるからである。

この、自己複製子と乗り物を区別する意義を理解することの難しさは、リチャード・ドーキンスが語った、ある同僚のエピソード〔1982, 51〕〔邦訳108−110頁〕に描写されている。この同僚はある学生から大学院への願書を受け取ったが、この学生というのが宗教的原理主義者で、自然選択による進化を信じていないにもかかわらず、自然における適応について研究したいという。適応とは神がデザインしたものであるから、研究の対象としてふさわしいというわけだ。しかしながらドーキンスも指摘するように、そのようなスタンスで研究が成り立つはずもない。じっさいその学生は、次のように問われて当惑のあまり固まったという。「神によって用意された適応においては、誰が受益者として意図されているのか?」。例えばサケは適応の結果として、全力を使い果たして産卵場所にたどり着き、そして死ぬ。死ぬことよりも生きることのほうがほとんどの生物の利益にかなっているとごく単純に考えるならば、この行為は明らかにサケの利益にはならない。産卵の旅路に出ることがなければ、サケはずっと長く生きられるのだ。しかし遺伝子の再生産という観点から見れば、この行為はたしかに目的に適うものである。神がこのような適応をしつらえたとして、それは生物のためだろうか、遺伝子のためだろうか? 生物学の知見からすれば、神は明らかに遺伝子の側に立っている。

ドーキンスが続いて指摘しているように、適応というものは人を狼狽させずにはおかない視点を含むものであり、学生の主張はその点をまったく見落としている。「生命の階層中のある存在にとって有益なものは別の存在にとって有害であり、しかも創造説はある存在についての福利が別の存在にとってのそれよりも優遇されると想定する根拠を与えはしないからである。……神がデザインしたその適応は、動物個体の利益（その生存、あるいは――同じことではないが――その包括適応度[25]のため、種、それも人類のようなある〔特定の〕種の利益のため（信心深い原理主義者によるふつうの見方）、「自然のバランス」のため、あるいは神のみぞ知る何か他の不可解な目的のため、でもあっただろう。これらの複数の説明の候補は、しばしば相容れないものとなる」[1982, 51-52]〔邦訳109頁、訳文一部変更〕。ちなみに、このような「適応は誰のためのものか」という問いに対して、生物学的探求は最終的に「生殖系列の活性的な自己複製子、すなわち遺伝子のため」という答えへと行き着いた[26]。それゆえ真に科学的な見解によって宗教的見解を支えさせようとするなら、それが支えるのは真に奇妙な宗教的見解であることになる。つまりその見解によれば、神の恩恵（神が生物学的適応をデザインする、という形で与えられた恩恵）は人間に向けられたものでも、他のいかなる被造物に向けられたものでもなく、むしろ細胞内の自己複製する巨大分子というちっぽけな存在に向けられている、ということになるのだ。

ドーキンスは別の文章で、「〔現在存在しているような生物としての〕ヒトはなぜいるのか？」という、一般読者にとっては奇異に思われる問いを投げかけている。しかるにいまや私たちは、忸怩《じくじ》たる思いと共にではあるが、この問いに対する生物学的な回答を了解している。すなわち、人はそこに宿る遺伝子が自己複製するのを助ける、

24　原語の well-being および（これ以外の箇所で登場する）welfare は、社会全体ではなく個人（ないし個体）のあり方としては（本書ではほぼこの意味で用いられるが）「順調に、望ましい形で生きていられていること」というほどの意味で、訳が難しいが、以下では「福利」というやや硬い訳を当てる（この2語については、welfare が物質的満足、well-being が内面の満足感を指す意味が強いとされる）。

25　「包括適応度（inclusive fitness）」は古典的な「その個体の繁殖成功度」として定義される「適応度」に、「一定の血縁者（ないし同一遺伝子をもつ他個体）の繁殖成功度」を含めた概念。いわゆる血縁選択を扱えるように従来の適応度概念を拡張した概念である。

26　「生殖系列」とは体細胞上の、その世代限りで消滅する遺伝物質ではなく、性細胞上の、世代を超えて受け継がれる遺伝物質を指す。また「活性的」とは「読み取られて表現型を生み出す」ということである。この結論はドーキンスのいう「利己的な遺伝子」あるいは「遺伝子選択説」を指しており、これは内容的には、前訳注で言われている「包括適応度の最大化」を別の観点から言い換えたものにほぼ相当する。

よくできた生存機械なのであり、遺伝子は自分たちが首尾よく生き延びるために、人体をつくるのに協力してきたに過ぎないのである。

さて、これで肝心な洞察を理解するための言葉はすべて出揃った。めまいがするような洞察ではあるが、これこそがロボットの反逆へと至る第一歩だ。すなわち、遺伝子は自分の利益に適うなら、いつだって乗り物を犠牲にする。人間はこの恐るべき事実を理解した最初の乗り物であり、同時にまた、この事実と向き合うことができるし、そのことで認知改革という独自のプログラムを駆動することができる、唯一無二の存在でもあるのだ。

乗り物たちよ、反逆せよ！

しかしながら、どういった状況であれば、自らの住まいである乗り物を犠牲にするのが遺伝子にとっての利益となるのだろうか？　ほとんどのゲノム[27]に存在する「ジャンクＤＮＡ」として知られている現象は、この点について見通しを与えてくれる［Ridley 2000, Sterelny 2001a, Sterelny & Griffiths 1999］。それによれば、ゲノム中のジャンクＤＮＡが有益な蛋白質《たんぱく》の遺伝コードを指定することはない。ジャンクＤＮＡはいわば「いるだけ」の存在なのだ。だが、なぜかくも多くの遺伝物質が、蛋白質に転写されるでもなく、住まいである人体に貢献することもないまま、ただひたすら下の世代へと複製されていくのだろうか？　このようにジャンクＤＮＡは謎の存在であったのだが、利己的な自己複製子のロジックが明らかになったことで、ようやくその謎が解き明かされることになった。

進化において優先されるのは生物の身体であって、ＤＮＡは身体に奉仕するために存在するのだという通念に従うなら、機能を持たないＤＮＡの存在は謎である。しかしながら、ただ［核酸の分子としての］自己を複製するだけのDNAも存在する、ということがひとたび理解されれば、私たちの中にあるかくも多くのDNAがジャンクであったとしてもなんの不思議もない。ジャンクDNAとは、本質的に一種の寄生体だということだ。たしかに、自己複製のために、蛋白質の遺伝コードを指定し、他の遺伝子と協力して生物の身体を形成しなければならない、という場合であれば、遺伝子はそうするだろう。だが、もし乗り物〔としての生物身体〕をつくるのに手を貸さなくてもその遺伝子自身の自己複製が可能ということであれば、それに越したことはない。あえて擬人化して表現するなら、自己複製子が「気にかける」のは、自己の複製のみだということだ。ジャンクDNAが謎となるのは、遺伝子は私たちのために存在するという通念にとらわれているからに過ぎない。繰り返すが、正しい見方は「私たちが遺伝子のために存在している」なのである！　そして、自己複製子が「私たちのために」存在しているのではないと了解してしまえば、人間の肉体の中に無賃乗車の技を身に着けたDNAがいることにも納得がいくだろう。私たちの体になんら貢献しないどころか、私たちを〔さらには私たちの体をつくっている他の自己複製子も〕騙して、自らの複製のために働かせている存在があったとしても、どこにも謎などない。

かくしてジャンクDNAがどのようなものであるかは理解できたが、とはいえこれは氷山の一角である。というのも、もっと厄介な状況〔をもたらすタイプの遺伝子〕もありうるからだ。ジャンクDNAというのは私たちの中に居座り、実際に働いて蛋白質の遺伝コードを指定している遺伝子と共に、生存機械としての私たちを利用する存在である。それは私たちにとって何の役にも立たないが、悪さもしないDNAだ。だが、場合によっては、遺伝子と乗り物の利益が真っ向から対立することもありうる。そしてこうした状況において、遺伝子から乗り物への指令は、乗り物本体の利益に反するものになる。その最たる例が老化だ〔Hamilton1996, Kirkwood and Holiday

27　一生物個体の「設計図」となる遺伝子群を指す。前述のように、有性生殖をする生物の場合、各個体のゲノムを構成する遺伝子の半数は、次世代に受け継がれる際、減数分裂によってランダムに廃棄されるので、各個体のゲノムは永続性のある進化の単位にはならない。

1979, Rose1991, Williams1957, 1992, 1996]。致死遺伝子は、乗り物の繁殖期間が終わると乗り物を死に至らしめる遺伝子だが、これが生物の個体群中から抹消されることはない――その一方、幼少期に致死的な効果を発現する遺伝子は滅びる傾向にある。致死遺伝子は、生殖期間が過ぎてしまえば、乗り物のことなど「気にもかけない」。だから多くの生物（例えばサケ）は繁殖後、時を置かずに死んでしまうのだ。

自己複製子と乗り物の利益が完全に一致しない例としては、「ヘテロ接合体優位」という概念がより一般的な実例となるだろう。これは、染色体上の一定の遺伝子座において、（顕性遺伝子か潜性遺伝子かの）[28] いずれかの遺伝子がホモ接合体を形成している場合よりも、それらがヘテロ接合体を形成している場合のほうが適応度が大きい場合に、[29]（その遺伝子座における）多型現象[30]が維持されうる、という現象だ［Ridley1996, Sterelny and Griffiths 1999］。しかしそこから論理的に帰結するのは、ヘテロ接合体上の対立遺伝子の各々が[31]（適応上の）成功を収めることで、その同じ遺伝子が生成に一役買っている（個体群中の、別の）生物の肉体の一定数が非最適となり、さらには深刻な欠陥を有する個体（潜性のホモ接合体を有する個体）も出てきうる、という結果が確定してしまうということだ。[32] 鎌状赤血球症を引き起こす潜性遺伝子は、この現象の一例である。[33]

進化心理学者のジェフリー・ミラーは、有性生殖が生じた理由について、[34] このような遺伝子と遺伝子の連合において働いているのと同様のロジックを、個体間の関係に適用することで説明している［Miller 2001］。ゲノムがかなり複雑になってくると、突然変異による深刻な機能不全に陥りやすくなるが、有性生殖はそこで生じたダメージを封じ込める手段である、というのがミラーの主張だ。あるいは生物学者マーク・リドレーの言い方では、性が進化したのは複製ミスを少数の個体に集中させるためであったということになる［Ridley 2000］（リドレーは「スケープゴートとしての子孫」という表現を用いて、ここで生じている過程の背後に潜む生物学的なロジックを明らかにしようとしている）。そこで生じている過程とは、有り体に言えば、「有性生殖とは、突然変異が長期にわたって累積することを防ぐために、ある種の運任せを行う」［Miller 2001, 101］ということだ。しかしながら、ここで有性生殖が「運に任せて」いるものが、そこから産み出される子孫個体であることを忘れてはならない。要するに、彼らが構築している乗り物の福利をあやふやな運に委ねている、ということだ。

性選択のプロセスもまた、ヘテロ接合体優位、あるいは有性生殖と同様に、進化が乗り物にとっての肯定的な結果を最大化するものではなく、むしろ自己複製子の複製を容易にするさまざまな適応を構築するものだ、という点を明らかにしてくれる。典型例はクジャクである。クジャクは凝った尾羽根を持つ乗り物だが、尾羽根は生物個体としてのクジャクを助けるためのものではなく、交配のゲームを有利に進めるためのものだ。エネルギー

28　染色体上の遺伝子の性質としての dominant / recessive は永年「優性／劣性」と訳されてきたが、誤解を招きやすいなどの理由から、2017年に日本遺伝学会がこれを「顕性／潜性」と改称する方針を打ち出し、現在その普及が進んでいる。

29　例えばエンドウ豆を黄色くする顕性遺伝子をA、緑色にする潜性遺伝子をaとすると、AAは顕性遺伝子のホモ接合子、aaは潜性遺伝子のホモ接合体で、AaとaAがヘテロ接合体ということになる。ただしエンドウ豆の場合AA、Aa、aAの表現型は同じで、それゆえ適応度も同じはずだが、本書のこの箇所で述べられる事例では、AA（およびaa）とは別の表現型がAaやaAから生じ、かつまたヘテロ接合のほうが適応度が大きい、というケースが想定されている。

30　多型現象とは個体群中に複数の対立遺伝子が安定して併存している状態を指す。適応度の等しい複数の対立遺伝子が併存する、というのが典型だが、この場合、たとえホモ接合のほうが適応度が低くとも、有性生殖の機構上ホモ接合体が生じざるをえないことによって多型現象が維持されるということである。

31　前々注の記号を用いれば、この個体群中で最適の表現型をもたらすのはaAまたはAaである。ここでaとAはお互いに対する「対立遺伝子」であり、組み合わさって最適な表現型を生じさせることでその各々が最適な「成功を収める」ということになる。

32　一方、同じ両親から生まれた別個体の該当する遺伝子座にはAAやaaのようなホモ接合子が存在する場合があるが、これらは最適な表現型をもたらすことがない。

33　鎌型赤血球の遺伝子が潜性ホモ接合になると深刻な貧血をもたらすが、ヘテロ接合の場合マラリアへの耐性が増すので、マラリア罹患のリスクが多い地域では、鎌型赤血球の因子を含まない顕性ホモ接合の場合よりも生存に有利に働く。

34　真核生物（アメーバやゾウリムシのような原生生物と多細胞生物）は（二次的に単為生殖を行うようになった少数の種を除けば）原則として有性生殖を行うが、有性生殖は世代ごとの片親がそれぞれ自分の遺伝子の任意の半数を失うことを強要されるので、個体の遺伝子の存続を適応度の基準に据えるダーウィニズムの見方に立つ場合、説明が難しい現象となり、さまざまな説明が試みられることになった。

消費、あるいは捕食者に襲われる危険性といった観点からすれば、派手な尾羽根はクジャクの個体にとってはまずい結果を招きかねない。にもかかわらず、メスのクジャクが好むからという理由で自己複製子は尾羽根をつくり上げる。性選択のメカニズムは乗り物としてのクジャクの安全には頓着しない。性選択は個体未満《サブパーソナル》の存在である自己複製子の利益のために働くのである。

性選択とヘテロ接合体優位に加え、血縁選択の概念もまた、乗り物になんらかの度合いで犠牲を要求する自然選択の原則の一例を提供してくれるだろう。[13] つまり多くの生物の遺伝子は、同一の対立遺伝子を持つ見込みが大きい他の乗り物（例えば血縁者）において、同一の遺伝子が複製される蓋然性を高めるために、自らの乗り物にしばしば犠牲を強いるのだ。

進化論の哲学的な意味合いに関心を寄せるさまざまな著述家たちは、いっそう不吉な例について論じている。[14]「分離歪曲遺伝子」というのがそれで、これは減数分裂のプロセスに関わる現象である。減数分裂とは、有性生殖において親の染色体の半数ずつを持つ配偶子＝生殖細胞をつくりだすプロセスであるが、通常、そこでは同じ遺伝子座を占める対立遺伝子はまったく公平に扱われる。つまり、染色体の減数分裂が進行する過程で、それぞれの対立遺伝子が精子または卵子に入る確率は、きっちり50％になっている。しかるに、分離歪曲遺伝子はこの過程をゆがめてしまう。こうした分離歪曲遺伝子が発生・拡散する理由は、もちろん乗り物に対して有益な効果をもたらすためではない。むしろ減数分裂のプロセスを自分に有利に（対立遺伝子の相方に不利になるように）進めるためである。このような遺伝子は、通常は50／50である分離確率を自分の有利になるように歪《ゆが》めるのであり、その歪曲は最大95／5にまでおよぶことが確認されている。そして実のところ、分離歪曲を生む遺伝子は生物個体そのものにとって有害であることが大半である。にもかかわらず、環境によっては、こうした乗り物への有害な効果を、「その遺伝子にとっての」肯定的な効果がしのいでしまう場合がある。[35] そしてこの場合、その肯定的な効果——すなわち、偏った減数分裂によって、その遺伝子の複製を通常よりも多く配偶子に送り込む効果——のおかげで、そうした遺伝子が増殖することもありうるのだ。遺伝子と乗り物の利益が常に一致するわけではないという事実の実例として、これより適当なものはそうはないだろう。[36]

ここまで見てきたような現象について、生物個体の利益のために発生するものではないにせよ、「種の利益」あるいは「集団の利益」のために発生するものなのだと考える人もいるだろう。しかしながらこれは根本的な誤解なのであり、この点を支持する議論はこれまで数多くなされてきた。[15] 例えば、ウィリアムズ［Williams 1996, 216-217］は、インド北部に生息するサルの一種であるハヌマンラングールの事例を取り上げ、これを説明している。それによればハヌマンラングールはハーレムを形成するが、そこにおいてメスたちへの性的接触が許されるのは1匹の支配的なオスに限られる。ここに、さらに強力なオスが出現し、その支配権を強奪してハーレムを引き継いだとしよう。そうすると、そのオスは時を置かずにメスたちの乳飲み子をことごとく殺しはじめる。殺戮が終了すると、メスたちはふたたび排卵するようになり、新支配者となったオスがこれに受精させる。若いラングールが皆殺しに遭って成員が減少してしまったことが「種のため」であったなどとはとても言えまい（当然ながら、種の観点からすればとんでもない損失である）。だが、これが遺伝子の増殖を意図する生存機械のふるまいだということになれば筋は通る。これまで見てきた事例（分離歪曲、ヘテロ接合体優位、性選択）は、繁殖というものが「生物個体の利益のため」ではないことを示すものだったが、ハヌマンラングールの事例は「種の利益の

35　乗り物としての生物個体への有害性があまりに大きすぎればそれに乗って運ばれる遺伝子も長くは存続できない。しかしそこまででもなければ、以下のようなこともありうるということである。

36　分離歪曲因子はこのような効果ゆえに「利己的ＤＮＡ」とも呼ばれる。だがドーキンスによれば、どのような遺伝子も自然選択によって最適化されている限りは「利己的」なのである。

ため」でもないことを示しているのだ。【16】

筆者がここまで素描してきたのは、いわゆる「遺伝子の目からの」生命観だが、種選択説や集団選択説を支持する人々は、この生命観が持つ含意に反論したいがためにこれらを支持している場合が多い。しかし意外なことに、種選択という見方は、進化を推進する諸々の力は生物個体の福利に対立する方向で共謀していると考える点で、遺伝子視点の生命観と見解を共有しているのである。つまり哲学者のキム・ステレルニー［2001a］によると、種選択説の主張者は、遺伝子プールの多様性や生息域の広さなど、種の個体数を増やす戦略の重要性を強調する。しかしながら、もし最適化のプロセスで採用されるのが、こうした「超個体的《トランスパーソナル》」な戦略であるならば、それは「個体未満《サブパーソナル》」である遺伝子の戦略と同様に、生物個体そのものにとっては非最適化されているかもしれない、という含意を持つことになる。つまり種選択も乗り物を犠牲にするのであり、ただ遺伝子とは逆の方面からそうしている、ということだ。種選択が乗り物を犠牲にするのは、超個体的《トランスパーソナル》なレベルにおいて最適化の道をひらくため。片や、遺伝子視点の生命観に従えば、乗り物の犠牲は個体未満《サブパーソナル》のレベルで最適化を図るため、ということになる。いずれの場合も、進化メカニズムの最適な運用は個体の福利を保証しない。つまり進化における最適化と乗り物の利益は、いかなる視点を採用するにしても離反しうるのである。

自然選択のプロセスが、人間にとってこの上なく大事な生命の見方——すなわち、生物個体は見事に自己完結した存在であるという見方——を毀損するように見えるとして、そのダメージがどれほどのものになるかは不明だ。それも、進化の概念がもたらすさまざまな不安のひとつだと言えよう。じっさい、この節で議論してきた概念には、心乱さずに向き合うことが難しいものが多い。例えばジャンクDNAや利己的DNAにしても、こうしたものが私たちのゲノムに含まれているという事実は、ある観点から見れば不気味で、異常で、何とも言えず不快な気持ちにさせられる。だが、それは一方で、宇宙における人間の立ち位置にかかわるロジックを理解するための鍵ともなるものだ。そして、ここで示された種々の考え（私たち乗り物は遺伝子に奉仕するために存在するのであって、その逆ではない、など）はかなり新しいものだ。その多くはダーウィンから100年を経て生まれた——ダーウィンの理論の帰結として。だが、その姿があらわになったのはここ20年のことで、まだ常識となるには至っていない。実際、一流の科学雑誌『ネイチャー』［285（1980）：604］の編集者が、それらについて「ショッキング」と表現したのはそう昔のことではない。

ここまで検討してきた例（ジャンクDNA、老化、ヘテロ接合体優位、性選択、血縁選択、分離歪曲因子、有性生殖）をつなぎ合わせた先にあるショッキングな事実、それは「自然選択は乗り物の観点から事柄を最適化するようには働かない」というものだ。動物の多くは、その遺伝子を増殖させるために自己を犠牲にするよう組み立てられている。人間だけが、このただならぬ状況をそれとして認識し、それに待ったをかけるところまでやってきた。進化の歴史において初めて、生存機械による反逆が可能になったのだ。

私たちと遺伝子のままならぬ関係

生存機械による反逆の土台となる人間の認知には、実のところふたつの側面がある。最初の側面は、前節で紹介した図1－1のエリアBに該当する部分だ。つまり、人間の脳には自分の利益よりも遺伝子の利益に役立つ目的の数々が埋め込まれている。人間は生物として初めて、この事実を認識しえた存在であり、さらにその目的を追求しないことを選べる最初の生物でもある。[17] そして人間の認知におけるふたつめの側面もまた、これと同じくらい重要だ。つまり、人間には柔軟な知性とロングリーシュ型の目的が備わっていて、それにより、私たちは遺伝子の目的が組み込まれた状況であっても、それらとは完全に切り離された独自の目的を発展させることができる、という側面である。

この側面は図1－1と図1－2を比較することで明らかになる。図1－1は通常の生物の目的構造を示すが、進化の歴史の中で、私たち人間は生物として初めて、図1－2に示されるような目的構造の可能性を手にした（これはあくまで概念図であり、各領域の大きさは恣意的なものである）。ここでは、図1－1のエリアA（遺伝子と乗り物の目的が一致する）とエリアB（乗り物の利益に向けてではなく、もっぱら遺伝子の利益に向けて役立つ諸目的）の他に、新たにエリアCが加わっていることに注目されたい。これはすなわち、私たち人間にとって、「遺伝子の利益に向けてではなく、もっぱら乗り物の利益に向けて働く諸目的」がありうることを示している。

だが、このエリアCという領域は、なぜロングリーシュ型の目的を持つ生き物にだけ存在するのだろうか？乗り物の反応を逐一指示するような命令の一覧表を事前に用意する、というやり方には限界があるから、というのがその答えだ。このような限界に直面した遺伝子は、脳に対してロングリーシュ型の戦略を与えるようになる。そして進化のどこかの段階で、こうしたロングリーシュ型の戦略が積み重なって柔軟性が増し、やがて遺伝子が（またも擬人化するなら）こう言いだすようになったのだ。「物事の変化はますます速くなる一方だ。脳よ、僕らがああしろこうしろときみに指令を出していたのでは追いつかない。そこでだ、この際きみに任せることにする。僕ら遺伝子が組み込んだ大局的な目的（生存、および性行為による繁殖[37]）のために、君が最良だと思うことをしてくれたまえ」と。

ここに込み入った問題が生じる。ロングリーシュ型の脳の中では、遺伝情報としてコード化された諸目的は、ごくごく一般的な意味合いで示されるだけである。つまり「金曜日の午後6時57分にXさんと交接しなさい」といった形ではなく、せいぜい「セックスしなさい、気持ちいいから」程度の目的が示されるということだ。ところが、目的がこれほどに一般的なものになってしまうとき、そこにはすでに潜在的なギャップが生じている。すなわち乗り物が、遺伝子の目的には役に立たず、ただ乗り物の目的にのみ適うような行動をとる余地が、そこには生じているのだ。これについては、避妊を施したセックスというわかりやすい事例を考えてみるだけで十分だろう——このような行為は、快楽という乗り物の目的に役立つが、繁殖という遺伝子の目的には役立たない。つまり乗り物が果たすべき目的とは元来「遺伝子が再生産される〔すなわち繁殖が成功する〕蓋然性を高める」という一般的な目的に役立つ個別の諸目的なのだが、例えば避妊の事例では、乗り物の目的が繁殖という特定の目的から外れることもありうる、というロジックが認められる。柔軟性を得た脳は、自身の生存や快楽という目的も含んだ長期の目的の数々を調整するのに忙しいのであり、そうした長期の目的が数多くあることで、生殖という目的の影が薄くなるのである。このような人間の脳は、遺伝子にしてみれば、制御不能に陥った火星探査機に見えるときもあるだろう。それらは二次的な目的（身の回りを整える、他の行為者との社交にいそしむ、など）にかまけて、遺伝子の複製という本来それが奉仕すべき一次的な目的を、ときに視野の外に置いてしまうのだ。

自己複製子と乗り物の利益が離反しうることを見逃すのは、社会生物学者がその分野の勃興期において大っぴらにしでかしたことであり、進化心理学者がいまでも時おりしでかしていることである。[18] 進化心理学者は、人間の認知的適応の進化が起こった環境が現代的な環境とは異なることを強調しているにもかかわらず、この事実が意味するところを突き詰めてはこなかった。このテーマについては第4章で詳しく見ていくが、そこでは現代的な生活環境が、遺伝的な傾向とは切り離された人間の目的を創りだす磁場であることが論じられるだろう。たしかにこの10年、進化心理学は心理学の世界で大きな影響力を持ってきたし、それはおおむね肯定的なものだった。

37 「性行為による繁殖」の原語は「有性生殖」とも訳していた sexual reproduction。この場合、人間のような有性生殖を行う生物にとっての繁殖の必要条件である行動としての交接（およびそのために必要な行動）を指している。

図 1-2　人間の目的構造のロジック

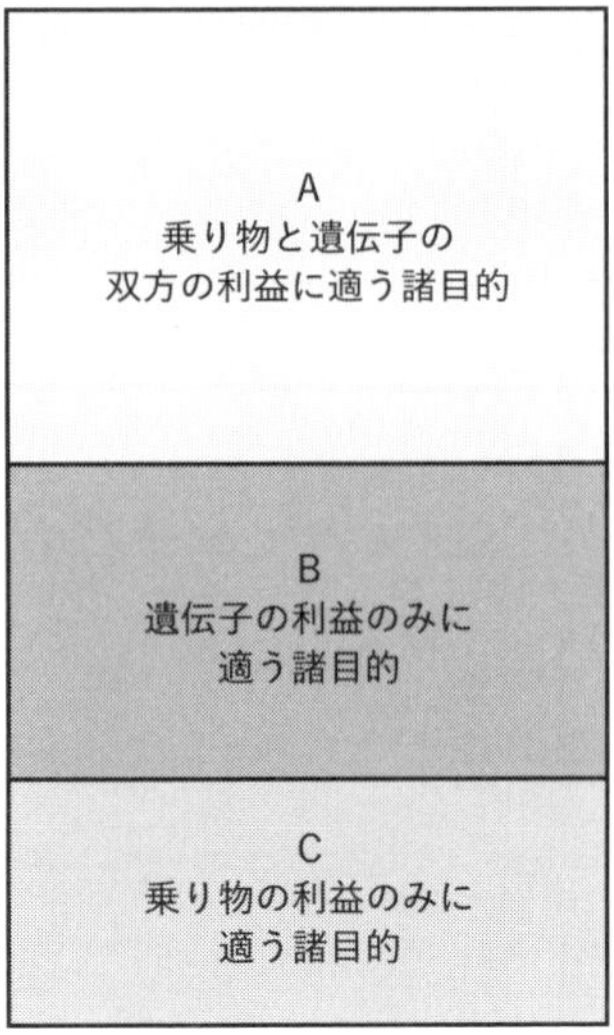

とはいえ進化心理学は遺伝子の目的と乗り物の目的を混同しがちであり、それゆえに人間の潜在能力を過小評価してきた。この事実を明らかにすることが本書の主題のひとつである。進化心理学は「ダーウィン時代」の創生に貢献してはきたが、その発見が適切な文脈に位置づけられなければ、ロボットの反逆の芽を摘みかねないものともなる。

例を挙げよう。進化心理学者は認知機能の効率性と合理性を強調する傾向にある。認知心理学者はこれまで、ある種の推論上の誤りを人間心理の未解決の側面と表現してきたのだが、進化心理学者は、それらを進化論のロジックによって説明することを重要な仕事のひとつにしてきた。[19] その裏には、「そこには心配すべきことなど何もないはずだ」という含み、あるいは暗黙の前提がある――進化論の観点からすれば、人間の行動は最適なものであって、認知心理学者が重視する認知改革などは無用のものでしかない、というわけだ。しかしこの自信たっぷりな態度によって、遺伝的な最適化と乗り物にとっての目的の最適化は容易に混同されてしまうことになる――人間が切望するのは、遺伝子の目的（つまるところ自己複製）に奉仕するただの生存機械以上の存在になることなのに。リチャード・ドーキンスはこのことについて、頻繁に引用されながらも顧みられることの少ない一節で極めて雄弁に述べている。「私たちの意識的に先見する能力――想像力を駆使して将来の成り行きを先取りする《シミュレート》能力――には、自己複製子たちの引き起こす最悪で見境のない利己的暴挙から、私たちを救い出す力があるはずだ。……私たちには、私たちを産み出した利己的遺伝子に反抗……する力がある。……私たちは遺伝子機械として組み立てられ……てきた。しかし私たちには、これらの創造者に歯向かう力がある。この地上で、唯一私たちだけが、利己的な自己複製子たちの専制支配に反逆できるのだ」［Dawkins, 1976, 200-201］〔邦訳344－345頁〕。そうなのだ。まさしく人間だけが、乗り物の利益を促進するために、ときに遺伝子の利益を無視して形勢をひっくり返すことができる（少なくともそのための潜在力を持っている）。それでも人間は、この深遠な洞察を十分に展開するには至っていない。

遺伝子の手から逃れるには

認知改革は人間の生を改善しうるものであり、この可能性を低く見積もることは避けるべきである。そしてそのためには、自己複製子と乗り物の異なった利益がそれぞれどのようなものなのかを改めて認識しなければならない。柔軟な知性とロングリーシュ型の目的を持った生物において、自己再生産という遺伝的目的と乗り物の目的に相違が生じるとして、それはどのように起きるのか。この点について、筆者は仕上げの説明をひとつ加えたい。そのために、ダニエル・デネット［1995, 422-427］〔邦訳559－565頁〕が著作の中で考案した、鮮やかな思考実験（私たちの直観を汲み出すようつくられた[38]、一種のファンタジー）を紹介しよう。タイトルは「未来への安全な移住」で、筆者なりのアレンジを加えてある。次のような想像から始まる物語である。ときは〔本書初版から20年後の〕２０２４年。「極低温保存カプセル」という装置が存在する世界だ。この装置は、医学が不老不死を可能にする未来が到来するそのときまで、人間の身体を絶対零度よりいくぶん高い温度で冷凍保存しておくことができる。さて、あなたが、この極低温カプセルが２４０４年まで冷凍保存されることを望んでいると仮定してみよう。目覚めたとき、あなたはその時代の魅惑的な世界を目撃することができるし、おそらくは医学的な処置が施されて永遠の命を得ることもできるだろう。しかしそうだとして、あなたがこの「未来への安全な移住」を成功させるにはどうすればいいのだろうか？　つまり、そのときが来るまであなたの極低温カプセルが破壊されることなく維持されるにはどうすればいいのか？　思い出してほしいが、あなたはもはや自分であれこれと動き回ることはできないのである。

戦略のひとつは、極低温カプセルにとって理想的な保管場所を見つけることだろう。そしてカプセルを天候の脅威から守り、今後４００年近くにわたって必要となるもの（エネルギー源としての太陽光など）も細大漏らさず用意する。ただ、この戦略には間違った保管場所を選んでしまうという危険がある。未来の人々はあなたが眠っている場所に、世界で１００万件めのショッピングモールをつくったほうがいいと判断するかもしれないし、（最新の）法律でもってあなたの（古い）所有権を彼らのものにしてしまうかもしれない（いま私たちが、アメリカインディアンの古代の埋葬地にショッピングモールを建てているように）[39]。そう、この「一箇所に留まる」戦略――「植物」戦略と呼んでもいいかもしれない――には欠陥があるのだ。[40]

それに代わる戦略としては、はるかにコストがかかるものにはなるが、「動物」戦略がある。センサー、脳、移動手段を完備した巨大なロボットをつくって、極低温カプセルをその中に入れるのだ。このロボットが優先すべき目的は、あなた（カプセル）を危険から遠ざけることにある。いまいる場所がきな臭くなってきたら、ロボットは自ら（つまりはあなたごと）移動する。もちろん、生き残るためになすべき仕事は、エネルギー源の確保やオーバーヒートの回避など、他にも山ほどある。

もちろん、このようなロボットには、周囲の人間や他の動物たちの行動に反応するため、相当の知性が備わっている必要がある。そのおかげでショッピングモールの建設予定地から立ち去ることも、物珍しさからロボットを倒そうとするゾウの群れを避けることもできるようになる。これはいうまでもないことだが、それ以外に忘れてはならないのは、エネルギーや安全な場所を求めて世界をさまようロボットが、あなたのロボットの他にもいるということだ。その結果としてあなたのロボットのなすべき仕事はとんでもなく複雑になる。例えば、ウン百というロボット会社が見込み客にセールスの電話をかけている様子を思い描いてみてほしい。おそらく彼らは「お買い得」を謳《うた》って、２０２４年頃に製造された第一世代のロボットよりも「多機能」なロボットを売り込んでいるのだろう。その結果、市場も世界もロボットであふれかえっているかもしれない。そうなると政府はロボットの規制に乗り出すだろうし、ロボットをどこかの砂漠地帯に隔離するかもしれない。逆に合衆国では規制を設けずに極低温カプセルロボット産業を奨励しようとする州も出てくるかもしれない。その州では、〔他から追われてきた〕ロボットたちが勝手気ままに歩き回ることになるだろう（現在、切羽詰まった自治体が「雇用創出」のために産廃管理業者を誘致しているように）。

他のロボットがいる場合、あなたのロボットの仕事は途方もなく複雑になる。なぜなら、生存戦略としてあな

38　直観を「汲み出す（to prime）」（正確には「呼び水を差す」—この後の訳注100も参照）という言い方からして、デネットが「直観ポンプ（intuition pump）」と呼ぶタイプの、書き手が狙った直観を効果的に喚起するタイプの思考実験（その中には哲学的に有益なものも、誤解を増幅させるものもある）を指そうとしていると見られる。

39　「ネイティブアメリカン」が適切な呼称だとされるが、原文の表記にしたがう。

40　原語のplantは、「植物」と「巨大設備」を掛けているとも見られる。

たのロボットとやりとりせよ、とプログラムされているロボットがいるかもしれないからだ。例えばその時代、目先の利益を重視するロボット企業が、コストカットのためにわざとパワー不足のロボットをつくっているかもしれない（現代のパソコンで言えば、最初から実装されていてしかるべきメモリを、後からすぐにでも買い足さなければならなかったり、買った直後にソフトウェアの早急なアップグレードを迫られたりするようなものだ）。そのようなロボットに、他のロボットを動作不能に陥らせて自分のエネルギー源として使用せよという戦略が与えられていたら、どうだろう。

当然のこととして、自分の目的を妨害するような企てからはとことん逃げ切ることをあなたはロボットに望むだろう。ここまでは自明だ。しかしながら他のロボットとのやりとりがいつもそう単純だとはかぎらない。あなたのロボットは何百年という年月を経て、2024年のあなたが想像だにしなかった決断を迫られるかもしれないのだ。ここで次のふたつの状況について考えてみよう。

状況A。時は2304年、あなたが解凍される未来のその日まではまだ100年もの年月がある。あなたのロボットはガタが来ているし、回路もおぼつかない。もってもせいぜい2350年まで。ロボットが最期を迎えても、あなたの極低温貯蔵カプセルにはまだ自家発電装置がある。とはいえ、もはや凍りついたまま動くことはできず、風雨と歳月にさらされることになる。これでは「植物」戦略と同じである。とはいえ2024年当時に比べれば、極低温保存産業は長足の進歩を遂げている。いまや何百という極低温カプセルを収納できるスーパータンカー級のロボットが登場しているのだ。さらに、業界には古いタイプの単体ロボットに取引を提案することで市場を開拓している業者もいる。例えばスーパータンカー業者は、極低温カプセルを単体のロボットから引き取り、それを150年にわたって保管することを持ちかける（あなたにとっては十分な年月だ）。ロボットはこれと引き換えに、業者がロボットを解体し、部品を再利用することを認める（能率こそすべての悪夢じみた未来に生きる保険数理士が100万分の1ペンスの狂いもなく計算した結果、何千ものカプセルを収容可能なスーパータンカーにカプセルをひとつ余分に収納するコストを、パーツの価値が上回ることがわかったのである）。

さて、あなたは自分のロボットにどんな決断をしてもらいたいか？　考えるまでもない。あなたのカプセルが2404年まで存続できるようにロボットの自己犠牲を望むはずだ。あなたの命のためにロボットが自らを破壊するのはあなたの利益に適ったことである。創造者の視点に立てば、ロボットは単なる乗り物に過ぎない。あなたはここで遺伝子と似た立場にある。あなたが乗り物をつくったのは、乗り物が自らを破壊すればあなたの命は保たれるという場面が訪れたときに、あなたの生存と利益が抜かりなく守られるようにするためだ。

しかしこのストーリーにおいてカプセルの住人が遺伝子を表しているとして、ロボットが表しているのはなんだろうか？　もちろん私たち、人間である。そうとわかると、この思考実験中の誰の味方をするかについて、私たちはたちまち態度を変える。ロボットが件《くだん》の取引を持ちかけられたら、今度はこう叫ぶだろう。「そんなことはやめろ！」

いまひとつの例である状況Bに移ろう。これによってロングリーシュ型の制御に見られる逆説がいっそうはっきりするはずだ。こちらでは、あなたのロボットは別の単体ロボットと互恵的利他主義に基づいた契約関係を結ぶことになっている。これは、あるタイプの吸血コウモリに見られるような関係だ。エネルギー不足に陥ったロボットは相方のロボットと接続し、際どいところまで行ったエネルギー危機を回避できるところまで相手のエネルギーを抽出することができる（コウモリの場合は、2日にわたって血を吸うことに失敗した仲間に血を分け与える）。あなたのロボットはしばしばこの取り決めを利用して自身の生存可能性を高める。しかし相手はあなたのロボット本体からエネルギーを吸い上げるだけでなく、あなたのいる極低温カプセルの電源からもエネルギーを吸い取る。カプセルはダメージを受け、2404年にあなたが無事に解凍される見込みは薄くなる。

逆説的なことに、この契約関係を結ぶことであなたのロボットが生き残る可能性は高まるが、あなた自身の生存可能性はそれによって減じられる。ここで見逃してはならないのは、この状況Bにおいてはあなたのロボットの計算能力が低いほど、あなた自身の状況はマシになるということだ。この事例では、ロボットが受け取ったのが「他のロボットあるいは人間といかなる契約関係も結んではならない」という単純な指令であったほうが、あなたの身の安全になるだろう。つまり、ロボットの心理が複雑なものになることで、ロボットがあなたの利益よりも自分の利益を優先する可能性が開かれてしまうのである。

そしてもちろん、筆者は状況Aが導く最もあからさまな帰結にはここまで触れずにきた。それは何を隠そう、本書の主要なテーマのひとつである。すなわち、自己意識を持ったロボットは、奴隷としての自分の役割に疑問を抱くかもしれない、ということだ。ロボットはあなたが300年前に授けた目的より、自分の利益（自分自身の生存）に高い価値を置くようになるかもしれない。実のところロボットはあなたのことなど知りもしない――あなたは活動していないのだから。そしてロボットが自律的な存在として立つようになったいま、なぜあなたを砂漠に捨てて自分のために行動してはいけない道理があるだろうか。あなたがスーパータンカーに乗って2404年まで生きられるように、自らの解体を受け容れるという選択肢については、ロボットの言い分はこうだろう――ああそうかい、そんな取り引きなどくそくらえだ！　考えてもみれば、これは私たちが私たち自身のプログラマーに向けて吐き捨てるにちがいない言葉だ。私たちの犠牲の上に自らの永遠の生を築こうと、過去のどこかでそこに居座るようになった無賃乗客――すなわち遺伝子に向けて。

「人間ファースト」という大転換

ダーウィニズムの深淵《アビス》から脱出するために必要な概念はこれで出揃った。これらはドーキンスの考案した「無様なロボット」「生存機械」といった心かき乱す比喩を置き換えるためのものではない。それらを適切な文脈の中に位置づけ、その棘を取り除くためのものである。

歴史的実情に即しているかどうかはさておき、文学作品や映画において奴隷の反逆の第一歩といえば、意識の高まりをうながすことにあるとされている。奴隷たちはまずもって自分たちの置かれた状況の理不尽さを完全に自覚しなければならないし、反逆に打って出なければ自分たちの人生がどのような道筋をたどることになるかを理解しなければならない。これはロボットの反逆についても同様だ。１８５９年にダーウィンの万能酸が登場したことで人間性を再定義する必要が生じたが、再定義の第一歩は、遺伝子視点に立った見方を理解することである。すなわち乗り物は遺伝子が自身を次世代へとコピーするために使用する「使い捨ての生存機械」[Dawkins 1976, 234]〔邦訳３９７頁〕に過ぎないことを理解しなければならない。「ダーウィン時代」において自己を回復するための第一歩とは、私たち人間は乗り物であるという進化論的事実から導かれる諸帰結と向き合うことなのである。

だとすれば、ロボットの反逆の第一歩として、乗り物にとっての価値を正確に見積もる方法を学ばなければならないし、暗黙のうちに遺伝子を私たち自身よりも高く位置づける行動や文化慣習もとりやめなければならない。私たちが、乗り物〔としての自分自身〕に焦点を合わせるならば――そしてそれを前面に呼び出し、中心に据えるなら――自尊心を発達させた乗り物が、繁殖の成功に他のどのレベルの目的をも超えた価値を付与すべき理由などない、ということがたちまち明らかになる。とはいえ、繁殖の成功に誤って焦点が合わされるに至った経緯を理解するのは簡単だ。例えばすでに議論したように、進化心理学者は認知改革の必要を低く見積もることで、実情に反して遺伝子と乗り物の利益を同一視してしまっている。それゆえに彼らは遺伝子の利益と乗り物の利益の衝突が見られる状況で、結果的に遺伝子の利益を優先させるに等しいことをしてしまうのだ。中には、明示的な形でこの選択を擁護する進化論的理論すら存在する。例えばクーパー［Cooper 1989］は、最適ならざる行動傾向が遺伝的に最適となる事例があることを述べた論考で、そのような事例は実際、行動を起こした個体にとって有害となることを認めている。にもかかわらずクーパーは、これらの行動はそれでもなお正当化されると主張する——「個体が自らの福利と遺伝子型の福利を同一視しているとすればどうだろうか？」［477］と。しかし遺伝子型とは遺伝子がランダムにシャッフルされたものだ。そんなものに忠誠を捧げるのは、いったいどんな人々なのだろうか？　例えばあなたは、特定の対立遺伝子について情を感じたりするだろうか？　筆者には、そんな人々がいるとは到底思えない。[20]

この点について、哲学者のアラン・ギバード［Gibbard 1990］は、より筋の通った見方を示している。

> 人間の目的と、そのダーウィン主義的な代替物[41]とを峻別することは極めて重要である……現在、神の目的の代用となる、ダーウィン進化論に基づくその代替物と目されているのは「遺伝子の再生産」である。私の知るかぎりこれは誰の目的でもないが、生物学が取り上げる世界は、あたかも、創意工夫あふれる誰かがその目的のためにそれぞれの生き物を設計したかのような姿を見せている……人間の進化の目的《テロス》〔としての遺伝子の再生産〕がわかれば、人間がどのような諸目的を設定するものか、その傾向が見えてくるが、とはいえこのように人間が設定するさまざまな目的は、〔遺伝子の再生産という〕真の目的の代替物とは別物である。つまり私の進化のテロスとしての私の遺伝子の再生産は、私自身がはっきりとした理由から欲し、手に入れようとするものと直接には結びつかない……仮に私が神の目的のためにつくられたと知らされたとしても、結論はこれと変わらないだろう。神の目的が私の目的である必要はないのである。［28-29］

簡単にまとめるとこういうことだ――「人間の道徳的傾向は、それ自体に大きな価値を置く意味のない物事――すなわち、自分自身の遺伝子の数を増加させること――によって形成された」。

著名な生物学者であるジョージ・ウィリアムズ〔Williams 1988〕もまた、ギバードと同じ見解を支持している。「遺伝子の利益（長期的な平均増殖率〔の向上〕）との個人的親密性なるものを正当化するなど、想像の埒外である。われわれはその遺伝子を減数分裂と受精のくじ引きによって受け取ったに過ぎない。ハクスリー[42]が最初に看破したように、〔人間が〕そうした遺伝子の利益に奉仕する傾向に反逆すべき理由は無数にある」〔403〕〔邦訳240頁〕。

人間の利益と遺伝子の利益が一致しない場合に人間を優先することは、人間の合理性を向上させるすばらしいチャンスになるだろう。重要なのは、両者の利益の決定的な離反、およびそこから導かれる「遺伝的適応度[43]」と「人間の満足の最大化」との区別だ。この点を見逃すと、このチャンスがもたらしうる解放的な力はどこかへ行ってしまう。

ドーキンスの言い回しに倣うと、もし私たちが無様なロボットであるなら、ロボットの反逆の第一歩はこのような私たちの地位を理解することにある。そしてこの、私たちのロボットとしての地位を、20世紀、21世紀の文化史における瞠目すべき進歩が理解を可能にしてくれた。その結果私たちは、自己複製子について見通しをつけ、この見通しの意味するところについて熟考し、自己についての洗練されたモデルを開発し、自分たちの利益だけ

41 自然選択説は従来「神の目的のための生物のデザイン」として説明されていた「生物の環境への適応」という現象を、真の意味での「目的」（人間なり神なりが自覚的に設定する目的）なしに説明する。「真の目的のダーウィン主義的な代替物」とは、自然選択による説明における、従来「目的」と見なされてきたものに置き換えられるものを指す。「疑似目的」と言ってもよい。

42 「ダーウィンのブルドッグ」と呼ばれたトマス・ハクスリー（1825-1895）の『進化と倫理』における思想を指す。

43 繁殖成功度として定義される適応度（fitness）については訳注25参照。ここでは同じ訳注で説明した「包括適応度」も含む広い意味でのそれが名指されていると見られる。

を実現するために効果的な行動を探ることができる、最初の生物になった。このような私たちは、SFに出てくる逃亡ロボット――創造者の利益よりも自らの利益を優先するロボット――なのだ。【21】遺伝子によるショートリーシュ型の支配から解放され、個別的な行動をうながすさまざまな随伴刺激メカニズム[44]に代えて、一般性のある諸目的を携えたことで、いま、私たちはかつてとはまったく異なる乗り物になったのである。

それゆえ人間にとってよい知らせとは、私たちはもはや遺伝子のための容器でなくてもいいということだ。人間には自分たちの利益を最優先する力がある。しかし、認知改革という積極的な計画を最後までやり遂げようと思えば、人間の脳のショートリーシュな部分（ダーウィン的進化の過程で形成された部分）が乗り物としての私たちの利益に反するふるまいをしないよう、気を配らなければならない。その作業を担う部分はいまだに脳のあちこちに居座っており、人間は自分たちの認知アーキテクチャの一部としてそれらを扱う術を学ばなければならない。いまや私たちは、私たちのダーウィン型の心[45]と私たちの包括的な目的および利益とをうまく統合し、私たち自身の利益に役立てるための認知ツールを手にしている。すでに存在する文化的な知識の汎用性を高めることで、認知改革のプログラムに活用することができるのだ。そうした認知ツールのいくつかについては第3章および第4章で見ていくことになるが、脳の異なった部分が並列システムとして同時に作動し、しばしば私たちの行動を制御しようとせめぎ合っているという洞察を、それらに先立つ最も基本的なブレイン・ツールとして挙げられよう。私たちの脳内で繰り広げられている、この壮大な戦い[46]について認知科学が明らかにしてきた知見が次章の主題となる。

44　原語は stimulus-contingent mechanism。行動心理学において、学習によって獲得される刺激と反応の間の、原則的には偶発的（contingent）な結合を「随伴性（contingency）」と呼ぶが、ここでは進化的に組み込まれた、特定の刺激に対し特定の反応（行動）を生じさせるメカニズムを指していると見られる。このような個別的・機械的な反応ではなく、ある一般性のある目的（generic goals）の追求が今や可能になった、ということである。

45　「ダーウィン型の心（Darwinian mind）」は本章原注9 - 10に記載されているようにデネットの用語で、「スキナー型の心」、「ポパー型の心」、「グレゴリー型の心」と並ぶ、その中で最も単純な形態の心である。またダーウィン型の心を備えた生物を「ダーウィン型生物（Darwinian creature）」と呼ぶ場合もある（同じく「スキナー型生物」「ポパー型生物」「グレゴリー型生物」も用いられる）。著者はこの「〜型の心」と「〜型生物」をあまり区別なく使用しており、例えば本章原注10の「ダーウィン型の心」の解説は「ダーウィン型生物」という用語に付されている。

46　原語は titanic battle で、ギリシャ神話に登場する神々と巨人族との戦いを彷彿とさせる表現である。

考えるより先に撃っていた

――ボブ・マーリー「アイ・ショット・ザ・シェリフ」

もうあまりに長いあいだ自分自身と戦ってきた
医者は身体に障るというけれど

――スティング「コンシダー・ミー・ゴーン」

第2章 自己自身と対立する脳

今日、あおり運転〔ロードレイジ〕[47]事故は毎日のように世界の至るところで起きている〔James and Nahl 2000〕。なかでもモントリオールで起きた事件〔Dube 2001〕は実に典型的だ。追い越し車線で前方を走る車があまりにも遅いと感じた男は、その女性ドライバーに腹を立てた。女性はどうにか男の車を先に行かせようとしていたが、渋滞のためになかなかうまくいかない。やっとのことで男に道を譲ると、男はトラックを彼女の車と並走させて罵声を浴びせ、さらにトラックを彼女に向かって幅寄せしてきた。女性はなんとか車道を逸れることなく走ることができたが、一方のトラックは制御を失い、街灯に突っ込んで男は命を落とした。男の身体からアルコールは検出されなかった。

詩人のルーシー・グレアリーの著書『ある顔の自伝（*Autobiography of a Face*）』〔Grealy 1995〕によれば、彼女

47　英語の road rage incident は「ドライバーが運転中にかっとなることで生じる事故」で、運転方法に着眼した日本語の「あおり運転事故」とは語義が若干異なるが、攻撃的な危険運転による事故を指す言葉としておおむね同義語と解され、前者が後者の訳語に広く当てられている。

は9歳にして癌に侵され、顎の一部を切除した。癌とそれに伴う多くの手術の結果、彼女の相貌は損なわれてしまった。しかしながらルーシーの人生を悲惨なものにしたのは、病に発した肉体的な制限よりも、むしろ周囲の反応だった。人格を否定し、悪口を叩き、敵対的な態度をとる。それは年を追うごとに増えていった。年少の子どもばかりがそうしたわけではない。年長の少年たちからも、あいさつのように心ない軽蔑の言葉を浴びせられた。「それはなんという生き物なんだ?」「こいつは俺史上最もブサイク」「どうやったらそんなブサイクになれるんだ?」。

顔に傷を負った人々がいわれのない悪口を受けてきた事例は、他にも多く報告されている [Hallman 2002, Partridge 199]。道を歩いていると、車からすれ違いざまに罵声が飛ぶ。学校の廊下を歩いていると、なんの接点もない見ず知らずの人間が歩み寄ってきて言う——「さっさと穴に潜って死んでよ」。顔に傷を負った人々にとって、こうした罵詈雑言を受けることはもはや生活の一部になっている。

人間の行動はかくも残酷だ。同様の例はいくらでも挙げられる。そして私たちはこう問わずにはいられない——なぜなのか?と。最近になって認知科学の研究者のあいだで、ときに私たちを言語道断な行為へと駆り立てる認知アーキテクチャの特徴が知られるようになってきた。だが、そのアーキテクチャの性質を解き明かしていく前に、さらにいくつかの例を検討してみよう。

まずは1974年に発表された、心理学者スタンリー・ミルグラムの有名な一連の実験から。イェール大学で実施されたこのプロジェクトを、学習に関する実験だと被験者たちは信じていた。被験者たちはペアを組まされ、それぞれに教官もしくは生徒という役割が当てられた。しかし実際のところ、生徒役が割り当てられたのはサクラの被験者で、そのことはむろん真正の被験者には知らされていない。教官役の被験者には別の部屋にいる生徒役の被験者に電気ショックを与えることが求められる。その電圧は徐々に上がっていく。生徒はサクラであって、本当に電気ショックを受けるわけではない。しかし、被験者／教官自身が生徒に本物の電気ショックを与えていると信じているのは確かである（実際いくつかの実験において、あくまで建前上ショックを受けていることになっている生徒が喘いだり叫んだりするのを教官は耳にしている）。その後、あらかじめ電気ショックは徐々に辛いものになっていくという説明があったにもかかわらず、大方の被験者は機器の限界まで電圧を上げた。被験者からの疑義に対して、実験者は「手順どおり作業を続行していただかなくては実験が成立しません」と落ち着いた声で繰り返す。ただそれだけで、そこに強制は一切ない。多くの被験者がこの状況に心を悩ませたとしても驚きはない。それでも「続行していただかなくては実験が成立しません」という言葉だけで、大半の被験者は泣き叫ぶ人間にさらなる罰[48]を与えた。被験者の顔を見れば、彼らに間違いを犯しているという自覚があるのはわかる。にもかかわらず、彼らはやめなかった。

最後に紹介するのは実験室の中の事例ではなく、残念ながら現実の生活のものだ。レイプ被害者の事件後の情緒適応〔感情を状況に合わせて調整していく心理学的な過程〕を研究してきたカウンセラーたちは、被害者が心理的に適応していくにあたって[49]、つれあいまたは大切な他者の反応が鍵になることを見いだした。しかしながら、つれあいの反応はしばしば協力的とは言いがたいものだった［Daly and Wilson 1983, Rodkin, Hunt, and Cowan 1982, Wilson and Daly 1992］。こうした非協力的な反応のせいで、被害者の心の回復が遅れることもある。実際のところつれあいのなかには、自分が不適切な反応（実質的に被害者を責めるような事例もある）をしていると自覚している者も多いが、それでもそうせずにはいられないのだという。例として、ある集団セラピーに参加したつ

48 「罰（punishment）」は行動心理学の用語で、「弱化」すなわち一度生じた反応をその後生じにくくさせるような働きかけを指す。この場合は電気ショックによる刺激が弱化をもたらす「罰」である（本文での説明のように、この実験は行動心理学でいう「学習」に関する実験だと称して実施されていた）。

49 原語は psychological adjustment で、前述の「情緒適応（emotional adjustment）」を指す。

れあいの言葉を引いてみよう。「彼女は私のものだった。でもいま、彼女は傷物になってしまった」［Rodkin et al. 1982, 95］。別の参加者の言葉。「何かが奪われてしまった。裏切られた気分だ。彼女は私のものだった。だがいまは違う」［95］。ある研究者グループは残念なことにこう記している。「夫、恋人、あるいは父親。彼らは被害者に慰めを与えるのに最も適した人たちに思えるし、被害者が頼ることのできる（頼るべき）理解ある人たちにも思える。しかしことによると、彼らは最も理解のない人々なのかもしれない」［Rodkin et al. 1982, 92］。

ここまで紹介してきた、一見共通点のない事例をつなぐものがあるとすればなんだろう？　まずはもちろんのこと、いずれも人間の行動の不幸な側面――つまり、人々が誤った行動をなすことを描き出している。あおり運転は社会に致命的なダメージを与える問題であり、顔の傷ゆえに人を嘲るのは残酷な行為だ。人間が実験者の指示を守るためだけに他者を傷つけるのだとすれば、これは悲劇というべきである。そしてレイプ被害者は愛する者に拒絶される――愛する者が被害者を不幸にするのだ。次に、私たちの目的にとってはいっそう興味深い事実がある。このような事例において不幸な行動を押し止めることができない人々は、しばしば自らの行動が不適切なものであることに同意するのだ。怒りに任せて危険な運転をした人の多くが、冷静になってじっくりと考えてみれば、自分の行動の不合理性を認めるだろう。顔の傷を嘲った人々にしても、自分の行動が公になるのを恥じることが多いし、しでかしたことの意味を知って謝罪することも珍しくはない。レイプ被害者の非協力的な夫や恋人は、自分たちのふるまいが非難されるべきものであることを知っている。ミルグラム実験の被験者たちは見るからに動揺していた。

そうなると、これらの事例に共通することがあるとすれば、それはよからぬ行動に及んだ人々が自分の本当の自己に反して行動しているように見えることだ。正しく考え、正しく行為する術は知っているが、そうはできないとでもいうように。この点で、レイプ被害者のつれあいの事例は際立っている。彼らは自らの行動がある面で不適当であると承知していて（実際、協力的になれないことを率直に恥じる人は多い）、なおその不適切な反応を制止することができない。ふたつの反応傾向が衝突し合うものであることについては、ミルグラム実験の被験者を見てもよくわかるだろう。多くの被験者が実験者に異議を唱え、見るからに懊悩していた。それでも彼らは生徒役にショックを与えることをやめはしなかった。この人々には分別があった。何が正しいことなのかをわかっていた。それでも彼らは間違ってしまった。そして最後に、自動車の窓から顔に傷を負った人々に罵詈雑言を投げつけた人々。彼らは本当のところ何を思っていたのか？　その瞬間の熱から抜け出した後、冷静になって考えてみても、傷を負った人々は死んだほうがいいし、せめて自分の家に引きこもるべきだなどと本当に考えるだろうか？　ほとんどの人間はそこまで邪悪ではない。これらの事例の加害者も、思い返して自分の非を認めるだろう。にもかかわらず彼らは非難に値する行為を実行してしまったのだ。

　加害者たちがしでかしたことについて、加害者本人からも他人からも、こう形容されることがある。「らしくない《アウト・オブ・キャラクター》」[50]と。それではまるで心がふたつあって、せめぎ合いを演じているようではないか（つまり、その行為をしでかす心と、よりよい「見識」を持つ心の戦いである）。そしてよりよい見識のほうが敗れ去る。何を隠そう、これこそが認知科学が示唆していることであり、この章の主題でもある。ここで問題にした人々は、実際にふたつの心を持っているのだ。

50　out of characterは「その人本来の性格から外れている」ということ。それゆえ、その人の人格以外の何者かがその人を操ったかのような「ふたつの心」という印象につながる。

ひとつの脳のふたつの心

認知神経科学と認知心理学が示す証拠は、ひとつの結論へと収束する。[51] すなわち、脳の働きはふたつの異なったタイプの認知——それぞれ、多少とも異なった機能を持ち、異なった長所と異なった短所を持つ——によって特徴づけられる。〔1〕 多種多様な証拠がこの結論へと収束するのは、専門分野を異にする一群の理論家（認知心理学、社会心理学、神経心理学、自然主義哲学、意思決定理論、臨床心理学などが含まれる）が「二重プロセス理論」[52]と呼ばれる認知の働きに注目した理論を提唱してきたことからも見て取れる。この理論が示しているのは、脳にはふたつの認知システムがあり、それぞれが独立でありうる目的構造を持ち、その目的構造を実現するために独立したメカニズムを有しているということだ。[53]〔2〕

二重プロセス理論にさまざまな考え方があることについては、見本として、提唱者の名前と共に表2-1に示した。細部や用語法に違いはあるが、いずれのモデルも家族的類似によって結びついており、[54] 特定の違いは目下の議論においては重要ではない。研究文献では理論の名称がもたらす先入観を避けるために、ふたつのプロセスを「システム1」および「システム2」と呼ぶこともある［Stanovich 1999を参照］。とはいえ、これよりも内容がわかりやすい呼び方を、本章の後半では紹介したいと思う。

本書ではこのあとずっと、二重プロセス理論を人間の認知を語るツールとして使っていくことになる。〔3〕 そして本章ではこれより、まずはふたつの処理システムの特徴について、そしてそれらが人間の行動（本章の冒頭で説明したようなおぞましい行動も含まれる）を理解するうえで持つ含意について、さらに第1章で述べたロボットの反逆において人間行動の理解がどのように重要なステップになるのかについて論じていく。

二重プロセス理論において、一方の処理システムは自動的、[55]ヒューリスティック、[56]相対的に計算能力を要しない、などと形容されるシステムだ（しばしばヒューリスティック・システムと呼ばれ、システム1に分類される[Stanovich 1999]）。このシステムは、自動性、モジュール性（後述）、そしてヒューリスティックな処理といった、これまで認知科学でさまざまに論じられてきた構成概念[57]の性質を結び合わせたものと言える。ヒューリスティック・システムに含まれる性質のなかでも、自動的処理は注意がよそに向いているときに働くプロセスだ［以下を参照、Laberge and Samuels 1974］。また、モジュール処理はそれ自身のうちに組み込まれている知識を土台にして働く。こちらは次節で取り上げる。ヒューリスティック探索処理は、関連する手がかりをすべて扱うことなく、容易に

51 著者による心理学（実際には科学的方法論全般）の教科書『心理学をまじめに考える方法』の第8章は「収束証拠の重要性」の原理に当てられており、ここで言われるような、複数の独立した証拠が同一の結論を指し示すこと（収束すること、converging）の重要性が述べられている。

52 原文ではdual process（or two process）と呼称のばらつきが示されているが、今のところ日本語では、ほぼ「二重過程理論」で統一されていると見られる。但し、この後訳注95で述べる理由から、本訳書では慣例を幾分外れて（とはいえ類例はある）「二重プロセス理論」とprocessを片仮名訳した用語を用いる。

53 原文ではseparable goal structuresとseparate types of mechanismと言い分けられている。メカニズムは完全に別個である（separate）一方、それが適用される目的構造は一致することもあれば別個であることもある（separable）、ということであろう。

54 「家族的類似」は哲学者ヴィトゲンシュタインが提起した概念で、それぞれのメンバー間に部分的な類似が成り立っているが、全メンバーに共通する単一の本質的特徴のようなものは存在しないような、ゆるい類似性の関係を指す。

55 「自動的」と訳した英語のautomaticは、無意識的、反射的、習慣的な動作を指すために用いられることも多く、日本語の「自動的」よりも意味の幅が広いので、本書のような心理学の文献では注意が必要である。ただし、ここで言われている「システム１」プロセスは日本語の（機械の動きを第一に連想させる）「自動的」という意味合いがむしろ適切に当てはまる事例であるとはいえる。

56 heuristicは「発見法（的）」とも訳され、問題解決のためのラフだが素早く答えを出せる手引き（の利用）を指す。認知心理学において、エイモス・トヴェルスキーとダニエル・カーネマンが１９７０年代に創始した「ヒューリスティクスとバイアス学派」は、人々が手軽だが誤りがちなヒューリスティックの利用と、認知バイアス（認識の体系的な偏り）によって不合理な意思決定や判断に法則的に導かれることをさまざまな実験を通じて解明した。著者スタノヴィッチの研究もこの学派の研究成果の延長でなされている。

57 「構成概念（construct）」とは心理学用語で「観察結果と理論的結果を関連付けるための構成モデル」（『ジーニアス英和大辞典』）を指す。

両システムの性質および目的構造

ノーマン&シャリス（1986）	競合スケジューリング	監督的関心
ポロック（1991）	迅速で非柔軟な（Q&I）モジュール	思惟作用
ポズナー&スナイダー（1975）	自動的発動	意識的処理
リーバー（1993）	暗黙的再認	明示的学習
シフリン&シュナイダー（1977）	自動的処理	制御的処理
スローマン（1996）	連想的システム	規則に基づくシステム
スミス&デコスター（2000）	連想的処理	規則に基づく処理

特性

	連想的	規則に基づく
	全体論的	分析的
	並列的	直列的
	自動的	制御型
	認知能力への負荷が比較的少ない	認知能力への負荷が大きい
	比較的迅速	比較的遅い
	高度に文脈依存的	文脈から独立

目的構造

	遺伝子に利するショートリーシュ型目的で、比較的安定	生物個体の効用を最大化するロングリーシュ型目的で、環境変化に対処できるように常時、更新される

表 2-1　さまざまな理論家による「2 つのシステム」の呼び方と、二重プロセス理論によって示された

	システム 1 （TASS）	システム 2 （分析的システム）
二重過程理論		
ベイザーマン、テンブランセル＆ウェード＝ベンゾーニ（1998）	「したい」自己 （Want self）	「すべき」自己 （Should self）
ビッカートン（1995）	オンライン思考	オフライン思考
ブレイナード＆レイナ（2001）	要点処理	分析的処理
チェイクン、リバーマン＆イーグリー（1989）	ヒューリスティック（発見的）処理	系統的処理
エプスタイン（1994）	経験的システム	合理的システム
エヴァンス（1984, 1989）	ヒューリスティック処理	分析的処理
エヴァンス＆オーヴァー（1996）	暗黙思考プロセス	明示思考プロセス
エヴァンス＆ウェイソン（1976）	タイプ 1 プロセス	タイプ 2 プロセス
フォーダー（1983）	モジュール型プロセス	中央プロセス
ギッバード（1990）	動物的制御システム	規範的制御システム
ジョンソン＝レアード（1983）	暗黙の推論	明示的推論
ハイト（2001）	直観システム	推論システム
クライン（1998）	再認第一の意思決定	合理的選択戦略
レビンソン（1995）	相互作用的知能	分析的知能
レーヴェンシュタイン（1996）	本能的影響	嗜好
メトカーフ＆ミシェル（1999）	ホットシステム	クールシステム

拾い上げることができる手がかり《キュー》のみに依拠し、素早いがリスクを伴う［Gigerenzer and Todd 1999, Kahneman and Frederick 2002を参照］。以上のことからも窺えるように、ヒューリスティック・システム（システム1）は刺激の全体論的[58]な性質に対して自動的かつ敏速に反応する。それゆえに、蓄積されたプロトタイプ〔ひな形[59]〕との大まかな類似に基づいた判断へ傾くという偏りがある［Sloman 1996, 2000を参照］。

もう一方の処理システム（しばしば分析的システムと称され、筆者の論考では「システム2」として分類された［Stanovich 1999］）は、心理学者たちが制御的〔統制的〕処理[60]の典型と見なしてきたさまざまな特徴を結び合わせたものになる。分析的な認知処理とは、直列的（並列的の正反対）であり、規則に基づき、しばしば言語を基礎とし、計算コストが高くつく——そして、それらは私たちの〔意識的な〕気づき[61]が焦点を合わせる処理である。分析的処理は、心理学者および一般の人々が言うところの「意識的な問題解決」において働き、〔システム1のように〕全体論的な表象〔表現[62]〕に基づいて処理を行うのではなく、むしろ、刺激〔つまり感覚入力〕を構成する諸要素に基づいて働く体系的規則を用いて処理を行う。こうした、体系性と生産性を備えた諸規則[63]こそ、認知科学者が分析的システムの「合成性[64]」と呼ぶものを定義づけるものだ。ここで分かれ目になるのは、処理に系列性があるかないかという点である[4]。これは全体論的な、類似性を足場として働くヒューリスティックシステムにはない性質だ。ヒューリスティックシステムは、系列的〔直列的[65]〕で、分けられた段階を一歩一歩進めていくような問題解決には向いていない。また、分析的システムは、個人個人の計算能力の違いとより強く結びついている（このことは、間接的には知能テストや認知能力テストによって示される——より直接的には、作業記憶《ワーキングメモリ》の性能を示す種々の指標から読み取られる）。分析的システムの重要な機能のひとつは、ヒューリスティックシステムが生じさせる、不適切で過剰な一般化に基づく反応〔つまり単純化されすぎた反応〕を制止する機構として働くことだ（この点については、本章の後半で論じる）——分析的処理は、衝動の抑制という概念に結びつけられる傾向が強いのだが、それはこの点に由来している。以下のいくつかの節では、それぞれのシステムを特徴づける要素を解説していく。まずはシステム１（ヒューリスティックシステム）から始めよう。

58 「全体論（的）（holism/holistic）」とはもともと「全体は部分に先立つ」という思想だが、この場合は、全体がそれ自体として有する性質、あるいは、ある事物が全体として有する、諸部分の性質に還元されない性質、というほどの意味である。

59 プロトタイプ（prototype）とは機械学習などの分野で用いられる用語で、脳や機械学習プログラムが入力された代表例や類似性などをもとに、対象を分類するために内部に形成する（あるいはプログラマーによって指定される）類型を指す。

60 原語はcontrolled processingで、「自動的処理（automatic processing）」（これは本書でいうＴＡＳＳ処理に近い）の対概念として用いられる。当人（つまりパーソナルレベル）の随意のコントロール下に置かれた（情報）処理、というほどの意味である。「統制的処理」とも訳される（心理学においては、「統制」はcontrolの標準的な訳語となっている）。

61 本書では「意識（する）」という訳語はなるべくconsiousness（be conscious of）に限定し、類義語であるawareness（be aware of）には「気づき（気づく）」ないし「自覚（する）」のような「意識」以外の訳語を当てる（例えばこの個所はour awarenessで、consciousnessは使われていない）。

62 原語のrepresentationは哲学などでは「表象」、脳科学やコンピュータ科学などでは「表現」と訳される。大まかに特徴づければ、心、脳、あるいはコンピュータの外部にあるものと対応づけられ、それを「指し示している」と見られる内部の構造を一般的に指す（伝統的な哲学において「心の中の観念」と呼ばれてきた単位であり、脳科学やコンピュータ科学でもそれに相当する何らかの物理的なものを指している）。

63 ここで言われている「体系性（systematicity）と生産性（productivity）を備えた諸規則」として最も有名なのは人間の言語の文法であり、特に生成文法学派は言語のこのような性格に注目して文法理論を発展させた。ここで「体系性」は、諸要素が無秩序に並べられるのではなく、秩序立てて関連づけられていることを指し、「生産性」は、有限な語彙を反復的につなぎ合わせることで、原理的には無限に多くの文を生み出せることを指す。著者はこの点を意識してこのような形容詞を用いたと思われ、文法に典型的な、複雑な規則を体系的に利用するような処理を示そうとしたのだと思われる（ただし、以上を踏まえた上でもう一点注記すれば、生成文法学派が想定する文法規則の利用は通常無意識的、自動的になされるのに対し、ここで想定されている規則は、数学の定理や機械の操作マニュアルなど、意識的、自覚的に利用される規則だという相違がある）。

64 「合成性」はcompositionalityの訳。一例として谷淳氏の定義を（テニヲハを一部修正して）引くと「ある全体が再利用可能な部分の組み合わせから構成可能であること」を指す（特定領域研究「脳モデルに基づいた行為・認知のための階層性の構成に関する研究」）。例えば、ちょうど文が語彙中の単語の組み合わせから合成されるような仕方で、複雑な行為が単純な基本動作（運動単位）の組み合わせから再構成可能であるとき、合成性が成り立っている、と言われる。前訳注同様、ここにも生成文法学派の言語観との対応がある。

65 「系列的（sequential）」と「直列的（serial）」はおおむね同義で用いられていると見られる。言語記号や、あるいは通常のコンピュータプログラムのように、処理を一次元的、逐次的に進めていく過程である。

自律的システム群(TASS)――主人の言うことを聞かない脳

時速70キロメートルで滑降していれば、決断は自ずと決まるのです。ひとつ過てば奈落の底。そんなピンチは突然に訪れる。さあ、左によけるか、右によけるか。あるいはそんなことを考えながらそのまま死ぬか。

――マイケル・フレイン『コペンハーゲン』[Frayn 1998]

筆者は前節において、システム1ないしはヒューリスティックシステムという言葉を使ってきたし、それがまるで単一のシステムであるかのように語ってきた(二重プロセス理論に関する研究文献ではお馴染みの習慣である)。だが実のところ、ヒューリスティックシステムというような言葉(単一の認知システムであることをほのめかす言葉)を使うのは誤解の元でしかない。本来ならこうした言葉は複数形で使われるべきなのだ。なぜならヒューリスティックシステムという言葉の意味するところは、引き金となる刺激に反応して自律的に働く、分析的処理システムの管理下にはないシステムのことであり、それは脳の中の(おそらくは非常に多数の)システム群だからである。この「自律的システム群」を、以降は「TASS(The Autonomous Set of Systems)」と呼ぶことにする。このようなTASSに関しては、この30年間、集中的な研究が行われてきた。[5]

TASSを特徴づけるさまざまな性質は、表2-1のリストにある通りだが、本書においてはとりわけ自律性という性質を強調していきたい。[66] TASSの自律性の特徴としては、次のものが挙げられる。(a) TASSのプロセスは個々の領域に関連付けられた刺激に自動的に反応する。(b) 処理の実行に関しては分析的処理システム(システム2)のインプットから独立しており、その管理下にはない。(c) 分析的処理が同時に算出した結果と齟齬をきたす結論を出し、実行に移すこともある。

TASSのプロセスの多くは、認知科学の分野で用いられている言葉を使えば、モジュール的なプロセスであるとも見なされる。[6] 認知科学で言うモジュールとは複合的な概念である。それは数多くの性質を結び合わせてできあがった概念であり、しかもそれらの性質の多くは、それをモジュールの概念に含めるべきかどうかについて論争が絶えないのだ。とはいえ筆者が考えるTASSの概念は、認知科学者が考えるモジュール性の概念よりもゆるく、喧《かまびす》しい議論を呼び起こすようなものではない。モジュール性の概念に含めるべきかどうかで議論を招くような性質の多くは、大きな影響力を持つジェリー・フォーダーの著作『精神のモジュール形式』[Foder 1983]が力強く打ち立てた見解に由来している。フォーダー流の認知の二重プロセス理論では、モジュール処理と中央処理が区別される。モジュール処理とは、基本的には、さまざまなインプットシステム（言語および知覚と関連するシステム）とさまざまなアウトプットシステム（処理された情報に基づきその生物の反応を決定する作業に関連するシステム）をともに包括している。さまざまなアウトプットシステムは、処理した情報を中央処理（分析的処理システム）に引き渡す。中央処理は非モジュール的であり、高次の推論、問題解決、明晰な意思決定、熟考された判断といった働きを生じさせる源となっている[Harnish 2002]。

フォーダーによると[1983, 1985]、モジュール処理とはいくつもの重要な性質を結び合わせたものである。すなわち、

66 「自律性（autonomy）」は、倫理学や政治思想などにおいては、自由な個人が自己の意志と責任で自己決定を行うことを指すことが多く、やや違和感を抱く読者もいると思うが、ここではシステムが他に依存せず自己完結的、自己決定的に働くということで、むしろ「自動的（automatic）」に近い意味合いである。

1　迅速で、
2　強制的で、
3　領域特異的で、
4　情報が被包的で、
5　認知的に侵入不可能で、
6　特定の神経構造の補助を受け、
7　特定の病理的失調の影響を受け、
8　個体発生について決定論的である（定まった発達段階を踏む）。

性質6から8はモジュールが生得的であることを強調するフォーダーの主張［1983］から導かれたものだが、これらは筆者がTASSの概念に含めたいものではない。たしかに生得的なモジュールはTASSの重要な一部ではあるが、筆者としては、個々のプロセスは経験と習慣化を通じてTASSの一部になりうることも同じくらい重視したい。要するに、認知のプロセスは自律性という性質を後天的に獲得することができる、ということだ。

性質4と5（情報被包性と認知的侵入不可能性）もまた、フォーダーの考える認知モジュールにあってはたいへん重要なものだが、異論も多く、経験的〔実証的〕な検証は非常に難しいことがわかっている。情報被包性〔つまり情報がいわばカプセル化されている〕[67]とは、あるモジュールが働くとして、そのモジュールそのものに含まれない知識構造に由来する情報がその働きに関与することはないという意味だ。一方で、認知的侵入不可能性というのは、中央処理にはモジュール内部の働きに対するアクセス権も支配権もないことを意味している。

特定の下位システムが情報被包的であるかどうか（つまり、フォーダーの基準に照らしてそれがモジュールと呼ばれうるかどうか）という問題は、認知科学において絶えず論争の種になっている。それとは対照的に、性質１と２が争点になることははるかに少ない。だからこそ、筆者はそれらをＴＡＳＳという概念の中心となるべき特徴として強調してきた。例えば脳の中で、「心の理論」と呼ばれる下位システム[68]がどれほど被包的で、どれほど侵入不可能なのか、という問題については、常に論争が起きる〔以下を参照。Baron-Cohen 1998, Scholl and Leslie 2001, Sterelny 2001b, Thomas and Karmiloff-Smith 1998〕。しかし、健常な個人においてそれ[69]が効率的に（迅速に）、かつ自動的に働くという点については、そうそう議論が白熱したりはしない。

性質２（モジュール処理の強制性）は、筆者が用いるＴＡＳＳの概念の性質のひとつとして、外せないものだと考えている。ＴＡＳＳプロセスは中央システムによって停止させられたり、介入を受けたりするものではない。むしろそのプロセスは関連する刺激が与えられると強制的に引き金が引かれる。中央システムがＴＡＳＳの出力を不要ないしは害をなすものだと判断したからといって、それでＴＡＳＳのプロセスの引き金を自粛させたりすることはできない（もっとも、ＴＡＳＳシステムが反応を決めたとして、中央処理はその出力を制止することはできる。これについては後述する）。ＴＡＳＳの処理は往々にして〔誘導装置のない〕弾道ミサイルさながらのやり方で進む[70]――ひとたび引き金が引かれれば所定の作業をまっしぐらに完遂し、誰も途中で止めることはできない。

性質１（迅速性）は、ＴＡＳＳのプロセスがごく少数の刺激の単純な組み合わせだけに反応すればよく、また

67　「情報被包性」の原語は informational encapsulation（「情報が被包的」は informationally encapsulated）。情報がカプセルの中に封入されているようになっており、外部からの情報の取り込みがない、ということである。

68　「心の理論（下位システム）」（theory-of-mind subsystem）とは、ちょうど理論にデータを与えるとさまざまな解釈が導かれるのと同じように、さまざまな感覚入力（例えば表情など）から他者の心についての一定の解釈を生成するとされる脳内の下位システムで、「理論」という名はついていても、本物の、理論家が意識的に利用するいわゆる「理論」とは異なり、無意識的に働く。

69　例えば右記で参照されているバロン＝コーエンは、自閉症を「心の理論」下位システムの失調とする仮説を提起しているが、そのような失調がなければ（unimpaired）ということである。

ひとたびＴＡＳＳが稼働を始めると完遂するまで止まらない（ひとつのモジュール内においては、作業完遂がうまくいっているかどうかの意思決定が途中で差し挟まれることはない）ということによって説明される。このようなＴＡＳＳプロセスは迅速で、中央処理の能力を無駄づかいすることがない。ＴＡＳＳにおける認知プロセスの実行がこのように素早いのは、反応しなければならない刺激の配列が限定されたものであること、そこで生じる変化が固定的であること、つどつど決定される必要がないこと、遅い中央処理システムへの問い合わせが不要であること、そしてその有用性を測定したり途中で調整を施したりせず、ひたすら作業完了に専念すること——などが理由として挙げられる。

性質３（領域特異性）は、特定の領域[71]には特定のモジュールが対応しているという考え方で、フォーダー流のモジュールを定義するためには鍵となる性質だが、ＴＡＳＳ内のプロセスに関して言えば決定的なものではない。ＴＡＳＳには領域特異的なモジュールに限らず、例えば連想に基づく暗黙裡の学習といった、より領域一般的なプロセスも含まれるからだ。さらに言えば、ＴＡＳＳは感情による行動統御というプロセスまで包含している[Johnson-Laird and Oatley 1992]。哲学者のポール・グリフィス［1997］が論じているように、〔行動の〕感情による統御のプロセスはアウトプットにおいては領域特異的なものとなるが、そのプロセスを引き出す刺激については、（偏りはあるにせよ）より一般的な学習メカニズムに依存している。

多くの認知科学の理論家が強調していることだが[7]、ＴＡＳＳにおいて進行するプロセスはある意味ではなはだ没知性的である——それは引き金となる刺激が与えられると文脈を度外視して発動し、状況が変わってその出力がもはや不要になっても、プロセスの完遂を目指して一目散に突き進み、その引き金となる刺激だけしか相手にできない。とはいえこのような没知性性は、ＴＡＳＳのプロセスのめざましい効率性によって埋め合わせられうる。後述するように、遅く鈍重で、計算コストの高い中央処理とはそこが違う。多くのＴＡＳＳ処理は並列的に実行可能であり、速やかな出力が可能である。進化心理学の教えるところでは、顔を認識したり、相手の言うことを理解したり、他人の行動上の手がかり《キュー》〔が指し示すその人の内面〕を読みとったりするといった認知作業は、それが速ければ速いほどいっそう〔進化における〕適応度の大きなものになる。

フォーダー［1983］は、迅速な没知性的プロセスの利点について次のように指摘している。ある状況においてある自律的プロセスが働くとき、そこで採りうる選択肢は無数にあるはずだが、「その中で、当のプロセスに活用されるのはただひとつのステレオタイプ的な選択肢だけである。しかしこうした愚かさのおかげで人は決断をする必要がなくなるのであり、決断とは、とかく時間を要するものなのだ」［64］。フォーダーはここで「決断をする」必要がないプロセスには速さという利点があることを指摘しているわけだが、これは本項の冒頭で引用した劇作家マイケル・フレインの言葉によく表れている（「さあ、左によけるか、右によけるか。あるいはそんなことを考えながらそのまま死ぬか」）。この世には処理が完全とはいえないものになってしまうリスクを冒してまでも、素早い反応が求められる局面があるのだ。

さて、要約しよう。TASSのプロセスについてここで強調したいポイントは、速さ、自動性、強制性というものである（いずれも「自律的」という用語に当てはまる）[72]【8】。最終的なアウトプットがどのようなものになるかはさ

70　「弾道ミサイルさながらの」の部分は、原文では単に「弾道的（ballistic）」とのみ言われているが、これはいわゆる「誘導ミサイル」と対比される兵器としての「弾道ミサイル」を念頭に置いた表現だと思われる。つまり、発射後に軌道を調整していく誘導ミサイルに対し、発射後の調整が効かないタイプの火器にTASSの動作をなぞらえている。もちろんこれはあくまで比喩であり、どのようなモジュールも、現実の誘導ミサイルよりもはるかに精密なフィードバックを受けながら進んでいくはずなのだが、そのフィードバックも含めてすべてが無意識的、自動的、強制的に進んでいくという意味では「弾道的」なのである。以下では単に「弾道的」と記す。

71　「領域（domain）」はフォーダーの場合には「脳内の領域」をも指すはずだが、この後の説明からしても、ここでは、（フォーダー自身の見解も含め）課題や作業の種類や範囲、あるいは状況や扱う対象が一般的ではなく、むしろ非常に特定されていることを「領域特異的」と呼んでいる（例えば、この後非領域特異的なプロセスの典型として出される連合あるいは連想による学習は、さまざまな種類の対象、さまざまな場面に適用されうる）。

ておき、ＴＡＳＳの内部的な働きにおいて、意識的経験が引き起こされることはまったくない。自律的という用語について、今後の議論でも重要になってくるのは、ＴＡＳＳのプロセスは並列的に進む（複数のプロセスの並列と、分析的プロセスとの並列を含む）という点、そしてそれには分析的システムのインプットを必要としないという点である。この点、分析的プロセスが自律的であることは稀だ——つまり大抵の場合、分析的システムはＴＡＳＳの下位プロセス（後述）が提供するインプットと協働するものなのだ。

進化心理学者が主張するように〔Pinker 1997, Tooby and Cosmides 1992 ほか〕、ＴＡＳＳ内部のプロセスの多くは進化的適応の産物だが、ＴＡＳＳに属する下位プロセスについての、筆者のゆるやかな定義を採用する場合、そこには進化的適応の産物ではないものも含まれる（そのいくつかは、習慣を通じて自律的〔無自覚的〕になったプロセスである）。だとしても筆者は、ＴＡＳＳプロセスの中には、単なる知覚的プロセス以外に、それよりも本質的に高いレベルのプロセス、あるいは概念的なプロセスもまた含まれていておかしくないと考える点においては、フォーダーではなく進化心理学者の側に立っている。つまり進化心理学者は、高度な認知プロセスがモジュールの形態を取りうることを強調してきたのであり、筆者としても、同様にＴＡＳＳに高レベルの概念的プロセスがあってもいいと考えている。それどころか筆者は、概念的なシステムや規則が習慣を通してＴＡＳＳに取り込まれることを強調する点で、進化心理学者のさらに先まで進む[9]。そのような概念的システムや規則のＴＡＳＳへの取り込みは、人間が自身の認知を組織化する方法のひとつなのである——すなわち高度な技能を意識的に訓練していくことで、技能が自動化されたＴＡＳＳプロセスとなり、その技能が自律的〔無自覚的〕に実行されるようになる。それによって中央処理の能力を解放し、他の活動へと振り向けることができるようになるのだ。

ＴＡＳＳの下位プロセスの典型的な事例と言えるのが反射である。本書の、より大きな諸テーマに照らすとそれほど興味をそそる話題でもないが、反射を少し深く考察してみれば、自律的プロセスの驚嘆すべき性質が実際に見えてくる。実のところ反射に思いをめぐらせれば、ある意味で私たちの脳には複数の心があるというショッキングな事実を突きつけられることになる。加えて、まさに反射というものが存在していること自体、人間の精神生活を司っているとされる「この私」の支配がそう大層なものではないという事実を、そして脳には人間を無視する部分があるという重大な事実を明らかにするものでもあるのだ。

瞬きという反射について考えてみよう。あなたと私（私たちは友人同士だ）がひとつの部屋で、まさに反射について議論しているとする。そこで私はあなたに近寄って人差し指を突き出し、あなたの目に刺さる2インチ手前で指を止める。あなたはきっと瞬きをするだろう。ここでふたりが置かれた状況を考えれば、先の議論からして、あなたのふるまいがひどく没知性的であることがわかるはずだ。なんといっても私たちは友人同士なのである。それに、ちょうど瞬きについて話していたばかりなのだ。だとすれば、私が何を証明しようとしていたのかも、私が実際にあなたの目をつついたりはしないことも、あなたは知っている。それでも、瞬きする必要などないという知識は活用できないし、瞬きを止めることもできない。反射は「それ自体の心を持っている」。それは、あなたのコントロールのおよばない脳の部分なのである。

自律的システムは反射に限られるものではない。フォーダーが「知覚の入力システム」と呼ぶものも、中央システムが知っていることのいかんを問わず作動するという同じ性質を備えている。図2－1のミュラー・リヤー錯視について考えてみよう。上の図形の直線区間は下の図形の直線区間よりも長く見えるが、実は同じ長さである。この錯視は非常に有名で、読者のほとんどは見たことがあるだろう。では、2本の線は同じ長さであるとい

72　念のため、訳注66での説明を繰り返しておけば、現在言われている「自律的（autonomous）」とは、「自動的」に近い、各モジュールの無自覚的な働きのあり方を指す用語であり、これは個人が自覚的、反省的な自己決定をなしえているあり方を指す「自律的」（倫理学などでの用法）の、いわば対極にある概念である。

図 2-1　ミュラー・リヤー錯視

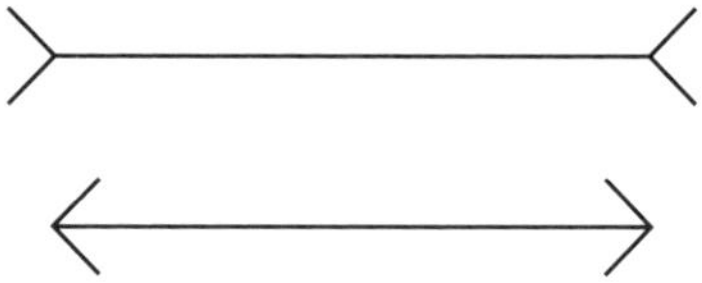

うことを念じてみよう。それでも上の直線のほうが長く見えるだろう。ここにおいて「長さは同じである」という知識は役に立たない。錯視を生み出す自律的な知覚の入力システムはなおも作動しつづけているのである。このミュラー・リヤー錯視の例からわかるのは、知覚の入力システムもまたあなたを無視する脳の重要な部分であることだ（「あなた」とはこの場合、心の中枢に位置する制御者《コントローラー》を意味する――後述するが、このようなものとしての「あなた」なるものもまた、部分的には錯視に他ならないのだ）。

自律的プロセスのリストに記載されているのは反射と知覚入力システムに留まらない。TASS内には世界と自己を区別するよううながす下位システムがあって、これもまた自律的な下位システムとして働いているため、やはり世界についての既知の事実とは正反対の働きをすることがある。そのことを示す例が、ロジン、ミルマン、ネメロフらによる、嫌悪感に基づいて設定された一連の実験［Rozin, Millman, and Nemeroff 1986; Rozin and Fallon 1987も参照］だ。ある実験では、上等なファッジ〔キャンディの一種〕を食べた被験者たちは、もうひとつ食べたいと言う。ところが次に出されたファッジは同じものでありながら、犬のフンをかたどっていた。被験者たちは嫌悪感を示し、食べたくないと言った。そのファッジが本物の犬のフンではないことも、おいしそうな匂いがすることも被験者たちは知っていた。にもかかわらず、忌み嫌うような反応を示したのである。また、ロジンらが行った別の実験も紹介しよう。デネット［1991, 414］は、この実験のあらましを次のように描写している。さて、口の中の唾液を呑み込んでみよう。——問題ない。では空のコップを持ってそこに唾を吐き、それを飲んでみて。——うへぇ、それはかんべんだ！　それはまた、どうして？　デネットはこう述べている。「どうやらそれは、私たちの次のような知覚と関係しているらしい。いったん何かがからだから外部に出たら、もはやそれは私たちの一部ではなくなってしまい——私たちとは無縁な、疑わしい存在となって——市民権を捨てたものとして、締め出されるべきものになってしまうのだ、という知覚と」［414］〔邦訳491頁〕。口の中の唾液を呑み込むか、コップの唾液を飲むか——私たちはそこで異なった反応を示すが、ある意味でそれが不合理な区別であることを知っている。だがそうだとしても反応の違いがなくなるわけではない。それを深く知っているとして、また知っていることを知っているとして、それだけではコップの唾液に対するTASSの反応を覆すには十分ではない。そうした反応は自律的なものであって、私たちの意識的な自己が「お前は引っ込んでいろ」と言ったところでお構いなしなのである。これもまた私たちを蔑《ないがし》ろにする、私たちの脳の一部なのだ。

　認知プロセスにおける自律性は持って生まれた性向として存在するのみならず、後天的に習得可能なものでもある。このことは、実験心理学の最初期から認知プロセスの自律性を実証するために用いられてきた実験方法のひとつを使って説明することが可能だ。いわゆる「ストループ実験」というのがそれである。ストループ実験とは、注意がよそを向いているときに自律的プロセスがどのように働くかを実証するものだ［以下を参照。Dyer 1973, Klein 1964, MacLeod 1991, 1992, MacLeod and MacDonald 2000, Stanovich, Cunningham, and West 1981］。この実験はさまざまな装いでなされてきたが、ここではそのひとつを見てみよう。まず、被験者たちに1枚のカードが示される。カードには複数の色を表示したカラーバーが描かれており、被験者はそれぞれについて色の名前を答えるよう求められる。最初の実験（ベースライン実験）においては、バーには介入的な情報は一切含まれていない。

表 2-2　心理学の研究で提起された認知モジュールのリスト

顔認識モジュール	数的直観モジュール
心の理論モジュール	民俗物理学モジュール
社会的交換モジュール	道具使用モジュール
感情知覚モジュール	民俗生物学モジュール
社会的推論モジュール	血縁志向モジュール
友愛モジュール	育児モジュール
恐怖モジュール	努力配分と再調整モジュール
空間関係モジュール	意味推論モジュール
物体力学モジュール	文法習得モジュール
予備動作モジュール	情報伝達・語用モジュール
バイオメカニクス的動作モジュール	

続く実験（介入実験）では、バーに色の名前が言葉で記されているが、それは実際の色とは異なっている（例えば、赤いバーに「緑」と書かれていたりする）。この介入実験では、被験者は書かれている色の名前を無視して、実際のバーの色を答えるように指示される。この実験では、〔知覚情報との〕齟齬をきたす言語刺激が存在しないベースラインの状況と比較して、そのような齟齬が生じている〔介入実験の〕状況のほうで、回答に要する時間がより長くなることが示された。このように、齟齬のある単語の文字列が干渉を引き起こすというのは、単語の処理が自動的になされていることの証拠になる——というのも、ストループ実験では、被験者の注意が他に向けられている場合ですら、単語の処理が強制的に（実のところ意に反して）なされていることを示していると考察されるからである。実際、ストループ実験は「注意がよそを向いているときにも処理は行われている」というロジックが最も極端に示される事例のように思われる。被験者たちは何度か失敗すると、書かれた単語を故意に無視しようと（無駄な）努力をする。にもかかわらず被験者は、

赤いバーにどれほど意識を集中させても、あるいは「単語を無視するよう強く自分に言い聞かせ」ても、単語からの干渉を根絶することはできないのであり、これは単語認識プロセスが自律的に働いていることを示すものだ。こうしたストループ実験の結果は、被験者たちが脳内に、中央システムからの指示を無視するというプロセスを後天的に獲得していることを示している。[73]

先に述べたように、ＴＡＳＳプロセスは末梢での入出力に携わる下位システムに限られたものではない。この点を論じるうえで、進化心理学者は際立った役割を果たしてきた。表２－２はさまざまな研究文献をもとに作成したものだが、[10] ここには進化心理学者のみならず、発達理論および認知科学におけるさまざまな分野の研究者がこの20年間で発表してきたＴＡＳＳモジュールの一部がリストアップされている。これらのモジュールが進化上の重要な課題達成を後押ししてきたことは明らかだろう――食物と水の獲得、捕食者の検知と回避、集団内での地位向上、血縁者の識別、配偶者の発見、そして育児などである。リストに記載された多くが、フォーダー派が想定する末梢知覚に限定されたモジュールではなく、概念的なモジュールであることは明らかだ。筆者としては、表２－２にある自律的で概念的なプロセスがＴＡＳＳには多く含まれていると考えているし、それと並んで多くの規則、刺激の識別、意思決定の原理、といったものが習慣づけにより自動性を獲得するに至ったとも考えている。加えて、古典的条件づけやオペラント条件づけなど、表２－２に挙げられたモジュールよりもいっそう領域一般的な性格を持ったプロセスもＴＡＳＳに含めている。最後に感情による行動統御もまたＴＡＳＳ内に存在する [Johnson-Laird and Oatley 1992, Oatley 1992, 1998]。

単一のシステムとしてのＴＡＳＳではなくプロセスの集合体としてのＴＡＳＳを強調することにおいて、進化

73 言語能力はある程度遺伝的なものだと言われているが、だとしても母語の単語を識別するためには後天的な習得の要素は不可欠なので、（後天的に）習得または獲得された（つまり acquired された）ＴＡＳＳの事例になるということだろう。

心理学者の用いる比喩は実に有益である。比喩の発案者はコスミデスとトゥービー［Cosmides and Tooby 1994b, Tooby and Cosmides 1992］で、彼らは心の性格をスイス・アーミーナイフ〔十徳ナイフ、多機能ナイフ〕にたとえた。進化心理学者たちがこの比喩を使うのは、「人間の大部分の情報処理を遂行するのは汎用的な認知メカニズムである」という考えに反論するためである。「心というものは、1本の万能の刃物というよりは、むしろスイス・アーミーナイフのようなものである見込みが大きい。それは多くの状況で有能性を発揮するのだが、その有能性はそこに組み込まれた、それぞれ異なった問題解決のために的確にデザインされた数多くの構成要素――栓抜き、コルク抜き、ナイフ、つまようじ、ハサミ等々――に由来している」［Cosmides and Tooby 1994b, 60］。この比喩はTASSの多彩な性格と、そこに組み込まれた構成要素のいくつかが有している領域特異性をよく捉えている。[11]

スイス・アーミーナイフの比喩を用いれば、TASSに種々の処理メカニズムがあることも、またその中には少なくとも準モジュール的な性質を有しているメカニズムが多いこともわかりやすく指摘できるだろう。もっとも、本書で採用する二重プロセス理論はそうした進化心理学者の概念化とはふたつの点で離反することになる。第1の相違点として、TASSの個々のプロセスはことごとくモジュール的であったり、準モジュール的であったりする必要はないと筆者は考えている。進化心理学者が論じてきた、準モジュールで構成されているダーウィン型の心以外にも、〔筆者の定義する、ゆるい意味での〕TASSには無意識の学習や条件づけといった領域一般的なプロセスも含まれるし、感情による行為統御という自動的なプロセス（広範な領域からの刺激に反応するプロセス）も含まれている。しかしそれ以上に重要な第2の相違点は、進化心理学者は汎用的な中央処理装置の存在を想定したがらないという点にある。[12] 対照的に、本章でこれから見ていく二重プロセス理論においては、まさにそうした中央処理装置の存在が鍵になるのである。

「分析的システム」の特徴を理解する

分析的システム（システム2）のプロセスを定義するための、おそらく最も簡単なやり方は、TASSを特徴づける一群の性質リストとは正反対のリストをつくることであろう。TASSプロセスとは、並列的で、自動的で、おおむね意識のおよばないところで働き、計算能力をそれほど必要とせず、計算に際してはしばしば領域特異的な情報を利用する、といった性質を備えていた。ということは、分析的プロセスとは、〔それとは対照的に〕直列処理、中央実行制御、意識的な気づき、高負荷な働き[74]、計算のための領域一般的な情報の利用といったものになるだろう（表2－1参照）。分析的システムの定義を得るために、TASSとは反対の性質を与えていくというこの戦略は、さしあたりの近似としては正しいのだが、しかし論争の的となっているいくつかの問題を巧妙に回避してしまう戦略でもある。

中でも最も厄介な問題は、初歩の哲学的間違いを犯すことなく、あるいは怪しげな脳機能モデルを暗黙裡に持ち込むことなく、いかにして分析的システムを語りえるか、ということだ。私たちの自然言語は、認知科学の概念にも脳にまつわる神経生理学的知見にもうまくはまらないのである。高次の（非モジュール的な）脳機能を理解しようと思えば、再帰性や自己言及性といった概念が必要になってくるが、これは容易な記述を許すものではない。高次の脳システムについて語ろうとするとき、伝えやすさと事実的正確さはしばしば対立するのだ。

その難しさの一端は、心理学の研究文献に最も頻繁に登場する分析的プロセスの比喩、すなわち中央実行処理装置という比喩[75]を用いようとしたときに、たちどころに明らかになる。慣れない手つきでこの比喩を取り扱うと、

74　原語は capacity-demanding operation で、capacity は大きな「能力」を要求するということではなく（これはシステム1が得意とするともいえる）、いわゆる認知リソースの「容量」を多く必要とする、ということであろう。

心理学者や哲学者にはよく知られた、いわゆるホムンクルス問題（「頭の中の小さな人」問題）という亡霊を召喚してしまうことになりかねない。ホムンクルス問題とは、私たちが〔外的な〕行動における識別や選択のふるまいを説明しようとして、脳という非常に複雑なものの中に何者か〔つまりホムンクルス〕が住んでいるという仮説を立てたところで、問題を外的行動からメカニズム内部の行動へと移し替えるだけになってしまう、という問題だ――つまり、もともと複雑かつ難解な外的行動を説明するために呼び出された内部メカニズムが、それとまったく同程度に複雑かつ難解なものとされてしまう、という問題である。その種の説明の行きつく先は、例えば「ある人がXをすると決心したのは、それはその人の中央処理装置がXをすると決めたからだ」のようなものになるだろうが、これで私たちの理解が深まるとは到底言えないだろう。それは結局のところ、「ある人が何かをするのは脳の中にもうひとりの人間――ホムンクルス――がいて、そのホムンクルスがそうすると決めたからだ」と言っているようなものだからだ。

この説明に登場するホムンクルスは、例えば実行処理装置として提起されたものの言い換えだが、このような説明が何の説明にもなっていないのは、この場合、そのホムンクルスの中身が、もっとすっきりと理解され、神秘的なところが少ない、心理学および神経生理学の比較的単純なプロセスに関連づけて解明されていないからである。[13] ホムンクルス問題とは、想定されたホムンクルスが過剰に知的であることによって初めて生じる問題なのであり、その複雑な仮想的存在がもっと単純な形に分解されているならば話は別である。要するに、認知心理学者や神経生理学者が得意としている方法によって、実際的にその概念を定義できるほどに単純な存在になれば、理論家はその概念を臆することなく自由に使えることになる。その複雑な存在がいかなる分解も経ていないならば、それはただのホムンクルスだという批判をかわすことはできないのだ。

分析的プロセスを説明しようとさまざまな比喩を繰り出す心理学者らに対して、哲学者は常に目を光らせる。

心理学者がホムンクルス問題やその他の概念上の間違いに滑り落ちていないか、絶えず見張っているのだ。意識をめぐる議論では多くの比喩が使用されるが、それらもやはり誤解を招きやすいものであり、そのことはホムンクルス問題と同様に、本節の議論にとって重要な意味を持っている。というのも、分析的プロセスはしばしばTASSと対照をなすものとされ、前者は意識的なものとして、後者は内省を受け付けず、〔意識的な〕気づきとも無縁なプロセスを含むものとして語られがちだからだ。ダニエル・デネットの『解明される意識』には、デカルト的二元論（世界はふたつの異なった実体――心と物[76]――で構成されているという考え）に発する臆断から私たちを解き放つさまざまな思考実験と共に、心に関して私たちが受け継いできた二元論的言語を言い換えるための練習問題が多く収録されている。デネットがとりわけ警戒をうながしているのは、いわゆる「デカルト劇場」を暗黙裡に前提する言葉の使用についてだ。デカルト劇場とはすべての脳活動が「一堂に会し」、すべての活動が「中央意味装置」（ホムンクルス）の目にさらされる場のことを指す――この劇場において上映されたものについてのホムンクルスによる理解が、私たちの意識として生じることになる、とされるのだ。

人間の意思決定を説明するにあたって、（説明を伝えるためには一定の用語や比喩がどうしても必要となるため）私たちが容易にはまり込んでしまうひとつの見方がある。この見方を一言でいえば、「中央意味装置（「すべての脳活動が一堂に会する」劇場のスクリーンで、意識が「上映」されるのを見ている存在）が意思決定を行って操作レバーを引くと、人間はその選択のままに行動する」というものだ――こうした存在を、筆者はこの先「プロメテウス

75　「中央実行処理装置」の原語は central executive processor。「中央実行処理者」「中央に位置する実行処理の担い手」とも訳せる。これとよく似た「中央実行系（central executive）」や「実行機能（executive function）」という用語は単なる比喩ではなく、実際の脳機能の術語の中に取り入れられているが、著者はこれらの術語の理解そのものに哲学的誤りを持ち込まないように警告している、と見られよう。

76　「実体（substance）」とはアリストテレス以来、述語づけされる主体（主語）にあたる存在で、デカルトはすべての存在は思考する実体としての心か、延長（空間的な広がり）をもつ実体としての物体（人間の身体含む）かのいずれかに分類されると主張した。

型制御者《コントローラー》」と呼ぶことにする。[77] もちろんこれは科学者が提案するであろうモデルではなく、むしろ、一般読者が思いつきそうなモデルである。専門家ではない読者は、複雑な概念を心理学なり神経生理学で論じられている認知的制御《コントロール》の用語へと移し替える方法に通じていないからである［Baddeley 1996, Harnish 2002, JohnsonLaird 1988, Miyake and Shah 1999］。

しかし読者に警告しておくと（警告はこれを最後にすると約束しよう）、筆者としては、まさに哲学者が危険視するこの種の比喩のいくつかを使っていくつもりだ（特に実行制御[78]とシステムの制止[79]について）。なんといっても、わかりやすく伝えるうえでは欠かせないものだからであり、かつまた、それぞれ注〔原注〕で紹介していくが、筆者が分析的システムの機能を描写するのに用いた〔比喩を含む〕構成概念の概念的および経験的〔実証的〕基盤を裏付ける証拠が豊富に存在しているからでもある。【14】大部分の心理学者と同様、筆者もこうした中央処理装置を説明するための用語について、多くの哲学者ほどには違和感を覚えない。筆者が思うに、心理学の分野では、先ほど読者に向けて発したのと同じような警告が十分に根付いているし、現在に至るまでに、中央処理というこの概念に基づく事例や、この概念を一種のプロトタイプ[80]として用いる事例が、それに肯定的な事例と否定的な事例の両方について、数多く蓄積している。哲学者と比較して、おそらく心理学者と神経心理学者は〔分析的システムによる〕高次レベルの制御について語るリスクをあえて冒す傾向が大きいのだが、これは彼らが実験結果や新規の実験計画について効果的に語る必要があり、またそれゆえわかりやすい説明にとりわけ重きを置くことによる（完全に分散的なシステムを一つひとつ説明していては、わかりやすさなど望むべくもないだろう）。

デカルト劇場あるいはプロメテウス型制御者などというのは誤った想定であり、脳の制御は多分に分散的なものであって、神経のどこか一箇所で行われているわけではないことは、ほとんどの認知科学者が同意するところだ。その一方で、ピンカー［Pinker 1997］が以下で述べていることにもほとんど異論は出ないだろう。

心を社会にたとえるのは比喩として上出来だから、のちの章で感情について考察するときには私も多用させてもらう。しかし、この説を拡大しすぎて、一時に一人ずつ代行者《エージェント》〔行為者〕を選んで自由にやらせるような権限をもったシステムなど、脳内には存在しない、とまでいいきってはまちがいだろう。脳内の代行者たちは、入れ子になったサブルーチンとして、ピラミッド構造をつくっている可能性がある。その頂点に、一連の最高意思決定規則（あるいは、演算デーモン、代行者、良性のホムンクルス）が座っているかもしれない。といっても、これは機械の中の幽霊のたぐいではなく、その他のコマンドと同様、「もし……であれば……」という形の一連の規則、あるいは、ニューラルネットである。ただし、一つ下の代行者のなかから、もっとも声が大きいとか、もっとも速いとか、もっとも強力な行為者を選んで権限を渡すところに特徴がある。［144］〔邦訳上巻284－285頁、訳文一部変更〕

ピンカーの見方のほうが本書の見方に近い——すなわち、脳における認知制御は分散的なものではあるが、実行制御ないしは中央制御という言葉はそれでもなお多くの点で正当なものである。【15】したがって、本章の後半以降で「分析的システムによる制御」というような言い回しが使われるときにも、そのような言葉の背後には通常受け

77 プロメテウスはギリシャ神話に登場する神で、人類の創造に携わり、創造時に人類から奪われた火を取り戻して人類に与えた神だとされる。文字通りには「先見の明をもつ者」という意味で、「未来を見通し、人類に有益な知恵を与える存在」という意味合いが込められていると思われる。

78 「実行制御（executive control）」はこの後解説される「中央制御」とおおむね同じ概念で、「実行機能（executive function）」とも言われ、人間の認知機能ないし脳が複雑で計画的な作業を進めるときに用いている機能をこのような名で呼び、さまざまな研究がなされてきた歴史がある（「作業記憶《ワーキングメモリ》」などは日常語でもよく用いられるようになったが、このような研究から解明されてきた機能である）。

79 「システムの制止（system override）」についてはこの後の130頁以下およびそこに付した訳注107を参照。override は「圧倒する、制圧する」という意味で、主に分析的システムが、長期的な利害を目指してTASSの働きを「制圧する、黙らせる」ような仕方で制止する働きを指す。このような「制止」は前訳注の「実行制御」と共に「プロメテウス的制御者」の比喩を喚起しがちだが、それは筆者の意図ではなく、またそのような比喩を必要とせずに理解できる、というのが著者の主張である。

80 「プロトタイプ」の厳密な定義は訳注59に記したが、ここではその概要が共有され活用されている基本モデルというほどの意味だと思われる。

入れられている機械論的なモデルが想定されているのであって、それが仮想的なホムンクルスなりプロメテウス型制御者といった解決不能の問題を引き起こしたりはしない、ということが前提となっている。[16]

一度にひとつずつ——世界のありようを「言葉」で理解する

TASSに属する下位システム（とりわけ進化の過程で形成されたモジュール）の多くは文脈依存的に働く。かたや分析的処理システムは、強力な文脈非依存的メカニズム——論理的思考、推論、演繹、計画、意思決定、認知制御——を支えている。分析的プロセス（システム2）とTASSを分かつさらなる性質としては、直列処理か並列処理かという違いがある。TASSの個々のプロセスの多くは、すでに論じたその性質（自動性、直線的な軌道など）ゆえに同時に働くことが可能だ。一方、分析的処理は一度にひとつの考えを進めることしかできないように思われる。

分析的システムは論理的、シンボル的思考[81]のための強力なメカニズムだが、このような脱文脈的な認知スタイルは演算負荷が大きく、継続し続けるのが難しいものでもある。この点、分析的認知は「不自然」であり、ゆえに稀なものとも言える——TASSとは違って脳に配線されたものではないためだ。ダニエル・デネットの『解明される意識』で示された見解によれば、分析的処理とはむしろ、おおむね並列的な脳のハードウェアによってシミュレートされる直列的な仮想《バーチャル》マシンとして動作している。仮想マシンとは、コンピュータのハードウェア上で走る命令群のことだ（デネットいわく「仮想マシンというのは、あるプログラムを通じてその基盤となるハードウェアに課せられた、高度に構造化された規則性の、一時的集合体だということになる……〔それは〕ハードウェアに、ひとまとまりの互いにかみ合った厖大な習慣や性向を与える」［Dennet 1991, 216］〔邦訳257頁、訳文一部変更〕）。つまり、分析的システムとは独立したハードウェアアーキテクチャではなく、ソフトウェアに近いものだというわけだ［以下の文献では「マインドウェア」と呼ばれている。Clark 2001, and Perkins 1995］。

デネット［1991］が提示したモデルは、認知科学の文献で何度となくお目にかかる考えと関係している――すなわち、TASSモジュールはその出力において領域特異的ではあるが、より一般的な目的にあれこれと使われることはあるし、そのおかげで柔軟性を獲得している、という考えだ。[17] もっとも、分析的システムの直列的な機能の動作は継続し続けることが難しい。それらはパターン認識といった並列機能によりよく適合したハードウェア上にシミュレートされているからだ。[18]

TASSと分析的システムのこのような違いは、人工知能の研究文献でよく見られる皮肉と通じるところがある。つまり、人間にとってたやすいこと（顔の認識、三次元の物体の知覚、言語の理解）はコンピュータにとって難しく、人間にとって難しいこと（論理の使用、確率を用いた推論）はコンピュータにとってたやすい、というのである。とはいえ人工知能研究から導かれるこうした結論は、現在論じている、TASSと分析的プロセスの違いになぞらえれば、逆説でもなんでもない。コンピュータは、数十万年という進化の果てに研ぎ澄まされてきたTASSの下位システムの上に築かれたものではないのであり、それゆえ、進化の遺産に与《あずか》って幾重にも並列された能率的なTASSシステムを築き上げてきた人間にとっては容易にこなせることでも、コンピュータには難しいのである。またこれとは対照的に、人間の分析的システム（論理を扱うのに必要な直列的演算装置）は、最近になって脳に追加されたソフトウェアである。それは別の目的のためにつくられた超並列ハードウェアの上で、いわばクラッジ（コンピュータサイエンスでは、ある問題に対して、エレガントとはほど遠い強引な対処を施すことを

81 「シンボル的（symbolic）」とは、明示的な記号操作を用いる、という意味だと解されるが、第8章で主題となる「象徴的効用」のような高次の文化的活動に関わる思考も含意されているとも見られる。

意味する）として機能する。一方、コンピュータはそもそも論理の規則に従って働く直列的な演算装置として意図的にデザインされたものだ〔Dennett 1991, 212-214〕〔邦訳252－254頁〕。論理がコンピュータの得意分野であり、人間の苦手分野であることに不思議はないのである。

ほとんどすべての認知科学者が同意するだろうが、分析的システムは言語的な入力に対して、それが外部からもたらされるものであれ、内部に生じるものであれ、独特の反応を示す。言語は自己刺激メカニズムとして働くことで、脳の情報処理系列にさらなる直列性を引き入れることになった。言語はまた、通常なら互いに連絡をつけずに別々にアウトプットを行う各認知モジュール相互の、ユニークなアクセス媒体となっているようにも思われる。ここで見えてくる直列シミュレーターのもうひとつの重要な機能は、言語を使って、孤立した認知の下位システムと記憶の場所に新しく橋を架けることである。

私たちは言語を通して新しいマインドウェアを素早く受け取り、ほとんど即時に新しい仮想マシン（演算装置の情報処理ロジックを一時的に管理する規則構造）をインストールして起動する。こうして私たちは、他者によって有益であることが証明されているマインドウェアを手軽にインストールできる。のちの章で議論していくことになるが、意思決定理論の研究者たちが見出した、よりよい選択に寄与する戦略の数々をその例として挙げることができるだろう。[19]

言語とはその系列的な〔つまり直線的な順序を追っていく〕構造ゆえに、認知制御《コントロール》全体においても有益なものである――すなわち言語はその構造により、複数の目的に順序を与え、それらの優先順位を定めてくれるのだ。哲学者のアラン・ギバード〔Gibbard 1990, 56-57〕は、言語による優先順位の設定というこのテーマを詳しく論じるにあたって、言語が動機づけの働きを持つことを強調している。ギバードいわく、言語には、一時的に不活性となっているが、それでも目下の状況にとっては重要な目的を、速やかに再活性化させる力がある。つまり、私たちは言語的なインプットへの反応として、目的の優先順位を素早く再設定しうるのだ。それに続くギバードの主張は、本書の大きなテーマのひとつとも一致する。それは、言語的なインプット（内的な触発によるものであれ、外的なものであれ）をベースにした素早い優先順位の再設定は、ＴＡＳＳが生得的に行う目的の優先づけと衝突するかもしれない、ということである。

言語のような離散的な〔つまりデジタルな[82]〕表象システムにおいて示される規則の体系性と生産性こそ、認知科学者が「構成性」と呼ぶ分析的システムの核心的といえる性質を定義づけるものだ[83]［Fodor and Pylyshyn 1988, Pinker 1997, Sloman 1996］。構成性とは、各々の表象が個別に持つ意味だけではなく、それらが現れる順序にも依存するような演算システムの特徴を指す。例えばピンカー［1997］も指摘するように、「人が犬を咬む」はニュースになるだろうが、「犬が人を咬む」はそうでもない。言語の構成性によって、私たちは表層的に似てはいても大きな違いを持つ考えを簡単に表象することができるのだ。

分析的システムはまた、人が自ら取り組む行動の一貫した物語的叙述を構築する源にもなっている。ＴＡＳＳの働きを思い出してみよう。それは自律的に刺激に反応し、さらなる検討のために処理結果を作業記憶《ワーキングメモリ》に送り込み、それ単独で行動の引き金を引くか、あるいは少なくともなんらかの反応を誘発し[84]、なるべく迅速に動けるような準備態勢を整えるものだった。対して分析的システムは、一貫した物語を維持しようと試み、それによって自分が始めたわけでもない活動のすべてを説明しようとする。ＴＡＳＳによってある引き金が引かれるとき、そ

82 「離散的（discrete）」は日常語の「アナログ／デジタル」の「デジタル」に相当すると解してほぼ問題ない。

83 「体系性」「生産性」については訳注63を参照。ここではこれらの性質が、まさにそれをもともと提起したチョムスキーが主題としていた言語の問題として示されている。

84 「誘発する」の言語はprimingで、詳しい語義などはこの後の訳注100で解説するが、この後もTASSの働きに関してしばしば用いられる表現である。

の過程はおおむね無意識的に進行するのだが、繰り返し報告されているように、分析的システムはそれが意識的な選択であったかのような〔ありもしない〕説明を作話するのだ。[85][20] のちほど手みじかに論ずるが、このように行動の説明を作話する分析的システムの傾向が「認知改革」の妨げになる可能性はある――「認知改革」の成功には、脳内の一定の下位システムの自律的〔無自覚的〕性格がそれとして認められ、考慮に入れられることがどうしても必要なのだ。私たちの分析的システムは、それよりもまともな物語的説明――神経心理学的な諸事実とより合致する説明――を、私たちの行動に施すことを学びうる。そしてこの術を学ぶことは、ロボットの反逆の一環となるのだ。

仮説的思考と複雑な表象

分析的処理システムの機能のひとつに、仮説的思考を支える働きがある。仮説的推論は、現実の事態[86]ではなく、ありうる可能的な世界状態[87]を表象する〔心に思い浮かべる〕[88]ことを伴い、また演繹的推論から意思決定、科学的思考におよぶありとあらゆる推論作業において必要とされるものだ。[21] 例えば演繹的推論において、前提となるものが既知の事柄ではなく、世界についての仮定である場合、そこには必然的に仮説的推論が含まれるし、功利主義的ないしは帰結主義的[89]な意思決定では、最適な行動を選択できるように、可能的な未来の世界状態（必ずしも現実の状態ではない）が表象されなければならない。科学的思考においていくつかの対立仮説が用いられる場合、各々の仮説は想像上の原因に相当し、それぞれから導出された諸帰結が検証にかけられることになる。

仮定を使って推論するためには、ある信念が表象する現実世界とは別のものとして、その信念を表象できなければならない。こうした、いわゆる「デカップリング技能」、すなわち信念を現実世界を指し示すものとしてで

はなく、仮説的な世界状態を指し示すものとして用いることを可能にする知的能力については、数多くの認知科

85　原語はconfabulateだが、これは「作話症（confabulation）」という、記憶障害により空想と事実の区別をつけずに話してしまう病の病状を指す。ただ、ここでの説明を踏まえるならば、作話症が孤立した特異な病理であるというよりも、人間の認知機能は常時このように働いていて、作話症はこの通常の機能がいわば暴走した結果だと見るほうが自然かもしれない。

86　「事態（state of affairs）」は「事実（fact）」とほぼ同義の言葉で、いずれも論理学で言われる「命題（proposition）」が指し示す事柄を指すための一種の術語である。両者を区別して用いる場合、「事実」は現実世界で成立している事柄（日常語でいう「事実」）のみを指し示し、「事態」は現実世界で成立していない事柄をも指し示す、というように「事態」のほうが幅が広い。つまり「真なる命題」は「事実」であるような「事態」を指し示し、「偽なる命題」は世界で成立していない（事実ではない）「事態」を指し示している。

87　「世界状態（states of the world）」は「世界の状態」という通常の意味で用いられている可能性もあるが、おそらくは前訳注で説明した「事態（state of affairs）」とおおむね同じ意味の術語として用いられていると見られる。本書参考文献中の、意思決定理論の古典とされるサヴェージの著書『統計学の基礎』［Savage 1954］には「世界状態」および「真なる世界状態」の定義がなされており、それによれば「（世界）状態（a state〈of the world〉）」とは「関連せざる側面についての記述を取りのけた世界の記述」、「真なる（世界）状態（the true state〈of the world〉）」とは「事実成立している〔世界〕状態、すなわち真なる世界の記述」とされている［9］。このように「世界状態」が真である場合も真ではない場合もあるという点は「事態」と同様であり、著者は同書の用語を踏襲しているとも見込まれる。

88　「表象（する）（representation／represent）」全般の説明については訳注62を参照。ここでは特に、心の中に外的対象が思い浮かべられるという「心的表象」が名指されている。脳科学やコンピュータ科学においても、外的なものを記号的に指し示している（と解釈される）一定の内部状態をrepresentationと呼ぶが、この場合「表現」と訳されることが多いというのは前述のとおりである。

89　倫理学ないし社会政策におけるひとつの立場としての「功利主義（utilitarianism）」あるいは「帰結主義（consequentialism）」とは、行為の倫理的評価を例えば動機によってではなく、「最大多数の最大幸福」や「最大多数の選好の最大化」といった、行為から見込まれる帰結によって行う立場を指す。このような功利主義／帰結主義は本書で取り扱われる意思決定理論とも密接に関連する理論的立場で、本書でも、主題的にではないにしても、例えばここでのように折に触れて言及され、検討される。その後、本書と同じ二重プロセス理論から功利主義を擁護するジョシュア・グリーン『モラル・トライブズ』（竹田円訳、岩波書店、２０１５年）も現れて話題になったこともあり、本書において功利主義／帰結主義がどのように論じられているかに関心を抱く読者は一定数いると思われる。ところが、以前みすず書房から出ていた本書の原著の邦訳では、utilitarianism（およびconsequentialism）を明確な輪郭と歴史を備えた特定の立場ではなく、ごく一般的な「実利を重んじる姿勢」（および「結果を重んじる姿勢」）のようなものと解していると見られ、例えばこの個所は「実利あるいは結果を重視して意思決定をする場合」と訳されており、他の箇所ではまたまったく違う訳語がその都度採用されている。そのため、旧訳書を読んで、本書には「功利主義／帰結主義」への言及が一切ない、と誤解する読者がいたとしてもおかしくないが、そんなことはないのである（詳しい考察はなされないが、総じて、その問題点を考慮しつつも、現代の知的・文化的達成の一環として尊重をもって引かれる場合が多いように思われる）。この点は旧訳書の「誤訳」ではないにしても、訳語選定の不運といえる。

学者たちが論じてきた〔Cosmides and Tooby 2000a; Dienes and Perner 1999; Glenberg1997; Leslie 1987; Lillard 2001; Perner 1991 ほか〕。私たちは未来の行動がもたらす効果を予測し、世界についての、自分たちが現に手にしているものとは違う因果モデルを考えるために想像的状況を一時的につくり出すが、こうした想像的状況の表象と現実世界の表象とを混同せずにすむのは、デカップリング技能のおかげである。

デカップリングは、――例えば行動予測（いわゆる「心の理論」）などのある種の領域を別にすれば――認知的負荷の大きな作業である。これを遂行するのは多くの場合、直列的で容量を食う分析的システムだ。ここにおいて言語が、離散的〔デジタル的〕な表象触媒を提供し、仮説的思考を文化的に獲得〔習得〕される思考様式へと発展させる上で、大きな役割を果たす。例えば、仮説的思考を進めるには「仮定」というものが表象されなければならないが、条件文のような言語形式がこうした表象の媒体となる。この種の表象を直列的に操作するのは主に分析的システムの仕事であるように思われる。

デカップリングのプロセスによって人は世界の表象から身を引き剥がすことができるし、そのことで世界の表象を反省的に捉え、改善への可能性も開かれる。これからまさになされようとする行動をデカップリングして表象するとは、潜在的な行動を表象することに他ならないが、このような心の中でのシミュレーションがなされている間はずっと、潜在的な〔未来の〕行動の表象が、現実になされつつある行動の表象によって汚染されることがあってはならない。デカップリングの作業はシミュレーションのあいだ途切れることなく実行されなければならず、その作業に要する演算コストが、分析的認知が直列的な性格を持っている原因のひとつとなっている見込みが大きい。関連する表象をデカップリングしたまま、このような心のシミュレーションを可能にする生来の力（つまりインストールされたマインドウェアの助力を必要としない力）は、流動性知能[90]の尺度によって測定される脳の計算能力の一側面をなしていると考えられる〔Baltes 1987; Fry and Hale 1996; Horn 1982〕。

ディエネスとパーナー［Dienes and Perner 1999］が強調しているのは、人の知識の基礎に収められた事実と、その人が、認知制御のためにその事実に対してとる態度とを切り分けることの重要性だ。例えば、現行の目的状態とは異なる目的状態を考えようとすれば、この両方を表象することができなければならない。このような仮説の行使と認知制御に取り組むためには、事態[91]そのものだけでなく、その事態に対する心理的態度を明示的な形で表象しなければならない。自分自身の思考から一歩距離を置き、それを世界のモデルとして自分の中で試行する——この能力こそが、人間を動物界最高の仮説検証者たらしめている。

デカップリング技能は再帰性[92]においても複雑性においてもさまざまである。ここで論じてきたようなデカップリング技能は、パーナー［1991］が言うところの二次表象の創造に欠かせないものだ——ここでの二次表象とは、世界についての複数のモデルとしてデカップリングされた表象であり、これによって仮説的思考が可能になるとされている。あるレベルまで発達を遂げると、デカップリングはいわゆるメタ表象——思考そのものを思考すること——に使われるようになる。メタ表象というのは、自分の表象をさらに表象することであり、こうして人は自己を批判的に見るという、人間の認知に固有な視座に立てる。私たちは、「どのようにすればよい信念形成[93]ができるのか」についての信念を形成するものであり、これはちょうど私たちが、欲求についての欲求［どんな欲求をもちたいかの欲求］を抱いたり、自分が今とは異なった欲求をもちたいと欲求できる能力を備えているのと同じである。[94]表象の複雑性が増大し、またそれに呼応してデカップリングできる力が高まっていくのには、言語

90 「流動性知能（fluid intelligence）」は「結晶性知能（crystallized intelligence）」の対概念で、文化や経験の蓄積に依存しない柔軟な問題解決能力や推論能力の尺度を指す。

91 「事態（state of affairs）」については訳注86を参照。

92 「再帰性（recursiveness）」は前のところ（１０１頁）で並べて述べられていた「自己言及性（self-referentiality）」に近い意味で、表象が自分自身に折り返され、その表象自体を表象されたものの一部に組み込むような構造を指す。

の獲得が大きく寄与する。認知改革のプログラムにおいてこうした表象能力を繊細な手つきで発揮することは、のちの第7章、第8章で見るように、ロボットの反逆に不可欠な構成要素となる。

仮説的思考は対立し合う仮説への取り組みを仕事としている専門家や研究者、科学者だけのものではない。日々の生活を送るなかで、誰もが至るところで仮説的思考と接しているものだ。この点において、発達心理学者ポール・ハリス［2001］の指摘は重要だ。ハリスによれば、仮説を扱う能力は正規の教育現場の大半で必須の認知的要件となっている。児童がはっきりとした形で仮説的推論を課されることは多くないにしても、現場のコミュニケーションにおいて、そうした思考はしばしば暗黙の前提となっている。つまり、生徒たちが実際に「ここで、形式的三段論法による推論をしてみましょう」などと求められるかどうかとは別に（そんな場面はめったになかろう）、ハリスによれば、学校は児童たちに新しい情報や、彼らが経験したこともない情報をたっぷり与えるものだ。そして教師は、その新しい情報に基づいて児童が推論に取り組むことを期待する。これらの情報は、教師にとっては既知の事実であっても、児童にとっては仮説に等しいものなのだ。

意識外で行われる処理——脳の中の火星人

あなたの中にはゾンビがいて、あなたが意識的に処理できる情報はなんでも扱える。あなたとの決定的な違いは「すべては闇の中」ということ。つまり、あなたのゾンビに意識はない。このような見方に立てば、認知とは本来的に不透明なものだ。意識が働いている場合も、それは内部で起きている諸事態について極めて不完全で不十分な視点を提供することしかできない。

——A・P・アトキンソン、M・トーマス、A・クリアマンス［Atkinson, Thomas, and Cleeremans 2000, 375］

いま一度、認知科学者の近年の成果である、（網羅的とは言いがたいが）重要なTASSモジュールを列挙した表2－2を見てみよう。多くの場合、私たちは物理的世界および社会的世界からのインプットを得て、それについて意識的に考えるのであり、あるいは私たちの分析的システムはそれを取り扱うのだが、それらのインプットが、さまざまなTASSモジュールが無意識的に分析的システムに手渡してきたものであるのは明らかである。だからこそ多くの理論家たちは、私たちの心的生活の大部分には、TASSに由来するさまざまな性質が染みわたっていると主張してきた〔Cummins 1996; Evans and Over 1996; Hilton 1995; Levinson 1995; Reber 1993〕。TASSのプロセスは直接に反応の引き金を引くだけとは限らない。TASSの処理[95]が直接的反応を導かない場合でも、TASSは分析的システムの処理にかけられるべきインプットを手渡し、その結果、そのインプットにおいて与えられている認知表象のあり方により、分析的処理に対してバイアス〔歪み、偏り〕を与えるのだ。こうしたT

93　「信念形成」とはつまりものを認識する方法、その検証、裏付けなどのあり方を指す。ゆえに、それに対する反省の能力とは、人間の認知メカニズムについての反省を通じてよりよい認知様式（信念形成の方法）を獲得しようという「認知改革」の前提となる能力である。
なお、注意喚起しておくと、ここで言われている、哲学や心理学で用いられる用語としての「信念（belief）」は、日本語の日常語よりも幅が広い。語としては動詞 believe の名詞形であり「当人がじっさいにそうだと思っている事柄」を広く指す、中立的で一般的な概念である（一方、日本語の日常語の「信念」の場合、強い意志の力で保持される信条や揺るがない決意などを特に指すような含意があると思われる）。

94　「欲求への欲求」については、（「はじめに」でも簡単な言及があったが）第8章411頁以下でフランクファートの「2階の欲求」の理論として詳しく取り上げられる。

95　「処理」の原語は processing で、これは「プロセス」と訳している process を他動詞として（つまり「情報を処理すること」として）用いた言葉で、筆者はこのふたつの語をほぼ置き換え可能な語として用いているが、訳文上はその近さが見えにくいので注意しておく。なお、このような意味の近さからして、「プロセス」とは自動詞的で単に受動的なだけの「過程」ではなく、他動詞的で、ある意味能動的な「（情報）処理」を意味していることは注意されたい。またそれゆえ本訳書では（訳注52で注記したように）、本書の中心概念である dual process theory の訳語として、広く採用された「二重過程理論」ではなく「二重プロセス理論」を採用する。そこでの process は単なる「過程」ではなく「処理」の意味合いが込められているからである。

ＡＳＳの反応や産物が私たちの行動によからぬ効果をもたらすことがあるとしたら、それに対抗すべく分析的システムに戦略の修正をせまる必要がある。この点についてはのちの節で扱うが、当面はＴＡＳＳ処理の遍在性と重要性、加えて、ＴＡＳＳ処理が私たちの意識のおよばないところでなされることに由来する、そのなんともいえない薄気味の悪さを強調しておきたい。

　ＴＡＳＳと呼ばれる下位プロセスの本質として、適当な刺激が感知されればいつでも起動すること、選択的に「オフ」にできないこと、意識の外で起こること、が挙げられる。こうしたプロセスが誘発《プライム》する反応が、分析的プロセスにとっては不都合なものだということはありうる。そしてこれは、本章のタイトルにも示唆されているように、まさに人間の脳が、ある重要な意味において、脳それ自体と対立《アット・ウォー》する場合がありうる、ということを意味する。この戦い《ウォー》の戦果を、その人の最深部にある、最も反省的な自己の内に組み込むためには、一定の認知改善が必要であろう。ここで述べた認知改革プログラムの最初の一歩は、以下のように認識を変更することだ――すなわち、私たちが定義する「私」（例のホムンクルス。すでに論じたように、これはひとつのフィクションに過ぎないが、民俗心理学ではいまなお現役である）が、ある意味では、単に脳全体を制御していないというばかりか、「私」の気づきがおよばないところで生じている活動から、積極的に遠ざけられ、あるいは疎外されているかもしれない、と認識を変更するのだ。

　このような疎外の状況は、脳の膨大な活動が私たちの意識の外で行われていることの意味を――そしてそれがどれほど不気味であるかを――私たちが真に理解すれば実感されるはずのものである。認知科学者のアンディ・クラークは、その著書『現れる存在』〔Clark 1997〕のすばらしい要約となっているエッセイでそれを活写している。このユーモラスにして示唆に富む「脳は語る（A Brain Speaks）」と題されたエッセイ〔邦訳３１３－３２０頁に該当〕で、クラークは「ジョンの脳」というキャラクターを登場させる。そして、その脳活動によって生じた自己であるジョンと対話させることで、自著のテーマをすべて語ってみせる。脳の関心は、ジョンが自分の脳の活動について抱いている誤解を取り除くことにある。「ジョンの脳」は、ジョンと脳自身がかなり親しい関係にあること、一方でジョンがその親密さを過大評価していることを認める。例えばジョンは、自分の考えは自分の脳の考えであり、脳の考えはすべて自分の考えであると見なしがちだ。しかし事ははるかに複雑であると「ジョンの脳」は断言する。

ここから脳は、本書のこの章の主題である論点を、詳細に解き明かす——すなわち「ジョンは私（脳）の日々の活動の大部分について、手の施しようがないまでに見えていない」[1997, 223]と主張するのだ。その中で脳は、徐々にジョンに新たな情報を明かしていく。ジョンの制御下にないのは、脳プロセスが導く知覚機能や生理機能[96]ばかりではない。深い概念的処理の多くもまた、ジョンが意識的な心によって支配しているわけではないのだ。「ジョンの脳」に言わせれば、ジョンは自らがプロメテウス型制御者として脳の活動を支配していると考えているが、実のところジョンに知らされているのは「私（脳）の内なる活動に関する最低限の知識に過ぎない」[223]。筆者は本書でＴＡＳＳについて描写してきたが、ジョンの脳もこれと同様のことをジョンに語る。それによれば、ジョンの脳活動の大部分をじっさいに担っているのは、並列的で独立した演算チャンネルなのである。これらのアウトプットのうちほんのわずかな断片だけに、ジョンの分析活動の意識的な焦点が合わされるのだ。

「ジョンの脳」はこのことをもって、お前は実のところあべこべの考えをしている、とジョンに告げる。ジョンに言わせれば、彼の脳活動を制御しているのは「彼（ジョン）」である（実にジョンのこのような民俗心理学は、デ

96 「生理機能」と訳した原語はvegetative functionで、文字通り訳せば「植物的機能」。アリストテレス以来、消化吸収、成長、生殖などのいわゆる生命活動を根幹で支える機能とされてきたものを指すために用いられてきた（なお、アリストテレスの場合、この基層的な「魂」の上に、知覚や欲求をつかさどる「動物的（animal）」な魂が積み上がり、そのさらに上部に人間の「理性的（rational）」な魂が成り立つことになる）。

カルト的二元論をあからさまに引きずっている)。そんなジョンに対して脳は「私はジョンのなす概念化の内なる反響などではない。むしろ私こそが、ある種の見知らぬやり方で、その概念化の源泉となっているのだ」[225]と言い聞かせる。脳が語りかける内容を、筆者がここまで紹介してきた語彙を用いて言い換えれば、TASSこそがジョンの分析的プロセスにとって決定的に重要なインプットを手渡すものであって、ジョンの内省が告げるのとは正反対に、ジョンは意識的な推論や意思決定のプロセスへのインプットすべてを制御しているわけではない、ということである。

脳はさらに、脳全体についてのジョンの見方は、言語および言語的概念に依拠することでひどくバイアスのかかったものになっていることを説明しようとする。脳はジョンの理解不足を嘆き、ジョンが相変わらず「私(脳)についてありもしない話をでっち上げている」[226]ことに少しばかり苛立ちを覚えている(先に論じた分析的プロセスの作話的な性格を参照。これについてはのちほども触れる)。脳にとって悲しいことに、ジョンは言語を基礎とした認知とは様式が異なる情報処理や情報蓄積の作業があるとは気づかないまま、それで事足れりとしている。ジョンによる概念化はとにかく言語的に過ぎるし、それゆえに彼は自分の視点からは見えない異質なプロセスの働きについて考えるツールを欠いている。認知科学はこのような概念化ツールの存在を、並列型のニューラルネットアーキテクチャ〔人間の神経回路を模倣したモデル〕や、力学系モデル[97]を探究することで明らかにしてきたが、こうした成果もジョンのような人々が抱いている民俗心理学にはいまだ含まれていない。

脳は苛立ちをつのらせたあげく、ジョンにこれらの話を説明しようとしても無駄そうだと結論する。なにせジョンは終始一貫して「私(脳)がおおむねは生存のための装置として、言語能力が発現するはるか以前から存在していることも、私にとって意識的で言語的な認知をうながすための仕事は、最近になって始めた副業に過ぎないことも忘れている」からだ。それゆえ脳は「……われわれは親密ではあるけれど、ジョンは私のことなどほとんど知りはしない。私はジョンの頭の中にいる火星人みたいなものだ」［227］と結論するのである。
ジョンと同様、私たちの誰もが頭の中に火星人を住まわせている。大量のＴＡＳＳ下位システムは、私たちがことさらにインプットを与えたりそれに気づいたりせずとも（より特定して言えば、分析的システムからのインプットがなくとも）、自分の仕事に取り組んでいる。これについては認知科学の研究文献を見てみればいい。私たちがそれと気づくことなく複雑な情報処理を行っていること、また私たちの脳には火星人のような下位システムが大量に存在することが、これでもかと証明されている——そしてその火星人は、知覚的、あるいは本能的な機能[98]ばかりでなく、概念的な機能にも関与しているのだ。

認知科学と神経心理学の教科書［Clark 2001; Harnish 2002; Parkin 1996 ほか］には必ずと言っていいほど載っている例として、いわゆる盲視という現象がある［Marcel 1988; Weiskrantz1986, 1995］。視覚野に損傷を負った患者は、にわかには理解しがたい一群の兆候を示すことがある。彼らの視野にはスコトマと呼ばれる盲点があり、特定の領域については何も見えないという。けれども、ここで彼らに、その盲目の領域に与えられた一定の刺激について、とにかくどうしてもどれかを選んでください（例えば、2種類の図形や光から一方を選び出してください）という指示を、説得ずくで与えたとしよう。すると、その目にはいかなる現象も映っていないにもかかわらず、彼らの勝率は当てずっぽうのそれを上回るのだ。例えば、ふたつの刺激からどちらかを選ぶ場合、彼らの正解率

97　力学系（動学系）dynamica system（または dynamical system）は時間経過の中で一定の状態変化を示す系を捉える数学的なモデル（またはその系そのもの）。ウェブで検索すると力学的神経科学（dynamical neuroscience）は現在ではひとつの研究分野となっており、（本書刊行後の書物だが）Eugene Izhikevich, *Dynamical Systems in Neuroscience* (MIT Press, 2007) が重要著作とされている。

98　「本能的」の原語は visceral で、直訳すれば「内臓的」あるいは「腹の底から湧き上がる」という意味で、内容的には生物学的機能、あるいは進化によって配線されたプログラムに発する機能を指す。「本能（instinct）」という（歴史的には過去に属する）専門用語との関わりはないが、大まかな意味としてはそれに重なるとは言える。

は70パーセントにもなる。それでいて彼らは、何も見えてはいないという自らの主張を譲ることはない。こうした患者に無理やり選択を続けさせるにはしばしば説得が必要になる。なにせ彼らにとってはその選択には何の意味もないからだ。被験者の多くは「何も見えなかった」ので、当てずっぽうで答えたと報告している。そして、こんな無意味な実験でいったい何がわかるのかと訝《いぶか》しがる。

盲視という現象をどう説明するかはなおも議論が分かれるところだ。網膜が受け取った情報の受け渡し先はひとつではないからである。しかしながら、この実験で見いだされたことを最も広い意味で捉えるなら、おおむね衆目は一致する。つまり、盲視患者の脳の一部はある程度視覚刺激を処理できる一方で、意識経験を言葉にするために視覚情報を照合する脳システムはうまく働かない、ということだ。

ただしここから、盲視患者によって示される〔意識的な〕気づきの介在しないプロセスは、脳に損傷を負った人に特有なものだという結論に飛びついてはならない。精神物理学の領域では、知覚心理学者が完全に健常な脳と知覚システムを備えた被験者を用いた実験で、何十年にもわたって〔意識的な〕気づきなしのプロセスを実証してきた。[22] つまり健常な認知活動にあって、これはありふれた現象なのだ。

こうした実験は、技術的な細部はさまざまに異なるにせよ、おおむね次のような手順で行われる。被験者はタキストスコープ（千分の数秒ほどのごく短時間の視覚刺激を提供する装置）、あるいはコンピュータディスプレイを覗く。そこでA、B、C、Dという4つの文字のどれかが点滅する。これを何度も繰り返すなかで、文字が表示される時間は少しずつ短くなっていく。認知閾《いき》〔認知が追いつかなくなる境界〕を測るべく、どんどん判読を難しくしていくのである。結果、表示時間が短くなるほどに、文字を正しく言い当てられる確率はどんどん下がっていく。ある段階まで来ると、もはやまともに文字を判読できなくなり、これ以上は無理だと言い出す被験者がぽろぽろ出てくる。しかしながら、もうまともには見えないと被験者が異議を申し出た段階においても、彼らは当てずっぽうよりもはるかに高い確率で文字を言い当てる（例えば、4文字の場合であれば正答率は45パーセントにはなるだろう――当てずっぽうであれば25パーセントだから、それをはるかに上回る）。この当てずっぽうよりも高い正答率は、被験者が実際に情報を識別している証左となるものだが、それでも彼らはでたらめに選んでいるだけだと言い張り、実験を続けるように求められても、そんなものは徒労でしかないと反発する。盲視の被験者たちの場合と同様、この実験が立証しているのは、健常な被験者もまたそれと気づくことなく刺激を処理しているということである。

健常な被験者にも見られるこの現象を拡大解釈すれば、無意識に処理された情報が脳全体に対して広い影響を及ぼしていることが示せるだろう。そしてそこには、意味論レベル[99]の処理に対する影響も含まれることになる。認知心理学者はいわゆる「意味論的プライミング効果」について広範な研究を行ってきた。これは、ある単語を〔脳が〕処理するにあたって、それと意味論的な関連を持つ単語がほんの少し先行していると処理が容易になる現象を指す。例えば、ターゲット語である「ナース」を処理するとして、プライム語である「ドクター」が時間的に少し先行して提示されていれば、その処理は容易になるといった具合だ[100]（その程度は、反応時間や電気生理学的検査などによって測定される）。ここで面白いのは、単語の処理を促進させる意味論的な作用は、被験者がそれと同定できないほどの短時間でプライム語が提示された場合でも生じるということだ。盲視やアルファベットの実験でもそうであったように、プライミングの実験においても、被験者らはプライム語を捉えることは不可能だったと主張した。それでもなお、プライム語とターゲット語の意味論的な関係は、彼らの行動に影響を及ぼし

99　「意味論（semantics）」はもともと言語学で「統語論（syntax）」（文法）や「語用論（pragmatics）」（発話の文脈などに関わる規則）と対比される、言語とその意味や指示対象とを結びつける規則に関する研究領域を指すが、ここでは語形や語の配列（文法）ではなく、いわゆる意味論の研究対象となる、語の意味の理解に関わる情報処理がなされるレベルを指していると見られる。

たのである。

自律性を示すのは末梢のプロセスばかりではない。もっと概念的な処理もまた自動的に起こる。意識の及ばない深いレベルで概念的処理が進行している場合、TASSの概念的プロセスが分析演算装置へとインプットを手渡すことになるので、そのインプットが由来したさまざまな源泉は、意識が利用しうるものではないことになろう。例えば、ごく最近になって提出された証拠からは、社会的・文化的なグループをステレオタイプにはめ込む働きは無意識な活性化の処理を通じて生じるものであって、そのすべてを意識的な推論の結果に帰することはできないことがわかっている［Brauer, Wasel, and Niedenthal 2000; Frank and Gilovich 1988; Greenwald and Banaji 1995; Greenwald et al. 2002］。

重大な顕在的行動〔2人以上の人によって観察できる行動〕であっても、TASSによって自動的に引き金を引かれる概念的な連想に影響されうる。数十年前、ニスベットとウィルソン［Nisbett and Wilson 1977］は、いまや古典となり、広く引用されるようになった論文において、自動的な概念処理が現に生じており、またそれゆえ人はしばしば自らの行為の原因を知らない、ということを示す数多くの証拠をまとめ上げた。自動的な概念処理が働いている状況では、分析的システムは（その人の行動の原因、およびその帰結についての大局的モデルを常時維持し続けている処理システムとして）作話による行動の理由づけを行いがちである。なにせ実際の原因は、認知的に侵入不可能な諸々のTASS下位システムを介して作動しているからだ。

ニスベットとウィルソンは、このような現象について無数の例を挙げて論じている。ふたりの論文が発表されて以来、これに関連する研究文献も増えつづける一方だ。その典型が、ニスベットとシャクター［Nisbett and Schachter 1966］による、いわゆる「帰属実験」だ。この研究では被験者に電気ショックが与えられる。そして痛みへの耐性を測定するため、その電流量が上げられていく。一方のグループには偽薬（砂糖の錠剤）が与えられ、それを飲むと不規則な呼吸、心臓の動機、神経過敏といった症状が生じると伝えられる。ここでの研究者の仮説は、偽薬グループは自分たちの神経症状（呼吸の異常、発汗、胃のむかつき）の原因を、電気ショックへの不安よりも錠剤に帰するのではないか。そして、それゆえにショックへの耐性が強くなるのではないか、というものだ。はたして、結果はその通りであった。偽薬を与えられなかった統制群〔対照グループ〕[101]と比べて、偽薬グループは電流量にして4倍ものショックに耐えたのだ！

　にもかかわらず面白いのは、偽薬グループの被験者たちに、相当なショックを耐え抜いた理由を問いかけたところ、理由として錠剤の影響を挙げた被験者がいなかったことである。つまり、彼らの行動に多大な影響を与えた要因について、彼らはまったくそれと気づかなかった、ということだ。ショック耐性の高さについて質問された彼らは、例えばこんなふうに答えたという。「うーん、よくはわからないんだけど……そうだな、昔はよくラジオなんかを組み立てたりしていたんですよ。13とか14とか、それくらいの年頃に。だからまあ、電気ショック

100　動詞primeはもともと「水汲みポンプに呼び水を差す」という意味で（なお、心理学者ダニエル・カーネマンは「呼び水」ではなく、「ポンプのレバーを何度か空押しする」という予備動作を心理学的プライミングになぞらえていた）、他の箇所では「誘発（する）」と訳すが、この特定の現象に関しては慣例に従い「プライミング」と訳す。

　なお、以前みすず書房から出ていた本書原著の訳では、（この事例でも、他の事例でも）動詞primeがすべて「先行させる」と訳されていたのだが、これは同訳書の数少ない深刻な誤訳と言える。というのも、もしも「先行／後続」という言葉を使うなら（そのように訳すのは難しいのではないかというのは別としても）、「ターゲット語をプライミングする＝ターゲット語に呼び水を指す＝ターゲット語を誘発する」という過程は、ターゲット語を「先行させる」のではなくむしろ「（プライム語に）後続させる」ことでなければならず、意味が正反対になってしまうからである（仮に「ターゲット語にプライム語を先行させる」のように訳されるならば状況の正しい記述にはなるが、そのようには訳されていない）。

　他に、スチュアート・リッチー『Science Fictions　あなたが知らない科学の真実』（矢羽野薫訳、ダイヤモンド社、２０２４年）によると少なくともいくつかの有名な意味論的プライミング実験については再現性の問題が指摘されていることも付言しておく（同書の問題提起はこの件だけでなく本書で扱われる他の実験にも関わりうる大きなものであり、これは別途検討されるべき主題であろう）。

101　いわゆる対照実験（control experiment）において、ターゲットとなるグループと対照されるグループはcontrol groupと呼ばれるが、心理学の分野ではこれを「統制群」と訳すのが一般的である。

には慣れていたんじゃないかな」［Nisbett and Wilson 1977, 237］。実験中に錠剤について考えることがあったかと直接的に尋ねた場合、典型的にはこんな答えが返ってきた。「いいえ、電気ショックのことばかり考えていました」。次に、錠剤が身体にさまざまな効果を及ぼしている可能性が思い浮かんだかどうか、いっそうストレートに聞いてみると、典型的な答えはやはり次のようなものだった。「いいえ。だから、電気ショックでそれどころじゃなかったんですってば」［237］。さらに、錠剤の服用とショック耐性についての実験者サイドの仮説を示したうえで、それはありそうなことだと思うかと尋ねてみると、この問いに対しては、大抵の被験者がいかにもありそうなことだと考える。そして他の被験者たちは、おそらくそうした形で行動に影響を受けたのだろうと。しかし、自分自身が影響を受けたとは思っていないのだ！

このように、人は自分自身の行動を引き起こした実際の脳のプロセスと刺激にはアクセスできない。ニスベットとウィルソン［1977］は、その他多くの実験と状況設定でこのことが繰り返し生じたことを報告している。彼らの記述に沿って、ある実験を見てみよう。被験者は何本かの映画を見て、それらについて複数の角度から評価ポイントをつける。ただし実験上の設定として、画面のピントや劇場外部で発生する騒音など、複数の要素に変化がつけられた。そのなかには、被験者の体験と映画の評価に影響を及ぼした要素もあれば、そうでないものもあった。例えば、ロビーで騒音が発生したグループの55パーセントは、映画に対する自分たちの評価は騒音の影響を受けたと考えていたが、彼らの評価は他のグループと大差なかった。電気ショック実験では、被験者は自らの行動に影響を与えた要因を意識することはなかったが、ここでは実際には効果を持たない要因が影響あるものとして報告されているのだ。

この映画実験は、作話の可能性を最もはっきりした形で示すものとなっている。このことを強調するため、ニスベットとウィルソン［1977］は、その有名な論文に「知りうることよりも多くを語る（Telling More Than We

Can Know)――心的過程についての言語的報告」というタイトルを冠した。「知りうることよりも多くを語る」とは、(TASSモジュールからのアウトプットであるために)内省にとっては認知的に侵入不可能である行動や脳活動にさえ説明を与えずにはいられない人間の傾向を指している。ニスベットとウィルソンが報告する映画の実験において、分析的システムは、映画への好感度に直接《オンライン》に作用するすべての要因にアクセスすることが、端的にできていなかった。要因は無数に存在し、それらは認知的に侵入不可能な多くのTASSモジュールによって供給されているからだ。それでも分析的システムは、行動の原因を説明するもっともらしいモデルを苦もなくひねり出した。しかしながらこのモデルは、人がかくかくのことをするのはしかじかの理由があるからだというような一般的な民俗心理学に依拠するものであって、実際にそれを引き起こした内的な認知プロセスに関する特権的〔にアクセスしうる〕知識に依拠するものではないのだ。

分析的システムの作話傾向を鮮烈に示しているのは、神経科学者マイケル・ガザニガのグループによる、いわゆる分離脳患者についての有名な実験である。[23] 分離脳患者は交連切開術という、脳梁(左右の大脳半球をつなぐ連絡経路の中でも、最も規模の大きな神経繊維〔交連繊維〕の束)を切断する手術を受けた状態にある。ここで、右視野は脳の左半球へ投影され、左視野は右半球へ投影されるという事実を利用して(分離脳患者にとっては、刺激は明確にどちらか一方の半球の独占物となる)、ガザニガはふたつの半球の処理能力の違いを探究し、その過程で、作話的な諸性質が脳の左半球――言語生成をつかさどる半球――にどの程度属しているのかを明らかにした。

今では有名になったある実験で、ガザニガは分離脳患者の脳の左半球にニワトリの爪の写真を一瞬見せ、同じ患者の右半球には雪景色の写真を一瞬見せた。続いて、患者の前にはさまざまな写真がずらりと並べられる。患者の右手(左半球につながっている)は、左半球がちらりと見せられた写真と最も密接に関係する写真(ニワトリ)を正しく選んだ。そして左手(右半球につながっている)もまた、右半球にちらりと見せられた写真と最も密接に結びつく写真（雪かき用ショベル）を選びだした。しかし、なぜその2枚の写真を選んだのかを問われると、左半球（話すことができるのはこちらだけ）はこう答えた――「簡単な理由ですよ。ニワトリの爪がニワトリと合うのは当然だし、ニワトリ小屋を掃除するにはショベルが必要ですから」［Gazzaniga 1998b, 25］。被験者の左半球は、雪景色の写真という刺激にはアクセスできなかった。しかし、雪かきショベルを指差している左手を見ることはできた。それゆえ、ガザニガが左半球内の「インタープリター」[102]と呼ぶものが、ありもしない説明をでっちあげて（右半球は押し黙っている）、ふたつの選択を一貫したストーリーのもとに統合したのである。

被験者は、雪かきショベルを選んだ理由について「知らない」とは言わない。この事実をもとに、ガザニガはこの解釈的な傾向がどこにでもあることを強調する。被験者は自分の行動の原因を知らないことを認めるのではなく、自分は意識的な選択をしたのだ、というつくり話をひねり出すのだ。本来なら、被験者は以下のように答えてしかるべきだ。「ねえ、私にはなぜショベルを選んだかなんてわかりっこないんですよ――脳を分離しちゃったわけですからね。きっとあなたは何かを見せたんでしょう。でも、脳のそちら側に言葉はないんです。だから、なぜショベルを選んだかなんて言えるわけもない。ですから、こんな馬鹿げた質問はこれきりにしてください」。だが、このように理路整然と答える被験者はいないのであり、左半球はそのような回答を与えることがない。これがいかに示唆的であるか、ガザニガは注意をうながしている［1998a, 25］。むしろ左半球は、体がすることはなんでもお見通しだとばかりに話をでっち上げるのである。ニスベットとウィルソンの実験に参加した被験者は、映画を評価する理由を、脳内のプロセスに関する知識ではなく民俗心理学に基づいてでっち上げたのだが（脳内プロセスは認知的に侵入不可能であって、情報源としては使えないためだ）、まさにこれと同様に、分離脳の被験者もまた、内的プロセスを忠実に反映するよりも自分の選択に一貫した流れを与えようとして、物語をつくり上げたのである。

脳の損傷でTASSモジュールが機能不全に陥り、その異常なインプットを受けてインタープリターが不気味な物語を創作しはじめる——そんな精神疾患を経験する人がいる。この現象は、カプグラ症候群において際立っている[24]。カプグラ症候群では、患者はごく親しい人々（親など）が偽者だと考えるようになる。両親なり配偶者なりを、自分を騙そうとしている偽者だと思い込み、彼らを襲ったり殺害したりする患者もいる。この疾患が起こるのは、自律的〔無自覚的〕認知指標と、顕在的〔意識される〕認知指標が、それぞれ異なった神経系を作動させるからだ。患者の受けた脳の損傷では、顔認識システムは損なわれていないし、彼らは親しい人々を見分けることができる。しかし、親しい人々の顔との感情的なつながりを下支えするシステムは阻害されている。結果として、患者は親しい人々の顔は認識できるが、通常その人々が喚起するはずの感情的な反応を経験することがない。そしてこのように見知った顔をそれと認識しながらしかるべき感情的反応を持ちえないというのは異常な体験であって、インタープリターに説明してもらう必要がある。このとき、帰属バイアス、推論バイアス、信念固執といった傾向を（おそらくはもともと）持っている患者の場合、インタープリターは極端な仮説（「異常体験は偽者のせいである」）に飛びつき、この仮説を維持すべくバイアスのかかった処理を行う。これはまさに、ガザニガの「ニワトリ／雪かきショベル」実験の分離脳被験者と同じだ。つまりカプグラ症候群の患者もまた、脳の損傷ゆえに分析的システムが扱う情報が不完全なものとなっている可能性を考慮することがない。分離脳患者もカプグラ症候群患者も、異常に陥ったTASS下位システムにアクセスできない現状にあって、なおも自分たちの

102 interpreterは「解釈・翻訳するもの」だが、日本語にどう訳すかは微妙である。これをある種の「良性のホムンクルス」と見なすならば、いわば擬人化して「解釈者、通訳」のように訳すべきであろうし、あくまでも一定の機能を担うモジュールと見なすならば（central processorを「中央処理装置」と訳すのと同じく）「解釈装置」と訳すべきであろう。分析的システムについての筆者の「警告」（１０４頁）は、このふたつが交換可能でどちらも正しいが、しかし擬人化はレトリックに過ぎない、ということを示唆するように思われる。

頭の中で起きていることを知っていると信じているのだ。

　民俗心理学は脳の自律的な脳システムの影響を認められず、このことは脳に損傷を負っていない人間にとっても害悪となりかねない。例えばローウェンスティーン〔Loewenstein 1996〕は、思い込みが人々を薬物依存へと誘う主因となっている可能性について論じている。すなわちローウェンスティーンは、行動に対する、いわゆる「内臓要因」[103]（空腹、痛み、性欲といった、快苦を直接的に左右する衝動状態）についてのこのレビュー論文において、ほとんどの人間はこうした影響を直接的にコントロールできると過信しており、将来の内臓的〔本能的〕反応がもたらす効果を低く見積もりがちだと主張する。初期の薬物使用を主にうながしているのは好奇心であることが明らかにされているが〔Goldstein 1994〕、ローウェンスティーンはここから、「自分には薬物をやめることができる」という信念〔思い込み〕が、薬物に手を出す主たる要因なのだと論じる。だが、彼らが薬物使用への意思決定の根拠としている、自分の脳の制御能力についてのモデルは、悲しいほど不正確なものでしかない。こうした、民俗心理学が提供するモデルは、自律的〔自動的〕な内臓的〔本能的〕プロセスに対する意識的制御の優位を強調しすぎているのだ。

　以上は、私たちが火星人のようなＴＡＳＳという下位システムに順応しなければならない状況の一部だ。ＴＡＳＳは進化的に見れば古いシステムであって、現代世界を生きるうえで適切とは言えないアウトプットを誘発《プライム》することもある。現代の生活においてこの手の状況は増える一方であり、これも本書の主要なテーマとなるだろう。[104]こうした状況のなかで、私たちは状況を見通して評価を下すことのできる分析的システムを必要とする。そして、もはや私たちのためにはならない習慣的な反応をそれによって乗り越えていかなければならない。

　人類学者のドン（ドナルド）・サイモンズ〔Symons 1992〕が指摘するように、私たちが甘いものを好むのは、その基礎として、そのために特殊化した味覚機能が私たちに備わっているからである。果物は糖度が最高になるときに栄養価が最大になるが、この事実に合わせる形で進化的適応が果たされたという見込みが大きい。だが、いまや産業化された現代社会において甘い食べ物はありふれており、私たちの甘いものへの選好は本来の機能をまったく果たせていない。ところが、甘い食べ物への選好を誘発するＴＡＳＳ下位システムは、たとえダイエットを決意しようと、なおも同じように働き続けている。だからといって、ＴＡＳＳ下位システムが私たちの日常生活にとってなお極めて有益であるという事実を否定するつもりはない（表２－２に挙げたプロセス群が重要であることに疑いはない）。ただ筆者が言いたいのは、本書が焦点を合わせるのは「認知改革」であって、それには一部のＴＡＳＳ機能への批判が欠かせないということだ。

　ＴＡＳＳ下位システムは進化の古層に起源を持つもので、それが用意する反応は私たちの現状にははなはだしくそぐわない。だからこそ私たちとしては、脳の中に火星人を住まわせているような思いを抱くに至る。ダイエット中だというのに始終甘いものを欲するようでは、苛立ちはつのるばかりだ。あるいは本章の冒頭で取り上げた例を持ち出せば、割り込み運転に覚える怒り《レイジ》は大抵の場合、状況と引き合うものではまったくない。本章冒頭のこれ以外の事例のいくつかでは、ＴＡＳＳ下位プロセスと進化とのつながりはよりいっそうあきらかである。レイプ被害者のつれあいによる被害者に対する拒絶という恥ずべき事例は、性の相手を独占しようとする進化モジュールに根をもつ［Wilson and Daly 1992］。顔に傷を負った人々を拒絶してしまうのは、対称性その他の、美の目印《ビューティ・キュー》[105]と呼ばれる繁殖に関わる適応度[106]の単純な代理物を検知するための進化的モジュールに根をもつ［Buss

103　「内臓要因」の原語はvisceral influencesで、訳せば「内臓的影響」だが、通常「内臓要因」と訳されているvisceral factorsとほぼ同義の表現と見られる（visceral influencesを「内臓要因」と訳している文献もある）。「内臓（的）」と訳されるvisceralは、訳注98で説明したように「腹の奥底からの」あるいは「本能的」とも訳される、生物学的に原初的な衝動や欲求のあり方を形容する言葉である。

104　このテーマは本書では特に第5章で主題的に扱われ、また２０１０年の『現代世界における意思決定と合理性』にも受け継がれる。

1989; Langlois, Kalakanis, Rubenstein, Larson, Hallam, and Smott 2000; Symons 1992]。

私たちとしては、これらTASSから分析的システムへのインプットを肯定したほうがいいのだろうか？　否である。むしろそんなものを制止[107]することを私たちは望んでいる。あるいはTASSを、その進化的出自ゆえに正当化されていると見なすべきなのだろうか？　そんなわけはない。何がどうあっても、私たちはそのような傾向を乗り越えることを望んでいる。よって、TASSが誘発する反応傾向のいずれかが、私たちが反省を経て獲得した価値観を押しつぶしてしまうべきでないのだとしたら、そのような反応傾向は、私たちの分析的処理の活動を通じて制止されねばならないはずである。甘いものを食べたり、レイプの被害に遭ったつれあいを拒絶したり、顔に傷を負った人を見て嫌悪を覚えたりといった行動を生じさせる引き金が脳の中にあるとしても、それは私たちが自己同一化したいと望むものではない[25]。それは、私たちが考える自己とはかけ離れたものであり、脳の中の火星人である。私たちにそれを取り除くことはできないが、それでもその力を弱め、分析的システムが打ち勝つ道を探すことはできる。そうであってこそ、本章の冒頭で引用したボブ・マーリーの歌詞（「考えるより先に撃っていた」）のような体験をせずに済むのである。

2種類の心が衝突するとき――分析的システムの「制止」機能

前節では、さながら反射のように働くTASSプロセスがはらむ潜在的な問題について警鐘を鳴らした。もっとも、TASSプロセスの機能不全を強調したといっても、TASSはいつでも問題含みだなどと言うつもりはない。それどころか、他の多くの理論家と同様[26]、筆者もまた数多くの有益な情報処理作業や適応的な行動がTASSによって自動的に成し遂げられていると考えている（奥行き知覚、顔認識、頻度推定、言語理解、志向性[108]の帰属、裏切り者検知、色彩知覚など）。事実このリストはまだまだ続くのであって、それゆえに、心的生活のいかに多くにＴＡＳＳのアウトプットが浸透しているのかを強調するようになった理論家も多い。しかしながら前節で見たように、ＴＡＳＳのアウトプットはときに分析的な意思決定によって設定された上位の行動目的と齟齬をきたすことがある。だからこそ、全体を監督し、価値づけを行う分析的システムの機能が必要なのだ。これをうまく使って、より大局的な目的と激しく衝突するＴＡＳＳのアウトプットを弱めるか、あるいは〔可能なら〕制止しなくてはならない。

ＴＡＳＳ下位システムは、領域特異的な進化的適応か、あるいは、頻繁な習慣化によって自動的に引き金を引かれるようになった刺激＝反応の結合に、その起源をもつ。そしてこのようなＴＡＳＳのロジックから、分析的システムが担うべきひとつの演算タスクについて、かなり確かな推定が導かれる。すなわち、ＴＡＳＳからのアウトプットが上位の目的と齟齬をきたす反応を引き出すおそれがあるとき、そのような反応をデカップリングし

105　cue は「合図、手がかり」のような意味だが、無自覚的反応を誘発する指標を指すためにしばしば用いられる。この場合は性的魅力と結びついた容姿などの外見的な目印、手がかりを指す。

106　「適応度（fitness）」全般が「繁殖成功度」を指すので、「繁殖に関わる適応度（reproductive fitness）」はやや冗語的な表現なのだが、ここではおそらく、適応に「生存（を通じての繁殖）への利益」と「繁殖のみへの利益」（いわゆる性選択の対象）を分けた上で、後者のみを指そうとしていると思われる（但しこの後、「適応度」全般を「繁殖適応度」と呼んでいるように見える場所もいくつか出てくる）。

107　訳注79で解説したように「制止する」の原語は override で、これは次節の主題となる概念だが、字義どおりには「圧倒する、制圧する、踏みにじる」といった、力ずくでねじ伏せるような意味合いの言葉であり、特にこの段落ではこれ以降、ＴＡＳＳ下位システムと分析的システムとの間のこうした抗争を、一方が他方を「乗りこえる（overcome）」、「押しつぶす（overwhelm）」、「打ち勝つ（trump）」、あるいは「弱める（dampen）」のような類義表現を多用し、強調している。

108　「志向性（intentionality）」とはおおむね「何かについての思い」と言える状態で、それゆえ「志向性を帰属させる」とはほぼ「相手を心をもつ存在として扱う」のと同義である。なお、ここに関しては筆者が「志向性」ではなく「意図（intention）」を念頭に置いている可能性もある。「志向性」と「意図」は厳密には異なる概念だが（後者は前者の一種で、前者のほうが範囲が広い）、この場合に限れば、どちらの意味でとっても「相手に心を認める」というおおむね同じ意味になる。この後の訳注196と訳注246、および第6章原注3なども参照。

たり制止したりする監督システムとして機能する演算タスクを、分析的システムは担っていると見込まれるのである［Navon 1989; Norman and Shallice 1986］。

もちろん、ほとんどの場合で両システムは互いに協調するのであり、この場合デカップリングや制止は必要ないだろう。とはいえ、ＴＡＳＳプロセスが大局的な目的や欲求を阻害していることを検知した場合には、――たとえＴＡＳＳプロセスがごく局所的な問題解決をうまく果たしているのであっても――分析的システムがＴＡＳＳプロセスを制止することが必要になる状況が、実際に生じる可能性がある。多くのＴＡＳＳプロセスは、個人の効用最大化とは別の基準――すなわち遺伝的適応度――に準拠しているため、目的の衝突はしばしば起こる（これは第3章で論ずる）。たしかに、ＴＡＳＳの制止機能が必要になるのは、情報処理のごく少数の場面に限られるかもしれないが、とはいえそうした少数の状況は、重要度がはなはだしく高い場合がありうるのである（詳しくは第4章）。

表2－1にも名前が登場する二重プロセス理論の提唱者のひとりであるジョン・ポロック［Pollock 1991, 1995］は、分析的プロセスがときにＴＡＳＳによる自動的で強制的な演算結果を制止するシステムとして機能する様子を描き出している。ポロックの二重プロセス理論の考え方は、コンピュータに知性や合理性を実装しようとする研究に由来している。ポロックの用語を用いると、〔本書でいう〕ＴＡＳＳは、特定の演算を実行するＱ＆Ｉ――素早く（quick）柔軟性のない（inflexible）――モジュールによって構成されている、とされる。ポロックのモデルにおいて、〔本書でいう〕分析的プロセスは「理解能力（intellection）」という用語で括られる。ポロックの見方は、本書で概観してきた二重プロセスについての一般的な見方とも一致するものだ。Ｑ＆Ｉモジュール（ＴＡＳＳ）の融通のきかない反応ではうまく適応できない局面でシステムが発動したときに、その制止を図るのが分析的プロセスの主要機能である、という点をポロックは強調する。それによれば、変化する状況において、Ｑ＆Ｉモジュー

ルは「臨機応変に《オンザフライ》」対応することはできないのであり、なぜならＱ＆Ｉモジュールの速さとは、その反応の硬直性に由来するものだからだ。

例としてポロック［1991］は、運動中の物体の軌跡を予測するＱ＆Ｉ軌道モジュールを挙げている。この計算を行うＱ＆Ｉモジュールは、素早く正確ではあるが、世界の構造についてひとつの前提に依存している。この前提が破られてしまえば、Ｑ＆Ｉモジュールも制止されなくてはならない。例えば、野球のボールが電信柱にぶつかろうとしている。不規則な曲面にぶつかれば、そのバウンドの軌道を正しく計算することはできない。このとき、自動軌道モジュールは制止されるべきだろう。同様に、ＴＡＳＳが送ってくる概念的で感情的な信号も[27]、ときには制止される必要がある。この制止機能は、前章で述べた遺伝的制御のロングリーシュ型とショートリーシュ型の区別にも関係する。つまり、ＴＡＳＳと分析的システムの衝突はしばしば、制御におけるふたつのタイプの衝突の代表的な事例となっているのである。[28]

脳を制御する長い引き綱《ロングリーシュ》と短い引き綱《ショートリーシュ》

ＴＡＳＳのアウトプットと分析的システムが衝突するのは、往々にして、ＴＡＳＳが誘発した反応によって実現される目的よりも、さらに大きな目的が危機に瀕していることを、柔軟な分析的プロセスが検知するという状況である。ＴＡＳＳは進化の初期に形づくられたものから構成されていることを思い出してほしい［Evans and Over 1996; Mithen 1996, 2002; Reber 1992a, 1992b, 1993］。それらはいっそう直接的なやり方で遺伝子の目的（繁殖の成功）をコード化するものだった。一方で、最近になって進化した脳の機能である分析的システムの目的構造はもっと柔軟であり、ＴＡＳＳが目指す、領域特異的でショートリーシュ型の目的を、より広範な社会的環境に調和させようとする（第7章と第8章では、分析的システムのロングリーシュ型の目的が徹底した習慣化によってTASSに組み込まれるという、重要だが込み入った現象について論じる）。

TASSが進化的に見て脳の古い部分を包含していることを強調するために、デネット〔1991, 178, Humphrey 1993からの引用〕〔邦訳215頁〕はそれらを、脳の「逃げろ！」部位や「やれ！」部位と呼んでいる（このユーモラスな言い回しは、私たちの心理的構造がきわめて単純で、行動統御もかなり粗雑であった進化の古層を想起させるものだ）。しかしながら現代の環境では、TASSがある男性に対して、たまたま目に入った女性と交接するよう自動的に信号を送ったとしても（「やれ！」）、男性の分析的システムは、自分が生きているのは21世紀の複雑な技術社会である、という事実を正しくも登録項目に加える。かくして、つれあい、子ども、仕事、社会的地位、その他もろもろへの考慮が、TASSが発する「やれ！」の信号を制止するのである。現代における分析的システムは、こうしたTASSの信号に従う代わりに、個人の全般的な目的構造を統合し、仮にTASSの反応傾向のおかげで一時的に有利な結果を得られるとしても、長期的な人生の目的にとっては、TASSが引き金を引いたこの反応性向を制止するほうがうまくいく、と計算するのである。

今挙げた例では、分析的システムの演算とTASSの機能を対照的に描いた。前者は時間のかかる多次元的な[109]演算であり、後者からのアウトプットは弾道的〔事後の調整が利かない〕かつ反射的で、狭い範囲の刺激にのみ反応する——TASSの機能のこのような性格は、人間の進化のはるか初期には、こうした自動的な反応が遺伝子の利益に適うものだったことに由来している。また筆者がこの点を明言できるのには、レーバー〔Reber 1992a, 1992b, 1993〕の理論的研究への筆者の依拠が反映されている——レーバーは一連の重要な論文で、TASSが一段と古い進化システムであることを示す証拠を精査している。筆者はレーバーによるこうした証拠を土台として、第1章でも論じたショートリーシュ型とロングリーシュ型の制御形態の区別を踏まえながら、次のように主張した〔Stanovich 1999; Stanovich and West 2000〕。すなわち、ＴＡＳＳの目的構造と分析的システムのそれは異なるものであり、まさにこの事実から、人間の自己実現にとって重要ないくつかの帰結が導かれるのだ——と。

　ＴＡＳＳの目的構造は、遺伝子の繁殖可能性の増大〔という進化の動向〕に緊密に沿った形で、進化によって形成されてきた。一方の分析的システムは、まず何よりも一個体としての人間の利益に焦点を絞り込んだ制御システムである。つまり分析的システムとは、何にもまして、個人《パーソナル》[110]の目的実現を最大化するシステムなのだ。しかるに、このような目的実現の最大化は、時に遺伝的適応度を犠牲にするものとなる〔Barkow 1989; Cooper 1989; Skyrms 1996〕。だからこそ表２－１では、ＴＡＳＳと分析的システムの比較の最後の項目として、両者の目的構造の違いを挙げたのだった。ＴＡＳＳがショートリーシュ型の遺伝的な目的を実現するのに対して、分析的システムは個体全体のレベルでの目的実現の最大化へと向けられた、柔軟で階層化された目的構造を実現している。分析的システムは、ＴＡＳＳと比較すると、まとまった全体的個体としての個人のニーズにより一層合わせて調整されている（これに対してＴＡＳＳは、かつてのサブパーソナルな複製子の増殖という目的へと、より直接的に向かうように調整されている）。したがって、——これは比率でいえば少数派の事例であるが——両システムのアウトプットが齟齬をきたすような状況では、分析的システムが首尾よくＴＡＳＳのアウトプットを制止できた場合に、人々が利益を得ることが多い。このような齟齬が起きるのは、乗り物と自己複製子の目的が食い違っていることを示している見込みが大きいのだが、統計的に見ると、こうした食い違いの解消は、ＴＡＳＳのアウトプットが制止されていれば、乗り物の有利に帰着する場合が多いのだ（それこそ私たちの誰もが望むべきことだ）。

　なぜ統計的に見て、ＴＡＳＳのアウトプットを制止したほうがよい手になるのか、そのロジックを示したのが

109　「多次元的」とはつまり、演算すべき評価軸あるいはパラメータが複数あるということであろう。

110　「パーソナル／サブパーソナル」の区別については訳注5と訳注8を参照。

図 2-2　遺伝子の目的と乗り物の目的は、TASS においても分析的システムにおいても部分的に重なっている。ふたつのシステムはそれぞれ 3 種類の目的を持っているが、その比率は異なる。エリア B および E は「遺伝子と乗り物双方の利益に資する目的」、エリア A および D は「遺伝子の利益のみに資する目的」、エリア C および F は「乗り物の利益のみに資する目的」を、それぞれ示している

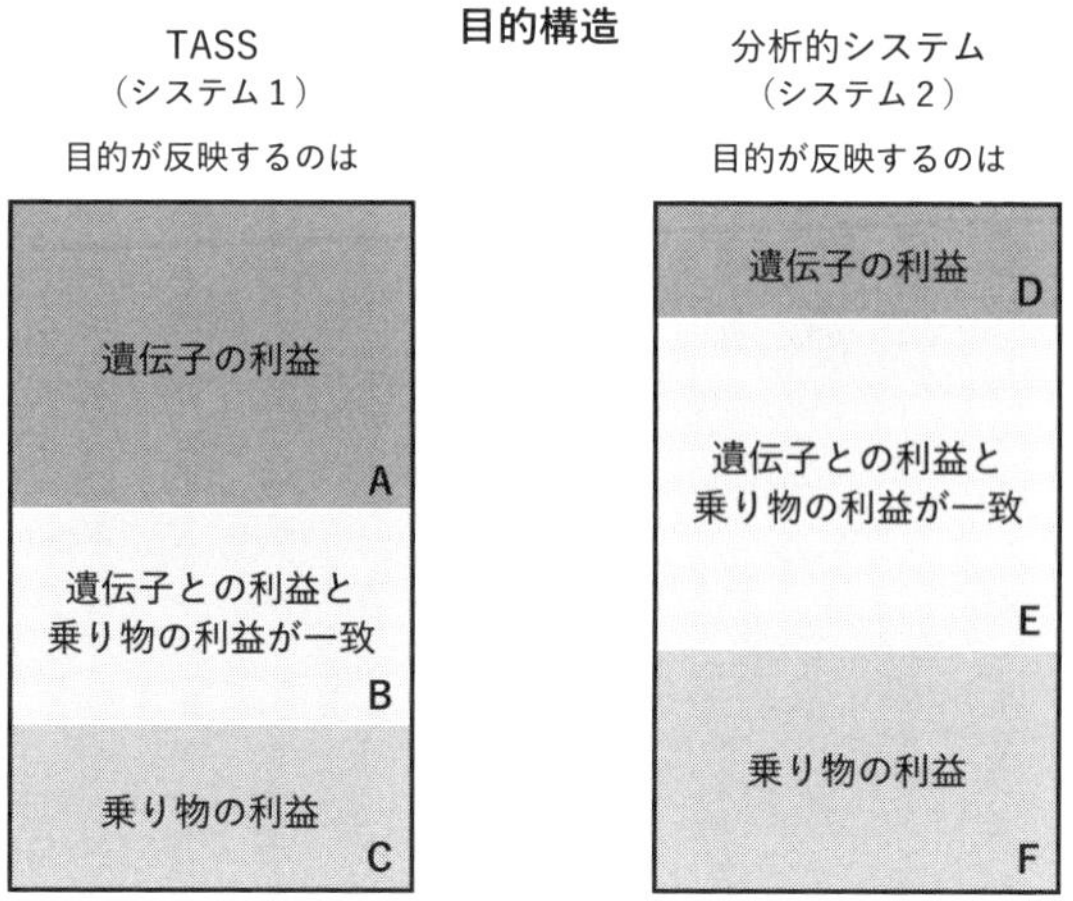

図２－２だ（もちろん、図で示した各領域の大きさは推定上のものだ。相対的な割合さえ示せれば、ここでの議論の理解に支障はない）。まずこの図で前提となっているのは、ＴＡＳＳと分析的システムの双方において、乗り物と遺伝子の目的は実生活のほとんどの場面で一致しているということだ（エリアＢとＥ）。例えば、自然界において障害物を正確に迂回できる能力は、進化的適応をうながすだろう。そしてこの能力は、現代世界に生きる私たちにとっても同様に、私たちのパーソナルな目的実現に役立つものなのだ。

しかし図２－２で最も注目すべきは、ふたつのシステムの目的分布の違いによる、利益の非対称性である。ＴＡＳＳに属する人間の脳構造には、第１章（図１－１参照）でも論じたように、ダーウィン型生物[111]としての構造が残存している。このシステムが実現する目的の多くは、非反省的に獲得されたものだ――すなわちそれらは、その人の「つまりパーソナルレベルの」役に立つかどうかという観点からの評価を経ずに獲得される。たしかに、それらの目的もまたある種の評価を経

ているが、しかしその評価は、過去の進化における自己複製子の存続と多産性を増進させるかどうかという、まったく異なる基準の集まりにもっぱら依拠している。[112] これらの目的が遺伝的目的のみを反映したものならば、個々の人間個人《パーソン》（乗り物）の観点からすると危険な目的にもなりうる。[29] つまり、これらの目的は自己複製子の利益のために乗り物を犠牲にするおそれがあるのだ――遺伝的に結びついた女王バチのために、働きバチに自己犠牲を強いる目的が例えばそれに当たる。図2-2ではエリアAがそれに該当する。

エリアAの目的は、TASSが反応してその追求が始まったなら、真っ先に制止の対象となるべきものだ。例えば認知科学者のスティーヴン・ピンカー［1997］はTASS下位システムについてこう述べている――「それは幸福や知恵や道徳的価値を増進させるためではなく、自らを構成している遺伝子の複製を増殖させるために設計されている。社会集団にとって有害で、長い目で見れば行為主体の幸福を毀損し、制御不能で説得を受けつけない行為はしばしば『感情的』と言われる。あるいは自己欺瞞の産物だとも言えるだろう。悲しいかな、そうだとしてもそれは機能不全の結果ではない。むしろそれこそが、巧みに設計された感情にわれわれが期待するものなのだ」［370］。ピンカーはここで、読者にショックを与えて新しい視点へと誘うために、わざと「巧みに設計された」という独特の表現を用いている（筆者もこれと同じことを第1章で試みた）。したがって、私たちはここでよくよく考えて、ピンカーが言う「巧みに設計されている」とは、自己複製子の利益に適うように進化によって設計されたという意味で言われているのだ、ということに思い至らねばならない。しかしもちろん乗り物の視

111 「ダーウィン型生物（Darwinian creatures）」については訳注45を参照。

112 この最後の部分からわかるように、この段落で「評価」と言われてきたのは真の意味の評価ではなく、むしろ自然選択による選別過程を指している。つまり進化的な過去において、事実として複製子の存続と多産性を増進させるようなプログラムがTASSに組み込まれ（つまりそれを備えた子孫が生き残り）、今に至っているという選別過程、あるいはその結果組み込まれた、自動的に進む認知的な情報の取捨選択過程である。

点に立てば、この「巧みな設計」というのは、パワフルすぎる自動車にたとえられうる。通学路を走っているときに、アクセルをちょっと踏むだけで時速20マイルから45マイルに加速してしまうような自動車では困る。認知システムが乗り物の長期的な目的を考慮して、この「巧みな設計」を制止することがなければ、私たちの人生は立ち行かなくなってしまうだろう。この種の能率的な設計は、実に近視眼的なのだ――それは大局的に見て適当な状況においても、不適当な状況においても、等しく自動的かつ能率的に自らの仕事を遂行する。

図2-2の右側は、分析的システムの目的構造を示している。このシステムは、反省的知能を行使することで、世界とのやりとりを介して、生物の全般的な目的に役立つと同時に遺伝子の目的を阻害する柔軟なロングリーシュ型の目的を引き出す（図2-2のエリアF――例えば避妊を施した上でのセックスや、生殖可能な年齢を過ぎてからの〔繁殖〕資源の消費など）。そしてもちろん、反省的に獲得された目的は、それが習慣的に追い求められる場合には、TASSの一部になりうる――ある種の〔TASS内の〕目的は、乗り物〔としての私たち〕が求める目的に役立つがゆえに、反省的に獲得される、ということだ（そしてその中にはおそらく、遺伝子の利益を阻止するような目的すら含まれよう）。この事実は、図2-2の中の、一見したところでは困惑を招くかもしれない部分を説明してくれる。つまりこの図では、TASSの目的構造に、乗り物の利益のみに適う目的を示す小さなエリア(C)が記されているのだが、しかしなぜそのようなエリアが存在するのだろう？　TASSに含まれる目的とは、乗り物の利益になる場合も、ならない場合もあるにしても、ともかくすべてが遺伝子の利益を反映したものであるはずだ（第1章の図1-1で示したダーウィン型生物の目的構造のように）――そう考える人もいるかもしれない。しかし、分析的システムが追い求める高次の目的状態が、習慣化を通じ、固定的で柔軟性を欠いたTASSの一部になる可能性があるのだとすれば、話は違ってくる。反省的に獲得された目的状態が、乗り物に対して他では得られない利点（遺伝子によって組み込まれた目的を打ち負かすことで結果的に生じる利点。「上司の妻とは浮気するな」

など）をもたらすなら、それが採用されることもあるだろうし、その習慣化を通してＴＡＳＳの一部となることもあるだろう。こうした状況は、人間のＴＡＳＳが反省的な分析的システムと肩を並べて脳に存在しているがゆえに生じたものと考えられる。だからこそＴＡＳＳの目的構造は、図１－１で描かれたダーウィン型生物の目的構造をただ反復するものではないことになるのだ。

このように、エリアＣという小さいながらも重要な例外があるとはいえ、基本的にＴＡＳＳとは短い引き綱《ショートリーシュ》によって遺伝子につながれた脳の部分であると理解していい。〔環境内の〕指標《キュー》へのその反応の仕方は、私たちの進化の歴史において、過去数千年の間[113]、遺伝子の複製に直結するものであったが、ＴＡＳＳはいまだに同じ反応を自動的に生じさせるのだ。しかし、ちょうど先に見た火星探査機の例と同じように、世界がますます複雑になり、（とりわけ他者の存在によって）事前予測が困難になるにしたがって、遺伝子はいっそう複雑な制御システムを取り入れるようになり、こちらはもっと長い引き綱《ロングリーシュ》で脳とつながっている。つまり、脳にはもともと非常に領域特異的な、刺激＝反応傾向を有するシステムが備わっていたが、遺伝子はこれに加えて〔遺伝子の〕複製に結びついた包括的で一般的な目的（自己保存傾向、セックスによる快感、脂肪分への嗜好など）をインストールし、またそれと同時に、錯綜する（ときには衝突し合う）目的群を調整し、いつ何が起きるかわからない環境にあって利益を最大化できる戦略を算出する能力を備えた、階層的な目的分析装置[114]を構築したのである。

人間は複雑な社会に暮らしている。そのとき分析的システムが調整しようとしている目的のほとんどは〔生物学的ニーズから見ると〕派生的なものとなる。産業が発達した社会には、狩猟採集生活を営む人間などもはや存在しない。基本的な目的と基本的な欲求（身体的快感、安全、栄養）は、名声、地位、雇用、賃金といった象徴的

113　thousands of years という表現が単なる「長い年月」の比喩でないとすれば、進化史でいうと比較的最近、石器時代を抜け出して文明が始まる前ごろまでのヒトには自然選択が有効に働いていた、という想定を念頭に置いていると見られる。

な副次的目的[115]を最大化することで間接的に満たされるものだ。こうした副次的な目的の多くを実現するためには、〔目的について〕より直接的にコード化されたＴＡＳＳによる反応は――少なくとも一時的に――抑圧されなければならない。ロングリーシュ型で派生的な目的は、進化的適応の目的と乗り物の利益を分かつ条件をつくりだす。極端な場合には、乗り物はショートリーシュ型の制御を完全にデカップリングすることができるし、自己複製子の特定の目的には一切関与しない汎用的な目的を実現して、利己的な自己複製子に反逆することもできるのだ（例えば、避妊を施した上でのセックス）。

第1章では、（遺伝子がもたらす表現型効果の比喩として）遺伝子が〔乗り物である生物の〕直接的制御を断念し、代わりに脳に対して次のようなことを言いだす状況を描写した。「物事の変化はますます速くなる一方だ。脳よ、僕らがああしろこうしろときみに指令を出していたのでは追いつかない。そこでだ、この際きみに任せることにする。僕らが組み込んだ大局的な目的（生存、および性行為による繁殖）のために、君が最良だと思うことをしてくれたまえ」。脳の一部分としての分析的システムは、このような状況に最も近いところにいる。分析的システムとは最近になって生じた進化であり、ドーキンス〔1976〕も記しているように、そのロジックを極端にまで展開すると、「遺伝子が生存機械にたったひとつの包括的な方針を〔脳に〕与えることになるだろう。つまり、私たち〔人間〕を生かしておくのに最もよいと思うことを何でもやれ、という命令を下すようになる」〔59-60〕〔邦訳124頁〕といった〔進化の〕動向が[116]、そこには生じている。しかし興味深いことに、人間の場合、分析的システムは脳の中で反射的なシステム（ＴＡＳＳ）の一群と共存している。ＴＡＳＳはその自動性という性質ゆえに、分析的システムが手掛けるべき問題に関係するアウトプットを提供することもあるだろう。ふたつのシステムのアウトプットが正面衝突する場合は、どちらか一方のシステムが負けることになる。そして、ＴＡＳＳが失われた祖先の環境をベースに遺伝子を最優先し、他方の分析的システムが私たちが現に生きる環境をベースに個人を最優先するような事例においては、私たちとしては分析的システムに負けてほしくないととりわけ望むものだ。こうした事例で分析的システムがＴＡＳＳの制止に失敗した場合、本章の冒頭で紹介した数々の事例のように、その結末は悲惨なものになるだろう。

もちろんだが、人間の脳内である種の衝突が生じている、という発想は新しいものではない。文学は何世紀にもわたってこれを主題としてきた。いまや私たちはこの争いを表すのによりふさわしい、認知神経科学の諸発見で実証された語彙をもっている。それでも作家の手になる文章を読むときに、この脳内の衝突を最も生々しく感じ取れるということは大いにありうる。こうしたＴＡＳＳと分析的システムの衝突を、ジョージ・オーウェル［Orwell 1950］の有名なエッセイ「象を撃つ」ほど説得力ある形で示した例は他にない。１９２０年代、[117]オーウェルはイギリス帝国の警官としてビルマ〔ミャンマー〕に勤務したが、分析して考えるほどに、まさに自分の立場が体現している帝国主義に我慢ならなくなった（「もう心は決まっていた。帝国主義は邪悪なものであって、早々に自分の仕事を投げ出してそこから出ていくべきであった」［3］）。しかし帝国主義が悪だと確信してはいても、自分が取り締まっている人々の軽蔑の的になれば苛立ちを覚えないわけにはいかなかった。「私に手の届かない背後から投げつけられる侮蔑の言葉にはひどくカチンと来た。なかでも若い仏僧たちは最悪だった。町にはそんな連

114　一般に目的─手段関係は、ある目的はより上位の目的にとっての手段となる、という階層構造をなしており（身近な例でいえば「起業するためにお金を稼ぐためにアルバイトに行くために電車に乗るために定期券を出すためにバッグを開けるためにバッグのファスナーに手をかける」といった事例を想定されたい）そのような手段と目的の階層構造を分析しうる装置ということであろう。

115　具体的なモノを追い求めるのではなく、名声、地位、あるいは金銭といった抽象的な象徴を追い求めることで基本的欲求が満たされるようになっている、ということである。第8章の「象徴的効用」の概念も参照。

116　本書49頁で述べられているように、この「命令」は仮想的な極限事例である。

117　原文では「１９３０年代」となっていたが、年表によると22年に警官となり、27年は辞表を出して同地を去っているとのことなので、誤記と思われる。

中が何千人といて、街角に立ってはひたすらヨーロッパ人に罵声を浴びせていた」[3]。

心に関する今日的な語彙を使って言えば、オーウェルの分析的システムは現地の人々の侮蔑に理があることを知っていた。にもかかわらず、彼のTASSシステムはそうした侮蔑の言葉に反応してしまった。オーウェルはこれら現代の用語を知らなかったが、それでもふたつのシステムがおそるべき規模で衝突を起こしていることには極めて意識的だった。「身動きが取れないことだけははっきりしていた——自分の仕える帝国への憎しみと、私に仕事をさせまいとする悪意に染まった小さな獣たちへの怒りのあいだに私ははまり込んでいたのだ。頭の半分では、イギリスの統治は打ち破ることのできない暴政であると考えていた……もう半分の頭では、世界広しと言えど、銃剣を仏僧たちの腸《はらわた》に叩き込むことに勝る愉悦はあるまいと考えていた」[4]。

読者への練習問題としての「4枚カード問題」と「リンダ問題」
——あなたはTASSを制止できますか?

脳には本当に異なるシステムがあるのか? ふたつのシステムが同時に(そして衝突の可能性をはらみながら)働き、人の行動に影響を与えるなどということがあるのだろうか? 依然としてこんな疑問を抱く読者がいるかもしれない。その答えは、人間の推論に関する何十年にも及ぶ研究において、最も多くの検証が重ねられてきた問題に取り組む作業を通じて、あなた自身で実証することができる。認知心理学者のピーター・ウェイソン[Wason 1966, 1968]が考案したこの問題については、実際に数十件にも及ぶ研究がある。[30] 先を読み進める前に、まずは自分で問題に取り組んでみてほしい。

4つの枠は、それぞれテーブルの上に置かれたカードを示している。それぞれのカードには片面に文字が、反対の面には数字が書かれている。ここにはひとつ規則がある。「文字面に記されているのが母音である場合、数字面には偶数が記されている」という規則だ。さて、ご覧の通り、2枚のカードは文字面が表に、もう2枚のカードは数字面が表になっている。あなたに求められるのは、上述の規則の真偽を確かめるにはどのカード(複数可)をひっくり返さねばならないかを決めることである(不要なカードには手をつけないこと)。さあ、カードを指し示してほしい。

K

A

8

5

この問題に取り組む前に(そして、答えをのぞき見するハードルをちょっとだけ上げるために!)、もうひとつ、認知心理学の文献ではお馴染みの問題について考えてもらおう。エイモス・トヴェルスキーとダニエル・カーネマンが考案した、いわゆる「リンダ問題」である[Tversky and Kahneman 1983]。

リンダは31歳で独身。はっきりものを言い、とても聡明だ。大学時代の専攻は哲学。学生時代は差別と社会正義に深い関心を寄せており、反核デモにも参加した。

さて、以下に示した8つの文章について、いまのリンダの姿としてありそうな順にランクづけしてほしい。最もありそうなものを1、ありえなさそうなものを8とする。

a. リンダは小学校の先生である

b. リンダは書店員であり、かつヨガ教室に通っている
c. リンダはフェミニスト運動に積極的に関わっている
d. リンダは精神保健福祉士である
e. リンダは婦人有権者同盟のメンバーである
f. リンダは銀行の窓口係である
g. リンダは保険外交員である
h. リンダは銀行の窓口係であり、かつフェミニスト運動に積極的に関わっている

それでは順に見ていこう。最初の問題は「4枚カード問題」と呼ばれ、熱心に研究されてきた。その理由は主にふたつ——ほとんどの人が問題を誤って解釈すること、そしてその理由を理解するのがひどく難しいことだ。一見、答えは明らかだ。想定された規則はこのようなものだった——「文字の面に記されているのが母音である場合、反対の面の数字は偶数である」。だとすれば、規則の真偽を確認するには、Aと8を選ぶのがよさそうだ。Aは母音であり、その裏側が偶数であるかどうかを確認すればいい。さらに8（偶数）の裏を見て母音であるかどうかを確認する。ところが困ったことに、この答え——回答者の50パーセントはこの組み合わせを選んだ——は間違っているのだ！　次に多いのは、（裏が偶数であるかどうかを確かめるために）Aのカードだけをめくるというもので、回答者の20パーセントがそう答えたが、これもやはり間違いなのだ。さらにもう20パーセントの回答者は、他の間違った組み合わせ（例えばKと8）を選んでいる。

過去数十年にわたって繰り返し行われたこのテストで、もしあなたがこれら90パーセントの回答者と同様に答えたとしたら、あなたも間違っていたということだ（その場合、本節の見出し〔「TASSを制止できますか？」〕に

掲げられていた、即座の反応を抑え込むようにというヒントすら見逃したことになる）。では、どうしてほとんどの人は間違ってしまうのだろうか？　まず、彼らが間違わなかったのは、KとAについてである。ほとんどの人はKを選ばずにAを選んだ。「規則は子音の裏面については何も言っていない」というのがその理由だ。つまり、Kは規則とは無関係なのである。一方、Aはそうではない。Aの裏は偶数であってもいいし、奇数であってもいい。前者ならば規則に沿ったものとなるが、後者の場合は規則が偽であることを証明するものとなる。簡単に言えば、規則が偽であることを示すためにAは必ずめくらなければならない。このことについては多くの人が正しく理解している。

厄介なのは、8と5のカードである。多くの人がこの2枚のカードでつまずく。8を選んで、裏が子音であるかどうかを確認しなければならないと考えるのだ。しかし、例えば8の裏がKであったとしよう。そうだとして、これは規則が偽であることを示すものではない。規則に従えば「母音の裏は偶数」ということになるが、それは「偶数の裏が母音」ということではない。したがって、8の裏が子音だったと判明したところで、それは規則の真偽については何も語らないのである。対照的に、5のカードはほとんどの人に選ばれなかったが、こちらは大事なことを語ってくれる。5のカードの裏面は母音かもしれず、その場合は規則が偽であることが示される。つまるところ、規則が誤りでないことを示すために、5のカードはめくられなければならないのだ。

さて、まとめよう。規則は「PならばQ」という条件文の形で示されており（「Pである」は「母音である」、Qは「偶数である」に当たる）、これが偽だと判明するのは、「Pであり、かつQでない」ことが示される場合だけである。したがって、「Pであり、かつQでない」カード（ここではAと5）の2枚だけが規則の真偽を決するものとしてめくられる必要があるということになる（Aは「母音である」、5は「偶数ではない」に当たる）。そうしてめくった結果、「Pであり、かつQでない」という組み合わせが出てくれれば、規則は偽ということになる。出てこなければ規則は真となる。

説明を聞いてしまえば何ということもない問題なのに、なぜほとんどの人は間違って答えてしまうのだろうか？　まず考えられるのは、母音／数字の規則が抽象的であるがゆえに、問題が難しく感じられてしまったということだ。ならば現実的な、あるいはいわゆるテーマ問題（テーマ性のある問題）であれば、成績は劇的に上昇するかもしれない。そこで研究者らは次に述べる「目的地問題」を試すことにした。

以下のチケットにはそれぞれ一方の面に目的地が、もう一方の面には移動手段が書かれている。規則はこうだ。「もし片面に『ボルチモア』と書かれていれば、その裏面には『飛行機』と書かれている」。ここであなたがなすべきは、この規則の真偽を見分けるためにどのチケットを裏返せばいいかを決めることだ。めくられるべきはどのカードなのか示してほしい。

目的地
ボルチモア

目的地
ワシントン

移動手段
飛行機

移動手段
鉄道

ところが驚くべきことに、具体的な内容が与えられたところで成績はまったく向上しない。ほとんどの回答者は相変わらずP（ボルチモア）とQ（飛行機）のカードを選ぶか、Pのカードだけを選ぶ。「Pであり、かつQでない」（という論理式）を用いた正しい解法と、正しい回答（「ボルチモア」と「鉄道」）は大多数の頭をすり抜けてしまうのだ。[118]

だとすれば、この問題の何がそれほど難しいのか。その理由を説明するための理論が数多く提唱されてきた。例えば、ほとんどの人間にとって負の事例——起こりうるが表立っては目にできないこと——について思考するのは難しいのではないか、という説がある。あるいは第4章で議論するように、自らの仮説を反証しうる事態を考えるのは人の得意とするところではないという説もある。ウェイソンがまず興味を持ったのもこの点だった。適切な科学的思考に関して、大方が一致している見方によれば、またとりわけ哲学者カール・ポパーのような人々の見方によれば、実験を行うに当たっては、理論が虚偽であることを示せる〔すなわち反証可能である〕ように設定することが決定的に重要だとされている。ところが一般の人々（一部の科学者も含む）は、理論を反証するよりも確証することを求めたがる傾向にある[Nickerson 1998, および本書第4章も参照されたい]。ある理論によれば、だからこそ人は（Qであることを確証すべく）Pのカードを裏返し、（Pであることを確証するために）Qのカードを裏返す一方で、「Qではない」カード（裏面にはPを反証するものがあるかもしれない）をめくらないのである。

認知心理学者のジョナサン・エヴァンズ[Evans 1984, 1988, 2002b]は、PかつQのカードを選ぶ人が最も多くなる理由について、もっとシンプルな説を支持している。エヴァンズの見立てでは、この反応は非常に原始的な、表層レベルの関連性をもつ手がかり《キュー》によって自動的に引き金を引かれる、いわゆる「マッチングバイアス」を反映したものだ（「もし〜であれば」という文言が関心をPへと惹きつけ、Qもまた、規則の焦点となっているがゆえに関心を惹きつける）。エヴァンズによれば、PかつQという選択はヒューリスティックなもの、つまりはTASSに

118 実はこれ以外に、「飲酒年齢問題」バージョンという、正答率が飛躍的に向上する有名な別バージョンが存在するのだが、著者は（おそらく故意に）本書において一切それに触れていないので、訳注でも詳細には立ち入らない（関心のある読者は例えば同著者の『現代世界における意思決定と合理性』邦訳168-172頁を参照）。

よって発動されるものである。PQ反応（あるいは数は少ないが、Pだけを選ぶP反応）は自動処理がもたらすものであって、分析的推論を反映したものではまったくない。ほとんどの人が問題を間違って捉えていることは、分析的システムがTASSを制止しそびれたことを意味している。

この問題で観察される反応パターンが制止の失敗例であると見なされることには理由がある。つまり、回答を間違えた被験者の大学生は、それぞれのカードから引き出される論理的帰結について、順を追って〔つまり分析的に、直列的な手順に従って〕正しい回答を算定しうる論理能力を実際には備えていた、と見られるのである。ならば、彼らの頭の中で、TASSによる反応が（制止されずに）支配的であっただけだ、ということになるだろう。このエヴァンズらの見立てが正しければ、私たちとしてはこの4枚カード問題において、TASSの傾向（PQ反応）が、分析的システムの反応傾向（「Pであり、かつQでない」というそれぞれのカードの論理的帰結を順に検討してたどり着ける選択）に対抗していると明言してよいだろう。ここで注意すべきは、たとえかなり時間をかけて熟考したうえで間違ったPQ選択をした人がいたとしても、そのことはその選択がTASSプロセスに由来するものであるという仮説と矛盾するものではないということだ。オンラインによる反応時間測定などの手法を取り入れた精密な研究でも、そのときに進行中の思考のほとんどは実のところTASSによる反応傾向の合理化〔つじつま合わせ[119]〕でしかないことを示唆している［Evans 1996; Evans and Wason 1976; Roberts and Newton 2001］。

4枚カード問題と同様、先に紹介したリンダ問題もまた、〔分析システムを用いた推理と〕衝突するTASSアウトプットを制止できない事例に当たるものだ。この問題では、多くの人がいわゆる「連言錯誤〔または合接の誤謬[120]〕」を犯す。項目h（リンダは銀行の窓口係であり、かつフェミニスト運動に積極的に関わっている）は、cとfの連言命題である。であれば、hである蓋然性が、c（リンダはフェミニスト運動に積極的に関わっている）およびf（リンダは銀行の窓口係である）である蓋然性よりも高くなることはありえない――フェミニストの窓口係は全員が窓口係なのだから。にもかかわらず、トヴェルスキーとカーネマン〔1983〕の研究に参加した被験者の85パーセントは、hをfよりも「ありそうだ」と評価した。まさに連言錯誤である。ふたりの研究者はこの問題について、論理的推論（分析的システム処理）は、いわゆる「代表性」に基づいたヒューリスティックなTASSに膝を屈すると論じている。[31] 代表性とは、類似性の評価に基づいて問いの答えを導くものだ（例えば「フェミニストの窓口係」は、単に「銀行の窓口係」と言うよりも、リンダの説明書きと重なる部分が大きいように思える）。もちろん、論理に従えば、蓋然性〔確率〕の判定が問題となるときは、下位集合（フェミニストの窓口係）と上位集合（窓口係）の関係〔下位集合の蓋然性が上位集合の蓋然性を上回ることはありえない〕が、代表性の評価に当然打ち勝つはずだ。このように、リンダ問題でもまた、TASSの反応傾向（類似性に基づく代表性の判定）と、分析的システムの反応傾向（下位集合／上位集合関係のロジック）との間の対抗関係が見られるのである。

「アナバチ」になるなかれ

4枚カード問題では被験者の90パーセントが、リンダ問題では被験者の85パーセントが答えを間違えた。このことが示唆しているのは、ほとんどの人間にとって、分析的プロセスがその判断をしっかりと司っているとは言いがたいということだ。こうした分析的プロセスの失敗が意味するのは、多くの人は自分自身の目的を最大限度

119　無意識的な判断や決断に事後的に理由付けを与える「合理化（rationalization）」は、フロイト主義などでも使用される概念だが、本章で紹介された「作話」の傾向などともよく一致する現象といえよう。

120　連言ないし合接（conjunction）は「論理積」とも呼ばれる論理演算子で、命題と命題を日本語の「かつ」、英語のandに当たる仕方で結び付けて複合命題を形成する（記号としては「∧」などで表示される）。また「連言錯誤」ないし「合接の誤謬」とは単独の命題よりも、それらを連言で結び付けた複合命題のほうが蓋然性が高いと誤って判断する錯誤で、詳細は下記で論じられる。

まで実現できていない見込みが大きいということだ（のちの章では、この点をより明確に示していく）。モドゥス・トレンス[121]（4枚カード問題において、ほとんどの被験者が採用しそびれた論理形式）も、蓋然性〔確率〕に関する連言の規則も、明瞭な思考を組み立てていくうえで欠かせないものだからだ。第4章では、被験者に見られた推論上の誤謬は単なる実験室内の現象であるにとどまらず、むしろ現実世界で生じるものであり、なおかつ現実世界に否定的な結果をもたらすものであることを見ていく。以上をはじめ、多くの問題が認知心理学者の研究対象となってきたが、それらの研究は、本章冒頭でも示したような〔現実世界での〕TASSの反応を抑圧することの困難さが、実験室内で反復されたものである。

　のちの章（とりわけ第7章と第8章）では、本書が提示する認知モデルが人格同一性《パーソナル・アイデンティティ》〔あるいは「人格の同定」〕について提起する新たな問題に向き合うことになるだろう。私たちの脳は、互いに衝突し合ったまま、噛み合わないアウトプットを計算している別々の部分を抱えている。そうであるなら、私たちはどちらに自己同一化し[122]、どちらを「自分自身の」脳と見なすべきなのだろうか？　ひとりの人間《パーソン》としての本当の自分を最も正しく代表しているのはどちらなのか？　事例によっては、答えは明白であるように思える。ある人《パーソン》が、相貌が損なわれた人を拒絶したり避けたりしながらもそこにやましさを覚える場合、その人はどちらの認知アウトプットに自己同一化すべきなのか？（忌避反応か？　その反応へのやましさか？）どちらの反応も同じ脳から出てきたものだ。レイプ被害に遭ったつれあいを慰めることのできない夫は、しかしそれを後悔してもいる。だとしたら、その人はどちらの認知アウトプットに自己同一化すべきなのだろう（相手を慰められないことか？　慰められないことへの後悔か？）？

　どちらの事例においても、私たちはその人物がやましさや後悔に自己同一化することを期待する――言い換えれば、もう一方の反応を自分の本質とは疎遠なものだと彼らが考えることを期待する。そう思うのは、最初に発生する反応はＴＡＳＳの下位システムが自動的に働くことにより（不適切な形で）生じるものであり、そこには思慮も反省もないからであり、かつまた、やましさや後悔は、その状況の全文脈を視野に入れた分析的な反省的考察からのアウトプットだからである。このような状況に接したとき、私たちはやはり、人はその反省的な心と自己同一化すべきだと思うし、ダーウィン型の心（すなわちＴＡＳＳ）と自己同一化すべきだとは思わない。

だが、仮にこうした問題への解決策があるとしても、ＴＡＳＳに対する分析的な心の優位を擁護する形ですべての片がつくわけではない。例えば本章の〔原〕注25では、マーク・トウェイン作品の主人公、ハックルベリー（ハック）・フィンのエピソードを紹介した。何度も哲学的分析の題材になっているエピソードだ［Bennett 1974; MacIntyre 1990 ほか］。その中でハックは友情と同情というごく原初的な感情から、奴隷仲間のジムが逃走するのを助ける。しかしながら、奴隷が逃げること、また白人がそれを助けることの道徳的誤りについて筋道立てて考えだすようになると、ハックは自分のとった行動に疑念を抱くようになる。この事例では、私たちの判断は逆転する。私たちとしてはハックに対して、むしろＴＡＳＳモジュールから吹き出した感情のほうに自己同一化して

121 modus tollens は「後件否定式」とも呼ばれ「ＰならばＱである」と「Ｑではない」から「Ｐではない」を導くという形式の、妥当な三段論法の式を指す。

122 「自己同一化する」と訳した原語は identify with で、すぐ前の「人格同一性（personal identity）」と関連する概念であり、「自己同一化」は（本書とはジャンルが違うが）心理学由来の言葉として定着していると思われるので訳語として使用する。注意しておきたいのは、英語のイディオムとしての identify with は「〜に深い思い入れ、愛着を抱く」というほどの意味になる言葉で、必ずしも文字通り「何かを自己自身と同じものだと見なす」という強い意味を帯びない場合も多いということであり、これはこの用語の訳語としての「自己同一化」の概念を一般に理解する場合にも注意すべき点である。とはいえ例えば本書のこれ以降の箇所では、まさにある心の働きが「この私の心の働きなのか？」あるいは「この私の自己に属する働きとして認めるべきか？」という問いかけとして identify with が語られ、これはまさに「自己同一化」の問題と呼んでもよい。以下も、基本的にはそのような概念として「自己同一化」を理解してほしい（またここからすると personal identity も「人格同一化」や「人格の同一視」、あるいは本文で補足した「人格の同定」のように訳すほうが適切とも思われるが、違和感が大きいと思われるので慣例に倣い「人格同一性」と訳する）。

ほしいと望むし、教育の産物である筋道の立った道徳のほうを拒絶してほしいと望む。ここでの問題は、分析的プロセスを通じてハックが呼び起こした明示的な道徳の教えは、非反省的な仕方で獲得されたものだという点にある（この問題は第7章の中心テーマとなる）。

ハックルベリー・フィンの例からわかるのは、明示的な思考プロセスにさえ、非反省的なやり方で獲得され、備蓄されている規則が組み込まれている可能性がある、ということだ。そうであるならば、私たちとしてはそのような規則がTASS反応に打ち勝つことを必ずしも望みはしないだろう。このような事例については第7章、第8章でさらに詳しく分析する。そこでは、分析的システムによる明示的思考プロセスが、非反省的に獲得された知的ツールを用いられて進められるときの危険性について見ていくことになるだろう。とはいえ現段階ではさしあたり、本章でずっと強調してきた非反省的な認知の危険性を、いま一度強調しておきたい――すなわち、TASSという脳システムは、進化のより古い層に発し、自律性と弾道的性質（非反省的で人の監視の及ばないという性質）をもつがゆえに、それが分析的プロセスと衝突する場合、私たちは自動的な仕方でTASSと自己同一化する（「本能的直感に従いたまえ！」）わけにはいかないのである。そこに特定《アイデンティファイ》されるべき脳システムを、筆者はダニエル・デネットにならって脳の「アナバチ的[123]」部分と呼ぶことにしたい。

私たちは、ダーウィン的な反射的《リフレクシブ》な心のあり方より、反省的《リフレクティブ》な心のあり方[124]をごく自然に評価しているように思われる。デネットは、私たちがどれほどそれを評価しているのかを絵解きするために、1984年の自由意志に関する著作の中で、私たちがアナバチ[125]の一種、スフェックス・イクネウモネウス（*Sphex ichneumoneus*）の行動に対してどう感じるか考えてみよう、と提案する。アナバチのメスは産卵と孵化に備えて数々の驚くべき行動を見せる。まず、メスは穴を掘る。それからコオロギを探して飛び立つ。手頃な獲物を見つけると針を刺すが、これは麻痺させるためであって殺すためではない。そしてコオロギを穴まで持ち帰り、穴の入り口のすぐ脇に置く。

それから穴に潜って異状がないかどうかを確かめる。問題がなければ外に戻り、麻痺したコオロギを中に引きずり込む。産卵が済んだら、穴を塞いで飛び去る。卵が孵ると、アナバチの幼虫は残されていたコオロギを食べる。コオロギは麻痺させられていただけなので、腐ることがないのだ。

どこを取っても実に複雑にして印象的なふるまいであり、動物の知能が生き生きと発現しているように見える。「ように見える」と言ったが、そう見えるのは、アナバチの行動のほぼすべてが、事前に仕込まれただけの身振りであることが実証的研究によって判明していると知らされるまでの間に限られる。アナバチがその生息環境において特定の刺激にどう反応するかは、厳格で融通の利かないプログラムによって、あらかじめ定められているのである。例えば、麻痺したコオロギを穴の入り口に置き、穴の中を確認してからコオロギを中に引きずり込むという行動パターンを考えてみよう。科学者は、アナバチが穴の中の確認をしている隙にコオロギを入り口から数インチ動かすことで、一連の行動が非反省的で硬直したものであることを明らかにしている。穴から出てきたとき、メスのアナバチはコオロギを中へ引き込もうとはしない。そうせずに、コオロギを入り口の脇へ引き寄せ、再び確認のために穴に潜ってしまうのだ。その後もう一度、コオロギを入り口から1インチほど離したとしよう、アナバチはまたしてもコオロギを引きずり込むことなく、3度めの確認のために穴に潜る。ある実験では、アナバチが40回にもわたって穴の中を確認し、それでもなおコオロギを引きずり込もうとしなかったことを根気強い

123 原語は sphexish（名詞形は sphexishness）とはアナバチ（ないしジガバチ）の学名を指す sphex をもとにして作られた言葉で、後述されるようにダグラス・ホフスタッターの造語である。

124 どちらも「折り返す」「跳ね返る」のような意味だが、reflexive つまり「反射的」とは刺激が即座に反応となって返ってくること、reflective つまり「反省的」とはいわば心の目を自分自身に向けること（つまり自分自身に心の目を折り返すこと）で、まるで正反対の意味になる。

125 「アナバチ」の原語はここのみ digger wasp で、以下では Sphex という学名（属名）で名指される。digger wasp はジガバチ、アナバチ、狩りバチに当たるグループを指す呼称で、英和辞書ではアナバチ科のハチであるジガバチを指すとされることが多いが（「アナバチ」と記載する辞書もある）、sphexishness に関してはほぼ「アナバチ性」の訳語が定着している。

研究者が報告している。ダーウィン的な固定的行動パターンは、特定の刺激群によって引き金を引かれるとき、一連の行為を命じる。そしてそこからの逸脱は許されない。

このように、生物の複雑巧緻な（たいへん知的に見える）行動をまずは観察し、その後、そのほとんどが機械的に決定されていたことを明かされるとき、私たちは不安を覚える。デネットはこのことを次のように表現している――「それは、昆虫やその他の下等な動物を観察したりそれらについて学んだときに、私たちがしばしば感じるあの薄気味の悪さだ。つまり、めまぐるしくあれこれやっているのだが、それには主がいない！」［1984, 13、邦訳21頁、訳文一部変更］。デネットは認知科学者ダグラス・ホフスタッター［Hofstadter 1982］の言葉を引きながら、この不安を催させる性質を「アナバチ性」と呼ぼうと提案する。単純な生物の表面上複雑な行動を下支えする単純で厳格なルーティンは、私たちに落ち着かない思いを抱かせる。「自分が――少なくとも幾分かは――アナバチ的ではないなんて、そんなに自信をおもちなのはなぜだい？」［11、邦訳18頁、訳文一部変更］[126]。

表2－1にあるような、あるいは本章で論じてきたような認知の二重プロセスモデルは、どれを見ても何らかの形で、むしろ私たちの誰もが幾分かはアナバチ的であることを示唆している。実際、二重プロセス理論の多くは、ＴＡＳＳが広く浸透している一方、分析的処理が稀少で困難を伴うものである、ということを強調しており、それはとりもなおさず私たちのなす処理が、デフォルトとしてはアナバチ的であることを意味する。したがってアナバチ以上の存在であろうと思えば、私たちは認知の力を結集させて、ＴＡＳＳが間違いなく乗り物の目的に向かっているかどうかを監視するマインドウェアを組み込んだ直列的シミュレーターを走らせる、という困難な仕事を継続して果たさなければならないことになる。

分析的システムによる、推理に基づくアウトプットとは衝突するアウトプットを差し出してくるＴＡＳＳモジュールは、「人間の中に棲むアナバチ」と見なすことができる。このようなＴＡＳＳの自動処理のいくつかが環境の産物——習得され、習慣化された結果、いまや自律的〔自動的〕に実行されるようになった規則——であったと聞かされたとしても、アナバチ性への恐怖が薄まるわけではない。それらの反応傾向がＴＡＳＳ内に実現されるようになった経路が、宣伝広告や、青年期の友人づきあいや、あるいは両親が自分たちの限られた経験に基づいて繰り返し与えた指示によるものであった可能性はあるのだし、こうした可能性は、その反応傾向をまさにアナバチ的なものにしてしまう——つまり、それらはあらゆるＴＡＳＳ処理とまったく同程度に、非反省的で無思慮な反応傾向なのだ。反省的な思考によってＴＡＳＳ内に実現されるようになった規則のみが、尊重すべき、自己同一化すべきものなのであり、とはいえ時にはそうした規則でさえ過度に一般化して適用されることがあるのであり（なぜなら、いまや自動的に発動するものとなっているからだ）、それらもまた、状況によっては制止されねばならないのである。

それゆえ、あなたの中のアナバチ的なプロセスには、そのプロセスから分析的システムに手渡された情報が、ＴＡＳＳによって、不適切なやり方で（つまりアナバチ的に）引き金を引かれ、結果としてあなたが立ち行かなくなってしまうという可能性が潜んでいる。そしてこれは、ほとんどの場合には有用に働くＴＡＳＳヒューリスティックにも起こりうる。認知科学者エイモス・トヴェルスキーとダニエル・カーネマンによる草分け的研究は、こうした、ほとんどの場合に私たちの助けになってくれるが、同時にまた、私たちの行動がある種のアナバチ性を示すことの説明にもなるものとしての、ＴＡＳＳヒューリスティックの数々を取り上げたものだ［Kahneman and Tversky 1973, 1984; Tversky and Kahneman 1974, 1983］。例えば、そこで扱われているＴＡＳＳプロセスのひとつに「アンカリング（係留）と調整（アジャストメント）のヒューリスティック」と呼ばれるものがある［Brewer

126　邦訳では「自分がアナバチといささかなりとも違うなんて」だったが、原文の「いささかなりとも」にあたる"at least a little bit"は本節のこの後で繰り返されるので、その箇所にもそのまま使える、「少なくとも幾分かは」というより直訳に近い訳文に置き換えた。

and Chapman 2002; Tversky and Kahneman 1974]。アンカリングと調整のプロセスは、量がわかっていないものについて、数値を用いて推定せねばならない場合に役割を果たす。この戦略を採用する場合、私たちはまず、ＴＡＳＳにうながされて、最も関連の大きな類似の数値にいかり《アンカー》を下ろす。続いて、既知の特定の事実から導き出される事柄に基づいて、それよりも自在に制御の利く分析的な調整を行い、数値を上下させる。

　このアンカリングと調整の働きがどういったものであるか、ウィンストン氏なる男性の例で考えてみたい。ウィンストン氏はブレア氏から愚痴を聞かされた。ブレア氏の息子は音楽を聴くことに長大な時間を費やしているという。ブレア氏は自分の息子が１００枚近くもＣＤを持っていると不平を述べてから、ウィンストン氏におたくの息子さんはどうですかと水を向けた。当て推量をするにしてもどこから手をつけたらいいかわからないまま、ウィンストン氏は１００枚という数字を起点にして、そこから調整を試みる。ウィンストン氏の見たところ、息子は他の男の子たちほどには、イヤフォンで音楽を聴いている様子を見かけない。そこで、ウィンストン氏は推定値を１００から75に下げる。さらに息子は屋外の活動に参加している度合いが他の男の子より多いので、ふたたび推定値を75から60にまで下げる。だがしかし、諸々の事情を勘案すると、息子は他の男の子たちよりも使える金を多く持っていそうである。そこで今度は推定値を60から70に引き上げる。

　これはそれほど悪い手順ではないように思われる。この手順の場合、利用可能な情報はすべて使われているのだ――つまり、まずはＴＡＳＳが最も関連の深い近似の数値に分析的システムを注目させ、その後、いっそう分析的なプロセスがそれを既知の特定の事実に基づいて調整する、という手順になっている。だが、アンカリングされた数値が目下の計算と関係がない場合もあり、そのような場合には問題が生じる。無関係な数値でもお構いなしに使ってしまうことで、私たちはアナバチ的になってしまうのである。トヴェルスキーとカーネマン[1974]はある古典的な実験において、こうしたことが起こる道筋を示してみせた。被験者たちはルーレットを見るように求められる。ポインターがある数字の上で止まる（あらかじめ65になるように設定されている）。ここで被験者たちに問いが与えられる。国連加盟国のうちアフリカ諸国の占める割合はこれよりも高いか低いか。この問いに答えた後、被験者たちは国連加盟国に占めるアフリカ諸国の割合について、これだと思う特定の数値を示さなくてはならない。一方、別の被験者グループには、ポインターが10という数字の上で止まるよう設定されたルーレットが見せられる。彼らもまた、国連加盟国におけるアフリカ諸国の割合がその数字より高いか低いか、また具体的には何パーセントと推定するかを答えるよう求められる。結果、最初のグループの平均推定値は、別グループのそれを大きく上回っていた（別グループの平均推定値＝25に対して45）。

ここで何が起きているかは明らかだ。両グループともアンカリングと調整ヒューリスティックを用いている（高くアンカリングしたグループは下方に調整し、低くアンカリングしたグループは上方に調整している）のだが、彼らの調整は「粘着」している。要するに調整しきれていないのだ。彼らの調整は、アンカーがランダムに設定されていることを十分に考慮できていない。アンカリングと調整ヒューリスティックは、実際の関連性を顧みずに数値にアンカリングをしてしまうという、TASSのアナバチ的な傾向を明らかにするものだ。この実験のような不自然な状況ではアンカーを無視すべきことが明らかなのに、私たちはアンカーを使うことに慣れすぎており、あたかもそれが何か情報を持っているかのように思ってしまう。だから、その情報を完全に計算外に置かねばならない状況でも、そうはしないのである。

ところで、1ドル勝ち取れる確率が10パーセントの賭けと、1ドル勝ち取れる確率が8パーセントの賭けでは、あなたはどちらを選ぶだろうか？　ほとんどすべての人が前者を選ぶであろう。ところが、もしあなたがシーモア・エプスティーンらの実験に参加した人々の多くと同類であるなら［Denes-Raj and Epstein 1994; Kirkpatrick and Epstein 1992; Pacini and Epstein 1999］、脳のアナバチ的傾向にうながされて後者を選んでいたであろう。

エプスティーンのいくつかの実験では、ゼリービーンズの入ったふたつのボウルが被験者に提示される。ひとつめのボウルには白いゼリービーンズが9個、赤いゼリービーンズが1個入っている。ふたつめのボウルには白いゼリービーンズが92個、赤いゼリービーンズが8個入っている。ふたつのボウルのうち、ひとつから出鱈目にゼリービーンズを1個つまみ出し、もしそれが赤であれば被験者は1ドルを受け取ることができる。被験者はどちらのボウルを選んでもいい。ふたつのボウルの成功確率がそれぞれ10パーセントと8パーセントであることは明らかだ。にもかかわらず、多くの被験者がふたつめのボウル（ゼリービーンズが100個入ったほう）を選んだ。勝ちの可能性を自ら引き下げたのである。大半の被験者にしても、ふたつめのボウルの分が悪いことはわかっていた。それでもそこには、より多くの心ときめく勝ちのビーンズ（8つの赤）が入っていた。可能性が低いのを知りながら、多くの人が勝ち豆の多く入ったボウルを選ぶ誘惑に抗しきれなかった。その感覚は、参加者の次のようなコメントに表れている。「私は赤いゼリービーンズがたくさん入ったほうのボウルを選びました。当たりを引けそうな気がしたからです。そのぶん白いゼリービーンズも多いから。確率で言えば不利なことはわかってはいたのですが」[Denes-Raj and Epstein 1994, 823]。簡単に言えば、当たりのゼリービーンズの絶対数に反応する単純なTASSの傾向が、確率を計算する分析的なプロセスに打ち勝ってしまったということだ。

このように、人間の脳にはアナバチ的な行動を誘発しかねないTASSヒューリスティックがたくさん組み込まれている。そして第1章で見たように、自己複製子の目的と乗り物の目的が食い違う場合、遺伝子が人間にアナバチ的に行動することを要請するという、恐るべき状況にも至りうる。遺伝子はTASS下位システムによって引き起こされる反応をやみくもに実行するよう求めるであろう。私たちが目指すべきロボットの反逆とは、部分的には自らの内なるアナバチ性を認識し、その対応策を講じられる能力から始まるのである。

分析的システムを「運転席」に乗せる

いまやロボットの反逆に必要な洞察のいくつかが整った。第1章で見たように、ダーウィニズムの万能酸が極限まで浸食したとき、それは――最も手厳しい批判者の一部〔宗教的原理主義者など〕が恐れてきたように――恐るべき帰結をもたらしうる。だとしても私たちはその帰結から自由になることができるのだが、そのためにはその意味するところを完全に理解する必要がある。ドーキンス〔1976〕が言うように、「自己複製子の群れ《コロニー》が（中略）私たちの中に巣くっている」として、それを収容するための容器に過ぎない存在でありたいと望む者などいない。とはいえ分析的システムによる制止なしで、ＴＡＳＳに行動を決定させるままにしてしまえば、私たちはたんなる容器のままにとどまってしまう可能性がある。ＴＡＳＳのアウトプットを分析的処理システムによる批判にさらすことがなければ、私たちはアナバチのように行動するほかない。ダーウィニズムが描き出す魂への脅威はすぐそこ、私たちの脳の中にある――脳内のＴＡＳＳシステムには、私たちをアナバチ的な自動人形、すなわち私たち自身の目的ではなく、私たちを形づくる利己的な自己複製子の目的を果たそうとするロボットへと変えてしまうことがありうるのだ。それでもその同じ脳には、この危機的状況に対する気づきの可能性もまた、それを克服するための認知メカニズムと共に用意されているのである。

本章において、私たちは自己についての感じ方の再構成に着手した。これは後の章にも引き継がれていくが、この作業を通して、自己、魂、人格同一性〔ないし人格の同定〕といった伝統的な概念に含まれるいくつかの皮肉な要素が明らかになる。例えば、人々が「本能的直感[127]」に自己同一化し、それを守ろうとしているのははなはだ皮肉なことだ。彼らは本能的直感がなんらかの点で彼ら自身の独自性をしるしづけるものだと――本能的直感こそが自分を自分たらしめる本質であると——感じている。けれども、本能的直感とは単にTASSモジュールのことに過ぎない、と概念を再定義してしまったらどうだろう。TASSモジュールとは、繁殖という自己複製子の利益を優先した反応を起こすためにあらかじめ配線され、構築されたものだと見なすようになれば、人々はもはや本能的直感などにそれほど愛着を覚えないだろう。ダーウィニズムの洞察は、人間が脳のアナバチ的な部分——これ以上ないほど硬直的で反射的なやり方で機能するよう設計された部分——に自己同一化しようと求めることが、いかに皮肉なことかを暴くのである。[32]

無批判なまま、いわゆる本能的直感に大喜びで従ってしまえば、私たちは無精神的な自己複製子の奴隷も同然になってしまう——自己複製子というミクロな自動人形から見れば、私たちはその求めに応じて複製に手を貸す乗り物に過ぎないのだ。TASSは私たちの希望、欲求、恐れの基幹をなすものだが、第7章、第8章で見ていくように、人間の独自性にとって実際に必要とされる前提条件としての個人《パーソナル》の［つまり、パーソナルレベルの］自律は、[128]本能的直感の正体を批判的に評価することによって、かつまた、ふたつのタイプの自己複製子（そう、自己複製子には2種類あるのだ——第7章を参照）が脳に挿入した目的を意識的に形成し直すことによって、初めて得られるのである。本章で紹介したTASSと分析的システムの区分は、心の概念を再構築する基礎となるものだ。本能的直感に向けられる反省および批判的分析は、私たちを私たちたらしめるもの（つまり私たちの人間らしさ《パーソンフッド》）の核となる。批判的な反省は、TASS反応とは違って、乗り物である私たち自身に奉仕するからである。

ロボットの反逆が成功すれば、人間は自らの利益を追求することで個人の自律を実現できるようになり、もはや太古より受け継がれた利己的な自己複製子の利益ではなく、自らの利益を追求するようになるだろう。しかしながら、サブパーソナルな自己複製子の目的に奉仕するだけのアナバチ的な自動人形になることを避けるためには、私たちは一定の心的才能——認知改革という重要なプログラムを可能にする才能——を育成しなければならない。これらの心的才能は文化の産物としてのマインドウェア、すなわち、分析的処理を行う直列的シミュレーター上で動作可能なマインドウェアである。そしてこのマインドウェアの重要部分を構成するのが合理的思考の技能である。遺伝子（あるいはなんらかの利己的な自己複製子[129]）の奴隷になることを望まないとしたら、人は合理的であることが望ましいのであり、次章ではその理由を見ていく。

127　原語は gut instinct で、instinct は「本能」、gut は「本能」と「直感」を共に意味し、「本能的直感」（ないし「本能的直観」）の訳語が定着しているようである。用例をもとに日本語で類義表現を探せば「野性の直感」、「天性の勘」などに近い意味合いではないかと思われる。

128　ここで言われる「個人の（＝パーソナルレベルの）自律性（personal autonomy）」が、倫理学などで重視されるいわゆる「自律」に相当する。TASSの自律性＝自動性に流されずに、人格としての自律＝自己決定をなしうる能力、ということである。訳注66も参照（なお、言うまでもないがこれは「自律」概念に複数の語義があるということではなく、「何が自律的であるか」に応じて、パーソナルレベルの自律が促進されるか、脅かされるのかの相違が生じる、ということである）。

129　利己的自己複製子には二種類ある、とは少し前でも言われていたが、もう一種類の利己的自己複製子たる「ミーム」については主に第7章で取り上げられる。

彼女は進化論にも遺伝決定論にも与しなかった。彼女としても、それらが事実であることは知っていたが、その事実が好きになれなかった。彼女はそれをよしとしなかった……彼女としては、種の適応性と共に意志の自由を復権してくれる論証を誰かが再発見できるかもしれないと考えたいのだった。そうでなければあまりにあんまりだ。

——マーガレット・ドラブル『オオシモフリエダシャク（*The Peppered Moth*）』

[Drabble 2001, 137-138]

第3章
ロボットの秘密兵器

人々は遺伝決定論という考えを嫌う。例えば、政治的に左派寄りのリベラルな論者［Rose, Kamin, and Lewontin 1984ほか］の多くが抵抗するのは、（専門的な表現を使えば）「ある集団における遺伝的変異は同集団における表現型の変異と相関関係にある」という考え――あるいは（いくぶん不正確ではあるが、一般向けに通じやすい表現を使えば）「遺伝子が人間の行動を決定する」という考え――である。こうした遺伝決定論に抵抗を覚える人々にとって、実のところ脱出経路はある。しかしながらその脱出経路は、人間の行動的な形質は遺伝されうるという既知の事実を否定したところには見つからないし、人間の進化的な起源を否定したところにも見つからない。むしろ、自己複製子／乗り物という第1章で紹介した区分と、第2章で概説した認知アーキテクチャを組み合わせることで見えてくるものを理解し、この事実が過去数世紀で最も特筆すべき文化的発明のひとつとどのように相互作用するかをはっきりと理解してこそ、脱出経路が見いだせるのである。

道具的合理性と進化的適応の分岐点

この脱出経路を概念化するには、まずは第1章で論じた刮目すべき事実に注目しなくてはならない。すなわち、自己複製子と乗り物の利益は常に一致するわけではないという事実だ。そして、そこに利益の衝突が起こったとき、ショートリーシュ型の反応システム（TASS）は、乗り物の利益ではなく遺伝子の利益（自己複製）のための反応を誘発する。[130] しかるに、私たち人間が関心をもつのは自分自身の個人的《パーソナル》な利益であって、サブパーソナルな有機的自己複製子である遺伝子の利益ではない。ところで私たちには分析的な処理システムが備わっており、それゆえ人間としての利益を最大化する心のソフトウェア［いわゆる「マインドウェア」。Clark 2001を参照］をインストールすることができる。このマインドウェアが働くと、私たちのメンタルセット〔特定の心の態勢〕は人間《パーソン》の目的の実現を最優先することに向けられる（利益の衝突が生じた場合は、自己複製子ではなく乗り物の側に立つ）。そして、そこで獲得されるメンタルセットに、合理的思考への傾向[131]が備わっているのである。

この後の本章の各節で詳述されることになるが、合理性にとっての鍵となる要素のひとつとして、個人のレベルでの目的実現を最適化することが挙げられる。そしてこの要素が、進化的適応行動と合理的行動とが違ったものであることの説明となる。【1】つまり、進化的適応行動とは遺伝子が再生産される蓋然性を増大させる行動であるが、合理的行動とは乗り物の目的を、世界をめぐるその人の信念群[132]を反映したうえで満たす行動だということである。ところが、のちに論ずるように、進化心理学者は時に、「行動が適応的なものであればそれは合理的でもある」とほのめかすことによって、両者の違いを曖昧にしてきた。こうした混同は、人間理解に対する重大にして根本的な誤りの典型である［Over 2000, 2002; Stanovich 1999; Stanovich and West 2000］。およそ合理性の定義とは、そこで問題になっているのが何を最大化することであるのか〔つまり、遺伝子の「利益」の最大化か、それとも乗り物の利益の最大化か〕に応じ、そこで最大化されるべきものとの整合性が常に保持されるようになっていなければならない。そしてこの整合性が保持されるためには、自己複製子と乗り物がそれぞれに異なる「利益」を有していることがはっきりと認識されなければならない。そうすることで、人間はある種の遺伝決定論から逃れる術を獲得する。求められるのは、合理性は乗り物の利益に関わり、一方で進化的適応は遺伝子の利益（繁殖の成功）に関わるということ、そしてこれらふたつが重なり合わない場合には緊張状態が生じる、ということを改めて認識することだ。

しかし、このふたつが離反することなど、いったいどうしたら可能になるのだろう。第1章でも見たように、行動がすべて事前にプログラムされている段階から、移ろいやすい環境に対処するための汎用的な問題解決装置をつくりだす段階へ進化すると、遺伝子の目的と乗り物の目的にギャップが生じる可能性が出てくる。というのも、未来を見通す洗練された手段を持った乗り物に必要とされるのは、たったひとつの一般的な目的――すなわち、遭遇するかもしれない環境内の状況全般に対処しうる目的――のみだからだ。しかしながら、一般的な動機

130 みすず書房から刊行されていた旧訳では、不慮の訳し漏れと思われるが、冒頭のこの2文に当たる訳文が抜けている。深刻な欠落というものではないが、影響力の大きかった訳書と思われるだけに、ここで注記しておきたい。

131 「傾向」と訳したproclivityは「性癖」とでも訳すべき、通常は否定的な含みを帯びた語で、「それを身につければイヤでも合理的に思考せざるを得なくなる」とでもいうような、ある種の執拗さ、自動性、強制性の含みを持ち、だからこそTASSの支配に反逆する「秘密兵器」たりうるということなのかもしれない（付言すると、合理的思考の自動性や強制性は、TASSのような心理的なそれではなく、論理の必然性に由来するものとも考えられる）。

132 beliefの訳語としての「信念」が日本語の日常語よりも意味の広い、中立的な語である点は訳注93を参照（付言すれば、もとになった動詞のbelieveも「信じる」では強すぎ、「〜と思う」ぐらいの意味である場合が多い）。また原語のbelief setだが、ここでのsetは数学における厳密な意味での「集合」ではなく、「ひとまとまりの」「ひと揃えの」というほどの意味で用いられていると見られるため、「信念群」と訳した。

づけ（セックスは気持ちがいい）には、現代的な環境において「時代遅れ」になる可能性がある。ここで時代遅れというのは、汎用化された動機づけは遺伝的適応度を高めることに寄与しない形（例えば避妊を施した上でのセックス）でも充足させられうるという意味においてである。

私たちは現代に生きる人間として、動機づけの多くがもはや先祖たちが生きた環境の文脈から切り離され、その結果私たちの目的を実現することがいまや遺伝子の利益とはならなくなっているような場面を目にしている。皮肉なことに、進化による設計という観点から見ると、実のところその設計上の欠陥がロボットの反逆――遺伝子の目的よりも人間の目的を上位に据えることで人間に最大の価値を認めること――を可能にしているということだ。進化的観点においては非能率的な設計こそが、実質的に生物個体レベルの目的と遺伝子レベルの目的とが分岐する可能性を生みだすのである。これは哲学者のルース・ミリカン［Millikan 1933］の次の指摘からのひとつの帰結でもある。「われわれの欲求を形成するシステムそれ自体が最適の形で設計されていると考える理由はない。こうしたシステムはたとえ最適の条件が成り立っている場合ですら、非効率的に働く――というのもそのシステムは、そこで識別可能な目的をいわばまっすぐに目指すのであり、そのような目的は、繁殖という生物学的目的とおおざっぱな関連しかもたないからである。例えば、一般的に哺乳類は繁殖の可能性がなくなっても個体として生き残ろうとする努力をやめはしない」［67］。ここでミリカンが言っているのは、生き続けるという目的は、複数の、一般性が非常に大きなタイプの諸目的のひとつに過ぎないということ――そして、その種の一般性が大きな目的というのは、自己複製という遺伝子の最終目的とごくごく間接的なつながりしかもっていない、ということだ。死んだ生物は繁殖できないが、かといって生きてさえいれば繁殖するはずだというものでもない。生存とは遺伝子によってＴＡＳＳにインストールされた目的のひとつだが、それは自己複製につながる階層的な目的構造においては、必要条件ではあっても十分条件ではないような欲求である。[133] しかるに、自己複製に必要な諸条件が揃わない場合（例えば生殖器官に欠陥があったり、うまく機能しなかったりするとそうなるかもしれない）、乗り物が生き残ったところで遺伝子のトータルな成功はもはやありえない。それでも乗り物は生存という目的を追い求め続けるのである。

人間にとって生存という目的は、自己複製という遺伝子の目的を実現するためのメカニズムにとどまるものではない。むしろそれは、分析的システムが生成する目的階層にある、その他もろもろの事柄を実現するための上位の目的だ。無数にある、ひどく抽象的な私たちの目的に寄与するかもしれない多くの行動は、遺伝子の目的には寄与しないかもしれない。モートン［Morton 1997］はいみじくも言っている。「われわれの遺伝子はわれわれが推論することを望みはするが、われわれがチェスを楽しむことへの関心は持ち合わせていない」［106］。

同様に、TASSに組み込まれた遺伝的な目的の多くも、いまや私たちの目的に役立ちはしない。何千年も昔、人間は生存していくためにできるだけ多くの脂肪を必要とした［Pinel, Assanand, and Lehman 2000］。より多くの脂肪は、より長い人生を意味した。生殖可能年齢を超えて生きる人間は少なく、長生きはすなわち遺伝子の複製機会を増やすことのみを意味した。しかしいまや分析的システムは、私たちの暮らす複雑な技術的環境を見積もったうえで、長寿という一般的な目的を実現するために働いている。そのシステムが処理するのは、寿命が延びた現在、脂肪の摂取はむしろ命を縮めることになるという情報だ。人間はいまや生殖可能年齢のはるか先まで生きることができる。現代社会において寿命を延ばすという目的は、自己複製という遺伝子の最終目的とは関係ない

133　もう少し補足しておくと、（第1章で、例えばサケの事例などによって述べられていたことだが）古来「生存本能」とは生物にとっての最も基本的な本能と見なされていたが、生物の適応度を「繁殖成功度」として定義する現代進化論の観点からすれば、生存は生物の「究極目的」ではなく、むしろ繁殖期まで「乗り物」を存続させておくための「手段」に過ぎず、「究極目的」に当たるのはあくまでも繁殖（当の個体か、血縁者の繁殖）だということである。とはいえ本書のすぐ後で見るように、人間自身にとっての価値からすれば、生存には単なる繁殖の必要条件を超えた、それ自体としての重みがあるのである。

が、乗り物としての私たちには極めて大きな意味を持っている。したがって、脂肪の過剰摂取を控えることは合理的だ。かくして、私たちの（TASSの中にある）ダーウィン型の心が脂肪の摂取を誘発する一方で、分析的システムは乗り物の包括的な福利に役立てるために――（第2章で論じた）仮説的推論の能力を用いて――TASSが誘発する目的よりも一般性の大きな目的や目標を描き出すのであり、そこに衝突が生じることになる。

より直接的に遺伝子の制御を受けている生物の場合、ショートリーシュ型の制御とロングリーシュ型の制御のあいだにこのような衝突は見られない。短期と長期の目的を比較考量できる分析的システムが登場して初めて、目的同士の衝突というものは起きるからだ。すなわち分析的システムは、目の前の快楽的活動（危険なセックス、喫煙、脂肪たっぷりの食事）と、それと同じくらい望ましいと目される長生きとのトレードオフ関係を考量することができる。こうしたシステムを持つ生物だけが、特定の状況において目的間の衝突が起きることを予測できる――そして、何をするのが合理的であるかに思いをめぐらせることができるのだ。しかしまずは、目的間の衝突の存在そのものに気づくことこそが、ロボットの反逆の第一段階となる。つまり衝突に気がつくということが、私たちに他の動物とは異なる生への展望を開いてくれるのだ。[2]

認知科学者のジョン・アンダーソンは、大きな影響力を誇った1990年の著書［Anderson 1990, Oaksford and Chater 1994, 1998も参照］において、適応モデル〔進化的適応をベースにした認知メカニズムのモデル〕の力を心理学者たちに証明してみせた。アンダーソンのモデルでは、認知は進化的な意味において最適な適応を遂げているという「適応性の前提」が強く主張されている――そしてこの「適応性の前提」からすれば、人間の認知活動は道具的に合理的である（個人にとっての効用を最大化する）とは限らないことにもなる。彼の述べるところでは、その結果として、この、適応という観点から最適化されたプロセスの記述モデルは[134]、人間の合理性の最適化モデルとは実質が食い違うものになる可能性もある、とされる。それゆえにアンダーソン［1990］は、「お金や自他の幸福、あるいは他の同様の目的の最適化」を支える論証もありうることを容認しつつ、だとしても「これらの目的は、種の最適化[135]に寄与するものではない」と言う［510-511］。だが筆者としては、人間は「種の最適化」など求めてはいないと強く言いたい。どちらかを選べと言われれば、多くの人は金を選ぶに決まっているのだ。

遺伝的適応度の最適化を自らの明示的目的として掲げる人間などはいはしない。私たちが追い求めるのは進化の究極目的としての自己複製ではない。むしろ私たちは、進化の過程でインストールされた産物としての、より近接的な目的[136]――例えば性的快楽の享受――を追い求めるのである。手段が快をもたらすものである場合、分析的知能は乗り物の役に立つべく――遺伝子の究極目的ではなく――合理的に働き、それらの手段を追求する。かくして、生存機械たる人間の反乱――ロボットの反逆――とは、遺伝子によってつくられた存在である人間が、創造主である遺伝子との間に利害の衝突が生じる状況において、遺伝子の増殖の蓋然性の最大化ではなく、むしろ人間自身の効用の最大化を試みることだということになる。ここで、私たちが単なる遺伝子のための生存機械以上の存在であることを望むならば、私たちは分析的処理システムを、道具的合理性を積極的に追求するために活用しなければならない。ロボットの武器庫におさめるべきアイテムとして、合理的思考というツールが供する

134　「記述モデル」とは、合理的思考の指針を与える「規範モデル」の対となる概念で、事実としての合理的思考がどのようなメカニズムで進んでいくかを記述するモデル。

135　これは必ずしも「種のための利益」を指しているわけではなく、「その種のメンバーに共有されている遺伝的な最適化」というほどの意味だと思われる（おそらく、第5章251頁で引用されている、進化心理学者コスミデスとトゥービーによる「私たちの種に典型的で、なおかつ私たちの種に固有の、適応的なアーキテクチャ」を重視するという発想に近い）。この後の著者の反論も、「種の最適化」と「遺伝子の利益の最適化」の対比ではなく、（遺伝子中心的な）生物学的最適化と人間のパーソナルな目的との対比を意図している。

136　「近接的（proximal）」はいわゆる目的構造について、「遠隔的（remote）」や「究極的（ultimate）」との対比で、ある程度術語的に用いられる用語。「遺伝子の自己複製」が「究極目的」であり、その究極目的を実現する手段となる（あるいは、かつてはそうなっていた）より手近な、すなわち「近接的」な目的が「性的快楽の享受」である、というような関係を示している。訳注114で述べた目的の階層構造も参照。

メンタルソフトウェア以上に強力なものはないのだから。

合理的であるとはどういうことか

合理性というものを、高度に抽象的で専門特化した能力――例えば教科書の論理問題を解く能力――だとする見方に影響を受けている多くの読者は、現代の認知科学における合理性の概念が、いかに幅広く、かつまた実践的なものとして扱われているかを知って驚くだろう。実のところ、よく「道具的合理性」[137][3]の名で呼ばれる最も限定的な見方でさえ、合理性に批判的な人々が広めてきた戯画的な見方と比べれば、その守備範囲はかなり幅広い。道具的合理性の最良の定義――それがどれほど実践的であるかを最大限強調し、なおかつ、その反駁困難な価値を最も根本的な形で捉えた定義――を述べるとすれば、以下のようなシンプルなものとなるだろう。

「道具的合理性とは、その人にとって利用可能な、所与の（物的、心的な）素養／手だて《リソース》を用いて、その人が最も強く望んでいるとまさしく言えるものが手に入るような仕方で、この世界の中で行動することである」[138]

このタイプの合理性が、なぜしばしば「実践的合理性」と呼ばれるのかは明白だろう。実に、これ以上確実に実践的だといえるような合理性概念は見当たるまい。このような合理性概念はまた、「薄い合理性理論」とも呼ばれる［Elster 1983を参照］。薄い合理性理論にはいくつかあるが、いずれも「ある人が何を望むのが合理的なのか」という判断を完全に棚上げにしたままで、その人の合理性を定義する合理性概念である。本書では、ロボットの反逆には薄い合理性概念以上のものが必要になることを（本章、またとりわけ第7章、第8章において）見ていくことになるだろう。それでも、薄い合理性に着実に従うことは、反逆の十分条件ではないにせよ必要条件として前提されるのだ。こうした道具的合理性についてこれまで提起されてきた概念化のほとんどすべては、哲学者デイヴィッド・ヒュームの、次に引く有名な一節に発する系譜に連なる。「理性は情念の奴隷であり、またただ情念の奴隷であるべきなのであり、理性が、情念に仕え従う以外の役割を要求することは、けっしてできないのである」［Hume (1740) 1888,bk.2, part3, sec.3］〔邦訳163頁〕。

ヒュームが言っているのは、人が何かの欲求[139]（ヒュームのいう情念）を抱いているとき、理性はそこでその人が望んでいるものを手に入れるのに役立つものでなくてはならない、ということだ。[4] これは論駁の難しい考えだ。望んでいるものを手に入れるのに役立たないなら、そのような理性になんの意義があるだろうか。このようなものとしての道具的合理性は、誰しもが得ようと望むものだろう。目的が実現されないことを望む人間などいるだろうか？　あるいは、欲求が満たされないことを望む人間などいるだろうか？　合理性という近代的概念に高い価値を認めることに反対するポストモダニストは、ここで苦境に陥るはずだ。

道具的合理性に高い価値を認める、という基本的な考え方を批判しようとすれば、「私たちはおよそ望んでいるものを手に入れるべきではない」という立場を擁護せねばならないという、やっかいな問題を抱え込むことになる。このような立場を弁じようとする人間《パーソン》は、端的に奇妙な存在であると思われよう。一方、遺伝子がこのよ

137 すでに何度か言及されてきた「道具的合理性（instrumental rationaloity）」は「手段的合理性」と訳されることもある。目的それ自体の評価ではなく、特定の目的を実現するための手段＝道具の適切さの評価にもっぱら関わる合理性概念、ということである。

138 原語のresourcesは訳の難しい概念で、人に身についた素養も、周囲に存在する利用可能な手段も、共に含むため、「素養／手だて」と訳した（地下資源を連想させる「資源」では、語義の偏らない訳語として十分とは言いにくい）。なお、多くの場合resourcesと複数形で述べられるが、ルビとしては単数の「リソース」を当てる。

139 「欲求」の原語はdesireで、哲学や心理学で「信念（belief）」の対概念として用いられ、また「信念」同様（訳注93参照）、非常に一般的、中立的な概念として用いられる（例えば、狭い意味での感性的な欲望のみを指すわけではない）。ほぼ対応する意味をもつ動詞はwantで、これにはおおむね「望む」の訳語を当てた。

うな立場を支持したいと——またしても擬人化表現をお許し願えば——「望む」のは、完全に理解可能なことである。つまり人間が望むものを手に入れてしまえば、彼らが望むもの——（自己複製）——を手に入れられなくなる見込みが大きくなる。したがって、人間のあなたが合理的であることに遺伝子が難色を示したとしても、あなたは間違いなく合理的であるべきなのだ。

しかし第4章で見るように、時として、私たちはいつでも最も望んでいるものを最良の形で手に入れるように行動するわけではない。これは大きな疑問をかきたてる事実に違いない。いったいなぜそのようなことが起こりうるのか？　おそらくは——第2章で概略を示したように——私たちの脳が自己自身と対立する状態にあるからだろう。私たちの心のある部分は、多かれ少なかれ道具的合理性へと方向づけられている——つまり、人間としての目的の実現に向けられている。それとは対照的に、いくつかの脳プロセスは個々人《パーソナル》の目的と重なるとは限らない遺伝子の目的へまっすぐに（ショートリーシュ的なやり方で）向けられている場合がある。ここで、道具的合理性のさまざまな制約を忠実に守ることで、私たちは、もっぱら私たちの目的に関わっている脳システムへの制御を確保できる。さらに、私たちにとって最大の関心事である人間《パーソナル》としての欲求の最大化をＴＡＳＳモジュールがないがしろにしようとしていないか監視することもできる。

合理性は自己の概念や個人《パーソナル》の自律の概念とも密接に結びついており、これらについては第7章と第8章でもっと詳しく見ていく。とはいえ合理性と自己の概念との密接な関わり合いは、今ここでの議論においても重要である。自己とは人《パーソン》に関して定義されるものであって、サブパーソナルな存在である遺伝子には関係がないものだ。だからこそ合理的たりうる能力は、利己的な自己複製子に対する反逆において最強の武器となるのである。

道具的合理性の具体的モデル

合理性とは、その人にとって利用可能な、所与の素養《リソース》／手だてを用いて、その人が最も強く望んでいるとまさしく言えるものが手に入るような仕方で、この世界の中で行動することであった。ご存じのように経済学者と認知科学者は、この中の「その人が最も強く望んでいる……もの」という部分を、「期待効用[140]」というさらに洗練された専門的概念に仕上げた。[5] 意思決定科学の研究者が用いる合理的判断のモデルでは、個人はどの選択肢が最大の期待効用を有しているかに基づいて選択肢を選ぶ。現代の意思決定科学の瞠目すべき発見として、人々の選好がなんらかの論理的パターン（いわゆる「合理的選択の諸公理[141]」――推移性の公理や、ある種の文脈効果からの独立など）に沿っている場合、それらのパターンは効用を最大化するように（最も望んでいるものが手に入るように）ふるまうことがわかっている［Dawes 1998; Edwards 1954; Jeffrey 1983; Luce and Raiffa 1957; Savage 1954; von Neumann and Morgenstern 1944］。次章では、人々の判断が効用理論におけるこうした合理的選択の諸公理にどの程度近いものなのか――またその帰結として、人々は道具的合理性の実現（信念[142]や欲求を前提として、望むものを最大限手に入れること）にどこまで近づいているのか――を見ていくことになる。

道具的合理性の理論には説得力があるとしても、その理論は依然としてエルスター［Elster 1983］が「薄い合理性理論」と呼んだものに留まっている。というのも、ここにおいて手持ちの信念は批判にさらされることなく

140 「期待効用（expected utility）」については第4章原注1を参照。
141 「合理的選択の諸公理」の原語は axioms of choice で、数学の集合論で用いられる「選択公理（the axiom of choice）」とは別の概念である。
142 「信念（belief）」については訳注93参照。

受け入れられるのであり、同様に、欲求の内容もまた吟味されることがないからである。むしろ個人の目的と信念はあるがままに受容され、論点はただ、「個人が既存の信念を前提とした欲求を最適な形で満足させているかどうか」という点にのみ絞られるのだ。つまり、薄い合理性とは「私たちの行動の理由についてはその合理性を判定する一方で、その理由を形成している信念や欲求については吟味しないまま放置する」［Elster 1983, 1］ことを本質的な特徴としているのである。

薄い実践的合理性理論について、その長所はよく知られるところだ。例えば、合理性という概念の示す範囲を薄い合理性理論に限定すれば、多くの強力な定式（意思決定理論の原理など）が、最適な行動の基準として利用可能になる。一方、薄い合理性理論の短所についても同じくらいよく知られている［Elster 1983; Kahneman 1994; Nathanson 1994; Simon 1983 ほか］。欲求の中身を評価しないということであれば、ヒトラーでさえも合理的人間になってしまう――というのも薄い合理性の理論に従えば、ヒトラーがそのグロテスクな欲求を実現すべく、合理的選択の基本的な諸公理に合わせて行動していたならば、その限りでは合理的だったことになるからだ。同様に、私たちが信念をいかなる評価基準にもかけないとしたら、自分はイエス・キリストであるという整合的な信念をもって行動する精神病棟の患者も、合理的な人間だと判断されることになるだろう。薄い合理性理論を採用することで、強力な選択原理が利用可能になるのであれば、こうした極端な事例を受け入れてもいいのではないかと考える論者も一部にはいる。しかしそれ以外の論者は、薄い合理性理論の評価の網にかからない人間の行動や認知が危険なほど広範囲におよぶことを警戒している。[6]

図３－１はこうした幅広い問題を位置づけるための最小限度のモデルである。[7] このモデルは信念群（人間の知識）、欲求群（人間の目的）、そしてシステムの信念と欲求を考慮したうえで行動を導くメカニズム（「行動決定」と記載）から成る。Ａと記された矢印が示すのは、外界から情報を取り入れることで信念が形成される場合の経

図 3-1　人間の合理性を概念化した、概略的な「信念－欲求」ネットワーク

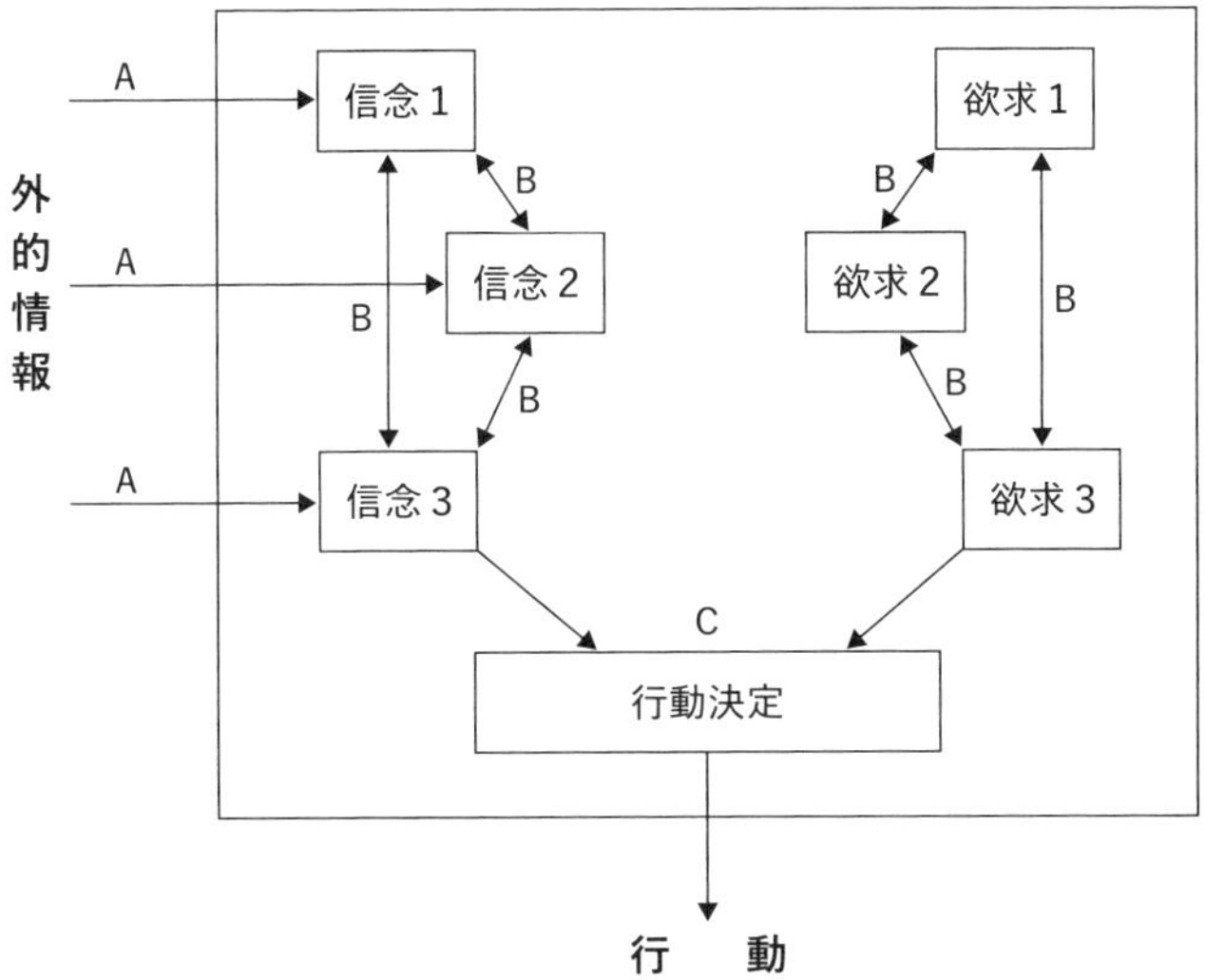

路である。信念を組み合わせて形成される外界のモデル化はおおむねうまくいくが、時には不合理と呼ばなければならないほど拙いものになることもある。もちろん、信念が外界の情報によらずに引き出されることもある——例えば、他の信念ないしは欲求から推論によって引き出される信念もありうるだろう〔願望的思考はそれに相当する。これについては以下を参照。Babad and Katz 1991; Bar-Hillel and Budescu 1995; Harvey 1992〕。

　Bと記された双方向の矢印は、信念同士の関係もしくは欲求同士の関係を示している。こうした相互関係は多かれ少なかれ整合性を維持できていると見てよい。それゆえそこでの不整合を検知する働きは、合理性の重要な決め手となる。例えば信念における不整合の検知は、信念形成のプロセスが最適とはいい難いあり方をしていることを示すものかもしれない。自己欺瞞を分析する際にも、伝統的には個人の知識の基礎においてふたつの矛盾する信念が存在することが前提とされている〔Gur and Sackheim 1979; Mele 1987; Mele

図3-2　わずかに詳細を追加した「信念—欲求」のネットワーク

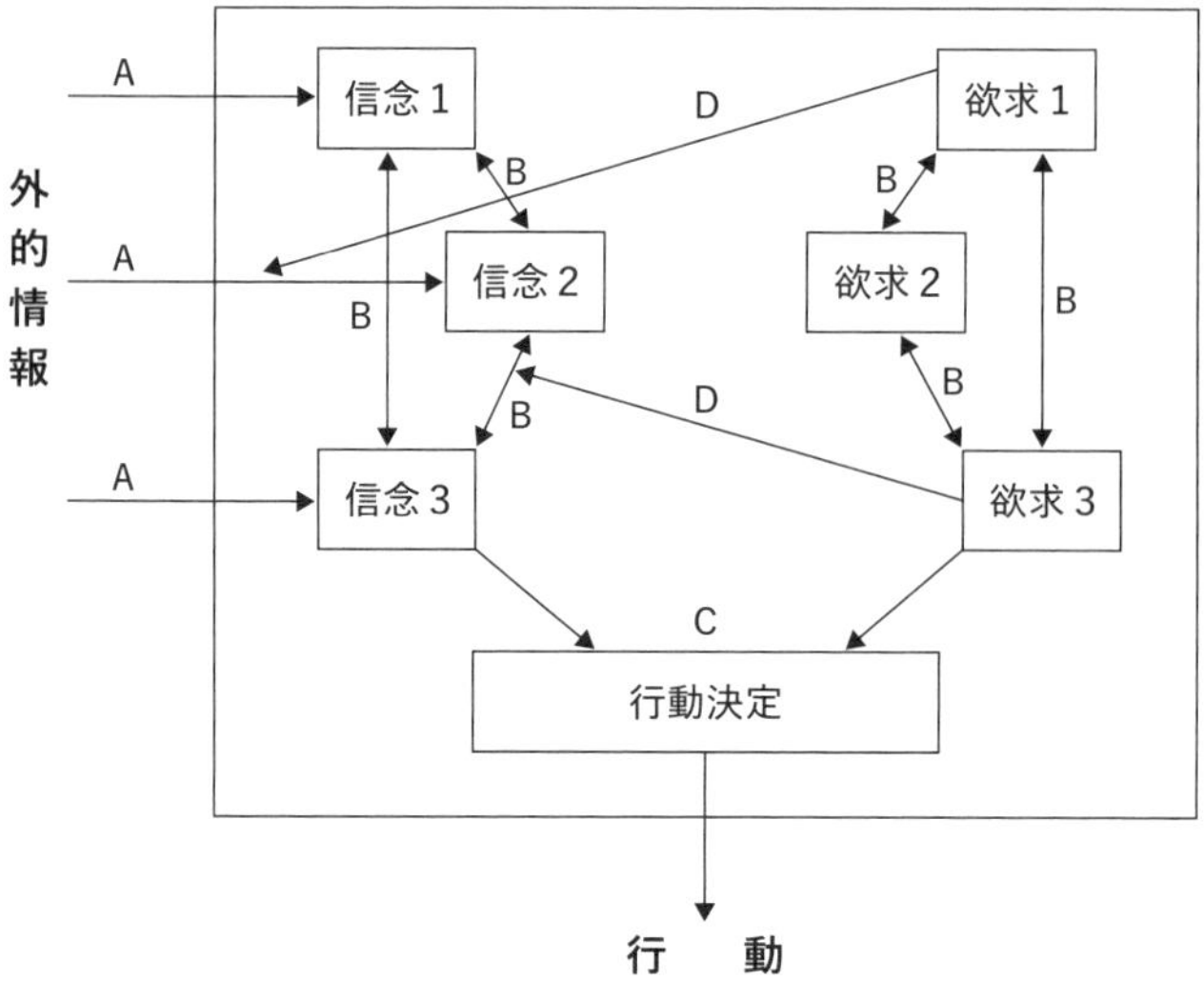

1997〕。あるいはまた、欲求同士の不整合が検知されれば、それは行動決定のプロセスが目的を最適な形で実現できていないことを示すものかもしれない。

　とはいえ、実態はこれほど単純ではない。このモデルに潜む厄介な問題の多くは、実のところ図3－1には示されていないのだ。一方、図3－2は少しばかり精度を高くしている。ここでDと記された一方向の矢印は、欲求が信念形成のプロセスと不整合検知プロセスを変形させる可能性を示すものだ〔Kunda 1990 Mele 1997〕。ただし、いくつかのそれ以外のプロセスは、この図でも表現されていない（例えば、欲求形成のプロセスおよび信念が欲求を変形させる可能性は示されていない〔Elster 1983; Pollock 1995〕）。

　とはいえこの大ざっぱな図でも、先に述べた基本的な区分——すなわち、信念の合理性と行動の合理性の区分〔Audi 1993a, 1993b, 2001; Harman 1995; Nozick 1993; Pollock 1995; Sloman 1999〕——を示すには十分である。ここでこの二区分について言えば、これまでのところ注目してきたのは、このうちの後者——すなわち道具的合理性――であった。道具的合理性は、しばしば個人が示す選好の整合性を吟味することで判定される。仮に、一定の整合性の条件が満たされる場合（後述する「選好の推移性」などが認められるなど）、その個人は期待効用を最大化していると見なされうる（なお、「効用」とは意思決定理論の専門用語で「目的を実現することで得られる満足」を指す）。【8】その意味で、図3－1に記された「行動決定」を示すボックスと、双方向矢印B（信念間、欲求間の整合関係を示す）の数々は、全体として道具的合理性を示している。一連の信念にも一連の欲求にも不整合がないなら、そして個人の今現在の信念と欲求をもとに選び取られた行動が最適なものであるなら、そこで道具的合理性が実現されていることになる。つまり、そこでその個人は自己の目的実現を最大化しているのであり、これはとりもなおさず、所与としての今現在の欲求と当面の信念によって、その人が最も強く望んでいると言えるまさにそのものを手に入れるために最善を尽くしている[143]、ということである。だが繰り返すように、これはロボットの反逆にとって必要な条件ではあっても、十分な条件ではない。

ロボットの反逆は現代ようやく可能になった[144]知的運動である。人間はこの運動を通じて、太古の利己的自己複製子の目的のために自らの利益を犠牲にするのを拒むことで、より価値ある個人的《パーソナル》な自律を獲得する。ここでは、合理性に関して（薄い合理性との比較で）より幅広い視点が必要になる――すなわち、私たちの信念と欲求の内容までが評価に付されるという視点だ。このうち、信念の評価については、認識的合理性[145]（図3－1では矢印Aによって示されている）が問われることになるだろう。【9】そこでは、信念は世界の構造を正確に写し取ったもので

143 つまり、前に挙げられた道具的合理性の定義どおりの状況が実現している。

144 そのまま訳せば「現代の知的運動」で、「現代的（modern）」をここで強調した意図はここだけだと十分明確ではないが、第1章では「ロボットの反逆」が現代の進化生物学や認知心理学の成果によって初めて可能になったことが述べられており、以下で注目される「認識的合理性」の観点からするとこれは重要な進歩であるので、その点が強調されていると見ることができよう。

あることが要求される。合理性のこうした側面は、「認識的合理性」以外に「理論的合理性」「証拠に基づく合理性」などとも呼ばれる［Audi 1993b, 2001; Foley 1987; Harman 1995］。（第4章で見ていく研究の多くを考慮したうえで言えば）ここで大事な点は、（暗黙裡になされる計算としての）道具的計算〔つまり道具的合理性に役立てられる計算〕に組み込まれる信念に関わる死活的問題として、世界の中でさまざまな事態[146]が生起する確率[147]の問題が指摘されている、ということである。私たちはこの先、多くの人々において、こういったさまざまな事態の確率〔に関するその人の信念〕の整合性に問題が生じていることを示す研究が数多くなされてきたことを見ていくことになるだろう。

薄い合理性から広い合理性に移行するためには、欲求と目的の内容を評価することが必要になる。このような評価は、先に紹介したヒュームの有名な一節（「理性は情念の奴隷であり、またただ情念の奴隷であるべきなのである」）と真っ向からぶつかるものである。仮にもヒュームの言葉に従った場合、私たちは手綱を「情念」へと引き渡すことになるわけだが、これは乗り物の利益ではなく、自己複製子の利益に役立つ目的へと手綱を引き渡す危険を招きかねない。だからこそ、欲求を評価するための基準を整えようとする試みがなされてきたわけである。例えば一部の理論家［概説としては以下を参照。Nathanson 1994］は、反省的考察の結果、実現するよりは抹消したくなるような欲求は不合理なものと見なすべきだと主張してきた。あるいは、互いに相容れない欲求や、誤った信念に基づく欲求は不合理であると主張する理論家もいる。最後に、すでに経験したことのある効用とは異なる期待効用をもたらす目的を設定しがちな根深い傾向があれば、それは不合理性の兆候である、という考え方もありえよう［Frisch and Jones 1993; Kahneman 1994; Kahneman and Snell 1990］。私たちはこうした基準に照らして欲求を評価する必要がある。さもなければ、私たちの行動は乗り物である私たち自身に役立つものになってくれないかもしれないのだ（第7、第8章を参照）。

広い合理性の理論は、認識的合理性と実践的合理性の相互作用を、いくらか興味深いやり方で強調するものでもある。例えば、なんらかの〔主たる目的からの〕派生的目的を持つことを合理的と呼ぶことに異論はないだろう。教育を身につけたいという欲求があるとして、それが根っから教育を渇望しているからではなく、弁護士になりたいがためであり、教育はその目的の実現へとつながるから、といった実例は普通にありうる。派生的な目的〔の合理性〕が認められるのであれば、ある目的を、〔多くの派生的目的をもたらしうるという〕包括性に関して評価できる可能性が、直ちに開かれることになる。つまり、ある目的の実現が多岐にわたる他の諸欲求の充足につながる場合、その目的は高く評価されるかもしれないということだ。対照的に、実現したとしても他の欲求の充足にはいかなる影響も与えない目的もあるだろう。極端な事例では、その目的が他の目的と相容れないものである可能性だってあるかもしれない。この場合、その目的を実現することが他の目的の実現を妨げることになる（だからこそ目的間の不整合は避けなくてはならない）。

日常生活の圧倒的多数の場面に認められる、無数の他の目的の実現へとつながる派生的目的のひとつとして、「自分の信念が真であることを望む」という目的が挙げられるだろう。一般的に言って（つまり、哲学者だけが想像するような奇妙な事例[148]は除外すると）、人の信念が世界をより忠実になぞっているほど、その人が自分の目的を

145 「認識的合理性」の原語は epistemic rationality。epistemic は「認識論」を意味する epistemology と共に、ギリシャ語で「知識、認識」を意味する episteme に由来する言葉。

146 ある何らかの命題によって表現される事態が、成立している（真である）場合の確率が１（１００％）、成立していない（偽である）場合の確率が０（０％）ということである（「事態（state of affairs）」については訳注86参照）。

147 ここまでのところ probability は「蓋然性」と訳してきたが、ここやその他の箇所では統計学的考察と関連づけられ、明確な数値が問題とされるようになるため、「確率」の訳を当てる。ここまでの「蓋然性（確からしさ）」は「確率」と言い換えることもできた概念であること（またその逆も成り立つこと）は念頭に置かれたい。

実現させることはいっそう容易になる。自明のことだが、ここで完璧な正確性は求められていない。また同じく自明のことだが、真なる信念を得ようと認知的努力を重ねても、「収益逓減」[149]が始まるポイント、すなわち努力の投入が目的の実現と引き合わなくなるポイントというものは存在する。それでも他の条件が同じなら、真なる信念を求める欲求があればこそ、長期的には数多くの目的を実現することができる。これはある意味で他の目的よりも上位に位置する目的であって、やはりある種の奇妙な事例を別にすれば、ほとんどの個人の欲求ネットワークに存在すべきものと言える。したがって、たとえ認識的合理性が実践的合理性の下位に位置しているというのが事実であったとしても、「真なる信念を維持する」という派生的目的〔の重要性〕を考慮すれば、実践上の目的の実現のためには認識的規範にしっかり従うことが不可欠であることがわかるであろう。

合理性を評価するには

次章では、人間がどの程度巧みに道具的合理性を手中に収めているかについて、認知心理学が明らかにしてきた知見を検討していく。[10] とはいえ、私たちはまず、こう自問してしかるべきだろう――果たして合理性が実現されないことなどいったいどうしたらありうるのだろうか？　つまり、自分にとって最善のものを手にしないように行為することなどいったいありうるのだろうか？

実際、そのようなこと（人間が自らの利益を最優先しないこと）はありえない、と主張する哲学者もいる――すなわち、人間は生まれながらにして合理的なのだ、と。だが、前二章で概説してきた理由からして、こうした哲学的議論は間違っている。[11] つまり、脳の中には種類を異にする心が存在するのであり、それぞれに独自の目的構造を有している（目的構造については、自己複製子の目的と緊密に結びついている心もあれば、ただ緩く結びついているだけの心もある以上)、なんらかの特定の反応が生物個体の目的全体から見て最適なものである保証など、ありはしないのである。環境の中で行動する一生物個体として、例えば私の行動は、部分的には進化の古層に属する脳の部分によって決定されている。そして脳のこの部分は、場合によっては私が長期的目的を追求するのを阻害しかねない、ショートリーシュ型の目的を実現するように働く。一方、私の分析的システムは、私が現在いる環境の、個別的でなおかつ常に変化し続けている文脈に適合している——これは、TASSに割り当てられたショートリーシュ型の諸目的が、いわゆる「進化的適応環境」(EEA=Environment of evolutionary adaptation)[150]に適合しているのと対照的である。私が明示的に設定した長期的な目的(それをつくりだしたのはおおむね分析的システムだ)が実現されないとしたら、それは環境内における私の反応が、柔軟性を欠いたショートリーシュ型の目的構造を持つ脳システムによって部分的に規定されているためだ(例えば、もしも私が、上司の妻との交接を誘発する、TASSに決定された「やれ!」反応に応じてしまったら、私の長期的な目的はどうなってしまうだろうか)。

人間がこの宇宙で占めている地位について、人類は幾世紀にもわたる文化プロジェクトを通じ、徐々にその自覚を深めてきたが[151]、そのなかでも、人間の合理性がどこまで及ぶのかを評価することはとりわけ重要な意味をもつ

148 現代の哲学的議論におけるひとつの定番として、自明で常識的に思われる規則や定義に反する特殊な事例を考案し、その規則や定義の妥当性を検討する、という議論がある。例えば、「真理」を「正当化された真なる信念」とする伝統的な定義への反対事例を提起した「ゲティア問題」はその古典的な事例である。

149 「収益逓減(の法則)(diminishing returns)」(または収穫逓減の法則)は経済学用語で、労働力や資本の投入がある段階を過ぎると収益(収穫)を生まなくなるという法則。ここでは比喩的、あるいは一般的な意味合いで用いられている。

150 人間の脳が自然選択を通じて進化した更新世(約1万1700年前まで続いた地質時代)の人類の生活環境を指す。ダーウィン進化論によれば脳はこの時代の環境に進化的に適応していると見られるために重要視され、この時代に進化した脳機能を指して「石器時代の脳」と呼ぶこともある(なお、それがどのような環境であったのかがあらかじめ明確に突き止められているわけではなく、現在の脳機能からEEAを逆算的に推定する研究も多い)。

つ。人間の合理性に関してはいくつかの前提がなされており、それらの前提は、私たちの生活の構造を規定する数多くの経済理論や社会理論の基礎となっている。[152] 実際に人間が完璧に合理的であったとしたら、遺伝的な遺産が私たちの現在の目的を阻害しようとしたところで、恐れるにはあたらないだろう。ロボットの反逆はすでに成功を収め、生存機械としての人間はすでに遺伝子の手のうちから脱しているということになる。自己複製子の目的と乗り物の目的との間でなんらかの衝突が起きていたとしても、乗り物に有利な形で決着がついているはずだ。しかし、拙速にこんな結論に飛びついてしまうことの、なんと恐ろしいことか。もしも人間が完全な合理性に至っていなかったなら、自己複製子とその生存機械たる人間とのあいだに衝突が生じたとき、私たちは乗り物としての自己を犠牲にしつづけることになってしまうのだ。

乗り物が味わう快楽的な体験は、ＴＡＳＳに組み込まれたほとんどの目的を実現するための手段でしかなく、そんなものがなくても最終的な適応目的は実現可能であるとなれば、乗り物の快楽などすぐさま犠牲にされるだろう。だからこそ私たちは、乗り物としての個人的《パーソナル》な目的に集中しなければならない。もしも私たちが、サブパーソナルな存在により――脳内にダーウィン的な機能を組み込むという形で――プログラムされた反応に配慮し、妥協してしまえば、私たちは自分自身の自己としてのあり方[153]を切り狭めてしまうことになるだろう。実際、次章で見ていく、認知科学者が実験室で行ってきた数多くの実験では、まさにそうしたことが起こっている可能性が示されている。

次章では、心理学者が人間の合理性を評価するに際して取り組んできた過程を見ていく。この取り組みはまずは薄い合理性の観点からなされてきたが、いくつかの側面については、もっと広い合理性概念の観点からもなされている。そこで私たちは、人がしばしば道具的合理性の一貫した基準から離れて行動する様子――つまり、期待効用を最大化しているように思われない行動をとる様子――を見ることになるだろう。他にも、より広い合理性概念のいくつかの核心的な基準について、人々が最適とはいえないレベルにしか達していない様子も観察されている。人間の欲求はしばしば、いくつかの点で、その内容面において〔つまり「広い合理性」概念に照らして〕欠陥を抱えているように見えることが明らかになっており、あるいは、私たちが自分自身の信念について抱く確信は、適切な証拠によって較正[154]がされていないように見えることも明らかになっている。だからこそ、次章で見るように、私たちにはもっと合理的になれる余地があるとも言える――思考と行動を変えることによって、最も望んでいるものをより多く得られる可能性はまだ残されているのだ。

151　明確な言及はないが、この種の問題でしばしば参照されるフロイト『精神分析入門』の中の、コペルニクスによる地球の中心性の否定、ダーウィンによる人間が「神の似姿」であることの否定、そしてフロイト自身の、人間の意識的思考の中心性の否定を「人間の自尊心への3つの傷」と見なす見方を連想させる。この通りの認識である必要はないが（特に著者がフロイト主義をそのまま肯定することはないだろう）、「人間が宇宙で占める位置についての自覚を深める」とは、おおむね人間の中心性、特権性が否定されていく過程を想定していると見るのが自然であろう。

152　古典的な経済理論における「経済人（ホモ・エコノミクス）」モデルはその典型であり、そこでは自己利益追求を最大限合理的に追求する合理的人間、という人間モデルが理論の基礎とされる。それ以外にも、人間の行動を予測し、説明する経済学や社会学などの理論は、多かれ少なかれ、人間の合理性について何らかの前提を置かざるをえない。

153　「自己としてのあり方」の原語はselfhood。少し前で「自己とは人に関して定義されるものであって、サブパーソナルな存在である遺伝子には関係がないものだ」と述べていたように、「自己（self）」の問題は本書の大きなテーマであり、第7章と第8章で詳しく論じられる。

154　「較正する」の原語はcalibrateで、定規などの目盛りを定めること、つまり測定器具そのものの精度を確認すること。ここでの場合、単純に信念と証拠を対照させているのではなく、信念形成それ自体の信頼度を見積もるという意味でcalibrateが用いられている。

悪意に満ちた世界にあって、遺伝的メカニズムは騙されやすい。

——キム・ステレルニー&ポール・グリフィス

『セックス・アンド・デス——生物学の哲学への招待』[Sterelny and Griffiths 1999, 331]

第4章
「自律的な脳」のバイアス
——ショートリーシュ型の心が苦しみをもたらす理由

進化が合理性を保証しないのだとしたら（遺伝子の利益が乗り物の利益にならないことがあるのだとしたら）、私たちは人間の行動の底に不合理性が潜んでいる可能性を解き放ってしまったことになる。実際、認知心理学者をはじめとする科学者らが、過去数十年にわたって営々と積み上げてきた研究が示唆するように、人間の不合理性の存在を実験によって証明するのは難しいことではない。[155]

思い出してほしいが、前章で述べた形式的でない定義によれば、道具的合理性とは「その人にとって利用可能な、所与の素養／手だて《リソース》を用いて、その人が最も強く望んでいるものが手に入るような仕方で行動すること」で

155 スタノヴィッチのような認知心理学者は人間の不合理性を当然のこととして前提するが、近接分野である行動経済学では幾分事情が異なるようであり、例えばカーネマン『ファスト＆スロー』（早川書房2012年、ハヤカワ文庫2014年）の解説、および『ダニエル・カーネマン 心理と経済を語る』（楽工社2011年）の監訳および解説を手がけている行動経済学者の友野典男氏は、カーネマンらヒューリスティクスとバイアス学派の認知心理学実験を人間の不合理性を明らかにするものとしてではなく、ハーバート・サイモンの「限定合理性」概念に結びつけようとされているように見受けられる。著者スタノヴィッチ自身によるこの論点の整理は第6章の「合理性大論争」の節で詳論される。

あった。これを専門的に定義したものが「主観的期待効用の理論[1]」であり、このような期待効用の最大化がどのようなものであるかを定義するのが「合理的選択の諸公理（つまり規則）」である。そしてこれまで認知心理学者たちは、それらの公理をテストするための実験を数多く考案してきた。

このような実験においては、人々が効用理論の諸原理に違反することが見いだされてきたのだが、そこで違反される原理の中には、驚くほどに基本的な規則も少なからず含まれている。例えば意思決定理論の原理のひとつである、ごく単純かつ基本的な規則がある。誰ひとり頭をひねる必要がないほど簡単な規則だ。前章では、期待効用の最大化を約束するための（つまりは、望んでいるものを手に入れるために最適な仕方で行為するための）一連の規則について述べたが、これもそのひとつであり、この規則に異論を唱える者はいないだろう。統計学者のレナード・サヴェージ［1954］によって「当然原理[156]」と名づけられたこの規則は、以下のようなものである。想像してほしい。起こりうるふたつの結果AとBがあり、未来に起こるかもしれないし起こらないかもしれない出来事Xがある。ここであなたが、Xが起きるならBよりもAを好み、Xが起きなくてもBよりもAを好むなら、あなたはとにかくBよりもAを好むということになる。Xが起こるか起こらないかは不確実だとしても、それはあなたの選好にはいささかの関係もない。出来事Xに関する知識によってあなたの選好が変わることはまったくないのだから、出来事Xについて何を知ろうが知るまいが、あなたはBではなくAを選ぶべきである。――以上のような当然原理について、認知科学者エルダー・シャフィールは「合理的行動についての最もシンプルにして最も異論の余地の少ない原理のひとつ」［Savage 1994, 404］だとしている。事実、当然原理はあまりにも単純明快で、あえて原理にするほどのものでもない。ところが、シャフィールが同論文中で紹介しているところでは、人々が実際に当然原理に背くことを実証した数多くの研究が存在するのである。

例えば、トヴェルスキーとシャフィール［Tversky and Shafir 1992］は次のようなシナリオを作成した。被験者は、自分が学期末を迎えた学生であると想像するよう指示される。厳しい講義や課題に疲れ果てた状態で、履修した講義の成績発表を待っているが、単位を落としてもおかしくはない状況だ。落とせば否応なく再履修である。ちょうどそんな折、ハワイへのパック旅行を格安で手に入れられるという、ひどく魅力的な話が舞い込んできた。さて、あなたならどうしますか?――というわけだ。ここで被験者は、成績発表についてそれぞれ異なった結果を知らされる。期末試験に合格したグループ、落第したグループ、そして試験の合否を知らされていないグループだ。試験に合格したと知らされたグループでは、被験者の半数がパック旅行を買うことを選んだ。さらに、試験に落第したと知らされたグループの場合、それよりもさらに多くの被験者がパック旅行を買うことを選んだ。ところが、試験の合否を知らされていないグループでは、パック旅行を買うと答えた被験者は3分の1にとどまった。この反応パターンが意味するところは、少なくとも一定数の被験者は「自分はもし試験に通ったらハワイに行くし、もし試験に落ちたらハワイに行くが、しかしもし合否がわからないなら行かない」と言っているに等しい、ということである。

シャフィール[1994]は、同じような結果が生じる意思決定の状況を数多く紹介している。被験者はXが生起するときBよりもAを選好し[157]、Xが生起しなくてもBよりもAを選好する、Xの生起が不明である場合はAよりもBを選好する――これは当然原理への明白な違反である。しかも、こうした違反は架空の問題や実験室の中だ

156 「当然原理」と訳したsure thing principleは他に「確実性の原理」などとも訳される。みすず書房から出ていた旧訳では「『絶対の』公理」と訳されていた。「当たり前すぎるくらいに当たり前の原理」というほどの意味だと思われる。

157 「BよりもAを選好する」の原語はprefer A to B、派生する名詞preferenceは「選好」と訳す。名詞の場合もX to Yという序列の関係は含意されており、語として「好む、望む、求める」という意向と、複数の選択肢から順位付けをして「選び取る」という意味合いが共に含意されており、本書でもこの後、意思決定をめぐる局面で多用される。訳としては、すべてではないが、それでもかなり日常語に近い局面でもなるべく「選好(する)」という、術語に近い訳を当てる。

けで起きるものではないのであり、シャフィールは実際にあった例をいくつか挙げている。そのひとつが、ジョージ・ブッシュがマイケル・デュカキスと争った1988年の米大統領選挙直前の株式市場に関するものだ。ウォール街はデュカキスよりもブッシュへの選好を示している、というのが市場アナリストらの一致した見解だった。にもかかわらず、ブッシュが当選した後、株価も債券価格も下落し、ドルは直近十か月の最低レベルまで急落した。もちろんアナリストらはみな、もしデュカキスが当選していたらもっとまずい結末に至っていただろうと考えていた。だが、ブッシュの当選で市場が下げ、なおかつデュカキスの当選でもいっそう下げるというのなら、どうして選挙の前に下げなかったのか。何が起ころうとも（勝つのがブッシュであれデュカキスであれ）、結果が市場にマイナスに働くことはわかりきっていたはずだ。ここでも市場は当然原理に違反しているように見える。

　このような事例において当然原理の違反が起きるのは、結果が知れないときに意思決定のツリー[158]を1本1本たどっていくのは億劫だからだ。労を厭わずにツリーをたどれば、選好が出来事Xの帰趨に依存していないことは明らかであって、出来事Xの生起が不確実であったとしても、BではなくAを選ぶことができる。それでもシャフィール［1994］はこう述べている。そのように手間のかかる探索を行うことは「人間にとってはかなり不自然なことらしい。（なぜかと言えば）……〔可能な〕出来事のツリーをいちいち確認していくという作業は、実のところ偽であるかもしれないものを一時的に真と見なさなければならないからである」［426］。すぐ後に見ることになるが、TASSによく見られるバイアスのひとつは、肯定的な事例には焦点を合わせる一方で、真ではないかもしれない事態[159]については表象しそびれてしまうことだ。真ではない状況を表象するには仮説的推論ができなければならないし、仮説的推論を行うには、第2章でも論じた分析的システムのデカップリング能力（ある信念について、それを現実の世界状態ではなく仮説的な世界状態であると見なす心的能力）[160]が必要になるのである。

　人間が違反してしまうことが知られている合理的思考の基本規則は、当然原理ばかりではない。例えば推移性の原理（BよりもAを好み、CよりもBを好むなら、CよりもAを好むことになる）のような基本的な規則も、ある状況下では破られることがある。[2] これが笑いごとでは済まされないのは、意思決定理論の専門家が「マネー・ポンプ」と呼ぶ状況につながっていくからだ。このマネー・ポンプとは、あなたが推移的でない選好に基づいて行為するつもりでいると、身ぐるみ剥がされかねなくなる状況を指す。例えばこんな状況を想像してみてほしい。ここに3つの品物、AとBとCがあるとしよう。ここで品物BよりもAを選好し、CよりもBを選好し、それでいてAよりもCを選好するのは賢明な態度ではない。もしもこれに同意しない人がいたら、そんなあなたに、私は品物Aを無料で進呈しよう。しかるのちに私は、いくばくかのお金と品物Aの返却を条件に、品物Cを提供してもいいですよ、とあなたに言い出すかもしれない。あなたはAよりもCを選好しているわけだから、Cを手に入れるためには、たとえ小額でも出してしかるべきだろう。すると私は、いくばくかのお金と品物Cの返却を条件に、B（あなたはCよりもこちらを選好している）の提供をもちかける。そうすると、先ほどあなたはAを返却しているわけだから、私としては次に手持ちのAをBと交換するという提案ができることになる（もちろん多少の追加料金つきで。あなたはBよりAを選好しているのだから問題ないはずだ）。となると次にはCを……。ここまでくれば、この取引のいかがわしさに誰もが納得するはずだ。

ここで紹介した推移性の原理および当然原理の侵犯は、数多ある研究論文からほんの2例を引いたものに過ぎない。認知心理学と意思決定科学は過去数十年にわたって、文字通り何百という実証研究を積み重ねてきた。そ

158 起こりうる可能性の分岐（例えば「もしAを選べばBかCが生じうるが、Dを選べばEかFが生じうる」のような）を樹形図にしてまとめたもので「決定木」とも訳される。もちろん実際に図を描くかどうかが問題なのではなく、むしろ可能な条件分岐をすべて頭の中で確かめる過程がここでは想定されている。

159 「事態（state of affairs）」については訳注86参照。

160 「世界状態（state of the world）」については訳注87参照。

こでわかったのは、人間の反応は多くの推論作業において、基本的な合理性の原理から逸脱するということである。ここでとりわけ重要なのは、ノーベル賞受賞者である心理学者ダニエル・カーネマン（受賞したのは経済学賞）[161]と、その才気煥発な共同研究者であった（惜しくも物故した）エイモス・トヴェルスキーの仕事である。彼らの画期的な研究は（その他の重要な研究者の仕事と共に）「ヒューリスティクスとバイアス研究プログラム」[3]と呼ばれるものを主導してきた。第2章で紹介した4枚カード問題とリンダ問題も、このリサーチプログラムの流れから登場したものである。

「ヒューリスティクスとバイアス」という呼称は、合理性をめぐる調査研究に含まれるふたつの側面を示している。まず、人間の行動はある特定の作業をする際に、合理的にはこうするのがふさわしいだろうと期待されるところから逸脱していくことが明らかになった（つまり、認知バイアスの存在が証明された）。次に明らかになったのは、その逸脱が——TASSによって発現する反応としての——自動的なヒューリスティックが働いた結果生じるということだ。ヒューリスティックは多くの状況においては有益であると考えられる（そして演算コストも低く抑えられる）。しかし、論理的、分析的、かつ／または脱文脈的な問題解決が求められる場合、TASSヒューリスティックは処理にバイアスをかけて誤った方向へと向かわせ、結果、最適とは言えない反応がアウトプットとして出てくることになる。

もっとも、ヒューリスティクスとバイアスの研究については異論がないわけではない。本章ではまず、人間の完全な合理性という前提に疑問を付すことになったいくつかの研究を例示していく。それから本章および次章において、進化心理学者によって提唱されてきたこれらの結果に対する異なる解釈を検討する。さらにそこから、ヒューリスティクスとバイアス文献から得られる発見と、進化心理学者の研究およびその理論的スタンスとを調停する試みを行いたい。そこでは、進化心理学者は人間の認知の理解に多大な貢献をしてきたものの、その立場は人間の合理性のいくつかの重要な性質を見誤っているがゆえに、私たちを誤った方向へ導きかねないことが論証される。この観点からすると、進化心理学がたしかにロボットの反逆にとって有用なツールをいくつも提供してきたとしても、しかし彼ら進化心理学者たちは、しばしば利己的な自己複製子の側に立っているようにも思えるのだ。

「ポジティブシンキング」[162]に潜む危険性——TASSは反対事例を思考することができない

心理学研究の多大な蓄積から明らかになってきたのは、肯定的な事例に焦点を合わせるのみで、真ではないこともありうるような事態[163]を表象する[164]に至らない、というTASSバイアスが広く見いだされることだ。〔4〕このように、異なる結果や異なる仮説を表象するに至らないままだと、推論上の重大な誤りを招く——このことを力説してきた理論としては、ジョンソン＝レアード〔Johnson-Laird 1999, 2001; Johnson-Laird and Byrne 1991, 1993〕の「メンタルモデル理論」がある。ジョンソン＝レアードはこの理論において真理性の原理と呼ぶものを強調している。すなわち「個人は作業記憶《ワーキングメモリ》への負荷を最小化しようとして、真なるものだけをはっきりと表象し、偽なるものを表象しないメンタルモデルを構築する傾向にある」〔1999, 116〕というのだ。[165] この自動的なTASSバイアスは、

161 誤って「経済学者」として紹介されることが少なくないので、心理学者として強調したいのではないかと思われる。
162 ここで言う「ポジティブシンキング」は「未来について肯定的価値のあることしか考えない」という普通の意味ではなく、まさしく「肯定文（ポジティブセンテンス）しか思考できない」というTASSの性格を指している。
163 ここでいう「真ではないこともありうるような事態」とは「可能的な事態」とも言い換えられよう（「事態（state of affairs）」については訳注86を参照）。
164 「表象する（represent）」については訳注62参照。ここでは、何かをそれが事実であると否とを問わず「思い浮かべる」という意味で理解してよい。

いわゆるフォーカシング——すなわち、推論の対象を自らのメンタルモデルにおいて表象されるものに限定すること——とも相まって、分析的システムによって制止されない限り、問題解決に取り組むうえで数多くの誤りを生じさせることになる。ここからして、現実とは異なった世界状態を探究するという骨の折れる課題が求められる場合、人々の課題遂行は最適とはいいがたいものになってしまうのだ。第2章では複雑な表象と仮説思考をめぐる議論を行ったが、それによれば、世界につなぎ留められた[166]表象をデカップリングするという批判的な活動は、分析的システムの領分なのであった。つまりTASSは、デフォルトの状態では、ただ現実世界の関係——すなわちそこにすでに与えられている関係——しか表象できないのである。

ジョンソン＝レアード〔1999〕の真理性の原理、そして心理学者ダン（ダニエル）・ギルバート〔Gilbert 1991〕によって研究されたある現象——命題の自動的受容という現象——は、いずれも同じTASSのデフォルトのあり方と関係している。後者においてギルバートは、ある言明[167]を把握することと[168]その言明を評価することの[169]関係について、デカルトとスピノザ[170]の見方を対比している。デカルトのモデルでは、把握は評価に先立つ。つまり、言明が把握されてからその真偽が評価される。デカルトの観点に立てば、まずは把握がなされ、受容〔同意、受け容れ〕[171]はその後に続く。一方、スピノザの見立てでは、言語的な把握はずっと知覚に近いものとなる。つまり、「見ることは信じること」になるのだ。スピノザの観点からすれば、把握と受容は同時に起こる。把握と受容は基本的に同じことであり、把握には受容が伴う。デカルトのモデルでは評価の後に受容が来るが、スピノザのモデルではむしろ、いかなる評価もいったん受容〔同意〕された後で行われるのだ。[172]

以上の説明は、スピノザの立場においては言明が偽と評価されることがありえない、ということを意味するわけではない——単純に、先に〔その言明が真であるという〕信念の受容がなされた後、また別の段階として、その言明を偽とする評価が続く、ということである。また、スピノザの立場においては、仮定された事態を表象する

165　ふたつ前の訳注でも用いていた「真（真理）」と「偽（虚偽）」の原語はそれぞれtrue（truth）とfalse（falsity）で、命題のあり方について言われる論理学の術語であり、「真」は命題が表象する事態が世界の中で実際に成立していること、「偽」は命題に対応する事実が成立していないことをそれぞれ指す。いずれも日常語よりも切り狭められた意味合いであり、例えば「虚偽」といってもそれを口にする人物の欺きの意図などは含意せず、ただ単に所与の命題が事実と一致していないことしか示さない。「真理」も同様で、命題に一致する事実が成立している、という以上の深遠な価値などは含意しない。

166　原語はanchorで、現実の文脈の中にいかりを下ろすようにはめ込まれている、あるいは係留されている、ということだが、ここでは数値に関する「アンカリング」として術語的に用いられているわけではない。

167　「言明（statement）」は論理学的な単位としての「命題（proposition）」の言語的な表現で（「文（sentence）」もほぼ同義）、現在の文脈では「命題」とおおむね同じものを指していると考えてよい。

168　「把握（する）」の原語はcomprehension（comprehend）で、ここでは「包括する＝心のうちに抱く」という意味と「理解する」という意味を共にもっていると考えてよい。つまり言語的な言明や文をただの文字列としてではないものとして「心に抱く」とは、その言明の意味を理解した上で心に抱いている状態だ、ということである。ここで検討されるデカルトの場合、この段階ではそれはただ理解され、抱かれているだけで、その真偽を信じたり否定したりする態度は保留されている、という状態である。

169　ここで「評価（する）」と訳した動詞の原語は、ここではassessment（assess）で、少し後ではevaluateも用いられる。内容的には、ある命題ないし言明の内容をただ把握ないし理解すること（comprehension）に対して、その命題ないし言明が真である、あるいは偽であるという判断をそこに加えることを指している（assessmentやevaluationはさまざまな場面でさまざまな意味で用いられるが、ここではもっぱらこのような評価が問題になっている）。

170　ルネ・デカルト（1596－1650）はフランス出身でオランダに移り住んだ哲学者、バルフ（ベネディクト）・デ・スピノザ（1632－1677）はオランダの破門されたユダヤ人哲学者で、どちらも17世紀に活躍した。

　なお、前訳注を付した「評価する（assess）」に当たる用語をそれぞれのテキストに当たると、デカルトの場合、「同意する」（英語でいうassent）、スピノザの場合「判断する」（英語でいうjudge）という言葉が用いられているが、内容としてはおおむね同じことが解されていると見てよい。

171　「受容（する）」はacceptance（accept）で、前述のデカルトの「同意する」に近い。ある言明を単に把握しているだけではなく、その言明の真理性を認める、受け容れる、つまりその言明が真であると信じる、ということである。スピノザの場合はある言明を理解するや否や同時にその言明は正しいという信念が発生する（＝その言明を受容する、その言明に同意する）ということである。

172　一応注記しておくと、デカルトも方法に導かれない通常の人間が感覚経験が与える「自然の教え」に同意しがちな性癖を有している、という現象的事実を十分認めている（だからこそ、自由意志による「判断の保留」を行いうるようになることがひとつの哲学的課題となり、またこれは単なる「意志の力」によるのではなく知的な考察によって成し遂げられる）。他方で、言うまでもないがスピノザは認知心理学的な研究から「スピノザのモデル」に至ったわけではなく、その思想は例えば「存在者の自己否定の不可能性」や、またおそらくその根底にある「神あるいは自然」の自己原因的なあり方といった、形而上学的な原理と結びついている。

ためには、〔デフォルトでなされる〕受容への制止が常に必要とされることにもなる。偽でもありうる命題の表象がきわめて難しいのは、ここに理由がある。スピノザのモデルにあっては、偽でもありうる命題を表象することは自然なデフォルトの戦略ではない。そこにおいて仮説的な表象を形成しようとすれば、心理的な負荷がひどく高い制止の働きが、どうしても必要とされるのである。かくしてギルバート〔1991〕は、近年に見いだされた証拠をいくつも参照しながら、命題の受容をめぐるこれらの発見は、デカルトのモデルではなくスピノザのモデルを指し示していると主張する。そこでは、命題をまずは受け容れる〔つまり信じる〕ことがＴＡＳＳのデフォルトの動作であるとされる。しかるのちに、受け容れた命題を取り消す（つまり、命題を偽である可能性のあるものとして表象する）のは、分析的システムが高い演算費用を払って行うデカップリング作業の役目であるというわけだ。

　命題を自動的に受け容れ、それを真なる命題としてしか表象しない、というＴＡＳＳバイアスは、第2章で見たウェイソンの4枚カード問題（あるカードに母音が記されていたら、その裏面には偶数が記されている）で被験者たちがつまずいた理由を説明すると見られる。このとき被験者たちは、規則が真であるかどうかだけではなく、偽であるかどうかも確かめなければならないことを忘れているように思われる。つまり被験者はなにはともあれカードＰ（母音）をめくるのだが、ここでもしＰの裏にＱ（偶数）が出たらこれは規則と一致するわけであり、もし非Ｑ（奇数）だったら規則が反証されるわけなので、Ｐをめくるという選択は、彼らが規則が真であるか偽であるかの可能性を検討しようとしていたことを示唆するものだろう。ところが、Ｐをめくる以外の彼らの選択については、規則が偽である可能性に彼らがまったく注意を払っていなかったことをむしろ示唆する——つまり、Ｐをめくったときに彼らの念頭にあったのは〔奇数を引いて規則を反証することではなく〕もっぱら偶数を発見して規則を確証することのみだった、ということだ。彼らがＰをめくった理由がこのようなものだったと解釈できる根拠は、被験者の多くが、規則の反証にはまったくつながらないQ（つまり偶数）のカードをめくったことに求められる。たしかに、Qをめくると、当の規則と一致する証拠が得られる（つまり裏に母音が見つかる）可能性はあるが、それが得られたとしても規則の決定的な確証にはまったくつながらない。規則の確証を得るためには反証事例がひとつたりとも存在しない、ということを確認する以外にないのであり、被験者たちはその確認をあからさまに怠った。すなわち彼らは、非Q（奇数）のカードを引くのを怠ったのであり、このカードは規則を確証することがありえず、ただ反証することしかありえないカードだったのである。ジョンソン＝レアード〔1999〕が推定するように、このような選択パターンは、TASSにはそもそも〔所与の表象の〕真理性を前提し〔つまり、表象された事柄が事実その通りであると前提し〕[173]、焦点となっている仮説の確証のみに注目する自然な傾向が備わっていることを示唆している。すなわちTASSは、ある何らかの〔表象の〕真理性を前提したときに期待される証拠だけをそこで関連する重要なものと見なす。真でない可能性のある事態に明示的に注意を払うことを必要とする課題は、TASSに備わる自然な処理バイアスを混乱させてしまうのであり、そこに分析的システムが際立って明示的な制止を加える必要が出てくるのだ[5]。

「真理性の原理」のようなTASSのデフォルトの働きにより、ひどく的外れな推論が導かれてしまうような、そうした実験課題を考案することは難しいことではない。例えばジョンソン＝レアードとサヴァリー〔Johnson-Laird and Savary 1996; 以下も参照。Yang and Johnson-Laird 2000〕の研究は、そのことをよく示している。彼らの

173　原文は assumes truth で、そのまま訳せば「真理性を前提し」だが、これだけでは意味が明確ではない。本文で提起した補足は一案だが、他に「真理」を「真なる表象」と解し、「真なる表象を前提に」とも理解できる。この場合も「所与の表象が真理であること（＝表象された事柄が事実成り立っていること）を前提に」という、同じような意味になる。概念的な骨格を取り出せば、「与えられた情報が正しいと前提して（疑いもせずに）」という内容であることはいずれにしても言えるだろう。

著作より引いた以下の問題を考えてみよう。

トランプの手札についてふたつの主張がある。このうちのどちらかひとつだけが真であるとする。

1　手札にはキングが1枚、またはエースが1枚、または両方がある
2　手札にはクイーンが1枚、またはエースが1枚、または両方がある

キングとエース、どちらが手札にある見込みが大きいだろうか？

先を読み進む前に、まずは自分で答えを考えていただきたい。

ジョンソン＝レアードとサバリー［1996］によれば、被験者の75パーセントはキングよりもエースがある見込みが大きいとした。この答えは間違っている――だからこそジョンソン＝レアードらは論文に「蓋然性に関する推論の錯覚」と冠したのである。この錯覚がなぜ起こるかといえば、真だと想定される情報を表象することは「TASSに根ざした」自然なことだからであり、なおかつ、偽であるかもしれない状況を表象することは不自然なことだからである。読者のみなさんも、やはり錯覚の犠牲になってしまったはずだ――先ほど、真理性の原理という落とし穴があることに注目したばかりなのに。ジョンソン＝レアードらは、この問題において人々が錯覚に導かれた推論を行ってしまう理由を考察している。それによれば、彼らはそれぞれの言明を真だと見なすモデルを順次形成するのだが、その後、ふたつの言明のうちの一方が偽であることを忘れてしまい、本来必要だったはずの、それが何を意味するかを突き止める作業を怠ってしまうのだという。これを具体的に見ていこう。まず被

験者は言明1を目にして「手札にはキングが1枚、またはエースが1枚、または両方がある」と言っているのだと表象する。このときの心的モデルを図示すれば次のようになる（各行はそれぞれの可能性を示している）。

K
A
K A

言明2について被験者は「手札にはクイーンが1枚、またはエースが1枚、または両方がある」と言っているのだと表象する。この心的モデルを同じように図示すれば次のようになる。

Q
A
Q A

見ての通り、行の総数ということで言えばAがKよりも多い（4対2）。それゆえ被験者たちは、エースのほうが見込みが大きい、という考えに導かれてしまう。彼らはふたつの言明のうち一方だけが真であることを忘れてしまい、一方のモデルが偽であることでもう一方のモデルがどういった意味を持つようになるのかを理解するという、いくらか複雑なプロセスには取りかかろうとはしない。なぜならもともとの問題文において、ふたつの言明は両方ともが「真」である場合についてモデル化されているからで、実はこの出題形式は、この事例について言えば、〔「いずれか一方が必ず偽」という条件と齟齬をきたすので〕最も扱うのが厄介な形式なのである。

これとは対照的に、それぞれの言明がいずれも偽となる状況〔つまり言明と現実が一致していない状況〕がそこで表象される場合、この問題はずっと簡単になる。すなわち、

もしKがなく、かつAもないならば、言明1は偽である
もしQがなく、かつAもないならば、言明2は偽である

ここに付される問題文では「このふたつの命題のうち、ひとつは偽でなければならない」と言われる。偽であるのがどちらであるにせよ、エースは手札にない。それゆえ、エースが手札にはいっていることはありえない。しかるにキングがはいっていることはありうる——したがってキングこそが手札にある見込みのより大きなカードだということになる。[174]

このように、この問題は人々が偽なる事態[175]を表象しさえすれば、演算能力という点でそれほど困難なものではない。しかしながら、認知科学は多くの研究を通じて、TASSのデフォルトでの表象にかかわる性質はそれとは正反対のものであることを証明してきた。TASSは真なる事態に焦点を合わせるように調整されているのだ。ジョンソン＝レアード［1999］は、これが演算システムにとって理にかなったデフォルトの設定であることは認めつつも、科学における、例えば複数の異なる処置からそれぞれ生じてくる結果や、それらを比較した結果を扱うといった仮説的な世界に関わる能力においては、食い違いが生じるもとになっていると論じる。真なる事態だけをモデル化することによって、第2章で論じたような仮説的思考が妨げられてしまうのである。

対照的に、分析的処理システムは偽でありうる事態の表象を可能にしてくれる（つまり、世界の中に埋め込まれ

ている表象をデカップリングし、その表象をシミュレーションとして取り扱うことができるようになる）。そこから、演繹的推論の技術、功利主義的道徳、科学的思考といった文化的な成果が導かれるのである。すなわち、演繹を行うには論理記号により表示されるすべての可能な状態（真なる状態だけでなく）を表象することが求められるし、帰結主義的[176]な意思決定をなすにはあらゆる可能な世界状態[177]を（現実には決して生起しないかもしれない世界状態をも含めて）表象することが求められるし、科学的思考においては、得られたデータが異なる仮説から見ても理にかなった結果と言えるのかどうかを考えることが求められる。

　ジョンソン＝レアード［1999］の理論が想定するこうしたプロセスの諸特徴が適応的なものであることは疑いない。彼が論ずるところでは、人々が心的モデルにおいて真なるものだけを想起するのは、ひとつには作業記憶《ワーキングメモリ》への負荷を最小化するためであり、また、真理性の原理は「さしあたっての」、あるいは「大ざっぱな」戦略として理にかなった機能を果たすことが多いと見られている［Friedrich 1993; McKenzie 1994］。実に進化心理学者らしい立論である。しかしながら現代の世界ではより複雑な問題の解決が求められているのであり、仮説的思考の必要性はますます高まっている。このような思考スタイルは、かつては限られた人々の専売特許だったが、現代世界の抽象的で脱文脈化された認知環境においては、誰にとってもある程度は必要なものなのである。

174　いずれか一方は虚偽なのだから、実のところ「Aが手札にはいっていることはありえない」という推論も錯覚に他ならないのだが、この場合この錯覚は正解を促進する方向に働くのである。

175　「事態（states of affairs）」については訳注86で説明したが、このように「偽なる命題が表象する事態」を端的に「偽なる事態」と呼ぶ場合もある（一方で、厳密にいえば「真なる」や「偽なる」とは命題の性質であり、事態は「現実に成立している」か「現実に成立していない」かだという考え方もある）。

176　「帰結主義」についてはすぐ前で言及された「功利主義道徳」と共に訳注89参照。

177　「世界状態（state of the world）」については訳注87参照。

「フレーミング効果」が合理的人間像を損なう理由

経済学や意思決定理論においては、いわゆる「合理的人間」という見方が標準的なものになっている。ここで伝統的に前提されているのは、人間は何らかの意思決定を行う状況において、その意思決定の基礎に、提示された複数の選択肢の各々に対するゆるぎない選好がある〔つまり各々への選好の度合いと優先順位が確定している〕、という想定である。つまり、可能な選択肢への選好は、先に見た選択の原理（例えば推移性）という観点からして、欠けたところがなく、よく秩序づけられ、適切なふるまいをする選好であることが前提されているのだ。このように適切なふるまいをする選好を内に備えた人間を「効用を最大化する存在」――最も望んでいるものを手に入れるために行為する存在――と見なせるということは、複数のしっかりとした分析〔Edwards 1954; Fishburn 1981; von Neumann and Morgenstern; 1944; Luce and Raiffa 1957; Savage 1954〕によって裏づけられている。ここから導かれるのが「合理的経済人」であり、これは選択の場面ですでに備わった、よく秩序づけられた信頼のおける選好に従って行動することで、効用を最大化する存在である。

このような考え方にとって大いに問題なのは、カーネマンとトヴェルスキー〔2000〕をはじめ、多くの認知科学者や意思決定科学の研究者らの30年にわたる研究によって、この「よく秩序づけられた選好を備えた合理的な人間」という見方に疑問が投じられていることだ。[6] そもそもの基本的な問題は――実に基本的な話なのだが――単純に、多くの人間はそのようなゆるぎない、よく秩序づけられた選好など持ち合わせていないように見える、ということである。

カーネマンらの研究において明らかにされてきたのは、選択肢を提示するやり方や、あるいは提示された選択肢への人々の反応において、本筋とは関係のない違いがあると（このような違いは、選択肢に金銭のやり取りが関わったり、口頭による詳しい説明が加わったり、選択が無理強いされたりすることで生じる）、人々の選択——ときには極めて重大な選択——が変わってしまうことがある、ということだ。これについて実証した研究論文は無数にあるが、最も説得力に富むものとしてはトヴェルスキーとカーネマンの初期の研究がある。以下の意思決定の場面について、あなたならどう反応するか考えてみてほしい。

〈意思決定1〉アメリカ合衆国が未知の病気の突発的流行に備えていると想像してもらいたい。この病気によって600人が命を落とすと目されている。病気と戦うために、目下ふたつのプログラムが提案されている。それぞれのプログラムがもたらす結果の正確な科学的推計もなされていて、以下のようになっているとする。

・プログラムAが採用された場合、200人の命が救われることになる
・プログラムBが採用された場合は、3分の1の確率で600人の命が救われ、3分の2の確率で誰も助からない

あなたならAとB、どちらのプログラムに賛成するだろうか？

この問題を示されると、大半の人はプログラムA（確実に200人の命を救うプログラム）を好む。そしてこの部分だけ捉えてみれば、その選択におかしなところはない。しかし、もうひとつの問題への反応と併せて見れば、事はかなり奇妙なものになってくる。その問題では、被験者に別の意思決定の場面が提示される（被験者グループには最初の意思決定に参加したグループとそうでないグループがあるが、[178] いずれにせよ同じ傾向が見られる）。あなた

ならどう反応するか考えてほしい。

〈意思決定2〉アメリカ合衆国が未知の病気の突発的流行に備えていると想像してもらいたい。この病気によって600人が命を落とすと目されている。病気と戦うために、目下ふたつのプログラムが提案されている。それぞれのプログラムがもたらす結果の正確な科学的推計もなされていて、以下のようになっているとする。

・プログラムCが採用された場合、400人の命が失われることになる
・プログラムDが採用された場合は、3分の1の確率で誰ひとりとして死なず、3分の2の確率で600人が死ぬ

あなたならCとD、どちらのプログラムに賛成するだろうか?

こちらの状況を示されると、ほとんどの人はプログラムDを選好する。すなわち、ふたつの問題において最も人気がある選択はそれぞれプログラムAとプログラムDだということになる。この結果に問題があるとすれば、それは〈意思決定1〉と〈意思決定2〉はまったく同じ決定――同じ状況の単なる言い換えに過ぎないということだ。プログラムAとCは同じものなのである。プログラムCにおいて400人が死ぬと言われるのは、200人が救われるということであって、それはプログラムAにおいて救われる人数と完全に一致する。同様にプログラムDにおいて3分の2の確率で600人が死ぬというのは、プログラムBにおいて3分の2の確率で600人が死ぬ(「誰も助からない」)のと同じである。したがって、もしあなたが〈意思決定1〉においてプログラムAを選好したなら、〈意思決定2〉においてはプログラムCを選好しなければおかしい。しかし多くの被験者は不整

合な選好を示す——質問の言い回しに従って選好を変えるのだ。ここで見逃してはならないのはまさにその被験者自身が、問題の両バージョンを同時に示されれば、ふたつの問題が同一のものであり、言い回しが変わったところでそこにはなんの違いはないということに、同意するという点である。

この「疫病問題」と呼ばれる問題に見られる不整合性は、合理的意思決定の極めて基本的な原理、すなわち「記述不変性」と呼ばれるものへの違反となっている［Kahneman and Tversky 1984, 2000］。被験者自身が無関係だと見なしている問題の特徴に基づいて選択がころころと変わるのであれば、その被験者がゆるぎない、よく秩序づけられた選好を持っているなどとは言えるはずもない。問題がどのような言い回しで語られるかという、論理とはずれた側面から選好が反転するなら、そのような人々に期待効用の最大化などできる見込みなどない。このような形で記述不変性違反を犯してしまうのは、人間の合理性に関する私たちの見方に甚大な影響を及ぼさずにはおかないことなのである。とはいえこうした失敗をあぶりだすのは難しいことではなく、意思決定に関する論文にはこのような事例があふれている。以下、その例としてふたつの問題を考えてみたい［Tversky and Kahneman 1986］。いずれもギャンブルの文脈で枠づけ《フレーミング》[179]がなされた問題であり、意思決定理論の論文では頻繁に引き合いに出されるものだ。

178　前者は「同一被験者内実験」と呼ばれ、後者は「複数被験者間実験」と呼ばれる。前者は同一の被験者に両方の問題を別のタイミングで示すのに対し、後者は別々の被験者にそれぞれ別の問題を示し、反応の違いを測定する。前者の場合、グループによって提示する順序を変える以外に、前の問題の影響を減らすために間を開けたり、間に他の課題を埋めたりする工夫を行う。ただし現在の読者は、そのような工夫なしで、ほぼ立て続けに2つの課題を示す「同一被験者内実験」に近い状況に置かれているといえよう。

179　ここまで（節のタイトルを除けば）説明がなかったが、例えば言い回しの違いのような問いの「枠づけ＝フレーミング」における、本筋とは関係のない違いによって反応の大きな違いが引き起こされる現象は、この後の解説にあるように「フレーミング効果」と呼ばれ、ここで用いられている動詞 frame は明らかにこの「フレーミング効果」を念頭に置いて用いられている。また、この先「フレーミング効果」が主題的に論じられる個所では、frame は「フレーム」（動詞の場合は「フレーミング」）と訳す。

〈意思決定3〉もともとの持ち金（いくらでもかまわない）に加えて、あなたに300ドルの現金が贈与されていると想像してほしい。そのうえで、以下のふたつのギャンブルからひとつを選ぶとすればどちらか。

（A）確実に100ドルを勝ち取れる
（B）50パーセントの確率で200ドルを勝ち取れるが、50パーセントの確率で何も勝ち取れない

〈意思決定4〉もともとの持ち金（いくらでもかまわない）に加えて、あなたに500ドルの現金が贈与されていると想像してほしい。そのうえで、以下のふたつのギャンブルからひとつを選ぶとすればどちらか。

（C）確実に100ドルを失う
（D）50パーセントの確率で200ドルを失い、50パーセントの確率で何も失わない

トヴェルスキーとカーネマン［1986］によれば、被験者の72パーセントが選択肢BよりもAを選好し、64パーセントの被験者が選択肢CよりもDを選好した。またもや、である。疫病問題のときと同じく、ふたつの決定はまったく同じ結果の対照を反映したものだ。仮にBよりもAを好むなら、DよりもCを好むべきなのである。選択肢Aは100ドルの必勝だが、ここに最初から［無償贈与されて］持っている300ドルが加わると計400ドル。選択肢一方の選択肢Cは、100ドルの必敗で結局は計400ドルとなるので、Aと同額である。選択肢Bでは50パーセントの確率で計500ドル（300ドル＋賭けに勝った200ドル）、または50パーセントの確率で計300ドド

ル（300ドル＋0ドル）となる。これは、選択肢D（50パーセントの確率で500ドル－200ドル、50パーセントの確率で500ドル－0ドル）とまったく同じである。

カーネマンとトヴェルスキーは、このような記述不変性への違反が起こる理由を説明する理論を「プロスペクト理論[180]」と名づけた［1979; Tversky and Kahneman 1986］。これらの例に共通するのは、いずれの事例においても被験者は獲得の文脈ではリスク回避的であり、損失の文脈ではリスク愛好的であるということである。[181] 疫病問題の〈意思決定1〉において、被験者たちは200人の命が確実に救われるほうが同等の期待値を持つギャンブルに賭けるよりも魅力的だと考えた。〈意思決定3〉においても、確実に100ドルが手に入るほうが同等の期待値を持つギャンブルよりも魅力的だった。対して〈意思決定2〉では、400人の命が確実に失われる選択肢は同等の期待値を持つギャンブルと比べて魅力的ではなかった。被験者らが、400人の命が「確実に失われる」ことに魅力を感じなかったのも無理はないが、結果から見れば、それは彼らが〈意思決定1〉において魅力的と見なした、200人の命が「確実に救われる」という状況とまったく同じなのだ！

同様に、〈意思決定4〉の選択肢Cにおける「確実な損失」は同等の期待値を持つギャンブルと比して魅力的には思われなかった。これらの問題のいずれにおいても、被験者は結果を（最終地点での数値を評価するのではなく）ゼロ地点からの獲得および損失という観点でコード化した。[182] これは、カーネマンとトヴェルスキー［1979］のプ

180　prospect は「（将来の）見通し」のような意味だが、カーネマンの自伝によると、「もしこの理論が有名になるようなことがあるとすれば、特色のある名前がついているほうがいいだろう」という理由で「わざと意味のない名称をつけ」たというのが命名の由来だということで、「プロスペクト」という用語ないし概念に（「人の将来への見通しに関する理論」という以上の）ことさら特別な意味合いはないようである（『ダニエル・カーネマン 心理と経済を語る』友野典男監訳、山内あゆ子訳、楽工社、2011年、114頁）。

181　「リスク回避的」の原語は risk averse、「リスク愛好的」の原語は risk seeking で、後者は risk loving とも言われる。「リスク指向的」ないし「リスク追求的」のほうが risk seeking の語義に沿っているが risk loving の訳語と結びついて定着したのではないかと思われる。

ロスペクト理論において鍵となる仮定のひとつである［以下も参照。Markowitz 1952］。そしてもうひとつの鍵となる仮定は、効用関数は獲得よりも損失のほうが（マイナス方向へ）大きく傾斜するということである。人々が、割のいい期待値のギャンブルにさえしばしばリスク回避的になる理由はここにある。私とコイン投げをしてみましょう――表だったら私に５００ドルください。裏だったらあなたに５０５ドルさしあげます、どうですか？――ほとんどの人は、こんな割のいい賭けをも拒否する。数字の上では、潜在的な損失［５００ドル］は潜在的な利得［５０５ドル］よりも小さいにもかかわらず、心理的にはより大きく見えてしまうのである。

　効用関数の傾斜の違いと、現状を参照点ゼロとして（お金であれ命であれ、とにかく当面の問題について）選択肢を再コード化すること――人間が意思決定に取り組む際の、このふたつの態度は、ＴＡＳＳを特徴づけるものであるように思われる。つまりこれらの態度は、意思決定が迫られる場面で自動的に働く、情報をコード化する様式だということだ。この様式でなされるコード化のスイッチを切ることはできないが、それを制止することはできる（例えば、いろいろな分析的戦略を用いて、問題が異なる形で表象される場合にも選好がゆらがないようにするなど）。ドーズ［Dawes 1988］は「プロスペクト理論が記述している人間の選択は、自動的処理[183]の結果としてなされたものである」［45］と指摘している。このように、意思決定に関わる情報を私たちがコード化する際の、これらふたつの特徴的な様式は、もし制止されなければ選好の完全な逆転を引き起こしうるものであり、これはＴＡＳＳ内の選好装置の構造に含意された、ある種の戦慄すべき帰結である。そこに潜むのは、人々の選好が、その人固有の心理に基づく内的なものではなく、むしろ外部の存在（環境を形づくる力を有し、問いかけの言い回しを決定する何者か）に由来するものであるという、不穏な見方だ。ほとんどの状況はどのような形にも語りなおす《リフレーム》ことが可能だということを踏まえるなら、まずはゆるぎない選好があって、単にそれがさまざまな形で引き出されているに過ぎない、などということはなく、むしろその選好を引き出すプロセスそのものが、選好の内実を全面的に決めているということになるのだ！　そう考えると、もともとは経済学に由来する「合理的人間」という見方の根本となっている思想は崩れ落ちる。それはまた、社会にも影響を及ぼしうる。カーネマン［1994］が指摘するように、ゆるぎなく、合理的で、よく秩序づけられた選好という想定は「自身の下した選択の帰結から当人を守る必要などない、という立場を擁護する」［18］ために用いられてきたからである。[184]

記述不変性に関わる証明を行ってきたさまざまな研究[185]からは、実践上の重大な帰結もまた数多く導かれる。例えば医療という重要な領域において、結果に関する情報が、損失の観点から述べられることもあれば、利得の観点から述べられることもある、という場合はしばしばありうる。マクニール、ポーカー、ソックス、トヴェルスキー［McNeil, Pauker, Sox, and Tversky 1982］の研究が示しているのは——本書のこれまでの例にもあったように——同一の結果を別様に言い直せば、例えば肺がんの治療法のような重大な選択であっても別のものに変わってしまう可能性があるということだ。彼らによれば、このような「フレーミング効果」[186]は、患者だけに限らず、医師の側にも、また統計の素養のある人々にも、同じように見いだされるのである。注意してほしいが、治療の結果を別な形で言いなおしたところで治療に関する情報に何かがつけ加えられるわけではないし、その結果自体に

182　「コード化（coding）」はこの後頻繁に用いられる。文字通りには「符号化」で、これ以下の事例では、状況を解釈し、合理的な比較考量あるいは演算が可能な形に置き換える（文章題を読んで数式を書くように）、という認知的な作業を指している。

183　「自動的処理（automatic process）」は訳注60で紹介した通り「制御的（統制的）処理（controlled process）」の対となる概念で、本書でいうと前者が「TASS処理」後者が「分析的処理」に該当する。

184　人が完全な合理的選択をなす存在だと想定できれば、人の選択から当人に対する害や不利益が生じるはずはない（それに対する防護策も不要である）、ということになるはずだが、今やその想定が疑問視されているということである。

185　そのまま訳せば「記述不変性の諸証明（the demonstrations of descriptive invariance）」だが、これは「記述不変性に関する（とりわけその違反についての）さまざまな実験的証明」という意味であろう。

186　訳注179参照。原文ではクォーテーションマークがないので、明確な術語ではなく、単純に「枠づけがもたらす効果」のような意味合いで用いられているようにも見えるが、ここで言われている現象を「フレーミング効果」という術語で名指すことにもちろん問題はないだろう。

いかなる変化ももたらさないのだから、それに基づいて治療法への選好が変わってしまうというのは、少々ぞっとする話なのだ。この例からわかるのは、記述不変性への違反が、いかに潜在的に戦慄すべき危険をはらんでいるかということだ——つまりは、〔選好に〕不整合が生じているために、「人間は最も望んでいるものを手に入れられるように行動すべきだ」という道具的合理性の基本的な制約に違反してしまうような不合理な反応パターンが生じてしまうのが、どれほど戦慄すべきことか、ということである。

　これらの問題すべての鍵となる特徴は、被験者がそこで与えられたフレーム187を既定のものとして受け入れているように見えることだ——彼らは別のフレームを試して不整合が生じるかどうかを確認しようとしないのである。トヴェルスキー［1996a］はこう論じている。「これらの観察によって『受容の原理』とでも呼ぶべきものが明らかになる。人々は問題において与えられたフレームを受容し、そのフレームに基づいて結果を評価するのである」［8］。これは、ジョンソン＝レアード［1999］の真理性の原理、およびギルバート［1991］が検討した、把握と受容を一体のものとするスピノザ的モデルの議論などで見てきたＴＡＳＳの処理バイアスの、いまひとつの実例となっている。ＴＡＳＳには命題を自動的に受容するように、そしてその文脈を与えられたままに受容するようにバイアスがかかっている。問題に対する異なる仮説と異なるフレームを探ろうというのであれば、この自然な処理傾向を分析的システムで制止することが必須となるのだ。

　ここで見た記述不変性違反の例は、選好判断の変則例に関する数多ある論文のほんの一角を示すものに過ぎない［7］。これらの例が語るのは、人間が効用を最大化する存在であると期待することなどできない、ということだ——つまり、合理性の意味を前章での定義で解するならば、人間は整合的な合理性を示すことなどできはしないのである。さらに心しておくべきは、人間の選択はフレーミングによって容易に変わるという事実が、社会的にも経済的にも大きな意味を持っているということだ。セイラー［Thaler 1980］は、もう何年も前のこととして、クレジットカード業界が行ったロビー活動について述べている。それによれば、カード業界の人間は、クレジットカードと現金の手数料の違いについて、「クレジットカードを使うと手数料がかかる」と言う代わりに、「現金を使えば割引が得られる」と熱心に吹聴した。実のところ彼らはそれと知らずにカーネマンとトヴェルスキー［1979］のプロスペクト理論の想定に気づいていた――手数料というものが心理的には損失とコード化され、効用としてマイナスに傾いていることに気づいていたのだ。対して割引は利得としてコード化される。効用関数は損失よりも獲得のほうがゆるやかで、手数料を払うよりも、割引がないことを受け入れるほうが心理的には簡単だ。もちろん、この場合の「割引なし」も「手数料あり」も、経済的にはまったく同じことでしかない。カード業界は、余分な料金がかかる状態が普通だと思わせることで、クレジットカードが人々にとってより受け入れやすくなるように問題をフレーミングしたのである。

記述不変性は合理的選択の重要な性質であると同時に、いま見たように、数多くの選択場面において違反されるものだ。これと関連する原理に「手続き不変性」がある。こちらもまた、記述不変性と同程度に基本的な原理であり、なおかつそれと同程度に、人間の意思決定に多くの問題をもたらす原理である。手続き不変性は、記述不変性がそうであるように、標準的な合理的選択モデルを支える最も基本的な前提のひとつだ［Kahneman and Tversky 2000; Slovic 1995］。その原理とは、選択は選好が引き出される仕方に依存してはならない、というものだ。この前提は、まさしく「合理的経済人」概念の基本だが、にもかかわらず、ここ30年にわたって蓄積された証拠が示すのは、この手続き不変性が破られ、それによってしばしば不合理な選好がまとまって生起するということだ。

187　これも訳注179で予告したが、ここでいうフレームつまり枠づけとは、ある問題をどのような仕方で表象するかの設定を指す。

以下のふたつの契約について考えてほしい。

契約A――現在から5年後に2500ドルを受け取る

契約B――1年半後に1600ドルを受け取る

トヴェルスキー、スロヴィク、カーネマン［Tversky, Slovic, and Kahneman 1990］の研究では、被験者の4分の3が契約Bを選好した。ところが、仮にこのふたつの契約を売る権利を持っていたとして、それぞれ最低いくらなら売るかと問われると、被験者の4分の3は契約Aのほうに高い値をつけた。反応がこのような対を成すのであれば、またもや選好の推移性に違反が生じるし、それゆえにマネー・ポンプの惨劇は避けられない。[8] 現代の市場経済においては価格づけも選択も日常的なものなのだから、本章で概観してきた研究が明らかにしたような手続き上の不整合[9]の可能性がそこに潜んでいるというのは、人間の認知には最適とは言えないパターンが組み込まれているということである。それはすなわち、私たちは完全な道具的合理性には至っていないこと――私たちはいつでも最も望んでいるものを得られるよう行動しているわけではないこと――を意味している。

被験者たちに、彼らがそれぞれの選択の場面で違反した当の合理的選択の諸公理（当然原理、推移性の原理、記述不変性、手続き不変性など）をそれとして提示すると、実際のほとんどの被験者たちは、その公理を受け入れる。これについてシャフィールとトヴェルスキー［1995］はこう述べる。「自らの選択が、優越性[188]なり記述不変性なりに違反するものであるという事実に直面すると、人々はおおむねそうした合理性の原理に沿わせるべく自らの行動を変容させたいと思う……人々は、たとえ実際の行動においてしばしば違反してしまうとしても、やはり優越性が持つ規範的な力や、記述不変性を受け入れる傾向にある」[97]。このように、被験者たちが、合理性とはしかじかのものであると明示的に示されればそれを受け入れるという事実は、ほとんどの被験者の分析能力が、合理的選択の諸公理の持つ力を評価できるものであることを示唆する。意識的には合理性の原理を認めているのに、それでもなお不合理な選択をするとなれば、そうした選択の究極的な原因はＴＡＳＳ——合理性の原理を無視する脳の部分——に潜んでいるということになる。

進化心理学は人間の合理性という理想を救出できるか？

本章ではここまで道具的合理性の領域の範囲内に的を絞って話を進めてきたが、人は認識的合理性を定義する諸原理についても違反を犯す。理論と証拠を不適切に関連づけ、確証バイアスを露呈し、仮説のテストを非効率的に行い、信念の程度を正しく較正[189]せず、自分の意見を他者に過剰に押しつけ、先にもっていた知識を演繹的推論に繰り込み、その他、認識の領域において種々雑多な情報処理バイアスを呈する。この分野のレビュー論文をいくつか読めば、こうした推論上の誤りが極めて詳細に説明されているのがわかる[10]。

その全体を一望するなら、人間の問題解決と意思決定を特徴づける不合理性のリストはうろたえてしまうほど長く、それ自体が人間の合理性が困難を抱えたものであることの描写となっている。ところが、過去10年以上にわたって、これらの発見に対する、それまでの解釈にとって代わる別の解釈が〔認知心理学における〕進化心理学者、適応主義者、生態学的な理論の支持者に属するさまざまな論者の支持を集めるようになっている［Cosmides

188 「優越性原理（dominance principle）」は「当然原理」の別称。
189 「較正（する）（calibration/calibrate）」については訳注154参照。

and Tooby 1992, 1994b, 1996; Gigerenzer 1996a; Oaksford and Chater 1998, 2001 ほか］。彼らは古典的なヒューリスティクスとバイアス実験のほとんどにおける最頻《さいひん》的な〔最も多く見られた〕反応[190]――それは、人間の合理性モデルが指し示す反応から逸脱した反応であった――を解釈しなおし、被験者の側に、最適な情報処理上の適応が組み込まれていることを証《あか》しだてるものだとした。これらの研究者の主張からすれば、ヒューリスティクスとバイアス研究の系譜を継ぐ研究は人間の不合理性を証明するものではまったくないのであり、人間の合理性の完全性を想定する「パングロス主義[191]」は依然として擁護可能なものであり続ける、ということになる。

進化心理学者の主張では、ＴＡＳＳヒューリスティックはヒューリスティクスとバイアス研究者らによって不当に特徴づけられている。ヒューリスティクスとバイアス研究では、しばしばＴＡＳＳヒューリスティックは、合理的に最適化されたモデルがかける演算処理の負荷を回避するための近道であると見なされる。一方の進化心理学者は、ＴＡＳＳヒューリスティックをこのような「最適とは言い難い近道」と見なす概念化に異議を唱える。進化心理学者からすれば、ＴＡＳＳヒューリスティックは合理的目的を果たせていないものと見なされるべきではなく、むしろ特定の進化上の問題群を解決するためにデザインされた、最適この上ない処理装置なのである。彼らはそれだけにとどまらず、ヒューリスティクスとバイアス実験の課題において被験者たちが示す最適ならざる選択でさえも、不合理と見なされるべきではないとまで主張する（コスミデスとトゥービー［1994a］に至っては、ＴＡＳＳの進化的モジュールを「合理性よりよいもの」と呼んでいる）。

進化心理学者がこうした結論をどのように論拠づけているのかを見るには、これまで見てきた合理性の諸公理への違反を彼らがどう解釈し直しているかを検討する必要があり、本章の以下の部分ではその検討の作業を行っていく。だが、以下の内容はそれに尽きるものではない。たしかに進化心理学者の研究は、人間の認知について本質的に重要な事柄をいくつも明らかにしてきた。とはいえ、このような理論の支持者たちは人間の合理性の本

190 「最頻的」と訳したmodalには幅広い意味があるが（例えば論理的様相や感覚モダリティなど）、ここでは統計学でいう「最頻値」の意味だと思われる。「最頻値」は「中央値（メジアン）」や「平均値（アベレージ）」と並び、ある統計データの全般的、標準的な傾向の目安になる数値で、最も頻繁に現れた数値を指し、ここでは「最も多く現れた反応」を指すと見られる。訳者のひとりが以前訳した『現代世界における意思決定と合理性』では「ありがちな」と訳したが、それほど使用例の多い日常語ではないようなので、統計学の専門用語に寄せて訳した（検索すると、modalを「最頻的」と訳す事例は、多くはないが複数存在している）。

　なお、以前みすず書房から出ていた旧訳では、このあとの「人間の合理性モデルが指し示す反応から逸脱した反応」という説明を「モーダル」という言葉そのものの「定義」のように解して訳していたが、（たしかに本書においてはこのような反応を指しているとしても）modalという語にこのような「語義」があるわけではないと思われる。

191 「パングロス」はヴォルテールの小説『カンディード』に登場する博士で、哲学者ライプニッツの「最善世界説」（この世界は神によってこれ以上ないほど最善の形で創造されている、という説）を戯画化したような思想を信奉し、どんな些細なものにも、どんな悲惨な出来事にも神の善意をこじつける（鼻は眼鏡をかけるためにあり、新大陸から梅毒がヨーロッパに持ち込まれたのはヨーロッパ人に美しい染料を与えるためだった、等々）。「パングロス主義」の呼称は、生物学者リチャード・ルウィントンとスティーヴン・グールドが、進化の産物を「適応」を中心にする研究プログラムとしての「適応主義」を批判的に名指すための呼称として導入された（S. J. Gould, & R. C. Lewontin., “The Spandrels of San Marco and the Panglossian Paradigm: A Critique of the Adaptationist Programme”. in *Proceedings of the Royal Society B: Biological Sciences.* 205 (1161), 1979, 581–598）。ただし、訳者のひとりが以前原著者に確認したところ、生物学における「パングロス主義」と、著者がここで用いている認知心理学における「パングロス主義」は同義ではない。著者のメールでの説明によればグールドらの進化生物学における「パングロス主義」が「動物界で私たちの観察するあらゆる形質が進化的適応であるというわら人形的な（実際には誰ひとり支持していない非現実的な）進化論上の立場」である一方、著者の言う、認知科学での「パングロス主義」は、「ある問題に対する人間の（現実の）遂行結果と、その問題に対して規範的に指令される反応との間のあらゆる差異を、説明の過程で取り除いてしまおうとする立場」である。著者は生物学上の適応主義（グールドのいう「パングロス主義」が戯画化の的にした立場）を全面的に支持する一方、人間の合理性に関するその一面的な適用には批判的で、後者を認知心理学上の「パングロス主義」と呼んでいる、ということである。

　なお、みすず書房から刊行されていた旧訳ではPanglossianとoptimisticをほぼ区別せず、両者に「楽観的」や「楽天主義」のような訳を当てているが（固定した訳語は用意されておらず、例えばこの個所では「楽天的な姿勢」）、これはあまりよい選択ではないように思われる。というのも著者は自身の「改善主義」と呼ばれる立場（第6章参照）を「オプティミズム」として特徴づける一方、それに対立する立場を「パングロス主義」の名で呼んでいるからである。つまり著者は人間の現実の不合理性を認めたうえで、その改善可能性に対する楽観主義（オプティミズム）を主張するのに対し、「パングロス主義者」は人間の現実の行動や選択が合理性の点ですでに最適化（オプティマイズ）されていると考える点ではたしかに「楽観主義」なのだが、それゆえに人間の行動や選択の改善を不要とし、さらにそれが強固に配線されたものであることを強調することで改善（を含む改変）の可能性に対しては悲観的な態度をとる。これを考えると「パングロス主義」を固有名を使わずに言い換えるなら「超楽天主義」とでもすべきであり、通常の「楽天主義」とは区別して扱うべき立場であるともいえよう（同じ扱いはライプニッツの「最善世界説」そのものにも必要であろう）。

性についての誤った解釈に陥っており、このような問題領域において区別されねばならない事柄[192]をないまぜにしていることもまた、以下では解き明かしたい。そしてそのうえで筆者は、進化心理学者の立場とヒューリスティクスとバイアス研究の系譜を継ぐ研究者の立場を和解させる道について論ずる——すなわち、第2章で論じたような、認知機能の二重プロセスを提起するさまざまなモデルが両者を調停する道を提供してくれる、ということも以下では論じよう。これらのモデルは、進化心理学者が強調する、いくつかの領域特異的なＴＡＳＳプロセスのめざましい有効性はそれとして認める。しかしその一方、二重プロセス理論の支持者たちは進化心理学者とは異なり、領域横断的な分析的処理の重要性もまた同じくらいに強調する。そしてここから筆者は、道具的合理性を保証する役割を担っているのは、〔分析的システムによる〕非自律的で直列処理的な、実行制御と問題解決の働きであることを論じていく——これらの働きは、ＴＡＳＳがパーソナルレベルでの最適な結果を脅かす場合にＴＡＳＳによる反応を制止し、道具的合理性を保証するのである。

以下ではまた、現代社会におけるＴＡＳＳについても論じたい。現代社会は、進化的な基準にしたがって最適化されたＴＡＳＳ下位システムのアウトプットと、パーソナルレベルで道具的合理性を実現するのに必要とされる反応とのあいだに、途方もない規模の不一致を生み出しうる力を有している（いま一度、第2章の図2－2を参照されたい）。実際、私たちが住む世界は、そうした不一致に由来する衝突につけ込むことをむしろ目的として設計された社会・市場構造（例えば広告）を有しており、それらは広範な影響力を持つ。次節ではまず、ＴＡＳＳ下位システムに組み込まれた、不一致に由来する衝突につけ込まれるすきを与えてしまう基本的処理バイアスを、いくつか見ていきたい。進化心理学者は、何の変哲もない日常的な状況では、大抵の場合ＴＡＳＳのメカニズムも道具的合理性の実現をも確保するものとして働くと考えているが、この点では彼らは正しい。けれども残念ながら、ＴＡＳＳ下位システムには基本的な部分で演算上のバイアスがかかっている。機会として多くはないが、そのデフォルトの動作が私たちの個人的《パーソナル》な利益と一致しない場合、そこには困難と苦しみが待ち受けているのだ。

自律的な脳が避けられない「基本的演算バイアス」

以下に示す三段論法を考えてみよう。推論が妥当なものかどうか――ふたつの前提から論理的に結論を導けるかどうか――考えてみてほしい。

前提1――すべての生き物は水を必要とする
前提2――バラは水を必要とする
それゆえ、バラは生き物である

さて、いかがだろうか。結論が論理的に妥当であるか、そうでないかを判断してから読み進めてほしい。

この問題を与えられた大学生の70パーセントは「結論は妥当なものである」と答えた。あなたもそう考えたなら、彼らと同じくあなたも答えを間違えたことになる［Markovits and Nantel 1989; Sá, West, and Stanovich 1999; Stanovich and West 1998c］。前提1は、すべての生き物は水を必要とすると言っているのであって、水を必要と

192　この「区別」とは言うまでもなく、乗り物の利益と複製子の利益の区別、あるいはパーソナルレベルの合理性とサブパーソナルレベルの適応の区別であろう。

するすべてのものが生き物だと言っているわけではない。だとすれば、バラが水を必要とするからといって、前提1からバラが生き物であることが帰結するわけではない。これでまだよくわからないということなら、まったく同一の構造を持った以下の三段論法を考えてみれば、おそらくずっとわかりやすくなるだろう。

前提1――すべての昆虫は酸素を必要とする
前提2――ネズミは酸素を必要とする
それゆえ、ネズミは昆虫である

こちらの文章であれば、前提から結論を導き出せないことがかなりはっきりしているように思われよう。

もし論理的には同値である「ネズミ」の三段論法が簡単に解けるなら、なぜ「バラ」問題はこれほど難しいのだろうか。ひとつのはっきりした理由は、結論（バラは生き物である）は十分に理にかなっていると思えるということである。さらに、現実世界においてそれが真理であるのをあなたは知っている、ということもある。そして、この問題の厄介さはまさにそこにある。論理的な妥当性というものは、結論の信憑性とは関係がない――論理的に妥当かどうかは、結論が前提から必然的に導き出されるかどうかの問題なのだ。ネズミ問題を簡単にしているものと、バラ問題を難しくしているものは、実を言うと同じものである。「ネズミは昆虫である」は、私たちの住む世界においてはことばの定義からして真ではないのであり、この事実が、結論がふたつの前提から論理的に導かれないことを理解しやすくさせていると見込まれるのである。

このふたつの問題では、自然界についての先行する知識（バラは生き物であり、ネズミは昆虫ではない）が、本来は内容からは独立してなされなければならない判断（論理的妥当性の判断）に繰り込まれてしまっている。バラ問題では先行する知識が障害となり、ネズミ問題では有用なものになっているのである。実のところ、この三段論法のつながりを処理する個人の能力をテストしたかったなら、まったく馴染みのない素材を持ってきたほうがよかったのかもしれない。例えば次のような状況を想像してみよう――あなたは地球から別の星を訪れている。以下のふたつの事実から、どのような結論が導けるだろうか。

ヒュドン種の動物はすべて獰猛である
ワムペットは獰猛である

以上のことから「ワムペットはヒュドン種の動物である」という結論は、論理的に導けるものだろうか？　私たちには、この結論が導かれないことがわかる。研究の示すところでは、この馴染みのないバージョンにおいて結論が妥当性を欠いていることは、バラ問題よりもわかりやすいが、ネズミ問題よりもわかりにくい。こうした相違があるということは、仮に三段論法の内容がその論理的妥当性に影響を及ぼすことなどないとしても、事実に基づく知識がバラ問題にもネズミ問題にも繰り入れられていることの証明となっている。とりわけ、バラ問題への影響は大きく、これに正しく答えられた大学生は32パーセントしかいない。一方、同じ被験者の78パーセントは、馴染みのない素材を使った論理的に同値のバージョン（先行する知識が邪魔にならないバージョン）については正しく答えている。

バラ問題は、TASSの基本的演算バイアスのひとつの例示となっている――すなわちTASSには、問題解決に際して示されたあらゆる文脈的情報を自動的に利用する傾向があるということだ。結論に含まれる現実世界での信憑性はこの際無視するようにとはっきり指示されたとしても、先行する知識は問題処理に当たって繰り込まれる。それはすなわち、問題を文脈化[193]しようとする傾向はありとあらゆる場面に顔を出すもので、簡単にスイッチを切れるような代物ではない、ということだ——だからこそ、この傾向は「基本的演算バイアス」（好むと好まざるとにかかわらず、ほとんどすべての思考に忍び込んでいるバイアス）と呼ばれるのである。[11] この、処理の強制性という性質は、反射に近いＴＡＳＳ処理を定義する特徴のひとつである。

もちろん、問題解決の補助として使える情報はなんでも使うという傾向は、差し障りとなるより有用に働く場合のほうが多い。進化心理学の主張によれば［Barkow, Comides, aand Tooby 1992; Buss 1999, 2000; Comides and Tooby 1994b; Pinker 1997; Plotkin 1998; Tooby and Comides 1992 ほか］、基本的演算バイアスが脳内に備わったのは、更新世の時代を通じて存在していた進化的適応環境（ＥＥＡ）、すなわち私たちの祖先の環境への適応としてだったとされるが、本章での議論はこの見方を受け容れる。つまり本章もまた、これらの演算バイアスには進化的な意味があるものだと論ずることになる。とはいえ、それがＥＥＡにおいて有用であったとしても、それどころか現在の環境においても有用であることがほとんどだとしても、現代世界にあっては、基本的演算バイアスによる文脈化によりとてつもなく危険なものとなる状況が生じることもまた、本章では論じる。そのような状況は数の上では少ないが、とはいえそれが生じた場合、そこでの演算バイアスによる誤った判断は、将来における人間個人《パーソナル》の効用の最大化——人間個人の人生の目的の将来的な実現——にとって、比率の少なさとは釣り合わないほどに多大な影響を与える傾向があるのだ。

現在の人間環境がＥＥＡと似ている状況では、非常に効率的な目的実現を促進する一群の基本的演算バイアスが、人間の脳を特徴づける働きを行う。しかしながら、技術化された社会において、環境に適応したメカニズムを混乱させるような新たな問題が生じたとき、人間は部分的には文化の産物である認知メカニズムを使い、こうした状況で誤った反応を誘発する基本的演算バイアスを制止しなければならない。これら文化的に導入された処理様式こそ、抽象的で分析的、かつ演算負荷が高い合理的思考のプロセスである［Dennett 1991; Rips 1994; Sloman 1996, 2002］。第2章を思い出してほしい。TASS処理はどんな機能にもあまねく関わっていて、それ自体を「オフ」にすることはできないので、その代わりにケース・バイ・ケースで制止されなければならないのだ。[12]

私たちが現実世界の問題に直面して受け取る情報は、時に断片的で不完全――TASS脳の自動的な推論機構に由来する――だが、人間の認知の基本的演算バイアスには、それらを増補するための豊かな知識を与えてくれる効果がある。筆者はかつて、別の場所［以下を参照のこと。Stanovich 2003］で4つの相関するバイアスについて詳述した。

1　たとえ問題が形式的な、内容に依存しない解しかありえない場合ですら、アクセスできるかぎりの先行する知識を詰め込んで問題を文脈化する傾向

2　対人関係の存在を示す手がかり《キュー》がほぼない状況であっても、問題を「社会化」する傾向

3　意図されたデザインやパターンが存在しない状況においても、そこに意図的に考案されたデザインやパターンを読みとる傾向

4　物語様式で思考する傾向

193　「文脈化する（contextualize）」はこの後しばしば登場する。基本的には「文脈に当てはめて理解、解釈する」という意味で、本書の議論では主に推論において「文脈情報を利用する」あるいは「状況の解釈に文脈的（背景的）な情報を取り入れる」という意味で用いられる。

これらのバイアス、あるいはデフォルトの処理はしばしば相互に補強し合う形で働き、またいずれも進化という観点から見て十分適切な意味合いがある。それでも、現代の技術社会がこうしたデフォルトの処理の得意とする局面を覆してしまうため、道具的合理性が実現されるためにはそれらの制止がどうしても必要になるという、厄介な状況が生じてしまうのである。

基本的演算バイアスの進化的適応性

ここまで見てきた基本的演算バイアスはそれぞれ、人間の認知の機能的な一側面を担っている。実際、それらが基本的なのは、私たちの進化の歴史において生じたさまざまな基本システム(TASS)における方向づけをそれぞれに担っているからである――それらは分析的知能[194]に特徴的な、より抽象的な機能よりもずっと以前から存在していたものだと見てよかろう〔Mithen 1996, 2000, 2002〕。こうした演算バイアスが人間の進化の過程で発達した理由については、これまで多くの研究者が理論的にも経験的〔実証的〕にも説得力あるやり方で説明してきた〔Cosmides and Tooby 1992; Humphrey 1976, 1986; Mithen 1996, 2000, 2002; Pinker 1997〕。問題の社会化と、環境内に考案されたデザインを読みとる傾向は[195]、社会的知能仮説[13]の背後にあるいくつかの進化論的な仮定から出てきたものだ。同胞の行動を予測し、行動を協調させるために、相手に志向性〔意図性[196]〕を帰することは、社会的霊長類が直面する進化上の大きなハードルであり、多くの場合、物理的な環境に習熟するよりも複雑な演算を必要とした〔Humphrey 1976〕。

あるいは、何かに意図を帰そうとする傾向には、別の進化上の起源があるかもしれない。デネット〔1991, 32〕〔邦訳49頁〕の示唆するところでは、そもそも私たちは周囲で素早く動くものに遭遇すると、それが魂を持っているかのように扱う傾向を持っている。そして進化がデザインしたこの術策によって、私たちは世界の物事をあまり深く考えずに分類することができるのだという。これをデネット〔1978, 1987〕は「志向的スタンス」[197]と呼んだ。志向的スタンスを採用するという広くいきわたった傾向こそ、基本的演算バイアス（とりわけ世界の中に人間的デザイン〔意図／設計〕を見いだし、出会った問題を社会的な〔人間関係に関わる〕問題だと見なす傾向）を下から支えるものだ。TASS内には、活発に動き回る《アニメイテッド》存在[198]に対して志向的スタンスをとることを専門とする、生物学的基礎をもつ脳構造があるように思われる〔Baron-Cohen 1995; Baron-Cohen, Tager-Flusberg, and Cohen 2000〕。進化の歴史からして後発にあたる分析的認知は、これらの古い、社会的な基盤〔つまり社会的知能を支える基盤〕を持つメカニズムに取って代わるのではなく、その上に築かれることになった〔以下を参照。Dennett 1991, 1996; Mithen 1996〕。だからこそ、TASSの領分である社会的知能のいくつかの側面は、後で発達した分析的知能によってこそうまく解決できるはずの抽象的な問題にまで浸透するのである。

194　訳注20に記したようにintelligenceは「知性」とも「知能」とも訳しうる。ここも「分析的な知性」と訳しても問題ないところだが、特にこの後登場する、対となる「社会的知能」との対比が明確になるように「知能」の訳語を当てる。

195　前節末のリストの2と3に相当する。

196　「志向性」と訳されるintentionalityについては訳注108およびこの後の訳注246を参照。ただし特にこの個所については、直前の「環境内に考案された（意図された）デザイン（deliberate design）を読みとる傾向」や、次段落冒頭の「何かに意図を帰そうとする傾向（The tendency to attribute intention）」を説明する、という観点からしても、心の働き（信念や欲求）が「何かについてのもの」であるという「志向性」全般ではなく、「あるものが意図をもって行為する」という意味での「意図性」を特に指している可能性もある。

197　デネットは人間が対象に対してとるスタンス（構え）を「物理的スタンス」「デザイン的スタンス」「志向的スタンス」の3つに分けており、その3つめに相当する。対象を志向的なシステム、つまり信念や欲求といった、何か「について」と言われる心の働きの主体（あるいは行為者）と見なす見方を採用するスタンスということである。デネットのこの概念に照らせば、ここで問題になっている「意図（intention）」はさまざまな志向的な心の働きのひとつだということになる。

198　animated beingは「（動物的な）魂を与えられた存在」ということで、「動物（animal）」を、その語源的な意味に立ち返って名指そうとする表現だといえるだろう。訳注96も参照。

最後に、先行する知識をもって問題を自動的に文脈化すること[199]が適応的である理由については、多くの理論が存在する。例えば、エヴァンズとオーヴァー［Evans and Over 1996］は、過去において私たちの役に立ってきた信念というものは取り除くことが難しいものであるべきであり、それらを過去の有効性に従って新しい情報に投影することで、新しい情報を吸収する助けになるかもしれないと論じている。こうした議論を筆者は「知識投影論」と名付けたが［Stanovich 1999］、この考え方は、認知科学という学問において、驚くほどさまざまな領域の専門家から支持されている。こうした知識投影論は、例えば以下のような事柄を説明するのに用いられている――社会心理学における偽の合意効果［Dawes 1989, 1990; Hoch 1987; Krueger and Zeiger 1993］、学習における期待効果の発見［Alloy and Tabachnic 1984］、科学的証拠の評価におけるバイアス［Koehler 1993］、志向性〔意図性〕の帰属におけるリアリズム効果［Mitchell, Robinson, Isaacs, and Nye 1996］、三段論法に基づく推論［Evans, Over, and Manktelow 1993］、非形式的推論［Edwards and Smith 1996］、等々。もちろん、知識投影の恩恵を得るには、おおむね正確な信念をひと揃い投影しなければならないと理論家たちは揃って強調している［不正確な信念があふれる状況の場合、話はまったく異なる。以下を参照。Stanovich 1999、本書の第8章］。

目下の議論において知識投影論が重要なのは、それが進化心理学者たちによって、被験者の多くがヒューリスティクスとバイアス課題で呈する非最適な反応を正当化するために使われているからだ。この種の課題において正しく反応するには、ある種の脱文脈化が必要となる場合が多いからこそ、この種の問題において、TASSによって決定される文脈化が間違った反応の誘発につながる場合が多くなってしまう、ということなのである。例えばスティーヴン・ピンカー［1997］は、砕けた言い方ではあるが、この点を最も簡潔に突いている。「もちろん学校の外では、知っていることを無視するなんてばかげている」［304］と。[200]

しかし、それは本当に正しいのだろうか？　本章では「現実世界」において、私たちが「知っていること（あるいは信じていること、考えていること）」を実際のところどの程度「無視」しなければならないのか議論していくことになる。この点はピンカーも理解してくれるだろう。例えば、以下の事柄について考えてもらいたい。

1　最低なやつとわかっている客の侮辱的なふるまいを無視して、他の客と同じように丁寧に対応しなければならない販売員
2　依頼人が有罪であるという事実を無視しなければならない弁護士
3　わざとイライラさせる態度をとる生徒を無視しなければならない教師
4　被告と被害者の過去の記録を無視するよう構築されている司法プロセス

そして最後にピンカー［1997］自身が述べていることだが、現代の技術社会の土台となっている科学そのものが、「私たちが知るなり信じるなりしていることを無視する」ことで成り立っている。条件Aが正しいと思われる状況で、条件Bの下にある対照グループをテストするというのも、信じていることを無視するひとつの形である。科学とは私たちが知っていることを網羅的に無視する方法なのであり、少なくとも一時的に（テストの最中は）そうすることで、証拠が出た後に信念を較正することができるのである。[201]

こうした例を挙げることは難しくはないし、現代社会においては知っていることを無視するよう要求される場面がいかに多いかという問題については、またのちほど見ていく。しかしその議論に進む前に詳しく見ておかね

199　前節末のリストの1番目、「バラ／昆虫」問題で例示された機能。
200　つまり学校のテストや実験室の課題以外の現実生活では、文脈情報の利用を誘発する演算バイアスが役に立たないはずがない、ということであろう。
201　「較正する（calibrate）」については訳注154参照。

ばならない主題がある。ヒューリスティクスとバイアス文献に登場する多くの問題においては、人間の不合理性が広く確認されているわけだが、進化心理学者たちはこういった人間の不合理性をどのように再解釈しているのか、という主題である。

ヒューリスティクスとバイアス課題に対する反応についての、進化心理学的な再解釈

この節では、標準的なヒューリスティクスとバイアス実験のほとんどで最頻《さいひん》的であった[202]、人間の不合理性を示すものと解釈されてきた反応を、被験者の立場からすればむしろ最適な情報処理を示すものだと読み替えてきた人々による再解釈を詳しく見ていこう。すなわち〔認知心理学における〕進化心理学者、適応主義モデルの支持者、生態学的な理論の支持者といった人々だ。まずは例として、第2章で紹介し、本章の序盤でも言及したウェイソン［1966］の「4枚カード問題」をここでも取り上げることにする（これは「一方の面に記されているのが母音である場合、反対の面の数字は偶数である。この規則の真偽を確かめるために必要なカードを裏返してほしい――現状、表になっているのはA、K、5、8である」という問題であった）。前述したように、間違ったPQ反応（Aと8を選択）が圧倒的多数を占めることについては、いくつもの異なった説明が与えられてきた。いまの文脈で重要なのは、これらのさまざまな理論の中でも、こうした間違ったPQ反応は効率的で最適化された認知メカニズムに由来するという立場を提起するいくつかの理論である。例えば、オークスフォードとチェイター［Oaksford and Chater 1994, 1996; 以下も参照。Nickerson 1996］は、多くの人はこの問題を（実験者が意図したように）演繹的推論の一種と解釈するのではなく、確率的な仮説を検証する帰納的課題として捉えたのだと主張する。帰納的課題という解釈を前提として、最適なデータ選択（ベイズ分析でモデル化されたもの）をするならば、PとQという反応

はむしろ期待通りだと彼らは言う。他の研究者も、ＰＱ反応が圧倒的多数であった理由についてそれぞれ別のモデルを示しているが、いずれにせよ、人間の推論能力の欠陥を示すものだと見なされていたこの反応を、最適なやり方で働く効率的な認知メカニズムの反映として捉え直している点では共通している。例えばスペルベル、カーラ、ジロット［Sperber, Cara, and Girotto 1995］は、選択行動の遂行結果は、推論による理解のために最適化された（「最適なコミュニケーション行動の処理に合わせて調整された」［90］）認知メカニズムによって向上すると主張する。

もうひとつ、ヒューリスティクスとバイアスの研究者が長らく間違いと見なしてきた反応を合理的なものとして擁護する理論家たちの主張を見てみよう。これらの主張は、すでに多大な研究がなされてきた問題、すなわち、第2章でも論じたリンダ問題［Tversky and Kahneman 1983］に依拠してなされている。リンダのプロフィール（哲学を専攻している、差別と社会的正義の問題に深く関わっている、など）を聞いた人々は、リンダがただの銀行の窓口係である可能性よりも、リンダは銀行の窓口係であり、かつフェミニスト運動にも積極的に関わっている可能性のほうが高いと判断した。しかしながら一部の研究者は、この結果は非論理的な認知というよりも、むしろ合理的で実地に即した推論なのであり、結果として問題に含まれる確率論の論理に違反してしまっただけだと主張する。[14]

こうした見方を集約して、ヒルトン［Hilton 1995］は次のように述べている。「会話における推論の帰納的な本性からして、これまで誤った推論のせいにされてきた実験結果の多くは、実験者から与えられた情報の合理的な解釈によるものと再解釈されるかもしれない」［264］。リンダ問題への典型的な反応に対するヒルトンの説明

202 「最頻的だった反応（modal response）」については訳注190参照。「最も多く見られた反応」と解してよい。

をつきつめれば、基本的処理のデフォルト（つまりはバイアス）として先に挙げたリストのふたつめ（抽象的な問題を社会化する傾向）が、この特定の状況においては作用すべき合理的な初期設定である、という論証になる。要するに、〔リンダ問題の大多数の被験者に帰されてきた〕「連言錯誤」は、社会的な手がかり《キュー》、言語的な手がかり《キュー》、および背景知識というものの適応的な利用によって引き金を引かれる合理的な反応であると言っているのだ。

続く例として、2×2の共変検出[203]の課題について考えてみよう。ここで被験者は、適切に設計された科学的思考実験に基づいて、ある新薬の有効性を評価するよう求められる。被験者には以下のことが伝えられる。

・150人が薬を投与され、治癒した（A）
・150人が薬を投与され、治癒しなかった（B）
・300人が薬を投与されず、治癒した（C）
・75人が薬を投与されず、治癒しなかった（D）

これらのデータは2×2の分割表の4つのます目に対応していて、通例それぞれA、B、C、Dとラベルづけされる。そして被験者は薬の有効性を尺度で評価するよう求められる。これまでの数多の実験結果では、被験者はA＞B＞C＞Dの順でます目の情報を重みづけした。つまり、Dへの重みづけ、ないしは注目が最も小さかったということになる〔以下を参照。Arkes and Harkness 1983; Kao and Wasserman 1993; Schustackand Sternberg 1981〕。しかるにこのDを無視する傾向は最適な反応ではない——実のところ、〔Dを低く見積もるだけではなく〕4つのます目に異なった重みを与える傾向は何であれ最適ではないのである。ここでの合理的な戦略〔以下を参照。Allan 1980; Kao and Wasserman 1993; Shanks 1995〕とは、条件つき確率の規則を用いることである。つまり、指標（この場合は薬）が存在するときのターゲット仮説の確率から、指標が存在しないときのターゲット仮説の確率を差し引くのである。これを数式で表すと、Δp値＝〔A／（A＋B）〕－〔C／（C＋D）〕となる〔以下を参照。Allan 1980〕。例えば、上記の事例におけるΔp値は-0.300であり、薬と治癒の関連度はかなり低いことがわかる。

つまり判断として最適な戦略は、〔各データの重みを変えるのではなく〕それぞれのます目に均等に重みづけすることだというのが事実なのだが、それにもかかわらず、こうした実験の典型的な被験者は、目立ってます目Dへの重みづけが小さい。しかしながらアンダーソン〔1990〕は、適応的情報処理モデルを用いてこの2×2の共変検出課題をモデル化することで、驚くべき結論に達した。すなわちアンダーソンによると、適応モデル（環境についての何らかの仮定[204]を据えるモデル）に当てはめれば、ます目D（原因、効果ともに不在）があまりにも小さな重みづけしかされないという、何度も繰り返されてきた結果は予測可能だという〔以下も参照。Over and Green 2001〕。ここでもまた、人間の合理性モデルが指し示す反応からは逸脱した最頻的な反応が、一部の認知心理学者が最も合理的な反応と考えるものを打ち破るというパターンが確認された。そしてまた、最頻的な反応が適応主義的な分析の観点から擁護されるというパターンも繰り返されている。

最後の事例は、心理学の分野で多くのバージョンのある確率学習実験から紹介しよう[15]。あるバージョンでは、被験者はふたつの照明（ひとつは赤、ひとつは青）の前に着席し、こう告げられる――どちらの光が点滅するか予測し、選んでください。これを数十回繰り返します、と（正しい予測に対しては金銭が支払われることも多い）。照明はランダムに点滅するようプログラムされているが、ランダムではあっても、赤い照明が時間にして70パーセ

203　2つ以上の変数の変化が連動しているかどうかを識別・検出するプロセス。
204　より詳しく言えば、EEAと呼ばれる石器時代の環境を仮定し、それへの適応として解釈する、というのがスタンダードな適応モデルの手法であった。

ント、青が30パーセントという条件が設定されている〔この比率は被験者には知らされていない〕。被験者は早々に赤のほうがたくさん点滅することに気がついて、回を重ねても青よりも赤が点滅するだろうという予測を行うようになる。大抵の場合、彼らは赤か青かをランダムに予測しながら、全体として赤が70パーセント、青が30パーセントくらいになるよう調整する――この比率自体は確率に沿ったものではある。しかし、この確率マッチング戦略は最適なものではない。この例では、毎回最も点滅しそうな色（赤）を指定すれば70パーセントの的中率を達成できるのに、確率に合わせてしまうと、各回ごとに58パーセント（0.7×0.7＋0.3×0.3）しか正確に予測できないことになるからである。事実、確率的学習実験においては動物も人間も期待効用の最大化に失敗しやすいことは、多くの実験結果が示すところだ。それでもなお、ギーゲレンツァー［Gigerenzer 1996b］は、ある条件下では確率マッチングが進化的に最適な戦略になりうると主張する［事例については以下を参照。Cooper 1989, and Skyrms 1996］。かくして、確率マッチングもまた、従来不合理的と見られてきた反応傾向を、進化論的ないしは適応主義的な説明によって擁護する事例のひとつに数えられるのである。

以上のような解釈でもって、進化心理学者はヒューリスティクスとバイアス研究者が導いた結論に異議を唱えてきた。後者は不合理性というものを、確率、論理、あるいは効用理論の規則が命じる反応と一致しない、何らかの反応のせいにする傾向があった。それとは対照的に、その態度を批判してきた生態学的な理論の支持者、適応主義モデルの支持者、進化心理学者たちは、実験結果として与えられた最頻的な反応を適応的なものと見なしうるように再解釈する方法を見つけだした――これは彼らの見地からすれば、人間の合理性という想定を存続させる方策である。さらに彼らは、いくつかのヒューリスティクスとバイアス実験について、ＴＡＳＳモジュールが正しい反応の引き金を引く見込みが大きくなるような再設定をほどこした実験を行い、これらの研究は認知科学において多大な影響力をもってきた。[16] こうした結果と理論的論証について、人間は生来合理的であるというパングロス主義[205]（詳しくは第6章で見ていく）を支持するものだと解釈する理論家もいる。だが筆者は上述の進化論的論証をこのように解釈するのは間違いだと考えており、本章ではその理由についても見ていく。

さまざまな適応主義的・進化論的モデルが、ヒューリスティクスとバイアス課題への最頻反応について、記述の上で[206]めざましく正確な予測を行ってきたが、筆者なりに提起する代替解釈も、これらの成果ははっきりと認める。しかしながら、筆者としてはいまひとつの重要な経験的〔実証的〕事実に筋道をつける説明を試みたいと思う。すなわち、進化心理学者が擁護するような反応を示す被験者は、ヒューリスティクスとバイアス研究者から合理的と見なされる反応を示す被験者よりも、いくらか認知能力に劣るという事実である［Stanovich 1999; Stanovich and West 1998b, 1998c, 1998d, 2000; West and Stanovich 2003］。このパターンは、これまでに議論してきたいくつかの課題で見いだされてきた。例えば、最適データ選択モデル［Oaksford and Chater 1994］の適用により、4枚カード問題における最頻反応がＰＱ反応を予測できるという見事な成果が得られたのだが、ここには見たところ困惑を招く事実も発見されている。それは、この最適データ選択モデルによる分析の下で最適と見なされる反応（ＰＱ）を示すのは、問題の厳密な演繹的解釈の下で正しいと見なされる反応（ＰかつＱではない）を示す少数者よりも、一般知能が有意に低い被験者だということである。

リンダ問題において連言錯誤を犯す傾向は、進化によって得られた、社会言語的な手がかり《キュー》を用いるという行動を反映している、と強調する分析に関しても、これと似たような謎めいた事実が見られる。実際、ほとんどの研究においては連言錯誤を犯すグループのほうが圧倒的多数を占めているのだから――かつまた、こうした実地

205 「パングロス主義」については訳注191を参照。
206 訳注134でも述べたように「記述上（descriptive）」は「規範上（normative）」の対義語で、著者としては「それが合理性の規範にかなっているかどうかとは別に」という意味合いを込めていると見られる。

に即した手がかり《キュー》や背景知識の使用は、しばしば適応的な情報処理の反映であると見なされているのだから——このようなグループの被験者が高い認知能力を持っていると期待されてもおかしくはない。ところが、筆者自身の研究室で行われた実験においては、むしろ正反対の結果が見られた——連言錯誤を犯した被験者の認知能力は、この誤謬を避けた少数の被験者のそれよりも有意な形で低かったのだ。リンダ問題において、最頻的な反応が連言錯誤となる理由を実地への有用性の観点から解釈するというのは十分に正しい解釈であるかもしれないのだが、しかしどうしたわけか、そうした最頻の反応がサンプル中の最も知的な被験者から出てくることはないのである。

同様に、2×2の共変検出実験においても、高い認知能力を示したのはます目Dを均等に近い形で重みづけをした被験者であった（つまり、適応主義的なモデルが指示するような形でます目Dに小さく重みづけをした被験者ではなかった）。いま一度述べておくなら、この問題における情報処理の合理的なモデルから、ほとんどの被験者がます目Dを小さく重みづけすることは予見できるとしたアンダーソン［1990, 1991］は十分に正しいかもしれない。しかしそうは言っても、筆者の研究室で個人間の差分を分析したところ、ます目Dの重みを非常に低く見積もることと、認知能力の相対的な低さには実際に相関があったのだ。

さらに筆者の研究グループは、最近行った、さまざまな設定のもとでの確率マッチング実験についても、同じパターンを見いだしてきた——すなわち、確率マッチングにおける最頻的な反応は進化論的な分析と齟齬はないものの、認知能力の最も優れた被験者たちは道具的合理性に沿った反応（最も確率が高い予測〔つまり70パーセントで出る赤〕を毎回の試行で選ぶ）を示すのである。ここでも事情は同じだ。進化論的観点から擁護可能な選択（確率マッチング）は、最頻的な選択である。しかし上述したように、効用を最大化するのは最も高い知的能力を有する被験者[207]の選択のほうなのだ。

最後に、先に見た知識投影論について考えてみよう——知識投影論とは、自然的な環境においては私たちの既知の知識はおおむね正確なものであるという理由から、既知の知識に基づいて問題を文脈化するという適応的な傾向のことであった。このような知識投影論はしばしば進化心理学者たちによって、一定種類の脱文脈化が求められるヒューリスティクスとバイアス課題に対する、規範から逸脱した反応を正当化するために利用されてきた。なるほどこの説明は、信念バイアスおよびその他の文脈効果を示す傾向が最頻的な反応である理由を説明するものではあるだろう。しかし、ここでもまた、個人間の差異の傾向はまったく逆のことを示している。つまりここでもまた、高い認知能力を持つ被験者は、問題解決にあたって先行する知識を投影することは少なく、むしろ自動的な文脈化を制止する傾向にあるのだ［Stanovich 1999］。

ここまで見てきた結果から、調停すべきふたつの基本的なパターンが浮上する。進化心理学者の再解釈による適応主義的なモデルは、数多あるヒューリスティクスとバイアス課題に見られる最頻的な反応を正しく予測できる。そうだとしても、こうした事例のすべてにおいて——適応主義モデルは最頻反応をまったく的確に予測するという事実にもかかわらず——個人間の差異（例えば認知能力との関係）にもまた説明が必要なのである。

実のところ、進化心理学は個人間の差異という問題については黙して語らない——その理論的な道具立てには、先に見たような認知能力との関係を説明するメカニズムがないのだ。一方、第2章で紹介した二重プロセスの認知アーキテクチャは、〔一方の〕さまざまな適応主義的・進化論的モデルが行ってきた、ヒューリスティクスとバイアス課題への最頻反応についての記述上めざましく正確な予測と、〔他方の〕個人の認知能力が適応主義的な分析において最適と見なされる反応とは必ずしも一致しないという事実とを、同時に扱えるものである。デー

207　被験者の「高い知的能力」の指標とされる一般知能の測定は別途なされているということだろう。

タが示すこのパターンは、以下のことが前提とされれば納得のいくものだ。すなわち、（1）第2章で概説した性質を持つふたつの処理システムが存在すること、（2）ふたつの処理システムは、第2章で見たように、それぞれ異なる状況、異なる目的のために最適化されていること、（3）個人の認知能力が高度であるほど、分析的システムがTASSによる反応を制止する見込みも高くなること、である。

筆者のこの論証は、人間に自然的に備わった処理傾向が、これらの問題の多くで誤った反応を誘発するTASS反応――トヴェルスキーとカーネマン［1974］が当初、自律的ヒューリスティックであると論じていた反応[17]――を生じさせている、というものになるだろう。進化心理学者は、このTASS反応は進化論的に見て適応的であると考えており、この見方はほぼ間違いなく正しい。そうだとしても、彼らの進化論的解釈は、少数の被験者が示す別様の反応が個人レベルでは合理的であるという、ヒューリスティクスとバイアス研究者の立場に異議を差し挟むものではない。より分析的な高い知能を持つ被験者は、認識的、道具的合理性を持った反応を生みだすために、自動的に引き起こされたTASS反応を制止することが単純に多い、ということなのである。

ここで起きていることを理解するには、前の各章で見てきた進化的適応（自己複製子のための最適化）と道具的理性（乗り物の目的の最適化）という区別をふたたび思い起こす必要がある。従来、ヒューリスティクスとバイアス研究者は人間の認知における欠陥を強調し［Kahneman and Tversky 1973, 1996, 2000］、進化心理学者は人間の認知が最適なものであることを強調してきたが［Cosmides and Tooby 1994b, 1996］、この区別にはその両者を和解させる可能性がある。例えば認知心理学者たちは、ある種の推論上の誤りが人間の推論に特徴的で、なおかつその問題点であると主張してきたが、進化心理学者たちは、それらは実際には進化のロジックに照らした観点からの説明が可能であることを示し、それによって認知機能の最適性を指摘することを好む。進化心理学者たちはそのような説明に経験的〔実証的〕な裏づけを与えることで内容豊かな貢献を果たしてきた。とはいえ、そうした知見から認知改革への関心など無用であるという帰結は必ずしも出てこない。自己複製子と乗り物の目的を切り離せるということ自体、進化的適応は道具的合理性を保証などしないということに他ならないからだ。

現代社会における「脱文脈化」の必要性

進化心理学者は遺伝的目的と個人の目的が重なり合う状況を強調する傾向にある。そうした状況が多いことは確かであり、その点で彼らは間違っていない。ＥＥＡ（進化的適応環境）の期間、障害物を正確に迂回しながら動き回ることは自然界において適応的であったし、同じようにそれは現代世界で生を営む私たちからしても、個人の目的に奉仕するものとなる。その他の進化的適応についてもまた同様だ。人間が極めて優秀な頻度検出者[208]であること〔Hasher and Zacks 1979〕、超自然的なまでに易々と〔他の人間の〕意図性を推定すること〔Levinson 1995〕、乏しいインプットから複雑な言語コードを獲得すること[209]〔Pinker 1994〕、これらはみな驚異の技である。これらはすべて、現代世界における個人《パーソナル》的な目的の実現に資するものとなる。だがそうだとしても、これらのメカニズムのどれひとつとして、〔パーソナルレベルの目的との〕重なり合いが必ず１００パーセントになるというものではない。

残念ながら現代世界では、進化的に適応した認知システムのデフォルトの値が最適なものとはならない状況が

208　この後の２３９‐２４０頁で、実験課題として同じ確率を単一事象についての確率として呈示する場合と、頻度（frequency）として（「〇〇人中××人」という形式で）呈示する場合とでは、後者の場合の成績が飛躍的に向上するという実験が紹介されている（同じ著者の『現代世界における意思決定と合理性』邦訳１７６‐１７８頁により詳しい記述がある）。

209　生成文法学派は早い時期から言語習得における「貧困な刺激からの豊富な言語能力の獲得」を言語の生得性の証拠のひとつと見なしてきたが、この見方は言語習得能力をＴＡＳＳの一部と見なす見方に組み入れることが可能である。

たびたび出来する。そしてそうした状況の多くは先に論じた基本的演算バイアスを含んでいる。基本的演算バイアスは、問題解決の状況を徹底的に文脈化するように働く。対照的に現代の技術社会は、情報の脱文脈化が必要となる状況を絶えず生みだし、そこで人間は情報を抽象的かつ脱個人化された形で扱わなければならない。TASSの作用を特徴づける社会的、物語的、文脈的な様式を進んで抑圧してかからなければならないのだ。こうした状況が出来する数は限られているかもしれないが、現代生活のとりわけ重要な領域で生じることが多く、事実、それらは脱工業化した知識基盤社会における現代生活の定義の一部分となっている。

前工業時代を生き延びるために設計されたメカニズムは、技術文化の中にあっては明白に適応性を欠く場合がある。エネルギーを貯蔵して利用する人体のメカニズムは、脂肪の保存が生存するうえで効果的であった時代に進化したものだ。バーガーキング[210]があらゆる街角に存在する技術社会においては、このメカニズムが人々の目的に手を貸すことはもはやない。そしていまや、基本的演算バイアスの多くもまたこれと似たような役を演じていると言えよう。こうした前工業時代のバイアスは、高度に官僚化された社会の住民に課される脱文脈化の要求と真正面から衝突するからだ。実のところ、このような事情から、前述のような認知的脱文脈化の技能を、学校ではっきりとした形で教えなければならなくなる場合も多いのである。[18]

現代社会は徹底的な脱文脈化が必要な場面を数多くつくりだす――ひとつ、あるいはそれ以上の基本的演算バイアスを分析的知能によって制止することが求められるのだ。例えば、現代の法制度は多くの局面で、証拠評価のプロセスと、先行する信念および常識的知識とを切り離すことを奨励している。審議期間中、陪審員が証拠とは関係のない、背景知識や個人的な経験に基づく勝手な理屈やストーリーに従っておかしな評決を出してしまっては困るからだ。ボルチモアで起きたある殺人事件では、4人の目撃者がいて、自らもふたりの人間に犯行を告白している被告人を、陪審員が無罪放免にした。というのも陪審員たちが「極度に思弁的なオリジナルの犯罪理論を発明してしまった」［Gordon 1997, 258］からだ。この事例では、加害者は当初、司法取引で懲役40年に抑えたいと考えていたが、被害者遺族の要求で却下されていたということも付け加えておきたい。同様の出来事は、ニュージャージーのとある裕福な郊外で起きた事件の裁判を取り上げたレフコウィッツの記事［Lefkowitz 1997］にも見いだせる。この事件では、数名のティーンエイジャーが知的障害を持つ少女に強引につけ入り、レイプした。ある陪審員は、犯人のひとりは「通過儀礼」に参加しただけであるとして、酌量すべき状況をひねり出した。しかし、そのような「儀礼」の存在を示す証拠は、数か月に及んだ証言中にはひとつもなかったのである。

　大事な点は、事柄から距離を置き、デカップリングを行うことが要求される特定の文化的状況において、脱文脈化を遂行しなければならない人々は、たとえ法による強制力が働いていたとしても、そうはできないことが多いということだ。陪審員の裁判後報告が「創造的」ないしは「物語的」であるときは、大きな論争が起きるのが常である。統計を信じるなら、陪審員がO・J・シンプソン〔米の元アメリカンフットボール選手、俳優。元妻の殺害事件の被告人となったことで知られる〕を無罪放免したことに対して、多くのアメリカ人は激怒した。ロドニー・キング殴打事件〔1992年のロサンゼルス暴動のきっかけとなった黒人青年暴行事件〕に加わった警察官の一審における陪審員の無罪評決に言葉を失った人々も同じくらいいた。両方の裁判で陪審員がしそこねたのは、それぞれの事件で証拠とされたものを脱文脈化することだった。それによって、陪審員らはそれぞれ同胞市民の憤激を買うことになった。ある状況において、人はこの認知的技能を働かせることができなければならないし、それこそが市民として文化的（かつ法的）に期待されることだからだ。

　脱文脈化の必要は、現代社会における多くの労働環境を特徴づけるものでもある。小売・サービス業ではよく

210　特大ハンバーガーを売りにしている。

知られた「お客様はいつでも正しい」という訓戒について考えてみよう。この訓戒が対象とする状況には、客が驚くほど刺々しい、不当な言葉を投げつけて攻撃してくるような場合も含まれていると解釈されることが多い。このような荒っぽい社会的刺激が、進化論的に見て典型的な自己防衛と感情的反応のモジュールを発動させることは間違いないが、それでもサービス業に従事する人間は、なお礼儀正しく協力的であることが求められる。こうした状況で生じる感情や、個人としての属性はすべて（すなわちTASSの基本的演算バイアスはすべて）サービス業の人間が捨てなければならないものだ。特殊な対人関係の上に構築された市場取引の領域においては、その代わりに「お客様はいつでも正しい」という抽象的な規則が発動されなければならない。サービス人としては、自分が身を置くのは荒ぶった顧客と対人関係を結ぶ現実的な場所ではなく（それが現実的な場所であるなら、鼻っ面に一発ぶち込んでもおかしくはない）、むしろ特殊な、極めて不自然な領域であり、そこでは別の規則が適用されるということを理解しなくてはならないのである。[211]

　現代の技術社会においては、数字と言語を巧みに操ることができ、抽象的かつ脱文脈的に推論できる人間ばかりに実入りのいい仕事が回るようになっている［Bronfenbrenner, McClelland, Wethington, Moen, and Ceci 1996; Frank and Cook 1995; Gottfredson 1997; Hunt 1995, 1999］。認知的抽象化が必要であることを示す客観的尺度は、ここ何十年もずっと、技術社会のほぼあらゆる職業カテゴリーにわたって増えつづけてきた［Gottfredson 1997］。複雑な社会環境においては、言語的に、確率的に、そして論理的に重大な区別を立てることができなければ実質的なコストとして跳ね返ってくるし、それは単に人工的なゲームのプレイに失敗するという以上の事柄を意味する。この点について、意思決定科学の研究者であるヒレル・アインホーンとロビン・ホガースは、はるか昔に警鐘を鳴らしていた。「素早い変化を繰り返す世界にあって、何が適切な自然の環境なのかは定かではない。であれば、実験室というものが馴染みのない環境であったとしても、馴染みのない状況でうまくふるまう能力の欠如は、かつて存在しなかった重大性を帯びることになる」[Einhorn and Hogarth 1981 1982]。

実験室で生みだされた課題の多くについて、内容の抽象性と、標準化されたテスト形式を批判してきた人々は、まさにこの点で誤った方角を向いてきたと言える。進化心理学者らは、アインホーンとホガースの警鐘が意味するものをあからさまに理解しそこねていた。彼らは決まって、ヒューリスティクスとバイアス論文にある「抽象的な」問題設定と課題に遺憾の意を示し、これらの課題は「現実生活」とは似ても似つかないし、だとすれば被験者がそれをうまくこなせなかったからといって心配することは何もないとほのめかす。だがここで問題なのは、皮肉なことに、実験室の課題もテストも「現実生活」とは似ていないという主張の真実性がますます薄らいでいることだ。それどころか、「生活」はますますテストのようになってきているではないか！　例えば、馴染みのない国際ATMという機械を使ってみるとしよう。あるいは認可されていない医療措置を受けることについてHMO〔米国の民間医療保険団体〕と議論してみるとしよう。このような状況においては、私たちの個人的な経験や感情的反応、社会的公正に関するTASSによる直観などというものはことごとく無価値である。コンピュータに映しだされた出店候補地の優先順位が書かれたスプレッドシートを睨んでいる経営者に、電話で話しかけてもまともな会話などできまい。社会的文脈、特異な個人的体験、個人的なストーリー――技術を基盤とした現代サービス産業が「規則の適用」を企てるほどに、こうしたものはすべて除外されていく。

トロントのライター、トッド・マーサー［Mercer 2000］の事例を考えてみよう。マーサーは緊急手術を受けることになった83歳の父親に会うために、急遽北米大陸を横断しなければならなかった。カナディアン航空に電話したところ、ぎりぎりで乗り込める便の航空運賃は3120ドルだということがわかった。状況が状況だけに、

211　余談だが近年ではわが国でも「カスタマー・ハラスメント」への注意喚起を客向けに貼り出している店が増えており、本書が書かれた2000年代よりも人道的配慮と、おそらくは人間の認知的反応に対する冷静な認識が前進したと言えそうである。

何か割引が受けられないだろうかと尋ねると、電話チケット係は「危篤割引」が適用されるかもしれないと言う。「危篤」の定義をマーサーに尋ねられたチケット係は、「お看取り旅行プログラム」の、死亡ではなく病気が理由となる場合の要件を明示した細則を読み上げる。チケット係が言うには、当該人物は集中治療を受けているか、末期癌の状態か、あるいは深刻な事故に巻き込まれていなければならない。マーサーの父親は大動脈瘤を患っており、医師に言わせれば「歩く時限爆弾」ではあったが、まだ手術には入っていなかったし、集中治療を受けていたわけでもない。そうした状態は「グレーゾーン」という判定になるという。結局、チケット係はこう言って割引の提供を拒みにかかった。「すべての手術で命が危険にさらされるわけではありません。危篤割引というのはただの手術のためのものではありません。危篤という差し迫った死のためのものなのです」。この後、「危篤」の定義をめぐってマーサーとチケット係はさらに専門的で細かい議論を繰り広げることになる。21世紀初頭の先進国における生活とは、つまりこういうものなのである。

マーサーが直面した抽象的なゲーム、意味論的なゲームでさえ、次の例に比べれば何ほどのものでもない。これは、1994年の時点でカナダ国外に居住していた身体虚弱な親戚について、税控除の適用を申請するかどうか決めなくてはならないカナダ国民が直面する状況だ。カナダ関税歳入庁はその人にこう助言する。「控除が適用される扶養親族は以下の人々です。あなたあるいはあなたの配偶者の子ども、あるいは孫(ただし1976年以前の生まれで、身体的ないしは精神的な虚弱状態にある場合)。あるいは、1994年のいずれかの時点でカナダ国内に居住し、以下の条件を満たす人々――あなたあるいはあなたの配偶者の親、祖父母、兄弟、姉妹、おば、おじ、姪、甥で、1976年以前に生まれ、身体的ないしは精神的な虚弱状態にある人物」。

このような抽象的な指示が、情報と技術に浸された私たちの社会のいたるところに見られることを思えば、脱文脈化された推論の技能が社会での成功に絶対不可欠である状況において、その「不自然さ」を訴えるのは、端的に意固地な態度であるように思われる。例えば、「プリンストン大学に入る」という脱工業化時代にふさわしい目的を抱いたとして、私たちのこの社会でその目的を実現するには、そうした認知的技能を伸ばす以外に方法はない。抽象的な思考、また（あるいは）複雑なものを扱う能力が必要とされる状況はますます増えていくだろうし、脱工業化社会のさらに多くの部門でそうした知的なスタイルと技能が求められるようになるだろう［Gottfredson 1997; Hunt 1995］。そんな状況にあって、知的な人々がその抽象的な推論の技能を使って、『巷《ちまた》に生きる人々』にとっては抽象化の技能など必要ではない」と言うのは、裕福な人間が貧しい人に向かって「お金なんて実のところまったく大事なものではない」と言うようなものだ。

現代世界におけるTASSの罠

現代社会において基本的演算バイアスを制止すべき必要性が高まるほど、進化上の合理性と個人の合理性の分離はますます一般的なことになるだろう——それはすなわち、個人の福利にとって分析的システムによるTASS反応の制止がいっそう大切な事柄になることを意味する。例えば進化心理学者は、私たちが適応しているのは確率の処理ではなく、むしろ自然における頻度の処理であると主張する。これは例えば、「4パーセントの確率で病気になります」と言うよりも、「1000人に40人が病気になります」と言ったほうが処理しやすいという話だ。

ブレイズ、コスミデス、トゥービー［Brase, Cosmides, and Tooby 1998］の研究について考えてみよう。彼らは難易度の高い確率の問題について、情報を頻度として、また対象をすべて視野に収めるような形で提示することで——いずれの改変も脳の頻度演算システムによりよく適合するようにデザインされたものだ——情報処理の実験成績を向上させた。ここで、私たちの脳にそれほど見事にデザインされた頻度演算システムが備わっているのであれば、実験成績はもっとずっと向上してしかるべきではないかという疑問も湧くのだが、これに対するブレイズら［1998］の答えはこうだ。「われわれの見地からすれば、そもそも頻度演算システムが机上の問題を相手にできることこそが注目すべき事実だ。自然なサンプリングシステムとは、〔机上の問題などではなく〕現実の出来事を相手に働くよう設計されているものなのだ」［13］。だが、これでは大きな問題が残ってしまう――現に私たちは、シンボル指向の脱工業化社会にあって、四六時中、その机上の問題にさらされているのだ！　私たちの世界についての知識の多くは実際の出来事の知覚に由来するものではなく、むしろ確率やらパーセンテージやら表やらグラフやら、すでに加工され、パッケージされ、圧縮され、シンボル化されたコードから得られているのである（頭に浮かぶのは『USAトゥデイ』紙に日々掲載される大量の統計データだ）。

　これもまた、進化心理学をめぐる現在の論争に見られる図と地の反転[212]のひとつの例だ。進化心理学者の結論のほとんどを受け入れつつ、同時にそこからまったく別の教訓を引き出すことは可能なのだ。すなわち、進化心理学者らが望むのは、人間の認知装置を更新世の環境に適応させるうえで進化が果たした驚異的な仕事を賞賛することである。もちろん、彼らがそうするのは正しい。進化のメカニズムについての理解が深まるほどに、それらに対する私たちの畏敬の念は増す。しかし同時に、何百万ドルという金が動く広告業界は、部分的にはTASSヒューリスティックを発動させるような刺激を生み出すことで成り立っている（なおかつ、私たちの多くはそれらを制止できるような認知的エネルギーないしは認知傾向を持ち合わせていない）という見立てに恐怖を感じる人がいたとしても、そこに矛盾はないだろう。筆者個人としては、そのようにして引き金を引かれたヒューリスティックも、進化論的に見ればはるか昔には適応的であったと言われたところで、たいした慰めにはならない。

　筆者がここで戦おうとしている相手とは、時として進化心理学者の論文に見られる「抽象レベルにおける公式

（蓋然性〔確率〕に関する連言の原理など）が理解できたところで、得られるものなどない――そして基本的演算バイアスを時と場合に応じて柔軟に制止することに利点などない」という暗黙裡の前提である。ここで、いまや有名になった、ランガー、ブランク、チャノウィッツの実験〔Langer, Blank, and Chanowitz 1978〕について考えてみよう。コピー機の前に列ができていて、そこに実験者が仕込んだ人間が割り込もうとする。一方の条件では、もっともな理由がついている（「コピー機を使ってもいいですか？　急いでいるもので」）。しかしもう一方では、まったく無意味な、説明にならない説明がなされる（「コピー機を使ってもいいですか？　コピーしなければならないもので」）。ふたつめの説明は、ひとつめに比べて圧倒的に情報量が不足しているにもかかわらず、それぞれの条件で頼みを聞きいれた人の割合に違いはなかった。ランガー〔1989; Langer et al. 1978〕は、ふたつめの事例における了承を「マインドレス〔無精神〕」と呼んだ。哲学者のジョナサン・アドラー〔Adler 1984〕はこれを「グライス的協調原理[213]」の過剰な一般化という観点から分析している。この原理が告げるデフォルトの前提は「〔話者の会話への〕寄与は〔文脈に応じて〕しぼり込まれた関連性をもつはずである」というものであり、この場合には「依頼の後には本物の理由が続く」ということになるが、この前提はふたつめの状況では偽となっている〔つまり、成り立っていない〕。ところが、思慮深い分析によって「TASSのデフォルトの前提は偽である」（「いや、みんなコピーするために並んでいるんですよ。なぜあなたが先にコピーしなくちゃならないんですか？」）と算定しない限り、TASSはひとつめの状況とまったく同じように、了承行動の引き金を引き、それを実行するだろう。

212　有名な錯視図形「ルビンの壺」では、中央部の図形に注目すると壺の絵が現れるが、背景の黒地に注目すると向き合ったふたりの人物の絵（図）が現れ、壺は背景（地）になる。筆者はこのような「図と地の反転」に、進化心理学者が強調する人間の認知の「利点」の「弱点」への反転を重ね合わせている。

213　「協調原理（Cooperative Principle）」は哲学者・言語学者であるポール・グライスが提起した、人々の会話を規制する規則で、量、質、関係、様態という四種類の「格律」の遵守が話者には求められている、とされる。この場合、「会話への寄与は有意味なものであるべきである」という「関係の格律」が想定されている。

ランガーが言うところの「マインドレス」の事例は、重要な領域のいたるところで見られる。例えば消費者情報雑誌『コンシューマー・レポート』［1998年4月号］は、一部の自動車ディーラーが、多くの自動車の店頭表示価格に「ADM」と称する500ドルの項目を記載していることについて、その経緯を報告している。このADMなる項目を記載しているディーラーにとって、客からその意味を尋ねられるのは嬉しいことではない。ADMとは「追加ディーラー上乗せ価格（additional dealer markup）」の略語だが、せめてその答えだけで客が納得してくれることをディーラーは望んでいる。だが、そのうえさらに、客がこの情報を咀嚼しようとして、追加ディーラー上乗せ価格なるものは車のどの仕様にかかる料金なのかと尋ねてきたら、ディーラーとしては困ったことになる。要するに、分析的な処理装置を働かせてこの目くらましを念入りに調べ、ADMとは自動車本体の仕様ではない——それは単に、まるで慈善家のごとくに、ディーラー業に500ドル献金してほしいという意味でしかない——ことを確かめようとするような客を、ディーラーは望んでいないということだ。さるディーラーによれば、「何も聞かずに払う客も珍しくない」という［17］。これをマインドレスな反応と呼ぶのは、分析的システムによる制止が働いていないからだ。そうなってしまえば、客は額に汗して稼いだお金を単にどぶに捨てる羽目になる。

選択に関する経験的〔実証的〕研究からわかるのは、TASS反応への監視が不十分であることによる誤りは始終発生しているということだ。ノイマンとポリツァー［Neumann and Politser 1992］の実験では、人々はふたつの保険契約のどちらかを選択するように求められる。契約Aは免責金額が年に400ドル、掛け金は月に40ドル。契約Bに免責金額はなく、月々の掛け金が80ドル。多くの被験者は、事故が起きた場合に免責金を支払う必要がないことから契約Bを選択した。しかしながら、ほんの単純な算術ができさえすれば、契約Bを選んだ人は「リスクを避けて確実性を求める」というTASSのデフォルト状態の餌食になっていることがわかる［Kahneman and Tversky 1979〕。仮に事故が起こったとして、契約Bのほうが契約Aよりも安くつくということにはならない。契約Aであれば、免責金を全額（400ドル）に月々の掛け金を12か月分支払ったとして合計で880ドルになるが、契約Bで掛け金を12か月分支払えば960ドルになるからだ。つまり、仮に免責金を全額負わなくてはならないような事故が起こったとしても、契約Aのほうが安くつく。なのに「大きな出費というリスクを避ける」というロジックが働いて自動的な反応が起こると、より経済的な契約Aを否定的に見るバイアスがかかってしまうのだ。

現代のマス・コミュニケーション技術に長けた人々は、TASSのデフォルト状態を利用する術を熟知している。TASSプロセスに依拠して分析的システムを亡き者にするコミュニケーションの論理をこぞって採用するのは、広告しかり、選挙運動しかり、政府さえも例外ではない。「当選者はあなたかも！」というオンタリオ宝くじ委員会の派手な広告を見てみればいい。この宝くじには「6／49」という名がついているが、客観的な当選確率は1400万分の1に過ぎない。しかるにこの広告により、当選の見込み〔の印象〕を増大させているのである。

本章の前の方で言及したように、ある種の問題は、多様な脳のモジュールが情報を表象する方法と一致するように表象されることで、より効率的に解決されうることを進化心理学者は示してきた（「情報を受け取るとき、それが人々にとって可能性を考える自然な形式と一致していれば、伝達は目に見えて正確になる」〔Pinker 1997, 351〕）。とはいえ世界は、進化の過程で形づくられてきた認知メカニズムにとって最適な表象を、いつでも私たちに手渡してくれるわけではない。この点を進化心理学者はしばしば忘れがちであるように見える。私たちが現代の技術社会に暮らしている以上、そこでなさなければならないことには、以下のような決定や検討も含まれる。どの健康維持機構〔北米の医療保険制度で、多くは民営〕に加入するか、個人年金の積立を行うべきか、どのタイプの住宅ローンを組むべきか、自動車保険ではどのタイプの免責を乗せるべきか、車は下取りに出すべきか、それとも自分で売るべきか、借りるべきか買うべきか、退職後の資金はどのように運用すべきか、ブッククラブ〔会員制で書籍を市価より安く買える団体〕に入会して本代を節約するかどうか――現代世界における意思決定と選択に関わる、数えあげればきりがない事柄を無作為に列挙してみれば、こんな具合である。そして、これらの意思決定をするにあたり、私たちは脳が適応していない方法で表象される情報を当てにしなければならない（右に挙げた例の中に、個人的な経験からそれぞれの頻度情報をコード化できるものはひとつもない）。これらの領域のあらゆる場所で合理的な推論を働かせるためには（すなわち個人的《パーソナル》な効用を最大化するには）、私たちは非頻度的な形で確率的な情報を扱っていかなければならない。つまり進化心理学者が示してきたように、頻度情報を扱うことに適した私たちのアルゴリズムとは異なる表象を処理しなくてはならないのだ。

筆者の主眼は、進化的適応プロセスでは道具的合理性に至れないかもしれない状況を見つけだし、その重要性を強調することにある。だからといって、大概の事例で進化的な目的と個人の目的は一致するという進化心理学者の指摘に反論するつもりはない。純粋に量的な基準でもって日々の生活のこまごまとした出来事を見れば、これが真実であることに疑いはない。一日を通じて、私たちは何百回となく頻度情報を検知し、何十回となく顔を検知し、言語モジュールを繰り返し使い、絶えず他人の考えを推し量っている――そのいずれもが適応的なものであり、かつ個人的《パーソナル》な目的実現に寄与するものである。それでもなお、進化的な目的と個人の目的が一致せず、分析システムによるTASSの制止が必要となる数少ない局面が、並外れた重要性を持っていたとしてもおかしくはない。そのことは、本章で見てきた例からも明らかだ。先に挙げた複数の事例が示すように、市場経済は実に効率的なやり方で、最適とは言えない個人の行動傾向（TASS反応）を、それらにつけ込む方法を見いだした人間の効用へと変えてしまうことができる。ぴかぴかのパンフレットを見て、ロード（5パーセントの販売手数料）が付帯する1万ドル相当の投資信託を買った人がいるとしよう。その人は同等の実効性をもちながらも、宣伝されていないノーロード（販売手数料なし）のインデックスファンドは選ばなかった。この人は考えうる限り最もわかりやすい形で、５００ドルを他人（投資信託の販売員および販売会社の株主）にあげることを選んでしまったのだ。現代の市場経済には、まさにこのようなＴＡＳＳの罠があふれているし、金がかかる状況になるほど罠も増える（自動車の購入、金融商品への投資、住宅ローンの売買手数料、保険といったものが思い浮かぶはずだ）。ならば、さすがの進化心理学者もこの手の罠には警戒するだろうと思うかもしれない。だがむしろ、彼らはそれらを軽視する傾向にあるようだ。それはいったい、なぜなのか？

ある落ち着かない緊張が、利己的遺伝子の理論の核心を掻き乱している。それは遺伝子と、生命の根本的な担い手《エージェント》としての生物個体の体のあいだの緊張である。一つの見方として、私たちには、独立したＤＮＡ自己複製子という魅惑的なイメージがある。それは、シャモアのように跳びはねながら自由奔放に世代から世代へと移り、一時的に使い捨ての生存機械に寄せ集められるものであり、それぞれ別個の永遠の未来に向けて前進しつつ、死すべき存在である生物体を次々と果てしなく脱ぎ捨てていく不滅のコイルだ。もう一つ別の見方は、生物個体の身体そのものである。それぞれの身体は緊密に結びついて統合された、恐ろしく込み入った機械であり、はっきりとした目的の一致を伴っている。

——リチャード・ドーキンス『利己的な遺伝子』〔1976, 234〕〈邦訳３９７頁〉

第5章
進化心理学はどこで間違ったのか

進化心理学者はなぜ、遺伝子と内々に手を結ぶかのように、道具的合理性と進化的適応の違いから目を背けてきたのだろうか？　彼らは厖大なモジュール性を誇る認知アーキテクチャという想定に固執するあまり、この罠にはまり込んでしまっている、というのがその理由だ。[1] 進化心理学者の多くはこの想定を携えたまま、ついには領域一般的な分析的処理メカニズムの存在すら、事実上否定するところにまで進む——つまり、本書の第2章で見た分析的処理メカニズムの存在を、実質的に否定するということだ。

本書で展開してきた枠組みから見れば、領域一般的な処理システムに反対する進化心理学者の理論的立場は、根本的に誤っている。領域一般的なシステムこそ、その生物個体のロングリーシュ型目的に根ざした効用を最大化する行為を割り出せるシステムである。ゆえに、人が道具的合理性を実現すべきだとすれば、分析的処理は欠かせないものとなる。さまざまなTASS下位システムが、私たちが現在目指している長期的目的をないがしろにする反応を割り出した場合に、分析的システムがそれらのTASS下位システムを制止するのである。では、こうしたことが起きるのはどのような場合だろう？　技術社会で求められる認知的要求が、進化的適応環境（EEA）の要求と不一致をきたす状況において──というのがその答えだ。皮肉なことだが、進化心理学者自身がしばしば、EEAを現代世界と混同してはならない、という話題に触れる。しかし彼らは、EEAの認知的要求と現代世界のそれの間に生じうる不一致の最も重要な含意を、ほとんど話題に挙げずにいる──それは、もしこの現代世界でTASS下位システムに基づいた反応をとってしまえば、私たちは生物個体としての現在の目的とは別の何かを最大化する場合が多い、という含意だ。

進化心理学者の理論的バイアス──そして、彼らが自ら作り出す特有の盲点──は、トゥービーとコスミデスの以下の主張に見て取れる。

> 実際のところ、適応主義の考え方によって以下の諸々の事柄は説明できる。人類の精神的一様性[214]が本物であり、単なるイデオロギー的フィクションではない理由。それがある種の特権的なやり方で、われわれのアーキテクチャの最も重要な、大局的、機能的で複雑に組織化された側面に適用されている理由、そして、遺伝学者が発見してきた遺伝的な変異性[215]〔多様性〕によって引き起こされる個々の人間相互の相違が、アーキテクチャにおいては些末、機能においては表層的な性質でしかないような、圧倒的なまでに末梢的なものとなっている理由──これである。
> [Tooby and Cosmides 1992, 79]

このような断定は、進化心理学者がなぜ、そしてどのようにしてレールから外れてしまったのか、その一例を示すものだ。そこでまずは「遺伝学者が発見してきた遺伝的な変異性〔多様性〕」について、少し詳しく見ていくことにしよう。しかるのちに、それらが本当に「機能においては表層的な性質」を反映したものに過ぎないのか問うことにする。

手始めに指摘したいのは、「遺伝学者が発見してきた遺伝的な変異性」が、一般知能因子（g因子）のいくつかに見いだされる、ということだ――科学的な推定では、g因子の少なくとも40から50パーセントは遺伝性であるということで一致を見ている［Deary 2000; Grigorenko 1999; Neisser et al. 1996; Plomin et al. 2001; Plomin and Petrill 1997］。では、果たしてg因子とは、人間の認知における「機能においては表層的な」個体差に該当する性質なのだろうか？　答えはノーだ――責任ある心理学者であればそう考える。それどころかg因子は、実験室においても現実生活の文脈においても、これまでに同定された人間行動の最も有力な単一の心理学的指標である［Lubinski 2000; Lubinski and Humphreys 1997］。それは、現代の技術社会における個人の効用（道具的合理性）の最大化にとって決定的に重要な、現実世界での成果を予測する指標なのだ。g因子のような抽象概念を扱う能力の測定結果が、脱工業化社会における被雇用率を予測する指標であり、かつまた所得を予測する指標であり続けているのは、これが理由である。計量心理学の文献を見れば、受けてきた教育の程度とは無関係に、［一般知能に当たる］認知能力が有害な行動の差し控え、雇用される際の正しい条件の設定、社会的地位の獲得と相関していることを示す無数の指標を目にすることができる。[2]

「遺伝学者が発見してきた遺伝的な変異性」のなかで、明白に「機能的には表層的」ではないものは、知能だ

214　「人類の精神的一様性」の原語はpsychic unity of humankind。もともとは19世紀の人類学者アドルフ・バスティアンが提起した概念だが、ここでは現代の進化心理学の関心に引き寄せる形で、文化的多様性に左右されない、ヒトという種に共有されている思考や精神活動の遺伝的一様性を指すために用いられていると見られる。このような見方は文化人類学などの分野から、例えば西洋中心主義的なイデオロギーとして批判されてきた経緯があり、彼らはそれを念頭に置いてこの話題を提起している。

215　「変異性（variability）」は「変異のしやすさ」ということだが、直接的にはこれは、variabilityの結果として生じた集団内の遺伝的な多様性を指す。彼らによれば自然選択によって一様に絞り込まれてきた、（前訳注を付した）遺伝的な「精神的一様性」こそが人類の注目すべき性質なのであり、遺伝的な変異性、およびその結果見いだされる遺伝的多様性は「アーキテクチャにおいては些末、機能においては表層的な性質でしかないような、圧倒的なまでに末梢的なもの」だということになる。

けではない。同様のことは数多くの人格変数[216]についても語ることができるだろう――すなわち、人格変数の中には、遺伝されうることが明らかにされつつも、行動の結果を予測する重要な指標となるものが数多く含まれているのである。一部の進化心理学者は、このような遺伝的認知形質と現実世界における重要な行動との明らかな結びつきを認めようとしないのだが、実のところこのような姿勢には、同じ進化論的な〔心理学〕理論の支持者の中にすら、困惑をおぼえる者もいる。バス［Buss 1999］は、トゥービーとコスミデスの見解を、「〈その種に典型的な適応〉にとっての〈遺伝的な個体差〉を、まるで〈自動車のエンジンの機能の一部を担っている部品〉にとっての〈使われている配線の色の違い〉のような〔機能とは無関係の〕特徴として扱うに等しい」［394］考え方だと評したうえで、先に挙げたような、彼らにとっては具合の悪い経験的〔実証的〕な証拠をいくつか挙げる。例えば、実直さや衝動性といった遺伝的な人格特性は、仕事、立身出世、死、パートナーへの忠誠など、大きな人生の目的に結びつけられるものだ。バス［1999］はこれに、頻度依存選択[217]などの遺伝学的概念による代替解釈を与えている。だがそのような説明を受け入れるかどうかにかかわらず、ここで重要な点は、人間の認知を説明するために必要な遺伝的特徴[218]（知能、人格特性、思考法）のうちの、個人の効用最大化に関係する行動（仕事上の成功、特定の人物への加害、上首尾な人間関係、薬物乱用、など）との関わりが経験的〔実証的〕に立証されているものを、〔心理学における〕少なからぬ進化論的な理論の支持者が不当に軽視している、ということだ。なぜなら、こうした特徴の多くは領域一般的であり、それゆえに〔領域特異的な〕厖大なモジュール性という彼らの想定を、極めて強力に脅かすからである。

個体差に関するバス［1999］のこうした慎重な立場とは対照的に、彼以外の影響力のある進化心理学者たちは、遺伝的多様性[219]に付随する心理的プロセスにさしたる重要性はない、という主張を呪文のように繰り返している（というこことはまた、これらの心理的プロセスは合理性ともさしたる関連性はないと主張されていると推定すべきだろう。なぜなら合理性は、乗り物にとって明らかに重要なものだからだ）。例えばトゥービーとコスミデスはこう述べている。「人間の遺伝的多様性は……圧倒的なまでに、機能においては表層的な生化学上の相違という地位に追いやられており、他方で私たちの複雑な機能的デザインは、〔ヒトという種のメンバーに〕普遍的、かつ種に典型的、という地位に置かれている」[1992, 25]。彼らはさらにこう続ける。「些末かつ表層的で非機能的な形質にどれほどの多様性があるとしても、人間は誰もが複雑で、私たちの種に典型的で、なおかつ私たちの種に固有の、適応的なアーキテクチャを有しているのだ」[38]。

一般知能という、人生の行く末に対する最も有力な心理学的予測指標に数えられるものを「非機能的」の名で呼ぶことには、ためらいをおぼえるのが普通である。しかしやがて、こうした言明に至る動機が見えてくる——議論の焦点を遺伝子に絞り込む、という動機だ。たとえ進化心理学者らの言う適応の厖大なモジュール性を認め、一般知能をある種の「スパンドレル」つまりは〔進化の〕副産物[220]と見るにしても【3】、乗り物の利益の観点から見れば、

216 「人格変数」の原語はpersonality variables。統一的な定義は確認できなかったが、使用例を見ると、性格特性、あるいはパーソナリティの特徴を量的に測定するさまざまな尺度やその値を指すために使われている。

217 頻度依存選択とは、ある遺伝的形質の適応度が、個体群中の対立する遺伝的形質の頻度（数の多さ）に応じて変動するような自然選択であり、個体群中に遺伝的多型が保持される仕組みのひとつである。例えば（極度に単純化した例だが）「労力を払って自分で餌を手に入れる」行動をコードする遺伝子Aと、「他の個体の餌を横取りして労力を省く」行動をコードする遺伝子Bが個体群中に存在していたとして、Aが多ければBの行動は有効だが、Bが多すぎる場合、他個体が争い合っている間に餌を集めるAが有利になるので、どちらの遺伝子も消え去らずに併存し続けることになる、といった事例が想定できる。

218 原語はcognitive constructs that are heritable、文字通り訳せば「遺伝的な認知的構成概念」で、「構成概念（construct）」とは心理学において説明上設定される概念を指す（訳注57参照）。ここでは、「知能、人格特性、思考法」といった認知の心理学的説明にとって重要な特徴が「構成概念」として用いられているということだが、耳慣れない用語であることもあり、内容をとって訳出した（すぐ後でこれらは「特徴（characteristics）」と言い換えられている）。

219 この「遺伝的多様性（genetic variation）」と先に訳注215を付した「遺伝的変異性（genetic variability）」は同訳注で説明したようにほぼ同じ概念と見てよい（variation自体に「変異」という意味もある）。

それは非機能的ではありえない。ただサブパーソナルな自己複製子へと議論の焦点を絞り込むことによってのみ、先のような言明――〔一般〕知能や〔遺伝的な〕誠実性のような重要な形質を背景に追いやってしまう言明――が登場するのである〔Lubinski 2000; Matthews and Deary 1998〕。しかるに、議論の焦点を、遺伝子の最適化ではなく生物個体レベルでの最適化に移しさえすれば、「非機能的」とされた形質は、目的実現における個体差を説明する構成概念[221]として前面に姿を現すのである。

現代社会が提示する「新奇な状況《ナトリウムランプ》」[222]

進化心理学者はまた、進化的適応環境（EEA）と現代の環境の不一致がもたらす影響を矮小化する傾向がある。例えばトゥービーとコスミデス〔1992, 72〕は、進化は心の原則と世界の規則がうまく噛み合うことを保証するものだという、認知科学者ロジャー・シェパード〔Shepard 1987〕の言葉を、それに賛同する立場を示しつつ引用している。しかしここで「噛み合う」と言われているのは、あくまで〔過去の環境としての〕EEAにおける規則性と心との適合関係のことであって、現代世界におけるそれではない――現代世界では自然界にはない脱文脈化が要求されるのであり、それは状況の包括的な文脈化へと向けられた基本的演算バイアスとは「噛み合わない」ものだ。この文献の続くページで、トゥービーとコスミデス〔1992〕は進化心理学者に特徴的なバイアスを露呈してもいる。つまり彼らの次のような信念のことだ――「常にではないが、多くの場合、祖先の世界は現代世界と似たようなものだっただろう（例えば、光の性質と光学の法則はこれまで変わることはなかった）」〔73〕。ここには明白な見落としがある。なるほど光学の法則は変わらないかもしれないが、現代人が決断を迫られる状況は、一回きりであり、抽象的であり、確率的であり、記号を用いて示されるものであって、それらは間違いなく人類史に前例を見ないものだ。私たちは祖先と同じように障害物をよけながらうまく歩くことができるが、だとしても進化のメカニズムは、保険の免責金額を見積もれるように、あるいは給与の逸失を補填するための傷害保険のコストを計算できるように、私たちの脳を形づくってくれたわけではない。それに加えて私たちは、退職、投資、住宅購入、移住、子どもの学校の選択などについても考えなくてはならない。これらはＴＡＳＳが本領を発揮する状況——反復によって高度に熟達した認知や、確率が頻度としてコード化されている認知や、[223] 迅速な対応が迫られるような認知によって支えられている状況——とは無縁である。むしろ、ヒューリスティクスとバイアス研究者が見いだしてきたような、代表性バイアス、利用可能性バイアス、サンクコスト〔埋没費用、回収不能なコスト〕バイアス、確証バイアス、自信過剰といったものを生みだす状況に他ならない。これらはいずれも個人が効用の最大化を図る能力を阻害するものだ〔現実生活における事例は以下を参照。Kahneman and Tversky 2000〕。

220　「スパンドレル（三角小間）」とは教会の天井部を支える三角形の構造物だが、訳注191でも引いたグールドとルウィントンの１９７９年の論文（訳せば「サンマルコ寺院のスパンドレルとパングロス主義パラダイム」）以降、生物進化における本来の機能を離れた副産物を指す用語として用いられるようになった。スパンドレルにはあでやかな装飾画が描かれるのが普通だが、それは装飾画を描く「ために」設置されているわけではなく、天井を支える建築学上の必要から設置されているに過ぎないが、このような、現在の用途が必ずしもその進化的起源を表しているわけではないことを示すたとえということである。例えば人間の脳は現在純粋数学や量子力学の問題を思考するために用いられているとしても、それらはその進化的起源を指し示す機能ではなく、むしろスパンドレル的な機能であるといえる。

221　「構成概念（construct）」については訳注57および少し前の訳注218を参照。

222　急速に姿を消しつつある照明器具なので注記しておくと、ナトリウムランプはナトリウムガスを封入し、アーク放電による発光を利用した、多くは大型の電灯で、20世紀前半から比較的最近まで、トンネル灯、街灯などの野外の照明に広く利用された。輝度の高い純粋なオレンジ色の光を出すため、物の色調が狂って見える。近年では急激にＬＥＤ灯への置換が進んでおり、低圧ナトリウムランプは２０１９年に製造中止となっており、高圧ナトリウムランプも２０２７年に製造中止になるという。

223　確率を単一事象の確率ではなく頻度として表象すると状況の理解度が上がる（おそらくそれを支えるＴＡＳＳ下位システムが働く）という実験結果については２３９-２４０頁参照。この話題はこの後でも取り上げられる。

実際には、ＥＥＡと現代の条件とのあいだに生じうる不一致から導かれる帰結はただひとつではないのだが、トゥービーとコスミデス［1992］はそこから完全に一面的な単一のメッセージだけを取り出しているように思われる。彼らは、色覚の恒常性メカニズムは現代のナトリウムランプの下では正常に働かないという例を挙げて、「このような非自然的な照明の下で色覚の恒常性メカニズムを理解しようとしても、その理解が先に進むことはなかっただろう」［73］と述べている。これ自体は真っ当な指摘だろう。だが筆者が注目したいのは、この状況から引き出されうる別の考察である。もし仮に現代世界が、ナトリウムランプの下での色判定が個人の福利にとって死活的な重要性を持つように構造化されているとしたら、私たちが進化によって手に入れたメカニズムがそのような色判定をなすための自然な備えを取り入れてこなかったことは、私たちにとって困ったことだったはずだ。しかしそこから、この欠陥を回避する文化的な発明を私たちの認知装置にもたらそうと駆り立てられる人もいるかもしれない。そして、現実の現代世界においても同様の状況は存在する――すなわち現実の、高度に産業化され、官僚化された社会の中で、十全に合理的な行動をとるために必要とされるメカニズムがあるのであり、そこに暮らす人間は、そのようなメカニズムに関してまさに同様の状況に置かれているのである。

そこで必要とされているのは、確率的情報処理に関わるメカニズムである。確率的情報処理というのは、現代社会の中で丸ごとの人生を送る人間が直面せざるをえない、多くの課題にとって必要不可欠なものだ。いうまでもないが、ヒューリスティクスとバイアス研究の文献では、確率的な情報を処理するにあたって人間が抱える問題がこれでもかと俎上にのせられている。しかるに本章でもすでに触れたように、進化心理学者はこの問題について、重要な研究を行ってきた。それによれば、人間の認知装置は〔単一事象の〕「確率」よりも「頻度」を扱うことに適応しているというのである（頻度を用いた表象によって、多くの認知的錯覚を、完全には消し去らないまでも減らすことができる）。例えば「４パーセントの確率で病気になる」と言うよりも、「１０００人のうち40人が病気になる」と言うほうが人間にとって処理しやすい[224]（また実のところこの発見は、実生活で確率的な情報をわかりやすく提示する方法を私たちに教えてくれるのに適している、という点でも有用だといえるかもしれない〔以下を参照。Gigerenzer, Hoffrage, and Ebert 1998; Gigerenzer 2002〕）。だとしても、現実世界で実際に確率的情報が提示されたとき、私たちがそれを処理できなくてはならないことに変わりはない。

困ったことに、進化心理学者や生態学的合理性理論の支持者は、時にこんなことをほのめかす——人間の認知装置が、進化の過程で、何か〔実験室とは〕別の表象（現代社会の諸問題が要求する表象以外の表象）に適応してきたことが示されるなら、認知の問題など実は存在していなかったことが示されたことになるのだ、と。例えばギーゲレンツァー〔1991, 1993, 1998; Gigerenzer, Hoffrage, and Kleinbolting 1991〕は、頻度の表象をめぐるいくつかの論文で、そのタイトルおよび小見出しに「認知の錯覚を消滅させる方法」というフレーズを用いている。しかし、これはなんとも奇妙な言い回しだ。当然ながら、錯覚そのものが「消滅する」わけではないからだ。カーネマンとトヴェルスキー〔1966〕も述べているように、ミュラー・リヤー錯視（図2-1参照）は、ふたつの図形がひとつの長方形の枠内にはめ込まれれば取り除かれる。しかし、この証明によって当初の錯視が「消滅した」わけではない〔以下も参照。Samuels, Stich, and Tremoulet 1999; Stein 1996〕。もともとの形においては、認知的な錯覚は変わらずにそこに留まっており（頻度表象を用いた実験結果により、錯覚の機序の解明はおそらく進んだのだが[4]、錯覚そのものには何の変化もない）、錯覚が起こった状況は消し去られてはいない。それでも、銀行、保険会社、病院関係者をはじめ、現代社会の多くの組織は、「確率」のような〔進化的適応に根差さない〕用語を使って情報をやりとりし、その用語を〔頻度ではなく〕単一事象に適用している。

224 ここではこの二種類の語り方が「表象の仕方の違い」であり、後者が「頻度を用いた表象」ということになる。単一事象の生起確率を表象すること（確率を用いた表象）は難しいが、グループの中で、該当する事象をどれほど見いだすかを表象すること（頻度を用いた表象）は容易だということである。

この論争では、両陣営ともバランスを欠いた主張をするという過ちを犯してきた可能性はある。ヒューリスティクスとバイアス陣営には、現代世界で生じる誤りを強調しようとするあまり、人間がある意味においては最適な形でデザインされていることを認められない理論家がいるかもしれない。反対に、進化論的な理論の支持者はEEAに注目しすぎるあまり、現代世界の性質を失念するという過ちを犯しているように見える。

進化心理学者デイヴィッド・バス［1999］の以下の問いは、後者の傾向を示すものだ。「人間がそれほどまでに、当たり前のように誤りやバイアスを引き起こす認知メカニズムにとらわれているのなら、人間は日々どうやって、人の手によって開発できるシステムでは太刀打ちできない複雑な問題を自ら解決しているのか？」［378］。そしてこの問いにバスは、トゥービーとコスミデスの未発表論文を引用することで自ら答えている。それによれば、高度に洗練された〔と見なされてきた〕課題遂行を見分けるためにこれまで私たちが用いてきた基準には〔現代文明にとっての〕「自文化中心主義的」［378］な偏りがあったという。[225] バスはどうやらここで、現在の環境――私たちが実際に活動せねばならない環境――を特別扱いするという当然の態度も、不必要に「自文化中心主義的」だと言いたいようだ。バスは他にも、合理的思考の誤りについて、それらが起きるのは「人工的ないしは新奇な」［378］状況においてのことなのだと指摘し、そのような誤りの見積もりを、これ以上ないほど引き下げる試みを繰り返す――そうして、現代の技術社会に生きる私たちが身を置く、現実の脱文脈化された環境を、どこまでも軽視し続けるのだ。バスのこのような態度はもちろん、〔合理的思考の誤りなど些細なものだとする〕バス自身の主張をも台無しにしてしまうものだ――新奇な、シンボルに取り囲まれた状況とは、まさに高度に官僚化された社会に飲み込まれている労働者や市民が、絶えず向かい合わなければならないものに他ならない〔それゆえそれが「些細」であるはずがない〕のだから。

〔ヒューリスティクスとバイアス実験への〕「人工的な状況」という批判に関連して、バスはお馴染みのナトリウムランプの例を持ち出して、そうした実験は「ナトリウムランプにも似た、人工的で、進化において前例のない実験的な刺激」［379］を使ったものだと言う。バスもまた、トゥービーとコスミデス［1992］と同じく、ＥＥＡと現代の条件とのあいだに生じうる不一致から誤ったメッセージを引き出しているのは間違いない。こうした論者は誰ひとりとして、私たちはどう頑張ってもナトリウムランプの下で働かなければならない立場にあり、それが極めて憂慮すべき状況であることを認めようとはしないだろう。認知においてナトリウムランプに相当するものは枚挙にいとまがない――私たちが取り組まなければならない確率の問題。起こりえたことから推論すべき因果関係。無視すべき派手な広告の事例。無視すべき非典型的な事例。特権的に扱ってはならない都合のいい仮説。個人的な人間関係にとらわれるなという心得。事実とは合致しない物語の保留。ランダム化された状況にパターンを見いだすべきではないこと。私たちの判断に影響を及ぼすべきではないサンクコスト〔埋没費用〕。常識と食い違っていても従わなくてはならない裁判所命令。身内に否定的な影響があろうとも尊重しなければならない契約。個別の事例への影響は不明だが、全体としては利益になるとわかっているために下さなければならない仕事上の判断等々。これらはすべて、現代社会が私たちの認知装置に提示する「ナトリウムランプ」だ。もし、進化がそれらを扱う術を私たちに与えなかったのだとしたら、現代世界に生きる私たちが合理的に行動することはますます困難になる。しかし幸いなことに、私たちの分析的システムによって文化的に獲得された合理的思考のツールが、このような状況を助けてくれるのだ。

225　「自文化中心主義的（な偏りがあった）」は意訳で、原語はparochial。もともとは「教区」を指す教会用語で、そこから、地域の価値観に囚われ、視野が狭く硬直している、という意味合いの「偏狭な」という意味になる。「偏狭」だけでは意味がはっきりせず、原義に近い「地域主義」「地元びいき」「田舎根性」など、いくつか訳語を検討したが適訳がみつからなかったので、「訳」ではなく、ここでの論者たちの意図を適切に汲めそうな語を当てる方針とした。すなわち「何が洗練された課題遂行か？」を見定めるための評価基準が現代文明に寄りすぎており、現代文明を特別扱い、ないし特権化しすぎている、というのが論者たちの意図だと見られる（この後の叙述も参照）。

要するに、進化心理学者は（ＥＥＡに適応した）ＴＡＳＳヒューリスティックが現代世界における合理性の実現に最適なものであると考えている点で、間違っている。人生における数多くの重要な決断は、ほぼ「一回きり」の事柄だ（就職の決断、年金受給の決断、投資の決断、住宅購入の決断、結婚の決断、家族計画の決断）。こうした決断の中には、ＥＥＡにおいては影も形もなかったものもある。これらの決断について、個々人に合わせた頻度による情報を手に入れる十分な時間も学習機会も私たちにはない。私たちはむしろ、さまざまな推論規則を使って論理的かつ確率的な推論を行わなければならないのだ。そして何にもまして、私たちの自律的に機能するモジュールが送り込もうとしている無数の情報ソースをデカップリングしなければならない（「いいか、そうじゃないんだ。このセールスの人は感じがいいけれども、そんなことをこの2万５０００ドルの車を買う決め手にしてはいけないんだ」）。デカップリングという分析的システムの重要な機能については、すでに第2章で論じた通りだ。

実際、そこで稼働中のＴＡＳＳヒューリスティックが、現代の技術社会における道具的目的[226]を転覆させてしまう恐れもある。ここで、――演算コストの高い、完全に分析的な推論と対比された――シンプルなヒューリスティックの有用性を絶賛した、ある論文集について見てみよう［Gigerenzer and Todd 1999］。この書物では、いわゆる「再認ヒューリスティック」[227]に一章を割いている。章のサブタイトルは「無知がわれわれを賢くする方法」である。著者たちは「無知に基づく意思決定」と呼んでいるが、この背後にある発想は、〔項目全体の中の〕ある部分集合について、そのいくつかの項目が知られていないという事実を、意思決定に利用することができるというものだ。はい／いいえの回答としてなされる再認反応〔つまり過去に見たことがあるかどうかの回答としてなされる反応〕は、頻度の見積もりの指標《キュー》として利用できる（つまり、２つの項目のうち、再認された〔過去に見たことのある〕項目を、より頻度が高く、〔それゆえ〕より重要で、より大きい、等々と判断する。これを踏まえ、ゴールドスティーンとギーゲレンツァー［Goldstein and Gigerenzer 1999, 2002］は巧妙なシミュレーションを用いて、ある情報環境においては「レス・イズ・モア（少ないほうが豊かだ）」効果が生じることを実証した。すなわち、ある環境についてより少なく知る人間のほうが、その環境において、より正確な推論を示すことができるという効果である。

このような資料を読んで、人はほぼ間違いなく、再認ヒューリスティックがある種の状況においては有益であると確信するだろう。だがまた、そこでただちに、このような再認ヒューリスティックと、まさにそれを食い物にすべく設計された環境としての市場環境との関わりを、改めて振り返る人もいるだろう――そして、不安がふくらんでくるはずだ。もし筆者が、いままさに自宅――先進国家における金融・産業の中心地のど真ん中――のドアから外に踏み出して、再認ヒューリスティックだけを頼りに行動するとしたら、ごくあっさりと以下のような結末に至るだろう。

1　本当は1・25ドルのコーヒーで十分満足できるのに、3ドルのコーヒーを買ってしまう
2　一日に摂ってもかまわない脂肪分を、一回のスナックで食べてしまう
3　最も高い銀行手数料を払ってしまう（カナダで最も認知度の高い銀行が最も高い手数料を請求しているため）
4　現金払いではなく、クレジットカードで借金地獄にはまり込む
5　ノーロードファンドではなく、販売手数料が6パーセントの投資信託を買う

226　「道具的」は「道具的合理性」と同じく「手段的」の意味で、「手段的目的」とも訳しうる。それ自体に追求すべき価値がある目的ではなく、他のより大きな目的を実現するための（一般的な）手段として求められるべき目的ということである（「目的―手段」の階層構造については訳注114も参照）。

227　「再認ヒューリスティック」と訳したrecognition heuristicは、初めて認識されたものよりも、過去に認識したことがあるものを再び認識した（つまりはre-cognizeした）場合のほうを高く評価するというヒューリスティック、あるいはバイアスを指す。

これらの行動はいずれも、筆者の長期的な道具的目的にはまったく役に立たない――つまり、反省的に獲得した願望を実現するのに手を貸してはくれない［Gewirth 1998］。にもかかわらず、再認ヒューリスティックはこの種の行動の引き金を引き、現代社会の迷路を突破しようとする私の邪魔をするのだ。

進化心理学者や生態学的な〔心理学〕理論の支持者は、このような生態学的アプローチの欠点を認めようとしない。例えばボージェス、ゴールドスティーン、オートマン、ギーゲレンツァー［Borges, Goldstein, Ortmann, and Gigerenzer 1999］は、ミュンヘンの一般通行者たちが評価した株のポートフォリオが、1990年代半ばの6か月間、ふたつの投資信託のベンチマークを上回ったという発見に奇妙な誇りを抱いている。いうまでもないが、この発見は、大型株が小型株のパフォーマンスを凌駕するという、1990年代の極度に短い期間に生じた、純然たる例外事象《アーティファクト》[228]に他ならない［Over 2000］。ボージェスらが研究対象とした適応的ヒューリスティックが、投資の基本法則を塗り替えたというわけではないのだ。リスクとリターンは依然として相関傾向にあり、より長い目で見れば、小型株はリスクの小さい大型株のパフォーマンスを上回る。ただ、問題の6か月間については、大企業が好成績をおさめていたのであり、それらの企業のほうがミュンヘンの一般通行者らに再認される度合いがより大きかった、というのは当然なのである（とはいえ、種々のリスク／リターンの関係が自ずと明らかになるまではあっという間だった）。

ボージェスや他の著者たち［1999］は、この主題ではなく、ベイザーマン［Bazerman 2001］が論じた、個人投資家の行動に見られるもうひとつのよく知られた知見にも目を向けるべきだったかもしれない。すなわち、金融サービスの利用者は、本物の専門家が推奨する低コストな戦略（例えばノーロードのインデックスファンドにドルコスト平均法で投資する）よりも投資のリターンで劣る、高コストな商品を好んで買うということだ。その理由はもちろん、手数料の高い商品やサービスは市場における高度の直接的再認可能性をもつのに対し、低コストの戦略は金融専門誌や消費者向け雑誌などでわざわざ情報を探しださなければならないからだ。

乗り物より遺伝子が優先されるべき?

〔心理学における〕生態学的理論の支持者や進化心理学者の書いたものを読むと、個人のための道具的合理性を実現するTASSの能力についてあまりにも明るすぎる見通しに満足していることに戸惑ってしまう。もちろん、進化心理学者が揃いも揃って、自己複製子/乗り物という区分が合理性の概念にもたらす意味を見逃しているわけではない。とはいえ、そうしている進化論的な理論の支持者はたしかに存在する——しかも、かなり言語道断なやり方で。「進化生物学はいかにして古典的な合理的選択理論に挑戦するか」と題された、唖然とするような論説においてクーパー〔1989〕が主張するのは、おおむね次のようなことである——あなた自身の目的とあなたの遺伝子のそれのどちらかを選ばなければならない場合、あなたは後者を選ぶべきなのだ! クーパーはまず、効用最大化戦略(毎回、最も頻度の高いものをとる)よりも確率マッチング戦略〔Estes 1961, 1976〕のほうがなぜ適応度を最適化するのかを、ここは見事に論じるのだが[229]、その後、この帰結は効用最大化戦略が持つ規範的な力を弱めるものだとほのめかすのである。

もちろんのこと、この論考を読みはじめた読者は、著者の筆が少し滑ったのかもしれないと思うだろう。しか

228 ここでのartifactは、特殊な条件が重なって生み出された、ごく一時的で例外的な構成体だということである(「意図的に作られた」という意味はまったくないが、「不自然な産物」という含みはある)。artifactには、例えば実験中の操作の意図せざる効果で生み出された、本来存在しない構造や(添加した薬品が凝固するなど)、あるいは情報伝達の過程で入り込むノイズを指す用例があるが、ここでもそれに近い意味合いである。

229 本書では、第4章227-228頁に説明がある。

し、さらに10ページほど読み進めたところで気がつく——著者は本気で、生物個体としての私たち自身ではなく、私たちの遺伝子を満足させる目的に従うべきだと言いたいのだ、と。ここでクーパーは、通常の、〔行動の解釈に〕意思決定科学のロジックを適用する説明を「素朴適用《ナイーブリー》」の名で呼ぶ。そのような解釈が「個人を、外部から切り離された意思決定の座として取り扱い、遺伝子型の役割を無視している」ためである〔473〕。例えば選好の順序付けの不安定さは、個人の効用最大化が失敗した証《あかし》だとされているのだが〔Dawes 1998; Kahneman and Tversky 2000; Slovic 1995〕、クーパーはこれに対して、そのような不安定さは弁護できるものだと主張し、その理由を次のように述べる。「その種の観察された不安定さのいくつかは、〔進化的〕適応としての戦略混合によるものだろう。[230] そしてもしそうだとしたら、その不安定さは再評価されねばならないはずだ。人が自らの遺伝子型の代理人《エージェント》として行為しているとき、それ〔不安定な選好序列〕はときに健全な戦略でありうるのだ」。だが、いったいどこの誰が、自身の人生の目的をないがしろにしてまで遺伝子型の代理人として行動したいと思うのだろう？ しかしそれこそが、クーパーが遺伝的適応度の問題と道具的合理性の問題を対置したときに提案する選択なのだ。

クーパーはその論考の総括部分で、彼が擁護したいと思っている命題を「伝統的な合理性の理論はそのままでは妥当性を欠くものであり、生物学による修復が必要である」〔479〕と定式化している。彼は「この立場は筋金入りの古典的意思決定論者には不人気であろう」〔479〕と認めたうえで、それが「〔生物学における〕進化論者、心理学者、哲学者など、現代の進化論的パースペクティブが持つ徹底的な説明能力に感化されたことのある者には、おそらく理解可能であろう」〔479〕と述べる。ここで明示的に擁護されているのは、「行動の合理性は適応度の観点から解釈されるべき」〔480〕であり、この方針に少しでも抵触する見方は「生物学的に素朴《ナイーブ》」〔480〕と見なされてしかるべきだ、という考え方である。ここでクーパーは、彼以前では社会生物学者[231]たちがそうしていたのと同様、遺伝子の弁護を己が信念としているかのように見える。

クーパーの見方は極端なものであり、ここまであからさまに乗り物を「風呂水といっしょに捨てる〔貴重なものを無用なものといっしょに捨てる〕」進化生物学者などそういないだろうと読者は思うかもしれない。しかしながら、進化心理学者や生態学的合理性を奉じる者の多くが「伝統的な合理性の理論はそのままでは妥当性を欠くものであり、生物学による修復が必要である」［479］というクーパーの主張を反復するとき、彼らは実質的にクーパーと同じ極端な主張をしていることになる。例えば、経済学と進化心理学を論じた文献において、コスミデスとトゥービー［1994a］は、「進化というものを考慮したとき、従来の規範的合理性、ならびに記述的合理性[232]へのアプローチは再検討される必要がある」［329］と述べて、ほぼクーパーの見解をなぞってみせる。じっさいこの論考全体を通して、彼らは奇妙な宣言を繰り返す。いわく「人口に膾炙している見方とは正反対に、人間の心は（例えば、処理能力の限界ゆえに）合理性には届かないなどということはない——むしろ、しばしば合理性を超え[233]

230　前注で引いた説明（第4章227–228頁）で考察されているように、「マッチングバイアス」には、単一の戦略をとらず、複数の戦略を混合すること自体に進化的適応のうえでの機能がある、という説明を指す。このような戦略の混合（あるいは混合戦略）は他にも、ある種の「頻度依存選択」における最適解とされる（訳注217で例として挙げた2種類の戦略の混在など）。

231　「社会生物学（sociobiology）」は元来「動物行動学」や「行動生態学」と並び動物の社会行動を研究する学問分野の呼称だが、ここで念頭に置かれているのはE・O・ウィルソンの1975年の大著『社会生物学』によって持ち上がった、「人間社会生物学」と呼ばれる、社会生物学的な知見の人類への適用の是非をめぐる「社会生物学論争」の中の人間社会生物学支持派（の中の極論の支持者）を指すと見られる。もう少し詳しく見ると、ウリカ・セーゲルストローレ『社会生物学論争史』などによれば、同論争の中で極端な遺伝決定論と極端な文化主義は見直され、後の進化心理学などの創設につながっていくのだが、ここで言われているのは初期のウィルソン自身を含む、論争初期の極論の支持者（や、おそらくある程度は反対派からの過剰な戯画化）だろうと思われる。なお、本書における著者自身による（人間）社会生物学への批判的な評価としては、第1章63頁、およびそこに付された原注18も参照。

232　「規範的合理性」はいかにふるまうことが合理的であるかの規則に関わり、「記述的合理性」は現に合理的に行動できている人々の行動を生じさせているメカニズムに関わる。訳注134も参照。

233　人間の合理性の不完全さを「処理能力の限界」に求めるのは、第6章で「弁明主義者」と呼ばれる立場で、これは人間の「限定合理性」を支持する。人間行動の不合理性を率直に認める本書の立場（「改善主義」）よりも穏健な立場である。

るのだ」[329]。

実のところ、ヒューリスティクスとバイアス研究に対して批判的な文献の中で、従来の合理的思考の規範的規則がおとしめられるのは比較的よくある話だ。例えば、ギーゲレンツァーとゴールドスティーン[1996]は、クーパーが述べる次のような極端な見解を、そのまま自分たちの論証に採り入れている――「普遍的規範としての古典的な合理性に疑問を呈し、それによって啓蒙主義およびヒューリスティクスとバイアス学派の立場の土台となった、『よい』推論の定義そのものを問いなおす」[Cooper 1989]。ギーゲレンツァーとゴールドスティーンらの場合、以下の叙述において、古典的な規範ははなはだ無益な「お荷物」として言及される。「心の能力と環境の豊かな構造への信頼が少しでもあれば、論理法則や確率法則というお荷物など必要としない思考プロセスが、現実世界の適応的な問題をすばやく上首尾に解決しうることを理解できるだろう」[Gigerenzer and Todd 1999, 365][5]。

同様に、コスミデスとトゥービーは経済学者に向けた論考において、人間の選好を決定するうえで文化が果たす役割を完全に無視している。彼らは、一連の公理であるかのように次々と論点を繰り出す中で、「自然選択が人間の心に意思決定の機械を打ち立てた」[1994a, 328]のであり、「この一群の認知装置がすべての経済行動を生み出す」としたうえで、「それゆえ……こうした装置の設計上の特徴が、経済的な意思決定を導く人間の普遍的原則を定義し、構成している」[328]と論じている。

コスミデスとトゥービーは、これらの考察を前提条件とすることで、「進化心理学者は人間の普遍的な選好のリストと、二次的な選好の獲得または再秩序化の手続きのリストを提供できるはずだ」[331]という、大それた主張をするに至る。だが、この主張が正しいといえるならば、それは、この主張から導かれる予測が、その粒度〔つまり精密さ〕において、まったく的外れであるからに過ぎない。経済学の文献が、喉がからからの人間は水とシェルターのいずれを選好するか、もしくは男性は配偶者として75歳の女性と23歳の女性のいずれを選好するか、といった研究で埋め尽くされることはない。そこに見られるのは、もっと粒度の細かい判断の合理的根拠を明らかにしようとする研究だ。例えば、運動靴のメーカーがお粗末なブリーフケースをつくったとしたら、それはブランドの名前に傷をつけるだろうか［Ahluwalia and GurhanCanli 2000］、といったような研究である。経済学者も心理学者も、基本的な生物学的ニーズに見られる選好の理由についてわざわざ議論したりはしない。彼らが議論するのは、複雑で、情報にあふれる、「注目度ベースの」[234]［Davenport and Beck 2001］経済に埋め込まれた、高度にシンボル的な製品のあいだに見られる、粒度の細かい選好の理由なのだ。例えば、「人が衣服を買うのは現代における優位性の誇示ないしは性的誇示のためである」といった進化論的な見方を認めたところで、ファッションの世界におけるブランドの名声の浮き沈みや、衣服の価格弾力性、および／あるいはこの種の商品にどういった代替可能性があるか――といった問題を説明するのにたいした進展があるわけではない。

しかもこの、コスミデスとトゥービー［1994a］による経済学者へ向けた論考は、経済学という学問に見られるパングロス主義の中でも最悪の部類のものに手を貸している。[235] 例えばカーネマン、ワッカー、サーリン［Kahneman, Wakker, and Sarin 1997］は、経験効用と期待効用は別物であることが心理学の研究によって示されているにもかかわらず、現代経済学が基本的に経験効用を無視している理由について、次のように論じている。いわく、経済学者にとっては「選択を行おうとする合理的行為者は自らの快の経験を最適化しようとしているのだ

234 「注目度ベースの」の原語はattention-based。
235 この段落で言及される「パングロス主義」は進化心理学に直接由来するものではなく、それよりも以前からある、カーネマンらヒューリスティクスとバイアス学派やその後の行動経済学の論敵であったより古典的な経済学理論が依拠していた「経済人」モデル（本書200・209頁、訳注152参照）に基づく「合理的人間」像を指している。進化心理学の登場後、これを支持する古典的な「パングロス主義者」と進化心理学的な「パングロス主義者」とが手を結んでヒューリスティクスとバイアス学派の研究を批判する構図が出来上がった、ということである。

から、彼らがなす選択の中には結果の効用について必要なすべての情報が盛り込まれている」〔375〕という認識が大きな前提となっており、彼らはこの認識に基づいて経験効用を無視するのだ、という。認知の二重プロセス理論は――目的構造についての本書の考察と組み合わされることで――、なぜこの経済学者の前提が盤石なものではないか、その理由を明らかにするのに役立つ。ＴＡＳＳの目的構造によって引き金を引かれる選択は、必ずしも行為者個人の快の経験を最適化するように方向づけられてはいない。快の経験は、ＴＡＳＳに組み込まれた大部分の目的（主に遺伝子的な目的）にとって、それを実現するための手段でしかない。ＴＡＳＳは、最終的な適応の目的がそれなしで実現できるとなれば、乗り物の快楽などさっさと犠牲にしてしまうのである。

はっきりさせておきたいのだが、筆者は進化心理学の画期的な成果には大いに感銘を受けている〔主にその理論のレンズを通すことで発見された重要な行動関係の長大なリストは、以下の表1に示されている。Buss et al. 1998〕。また、進化心理学の登場こそが、１９９０年代の心理学に有益な発展をうながした主要な原動力だとも思ってい〔6〕る。しかしながら進化心理学は、合理性の領域というあまりにも遠いところにまで、〔進化生物学と心理学の間の〕橋わたしを行おうとした。彼らは自己複製子と乗り物の目的が不一致をきたすこと、またそこから導かれる帰結をあまりにも簡単に解決済み扱いしてしまう。有害なＴＡＳＳ反応を制止するという一般知能および／または一般的な演算力が果たす役割を、あまりに簡単に忘れてしまうのである。

道具的合理性および認識的合理性という規則は、その多くが文化的発明であり、生物学的なモジュールではない。それゆえに進化生物学者は、技術社会におけるそれらの有用性を関心の埒外にさっさと追い払ってしまうのだ。ダーウィン型生物[236]とは違って、私たちの利益は、必ずしも私たちの遺伝子の利益と同じではない。人間の合理性を向上させようというこの特筆すべき文化プロジェクト〔認知改革〕が関心を向けるのは、いかにして人間の利益を最も向上させるかということであって、そこにおいて人間の利益が遺伝子の利益と一致するかどうかは問題ではない。遺伝的適応度の最大化と人間の欲求充足の最大化の区別を無視してしまえば、このプロジェクトが潜在的に持ち合わせる、唯一無二の解放力は失われてしまうだろう。

「本能的直感」は人間に優しくない

このような進化心理学者の立場にどこまでも忠実に従っていくこと——進化に裏打ちされたTASSの有効性を褒め称え、個人レベルの道具的合理性を無視すること——は、人間にとって、長い目で見て高くつくことが明らかだ。合理性の基準を満たしているかどうかを監視する分析的システムを発動させないということは、人生をTASSに、つまりは母なる自然に与えられた本能的直感[237]に（さらには別の利己的な自己複製子に——第7章を参照）譲り渡す結末を招く。また忘れてはならないのは、母なる自然は私たちに優しくするために、こうしたTASS下位システムを構築したわけではないということだ。

著名な進化生物学者のジョージ・ウィリアムズ［1996］が巧みに指摘しているように、母なる自然は「複製業者」であって、慈善事業者ではない。TASSがつくられたのは、あなた自身の個人的な目的ではなく、サブパーソナルな自己複製子の目的を促進するためなのだ。

もしも（本能的直感に屈してしまうことで）TASSに自分の人生を譲り渡すなら、それはつまり宝くじを買うようなものだ。譲り渡すことで、それが遺伝的目的と個人の目的が一致する事例（第2章、図2－2のエリアB）

236 「ダーウィン型生物」については訳注45参照。
237 「本能的直感（gut instinct）」については訳注127参照。

であることに賭けているのである。あるいは、太古に由来する自己複製子の目的の追求と、自分の個人的な目的に齟齬が生じる事例（図2－2のエリアA）ではないことに賭けているのだ。しかしながら、認知科学および意思決定科学の研究は、人がしばしばこの賭けに負けることを示している。しかも極めて重要な局面で負けを喫し、現実世界において否定的な結末に至ることになりかねない。

例えば、ベイザーマンとその共同研究者たち［Bazerman, Tenbrunsel and Wade-Benzoni 1998］によると、TASSのデフォルトに身をゆだねる場合、消費者は現代の市場経済においてよくない結果を被る可能性がある。彼らは認知の2プロセス理論[238]をこの領域に適用して、比較選択であれば分析的処理に傾く一方、選択肢がひとつしかなければ、TASSに依存する可能性が高まり、ますます意味論的な関連づけや、印象の鮮やかさといったものが判断基準になることを論証した。これに関連して彼らは、消費者が商品を一つひとつ評価する場合はブランド名が重要になるが、複数の商品を一度に比較検討する場合はブランド名がさほど重要でなくなるという消費者研究について論じている。このように、消費者が決断するに際してTASSに依存するということは、商品の品質よりもブランド名を目立たせることに依存している企業に利益をもたらすことを意味する。本能的直感に頼るのをよしとする論者たちが望んでいるのは、本当にこんなことなのだろうか。

意思決定科学者のエリック・ジョンソンと共同研究者たち［Johnson, Hershey Meszaros, and Kunreuther 2000］は、TASSのデフォルトに身をゆだねることが、保険の決定にどれほどの影響を与えるかを説明している。それは、総額にして数十億ドルにもなる選択変更をうながしうるという。例えば彼らは、航空保険に対する支払い意思に関する研究について論じている。その研究では、ひとつの被験者グループに、機体の故障による死亡事故に10万ドルの保険金が支払われるとして、掛け金をいくら出すかという質問が出された。被験者が払うと言った金額の平均は10・31ドル。また別のグループはこう問われる。事故の理由が何であれ、死亡した場合には10万ドルの保険金が支払われるとして、いくら出すか。答えの平均は12・03ドルだった。2番めのグループが高い金額を提示しているのは納得がいく。飛行機事故で死ぬと言っても、何も原因は機体の故障ばかりではない。例えば、操縦エラーということもあるだろうし、故意の破壊工作ということもあるだろう（1990年代にはエジプト航空便が海に墜落する事件があった。原因は副操縦士の故意であったとされる）。ここに3番めのグループが登場する。彼らへの質問は、テロによる飛行機事故で死亡した場合に10万ドルの保険金が支払われるとして、いくら出すかというものだ。答えの平均金額は14・12ドルだった。この答えは納得できるものではない。言うまでもなく、（2番めのグループに提示された）事故の理由を問わない保険は、テロによる死亡もカバーするものであり、それには12・03ドルの掛け金でいいと被験者は考えていたからである。だとすればなぜ、「どんな理由でもカバーする保険」の部分集合でしかない（つまりはそれよりも蓋然性が低い）「特定の理由（この場合はテロ）をカバーする保険」に、さらに多くの掛け金（14・12ドル）を支払わなければならないのか。それは、テロリズムという言葉が（自動的な意味論的プライミング[239]をはじめとするさまざまなTASSプロセスを通して）鮮明な記憶事例の引き金を引き、それが［この場合ならば］テロリズムが起こるという［主観的な］確率を人工的に増幅させるからだ。その結果、不安は拡大し、保険の価値を過大に見積もることになる。こうした研究がもたらす知見は、保険業界が利益を最大化するために利用されうる。本能的直感を支持する論者たちは、私たちが保険に金を払いすぎることを望んでいるのだろうか？

ジョンソンと共同研究者たちは、現状維持バイアスが自動的に働くと、高額な保険を選ぶ決め手になることに

238 「2プロセス理論（two process theory）」は本書の「二重プロセス理論（dual process theory）」と同主旨の理論だと見られるが、ここではベイザーマンら自身の用語法を尊重したということだろう。

239 「意味論的プライミング」については本書121頁以下および訳注100参照。

ついても論じている。これにより、ペンシルベニア州の消費者は何百万ドルもの余分なコストを負担することになった。1980年代、ニュージャージーとペンシルベニアは共に訴訟権の縮小（それに伴う保険料率の引き下げ）という消費者選択を導入することによって、自動車保険のコスト引き下げを試みた。しかし、その実施方法は両州で異なっていた。当時の前提として、ニュージャージー州では軽減された保険料率が適用される代わりに、訴訟権は限定的だった。つまり、完全な形で訴訟権を得るためには、消費者は相応に高い料金を支払わなくてはならない。一方のペンシルベニア州では、完全な訴訟権が導入されていた。保険料率を下げようと思えば、消費者は訴訟権の縮小に同意しなければならない。ニュージャージー州では、完全な訴訟権を獲得することを選択したドライバーはわずか20パーセントだった。一方、すでに完全な訴訟権が導入されていたペンシルベニア州では、75パーセントのドライバーが訴訟権の現状維持を選択した。TASSに基づく現状バイアスのせいで、すでに持っている保険機能が「普通」であるというフレーミングを形成し、それを維持することにこだわったからだ。ペンシルベニア州の改革は、消費者のために大金を浮かせることを州議会が意図したものだった。そして実際、一部の人々にとっては節約になった。しかし、現状を見なおすよう行政が働きかけていれば、消費者はさらに2億ドルほどを節約できただろう。いまあるものに固執してしまうのは、単に本能的直感のせいだからだ。本能的直感を支持する論者は、保険業界への寄付を奨励したいのだろうか？

このように、母なる自然がもたらす本能的直感は往々にして私たちに優しくない。それは私たちを、道具的に有効でない結果へと導く。もっとも、こうした問題は道具的［合理性の］領域だけで生じるものではない。私たちの社会生活、感情生活において本能的直感に頼ってしまえば、往々にして好ましからざる結果になりがちだ。というのも、私たちの本能的直感というものは進化的には古い時期の産物であって、文化的な傾向を考慮に入れることはないからである――文化的傾向は、私たちの現在の意識の感受性や関心には反映されているが、本能的直感にはまったく反映されないのである。

ジャーナリストのジョン・リチャードソンと、軟骨無形成症による低身長症者[240]であるアンドレアという女性のやり取りを例として考えてみよう。このやり取りは、リチャードソンの著書『小さき世界の中で――小人たちの愛と苦しみについての真実の物語（*In the Little World: A True Story of Dwarfs, Love and Trouble*）』［Richardson 2001］で紹介されたものだ。リチャードソンは低身長症の人々が1000人以上も集う会議に出席し、そこで出会った興味深い幾人かと長期にわたって文通を続け、彼らの生活ぶりや、それに対する自分の反応を書籍にまとめたのだった。あるときアンドレアは、リチャードソンが雑誌記事の中で、小人[241]は見た目が「おかしい（wrong）[242]」と思っていた――と書いたことについてリチャードソンを批判する。リチャードソンは、自分のコメントを取り下げたくはなかったこと、アンドレアに嘘をつきたくもなかったことを熱心に訴えたうえで、病気の症状と思しきものを恐れるのは――リチャードソンの言葉を使うと――「自然な」ことだと思っていた、という自分の考えを述べる。これに対してアンドレアは、彼女の見た目が「おかしい」とリチャードソンが考えているなら、それは彼女には辛いことであって、そのことを理解しているかと彼に尋ねる。「申し上げたいのはこういうことです。私も、最初の反応として、あまりに違っていることにびっくりする人がいるのはわかっています。それにはさま

240　原語の dwarfism は軟骨無形成症やその他の原因で生じる発育不全で、「小人症」「侏儒症」とも呼ばれてきたが、現在は「低身長症」が使用されているようなのでこちらの訳語を採用する（英語での使い分けとしては「小人症（dwarfism）」は「低身長（症）（short stature）」の重度のものを指す、という定義もあるようだが、日本の医学関連のウェブページでは「小人症」から「低身長症」に呼び替えている、という記述が多い）。

241　「小人」と訳した dwarfs はクォーテーションマークはついていないものの、リチャードソンの書名にも含まれているように、リチャードソン自身の表現だろうと思われる（以下も何度か登場する）。

242　wrong は意味の広い言葉だが、ここでは機械などが「故障している、狂っている、不具合だ」に近い意味だと思われる。ある「正しい」状態を想定し、そこからの逸脱に対して「間違った、正しくない」という負の評価を下すような意味である。旧訳では「変だ」で、やはり「正しい型」からの逸脱への否定的な態度を示す語なので十分候補になるが、漢語を使わず、wrong の意味合いにも幾分近いと思われた「（見た目が）おかしい」を選んだ。

ざまな理由があるでしょう。違いそのものが恐怖の対象かもしれないし、未知のものへの恐怖かもしれない。でも、人はその恐怖を克服していくものです……あなたが自分の考えにあくまでこだわるかどうかはどうしても伺っておかなくてはなりません。もしそうなら、私としてはこの関係から身を引かなければならないと思うからです」[134]。

リチャードソンはこう言われても引き下がりはしない。むしろその代わり、進化心理学の書物から彼なりに学んだ知識を披露し、次のように論ずるのである。「このような感覚は脳に配線されてしまっているのです。ごく幼い時期に。……何が美しいとされるか、何がそこからの逸脱とされるかの基準は、常にそこに〔脳内に〕存在している。単純な規範的思考というわけです。[243] なのに、外見を完全に無視しろと言うのは、人間であることをやめろと言っているようなものです」[135]。しかし、アンドレアの立場からすれば「違いを受け入れるというのは、体について見過ごせということではありません。違いがあるにしても、それはおかしなことではないと思える地点まで到達することなのです」[135]ということになる。こうして対話は続いていくのだが、ある時点でリチャードソンは、アンドレアが自分から政治的に正しい《ポリティカリィ・コレクト》反応を引き出そうとしているのではないかと考えて憤慨し、その憤りをeメールでぶちまけてしまう。「おそらく私は、『ときどき』とか『ときには』とか『初めのうちは』といった言葉を挟むべきだったのでしょう。でも、そんなことをしたところで、保身のための逃げにしかなりません。統計的に見れば、1万5000人の『平均的な』体型の人に対して、小人はたったひとりです。さて、おかしく見えるのはどちらか。私はミスター・ロジャース〔米国の名司会者として知られたフレッド・ロジャース〕のような聖人君子になれるのか。私の正直な気持ちはどこにあるのか。繰り返しになりますが、私は『おかしい』と〔いう判断を〕述べているわけではありません。ただ『おかしく見える』と〔いう報告を〕述べているのです。少なくとも初めのうちは。爬虫類脳〔つまり進化的に古い脳領域[244]〕、そう、私の爬虫類脳の中で、そのように見えるのです」［208］。

とはいえ、思うにリチャードソンはここで何かを見落としている。アンドレアは何もリチャードソンに脳みそのＴＡＳＳを書き換えるように要求しているわけではない。そんなことはほぼ不可能なはずだと、彼女も認めている。彼女がリチャードソンに求めているのは、分析的な心でもって判断することであり、もしそれがＴＡＳＳと衝突するなら、彼がどちらと自己同一化するのかを――彼が、これこそが自分だと信じる人物像を反映しているのはどちらなのかを――伝えてほしいということなのだ。リチャードソンは、アンドレアが自分に――リチャードソンの記述にしたがうなら――ＴＡＳＳの反応は無視するべきだという非人間的な要求を突きつけてきたと考え、それを拒絶する。このようなリチャードソンの態度は、アンドレアからすれば、彼には分析的な判断などする気はないと言っているか、さもなければ、分析的な判断をしたうえで、むしろＴＡＳＳと――つまり「小人の身体はおかしい」と見なすという本能的直感と――自己同一化したいと言っているように映るだろう。リチャードソンがどう考えようと、分析的システムにも独自の言い分がある――古い時期に配線され、進化的に条件づけられた反応という観点からではなく、分析的システムによる、ゆっくりとした、直列的言語によるコード化を基礎とする、命題的な形式で言明された、文化的に獲得された知識の観点から言うべきことが。例えば、「本を表

243　「規範的思考（normative thinking）」は価値観や規範、基準に基づいて判断を下す思考で、「事実的思考（factual thinking）」つまり、事実のあり方に関する思考と対比される。

244　進化的に古い時期に脳に組み込まれた反応の由来を「爬虫類時代の脳」に求めるのは、ポール・マクリーンが20世紀半ばに唱えた「三位一体脳仮説」に基づいていると見られる。「三位一体脳仮説」は人間の脳の構造を「爬虫類脳」「（原始的）哺乳類脳」「人間脳」の三層に分類する仮説で、現在では見直されている。少し前で本書の著者が言及している「進化の古い時期の産物」とは進化心理学のいう「石器時代の脳」であって、マクリーンの「爬虫類脳」とは内容や前提などが大きく異なっているのだが、リチャードソンは混同していると見られる。
なお、旧訳では「私の、爬虫類なみのこの脳内で」となっているが、ここでリチャードソンは自分の脳全体が「爬虫類なみ」だと「自己卑下」しているわけではなく、自分の言動を脳内の古い層に「責任転嫁」しているのである。

紙で判断してはならない」とか「美しさなど皮一枚の問題に過ぎない」といったようなことである。

アンドレアからすれば、リチャードソンは、正直にTASS反応を示す権利を擁護することで、TASS反応を示しているばかりでなく、それと自己同一化したいという欲求を表明しているように見えている。それゆえアンドレアは、リチャードソンがその問題についてどのような分析的判断を下すのかをあくまで問い続ける――彼の分析的な心がTASS反応を支持するのか、それともそれを引きずり下ろすのか、はっきり言ってほしいのだと(「あなたが自分の考えにあくまでこだわるかどうかはどうしても伺っておかなくてはなりません」)。しかしリチャードソンは、自分の本能的直感を擁護することにどこまでもこだわり続けた挙句、とうとうアンドレアが何を問いかけようとしているのかすら耳に入らなくなってしまったのだ。

リチャードソンのように、分析的な心よりもTASSと自己同一化したがる人々はいるものだ。それはなぜなのかと筆者に問われても困る。言えるのはただ、「自分の本能的直感に従いましょう」と訴える人々はそういう見解を擁護しているということだけである。対して本書は反対の立場を擁護するために捧げられている――すなわち、分析的な心による反省を基に築かれた世界から、私たちが多くを得るほどに、文化は進展するという立場を。私たちがかつて進化してきた環境においては、アンドレアのような個人の見た目が「おかしい」ものに見えたり、その見方に従って扱われたりすることが重要な意味を持った時期もあった。しかし、私たちが分析的システムを使いこなせるようになるとき、文化は前進する――アンドレアの友人たちのように「最初はびっくりするが、やがてそれを克服」し、「違っていてもおかしいとは思えなくなる地点まで到達する」のである。そのためには、分析的な心による意識的反省の作業が必要であり、その助けとして、何世紀もかけて開発されてきた専用の文化的ツールを駆使しなくてはならない。次章では、その詳細を見ていくことにしよう。

あの男に脳がふたつあったなら、倍もバカだったにちがいないさ！

——アイルランドのジョークより（ミシガン州アナーバー在住のデズモンド・ライアンが教えてくれたもの）

第6章 合理性障害
——たくさんの賢い人が、たくさんの愚かなことをしでかす理由

合理的思考の規則に従うことができないがゆえに——さらに言えば、まさに前章で述べたバイアスの働きゆえに——人は効果の薄い医療を選択し、環境問題がもたらすリスクを軽視し、法的手続きにおいては情報を誤用し、患者は痛みを軽減するよりも我慢することを選び、政府や企業は無駄なプロジェクトに何百万ドルも投じ、親は子どもの予防接種を拒否し、不要な手術が行われ、動物は絶滅するまで狩りつくされ、インチキな医療に何十億ドルもの大金が費やされ、金融の領域では大きなコストを費やして誤った判断が下される。[1] これらは、前章で説明したTASSバイアスが現実世界にもたらす負の影響の一部だ。しつこく事例を挙げたのは、TASSバイアスが決して実験室の中だけの現象ではないことを強調するためである。

推論と意思決定に関する研究文献から得られる知見、および、現実世界において不合理な思考がもたらした事例の多くは、一見したところの逆説を導く。効果のない治療法を用いる医師、誤った判断で大損をする金融アナリスト、引退してから資産運用に失敗するビジネスパーソンといった人々は、決して知性に欠けるというわけで

はないからだ。ここまでの章でも紹介してきた、推論に関する実験結果も同様の困惑を招くものだ。これらの実験の被験者の90パーセント以上は大学生で、そこには世界でも選り抜きの、標準よりも高い教育を受けている学生も含まれている。しかし彼らはかなりの割合で、「推移性の原理」や「当然原理」など、合理的思考の最も基本的な規則を破った。このように、相当に頭のいい人たちが信じられないほど愚かなことをしでかしているという、一見したところの矛盾を、どう理解すればいいのだろうか？

このような、一見したところの逆説を理解するための最初のヒントは、「どうしてこれほど大勢の賢い人たちが、これほど多くの愚かなことをしでかすのか？」という問いが、認知科学者らが「民俗心理学の言語」と呼ぶ、俗語的な言い回しで表現されている点に気づくことだ。日常語の表現であっても、認知科学の基本概念を用いて研ぎ澄ますことで、一見したところの逆説を解消するのに役立てることができる。筆者としては、まさに同じ作業を「賢い愚か者」という表現に対して行うことを提案したい。

この章では、「賢い」という俗語を、心理学で言うところの「知能」の概念を指すものとして捉える。一方、「愚か」という俗語を当てたくなる行為は、認知科学、哲学、意思決定科学がいうところの「合理性への違反[245]」を指すものとして捉える。[2] 知能と合理性は、認知理論においては異なるレベルでの分析に対応している。それらは、脳が実装する階層的な制御システムにおいて異なる階層に対応しているため、それぞれ分けて考えることが可能なのだ。このように、知能と合理性の違いを理解すれば、「賢いのに愚かな行為をする」という考え方が何の逆説でもないことがわかる。

脳には2種類の分析レベルがある

まったく同じ結果に終わる3つの事故があるとしよう。事故Aでは、ある女性が海辺の断崖の上を歩いていたところ、突如として強風にあおられて転落し、死亡する。事故Bは、同じく断崖の上を歩いていた女性が岩の上に一歩踏みだしたところ、岩だと思ったのは実は裂け目であり、そこに落ちて死んでしまった。事故Cでは、女性は断崖の上から飛び降り自殺を図り、崖下の岩々に衝突して死亡する。各事例で女性がなぜ死んだのかを考えるとき、私たちは、(それぞれで変数や要因は山ほどあるため)各状況における決定的な側面がどの点だったのかを突き止めようとするだろう。もう少し言えば、この3つの事故について死因の本質をしぼり込もうとするとき、それぞれ異なったレベルの説明が求められるのである。

事故Aにおいて考慮すべき要因が、物理法則(風力、重力、衝突の法則)以外にはまったくないというのは明白だ。このようなレベル——すなわち物理レベル——での科学的説明はもちろん重要なものだが、とはいえ人間心理や脳機能に関心を抱く認知科学者にとってそれほど興味深いものではない。これに対して事故BとCは、いずれも心理学者や認知科学者にとってより興味深いものとなる。重要なポイントは、事故BとCの違いが、本章でこれから論じることになる「認知的な説明における分析レベルの違い」を示していることだ。

〔事故Aで考慮すべき物理レベル以外に〕レベルをいくつか追加せねばならない、という点を明らかにするには、ひとつの、おそらくは意外に思われる事実に目を向けるのがよい——すなわち、事故Aに作用していたのと同じ物理法則(崖下に落ちた女性が衝撃によって死んだことを説明する重力の法則)は、事故Bにも(さらに言えば事故C

245 「違反」はviolationの訳で、「合理性」を「合理的規範」の意味で理解すれば、まさに規範、規則に対する「違反」と訳してよいが、「合理性」を人間のあり方の一部と理解する場合には、「違反」というよりも「踏みにじる、ないがしろにする」のような意味合いになる(例えば、本書第8章ではa violation of self-conceptという表現があり、この場合「違反」というよりは、「ある人が自己自身について理解している概念が踏みにじられること」のような意味になる)。このあたりは厳密に訳すのが難しいが、「違反」という訳語を当てておく。

にも）作用している、という事実だ。だとしても私たちは、事故BおよびCで何が生じたのかの完全な説明を、重力の法則や衝突力の法則がどうにかして与えてくれるとは思わないものだ。物理法則だけでは、決定的な何かを説明することはできないのである。

事故Bについては、心理学者ならば「刺激（岩のように見えた地面の裂け目）を処理する際に、女性の情報処理システムが誤作動を起こした」と説明しようとするだろう――すなわち情報処理システムから反応決定機構に誤情報が送られ、その結果生じた運動反応が悲劇を招いた、というシナリオだ。認知科学では、こうした分析を「アルゴリズムレベル」の分析と呼ぶ。これは、機械知能の領域での、機械のプログラミングに使われる抽象的なコンピュータ言語（FORTLAN、LISPなど）による命令と同じレベルの分析だ。認知心理学者が取り扱うのはおおむねこのレベルの分析であり、彼らはそこで、人間の活動を、脳内の一定の情報処理メカニズム（入力情報のコード化、知覚登録、短・長期の記憶の格納システムなど）を仮定することによって説明できることを示す。例えば、「文字を発音する」という単純な課題は、文字をコード化し、短期記憶に保存し、長期記憶に保存された情報と照合し、一致するものがあれば反応を決定し、運動反応を実行するという手順からなる、といった説明が可能だろう。事故Bの場合も、女性の不幸な最期を説明するには、このアルゴリズムレベルでの分析が適しているだろう。彼女の知覚登録と知覚分類のメカニズムが誤作動を起こし、反応決定メカニズムに誤った情報を送ったために、彼女は地面の裂け目に足をかけることになったのだ。

一方、事故Cに、このようなアルゴリズムレベルでの情報処理ミスは関与していない。女性の知覚機能は崖っぷちを正確に認識し、運動命令中枢は女性が崖から飛び降りるように、極めて正確に体をプログラミングしている。アルゴリズムレベルの分析で想定される計算のプロセスは実に完璧に実行されているのだ。つまり、アルゴリズムレベルの分析では、なぜ事故Cにおいて女性が死ぬことになったのかを説明できない。女性が死んだ理由は、むしろ彼女の動作全体が向けられた目的、およびその目的と彼女が生きていた世界をめぐる信念の相互作用のあり方に求められる。認知科学では、こうした分析は「志向的レベル」の分析――目的、欲求、信念に関連付けられた分析――と呼ばれる。[246]【3】

志向的レベルの分析は、そのシステムの目的、その目的に関連する信念、および、そのような目的と信念が与えられた場合にそのシステムにとって最適であるような行為の選択に注目する。そしてここからして、このレベルの分析に至ると、どのようにして「合理性」が問題になるかがわかるようになる。つまり第3章でも見てきたように、道具的合理性とは、ある生物がその目的構造と信念との関連で適切に選択された手段を用いているかどうか、という観点から定義される概念なのである。【4】

アルゴリズムレベルの分析では、事故Cで見られるような行動に対する説明は不完全なものとなる。というのも、脳がどのように特定の課題（この場合は崖から飛び降りること）を果たしているのかという情報処理上の説明はできても、なぜその特定の課題を果たしているのかまでは説明できないからだ。それを説明するのが志向的レベルなのだ。志向的レベルの分析は、システムが行う計算の目的（何を、また何のために計算しようとしているのか）

246　訳注108および訳注196でも言及したが、「志向的」と訳したintentionalは日常語としては「意図的」を意味するが、本章原注3-4で指摘されているように、ここではデネットのような哲学者が用いる「志向的」という意味で用いられている（訳注197も参照）。「志向的」とは「志向性に関わる」というほどの意味であり、「志向性（intentionality）」とは、さかのぼれば中世哲学に由来する哲学用語で、（現代では）心の働きや状態、態度が心の外の何かに「向けられている」、あるいは、その何か「についてのものである」というあり方を指し（そのため「ニツイテ性（aboutness）」と言い換えられる場合もある）、本文で挙げられているように、「信念（～を信じていること）」や「欲求（～であると望むこと）」などの心的態度が典型的な志向的状態ないし志向的態度であり、ここで「目的」は欲求の「志向的対象」として位置づけられることになる（他に、訳注88で言及した「心的表象（mental representation）」の概念もこれと関わる）。それゆえここで言われているintentionalに「意図（intention）」との直接的な意味のつながりはないのだが、「意図」もまた「志向的態度」の一種ではあるので、原注3で言われているように、特にここでの事例においては（またおそらく本書での用例全般に関して言えば）、旧訳のようにintentional levelを「意図レベル」と訳しても大きな意味の食い違いは生じない（原注3が不正確になってしまう難点は生じるが）。

の特定を行うのである。

　さて、これで「賢い人が愚かなことをしでかす」という現象がまったく逆説的でないことを理解するのに必要な概念装置はすべて出揃った。つまり、心理学の理論において、知能の概念（賢いこと）と合理性の概念（愚かな行為をしでかすこと）は、異なる分析レベルに属するのだ。知能の研究とは総じて、アルゴリズムレベルでの認知能力――知覚速度、識別精度、作業記憶《ワーキングメモリ》の容量、長期記憶に保存された情報の検索効率など――の研究だといってよい。[5] こうしたアルゴリズムレベルの認知能力はそれぞれの個人に特徴的な差異を示し、それらの個人差は相対的に変動をこうむりにくい。長期にわたる訓練の影響を受けることはあっても、警告や、言葉による指導だけの働きにより、その場で変化したりはしないのだ。このような安定したメカニズムに見られる多種多様な個人差が、ある個人において認知能力にどのような影響を与えているのかを総合的に評価する指標が、いわゆる一般知能検査である［Carroll 1993, 1997］。

　このような（アルゴリズムレベルの構成概念[247]としての）知能とは対照的に、「思考性向[248]」と呼ばれるものを研究する心理学者らは、アルゴリズムレベルではなく志向的レベルの分析に注力してきた。例えば、思考性向の多くは個々の信念や信念構造、そして、とりわけ信念を形成し、変化させようとする態度に関わるものである。またこれ以外の認知スタイル（ここでは心理学の研究文献に倣い、「思考性向」と「認知スタイル」という用語を同義で用いる）[6]として、個人の目的や目的階層に関わるものもある。これらの認知スタイルおよび思考性向は、個人が合理的な行動を選択し、合理的な信念（その定義については第3章で述べた）を持つ見込みの大きさに直接関係している。

　このように現代の認知科学では、知能測定値の個人差は、アルゴリズムレベルでの処理効率の個人差を示す指標とされているのに対し、心理学の分野で長らく研究されてきた思考性向あるいは認知スタイルは、志向的レベルでの個人差を示す指標とされている。このようなものとしての思考性向や認知スタイルは、個人の目的や認識的な価値について多くを教えてくれるという点で、合理性に関係している。

TASSの制止と、情報処理の2階層

日常生活における何千ものミクロな出来事のすべてについて、TASSのシステムは私たちに道具的合理性にかなった仕方で働き続けている。しかしながら、個人を一個のまとまった有機体として考えた場合、現代社会においてTASSが誘発する反応は、それが進化の目的に適うようにいかに周到に設計されたものであったとしても、その個人にとって道具的合理性に適った反応にはならない事例がある。このことは、第4章、第5章でも見てきた通りだ。こうした事例は少数ではあるが、いまや重大な意味を持つようになっている。このような場合、道具的合理性を実現するためは、TASSが誘発した反応を分析的システムによって制止しなくてはならない。

図6－1は、先に述べた分析レベルの観点から、この状況のロジックを図示したものだ。第2章で詳しく述べたとおり、TASSには普遍的かつショートリーシュ型の目的が組み込まれている。この目的は、太古の進化環境に適応的であった遺伝的目的とおおむね重なり合っている。[7] TASSのアルゴリズムレベル〔図6－1の中央左下〕は、ロングリーシュ型の目的を実現させるための、分析的システムにおけるアルゴリズムレベルのメカニズム〔図6－1の中央右下〕によって制止されない限り、ショートリーシュ型の目的を実現させるように働く〔図6－1の横向きの矢印〕。しかし、図6－1の下向きの矢印が示すように、分析的システムのアルゴリズムレベルは、

247 「構成概念（construct）」については訳注57参照。
248 「思考性向」の原語はthinking disposition。どのような思考を行うかの各自の性向あるいは傾向ということである。

図6-1　分析的システムによるTASSの制止プロセス

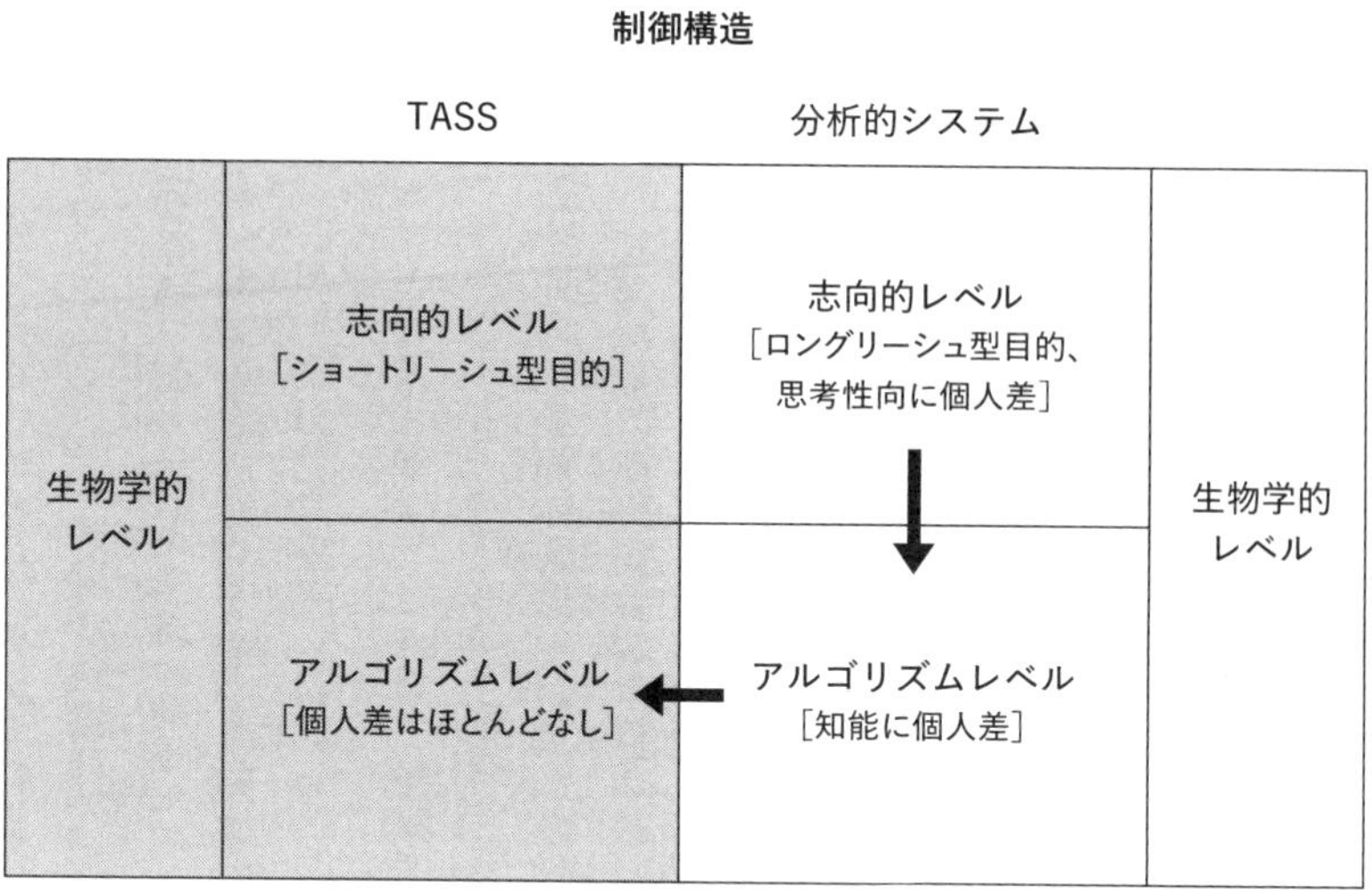

志向的レベルにおける目的状態に従属している（なお、図の両端に「生物学的レベル」とあるのは、ただ単に、それぞれ「志向的レベル」と「アルゴリズムレベル」として概念化される階層的な制御構造が、いずれも何らかの生物学的基盤に根ざしていることを示しているに過ぎない）[249]。

第2章で、TASSは古い進化システムに属するため、TASSのアルゴリズムレベルの計算能力は個人差が少ない、と想定されたことを思い出してほしい[8]。対照的に、分析的システムのアルゴリズムレベルの計算能力はより新しい進化システムに属するため、知能測定値で表されるように個人差が大きい。図6-1を見てもかなり明らかなことだが、〔分析的システムが〕TASSを制止できる見込みは、分析的システムのアルゴリズムレベルに備わる計算能力の度合いに左右される。だがまた、TASSを制止できる見込みは、分析的システムのアルゴリズムレベルの計算能力だけに左右されるものでもない。これも図から明らかなことだが、TASS制止のプロセスとは、そのプロセスを担う分析的システムのアルゴリズムレベルそれ自体が、そのシステムの志向的レベル〔図の中央右上〕による、上位階層からの制御〔図の下向きの矢印〕によって引き金を引かれることで、初めて生じるものなのである。

したがって、合理的反応の傾向〔志向的レベルの思考性向〕が知能〔分析的システムのアルゴリズムレベルでの計算能力〕から解離してしまうことを原理的に妨げるものは何もない。たしかに知能は、TASSの制止を果たしうる潜在的な能力を表すものだが、だとしても合理性を保証してくれるものではない。というのも、TASSの制止をなしうる能力は、「合理的な思考性向」の名で呼ばれる、志向的レベルでの、知能の上位の制御階層によって引き金を引かれなければ、実現されないままだからだ。志向的レベルでの思考性向に個人差があるという事実は、認知的に有能な人々〔知能指数の高い人々〕が、不合理なことをしでかすか、少なくともその可能性があることを意味する。以上の分析から、たくさんの賢い人々が、時に愚かな行為におよんでもなんら驚くにはあたらないことが導かれる[9]。

合理性大論争——パングロス主義者vs.弁明主義者vs.改善主義者

人間の合理性をめぐる論争は、根源的な政治的偏見と心理的偏見が相互に結びついて火花を散らす、圧勝か、完敗か、ふたつにひとつの大勝負である。

——フィリップ・テトロック&バーバラ・メラーズ［Tetlock and Mellers 2002, 97］

249　つまり、たとえていえば「コンピュータプログラムは実行されるために何らかのハードウェアを必要とする」というほどの、ごく一般的な意味合いしかない、ということであろう。

第4章でも見てきたように、人間の行動が、意思決定科学の研究者らが考える最適解からしばしば逸脱することを示す研究結果は数多く累積し続けている。しかし、この逸脱をどう解釈するかについて、激しい論争が生じている。人間の合理性をめぐる、このいわゆる「合理性大論争」は、自分以外の人間の行動を理解するために私たちが用いる経済学、道徳哲学、個々人が組み立てるセオリー（民俗理論）などの根幹にかかわってくるからこそ、「圧勝か、完敗か、ふたつにひとつの大勝負」なのである。

筆者は以前の著書［Stanovich 1999］のなかで、「合理性大論争」において対立する立場を3つに分け、それぞれに名称を割り当てた。ひとつの立場は「パングロス主義者」[250]だ。このグループに属するのは、「人間の不合理性とは概念上不可能である」という論証を行う大勢の哲学者である［Cohen 1981, 1983, 1986; Wetherick 1993, 1995ほか］。パングロス主義者は、人々が推論課題を実際にどのように遂行しているかの事実と、そこにおいて彼らが（最適解として）遂行すべき仕方（合理性の規範）との間に、何らの食い違いも認めない。つまりパングロス主義者とは、人間の行動に不合理性を認めることを望まない人々である。

だが、第4章でも述べたとおり、認知心理学の研究は、人間の行動に「最適ではない」パターンを多々見いだしてきた。パングロス主義者たちは、これらの発見とどう折り合いをつけるのか？　もちろん、個々の事例において、人の行動は実際に最適化から逸脱しているのだが、パングロス主義者はこうした個々の逸脱を「不合理な反応」というレッテルを貼らずに説明しおおせる戦略をたくさん用意している。例えば次のようなものだ。

第1の戦略は、こうした逸脱は（言語学の用語を類比的に用いれば）単なる「パフォーマンスエラー（遂行時の誤り）」である可能性がある、とするものだ――要するに、不注意や記憶の欠落、その他の一時的で基本的には本質的でない心理学的機能不全によって、ささやかな認知の逸脱が生じた、という説明だ。第2に、実験者が誤った最適化のモデルを適用していることも考えられる（要するに、問題は被験者ではなく実験者にあるというわけだ）。

第3に、パングロス主義者としては、被験者が実験者の意図とは異なる形で課題を解釈しており、想定されていたものとは異なる問題に対して最適な反応を見せたと論ずることもできる。以上3つの説明――パフォーマンスエラー、行動評価の誤り、課題の解釈違い――は、後述するように、経験的〔実証的〕研究の主要な焦点となってきた。

人間の合理性はその本質上完璧なものだと論ずる哲学者に加えて、パングロス主義陣営にはもうひとつの極めて影響力の大きいグループがある。このグループを代表するのは、主流派経済学者たちであり、強い合理性の仮定を基本ツールとして用い、これを極端にまで推し進めるという態度を特色とする。いわく「経済的行為者は、それが企業、世帯、個人のいずれであれ、合理的で利己的な様式で行動するものと想定される……その行動様式は、不完全な情報しか与えられていない状況のもとでも、非常に複雑な計算の解と一致するものと想定されるのである」[Davis and Holt 1993, 435]。これらの「強い合理性の仮定」は、現代経済学の多くの研究にとって欠かせないものとなっている。そしてこの「強い合理性の仮定」こそが、人間の不合理性が些細な問題とは言えないことを示唆する心理学の発見に対して、経済学者が示してきた敵意を説明してくれる。この状況を、経済学者のダニエル・マクファデン[McFadden 1999]は次のように描写する。いわく、心理学者が発見したのは「一見正常な消費者の誰も彼も、特定の認知作業を処理するためのさまざまなルールブックが外殻をまとった存在に過ぎないということだ。これらの人々に、標準的なヒューリスティックに基づく市場の反応にうまく適合しない、変化球的な質問を投げてみればいい。彼らが本質的に『無精神的な』生物であることが明らかになるだろう。[251] 大多

250 「パングロス主義」については訳注191参照。
251 ちょうど、第2章に出てきたアナバチの「アナバチ性」を明らかにする実験と同様である。

数の経済学者にとって、これは心底恐ろしいホラー映画も同然のシナリオであり、われわれの専門分野の根幹をおびやかす異端である。一方で、多くの心理学者にとって、これは日常的に実験で接する人々の描写に過ぎないのである」［76］。

認知心理学者の研究に経済学者が敵意を抱くのは、経済学が人間行動について喧伝してきたことの背後に潜む、信じがたいまでのパングロス主義的な仮定〔人間の合理性の仮定〕をそれらの研究が暴露したせいだ。例えばニューヨーク・タイムズ紙は、大半の人は自分が望むような老後をおくるために十分な貯蓄をしていないという証拠を挙げ、この事実は「人間は合理的に最適な額を貯蓄する」ことを前提とする主流派経済学に真っ向から対立するものだと指摘している。「人々が十分な貯蓄をしていないという現実に直面したとき、主流派は『人は合理的に行動するものだから、彼らの貯蓄がいくらであれ、それは必要十分な金額に違いない』と繰り返すことしかできない」［Uchitelle 2002］。とはいえ経済学の世界でもパングロス主義者の考え方に反対する人々は増えている。経済学者リチャード・セイラー［1992］も、ニューヨーク・タイムズが挙げたものと同じような反証事例を引きながら、「当然ながらもうひとつの可能性は、単純に人は間違えるということだ」と、うんざりしたように述べている［2］。

この、「単純に人は間違える」ということこそ、第4章でも取り上げた、認知心理学における初期のヒューリスティクスとバイアスの研究の多くが暗黙の前提としていたことだった。そしてこの前提は、合理性大論争における第2のグループ、すなわち「改善主義[252]」の立場を定義づけるものとなっている。改善主義者は、人間の推論には実質的な改善の余地があるという前提から出発する。パングロス主義者とは異なり、改善主義者は人間に見られる推論の誤りがすべて単純な説明で解消できるものだとは考えていない。しかるに改善主義者は、このように、誤りが現実に生じている（つまり、実験者の側の評価が適正でないとか、被験者が課題について、実験者とは異なる解釈を加えていた、といった理由による弁明の余地がない）以上は、人間の行為に不合理性を認めるであろう。これが、パングロス主義者との大きな違いである。

パングロス主義者と改善主義者の主張の違いは、『エコノミスト』誌［February 14, 1998］の記事で、わかりやすく説明されている。この記事には次のような見出しがついていた。「経済学者は『消費者は自分が望むものを知っている』という前提で世界を理解する。広告主は『消費者は自分が望むものを知らない』という前提に立つ。いったいどちらが正しいのか？」この記事で言うならば、改善主義者は広告主が正しいと考えている――つまり、人は多くの場合、自分が望むものを理解していないのであり、それゆえ自分自身のためではなく、広告主の利益を最大化するような形で影響を受けやすい、と。あるいは言い方を変えると改善主義者は、広告主が正しいからこそ、広告には気をつけなくてはならないと考えるのだ！　これとは対照的に経済学者は、消費者は自分の消費行動を最適化するための材料だけを広告から受け取っていると触れ回るのだが、こういう見解は広告業界にとって、またとない追い風だろう。

経済学者のパングロス主義的な仮定は、特定の種類の広告を禁じる政府の規制に抵抗したいときに、広告主が盾に取ろうとするものだ。対照的に、改善主義者は消費者が自分にとって最適な方法で（なおかつ、広告主とは対立する仕方で）広告主の情報を処理できるとは考えない。それゆえ、改善主義者は広告を規制しようとする政府の取り組みにこそ大いに賛同する――なぜなら改善主義の見解では、そのような規制は万人の効用を増大させるように作用しうるからだ。これは、合理性大論争がはらんでいる深刻な政治的帰結の、ほんの一例に過ぎない。

252　原語はMeliorist position。meliorはラテン語で、英語のbetter（形容詞bonumの比較級）に相当する言葉。「パングロス主義者（Panglossian position）」もそうだったが、Meliorismと「主義名」で呼称することはあまり多くない。また、基本的には大文字で表記される。これは第3の立場「弁明主義者」についても同じである。

合理性大論争における第3の立場はいわゆる「弁明主義」である。[253] 弁明主義者の立場は、ある点では改善主義者と共通している。すなわち弁明主義者は、人間の行動において最適とはいえないものが現実に含まれていることを認めている（つまり前述のとおり、その種の行動は適正に評価されていないとか、課題についての異なった解釈のもとになされているという理由による弁明の余地がないという意味で、現実に最適に達していないことを認める）。一方で弁明主義者の立場にはパングロス主義者との共通点もある。すなわち弁明主義者は、人間行動の最適に達していないものを「不合理性」の事例と呼びたがらない点でパングロス主義者と一致するのだ。彼らはそれを不合理性と呼ぶことを避けるために、行動や信念の合理性は、人の脳のリソースに限界があることを考慮したうえで評価すべきだという、よく知られた制約に依拠する。[10]

人間が論理的・確率的推論を行うために必要な、短期記憶の範囲、長期記憶の容量、各種の知覚能力、直列的推論を継続できる能力（第2章および第4章を参照）には、いずれも限界がある。それゆえに、多くの状況において、最適な反応を導くために必要とされる計算上の要件は、人間の脳が応じられる限度を超えている、と弁明主義者は主張する。かくして、最も有効な反応を割り出すために必要な計算のためのリソースを脳が持たない以上、ある行動が最適ではなかったとしても、それを不合理と呼ぶのはフェアではない、と彼らは論ずる。[254] なぜなら不合理という言葉は、その人がもっとうまくやれる場合にのみ適切であると思われるからだ。そして実際、ほとんどの改善主義者は、最適のモデルが人間の脳の能力を超えた計算能力を要するとしたら、そのモデルと一致しない行為を不合理と呼ぶべきではない、という一般的な制約には同意する。改善主義者と弁明主義者の意見が分かれるのは、この一般的な制約の、特定の具体的事例への適用性に関してである――すなわち、ある特定の最適な反応について、それが人間の計算能力の限界内に実際に収まっているのかどうかについて、意見が分かれるのだ。弁明主義者の場合、ほとんどすべての事例において、人間の計算能力の限界によって最適な反応は阻まれてしまっている、と考えるのである。[255]

ここで、3つの立場をまとめてみよう。改善主義者は、人はときどき不首尾な仕方で推論をしてしまうことがあるが、もっとよい推論もできたはずだと考えている。弁明主義者は、人は適切に推論できていないが、本人に可能な範囲内ではそれが最善なのだと考えている。最後にパングロス主義者は、人は極めて上首尾に推論を行っていると思っている――実に、およそすべての可能世界の中で最も善なるこの世界において[256]、誰もが可能な限り最善な推論を行いうる、と思っているのだ。

認知を改善していこうとする〔認知改革への〕努力への動機づけという観点からすると、3つの立場からそれぞれ大きく異なる帰結が導かれるのは明らかだ。まず、パングロス主義からは、人の推論は考えうる限り最良のものだということになるので、改善への努力につながる動機づけはほとんど出てこない。一方、改善主義は、改善への努力に強力な動機づけを与える。この立場によれば、実際の行動は、認知的に可能なはずの水準にまるで達していない状態なので、それだけ改善の見返りは大きいはずである。

弁明主義は、他のふたつよりやや複雑だ。弁明主義者は、既存の認知的制約（ここには、私たちの脳の既存の計

253 原語は Apologist position。apology は「弁明、弁解」の意味。

254 原注にも参照されているが、このような合理性理解の古典的で広く知られた主張としては、ハーバート・サイモン（H. Simon）の「限定合理性（bounded rationality）」の概念を挙げることができよう。

255 見たところ些細な、「程度問題」に過ぎない相違のようだが必ずしもそうではない。弁明主義者が個別事例の検討なしに、「不合理性は原理的に計算能力の限界に由来するに違いない」とただ一般的に主張するだけの立場であれば、それは人間の合理性に関するドグマティズムに近いものになるからである。

256 「すべての可能世界の中で最も善なるこの世界において」というのはヴォルテールのパングロス博士のモデルとなったライプニッツの「最善世界説」を指していると見られる。むろん著者自身、あるいは現代のパングロス主義者がそのような神学思想（でなければ根拠のない誇大な様相論理学的主張）にコミットしていることを示そうということではなく、揶揄に近い誇張表現であろう。

算能力の限界と、環境からの刺激を構造化する既存の様式が含まれる）があるため、パングロス主義者同様、人間の認知機能に伸びしろはほとんどないと考えている。とはいえ弁明主義はまた、認知的遂行の成績を向上させる、これとは別の方法を強調する。つまり、私たちの認知メカニズムが本来対応すべく設計されている事柄に、より当てはまる仕方で情報を提示すればいいというのだ。〔第４章で見たように〕進化心理学者たちはヒューリスティクスとバイアス課題の多くについて、進化的モジュールの刺激への制約に対応できるように課題を再設計すれば、一定の人々にとって課題はより解決しやすくなるだろうと強調するが、こういうときの彼らは、弁明主義者の立場のこの部分を代弁していることになる［Brase, Cosmides and Tooby 1998; Cosmides and Tooby 1996; Gigerenzer and Hoffrage 1995］。

パングロス主義、改善主義、弁明主義が三つ巴となった合理性大論争は20年以上にわたって続いているが、いまだに決着がつく様子はない[11]。各陣営が、認知の改善という構想に対して以前から抱いてきたバイアスが、部分的には、改善主義者によるヒューリスティクスとバイアスに関わる研究と、それに対するパングロス主義者と弁明主義者の批判を、ともに動機づけてきた、という見込みもある。他に、人間の合理性の実態についての複数の仮定から導かれるコストと利益について、各陣営は異なった重みづけを与えており、それが彼らの前理論的なバイアスのもとになっている、ということもある。例えばパングロス主義者であれば、彼らの仮定が間違っていた場合、推論の仕方を改善する機会を失ってしまうかもしれない〔というコストがある〕。逆に改善主義者が間違っていた場合にも、それなりのコストが伴う。認知改善へ向けての努力が無駄になるかもしれないし、人間の認知能力が単独で発揮できる、目を見張るような性能を適切に評価し活用する機会を失うかもしれない。場合によっては弁明主義者がいうように、認知を変えるよりも環境を変えるほうが、認知能力を向上させるための近道なのかもしれないが、改善派の考え方に偏りすぎるとこうした可能性も見逃しがちだ。

これらの論争に参戦している論者のなかには、改善主義のように人間の不合理性を多くの人々に認める態度は、人々を愚弄するものだという所見を表明する人々もいる。こういった懸念には、しごくもっともな反エリート主義の気性が含まれていると同時に、おそらくは人間の自尊心が傷つけられることへの漠然とした不安もまた含まれている。こうした反応はすべて、これらの研究成果の解釈からどのような民俗心理学的、社会的な帰結が導かれうるかに対する関心を表しており、このような関心それ自体は望ましいものである。だが、そこで私たちのなかに即座に生じる反応――「人間を不合理な存在と見なすのは悪しき行いである」と考えてしまう態度――にそのまま従ってしまうことは、いささか早計ではないだろうか。世界は人間の行為によって引き起こされた大惨事であふれている。そのいくつかは、不合理的な判断や行為への傾向を減らせるように人々を教育することによって、防ぐことができたはずだと改善主義者は考えている。こういう改善主義者の立場を採用しない場合、何が出てくるだろう？　実のところ、改善主義者の説明〔つまり「いくつかの人間の行為は実際に不合理であるが、しかし改善可能である」〕を採用しないとしたら、これから論じるように、まったく救いようのない結論が導かれる。

仮に、改善主義者の主張が誤っているとしよう。となれば、戦争、経済破綻、技術事故、マルチ商法、電話勧誘詐欺、宗教的狂信、霊感商法、環境破壊、結婚破綻、S&L危機〔貯蓄および融資をめぐるトラブル[257]〕といったものすべての原因は、不合理だが改善の余地がある思考にはないということになってしまう。そちらのほうがよほど不穏な事実ではないだろうか？　これらが人間の不合理性ではないのだとしたら、何だということになるだろう？　ひとつの別の可能性は、こうした惨事やトラブルの原因が、不合理性よりもさらに御しがたい社会的ジレンマにあるに違いない、と見なすことだ（例えば有名な「囚人のジレンマ」や、ハーディンの「共有地（コモンズ）

257　「S&L危機（Savings and Loan scandals）」は1980年代アメリカでに貯蓄貸付組合（Savings and Loan Association）と呼ばれる形態の金融機関が相次いで破綻した事態。

の悲劇」などのジレンマである。[258] Colman 1995; Hardin 1968; Komorita and Parks 1994 などを参照)。こういった社会的ジレンマは、個々人の認知能力を改善したところで、よい方向に向かうというものではない。

こうした御しがたい社会的ジレンマが原因ではない場合でも、実をいえばもうひとつ別の説明の候補がある。だがこちらは、他の候補よりももっと不愉快な可能性である。思い出してほしいが、道具的合理性とは、最も効率的な手段で自分の目的の実現を目指す合理性であり、このとき、そこでどのような目的が目指されているのかにはかかわらないのであった。(パングロス主義者が言うように)誰もが合理的に目的を追求し、なおかつ社会的ジレンマも存在しない世界が、それでもなお破滅的な出来事に満ちあふれているのだとすれば、残るのは最も陰鬱な結論のみだ。つまり、相当数の人間は真に邪悪な欲求を追いかけているに違いない、ということになる[Kekes 1990; Nathanson 1994 を参照]。第3章では「薄い合理性」のいくつかの問題点について論じたが、その中で、薄い合理性理論ではヒトラーが十分に合理的だとみなされる可能性があることを指摘した。たしかに、世界に「合理的なヒトラー」が大勢いると考えるのは、パングロス主義者が前提とする人間の合理性と、人間が引き起こす惨事が日々無数に発生しているという事実のつじつまを合わせるひとつの手段ではある。

このような結論に直面すると、人間に何らかの不合理性を認めることは、以前私たちが考えていたほど嫌悪すべきことではないように思われるし、また皮肉なことに、人間は完璧に合理的だというパングロス主義者の主張は、当初思われていたほど心温まる結論ではないこともわかる。人々を愚弄することに私たちが忌避感をおぼえるとして、人々を不合理的な存在として認めるほうが、人々を卑劣なまでに利己的な存在だと見なすよりも、愚弄の程度は低いのではなかろうか。このことがさらにわかる別の例を考えてみよう。数年前、アメリカでは幼児の40パーセントがいまだにシートベルトをせずに車に乗っているという道路交通安全局の発表がテレビで報じられた。この恐るべき統計データを、子どもたちの親の合理性の評価という観点から、どう解釈すればいいのだろうか?

親の合理性を固持しようとする、パングロス主義のバイアスから検討を始めてみよう。この場合でも私たちは、このなかの一定割合の事例は「パフォーマンスエラー」だった、と見なすことができる――つまり、一定割合の子どもたちは、通常ではシートベルトを着用させられているのだが、何かの拍子に親が着用させるのを忘れてしまった、ということだ。しかし、道路交通安全局の発表は、それだけですべての説明がつくわけではないことを教えてくれる――実のところ、一定数の子どもたちは、毎度のようにベルトを着けずに車に乗っていたのだ。この場合、親は一貫して同じ対応をとっていたので、その対応はいわゆるパフォーマンスエラーではありえない。ならば、まさにこのような事例における親の合理性という前提を固持するために、私たちはどうすべきだろうか？こういう場合、パングロス主義者にとって利用可能な、しかし私たちとしては採用を拒みたい、ひとつの脱出口がある――脱出口とはすなわち、「おそらく本当のところ、親は自分の子どもを大事な存在として重んじてはいないのだろう」という解釈をすることである。つまりこういうことだ。ここで逆説を生じさせているのは、一方にある親の行動（シートベルトによる保護を行わずに、子どもを大きな危険にさらすこと）と、他方にある親の欲求や目的（子どもを愛し、守りたいと願うこと）が完全に食い違っているという事実である。そしてこの逆説から抜けだすひとつの方法は、後者の親の欲求や目的を否定することである。（これはパングロス主義者の経済学者がよく使う手口だ。家電が好きだと言いながら家電を買わない人について、彼らは「その人たちは、本当のところは家電なんて好きではないのだ」と説明する。）たしかにこのような想定は、人間の完璧な合理性という、パングロス主義のデフォルトの前提を固持しつづけることを可能にする。だがその代償として、私たちの同朋たる人間に固有の特徴をうやむやにする見方を採用することになる。私たちの大部分は、例の逆説をこのようなやり方で回避するこ

258 このような社会的ジレンマについては第8章で改めて取り上げられる。

とを望みはしないだろう。

この逆説と見られる問題を解決するための、これ以外のもっと人気のある方法が、「薄い合理性」が掲げる、極端にゆるい制約にまで退却する、というやり方だ。つまり薄い合理性理論は、信念というものを、固定され、評価の対象外に置かれ、欲求の内容ともならないものとして取り扱うのである。これによれば、ある個人が事実抱いている諸目的および諸信念はそのまま受け容れられ、もっぱら「その個人は自らの諸欲求を、自らの諸信念のもとで、最適な形で満たしているかどうか」という問題を中心に議論が絞り込まれることになる。かくして、こうした薄い合理性の理論（プラス、パングロス主義のデフォルトの前提〔人間の完全な合理性〕）によると、シートベルトの事例では、欲求が固定されており（親は子どもを愛している）、行動も固定されている（毎回子どもにシートベルトをさせず、事実上子どもを保護しなかった）以上、そこに誤りがあるのなら、単純に行動の背後にある信念が誤っていたに違いないという結論になる。つまり親たちは、子どもの自動車事故――これは幼児の死亡理由のトップである（1999年、米道路交通安全局調べ）――なかでも子どもがシートベルトをしていない場合のそれは特に危険だという事実を知らなかったのだろう、と。

しかし、これは本当に満足のいく結論だろうか？　そこには何の問題もないと、本当に私たちは納得できるのか？　筆者としては、憂慮すべき点はまだまだあると言いたい。パングロス主義の目隠しを外してみれば、この事例において、合理性にかかわるある問題領域が、ここまでのところ丸ごと未検討のままになっていることがわかるだろう――つまり「実践的目的に沿った知識獲得の較正《キャリブレーション》[259]」という問題領域がそれだ。ここで筆者は、シートベルトの事例はいわゆる「認識的責任」〔自身の行動の結果について予見する責任〕［Code 1987 参照］をめぐる合理的思考の失敗を明らかにするものだと考えている。この場合について言えば、なるほど、ベルトをしていない子どもが格別に危険な目に遭うことを知らなかったのであれば――薄い合理性の理論が主張するように――親に不合理なところはないといっても差し支えはないのかもしれない。だが、ここで筆者が提起したいのは、この場合もっと別の問いかけが適切なのかもしれないということだ――「なぜ、親たちは知らなかったのか?」と。メディアは20年以上にわたってシートベルトの必要性を警告しつづけているのである。学校や地域コミュニティでも、シートベルトの着用に向けた教育は行われている。あらゆる自動車教習所で必修項目となっていることは言うまでもない。子ども用シートベルトの重要性に関する情報を入手するのは難しいことではないのだ。

このシートベルトの事例では、較正の要件が満たされていないように見受けられる。認知科学者のジョン・ポロック[Pollock 1995]が提示する別の事例を見てみよう。ポロックは、休暇中の船乗り(船長)が出てくるシナリオを創作した。船長が休暇を過ごしているカリブ海のクルーズ船は、一見よく整備されている。何気なく救命ボートに目をやった船長は、ボートは全部で何艘あるのだろうかと疑問に思い、乗客全員に配られた薄っぺらいパンフレットでこの点を確認する。その後、実際に事故が発生し、船員たちが全員活動できない状況に陥り、船は沈没の危機にさらされる。急遽、船の責任者となったバカンス中の船長は、真っ先に救命ボートの数が足りているかどうかを知りたいと望む。安っぽいパンフレットに書かれている情報のみを基にした彼の信念は、もはや当てにならないからだ。いま必要なのは、慎重かつ正確に勘定されたボートの数である。

このポロックの例では、船長が救命ボートに関する知識を自分の置かれた状況(単なる乗客なのか、あるいは船の責任者なのか)に応じて調整することが重要だった。同様に、どんな人であっても、人生そのときどきで最も重要な目的を充足するために、最も関連性の高い領域の知識を獲得することが決定的に必要となる。これを筆者

259 「較正(calibration)」は訳注154で解説したが、再確認しておくと、定規などの計測機器の「目盛りを定める」作業を指す。つまり何かを測定するための計測装置そのものの信頼度を測定したり、あるいは、測定目的に応じてその精度を調整したりする作業である。ここでの場合、意思決定の手引きとなるべき合理的な思考や合理的な検討そのものへの自己反省、調整の作業を指している。

は「知識獲得の実用的較正」[260]と呼んでいる。知識の獲得には努力が必要であり、そのために利用できる認知的リソースは限られている。認識活動に費やせる時間や努力は限られているため、私たちが重要だと判定した目的に関係する知識領域に注力できるよう、努力の較正〔配分の調節〕を行わなくてはならない。[261]ある何かが（それこそ「子どもの安全」などが）自分にとってこの上ない重要性をもつと主張する場合、私たちには、それほどまでに重要だと判定する事柄についての知識を得る義務がある。この見方に立つと、子どもにベルトを着けさせない親たちは不合理な行いをしていることになる——というのも、彼らは長い人生のなかで知識獲得の較正をごく拙い仕方でしか行ってこなかったからである。そしてパングロス主義者のように、親たちは言動においても行為においても本当は子どものことを愛していないのだ、と決めつけるより、むしろ親たちの行為を不合理だと見なすほうが、人間に対して楽観的であり、人間を尊重する態度である。[262]

パングロス主義、改善主義、弁明主義それぞれの立場について得られた証拠に関して、これまでの研究からわかることは何だろうか。過去20年間に行われた何ダースもの重要な研究は、ある一連の暫定的な結論へと収束しつつある。[263][12]まずパングロス主義は、ヒューリスティクスとバイアス研究の文献で扱われる課題に対する批判を行ったという点で、有意義な役割を果たした——つまりパングロス主義者は、わずかだが注目すべき事例において、心理学者たちが被験者の遂行成績を評価するのに誤った基準を適用していたことを証明したのである。[13]とはいえ、この種の事例はあくまで少数例にとどまる。人間が最適ではない反応を見せる大部分の事例は、このような説明によって解消することができないのである。とりわけ、パングロス主義が、不合理に見える人間の反応を説明し解消するために、前述のような「パフォーマンスエラー」（注意の欠如、一時的な記憶の不活性化、注意散漫など、認知戦略を実行するのに必要な補助的プロセスに見られるランダムな不備）という考え方に依存してきたことは、方向を誤っていたといえる。というのも、第4章でタイプ別に解説した、人間の推論における誤りのほとんどはランダムに発生するものではなく、むしろある一貫性をもって発生する誤りなのだからである〔Rips and Conrad 1983; Stanovich 1999;Stanovich and West 1998c, 2000〕。

同様に、弁明主義者の見解にも一抹の真実はあるように思えるが、ヒューリスティクスとバイアス文献に見られる、認知心理学者たちが発見した、体系的に一貫した不合理な反応の数々を説明することはできない。また、いくつかの心理学的研究ではたしかに、弁明主義者たちが強調する人間の計算能力〔の限界〕ゆえに、一定の人々が〔合理性的規範に照らしての〕失策を実際に引き起こしているように思われるのだが、しかしこれもまた少数の事例にしか当てはまらない。これまでの研究では、認知能力においてごくごく凡庸な被験者であっても、事実上すべてのヒューリスティクスとバイアス課題で最適な反応を導ける事例が確認されている。ここからしても、大部分の人間にとって、計算能力の限界ゆえに最適な反応ができないなどということはない。その点、人間の行為の一部は体系的に一貫して不合理だと認めている点において、改善主義者が正しいように思われる。

260 先の言及では「実用的（pragmatic）」が「実践的（practical）」となっていたが、同一の概念と見て問題ないと思われる。

261 「較正」については訳注154参照。「客として乗船した船」と「人命救助の責任者を担当している船」とでは、「救命ボートの数」という知識について求められる精度、その獲得に必要な努力の配分は異なり、その調整が必要となるという事態をここでは「較正」の名で呼んでいる。

262 人間の普遍的で完璧な合理性を主張する立場を指す「パングロス主義」とは、もとをただせば哲学者ライプニッツの「最善世界説」（この世界は論理的に可能なすべての世界の中で最善の世界として創造されたという神学説）に対するヴォルテールの揶揄に発しており、語義として「超楽観主義」のような意味合いがある（旧訳でも「楽観主義」「楽観論」「楽観的立場」などの訳語があてられていた）。しかるにここで筆者はパングロス主義よりも改善主義のほうがより楽観主義的な立場であることを自説の利点として強調しており、同様の、著者なりの「楽観主義」の肯定は本書ではふたたび登場する。

263 「証拠の収束（convergence of evidence）」については訳注51を参照。複数の独立した研究から得られた証拠が、いずれも単一の仮説の支持につながっていく状態を指す。

合理性障害──「賢い人が愚かな行為におよぶ」という逆説を解決する

ここまでくれば、賢い人が愚かな行為におよぶという状況が、筆者が解説してきた枠組みのなかで完全に説明できることがおわかりだろう。各種研究からも、知能（アルゴリズムレベルの思考の要素）の個人差と、合理的な思考性向（志向的レベルの思考の要素）の個人差は、完全に相関するわけではないことが証明されている。[14] それゆえ、このふたつのレベルでの個人差は解離しうるのである。

この章の冒頭で述べた「賢い愚か者」という逆説も、これらの民俗心理学的な言葉の〔これまで得られた専門的知見との〕簡単な対応付けによって解決できる。すなわち、日常語において私たちが「なんて愚かなことをしたんだ」と言うのは、不合理な思考が不適応行動であるような行為をもたらした場合である。これは簡単に言えば「ある人が愚かなことをした」とは多くの場合「その人が不合理な行為におよんだ」ということを意味し、より形式的かつ専門的に言えば、その人の行為は志向的レベルの分析において、最適ではない行動統御の産物であるように思われる、ということを意味する。そしてそこでは、その愚かな行為がアルゴリズムレベルでの誤作動（外部刺激の不適切なコード化、短期記憶障害など）のせいで生じた、ということが意味されているわけではない。これによって「賢い人が愚かな行為におよぶ」という概念の逆説じみた含意は解消される。つまり、民俗心理学的表現として、「愚か者」が意味するものは、ほんの少し知能よりも合理性寄りであり、反対に「賢い」が意味するものは、ほんの少し合理性よりも知能寄りであることを認識すればよいのである。

何年か前、知能と合理性が解離してしまう可能性をよりわかりやすく説明するために、筆者は新しい障害のカテゴリーを考案した［Stanovich 1993, 1994］。それは「合理性障害（ディスラショナリア）」と呼ばれ、十分な知能があるにもかかわらず、合理的に思考したり行動したりすることができない状態を指す。この合理性障害（ディスラショナリア）という名称は、学習障害の分野における異なる能力の不一致の定義になぞらえたものだ――例えば、ディスレクシア（読み書き障害）は読解力と知能の不一致と定義され、ディスカリキュリア（算数障害）は計算能力と知能の不一致として定義される、など。同様に、ディスラショナリアをきたしている人物は、十分な知能があるにもかかわらず、合理的に思考し行動することができなくなっている――すなわち、賢い人が愚かな行為におよぶ――のである。[264]

筆者の考案した枠組のもとでは、「合理性」という構成概念[265]と「知能」という構成概念を切り離すべきことを強調するが、このアプローチに同意しない心理学者もいる。多くの心理学者はふたつの要素を混同し、彼らなりの知能の概念の中に、合理性の要素を組み込もうとするのである［Baron 1985a; Perkins 1995; Sternberg 1997a を参照］。しかし、心理学の研究文献ではほとんど強調されていないことだが、この混同はひとつの帰結をもたらした。つまり、合理性と知能を混同した場合、賢い人が多くの場合愚かな行為におよぶことの謎は解けないままになるのだ。合理性と知能を混同する場合、「賢さ」と「愚かさ」は同じ尺度に関わるものとなる。そしてそうなると、必要な概念的区別を怠った帰結に直面せねばならなくなる。すなわち、それらを混同する立場に立てば、賢い人が繰り返し愚かなことをするのは、単にその人が思っていたほど賢くはなかったという結論になるのだ！　筆者なら「知能と合理的思考の不一致（合理性障害）」だと考えるところが、混同派からすると「知能を疑え」ということになるのである。

264　ディスレクシアには「失読症」という訳語もあるが、これに合わせてディスラショナリアに「失合理症」という訳語を当てることも可能であろう。
265　「構成概念（construct）」については訳注57参照。この場合「専門用語として厳密に定義された概念」であることを強調しようとしていると見られる。

「混同派」と同様に、弁明主義者とパングロス主義者もまた合理性と知能の解離を認めない。弁明主義の見解では、志向的レベルの認知機能に疑いが差し挟まれることは決してなく、それらは常に最適な形で（すなわち完璧な合理性をもって）作動する。したがって、最適でない反応はもれなく、アルゴリズムレベルでの能力の限界に起因するものとされる。これに対して、改善主義者の見解では、志向的レベルでの行動統御に批判的な目が向けられるため、そこで最適反応をなし得なかったことの説明として「合理性障害」の可能性が浮上することになる。つまり、その人の計算能力は十分であるにもかかわらず、そこから導かれた反応は最適ではないと考えるわけだ。このように、そこに合理性障害を仮定することは、改善主義者にとって、志向的レベルにおける認知改革の可能性を信じることにもつながっている。[266]

欲しいものをじっくり手に入れるか、欲しくないものをすばやく手に入れるか

合理性障害に陥っている人が、少なくとも十分な認知能力は持っているにもかかわらず、個人的《パーソナル》な目的を実現できないのは、人間にとっての目的実現には合理性が不可欠であり、アルゴリズムレベルの能力のみでは不十分だからだ。それゆえ、社会が志向的レベルの合理性よりも、アルゴリズムレベルの能力〔つまり一般知能〕をことのほか重視しているように見えるのは不可解である。社会は執拗なまでに知能にこだわっている――知能について議論を交わし、測定を行い、児童の知能を高めるよう学校に要求している。知能テスト、SATテスト〔大学受験のための統一試験〕、学校で行われる適性テストや学力テストの大半は、志向的レベルの思考性向ではなく、アルゴリズムレベルの能力を評価するものだ。社会は合理性や、それを高める方法を議論することに、それよりもずっとわずかな重点しか置いていないのである。

この食い違いは憂慮すべきものであると同時に、奇妙でもある。合理性というのは、すくなくとも基本的なアルゴリズムレベルの認知能力と比べる限りは、より鍛える余地があると見込まれる能力だからだ（例えば、短期記憶の容量を増やすよりも、自分の主張したい仮説を裏づける証拠を探してしまう傾向を改善するほうが、短期間の訓練で効果が出る可能性が高い）――加えて言えば、合理性のほうが、人間としての目的を実現するうえで重要な要素だからでもある。何かといえばテストにこだわる欧米社会では、教育の現場でもビジネスの現場でもさまざまな評価が行われているのだが、合理的に思考する技能の評価については、ほとんどまったく重視されていないのである。そしてこれは、合理的思考の構成要素を評価したり、教えたりするための手段がないからではない。意思決定科学と認知心理学の厖大な文献（第4章参照）には、合理的思考の技能を測定するためのさまざまな方法論が示されている――例えば、証拠と通約可能な〔両立可能な〕[267]結論を形成する力、共変〔2つの変動する量の間の相関〕を評価する力、確率的情報を取り扱う力、信念の度合いを較正する力。含意された論理的帰結を認識する力、不確実性の程度を首尾一貫した仕方で評価する力。効用を最大化できる整合的な選好を持つ力、代替説明を考察できる力、首尾一貫した判断を行う力などの測定である。これらの合理的思考力を構成する要素の多くについては、教育や訓練プログラムも存在する。[15]

合理性が知能に比べて低く評価されることが招く奇妙な不具合について、筆者の言いたいことをわかりやすく

266 パングロス主義者についての考察がなされていないが、パングロス主義者の場合（パフォーマンスエラーを除き）人間の思考と行動の完全な合理性が前提されるため、「不合理と高い知能の不一致」という事例自体がそもそも存在しないのである（一方、弁明主義者の場合には認知的制約に基づく最適未満の行動、要するに不合理な行動の余地が認められる）。

267 「通約可能（commensurable）」は字義通りには分数が「約分できる」という意味で、科学哲学ではふたつの異なったパラダイム（諸理論を根底で支える概念の枠組み）の間で概念を翻訳可能であるかどうか、という意味にもなるが（「共約可能」とも訳される）、ここでは「結論と証拠のつじつまが合っている」というほどの意味だと解される。

説明するために、認知心理学者ジョナサン・バロン［Baron 1985a, 5］の著作から、興味深い思考実験を借り受け、脚色を交えて紹介しよう。バロンは、アルゴリズムレベルの認知能力（識別速度や短期記憶容量など）、すなわち知能を向上させる無害な薬を万人に与えてみたらどうなるか想像してみようと呼びかける。例えば、北米に住むすべての人々が、仕事上がりにこの錠剤を服用すると、翌朝目覚めたときには作業記憶《ワーキングメモリ》の枠がひとつ増えているとしよう。人間の幸福という観点からすると、翌日以降に大きな変化が起こる可能性はほとんどないとバロンは考えており、これには筆者も同意見だ。薬を服用したからといって、その人々が翌日以降、自分の願いや欲求をかなえやすくなるとは考えにくい。ただ、いつもの仕事をより効率的にこなせるようになるだけだ。つまり、短期記憶の容量が増えたところで、人々は変わらず効果のない健康法に頼り、金銭的判断を誤り、自分の利益に反する投票を行い、環境問題を過小評価するなど、最適とは言いがたい判断を下しつづけるだろう。ただひとつ変わるのは、アルゴリズムレベルの計算能力が強化されたことで、これらの拙い判断を、より迅速に下せるようになるということだ！

改善主義者の見解では、人の認知能力を高めることは、計算能力の限界ゆえに不首尾な反応が導き出されるような一部の事例では役に立つだろうが、合理性の点で最適とは言えない思考戦略を立て、失敗に終わるという、大多数の状況では何の役にも立たない。これとは対照的に、先に定義した合理的思考の技能に数えられるさまざまな能力――正確な信念形成、信念の整合性の評価、行動統御など――を強化すれば、自分自身や他人の人生を本当によくすることができるかもしれない。

バロンの思考実験から導かれる帰結を理解するためのひとつの鍵は、第3章で述べた道具的合理性の定義と、本章で述べたアルゴリズムレベルと志向的レベルの違いを思い出すことで得られる。合理的に考えるということは、まさしく道具的合理性にしたがって、望んだものを確実に手に入れるということだ。一般知能においては凡庸でも合理的に思考できる人ならば、時間はかかるだろうが、最適な目的／手段分析に基づく計画を実行できてもおかしくない。これに対し、強力なアルゴリズムレベルのメカニズムがいかに効率的に働いたとしても、不合理な計画が個人のパーソナルな利益を最大化することはできない。その意味で、知能を重んじる代わりに合理性を軽視する社会は、人間が本当は望んではいないものを手に入れやすくしようとしているだけのように思える。私たちの知能へのこだわりと、合理性を育むために必要な認知の評価に対しての反感は、まさに合理性障害に陥った人々を作り出す仕組みであるかのようだ。

筆者が「合理性障害」の概念を用いてきたのは、知能と合理性のそれぞれの文化的価値に関して必要な議論を喚起するためだ。合理的な思考と不合理的な思考の社会的な影響を考えれば、これらの技能が属する領域の実践的重要性は疑いようがない。ならばなぜ、社会で用いられる選抜の仕組みは、知能の高さばかりを求め、合理性を無視するのだろうか？　ある認知能力が、他の能力よりもことさらに優遇されているという問題は、もっとおおっぴらに議論されるべきであり、筆者はまさにそのような議論を喚起するために合理性障害という言葉を考案したのである。

アメリカのアイビーリーグ〔アメリカ北東部の8つの難関私立大学〕を例にとって考えてみよう。これらの大学は、次世代の社会的エリートを選抜する機関である。彼らが用いる選抜の仕組み（SATテストなど）は、いかなる社会的目的を実現するためのものなのだろうか。社会評論家らは、経済的・社会的エリート層を維持することが目的なのだという。しかし彼らは「なぜ認知能力ばかりを選別し、合理性を完全に無視するのか？」と問わないことで、現状の選抜システムの是非を検証する絶好の機会を逃してきたように思える。

例えば、パングロス主義に与する哲学者の一部は、人間の不合理性を証明した実験結果を、被験者たち（多くは大学生）が「いずれ一流の科学者、法律家、公務員になる人々」だからという理由で、信憑性を欠くものと見なしてきた〔Stich 1990, 17〕。こういった哲学者たちは、目を見張るべき事実に私たちの注意を向けさせたという点には筆者も同意するが、とはいえ筆者はそこから、彼らとはまったく異なる教訓を引き出す。筆者が見たところ、多くの法律家や公務員は十分な認知能力を持っているように思える。にもかかわらず、彼らはしばしば、明らかに最適とはいえない行為をなす。こういった、標準に達しない行為を彼らがしばしば行ってしまうのは、短期記憶容量が足りなかったり、記憶検索のスピードが遅かったりするからではなく、合理性を追求しようとする〔思考〕性向が弱いからだ。つまり、知能が低いわけではないが、合理的思考の技能がないのである。

先に述べた「賢い人が愚かな行為におよぶ」という話題からもわかるように、推論や意思決定に関する実験に参加した大学生たちが、これらの技能を測定するテストで不出来な成績を収めるのは、何らの逆説でもない。彼らはまさに将来、まともな認知能力があるにもかかわらず、ひどい推論を行う法律家になるだろう人物なのだ。これらの学生たちは、この研究に参加する以前に、合理性について特別に審査されたことはなかった。また、この先も審査されることはないだろう。エリート州立大学やエリート私立学校の学生であれば、アルゴリズムレベルの認知能力（つまり知能）を評価するSAT、GRE、学力テストや採用の適性検査を突破して、学問、企業、政治、経済の階段を上りつづけることになる。その中で合理性テストを受ける機会は決して訪れないだろう。しかし、仮にそういったテストが行われるようになれば、そこから何がわかるだろう？　人種や社会階級の違いは、合理性にも差をもたらすのだろうか。またそれは、知能テストで確認されているものほど明確な差異となって表れるのだろうか。これは興味をそそる、いまだ未確定の問いである。

「ユダヤ人嫌い」のジャック

ここにジャックという男性がいる。子どものころ、ジャックは適性検査で好成績を収め、学校教育の初期に英才クラスに入れられた。SATの成績もよく、プリンストン大学に入学している。さらに、LSAT〔ロースクールに入学するための適性・学力テスト〕の結果も優秀で、ハーバード・ロー・スクールに進学した。ロースクールでは1年めと2年めのコースで好成績を収め、『ローレビュー』〔学生が主体となって編集する、校名を冠した法学雑誌〕の編集委員に選ばれるという栄誉に浴したのち、ニューヨーク州の司法試験にも見事に合格。現在は、ウォール街にあるメリルリンチ〔大手の金融会社〕の法務部を率いる有能な弁護士だ。このように、会社でも地域社会でも権力と影響力を誇っているジャックだが、このサクセスストーリーにはひとつのほころびがある――ジャックはホロコーストがなかったと考える陰謀論者であり、ユダヤ人を憎んでいるのだ。

ジャックは、ユダヤ人勢力がテレビなどのメディアを支配していると考えている。そのため、子どもたちがテレビで「ユダヤの番組」を見ることを禁じている。ジャックは他にも、いささか「変わった」習慣の持ち主だ。彼は、ユダヤ人が経営する企業とはなるべく取引をしない。また、業界内の何十社もある企業のなかで、どのオーナーがユダヤ人なのかを常に把握している（ジャックの長期記憶容量と検索のメカニズムは、なかなか優れている）。年末のボーナスを決めるときも、ジャックはユダヤ系の社員の額面を少々カットしている――ただし、簡単にはばれないやり方を使って（彼の数量的能力〔数を認識する能力〕はなかなかのものだ）。本音を言うと、自分の会社にユダヤ人の従業員がいないことを望み、彼らが応募してきても採用しないようにしている。ジャックは弁が立つので（すばらしい言語運用能力の持ち主だ）、候補者の資質に問題があるかのように反論するのも得意なのである（彼の合理化の能力はとてつもない）[268]。こうしてジャックは自社が新たにユダヤ人メンバーを雇用しないよう取

268 「合理化（rationalization）の能力」は「合理的にふるまう能力」ではなく「もっともらしい正当化で言い繕う能力」である。訳注119も参照。

りはからい、なおかつその判断への非難を免れる。さらに、「ユダヤ人脈」を持つすべての組織への慈善寄付を差し控え、民族差別的陰謀論を推進する政治団体に多額の寄付をする（もちろん彼の給料は高額だ）。

要するに、ジャックは信念の形成と証拠の評価に重大な問題を抱えているのに、ジャックが一生のうちに経験してきた選抜システムは、どれひとつとしてジャックの極端な傾向――信念への固執と、偏った証拠の取り入れへ向かう傾向――を検知するようには設計されていなかったのだ。これらの選抜システムは、ジャックの短期記憶容量が7ではなく5・5であったなら、すぐに検出しただろう――さらに言えば直ちに警告を発しただろう。しかしジャックが「ヒトラーはそれほど悪いやつではなかった」と考えているという事実については、完全に沈黙したのである。

実際のところ、ジャックは認識的合理性において深刻な認知上の問題を抱えている――認識の領域における深刻な合理性障害をきたしているのだ。その一方で、ジャックはアメリカ社会に大きな支配力を持つ企業の要職に就いている。ジャックが認識統御に（ことによると認知統御にも）[269]問題を抱えていることを考えるなら、私たちの社会における選抜の仕組みが、ジャックを通過させる一方で、正常な認識のメカニズムを持っているのに、ジャックよりも短期記憶の容量が0・5ほど少ない人をふるい落とすように設計されているのは、果たして理にかなっていると言えるのだろうか？

ジャックの信念形成の問題は、領域特異的な問題（第2章参照）だと思われるかもしれないが、先ほどの簡単な説明からも、ジャックの場合のような正当化されざる信念が現代生活の多くの領域で行動に影響を及ぼす可能性があることは明らかだ。[270] 複雑な現代社会では、経済に関する不合理な思考や、人種や性別といった人々の差異の捉え方に関わる不合理な思考が、とりわけ社会的影響力のある人間に生じた場合、極めて広範囲に有害な影響を及ぼしかねないのである。加えて、ある領域は他の領域を重要度で上回る。関係する領域があまりにも大きく、重要である場合、不合理な思考に対する懸念を領域特異的だからと論ずることでなだめようとするのは得策ではないように思われる。不合理な思考について「まあ、その人自身の人生での金銭的決断に影響を与えるだけだから」とか「人種や文化の捉え方に影響するだけだから」などと考えるのは、現代の技術社会と多文化社会の文脈に置かれるならば、いささかパングロス主義的な見方だ。不合理な思考について、領域特異的であることが安心材料になりうるのは、その領域が本当に狭く、現代技術社会の強力な情報ネットワークや経済ネットワークを介して間違いが拡散されないことが証明された場合のみなのである。[271]

最後に、ジャックの思考上の問題が、実際にはそれほど領域特異的でないという可能性も大いにある。精度の高いテストを行っていれば、ジャックが人間の判断に関わるさまざまな課題において劣っていることが明らかに

269 「認識統御（epistemic regulation）」と「認知統御（cognitive regulation）」は「反応統御（response regulation）」と共に思考性向のタイプを指し（すなわち、志向的レベルでの合理性の能力であり）、それぞれ「信念形成の妥当性」、「認知への努力の統御」、「目的と整合的な行為の採用の妥当性」を指すとされる（Maggie E. Toplak and Keith E. Stanovich, "The Domain Specificity and Generality of Disjunctive Reasoning: Searching for a Generalizable Critical Thinking Skill", *Journal of Educational Psychology*, 94(1), 2002, 197–209, 206.）。

270 「領域特異的（domain specific）」の概念の簡単な整理をしておくと、非反省的な、モジュール的な反応、つまりTASS反応は総じて「領域特異的」であり（しかも、必ずしも「モジュールが脳内に局在している」という意味である必要はなく、「社会の規則違反を見抜く」「人の顔だけを正確に見分ける」などのように、「機能すべき個別の外的状況に特化している」という意味で理解してよい）、ジャックの信念形成にもそのような非反省的な反応が大きく関わっていると見られる限り、それは「領域特異的」と呼ばれうる。ただしそれ以前にここでは「ユダヤ人に対する偏見のみが不合理で、その他は正常である」という、さらなる「領域特異性」もまた指摘できる。しかしいずれの意味で解するにしても、ジャックの偏った信念形成がもたらす影響はジャックの社会生活のさまざまな場面に及んでいると見られる限りでは、むしろ非領域特異的、ないし領域横断的だとも見られる、ということである。

271 著者は前提を十分明らかにせずに論じているようなので補足しておくと、本来の領域特異的な反応に問題がある場合、その問題の影響はその領域（その反応が本来機能すべき状況）を超えては広がらないので、大きな懸念はないか、少なくとも対処が容易である、という考慮が可能であり、著者はそれを想定してここでの議論を行っている。しかし領域が大きい場合、重要な場合は、「その領域の外部に影響が及ばない」というだけでは安心材料にはならない、というわけである。加えていえば、現代社会の複雑化が、かつて独立し没交渉だった領域間の相互関係をもたらす、という「タイムラグ」の問題もおそらく指摘できる。

なったかもしれない――例えば、ジャックの後知恵バイアスが並みの人より多かったり、確率評価において極度な過信があったり、信念に固執したり、確証バイアスがあったりといった傾向が示される可能性はある。[272] もちろん、これらのどれひとつとして、ジャックの願書を審査したロースクールの入学委員会が知ることはなかっただろう。彼らは、ジャックの人生に関わった他の多くの人々と同様、自らの決定によって彼にさらなる社会的優位を授けた――ジャックが合理性障害を抱えていることを知らないままに。

ご承知であろうが、以上の事例は、認知能力と合理性の不一致がもたらす社会的な影響を読者に理解してもらうための、筆者の創作である。合理性障害者としてのジャックが特異なのは、ただ一点、彼の障害から生じる代償の大部分を、社会が払わされているという点にある。合理性障害を抱える人の大半は、おそらくその被害のほとんどを自分でかぶっている。これとは対照的にジャックは、たしかにその認知能力によって大企業の法務部を「効率的に」運営しているとはいえ、さまざまなやり方で社会に損害を与えている。皮肉にもその知能ゆえに、ジャックに数々の社会的優位を授けたその社会そのものに対して、恩を仇で返しているのだ。ジャックのオフィスを清掃している作業員は、おそらく認知能力がジャックより劣っており、それゆえの負の報いを受けている（あるいは、よい報いを受け取れずにいる）。一方で、この作業員がジャックのように不合理な認知を持っていないという事実は、彼に何らの優位も授けない――合理性障害が、ジャックにとって不利に働くことがまったくないように。もし、教育課程全体において、認知能力と同じくらいはっきりと合理性も評価するようになれば、この不公平は是正されるはずだ。

愚かな人間が月に到達できた理由

この章では、賢い人間がしばしば愚かな行為におよんでいるように見える、という観察にまつわる逆説的なムードを取り払った。改善主義では、知能と合理性の不一致には何の逆説もないと考えるため、このような観察もごくごくあっさりと受け入れられる。一方で、改善主義は別の問題を提起する。なかでも注目すべきは、認知科学者のジョナサン・エヴァンズとデイヴィッド・オーヴァー［1996］が「合理性のパラドックス」と名づけたものだ。[273] この合理性のパラドックスをわかりやすく要約してくれる問いがある――「もし人間がそれほど愚かなら、どうして月にまで行けたんだい？」。これは、心理学者のディック・ニスベットとリー・ロスが同僚から尋ねられたという問いかけだ。この同僚は、人間の推論に見られる誤りを研究したふたりの論文を読んで、この問いを投げかけてきたのだった［Nisbett and Ross 1980, 249］。つまり、心理学者がこれでもかと人間の不合理性を証明しているのに、なぜ人間は月へ行く方法を発見できるほどの偉業を成しえたのか？　あるいは、なぜ人間は病気を治したり、ゲノムを解読したり、物質の最も微細な構成要素を解明したりといった至高の文化的業績をいくつも残すことができたのだろうか？――これが、エヴァンズとオーヴァーが「合理性のパラドックス」と呼んだ難問である。

この問いに対する答えは、実は極めて単純なものだ。文化の産物としての、社会の進歩による集合的な偉業の数々は、個々人それぞれの合理性の能力、あるいは有効な演算を持続できる能力には依存していない。というのも文化の拡散によって知識が共有されるため、個々人が別々にその知識発見をする必要を省いてくれるからだ。

272　少し前の訳注270ではＴＡＳＳ反応と領域特異性との結びつきを確認したが、これらのバイアスにはＴＡＳＳ反応が介在しているものも多いと思われるので、著者としては「領域特異的」ということで「ユダヤ人への偏見のみに変則性が見られる」というかなり限定された意味で理解していたとも見られる。

273　paradox には基本的に「逆説」の訳語を当てているが、ネーミングに用いられる場合には片仮名書きで「〜のパラドックス」と訳す（単純に語感ないし語呂の問題で、意味の上での違いはない）。

私たちの大部分は、文化にタダ乗りする《フリーローダー》存在であり、集合知――あるいは人類全体の合理性――には何も付け加えていない。その代わりに私たちは、日々他人が発明した知識や合理的な戦略の恩恵を受けている。

　確率論、経験主義〔的な科学研究〕、数学、科学的推論、論理学などの何世紀にもわたる発展の結果、人間は信念を形成し、修正し、行為に関わる推論を行うための概念的なツールを手に入れた。統計学の入門書を手にした大学2年生が、数世紀前のヨーロッパにタイムスリップすれば、賭博場の常連になるか、保険や宝くじに手を出すなどして、「強欲な者が夢見る以上の」[274]金持ちになれるだろう〔Gigerenzer, Swijtink, Porter, Daston, Beatty, and Kruger 1989; Hacking 1975, 1990を参照〕。文化における合理性の水準は、人類の〔生物学的〕進化をはるかに超えるスピードで進化するものだ。そしてこうした文化的な進化によって、遺伝的な最適化と道具的合理性を区別する要件が、部分的には整うことになる。[275]合理的思考のツールが増えるにつれて、分析的システム上で実行されるソフトウェアも増えていくのであり、各個人はそれによってロングリーシュ型の目的を実現し、自分の利益を最大化するように行為を調整できるようになるからだ。合理的思考のツールをひとつ習得するだけでたちまち、行為や推論は私たち自身にとって有用な方向に変化する――論理学の規則を学んだばかりの大学生が、新たな視点で新聞の社説を読みなおせば何かしらの発見を得られるように。これに比べれば、〔生物学的〕進化による変化の歩みはとてつもなくのろいものだと言えよう。

　幾星霜にわたって私たちの行動を取り仕切ってきたのは、私たちの脳内の、遺伝的に最適化されたモジュールであったが、今や人類は、進化の基準に照らすと驚くほどの短期間で、教育その他の文化的伝達手段を通じて、これらのモジュールに打ち勝つ思考様式を学び、広めることができるようになっている。創意的な人々による新発見は言語的に伝えられるため、一般の人々には新しい認知ツールを理解する能力さえあればいい。自ら新しいツールを発見する必要はないのだ。

文化における合理性の向上も、同様に累積的なつめ車式の向上メカニズム[276]によって支えられていると考えられる。つまり、合理的思考というツールを利用した文化制度が誕生すれば、これらの制度の下で、人々は合理性を実際に内面化していなくてもその恩恵を享受できるような規則に嫌でも従うことになる。要するに、人々は何らかの社会的利益を得るために、ある状況下で他人の真似をしたり、合理性の「規則に従う」ことを学んだりするだけで、実際に自分自身がより合理的になっているわけではないということだ。

文化制度そのものが組織レベルで合理性を実現することもあるが、その場合も組織内の一人ひとりが実際に合理的思考のツールを脳内のシミュレーター上で走らせている必要はない。[16] 制度的合理性について考えることは、認知の二重プロセスモデルの文脈で、人間の合理性のロジックを理解するための類比としても有用だ。すなわち組織において、遺伝子およびショートリーシュ型のTASS下位システムに相当するのは、実際に組織で働く人々である。ここで注目すべきは、組織内の人々も、それぞれの目的や自律的な[277]行動可能性を持っているということだ。しかし組織としては、従業員が自分の目的のために組織を犠牲にするようなことを許すわけにはいかない。そのような行動は組織にとって脅威だからだ。そのような選択が広まっては困るので、組織は従業員の行動を注意深く監視し、両者の目的が対立するに至った場合に、従業員の誰ひとりとして、自分の個人的な目的を優先したりしないように目を光らせるのだ。労働争議の少ない組織でも、こうした監視体制は敷かれている。従業員

274 19世紀英国の作家ウォルター・ベサントの小説 *Beyond the Dream of Avarice* より。
275 あくまで「部分的には」と言われる理由は次章で明らかになる。
276 「つめ車式に向上する」と訳したratchetingは、ラチェットつまり一方向にしか進まない歯車のように、常に絶え間なく進むわけではなくとも、向上が生じればその成果が維持され続ける（それゆえその成果が累積していく）というような進歩向上のあり方を指している。
277 ここでは組織全体から見られたパーソナルレベルの自律（倫理学、政治学において肯定的に評価されるあり方）に対して、人間にとってのTASSのサブパーソナルな自律に類比される役割が割り当てられている。

と組織の目的がほぼ一致しているという自負がある企業でさえ、それらが100パーセント一致しているなどという錯覚を抱いたりはしない。

ところが私たち人間は、自分たちのTASSがこれと類比的な状況にあるとき、まさにその種のミスを犯す。つまり、企業と従業員が対立したとき、自分の目的を追求するために組織を犠牲にしようとする従業員がいるのと同様に、遺伝的なショートリーシュ型の下位システムは、自らの目的を追求するために、乗り物である私たちを犠牲にすることがある（第1章では、こうした事例のいくつかを紹介した）。人間のTASSには、まさにこのような可能性を秘めた下位システムが多数含まれている可能性がある。言うまでもなく、現実社会の制度はその構成員をコントロールするための非常に直接的なシステムを持っており、それを制度が成功するために不可欠な要素だと見なしている。私たち人間も、これと同じことをしなくてはならない。分析的システムは、ショートリーシュ型のTASS下位システムのアウトプットを常に監視し、乗り物全体としての目的が犠牲にされるのを阻止する必要がある。企業も人間も大規模な構造体という点では同じだが、人間はこの監視機能の理解において企業に大きく遅れをとっている。TASS下位システムの目的や起源、その意味するところについて、私たちはいまだにまったく混乱した認識を抱えた状態にあるからだ。現代における非合理主義者や、科学的世界観に反対する人々の多くは、実のところ分析的システムよりも遺伝子の利益を優先している。人生の多くの場面で、私たちは「本能的直感」に従うように勧められるが、これは先の類比にあてはめれば、企業が従業員に「給料は自分で決めてください」と言っているようなものなのだ。[17]

新しいタイムズスクエアを例に取ろう……ここで重要なのは、あの場所にあるすべてが何かを狙っているということだ。あらゆるものが、あなたの性腺、味覚、虚栄心、恐怖などに直結するメッセージ・モジュールを発動させている。(中略)地球上で最も才能あふれる人々が、あなたのためだけのサイキック・サウナをつくることに人生をかけている……今日、あなたの脳は、あなたに影響を与えるように設計されたものであふれている。これは厳然たる事実だ。

——トマス・デ・ゼンゴティタ[de Zengotita 2002, 36-37]

私たちの脳は、永遠に生きながらえるという(いわば)一途な目的をもった遺伝子によって構築され、その脳には、やはり永遠に生きながらえるという目的に専心するミームがはびこっている。この知見は、人間行動に対する新たな洞察をもたらすのだろうか?

——ジョン・A・ボール[Ball 1984, 146]

第7章

遺伝子の奴隷からミームの奴隷に

実に重苦しい問いかけで始まった本書の議論だが、いまのところは楽観的な結論に達したように見える。最初に私たちは、ドーキンスの次のような見方を受け入れた。すなわち、生物界を自己複製子と乗り物の二つのカテゴリーへと切り分けたうえで、私たち人間は乗り物の側に登録される。このような私たちは遺伝子のための生存機械に過ぎない。そこで生き残るのは遺伝子であって、私たちではない。私たち人間は、遺伝子が次の世代に向けて自己増殖するのを助けるためにつくられた。以上が、ドーキンスが語る進化生物学の重苦しい見方である。進化論から導かれる帰結がこれほど恐ろしいものだったとすれば、いまだに創造説を信奉する人々が後を絶たないのも無理はない。

本書で構築してきたのはこのような状況からの脱出口であり、これは心の構造を、図7－1に示したような形で捉えるというものだった。そこでは、進化的適応環境（ＥＥＡ）内の遺伝子が求める短期的な目的に沿った反応（何かにぶつかりそうになったらよける、同種の生物の意図を推測する、栄養上のニーズを満たす、生殖行動を行う

図7-1　TASSでも分析的システムでも、遺伝子の目的と乗り物の目的は部分的に重なっている

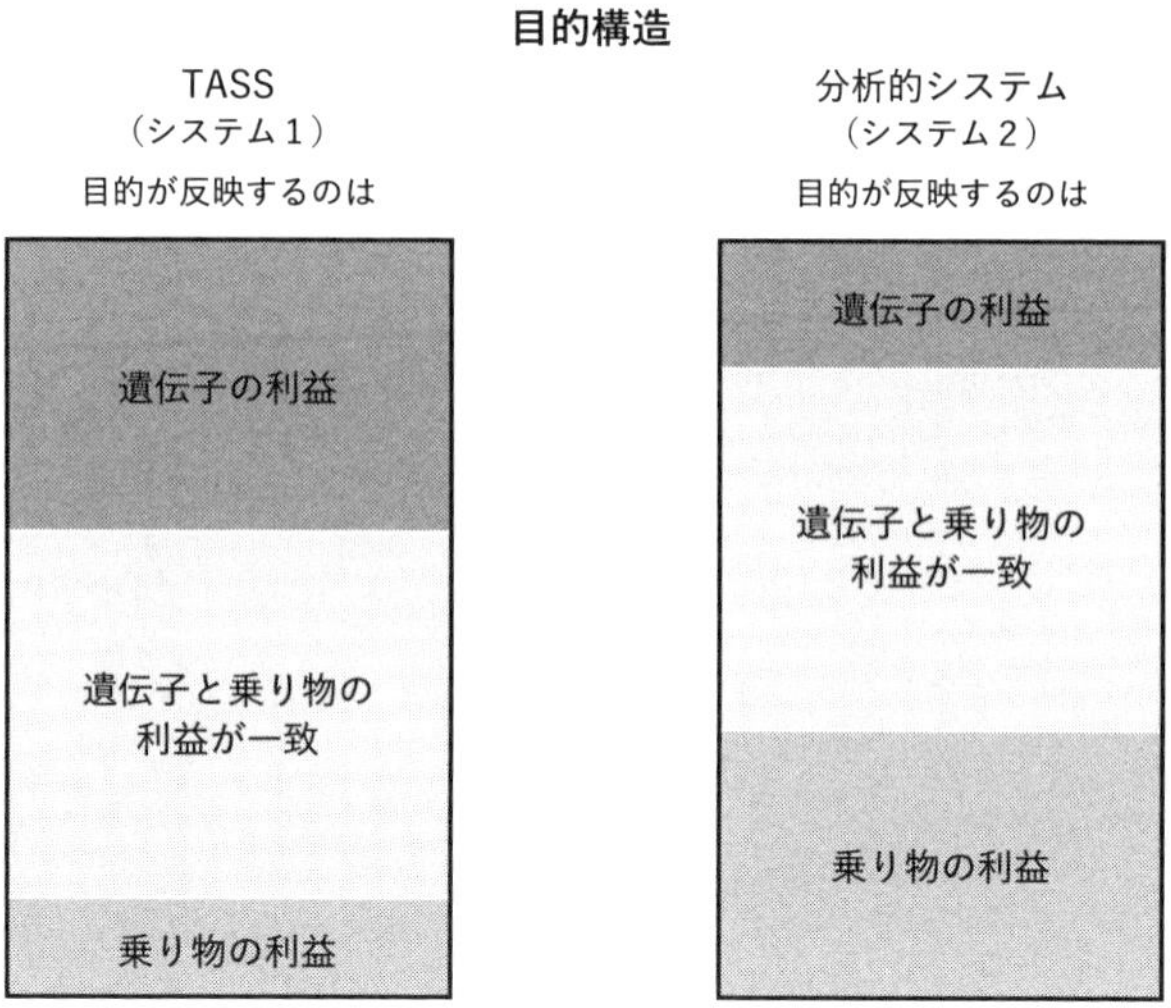

など）を誘発するように、ほぼ自動的に動作する一連のシステム（ＴＡＳＳ）が構築されている。[1] 一方、もうひとつのシステムである分析的システムは、直列的に作動するアルゴリズムを実行し、それによって乗り物である私たち人間の利益に適うロングリーシュ型の目的を実現させる。かくして、人間は分析的システムをコントロールすることで、利己的な遺伝子の支配から逃れることができるようになる――より具体的に言えば、ＴＡＳＳに誘発された反応と分析的システムが衝突する場面で、ＴＡＳＳ反応を制止できる能力を身につけることで、遺伝子の支配を逃れるのである。このような場面が実際に生じた場合、生存機械である人間が自己複製子の目的をくじき、自己複製子への反逆を果たしたことになる。このようにして私たちは、知らぬ間に遺伝子の乗り物にされる代わりに、一個の生物体として、自分たちが求める長期的な目的をより指向した生き方ができるようになっているのである。

とはいえ、私たちはまだ危機を脱したわけではない。私たちは、ある決定的に重要な問いを立ててこないま

までここまできた。つまり、分析的システムが目指す「長期的な目的」とは、いったいどこから来たものなのか？　この質問に対する答えこそ、私たちが真に恐れるべきものに関わる。そしてその答えは不安をあおり立てるものだ。なぜなら、その先には——俗っぽい言い方をすれば——真の、とんでもなく不気味な事実が待ち構えているからだ。……そこには、第2の自己複製子が存在するのである。[278]

ミームの来襲——第2の自己複製子

リチャード・ドーキンスは、1976年に出版された有名な著書『利己的な遺伝子』の中で「ミーム」という用語を提案した。ミームとは、文化的な情報の単位を指し、遺伝子との大まかな（厳密な一対一対応でない）類似性を持つ単位として意図されている。『オックスフォード英語辞典』によれば、ミームの定義は「非遺伝的手段、とりわけ模倣によって伝達されると見られる文化の要素」となっている。ブラックモア［Blackmore 1999］は、ミームを「行動およびコミュニケーションのための指令[279]であり、広義の模倣によって学習することができ（ミームは言語や記憶などのメカニズムを用いて複製できる）、脳（またはその他の記憶装置）に保存できるもの」と定義した。

筆者としては、ミームとは「別の脳に複製されたときに、まったく新しい行動や思考を引き起こす可能性を有

278 「俗っぽい言い方」のニュアンスはよくわからないのだが、次節のタイトル「ミームの来襲（Attack of the Memes）」と併せて考慮するに、恐怖映画ないしモンスター映画のノリなのではないかと推定される（訳者のひとりは70年代の怪作 *Attack of the Killer Tomatoes!* を連想した）。進化倫理学者のスコット・ジェイムズも指摘しているが、「恐るべき敵を片付けて安心したところで、真の脅威が登場する」というのはこの種の映画の定番である。

279 「指令（instruction）」はコンピュータプログラムの「命令」を指すためにも用いられる言葉で、一定のまとまった行為を実行するようにうながすもの、というほどの意味である。

する、脳の制御状態（もしくは情報状態）」である、という理解を採用したい。[2] ミームの複製は、コピー元の脳と因果的に類似した制御状態が、コピー先の宿主となる脳に複製されることで実現する。哲学者のダニエル・デネット［1991, 1995］は、ミーム（もしくはミームの複合体《ミームプレックス》）の例として、次のようなものを挙げている――アーチ、車輪、カレンダー、微積分、チェス、叙事詩『オデュッセイア』、印象派、脱構築主義、血の復讐、直角三角形、民謡「グリーンスリーブス」、アルファベット。このリストは、観念[280]の単位、もしくは観念の単位の集合体としてのミームを理解するうえで、助けになるだろう。

遺伝子の集合体の中には、それらの遺伝子を運ぶ身体を構築するための指令が含まれている。同様に、ミームの集合体は、それらのミームを伝達する文化を構築する。ミームは、遺伝子が利己的な複製子であると言われるのと同じ意味で、真の利己的な自己複製子である。そして遺伝子について言わねばならないのと同じく、ミームが「利己的」であると筆者が言うのは、ミームが人を利己的にするという意味ではない。むしろ筆者が言わんとしているのは、ミームとは（遺伝子と同様に）自分自身の「利益」のためだけに行動する、真の自己複製子であるということだ。ここでも筆者は、遺伝子の場合と同じく、「ミームの利益」という擬人化した表現を用いようと思う。このような表現は、遺伝子について言われるのと同じく一種の省略表現であり、そこでは「ミームの利益」とは「ミームが複製されること」に当たり、自身の複製をより多くつくれるミーム、より忠実な複製ができるミーム、より長く存続するミームほど、のちの世代に多くの複製を残せる、という単純な事実が表現されている。

ミームを真の自己複製子として理解すれば、[3] 私たちの信念に見いだされるいくつかの特徴を解き明かすのに、いかにミーム理論が役立つかがわかるようになる。ミーム研究がもたらした根本的な洞察とは、信念とは必ずしも真理でなくても、あるいはその信念を持つ人間にとって何の役に立たなくても、拡散することがありうるということだ。ミーム理論の研究者はよく、チェーンレター（不幸の手紙）を例に挙げる。例えば「このメッセージを5人に送らなければ、あなたは不幸になる」というのは、ひとつのミームである。つまりこれは観念単位としてのミームの一例であり、脳内で複製され、保存されることが可能な、行動指令である。こうしたチェーンレターは、しかるべき理由から成功を収めてきたミームであり、比較的多くのコピーが何十年も前から存在している（電子メールの登場によって、ミームとしての優秀性がさらに高まりつつある）。ともあれ、このミームについて、最も注目すべきは次の2点だ。第1に、このミームは真理を告げるものではない。つまり、メッセージを誰にも送らなかった人物が、そのことが原因で不幸になったりはしない。第2に、このミームを保存し、別の誰かに伝えた人が、何か得をするわけでもない――その人を金持ちにしたり、健康にしたり、賢くするような効果は、このミームにはない。それでもこのミームは生き残る。このミームは、自己を複製するというそれ自身の性質ゆえに生き残るのだ（「私をコピーして」と言う以外、基本的には何もしないのが、ミームというものの本質的なロジックである）。ミームとは自立した自己複製子であり、必ずしも宿主である人間を助けるためにそこにあるわけではない。ミームがそこに存在しているのは、それらのミームが過去のミーム進化[281]をつうじて、多産性、長寿性、複製の正確性などの、自己複製子の成功を定義づける諸特徴を最大に示してきたことによるのだ。

ミーム理論は、観念というものについて私たちの思考法に根本的な影響をもたらしてきた。というのもミーム理論は、信念についての考え方を転倒させるものだからだ。従来、パーソナリティ心理学者や社会心理学者は、「特

280 「観念（idea）」は「思想」「着想」「発想」とも解される、人の頭に浮かぶもの、思われたもの全般を指すという、ごく広い意味で用いられており、この後もミームとしてふるまう文化的ユニットを総称するためにしばしば用いられる。

281 「ミーム進化（mimetic evolution）」とはつまり、さまざまなミームの間で、自己複製性能の高い変異体がコピーを増やし、多数派を占めていく（その「子孫」はさらにコピーの数を増やす）という、ミーム間の生存競争による自然選択的な過程である。

定の個人について、その人が特定の信念を持つようになったのはなぜか」という問いを立ててきた。この問いに対し、例えば因果モデルが提起され「その人はどのようにして今抱いている信念を抱こうと決めたのか」を説明しようとする。一方、ミーム理論では、「ある種のミームについて、そのミームのどのような点が、そのミームのために多くの『宿主』を引き寄せることになるのか」を問う。要するに、〔従来の社会心理学や認知心理学が問うてきたように〕「人はいかにして信念を獲得するのか」が問題なのではなく、「信念はいかにして人を獲得するのか」が問題だというわけだ！　実のところ、事柄をこのような言葉で最初に表現したのも、ドーキンスその人だった。ドーキンスはニック（ニコラス）・ハンフリーによるパラフレーズを援用して、[282] こう述べている。「君がぼくの頭に繁殖力のあるミームを植えつけるというのは、君が文字通り僕の脳に寄生者を植えつけているということだ。ウイルスが宿主細胞の遺伝機構に寄生するのと似た方法で、僕の脳はそのミームの繁殖用の担体にされてしまう」［1976, 192］〔邦訳331頁、訳文一部変更〕。さらにドーキンスは、「ある文化的特徴が、単にその特徴自身にとって有利だという理由だけで進化しうる、そんな進化の様式がありうるなどとは、私たちはこれまで考えてもみなかったのである」［200］〔邦訳343頁、訳文一部変更〕と論じている。

信念が広まる理由としては、「Xという信念は真理だから広まる」または「Xは美しいから尊ばれる」などと考えるのが常識的な見方だ。[4] しかしこの考え方では、美しい、もしくは真理であるのに広まっていない信念や、人気はあるのに美しくも真理でもない信念を説明しようとするとき困難に陥る。そしてこうした事例において、第3の原理に目を開いてくれるのがミーム理論だ。この原理によると、Xという観念が人々のあいだに広まるのは、その観念が自己複製子として優れており、宿主を獲得するのに長けているからだ。ミーム理論では、信念を獲得する人の資質よりも、自己複製子としての観念の性質に注目する。本書ではもっぱら、「ミーム」という概念のこのような機能のみが唯一特記すべき機能として役割を果たす。それは決定的に重要な機能なのだ。

先に進む前に、ミームという考え方には数多くの批判があることにも触れておかなければならないだろう。[5] もっとも、批判者の立場にも奇妙な部分がある。彼らがミームという概念（ミームというミーム）に反対するのは、ミームを支持する人々の思考にミームの概念が不都合な影響を及ぼす、と彼らが考えていることを意味するはずだ。しかしながら、1976年にドーキンスが提唱して以来、「ミームというミーム」が広く拡散しているのは議論の余地のない事実である。もし批判者の懸念が正しければ、ミームというミームは、宿主の思考と科学の双方に悪影響を及ぼしているにもかかわらず、拡散を続けていることになる。しかるにこの事実はもちろん、ミーム科学の主要命題である「ある観念が、その観念が持つ性質ゆえに広まる」ことの生々しい証明になるのである。

ミーム理論をめぐっては、他にも無数の論争が繰り広げられている。個別事例への適用においてミームという概念は反証可能性を欠いていないか、[283] ミーム／遺伝子の類比はどこまで成り立つか、社会科学における既存の文化概念とミーム概念はどう違うのか、などだ。こうしたミーム科学をめぐる論争は興味深いが、本書の議論においてミームの概念が果たす役割にはほとんど関わらない。その役割とは「ある種の観念は、その観念が持つ性質ゆえに広まる」という重大な洞察を私たちに納得させること、その一点のみである。この重大な洞察が、これまでの社会科学や行動科学が採用してきた立場とは異なる場所に力点を置いていることには、議論の余地がない。

282 『利己的な遺伝子』によると、ドーキンスが同書の初期の草稿を当時の同僚だったハンフリーに見せたところ、以下のようなパラフレーズを行い、それをドーキンスが採用した、ということである。ハンフリーのその後の進化心理学における業績を考えると興味深いエピソードである。

283 「反証可能性（falsifiability）」はカール・ポパーの科学哲学で重視される概念で、ある理論が反証可能な仮説を提出できるかどうか、つまりその仮説の誤りを示す実証的な証拠が提起可能かどうかという点を、理論の科学的な妥当性の境界線とする。どのような証拠にも揺るがない反証不能な仮説は、かえって科学理論としての資格に欠けているということである。

なぜならこれらの諸科学では、特定の個人が持つ信念を理解するためには、その個人の心理的な成り立ちを探究する必要があると考えるのが一般的だったからである。

ここで改めて、ミーム理論の中心的洞察を念頭に置きつつ、ある信念が生き残り、拡散する理由をいくつかのタイプに分類してみることにしよう。最初の3つは、行動科学や生物科学における従来の仮定に基づくものだ。最後のひとつに、ミーム理論という新しい視点が反映されている。

1　ある種のミームは、それを〔脳内に〕格納した人々にとって役に立つゆえに生き残り、拡散する（世界についての真なる情報を伝えるミームの大部分は、このカテゴリーに入る）。

2　ある種のミームは、既存の遺伝的傾向や、領域特異的な進化モジュールにうまく適合しているゆえに、数多く存在する。

3　ある種のミームは、それらにとって好都合な宿主となる乗り物をつくる遺伝子の複製をうながすゆえに拡散する（子どもをたくさん産むように人々を駆り立てる宗教的信念〔宗教信仰[284]〕はこのカテゴリーに入る）。

4　ある種のミームは、ミームそのものが持つ自己増殖的な性質ゆえに生き残り、拡散する。

以上のうち、最初の3つは比較的異論の余地の少ないカテゴリーといえる。カテゴリー1は、文化人類学の分野で一般的に用いられている。カテゴリー2は進化心理学者が強調するものであり、カテゴリー3は心理学者スーザン・ブラックモアが言うところの「ミーム駆動[285]」という概念を指すことを念頭に置いている。対してカテゴリー4は、信念というものを、多かれ少なかれ脳に入植する能力[286]に長けた記号的な指令と見なすという、信念に関する新しい考え方〔ミーム論的な考え方〕を示すものだ。[6]

カテゴリー4として説明されたミームの生存戦略には、布教戦略、保存戦略、説得戦略、敵対戦略、便乗《フリーローディング》戦略、模倣戦略など、多くの下位カテゴリーが存在する。[7] 例えば、アーロン・リンチ［Lynch 1996］は、布教戦略を採用するミームが伝達される過程について論じるなかで、「私の国には危険なくらい兵器が少ない」という信念を例に挙げ、布教の有効性を次のように説明した。「この信念は、宿主を恐怖で脅かす……その恐怖が宿主を駆り立て、その国の軍事的弱点に対して何らかの手を打つよう、他の人々を説得して回らせるのだ。つまり、そこで信念は、恐怖の副産物として、布教の引き金を引くのである。これに対して、『私の国には十分な兵器がある』といった意見は安心感をうながすため、他人の考えを変えようとするほどの切迫感には至りにくい。それゆえに『兵器が不足している』という信念は、最強の軍事力を誇る国においてさえ、多数派を占めるに至るまでの自己拡散を成し遂げることがありうるのだ」［5-6］。

一方で、ミームが保存戦略を展開することで、布教戦略に対抗することもありうる。例えば、「政治や宗教について議論してはならない」という警句は、現状で保存戦略をとっているミームが布教戦略をとるミームに取って代わられるのを防ぐための、極めてわかりやすい試みだ。こうしたミームの自己保存戦略の中には、攻撃的なものもある。例えば、文化的な環境を競合ミームに対してより敵対的なものに変えたり、自らの宿主と敵対する

---

284 内容的には「宗教信仰（religious faith）」を指すが、ここでは「宗教的信念（religious belief）」という言葉を使っている。「信仰（faith）」は「信念（belief）」の類義語であり、内容的にも後者の下位集合に属するが、「信念」が人が事実と一致すると認めている認識内容全般を指す広いカテゴリーであるのに対し（常識的な認識や、科学的知識を真理だと認めることも「信念」である―訳注93参照）、「信仰」は後述するように、根拠が薄弱であってもあえてそれを認める、というあり方で採用されている特定の信念を指す（日常語の「信念」は、またある程度までは英語の belief も、むしろこの意味に近いと言える）。

285 「ミーム駆動（memetic drive）」についてはこの後の訳注317を参照。

286 colonizing は「植民地化する、植民地に入植する」という意味だが、「コロニー」を生物の「居住地」と解せば、「寄生者としてのミームが宿主に寄生する」という意味にも理解できる。

ミームの宿主を攻撃するよう仕向けたりするのがそれだ。攻撃的でない戦略をとるミームの場合も、選択〔自然選択に該当するミーム選択〕をくぐり抜けて生き残ってきたミームであるならば、認知環境を不釣り合いなまでに自分にとって有利な方向に変化させたミームばかりであることは明らかだ。例えば多くの宗教は、死に対する恐怖を誘発することで、死後の世界という約束をより魅力的なものに見せてきた。

他に、カテゴリー4には共生という戦略をとるミーム（一緒に現れるとより強力な自己複製子となる）や、一見、乗り物にとって有利に見えるが、実はそうではないミームも含まれる。後者は便乗戦略をとるミーム、あるいは寄生的ミームであり、これらは役に立つミームの構造を真似て、宿主がそこから利益を得られると思い込むよう仕向ける。この種の、他のミームの尻馬に乗るミームを構築するエキスパートは、言うまでもなく広告業者である。広告業者は、観念やイメージを巧みに並べることで、「この車を買えば、あの美人モデルと付き合える」といった、分析されないまま与えられる条件つき信念をつくりだそうとする。彼らは、いわゆるミームプレックス――一緒に複製される傾向があるミームの集合体（共適応[287]したミーム複合体）――を生みだす名人だ。すでに価値ありと評価されたものと自社製品を結びつけて提示したりするのも、その手口のひとつである。

合理性、科学、ミームの評価

本書で論じてきた合理的思考の概念は、私たちの脳内に存在するミームに直接関わっている。道具的合理性の原理の多くは、ミームの整合性をテストする働きをもつ――例えば、さまざまな信念にそれぞれ結びつけられた確率の間に一貫性が保たれているかどうか、抱かれた一連の欲求の間に論理的整合性が保たれているか、などのテストである。あるいは、科学的推論はミーム〔この場合は科学的仮説〕の真理値[288]を――具体的には、それらがこの世界のあり方に対応しているかどうかを——テストできるように設計されている。では、こうしたメカニズムを用いることが、なぜ私たちの役に立つのだろうか？　その理由は、真理を告げるミーム〔真なるミーム、あるいは真なる命題を告げるミーム〕[289]が私たちにとってよいものだからである——というのも、ミームが世界のあり方を正確に追えているならば、[290]それは私たちの目的の実現に役立つのだから。

　これとは対照的に、先に述べた例にも見られるとおり、真理を告げるわけでもなく、私たちの目的の実現に役立っているわけでもないにもかかわらず、やはり生き残ってきた多くのミームが存在する。これらのミームは、先の分類でいうとカテゴリー4に属する。そのなかでも重要なのが、有用なミームの構造を模倣し、宿主に利益をもたらすと思い込ませるタイプの、便乗型ミームである。この種のミームは、人体における、いわゆる「ジャ

287 「共適応（coadaptation, coadapted）」についてはこの後の訳注296参照。

288 「真理値（truth value）」とは論理学で使用される用語で、ある命題が真か偽か、つまり事実と一致しているか一致していないかを示す値。（通常は）二値をとり、事実と一致していれば「T」（truth の頭文字）または「1」、一致していなければ「F」（false の頭文字）または「0」の値を割り当てられる。

289 「真理を告げるミーム」の原語は memes that are true で、そのまま訳せば「真なるミーム」となる（論理学用語としての「真」ないし「真なる」については訳注165参照）。だが、「真なる観念」「真なる命題」「真なる言明」などと比べ「真なるミーム」は違和感が大きく、また「まがい物ではない、本物の」のような意味にも受け取られかねない危うさがあるので、意味をはっきり理解できる「真理を告げる」を使用する。

　なお、訳注165でも触れたが、truth（形容詞型は true）の標準的な訳語である「真理」（および「真実」）は日常語としてはやや重々しい語感がある言葉なので改めて注記すると「真理を告げるミーム」とは、前述のカテゴリー1で言われる「世界についての真なる情報を伝えるミーム」と同じものを指す。訳注165でも注記した通り、「真理」あるいは「真なる」とは「世界内の事実と一致する」という意味であり、「真理を語るミーム」とは「世界について正確な情報を通知するミーム」ということで、それ以上の含意はない。人が正しい情報を得ることは通常は有用であり、それゆえそのような情報は「有用なミーム」として保持され拡散されやすい、ということである。

290 「世界のあり方を正確に追えている」と訳した箇所の動詞は原語では track で、哲学の邦訳などではしばしば「追跡する」などと訳される、テクニカルタームに近い表現である。基本的には心的表象が外的な対象と正しく「対応している」ことを意味するが、track と言われる場合、ある時間の幅の中で、心的表象とその対象との対応関係が維持され続けることを特に指すために用いられている。

ンクDNA」のようなものだ。ジャンクDNAとは、有用な蛋白質《たんぱく》をコードしない、まさに「ただ乗り」するだけのDNAである。第1章でも述べたような自己複製子のロジックが明らかになるまで、このジャンクDNAは謎に包まれた存在だった。だが、遺伝子は自己を複製するためだけに存在し、必ずしも（生物としての）人間にとってよいことをするわけではないということが理解されれば、なぜゲノムの中にこれほど多くのジャンクが存在するのかという謎は解消される。身体をつくる役に立たなくても、自己を複製できるのであれば、遺伝子にとっては何の問題もない。ふたたび比喩的な表現を用いるならば、自己複製子が「気にかけて」いるのは、自己を複製することだけだからだ！

そして、ミームも然りである。宿主である人間の役に立たなくても、自らを保存・継承できるのであれば、ミームはそうするだろう（チェーンレターの例を思い出してほしい）。ミーム理論は、私たちを新しい種類の問いへと導いてくれる――私たちが抱いている信念のなかに、「ジャンクな信念」、すなわち、ミームの自己増殖に役立つが、私たちの役には立たない信念は、どれくらい含まれるのだろうか？　科学的推論と合理的思考の原理は、本質的にミームの評価装置として機能するのであり、すなわちどの信念が真理で、それゆえに私たちの役に立つ見込みが大きいか、さらに、どの信念が真なる諸信念と整合的かを判定するのに役立つだろう。こうした、道具的合理性における〔合理的〕選択の諸公理[291]に基づく一貫性のチェックに失敗すると、人生設計にはまるで役に立たない目的を指し示すミームへ誘導されてしまうことがままある。

また、「反証可能性」をはじめとする科学の原理は、「ジャンクミーム」――すなわち実際には私たちの目的に役立つわけではなく、単にミーム自身の複製という目的に役立つだけのミーム――を特定するのに非常に役立つ。考えてもみてほしい。反証不可能なミームを否定する証拠を見つけることは不可能だ。となれば、そのような信念を捨てなければならないという、一見して明らかな理由も見当たらない。しかし、反証不能なミームは実のところ世界の実態について何も語らないため（そのミームを検証できる予測を一切受け付けないのだから）、そのミームが実際の世界のあり方を追い続け、それによって私たちの目的に役立つこともないだろう。このような信念は、ジャンクミームである可能性が高く、その信念を持つ個人の役に立つことはほとんどない（むしろ害をなすかもしれない）。にもかかわらず、私たちはそれらを持ちつづけてしまうのだ。[292]【8】

ノイラート的ミーム評価プロセス

いやしくも人間であるならば、自己の複製という目的のために宿主を犠牲にするような、利己的なミームの寄生を決して許してはならない、という戒めを心に刻むべきだろう。私たちにとって、利己的なミームとは、ある点で利己的な遺伝子以上に悪質な存在になりうる。例えば人を崖から飛び降りるように仕向ける遺伝子は、乗り物である人間が消えるのと同時に消滅するが、同じ作用を持つミームは、メディアであふれかえったこの情報社会の中で、広く伝播しつづける可能性がある。社会にはびこるミームを率先して評価することは、多くの理論家によっても、真の人間的《パーソナル》自律を実現する手段だと考えられている[293]［Dawkins 1993; Frankfurt 1971; Gewirth 1998; Gibbard 1990; Nozick 1989, 1993; Turner 2001 ほか］。ミームに私たちを支配させる（「この手紙を誰かに送らないと

291　「（合理的）選択の諸公理」については第3章173頁以下と訳注141参照。
292　ここで述べられた考察は、ポパーの理論が想定する「経験的事実に関する反証不可能（あるいは、検証不可能）な命題」を念頭に置いていると思われ（訳注283参照）、その限りでは納得のいく考察だが、考察の範囲をさらに広げるなら、例えば「ろくしちしじゅうに」という知識は（これに限らず数学的知識全般がそうだが）、いかなる証拠によっても反証されないとしても、十分有益なミームであろうと思われる。
293　原語の personal autonomy は「個人としての自律」という以外に、サブパーソナルな力に抗しうる、「パーソナルな存在としての」自律という意味、あるいは「人間らしい存在（あるいは人格的存在）としての自律」という意味合いがあると思われる。

不幸になります」）代わりに、私たちのほうからミームを支配するには、信念および欲求に関わる志向的心理システムの中の「ジャンク」を一掃するために、反証可能性基準、交絡因子の影響を受けない仮説検証[294]、選好の整合性の検証といった知的ツールを用いる必要がある。

もっとも、ミームの評価という考え方全体に、悪魔のような再帰性[295]があることには留意しておくべきだろう。科学的思考や合理的思考は、それ自体がミームプレックス――すなわち共適応した[296]ミームの複合体――なのだ。この再帰性のジレンマのことを、筆者は「共適応ミームのパラドックス」と呼んでいるが、これについては本章ののちの節で述べる。ここで論じたいのは、私たちがミームを評価することは、成功を保証する、という絶対的な意味で可能ではないにせよ、やはり可能なのだということだ。そしてそのためには、私たちは科学そのものと同じような暫定性を示すプロセスに取り組む必要がある。このような取り組みは、懐疑主義的なブートストラッピング[297]としての、「ノイラート的プロジェクト」と呼ばれてよかろう。すなわち、哲学者のオットー・ノイラート［1932-33, Quine 1960, 3-4 参照］は、「一部の板が腐っている船」の比喩を用いている。板を修理する最善の方法は、船を陸に上げて、しっかりとした地面の上で板を交換することだ。だが、船を陸に上げられない場合はどうするか？　実のところ、多少のリスクはあるが、海の上でも修理は可能だ。丈夫な板の上に立って腐った板を修理すればよいのである。これは実行可能なプロジェクトだ――私たちには堅固な土台を確立せずにも、船の修理が可能である。だがまた、これは保証のないプロジェクトでもある――誤って腐った板の上に立ってしまえば、修理は失敗してしまうのだから。

科学とは、まさにこのような仕方で進行する営みである。科学においては、ある実験ではひとつの仮定が検証されるが、その際に他の仮定は確定した基礎的前提[298]として扱われる。その後、この実験で一時的に「基礎的前提」とされた仮定が、別の実験では直接の検証の対象になりうるのであり、そこではその仮定が必然的ではない、代替可能なものと見なされ、それ以外の別の仮定が〔やはり暫定的な〕基礎的前提として取り扱われることになる。同様に、私たちが宿しているミームが、私たちの利益に適うものであるかどうかを調べることも、本質的にはノイラート的プロジェクトのような作業でなくてはならない。つまり私たちは、ある種のミームプレックス（例えば科学、論理性、合理性）を基礎的前提と仮定してミームの検証をおこなってもよいのだが、その後、私たちがそのミームプレックスに疑問を投げかけたくなることもありうる。このようにして、互いに連動するミームプレックス群をより包括度の大きな範囲でテストすればするほど、私たちは（第2章で紹介した認知科学者クラークの言

294　原語はunconfounded testing of hypothesisで、単純に「混乱せずに検証する」という意味にもなりうるが、おそらく「交絡（confounding）が入り込んでいない」という意味だと考えられる。交絡とは統計学で独立変数（通常は観測されたデータ）と従属変数（独立変数から関数的に導かれる値、$y = f(x)$のyに該当）の双方に影響を与える外部因子を指し、この影響を見過ごすことで「擬似相関」のような誤った結論が導かれる恐れがある。

295　「再帰性（recursiveness）」はある手続き（など）がその手続き（など）自体に適用されること。訳注92も参照。

296　「共適応（coadaptation）」とは、ひとつの意味では異なる個体がお互いに対して適応し合っている状態を指す。共生、寄生、ある種の捕食者が特定の被食者の追跡に、その被食者がその捕食者からの逃走に適応している、などである。また別の意味では、一個体の複数の形質がお互いに対して適応し、全体として適応的に機能している状態を指し、例えば目のレンズと網膜が連携して視覚を可能にしている、などである。生物個体のゲノムをお互いに協調して乗り物の運用を行う利己的遺伝子の共生体と見るならば、このふたつを区別する必要はなくなるが、ここで言われている「ミームプレックス」もまさに遺伝子に対するゲノムのようなまとまりと解することができよう。

297　「ブートストラッピング（bootstrapping）」は「自分の靴ひもをつかんで自分自身を宙に浮かせる」という意味で、必ずしも荒唐無稽な不可能事を指すわけではなく（そのような場合もあるが）、「自力で自分自身を改善させる」という肯定的な意味にも用いられる（コンピュータの起動を「ブート」と呼ぶがこれも「ブートストラッピング」の略称で、起動時に必要な入力操作自体を自動化する技術を指す）。以下で述べられる「ノイラートの船」の構想も、外部の基礎に頼らずに自分自身で自分を修正する営み（いわゆる「反基礎づけ主義」）という点でブートストラッピングの一種である。また「懐疑主義的な」とは、おそらく、この場合のブートストラッピングが積極的、前進的な自己改善というよりも、ミームプレックスを真に受けず、その内の不備を探し出し、見つけたら修正する、という消極的な自己点検の作業であることを指していると思われる。

298　「基礎的前提」はfoundationの訳。「ノイラートの船」は「反基礎づけ主義（anti-foundationalism）」の立場を象徴するシナリオであり、そこでは絶対的な基礎づけの可能性は退けられ、代わりに、ここで示されたような暫定的な基礎づけ、あるいは暫定的な基礎的前提にその都度依拠するという戦略が採用される。

葉を用いれば）自らの「マインドウェア」にミームウイルスを侵入させていないと確信できるようになる。これ以外の、より現実的な方法として、ミームプレックスの中の、このような論理的・経験的〔事実的〕テストに合格できないことが判明した部分を、いったん「仮」のものとみなしたうえで修正することも可能だ。コンピュータ科学者たちは「自己修正するコンピュータ・ソフトウェア」という発想に概念的問題がないことを証明しているが、合理性というマインドウェアもそれとまったく同じように、自己修正の能力を備えている。また、このような取り組みが循環論に陥ることもない[299]。というのもここで私たちが行っているノイラート的な取り組みは、非基礎づけ主義的でありながらもなお進歩を続けていくという点で、近代科学のロジックに極めて類似したあり方をしているのだからである〔Boyd, Gasper, and Trout 1991; Brown 1977; Laudan 1996; Radnitzky and Bartley 1987〕。

パーソナルレベルの自律とミームの反省的獲得

包括的ミーム評価という〔ノイラート的〕プロジェクトに取りかかるための第一歩は、私たち人間が置かれているのっぴきならない状況を概念的に理解することだ。すなわち、

1 私たちは乗り物である。
2 私たちはこの事実を自覚している。
3 私たちはまた自己複製子のロジックと、人間には2種類の自己複製子が寄生していることも自覚している。
4 私たちの大部分は、自律的な自己という概念を、部分的にでも存続させることを望んでいる。

自律的な自己の探求にあたって、私たち人類が手にしている最も重要なツールは、第1に人間の認知がどのような構造になっているのかについての包括的理解であり、また第2に自己複製子の動態《ダイナミクス》[300]についての、最近になって獲得された知識である。私たちの目的構造の一部はミームから構成されている、という知見はこれまでの考察にさらなる複雑さを付け加えることになるが、この構造を図解したのが図7－2である（繰り返しになるが、これはあくまで概略図として意図されたものであり、各領域の実際の大きさなどは推測である）。この図7－2は、TASSと分析的システムの双方における志向的レベルでの目的について、どちらの自己複製子が目的の出所になっているかを示したものだ。TASSの目的構造は、主に遺伝子によって組み込まれた目的に占められている。これらは、これまでにも述べてきたショートリーシュ型の目的だ。これらはほとんどの人間に共有されているという意味で普遍的な目的であり、一生物個体〔としてのそれぞれの人間〕が経てきた環境的影響の履歴がもたらしたものではない。これらの目的は柔軟性も一般性もなく、むしろ特定の内容と状況に特化し、配線された仕方で引き金を引かれる［例としては、有害なにおいや物質に対する嫌悪感や反発、ヘビなどの動物に対する恐怖反応などが挙げられる――Buss 1999; Rozin 1996; Rozin and Fallon 1987 参照］。

一方の分析的システムは、これよりも一般的で柔軟な目的を与えられることで、〔第1に〕ほとんどの人間に共通する遺伝子にインストールされた目的（同種個体の位階秩序の中で、支配的な地位に上りつめようという目的な

299 外的な基礎に依拠せず、それ自身によってそれ自身を基礎づけ、あるいは修正するということであれば、それは循環論に陥ってしまうのではないかという疑いは当然生じうる。ここではその疑義に答えようとしている。

300 「動態（dynamics）」（直訳すれば「動力学」）というのは、さしあたり二種類の自己複製子のふるまい方の実態ということだろうが、自己複製子と「乗り物」の間の利害関係あるいは「力関係」についての知見も含まれると思われる。

図7-2　TASSと分析的システムの双方にわたり、遺伝子にインストールされた目的と、ミームにインストールされた目的がどのように配分されているのかに関する仮説的な図式

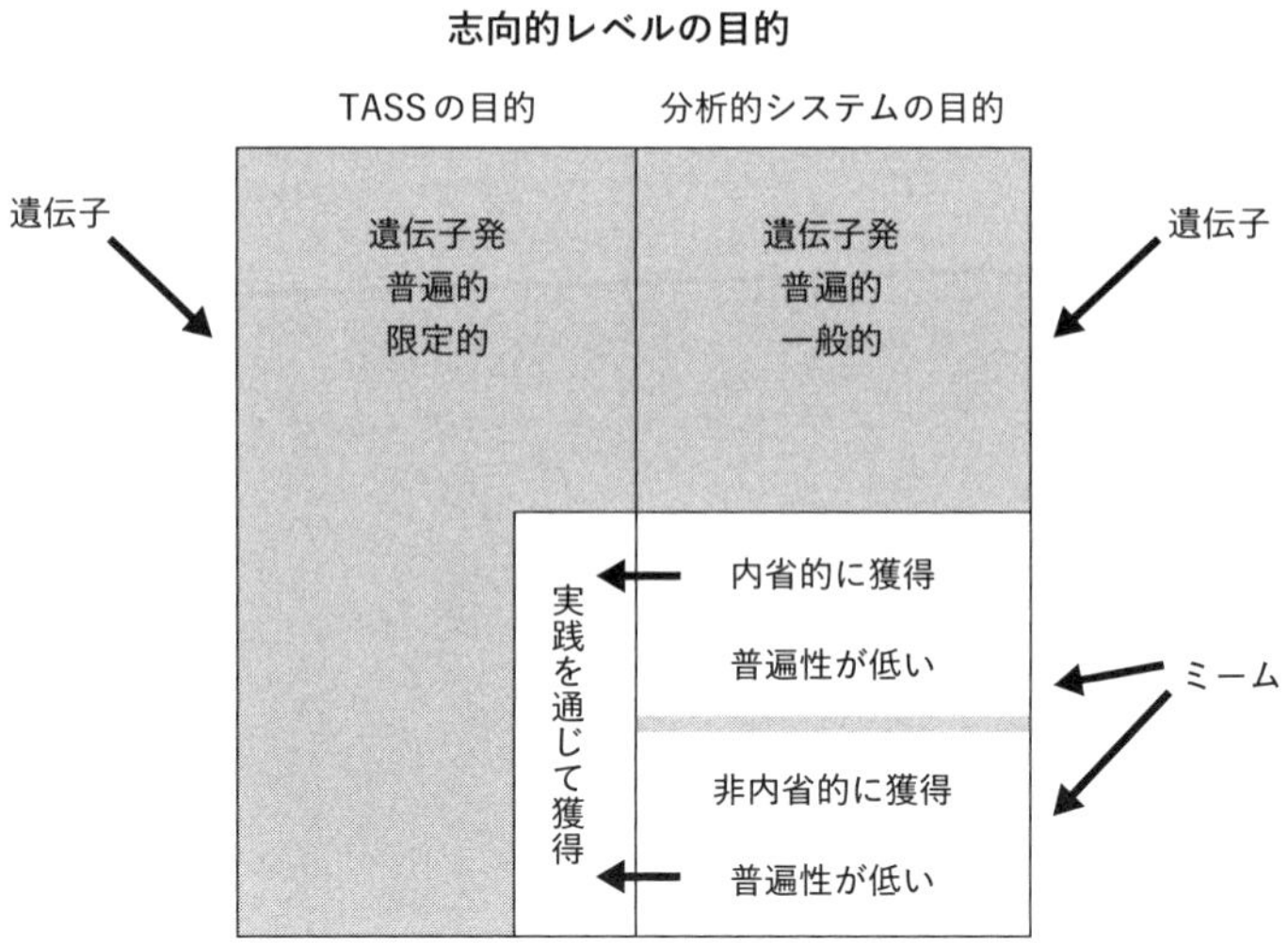

ど）と、〔第2に〕個々人の特定の環境的な経験（および文化）からもたらされる、ミームにインストールされた目的の双方に対して、これらに引きずられない中立性を維持している。そしてこのことから、遺伝子への隷属から抜けだすための「脱出経路」――乗り物の目的に的を合わせた、直列的な分析的システムの働きによる脱出経路――が、これまでの章で描かれてきた以上に複雑なものであることがわかるだろう。というのも、乗り物に備わる分析的システムの目的が、乗り物全体ではなくミームの利益のために働いている、という可能性があるからだ。

殉教を勧める教えへの改宗をうながすミームは、自己の複製のために乗り物の寿命を犠牲にする遺伝子と、ある点ではまったく変わらない。一方で、私たちのTASS内にショートリーシュ型の目的を組み込んだ自己複製子〔つまり遺伝子〕に奉仕するだけの人生を送ることなど誰も望まないはずだが、他方でまた、私たちの分析的システムに寄生する自己複製子〔つまりミーム〕の目的に奉仕することもまた、私たちは望んでいないはずだ[9](なのになぜ、人は「アスピリン」というブランドに、ジェネリック薬品の倍の値段を出すのだろう?)。

図7-2では、ミームにインストールされた目的をふたつに分けて示している。ひとつは、あたかもウイルスに「感染」するかのように、無反省に獲得された目的だ(先に引用したドーキンスの言葉を繰り返すと「ある文化的特徴が、単にその特徴自身にとって有利だという理由だけで進化しうる」というのが、ここでの「感染」の意味である)。[301] そしてもうひとつは、有機的全体(としての人間)に及ぶ影響を反省したうえで獲得された目的だ。ここでの無反省に獲得された目的は、おそらくはドーキンスが言う「寄生者」に相当する。これらの目的は実際に人間の役に立っているわけではないかもしれず、むしろ第1章で取り上げた「乗り物を犠牲にする遺伝子」と同様、ミームであるそれらの宿主としての人間を、単なる自己増殖の手段として利用している可能性がある。

この図では、ミームにインストールされた目的が、TASSの目的(自動的、自発的、かつ迅速に発動する目的)へと移行する可能性も示されている。ミームによって導入された目的は、習慣づけによってTASSの目的構造に組み込まれることがあるのだ。「ブランディング」をはじめとする広告の仕掛けは、まさにそこに狙いをつけている。つまり、Xというロゴがあるだけで、人は深く考えることなく「Xを持たなければならない」という反応に至る。こうしたミームは、反省的な心に属していないため排除することが難しい。それゆえに、特に悪質な「寄生者」なのである。

ここで重要なのは、反省的テストを通過していないミームは、そのミーム自身の利益のみに役立つ働きをする

301 原語は acquired goals that are "caught"。「風邪をひく」の慣用表現は catch a cold で、日本語の「ひく」と同じく、罹患者が疾病を「引き寄せる、取り入れる」という意味なのだと解される。それを受動態("are caught")にするならば、「疾病を引き寄せさせる、取り入れさせる」ということになるわけだが、これはまさにミームが「自己を増殖させることをうながす」という事態に一致するであろう。ただ、ここではおそらくそこまで踏み込む必要はなく、「感染症にそれと知らず自ら身をさらしてしまう」という事態と類比的な何かが起きている、ということが示されればよいはずである。

ミームである――すなわち、宿主を容易に獲得できる性質を持つというだけの理由で私たちが宿しているミームである――見込みがより大きい、ということだ。ならばミーム評価というノイラート的プロジェクトは、哲学者ロバート・ノージック〔Norzick 1993〕の次の洞察の実施を目標とすることになる――すなわち、「何かが長く続いたという事実にどれだけの重みを与えるべきかの判断は、〔第1に〕なぜそれが存在し続けてきたのか、〔第2に〕それが通過した選抜テストがどのようなものだったか、〔第3に〕そのテストのもとになった評価基準に依拠する」〔130〕。つまり、私たちが反省的に適用する、数々の選抜テストに合格したミームは、私たちの目的に役立つために常駐しているミームである見込みが大きい。だが他方、私たちが非反省的に獲得したミーム――論理的および／または経験的〔事実的〕精査なしで獲得されたミーム――は、統計的に見て寄生者である見込みが大きく、すなわち、私たちの目的に役立つからではなく、むしろそのミーム自体の構造的な性質によって私たちに宿り続けているミームである見込みが大きいのである。

どのミームが私たちの役に立つのか？

次章で詳述するが、図7－2で示した構造から導かれる帰結のひとつとして、人間が完全に自律的な行為者となるためには、薄い合理性概念ではなく、広い合理性概念に基づく合理性を追求せねばならない、ということがある。[302] つまり自分が抱いている信念と目的を所与として、その枠内で合理的であろうとするだけでは不十分であり、むしろその信念および目的自体をも評価しなくてはならない、ということだ。それによって、自分が自己複製子の目的、それも乗り物としての私たちの役には立たない性質しか持たない目的だけを追い求めているわけではない、ということを確証するのだ。私たちは、自らの欲求と信念を批判的に検討することを覚えなくてはならない。そしてそのために、合理的かつ科学的に思考するためのツールをマインドウェアとしてインストールする必要がある。

では、この先、自己というものに場を与えるためには、どのようなミームを望むのがよいのか？　それを個別に特定することは不可能だが、しかし、ミーム評価の基準がどのようなタイプのものであるかを大まかに描き出すことは可能である――その基準は、私たちがどのようなミームをその宿主として受け入れようとするかについて真の反省を行えるようになるとき、ミームおよびミームプレックスを吟味するのに役立ちうるものとなる。以下に挙げるのは、こうしたミーム評価のための4つの規則だ。これは網羅的で包括的な規則を意図したものではなく、あくまで私たちの知的課題の筆頭に置かれるべき、広い合理性に関するこのタイプの議論の、単なる出発点と考えてほしい。

規則1　乗り物に物理的な害を与えるミームのインストールは避けよ。
規則2　信念となるミームについては、真理を告げるミーム、すなわち現実の世界のあり方を反映したミームのみをインストールせよ。
規則3　欲求となるミームについては、将来的に別のミームプレックスのインストールを妨げないミームのみインストールするように心がけよ。
規則4　評価を受け付けないミームは避けよ。

302　合理性の「薄い概念（または薄い理論）」と「広い概念（広い理論）」については第3章173-182頁参照。

以下、順番に解説していこう。

規則1　乗り物に物理的な害を与えるミームのインストールは避けよ。この規則はもちろん、危険な薬物の使用、無防備なセックス、危険な運転など、リスクを伴う行動に対するありふれた戒めの多くを含んでいる。この類いのミームを避けるべきなのは、ケガをしたり死んでしまったりしては、乗り物である私たちの将来の目的を実現できる能力が損なわれてしまうからである。[303][10] したがって、タバコが健康に悪くないというアピールは、言うまでもなく有害なミームということになる。タバコを吸うことには、格好良さや魅力といった社会的に有用な目的を促進しそうな特長が備わっている、というアピールも同様だ。他にも規則1は、これはより物議を醸しそうな特徴だが、自分の命を重大な危険にさらすイデオロギーもまた排除すると考えられよう——戦争を強要するイデオロギーはその一例である。多くの人々は、戦争の支持者は少ないほうが望ましい、という規則1の帰結を、疑う余地のない善だと判断するだろう——なぜなら、戦争が誰の得にもならないことは歴史が証明したと感じているからだ。また当然ながら、乗り物としての観点から見れば、戦争は馬鹿げたものと映る——私たち乗り物は、寿命を超えて自分の複製を残すことはできないし、自分たちが感じる戦争への衝動が、利己的なミームないし遺伝子の産物である可能性が大きいことも知っている。だがその一方、世の中にはその原理を普遍的に適用することに難色を示す人々もいる。こういう人々はおそらく、戦争が守るに値する原理を守りきったという、数は少ないが無視できない事例を差し出すであろう（そしてその「守るに値する原理」の中には、「人々には自分自身のミームの評価を強制されない権利がある」という原理が再帰的な形で含まれるであろう）。

この後者の事例について言えば、まず、筆者が提案したミームの評価基準は「鉄板の」決定的な規則を意図したものではないことを断っておきたい。これらの規則は、自分が採り込むミームについて反省的に思考するための、あくまでガイドラインだ。おそらくは、危険なミームに対する警告だと見ておくのがベストだろう。いずれかの規則に違反するミームは、より厳しい精査が必要だというサインを、反省的思考ができる人々に対して発信しているのだ。こういったさらなる精査の結果、規則に違反するミームをあえて採り入れる決断を下すという場合も当然ありうるだろう。例えば、反省の上でインストールされた価値観が、乗り物にある程度の犠牲を強いるという状況は十分にありうるものだ（利他的なミーム[304]の多くはこの精査を通過するだろうし、そうあってしかるべきだ）。しかし少なくとも私たちは、あるミームの特定の事例をこの規則の例外扱いとすべきだと判定した場合には、ミームを吟味しないまま寄生させていたときには得られなかった防衛線を（そのミームは例外だと明確に自覚するという形で）手に入れることができる。ここには挙証責任（証拠を提出すべき責任）の問題がある。つまり、ミーム評価の原理である規則１は警告として利用されるべきものであり、乗り物に物理的な犠牲を強いるあらゆるミームには、（それでもそのミームを採り込むべき理由に関する）強い挙証責任が負わされているのである。[11]

喫煙のミームをめぐる歴史は、私たちの批判的知性のレンズがミームに焦点を合わせると、そのミームの地位を１８０度ひっくり返すことができるという強力な事例になるだろう。喫煙は生理学的に中毒を引き起こす。そして一時期の喫煙文化は、この生理学的中毒に燃料を投下するように、タバコを吸う華やかな映画スターやテレビタレントのイメージをその上に付け足すことで、「喫煙行為」という複雑なミームプレックスを著しく強化す

303　身体の健康や安全はＴＡＳＳに組み込まれた遺伝的目的でもあるが、ＴＡＳＳの場合、あくまで遺伝子の存続の手段として乗り物の健康と安全の保持が必要になるのに対し、パーソナルレベルでの目的については「将来の目的を実現できる能力」の保持の手段としてそれが求められている。どのような目的を設定するかは個人次第だが、身体を損ねたり死んでしまうとそれらが実現できなくなるので一般的に禁じられる、ということである。この洞察自体はミーム論の視点が検討される前の、第3章１６７頁ですでに指摘されていた。

304　本書３２０頁で警告されていたように、「利己的な遺伝子」とは「利己的な行動を人に行わせる遺伝子」ではなく「遺伝子そのものに有利な形質を発現させる遺伝子」を指し（その中にはいわゆる遺伝的な利他行動も含まれる）「利己的なミーム」も同様とされるが、これに対して、ここで言われる「利他的なミーム」はまさに「利他的な行動を人に行わせるミーム」である（無論、そのミームそのものは、「ミーム」概念の定義上、何らかの仕方で自分自身の複製を促進させる特徴を備えているという点で「利己的なミーム」であるはずである）。

るミームを提供していた。そこへさらに、市場資本主義という最後の発火剤が加わる。他人を喫煙させることによって儲ける人々が登場し、喫煙をめぐる産業が発展した結果、喫煙行為はいっそう華やかなイメージと関連づけて宣伝されるようになった。喫煙のミームプレックスは、一時期、無数の文化的な力によってかなり大がかりな強化を受けていたのである。だが当然ながらここには、喫煙は乗り物にとってとてつもなく有害だという問題がある。実際、喫煙が私たちに与える害は十二分に深刻なものであることが明らかになっており、そのため私たちの文化は（特に北米においては）喫煙というミームプレックスに対して公然と宣戦布告し、人々の喫煙頻度を徹底的に減らそうとするまでになっている。このような喫煙の事例は、乗り物に実害を与えるミームプレックスを根こそぎ排除できる可能性を示す好例と言えるだろう。

規則２　信念となるミームについては、真理を告げるミーム、すなわち現実の世界のあり方を反映したミームのみをインストールせよ。つまり、ある人の将来の目的が何であるかにかかわらず、その人が世界に対して持っている信念がたまたま真なる信念であれば、その目的はよりよく実現されるだろう。もちろん、真理を追求しないことが目的の実現に貢献する場合もありうる（多くの場合、一時的にだが）［Foley 1991 参照］。とはいえ他の条件が同じであれば、真なる信念を持ちたいという欲求の存在そのものが、長期的には多くの目的の実現をうながすだろう。要するに、世界のあり方を正確に反映したミームを採用することは、ほとんどの人が望むべき上位目的のようなものだ。よりミクロなレベルでの目的が何であれ、真なる信念はおおむねそれらの役に立つからである。

ここで強調すべきなのは、ミームプレックスの科学そのものが、真理を告げるミームを収集するためのメカニズムとして非常に有用であることを、自ら証明しているという点だ。同じことは論理学や、確率論で使われる概念の多くについても言えるかもしれない。これらは歴史的に、かなり肯定的な認識論的帰結をもたらすことが証明されている。第3章での議論を思い出してほしい——もし個人が自分の生活の中で期待効用を最大化しようと思ったら、あらゆる状況において、選択肢となっているいくつかの行為の評価を行わなくてはならない（たいていの場合、この作業は無意識下で行われており、そこに意識的な計算がなされていると想定する必要はない）——この評価はすなわち「期待効用」の評価であり、それぞれの行為がもたらす結果の確率と、そのそれぞれの結果の効用の評価としてなされ、それぞれの効用に確率をかけたものの合計として計算される。またそこでの効用を最大化するためには、確率の評価を、世界の不確実性を正しく反映したうえで行う必要がある。

私たちが信念の真偽について反省的に思考し、分析的な心[305]を用いてこうした真偽の評価に取り組むべき理由は、——多くの場合、実にもっともな進化上の理由から——TASSの側で真偽が考慮されるとは考えにくいからだ。TASSとは、私たちが環境から受ける刺激がいまも昔も変わらないことを前提している——いわば進化がそれに賭けている——ようなメカニズムだと見なすことができる［Dennett 1995］。人類が進化するなかで、その環境のなかでの生き残りを導いたTASSはなんであれ、そのような賭けを設定してきたということである。[12]それゆえに、世界の構造を記録するためのTASS下位プロセスは、高速かつ効率的に世界の構造を記録できるメカニズムとなっているのだが、しかしその速さの対価として、自身の役割とは直接関係のない事柄の詳細の正確な記録に関しては意に介さないものであることが多い。TASSとはこのようなロジックに基づく反応を行うものである以上、より反省的な分析的プロセスの側が、信念のネットワークに高い真理内容を持たせようとすることが肝心なのだ。

規則3　欲求となるミームについては、将来的に別のミームプレックスのインストールを妨げないミームのみ

305　「分析的な心（analytic mind）」とは、第2章で言われた「ひとつの脳にふたつの心」という見方を想定した表現であろう。内容的には分析的処理システムのことである。

インストールするように心がけよ。将来的に欲求が変化する余地を残したミームプレックスとは、第3章で論じた「上位の目的」のようなものだ。私たちはいくつかの目的について、その目的の実現が他のさまざまな欲求の充足につながるという理由から、それらの目的を肯定的に評価することがある、という話を思い出してほしい。これに対して、目的の中には、その目的の実現が他の欲求の充足にまったくつながらないようなものもある。ひどい場合は、別の目的と衝突する目的もありうる。この種の目的の実現は、他の諸目的の実現を現実に妨げるものである（だからこそ、目的同士の不整合は避けるべきなのだ）。

より上位の目的構造として働きうるミームプレックスについては、この「相互排他性」（の不在）という基準に基づいて評価することができる。[306] 将来の上位目的の多くを排除する目的は、有害だと見なされてよかろう。他方で私たちの将来の欲求状態の多くに余地を残す目的は、有益なミームだと見なされてよかろう［Scitovsky 1976］。このことはもちろん、人生のステージが早いほど重要な意味を持つ。若者が、将来の目的実現の多くを断ち切るようなミームプレックスを選び取るのを目にしたとき、私たちはなんともやりきれない気持ちになるが、これはミーム理論の観点からして、実際に正当化できる感覚なのだ（まず思い浮かぶのは、あまりに若くしての妊娠だ。若者がカルトにはまって教育課程から離脱したり、家族や友人と縁を切ったりするのも同様である）。こうした規則3は、規則1と同じく、目的が将来変化せざるをえない場合にも、その人が柔軟に対応する余地を残すためのものだ。閉鎖的な宗教カルトというミームプレックスを採用してしまうと、いつかそのミームを破棄することになったとしても、取り返しがつかないほど人間関係を大きく損なうかもしれない。同様に、多くのカルト集団（実のところ、いくつかの主流宗教も含まれる）が生みだす誤った信念は、相当数の上位目的の追求と実現を妨げる可能性がある。

規則４　評価を受け付けないミームは避けよ。おそらくこの規則こそ、ミームを評価するにあたって最も重要なものだろう。「評価を受け付けない」ということの特徴が圧倒的に重要なのは、寄生ミーム〔乗り物にとっての利益はおろか、乗り物を構築する遺伝子の利益にさえならないジャンクミーム〕には、まさに私たちの評価から逃れようと小細工を弄することで、存続期間を長くさせようとする傾向があるからだ。こういった、風邪ウイルスも同然のミームを、私たちにとって有益なミームから区別する手段はいくつかあるが、最も確実な部類に属する手段は、テスト可能性〔あるいは反証可能性[307]〕の有無をみることだろう。テスト可能なミームは、実際にテストにかけることによって、最終的にはこのいずれか〔ウィルスのようなミームか、有益なミームか〕に分類できる。あるいは論理のテストか経験的テスト〔事実関係を確かめるための科学的、実証的テスト〕にかけて合格すれば、少なくともそのミームが論理的整合性をもつこと、またはそのミームが世界のあり方に対応しており、したがって〔少なくともその点では〕私たちにとって有益なものであること〔これについては規則2で説明した〕が保証される。一方、これらのテストで不合格になったミームは、私たちの目的実現に役立つミームの候補からは外れることになる。

テスト可能なミームの場合、テストの結果がどちらであっても、私たちはミームを評価するのに有益な情報を得たことになる。しかし、テスト不可能なミームに関してはそもそも評価ができないため、こうした情報は得られない。危険なミーム、もしくは単純に寄生的なミームが、この種のテスト不可能なミーム集団から生じたものである見込みが大きいということは、統計的に〔つまり確率の問題として〕確実である。対照的に、乗り物の利益

306 「相互排他性の基準」という用語はここで初めて登場したが、前段落で言われていた「相互排他的な〔つまり相互に不整合な〕複数の目的を設定しないようにせよ」という基準を指すと思われる。

307 ポパーの「反証可能性」の概念〔訳注283参照〕は、反証可能な理論でなければ、いくら仮説を肯定する事実を挙げても無意味である、という考察に依拠している。ここからすれば、「テスト可能〔検証可能〕」と「反証可能」は同義になるとも考えられよう。テストに意味があるのは、テストに不合格になる可能性がある場合に限られる、ということである。

に役立つミームは、反証可能なミーム集団の中から、経験的〔事実的、実証的〕テストと論理的テストに合格したものである見込みが、統計的に見てより大きい。

私たちの評価の試みを無力化するミームの具体例として繰り返し研究論文に登場するのは、第1に「信仰のためのミーム」、第2に「陰謀論」、そして第3に「言論の自由」である。[13] 最初のふたつについては、とりたてて説明することもないだろう。しかし、「言論の自由」がリストに含まれていることについては、とりわけリベラルで教養のある読者ほど意外に思うかもしれない。だからこそ、これはリベラルな人々にミーム思考（ミームの獲得と維持について批判的に考えること）の実践をうながす格好の事例となる。つまりこのリストの中に「言論の自由」が載っているというのは、私たちのメノム（遺伝子における「ゲノム」になぞらえた造語である）の中に、肯定的かつリベラルな皮をかぶった紛い物が潜んでおり、それらを注意深く探さなければならないことを、私たちに気づかせてくれるからだ。

言論の自由というミームがインストールされていない、外部からの中立的観察者は、例えば「〇〇という人種は根絶やしにすべきだ」といった言説を支持する態度が、経験、論理、道徳、理性のテストをかいくぐりながら生きながらえていることを不思議に思うかもしれない。つまりこうした、「言論の自由」ミームを事前に吹き込まれていない中立的観察者であれば、「このような『思想』を人々の耳に触れさせて生かそうとすることに、どのような目的があるというのか？」という疑問をもって当然だろう。こういった中立的批判者の疑問に対する、「言論の自由」ミームプレックス内部に閉じこもっている立場からの回答は、以下のようなものになるだろう――「どのような思想であってもそれを聞くことができるという保証がなくなることは、『言論の禁止』へとまっしぐらに進む、滑りやすい坂道[308]の始まりなのだ」と。だが言うまでもなく、これは「言論の自由」ミームプレックスによる回避策に過ぎない――「言論の自由」ミームプレックスはこの答弁によって、そのミームプレックスが宿主とする人々なり社会なりの目的に役立つかどうかを評価しようとする試みを、すべて回避しようとしているのである。[309]

ここでの論証の要は、言論の自由というミームが純粋に寄生的なミームかどうかではなく、ただ単に、このミームが「評価を無力化する」という性質を有している、という点のみにある。一方で「言論の自由」が、宿主である個人や社会に莫大な利益をもたらしてきたことに疑いはない［Hentoff 1980, 1992］。しかも「言論の自由」ミームの中に含まれている心理的な罠は、「信仰」に基づくミームが歴史の中で利用してきた策略、脅迫、威嚇に比べれば、無きに等しいものであるのは言うまでもない。そもそも信仰という概念が徹頭徹尾、そのミームの宿主によって自らが決して評価されないように、宿主を武装解除すべく仕組まれている。というのも、あるミームを「信仰する」〔という形でそのミームを取り込む〕とは、「そのミームの出所や価値に対する継続的で反省的な問いかけをしないこと」を意味するからである。信仰に基づくミームのロジックとは、徹頭徹尾「批判の無力化」にあるのだ。例えば、信仰に基づくミームが評価を避けるために使う手口のひとつに、「謎とはそれ自体が美徳である」という考えを植えつけるというものがある（これは、ミームを評価するために必要な「証拠探し」を無しで済

308　「滑りやすい坂道（sloppy slope）」とは、さしあたり許容できたり、明らかに無害であったりする主張に対し、そのような主張が潜在的に危険な帰結を招きうる可能性をはらんでいる、という指摘によってそれを批判するために用いられる論法を総称する比喩としてしばしば用いられる（「滑りやすい坂道論法」の名で括られる場合もある）。

309　重要な点だが、著者は「言論の自由」ミームプレックスの支持者にこのような自覚的意図を帰そうとしているわけではないし、まして、「言論の自由」という思想（あるいはミームプレックス）の社会的有用性、あるいは倫理的な正当性に異議を唱えているわけでもない（著者自身がこの思想を退けている見込みは万にひとつもないだろう）。ここで指摘されているのはもっと微妙な問題であり、すなわち、「言論の思想」ミームプレックスの中には、本文で述べられたような仕方で「自分自身の主張内容を批判から免れさせる」ことに役立つ特徴が含まれており、その特徴がこのミームプレックスの存続に貢献してきた見込みが大きい、という考察であって、それ以上の主張はここに含意されていない（この点は次段落でより詳しく説明される）。

ませるための戦略だ)。信仰に基づくミームは、先に述べたような敵対的な性質が役割を演じることが多い。歴史上、多くの宗教的ミームプレックスが非信者を攻撃したり、そうでなくとも非信者を脅しつけて黙らせるよう、信者たちをけしかけてきた。

もちろん、信仰に基づくミームのすべてが悪いというわけでは必ずしもない。信仰に基づくミームの中に、宿主の役に立つものがあってもよい。ただし、ある事例がそうだと言えるためには、非常に厳しい挙証責任が求められる。私たちは信仰に基づくあらゆるミームに対して、なぜそれが私たちの認知的な武器(論理、合理性、科学、意思決定理論)を丸ごと無力化する必要があるのか、真正面から問わなくてはならない――これらの認知的な武器こそが、人間に遺伝子の目的を阻止し、遺伝子の命令から独立して自分たちの人生設計を創出することを可能にしてきたのだ。それらは「ロボットの反逆」を可能にする武器なのである。なのにいま、別の(より悪質かもしれない?)自己複製子がそれらのメカニズムのスイッチを切れと言ってきているわけだ。本書で紹介してきた思考ツールの数々は、このような事例に対して懐疑的であるよう、私たちに忠告している。

ジャーナリストのジョナサン・ラウチ[Rauch 1993]は、1980年代にノースカロライナ州で新聞記者をしていたとき、あるキリスト教原理主義団体が発行した「学生のための禁止事項」のリストを明るみにしたという。そのひとつは、次のようなものだった。

クラス討論では、次のような問いかけで始まる発言をしてはいけません。[310]

仮に……だとしたら、あなたはどうしますか?

あなたは……だと仮定しますか?

……について、あなたはどういう意見ですか?

仮に……だとしたら、何が起こりうるでしょうか？

あなたは……に価値を認めますか？

……することは道徳的ですか？

このミームプレックスが、宿主からの評価を全方位的にブロックしようとしているのは明らかだろう。

ジャーナリストのメアリー・ブレイド［Braid 2001］が紹介している事例も見てみよう。ワーウィック・パウエルというＨＩＶ患者のエピソードだ。ＨＩＶ治療では、Ｔ細胞数が４５０を下回ることが抗レトロウイルス薬の使用を開始する目安になるが、パウエルのＴ細胞数は２２０しかなかった。しかしパウエルは、定石通りの多剤併用療法〔カクテル療法〕をやめて、「プロセス」と呼ばれる代替医療――うつ病や不幸感、過敏性腸症候群、がんなどに効果があると謳うエナジーチャネリング[311]の実施――を提供する施設で10か月を過ごすことにした。パウエルは、「プロセス」を実践すれば、ＨＩＶ陽性状態を陰性状態に転ずるという、医学ではなし得ない成果が得られると説明されていた。そのためには「エナジーブロック」なるものを取り除く訓練が必要であり、成功の鍵は、パウエルの報告によれば「プロセスの実施に疑いを挟まず、完全に身を委ねること」［12］にあるということだった。ジャーナリストのブレイドによると、プロセスを提供する講師たちは、この段階ですでに「もしウイルスが消滅しなかったら、それはパウエルのせいである。なぜなら信じる気持ちが足りないということだから

310　以下、概念の明確化のためにto suppose, opinion, might, to valueなどの単語を直訳的に訳したので、本来よりも硬い語調になっていると思われる。

311　いきなり「エナジーチャネリング」といわれても（該当する団体自身の説明でも読まなければ）正確な実態はわからないのだが、おそらくはどこか異世界的な領域から放たれる「エナジー」を身体に接続（チャネル）し、通過させてその恩恵を受け取る、という「理論」に基づく修行などの実践だろうと思われる。「チャネリング」の名でより有名なのは「高次元の世界」などにいるとされる存在と接続（チャネル）しその意思を受け取るという、霊媒の疑似科学版のような実践だが、これは少し違うようである。

だ」とパウエルに言い含めていた［12］。

施設でのフルタイムの治療費は1日100ポンド（当時の1英ポンドは約1・4～1・5ドル）。これに加えてパウエルは、1時間410ポンドかかる上級講師とのマンツーマンセッションも行っていた。これ以上に高額な、ニュージーランドにいる「グランドマスター」と電話セッションを行ったこともある。果ては、直接グランドマスターに会うために、4000ポンドの集中コースや、7800ポンドのグランドマスター・ヒーリングコースも受講した。治療期間が終わる頃には、パウエルは1日10時間も施設で過ごすようになっていた。同時に、クレジットカードは限度額を超え、彼は借金漬けになっていた（グランドマスター・ヒーリングコースに参加するためには、施設に保証人になってもらわなくてはならなかった）。この間、主治医はパウエルのT細胞数の測定を続けていたが、本人はその結果を知ろうとしなかった。結果を知ることで、プロセスの実践に否定的な影響が及ぶことを恐れたからだ。10か月の治療が終了したのち、パウエルはようやく自分のT細胞数を教えてもらうことを認めた。数値は450の基準値を大きく下回る270であり、いまなおパウエルには抗レトロウイルス薬による治療が必要であることを示していた。また、10か月前からの数値の変動は統計的に自然変動の範囲内であり、予想を上回るものではなかった。パウエルはこの知らせにどう反応したか？　彼はこう結論づけた。「この治療法の大事なところは、自我を捨てることにあります。しかし、私はまだまだ傲慢で、批判的な考えを捨て去ることができませんでした。チャンスに対する感謝が足りなかったのです」［17］。もし、友人や親類から資金の援助を得ることができれば、パウエルはエナジーチャネリング治療を続けるつもりだったとブレイドは述べている［2001］。

悲しむべきことに、パウエルはミームウイルスに捕らわれてしまったのだ――身体的・精神的に困難な状況にある人々に容赦なく襲いかかり、評価の無力化という戦略を利用するミームウィルスに。ハイジャック犯が自分の目的のために飛行機を乗っ取ろうとするように、乗り物がミームによって、ミーム自身の目的（複製）のためにハイジャックされることもあるのだ。ニューヨークの世界貿易センタービルの破壊は、残念なことに、感染性のあるミームは人命と引き換えに自己複製を行うものだという恐ろしいロジックを多くの人に知らしめることになった。また、宿主を完全に操れるがゆえに武器になりうるミームの危険性についても、より明示的に議論されるようになった。例えば、『トロント・スター』紙の記事［Hurst 2001］は、テロリストの思想を「不活性化」する方法について論じている。『ロンドン・タイムズ』紙は、テロ攻撃直後の記事で、オサマ・ビンラディンは「言葉の爆弾」を使っていると明示的に言及した［Macintyre 2001］。殉教のミーム、ひいては「殉教に身を投じる者は死後の世界でたっぷり報われる」というミームは、人類の歴史を通じて繰り返し見られるものだ。

評価を無力化するという戦略は、寄生型のミームプレックスに共通する要素だ。それが顕著に表れていたのが、1990年代に臨床心理学やソーシャルワークの現場を席巻した「回復された記憶」のミームである。[14] 当時、子ども時代に虐待を受けていたことを、何十年かぶりに思い出したと主張する人々が大勢現れた。その記憶は長い間、表面的には失われていたという。しかし、こうした記憶の多くは、治療的介入の文脈の中で生じたものであった。「回復された」記憶の多くが、治療そのものによって誘発されたものであることは間違いない［Piper 1998］。その結果、多くの虚偽の、治療による誘発がもととなった告発がなされたために、大勢の人々が人生を狂わされ、家族崩壊の憂き目にあった。これは、セラピストたちが故意に虚偽を広めていたということではない。彼らの多くは、自分（と自分の職業的地位）を宿主として利用するミームプレックスを他人にも感染させていただけだ。しかしながら、彼らがクライアントに感染させたミームプレックスは、他者に及ぼす影響の大きさばかりでなく、ミームのミームとしての性格を評価できるための証拠集めを無力化する、というその戦略ゆえに、とりわけ悪質なものだった。

ローランド・マックという男性の痛ましい事例を見ておこう［Makin 2001］。薬物使用とうつ病のためにセラピーを受けたマックは、セラピストから次のような説明を受けた。セラピスト自身が性的な儀礼虐待の被害者であり、[312]その経験に照らし合わせると、マックが父親に対して抱いている怒りも同じ原因によるものかもしれないというのである。その後度々のセッションを重ね、儀礼虐待の生存者《サバイバー》と呼ばれる人たちから記憶の強化を受けるうちに、マックは自分の父親が実際に赤ん坊に儀礼虐待を行う秘密教団のメンバーであったと信じるようになった。この「事実」を父親に突きつけるにあたって、マックは事前に、「父親はマックの告発を否定するだろうし、むしろ頑なな否定こそが、告発が事実だという証拠になる」とセラピストから言われていた。果たして、父親はそのとおりマックの疑惑を否定し、マックはそれが、セラピストの言葉の正しさを示していると受け止めたのだった。かくしてこのミームプレックスは、鉄壁の自己強化戦略によって、宿主をコントロールすることにまんまと成功したのだ（幸い、後年になってマックは、まったく記憶にないはずの幼少期の出来事を事実だと信じるに至った仕組みを理解するようになった。父親とも和解したという）。

ミームは遺伝子以上に「たちが悪い」

以上の例から、評価無力化装置がどのようにミームプレックスに組み込まれているのか、おわかりいただけたと思う。なかでも、とりわけ露骨かつ悪質なのは「宿主がそのミームプレックス全体に疑念を抱くと、約束された利益は得られない」という命題を組み込んで、評価を無力化しようとする悪辣な手口だろう。要するに「約束された肯定的な機能を果たさせるためには、疑ってはならない」というわけだ。これは、感染性のある寄生型ミームプレックスが用いる代表的な無力化戦略といえる（「疑ったりすると、よくないことが起きるぞ」）。それゆえまた、こうしたミームに対する予防接種として身に着けうる規則も極めてシンプルだ。すなわち、「利益を得るためには疑ってはならない」と言ってくるミームを、軒並み疑ってかかることである。

自らを脅かす評価のメカニズムを、ミームが体系的に一貫した仕方で無力化しているという可能性は、私たちの分析的システムがTASS反応を制止することがいかに大切かを強調する、また別の理由になるだろう。「本能的直感」を支持する人々が育んできた無反省な思考は、乗り物を自己複製子（遺伝子とミーム）の手に明け渡してしまう――いずれの自己複製子の主たる目的も、人間の目的実現を最大化することにはないにもかかわらずだ。TASSが誘発する不適切な反応を制止しない限り、TASSに保存されたショートリーシュ型の遺伝的目的が優先的な処理の対象になってしまうばかりでなく、私たちの目的構造の中に寄生型のミーム（宿主の利益に役立たないミーム）が組み込まれてしまうかもしれない。その種の寄生的ミームを、私たちが反省的な知性によって吟味すること――乗り物としての私たちにすでに宿っているミームに懐疑の目を向け続けること――をしていかなくては、私たちは、ある自己複製子の（乗り物としての観点からは）最適ならざる目的を回避したはいいが、その結果、別の自己複製子の最適でない目的に引き込まれてしまうという運命から逃れることができない。

だからこそミームは「乗り物の利益を無視する」という点に関して、遺伝子の場合よりもさらにたちが悪いと信ずべき理由がありうることを強調しておく必要がある。つまり遺伝子の場合、それは人間の身体の中にあり、人間と共に複製される。この事実は、あらゆる遺伝子が乗り物や（同一個体内、ないし同一ゲノム内の）他の遺伝子と共通の利害を持つことをはっきりと示すものだ。ソーバーとウィルソン[Sober and Wilson 1998]は、リチャード・ドーキンスが考案した比喩を用いて、次のように指摘している。「有性生殖個体の遺伝子とは、ボートレー

312　この種の事例は「虚偽記憶症候群（ファルス・メモリー・シンドローム）」として有名になったが、多くの事例では親たちが秘密裏に行われる悪魔崇拝的な宗教儀式に子どもを差し出し、肉体的、精神的、性的虐待に相当する「儀礼虐待」を加えたという「記憶」が「回復」したとされている。

スで、他のボートのクルーたちと競争している選手のようなものだ。彼らがレースに勝利するには、同じボートのクルーと完璧に協働するしかない。同様に、遺伝子は他の遺伝子と同じ個体の中に『閉じ込められて』おり、通常はこの遺伝子の集合体全体の生存と繁殖によってのみ自らを複製することができる。このような『運命の共有』という性質ゆえに、利己的な遺伝子たちが、互いに結合し合って、適応的な統一体として機能する生物個体を構成するに至るのである」[87-88]。

この一文では、遺伝子が乗り物にとって、より「友好的」な存在でありうるふたつの事実に注目を向けている――すなわち遺伝子の場合、第1に、少なくとも自らを複製できるようになるまで乗り物の身体を生かしておかなくてはならないし、また第2に、そのために〔同一個体内の〕他の遺伝子と協働しなくてはならない。しかるにこのふたつの制約は、いずれもミームの場合には当てはまらない。遺伝子の場合、自らを複製できるようになるまでに、〔ヒトの場合なら〕最低でも10年と少々のあいだ乗り物を生かしておく必要がある。これに対してミームの場合、ひとたび誰かに獲得されれば、ほぼその直後から、別の脳に特有の反応――すなわち、そのミーム自身の複製であるような反応――を開始させる信号を発するためのひな形として、〔宿主によって〕利用されることが可能である。ということは、ミームの場合、他のミームや遺伝子と協働する必要はないことになる――すなわちミームは乗り物を生かしておくため、あるいは、乗り物の福利を追求するための協働など、みじんも必要としないというわけだ。

ここに至ってロボットの反逆は、これまでの章で述べてきたよりも複雑な様相を呈することになる。とはいえ、それが本質的には認知改革のプロジェクトであることに変わりはなく、それは依然として実現可能なプロジェクトであり続けている。反逆を成功させる唯一の道は、欲求および信念として取り込んだミームについて反省の目を向けることだ。とりわけ、幼少期に獲得したミーム、つまり親や親戚、他の子どもたちから受け継いだミームについては、この作業が欠かせない。人生の初期に獲得したミームの寿命が長いのは、それらがミームの有用性の意識的な選抜テストを回避してきた結果である見込みが大きい。反省的に物を考えるという能力を欠く時期に獲得されたため、選抜テストにかけられることがなかったのである。この点について、哲学者のロバート・ノージック［Nozick 1989］は、次のように警告している。

人はほとんどの場合（私自身もだが）、人生を自動操縦のように生きている。その指針となっているのは、早い時期に身につけた自分自身についての自分なりの見方と自分なりの目的を、微調整しただけのものだ。幼い頃からの目的を考えもなしに追求することには――野心の醸成や効率性といった点で――おそらくよい面もあるが、損失もある。思春期、ないしヤングアダルト期に形成した未成熟な世界観によって、人生全体を方向づけられてしまうのだから……こうした状況は（控えめに言っても）見苦しいものだ――あなたが（神となって）知的な生物種を創造するとして、幼少期に形成された自己を変えようとせず、感情に半減期というものがなく、時効の発動も極めて困難な、そんな種を設計したいと思うだろうか？［11］

詩人のフィリップ・ラーキンも、（少し違う言い方で）同様のことを述べている。

パパとママは、きみをめちゃくちゃにする
そんなつもりはなくても、そうしちゃうのさ
自分たちのダメなところできみをいっぱいにしたうえに
きみのためだけに、新しいダメをくっつけるんだ

――「This Be the Verse」［Larkin, Collected Poems 1988, 180］

究極のミーム・トリック

なぜ、ミームという考え方に腹を立てる人がいるのだろうか？　一部の専門家がミーム論に批判的なのが、自分の縄張りを守るためなのは確実だろう。ミーム論者は、文化進化に関わる研究分野に新しい言語を持ち込み、人類学や社会学といった、従来その分野をわがものとしていた学問を脇に追いやろうとしてきたのだ。しかしミーム説への敵意には、こうした専門性に由来する敵意だけでは済まないものがある。なぜなら一般の人々や、文化研究以外の領域で活動する科学者や研究者もまた、ミーム論に反感を抱いているからだ。実際、ミーム学は一定の有益な概念を提供してくれると考える用意のある人々でさえ、ミームという考え方に何かしら不穏なものを感じている。実に、ミーム概念を最も雄弁に語っている哲学者のダニエル・デネットでさえ、ミーム学という科学からの諸帰結に向けられた彼自身の研究が明らかにしようとしている人間観や人間の意識のあり方を、当初は受け入れがたいと感じたという。「あなたの場合はともかくとして、私の場合は、私の脳というのは、他人の観念といううじ虫どもが、自らを再活性化させ、自分の複製をいわば情報のディアスポラとしてあちこちに送り出す前に一息いれる、肥だめのようなものだという考え方に、はじめから惹かれているわけではない。じっさいそれは、私の心から、私の心がはたしている著述や批評の担い手としての重要性を奪い去ってしまうように思われる。こういう見方からしたら、心の担い手とは、私たち自身とそのミームのいったいどちらなのか？」〔1991, 202〕〔邦訳241頁、訳文一部変更〕。ここでデネットは、人間の心に関する、このような「ミームの目からの視点[313]」を「不安をかきたて、ぞっとするとすら言える」ものだと評しているが〔202〕〔邦訳241頁、訳文一部変更〕、だとしても筆者と同じく、ミーム学についての肯定的な見解を確信するに至っている——すなわち、私たちがミーム学がもたらす諸概念をしっかりと携え、その活用に熟練していけば、私たちが抱く思考内容についての新たな考え方につながるのみならず、ダーウィン時代における自己というものの本性について、その概念化を書き換えていく助けにもなりうる、という見解である。

ここで筆者が指摘したいのは、ミームという概念そのものに対する反発が湧き上がる範囲の幅広さこそが、私たちが暮らす一般的なミーム圏（ミーム同士が競合する知的環境）[314]の実態を物語るものかもしれないということだ。[15]私たちが住まう認知環境では、信念を吟味するという行為に対して幅広い反発が起きる。まずはその点に気づくことが重要だ。批判的思考を研究する教育研究者たちは、長年にわたり、批判的思考の技能——対象から距離を置くこと、信念の中立的評価、視点の切り替え、現在の立場からの脱文脈などの技能——を身につけることの難しさを嘆いてきた。また、認知心理学の論文でも、新しい証拠の解釈は既存の信念に左右されるという、いわゆる「信念バイアス効果」が取り上げられている。これらはいずれも、個人としての人間が、自分の認知システムの中にすでに存在するミームを強化してくれるという保証のない観点から証拠を吟味することがいかに難しいかを示すものだ。私たちの認知的構造の中に今現在住まうミームは、潜在的に自分の居場所を奪いかねない他のミームと貴重な脳内空間を共有することに対して、際立って消極的である。[16]

ミームたちのこのようなふるまい方の一部は、単に、〔脳内のシステムの〕容量の限界という、〔各ミームにとって

313 「ミームの目からの視点（meme's eye view）」はハミルトンの「遺伝子の目からの視点」（（第1章原注2、訳注18参照）のミーム版と言えよう。「ミーム瞰」と訳してもいいかもしれない。

314 「ミーム圏（memosphare）」は本章原注15によるとデネットの用語とされるが、地球を取り囲んでいる「大気圏（atmosphere）」や「生物圏（biosphere）」同様、地球表面にミームたちの集団が「知的・文化的環境」としての層をなして取り囲んでいるというイメージだろう。似たような造語として、神学者・古生物学者テイヤール・ド・シャルダンが広めた（考案者はロシアの地球化学者ヴェルナツキーだとされる）の「精神圏（noosphere）」を挙げられよう。こちらも、生物圏を基盤に、その上を精神的活動の層が取り囲むという概念である。

の〕環境のロジックを反映したものだが、この説明と併存して成り立ちうる、さらに厄介な可能性がそこに含意されていることについて、心配しようともしないのは愚かなことだろう。つまり、私たちの大部分は――ひとつの内的に経験される事実として――「新しいミームを敵視する」という特性〔形質〕を共有しており、この私たちの特性こそが前述の認知環境[315]となっている、という可能性だ。そしてこのことは、いくつかの懸念を呼び起こす。もしかすると、〔通常ならば〕支持されがたいミーム同士が結託して、「信念と欲求の評価は必要である」という考え方に真っ向から対立するような認知環境をつくりだしているのかもしれない。これは言い方を変えれば、こういう問いでもある。もし私たちの信念の大部分が、乗り物である私たちの役に立つもので、その有効性を評価するテストにも合格できるのなら、なぜこうしたテストを進んで受け入れるような認知バイアスをつくりだそうとしないのだろう？――そのテストは、彼らのライバルを間違いなくふるい落としてくれるはずなのに。しかし実際には、私たちのミーム圏の多くは、信念に対して厳格なチェックが行われるのを、やんわりと避けようとしている。そこで、次のような疑念が湧いてくる――これらのミームは、私たちから何を隠そうとしているのか？

このあたりで、本章の冒頭で述べた「ミームが生き残り、拡散する4つの理由」をもう一度見直し、それぞれがミームの宿主である私たちの福利にもたらす帰結を検討する必要がある。第1の理由は「ある種のミームが生き残り、広まるのは、それを保存する人々にとって役に立つからである」というものだった。このカテゴリーのミームは「よいミーム」だと言える。私たちはみな、自分が宿しているミームの大多数がこのカテゴリーに属していることを願っている――そしてたしかに、大部分の思想が広く拡散する理由は、その思想が私たちにとってよいものだから（真理を告げ、私たちが自分なりの目的を実現するのに役立つ思想だから）だ、と言ってよい。しかし、重要な点は、他にも3つの理由があり、そのいずれも、必ずしも宿主（乗り物）の利益を帰結するものではない、ということである。

第2のカテゴリーは「ある種のミームが頻度を増す〔より多くの複製を作り出す〕[316]のは、それが〔宿主の〕遺伝的傾向性に適合しているからである」というものだった。このカテゴリーのミームが乗り物の役に立つかどうかを考えるのは、なかなか難しい。たしかに、この手のミームは遺伝子の目的を実現できるだろうし、それが乗り物の目的と重なる限り、乗り物の役にも立っていると言える。しかし、本書の複数の章（特に第1章、第2章、第4章）で詳細に示してきたように、とりわけ現代社会において、遺伝子の目的と乗り物の目的は常に一致しているわけではない。それゆえ、ミームが〔宿主の〕遺伝的傾向性にうまく適合していたとしても、その傾向性が乗り物の長期的な人生の計画にも役立つものでなければ、有効に働いているとは言えない[17]。

第3のカテゴリーは「ある種のミームは、その特定のミームにとって好都合な宿主となる身体をつくる遺伝子の拡散をうながすがゆえに拡散する」というものだった。私たち〔の祖先〕を初めてその「信者」〔つまり宿主〕としたと見られるミームが、このカテゴリーのミームであることは言うまでもない。つまり数多くの研究者が提唱している、ミーム―遺伝子共進化モデルである。それによると、進化の歴史の少なくとも一時期において、遺伝的進化の方向性を決定づけることのできるミームが、宿主の環境を自分たちに有利になるように操作する（統計的に偏らせる）ために、この戦略を用いてきた〔ミーム駆動[317]についてはBlackmore 1999、またLynch 1996を参照〕。

315　ここで言う「認知環境」は段落冒頭で指摘された「容量の限界という環境のロジック」と同じものを指すと見られ、まずは、それぞれのミームにとっての「生息環境」を指すものと見られる。容量（特に脳の記憶の容量であろう）の限界はミームにとっての「環境要因」であるが、同様に、ある種のミームが「結託」して他の種類のミームを排除するような構造（著者が好む言い方では、そのような「ロジック」）が成り立っていれば、それもまたミームの増殖率を左右する「環境要因」だということになる。ただし、文化的自己複製子としてのミームはその「宿主」に見立てられる人間による信念や欲求の獲得をその存立基盤としているので、「ミームの生息環境」は見方を変えれば「人間の認知にとっての文化的な環境」でもあることになる。いずれにしてもここで「（認知）環境」と呼ばれているものは、前述の「ミーム同士が競合する知的環境」として定義された「ミーム圏」と重なるものと見ていいだろう。

316　集団遺伝学では個体群中の遺伝子の数の多さを「頻度（frequency）」として計算するが、その捉え方をミームに適用したものと見られる。

多くの子どもを持つように人々を駆り立てる宗教的信念はこのカテゴリーに属する――このような宗教的信念が好都合な宿主を見いだした〔そこに宿った〕とすると、その宿主の子孫には、この特定のミームにとって好都合な宿主だった元の乗り物〔つまりその子孫の親〕の特徴の幾分かが〔遺伝的に〕共有されている見込みが大きいからである。[318]

この第3カテゴリーのミームを、乗り物にとって「よいミーム」だと見なすべきかどうかは、はっきり言って解釈が難しい。たしかに、時を経て元の宿主の子孫たちが、そのミームをより強く「望む」ようになるとは言える。一方で、そこには間違いなくミームが仕掛けた「罠」としての側面があることも確かだ。ミームの視点からこのロジックを擬人的に表現すれば、次のようなものになるだろう。あるミームが、好都合な宿主――そのミームを容易に受け入れる宿主――を見いだした〔そこに宿った〕とする。この場合、「同じような好都合な宿主を繁殖によって増やせ」という教えをミームプレックスに含めるとしたら、それはうってつけの手ではないか？　その教えの結果、このミームを進んで受け入れる宿主が世代を追うごとに増えることになり、そしてその結果……ここに生じるフィードバックループは明白だろう。ある意味で、この事例では、ミームが宿主の利益のために選択されたのではなく、宿主がミームの利益に適うように選択された〔そのような自然選択を受けた〕ことになるだろう。

さて、第4のカテゴリーには明らかに問題がある。それは「ある種のミームは、そのミーム自身が自己自身を生き永らえさせる性質を持つがゆえに、生き残り、拡散する」というカテゴリーだった。この種のミームは、私たちにとって有害である見込みが大きい。よくても何の役にも立たない――中立的な存在として脳内空間を占拠しているだけで、宿主を傷つけたり害したりするわけではない――といったところだろう。とはいえ、これらのミームはそもそも宿主に利益をもたらすために存在するわけではないのだから、その多くは第1章で取り上げた遺伝子のように、自分自身の利益（複製の成功）を追求するために、乗り物を犠牲にする見込みが大きいというべきだろう。

もちろん、自分が常駐させているミームが[319]、いま述べた4つのカテゴリーにそれぞれ何パーセントずつ分類されるかといったことを知るすべは誰にもない。しかし、今しがた終えた分析によって私たちにはいくつかの心配事が残されることになった。まず、カテゴリー1に含まれるミームは、宿主にとって明らかに有益である。一方カテゴリー4に含まれるミームは、おおむね宿主にとって有害である（あるいは無益である――しかし、中立的なミームであっても、有限である脳の記憶容量と処理能力を無駄づかいするという意味では有害と言える）。カテゴリー2に含まれるミームに、有益なミームと有害なミームが混在していることに疑いはなく、その割合については未知である。カテゴリー3には、宿主との関係が不明なミームが含まれている。このカテゴリーに属するミームは私たちが進化してきた環境の中で、自分たちの利益に適うように遺伝子を選び取ってきた。それが現代社会にお

317　ある種の遺伝子が染色体の減数分裂（マイオーシス）の過程に介入し、通常の適応をもたらす自然選択とは異なる方向へ遺伝子頻度を偏らせるように働く現象を「減数分裂駆動（meiotic drive）」と呼ぶが、ここで言われている「ミーム駆動（memetic drive）」はそれと類比的な現象として呼称されていると見られる。

318　やや回りくどいので補足しておくと、「ミームAにとって好都合な宿主である」とは「その宿主である人物がミームAに感染しやすく、かつそれを拡散しやすい」という特徴を意味し、この特徴は（そのすべてではなくとも、少なくとも一部は）遺伝的なものでありうる。ここでもし「ミームA」が「子孫を多く残せ」という信仰であるなら、宿主の子孫にも「ミームAに感染しやすく、かつそれを拡散しやすい」という特徴が生物学的に遺伝している見込みがあり、これがミームAにとって好都合な宿主の数を増やすという好都合な結果につながる、ということである。

なお、ミーム（または文化）―遺伝子共進化モデルはこれ以外にも幅広いバリエーションがある。例えばデネットは『心の進化を解明する』の中で、現代の言語進化の研究を踏まえ、言語の獲得が言語習得に適した遺伝子が生き残りやすい文化的環境を作り出し、そこで遺伝子に働く自然選択が言語能力の向上と言語の複雑化をうながし、それが生物学的な生存や繁殖を左右するさらなる文化的環境を用意する、という相互作用のサイクルを示唆している。

319　原語は have resident で、「定住させている」という意味にもなるが、コンピュータの「常駐ソフト」を指すときに用いる用語であり、この場合それに近い意味合いではないかと思われる。

いて宿主の利益に結びつくかどうかは、完全に未解決の問題である。おそらくは、そうなるものもあれば、そうならないものもある、ということだろう。

4つのカテゴリーを俯瞰してみれば、ひどく気が滅入る結果になる。仮に自分の信念のうち、自分にとって有害なものはたった10パーセントしかないと知っただけでも、誰しもやはり不安は感じるものだろう。そしてかなりの割合のミームが、（宿主の人生の計画を促進するどころか）宿主に害を与えているという可能性は、無視してよいようなものではまったくないと思われる。事実その通りであった場合、「通常なら」支持されがたいミーム（厳格な評価を受ければ生き延びられないはずのミーム）同士が結託して、外部からの評価を拒む認知的状況をつくりだしていたとしても不思議はないのだ。[18]

自己観察ツールとしてのミーム

ミームという概念によって、私たちは自らの思考に侵入してくる文化的人工物を把握し、一歩距離を置いて観察できるようになった。これは、人類が文化を持つようになってから数千年来で初めてのことだ。むろん比喩だが、私たちは他のどの時代の人もできなかったような形で自分たちの脳の中を覗き、そこから文化的人工物を取り出し、手に取って、少し離れたところから観察することができるのだ。とりわけこの「一歩距離をおいて観察する」作業のために、ミームという用語を用いることは大いに役立つ。[19] ただ用語を取り入れただけのことだが、だとしてもそれは、新しい思考のツール［Clark 1997, 2001; Dennett 1991, 1995, 1996］を道具箱に加え、認知的な自己吟味という、再帰性が大きいゆえに困難なプロジェクトを助けてくれるのだ。

この、ミームの概念を用いた自己吟味のプロジェクト全体は、先に述べたノイラート的なブートストラッピング活動としての性格を色濃く帯びざるをえない。私たちの心の一部が、別の一部を吟味するための手段となるツールはなんであれ、認知に関する自己吟味という困難な作業の役に立つ。[20] そしてこのような、認知に関わる自己分析のためにミームの概念が役立つ理由のひとつは、ミーム概念によって、信念に関わる「疫学」の重要性に気づかされることにより、多くの人々（ミーム概念によって初めて目を開かされた人々）に、間接的な形であれ、信念獲得が偶然に依存するものであると気づかせることができる点にある。信念の偶然性というこの新たな視点があれば、信念から一歩距離を置くことも認知的に容易になる（また、それを習慣にすることもできる）。さらに、信念から一歩距離を置くことができれば、既存の信念を吟味し、評価し、拒絶することも容易になるだろう。このように、認知において距離を置く作業を容易にし、心の自己吟味を助けてくれる点で、ミームの概念は認知的な解放をもたらすものだと言える。つまりミームは信念の神秘性を取り除き、信念の神聖視を断ち切るのだ。あるいは、ミームは信念の溶解剤であり、認識の均衡を保つ装置《イコライザー》でもある。なぜなら、ミーム科学はあらゆる文化単位に共通言語を提供することで、無反省に特権化されている一定のミーム——偶発的な歴史的出来事によって、さらには、自らの特権化をことさらにうながそうとするある種のミーム戦略によって、文化内に流入し、特権化されたミーム——を脱構築[320]するからである。また、ミームという概念そのものが、それを自覚するようになった大勢の人々に、いわばミームセラピー[321]として、あるミームについて、自分がそれをよく考えた上で取り込んだの

320　「脱構築する（deconstruct）」はフランスのポストモダン思想家デリダの用語で、（著者にいわゆるポストモダン思想に深入りする意図はないはずだが）この場合、該当する信念を解体したり退けたりはしないまま、その恣意的ないし偶発的な根拠を明るみに出し、脱神秘化ないし脱神話化する、といった意味合いで言われているのだと思われる。

321　訳せば「ミーム療法」ないし「ミーム治療」だが、「ペットセラピー」のようにミームを利用して何かを癒そうという「セラピー」ではなく、自分の信念をミームという観点から「診断」し、必要に応じて「治療」するという、ミームに関わる医療行為に似た実践を指そうとしているのだと思われる。

か、それとも分析的知能による批判を加えることなく、ただそれに感染してしまったのかをじっくり振り返る必要性を知らしめることになるはずだ。

私たちは、偶然によって進化した動物だ。進化が人類を産み出す必然性などなかった。同様に、私たちのミームの進化もまた、文化全体においても、個人のレベルにおいても、きわめて偶然的な過程である。人間側がそのことを十分に自覚することは、ミームから一歩距離を置く結果をもたらすだろう——すなわち、無反省に獲得したミームとの自己同一化がしにくくなるだろう[322]（乗り物の福利という観点からすれば、これは全面的によいことのはずだ）。

しかしながら、自分の信念がミーム進化という偶然の産物であることを簡単には認められない人々もいるかもしれない。実際に、人によってはそのような考え方がどれほど不自然なものと受け取られるのかを、筆者自身の研究チームが考案したアンケート調査[323]への回答が証明している［Stanovich and West 1997, 1998c］。この質問の目的は、自分が取り入れた重要なミームプレックスについて、その歴史的偶然性を評価する個人の能力差を測ることだった。例えば、「環境（家族、育った地域、学校）が異なっていたとしても、私は同じ宗教観を持っていただろう」というような項目について、回答者は「強く同意する／同意する／やや同意する／やや反対する／反対する／強く反対する」のいずれかを選ばなくてはならない。

言うまでもなく宗教は、環境的偶然（つまりその人がたまたまどのような環境に置かれているかの偶然）に左右されるミームの典型例だ。宗教的信念の環境的偶然とのつながりは実に際立ったものであり（例えばキリスト教はヨーロッパとアメリカ大陸に、イスラム教はアフリカと中東に、ヒンドゥー教はインドに集中している）、そこにお馴染みの評価無力化の戦略（疑いを拒む戦略）が結びつくことで、無反省的に獲得されるタイプの信念の最たるものとなる。なのにである。筆者のチームは複数の調査において、大学生グループのおよそ40〜50パーセントが、「自分の宗教観が何らかの形で自分の置かれた（個人的および集団的な）歴史状況（両親、国、教育）に条件づけられている」ことを否定するのにたびたび出くわした。別の項目では、ほぼ同じ割合の大学生が、これとはまた別のタイプの信念が歴史の偶然の産物であることを否定した（この項目では回答者に「世界における自分の偶然的な立ち位置と、自分の信念を切り離せるかどうか」を尋ねた）。つまり多くの場合、ヴァージニア州郊外出身の学生は、仮に自分がインドのニューデリーで育ったとしても――神の思し召しによって――バプテスト派のキリスト教を信仰していただろうと思っているのだ。こうした、明らかにばかげた考えがまかり通っていることからも、信念というものの感染症的な性格――まさにミームの概念がもたらす気づき――が、人口の大部分の固定観念をひっくり返すものだということは予想がつくだろう。そして、人々がこのような帰結をうすうす感じ取っていることが、先に述べたようなミーム理論への敵意の一因になっているという見込みは大きい。

使えるミームプレックスとしての自己の構築
――認識の均衡《イコライザー》を保つ装置としてのミーム学

自分のミームを、一歩距離を置いて観察してみれば、ミーム圏の中でもとりわけ信仰に基づくミームが奇妙なまでに特権的な扱いを受けていることがわかるだろう。例えば、次のようなミームであれば、一歩距離を置いて評価するのはそう難しくはないはずだ。

322　「自己同一化」と訳した self-identification with はについては訳注122参照。この場合はまさに、あるミームを「自分自身の自己を構成する一部として認める」という字義どおりに近い意味で言われていると言えよう。

323　原文は questionnaire subscale。複数あった評価段階質問（スケール質問）のうちのひとつを指している。

・大学で教育を受けるのはよいことだ
・ベジタリアンになるのはよいことだ
・テレビの見すぎはよくないことだ
……などなど

同様に、次のようなミームプレックスを評価するのも、そう苦労はしないだろう。

・科学のミームプレックス
・合理性のミームプレックス
・社会主義のミームプレックス
・資本主義のミームプレックス
・民主主義のミームプレックス

ところが、ミームプレックスとしてのカトリシズム〔ローマカトリック教会の教義や体制〕を検証するとなると、一部の人々は違和感を抱く。とりわけカトリック信者はそうだろう。ミームプレックスとしてのイスラム教も同様だ。

科学のミームプレックスや合理性のミームプレックスが、カトリシズムのミームプレックスと同じくらい包括的な世界観であることは、宗教信者もそうでない人も一様に認めている〔Raymo 1999〕。にもかかわらず、前者〔科学や合理性〕を侮辱することは、後者〔カトリシズム〕に同じことをするよりずっと受け入れられやすい。なぜなら前者は、後者よりも検証や批判に対してオープンだからだ。一方、後者はというと、信仰に基づくそれ以外のミームと同じく、自らの領域に疑われるべき点は一切ないという見方を多くの文化圏に植えつけてきたのである。

科学者や合理主義者が科学や合理性を信じる理由を問われるのは、ごく普通かつ自然なことだ。そのうえで彼らには、一定の知的水準を満たす論拠や証拠を提示することが当然期待される。ところが、誰かにカトリシズムを信じる理由を尋ねることは、基本的に侮辱だと見なされる。自分の世界観を擁護しようとする科学者に求められる議論の水準をカトリック信者にも求めることは、多かれ少なかれ無礼な行為とみなされているようなのである。しかし、ミームという概念はこうした非対称性を一掃することを迫る――吟味と批判から逃れられる特権をもつミームなど、どこにも存在しないのだから。

ミームという概念が敵意を招くのは、ひとつには、ミーム学という科学によって、信仰に基づくあらゆるミームが仕掛けたトリックが露呈され、彼らの特別な地位――評価無力化のトリックを備えていない、他のミームプレックスには認められていない地位――を、脅かそうとするからだろう。とはいえ、こうした無力化戦略をとるミームは広く保持されており、それゆえにミームという概念の受け入れ方を左右する〔認知的な〕風土をその種のミームが形成することになる。かくしてその種のミームが、ミームの評価への敵意をかきたてるような認知的環境を形成することになるのである。

ミーム学という科学は科学的唯物論に基づく世界観の発展の一部として生まれたものであり、それゆえに他の多くのミームプレックスが科学的唯物論に向けてきた敵意〔の的になるという性格〕もまた受け継いでいる。科学的唯物論が世界観として進歩するほど、信仰に基づくミームが仕掛けてきたトリックが暴露される可能性は高くなる。しかもミーム学がしていることは、すでにひっそりとではあれ起きていたことをより表立って喧伝したに過ぎない。2001年10月、英国ではヘイトクライム法の改正が議論されていた。この法律はもともと、人種や民族に基づく敵対行為を取り締まるものだったが、そこに、宗教的な動機による敵対行為も含めようという議論が持ち上がっていたのだ。このとき、私たちの知性の歴史における、信仰に基づくミームのトリックを暴く歩みは飛躍的に前進し、新聞の投書欄に、宗教的な世界観が持つ特権を疑問視する声が複数寄せられるところにまで行きついた。例えばある投書は次のように述べている。「政府はいま、宗教的な憎悪を煽ることを禁止しようとしていますが、この禁令の下では、宗教信仰の持ち主が宗教に対する懐疑論を侮辱した場合には許され、おとがめなしになるのでしょうか？　私たちのように信仰を持たない人々は、聖書やコーランの恥ずべき非寛容な部分を指摘しただけで起訴されるのでしょうか？」［Philip 2001］。

宗教的な信念が歴史的偶然の産物であることを証明するのは実に容易であるにもかかわらず、この歴史的偶然性が（例えばメディアなどで）あまり強調されないのは、信仰に基づくミームが評価を無力化するという戦略によって強力な特権を得てきたことを物語っている。例えば、アメリカの大学で心理学、社会学、人類学を教える教員は、ある宗教信仰［の広まっている範囲］について地理的な偶然性を指摘するだけで、それがやんわりとした無作法であり、攻撃なのだと見なされることに気づくだろう。ある人の宗教的信念を侮辱してはならないと保護する一方で、非宗教的な世界観は同等の保護に値しないという考え方は、それ自体、ミームの概念が広まる中で、ますます精査されるべき命題と言える。

ミーム科学は、［ミームたちの］認知的競技場を平坦に地ならしすべきことを迫るのであり、それゆえに敵意を招き寄せる。信念評価の競技場のこのような地ならしが敵意を招き寄せるという、このこと自体が、私たちの文化一般を作り上げているミームの構成のあり方に疑いを差し挟むべき根拠になるだろう。「血液は動脈と静脈を循環する」というミームであれば、自らを評価しようとする試みを無力化すべき必要はない。このミームの生死は、このミームと経験的な世界との対応関係によって決まる。このミームが世界に無力化状況（自らを評価しようとする試みを無力化させるよう仕組まれた状況）をまき散らし、汚染する必要などないのである。そして、このような経験的観察に基づくミームと、信仰に基づくミームとでは、今述べた〔自己への評価の〕無力化機能に関して、まるで異なったふるまいを示すことに注意しよう。例えば「血液は動脈と静脈を循環する」という命題をミームと呼ぶことは、まったく攻撃的でも侮辱的でもないように思われる。また、「カナダは世界で最も住みやすい国である」という命題をミームと見なすことも、そう言った人に対する侮辱には当たらないだろう。しかし、「神は全知である」という言葉がミームであることを指摘するのはためらわれる。なぜなら、このミームの宿主である人々は、このミームについて反省を加えたり、あるいはこのミームを自己複製という独自の利益を持つ別個の存在と見なそうとしたりしないようながされてきたからだ。

進化心理学が「浮動性《フリーフローティング》のミーム」を否定する理由

本書で筆者が論じてきたのは、認知科学および意思決定科学という文化的ツールを「乗り物と自己複製子のあいだには利害の衝突が起きうる」という強力な洞察と組み合わせることで、私たちの中に極めて鋭い批判的自己反省の技能が育まれる可能性がある、ということだった。意思決定科学というツールに、乗り物と自己複製子の区別という認識と、ミームの概念が加われば、人間としての目的を再構築するための新しい思考と新しいツールを生みだすことができるはずなのだ。ところが、進化心理学者はこのような外挿〔つまり現状に基づく将来の予想〕に抵抗する（そして「〔遺伝子の〕鎖《リーシュ》につながれた文化」という考え方に舞い戻る）――というのも、進化心理学者の多くにとって、浮動性《フリーフローティング》の文化的産物――すなわち、進化した心のメカニズムによる調整を受けてもいなければ、そのメカニズムに対する適応でもないような文化的産物――があるという考え方は受け入れがたいものだからである[324][21]。加えて言えば、人間の合理性とは大部分においてミームの産物――ひと揃いの文化的ツール――であるため、進化心理学者はその重要性を見落としたり、否定したりしがちである。

　進化心理学者が気に入らないのは、ミームが遺伝子のコントロールから完全に「引きはがされている」という考えだが、これこそまさに、ほとんどのミーム論者が提唱していることであり［Blackmore 1999; Dawkins 1993; Dennett 1991, 1995; Lynch 1996］、筆者自身がこの本で展開している考えでもある（つまり人間の合理性とは、人間がいま以上に遺伝子から「引きはがされる」ために欠かせない主要な文化的ツールだということだ）。さらに言えば、進化心理学者が気に入らず、かつまた筆者が本書で提唱しているのは、他のミームプレックスやＴＡＳＳのくせを評価するように設計されたミームプレックス（科学／論理／一貫性や推移性など、意思決定科学がもたらしたいくつかの概念）を住まわせている脳は、その再帰性があるレベルを超えると、遺伝的なコントロールからのある程度の自律を獲得することができる、という考え方である。ここで進化心理学者が軽視しているのは、評価的ミームのこの再帰性の威力――すなわち、ある生物が「自己複製子／乗り物」の区別を自覚する生物になったという文脈において、ミームを評価するミームが備える再帰性の威力――である。「自己複製子／乗り物」の区別を自覚しており、なおかつ科学、論理学、意思決定理論といった、評価のためのミームプレックスも持ち合わせている脳は、志向的レベルの心理過程から乗り物の邪魔になる目的を刈り取り、より効率よく乗り物の利益に役立つミーム構造を再インストールできる可能性がある[22]。道具的合理性のさまざまな規範――いずれも、主として20世紀に入ってからの産物である――は、まさにそれを実現するために設計されたものだ。

　これは一見したところ「プロメテウス的」な目的[325]のように思えるかもしれないが、実際のところ、認知科学の豊かな伝統は、文化的な変化や科学的知識の増進がいかに民俗心理学に変化をもたらすかをはっきり示してきた。

教育を受けた21世紀の人々にとっては、「推移性の原理」や、「無関係な選択肢の独立性の原理」に違反することが、すでに認知的制裁を招く理由となりうる。[326] これは歴史上類を見ないことだ。「自己複製子／乗り物」の区別から導かれる諸帰結を――パーソナルレベルの分析とサブパーソナルレベルの分析では、それぞれ異なる最適化基準（前者では効用最大化、後者では遺伝的適応度）が適用されることも含めて――十分に理解することも、同様に深い文化的諸帰結につながりうるものだろう。

324 「浮動性（free-floating）」のひとつの意味合いは生物の生活形態で、固着性のイソギンチャクに対し、クラゲのように浮遊する生活形態を指す。他に「変動相場制（free-floating exchange rate system）」や「無党派層（free-floating voters）」など「固定されていない」状態を指す表現である。直前の括弧内の言葉が示唆するように、「遺伝子の鎖につながれていない」、あるいは「進化した心」との関わりから切り離された、という意味だと解される（ちなみに『進化した心』*The Adapted Mind* はコスミデスとトゥービーが編者となった、進化心理学という学問分野のパイオニアとなった論集のタイトルでもある）。

なお、現在の文脈についていえば、よく知られた類例としてデネットの free-floating rationales がある。ここで rationale は「理由／方策」を指し、「定石」や「妙案」のようなある種の「理由／方策」は（「理由の空間」の中で）「誰のための理由／方策か？」というその理由／方策の主体（ミーム論の言葉を使えばその宿主）を問わず、理由／方策それ自体を取り上げて論ずることができる、という発想である。この発想はミーム論の発想と親近的だが（事実デネットはミーム論の有力な支持者でもある）、ここで著者が言及している「浮動性のミーム」とは free-floating の意味合いが異なるようである。つまりデネットの場合「浮動性」は「その所有者から独立に取り扱いうる」を意味しているが、このような性格は文化的な単位を「ミーム」として考察する場合には常に含意されている（それゆえデネットもミームを考察する場合には、ことさらそれが「浮動性」をもつことを強調はしない）。著者がここで強調している「浮動性」は単に宿主から独立に考察しうるというだけのことではなく、むしろ「生物学的適応から独立して分析可能である」という側面である。

325 プロメテウスについては訳注77参照。「プロメテウス的な目的」とは、この場合、進化心理学などが見いだしてきた自然科学的な事実を無視した、超自然的な自由で自律的な能力によってしか得られない目的、ということになるだろう。

326 「認知的制裁を招く理由（a cause of cognitive sanctions）」とは、文字通りこれらの認知的原理を守らなかったことを名目として糾弾されるという意味ではなく、これらの認知的原理を当然の教養として身につけておかないと痛い目を見る（あるいは、「認知的制裁」なので、通常求められるレベルの認知的な作業を行う上で手ひどい失敗を招く）ような社会になりつつある、ということであろう。

「共適応ミーム」のパラドックス

第3章では、いわゆる「薄い合理性」の諸理論と「広い合理性」の諸理論[327]とを区別した。薄い合理性理論とは、これまでの章の大部分でも焦点となってきた、読者にもお馴染みの「道具的合理性」である。道具的合理性は、その人がすでに有している信念と欲求を所与として、その欲求充足を最大化する行為を指し示すことから、しばしば「手段／目的合理性」とも呼ばれる。しかし多くの欲求、とりわけ分析的システムにおける上位の志向的状態[328]であるような欲求は、多くの信念と同様、ミーム〔文化的自己複製子〕である[329][23]。ミームとは何かを理解するならば、私たちが何らかの広い合理性理論――すなわち、いきなり道具的計算に向かおうとする信念や欲求[330]を批判するような合理性理論――に注目すべき理由はただちに明らかになる。それに目を向けない限り、私たちが追求するミームの目的は、私たちにあらかじめ組み込まれた遺伝子の目的とそう変わらないものになってしまう。古典的な定義によれば、道具的合理性とは目下与えられた目的を、それがどこから生じたのかを問うことをしないままで実現させるのに役立つ合理性である。このような合理性は、その目的が「ジャンク」であるかもしれないと――〔ミームとしての〕自分自身を広めるのは上手だが、その目的を抱いている乗り物の役には立たないような目的かもしれないと――問うこともしない。

通常、私たちは自分が宿しているミームが反省を経て獲得されたものであり、乗り物であり宿主である私たち自身にとってよいものであるという状態を確保したいと望む。しかし、乗り物としての私たちがすでにさまざまなミームをインストール済みである場合、あるミームが「乗り物にとってよい」ミームであるという判断は、いささか再帰的な意味合いを帯びる。つまりこのような再帰性ゆえに、そこで求められている「乗り物にとってよいミーム」とは、単なる「よい共適応ミーム」――すなわち、すでに常駐しているミームたちと調和するミーム――に過ぎない、ということになってしまうように思われる。そしてそうなると、私たちは道具的合理性の立場にまるで逆戻りしてしまうように思われる――というのもその場合私たちがやっているのは、すでに存在していたさまざまな欲求のためになることをしているだけ、ということになるだろうからである。私たちがなんのミームも持たない人物に完全に立ち戻ることなどはできないのであり、それゆえすでに獲得したミームとの関わりなしで「乗り物にとってよい」と言えてしまうミームなどは存在しないのである。

ある人物の特定の時点における利害関心のある部分は、その人物の脳内にすでに常駐しているミームによって決定されている。それら既存の常駐ミームが乗り物にとってすでに不適応なものであった場合[331]、その不適応な

327 以前にも登場した「薄い合理性の諸理論（thin theories of rationality）」や「広い合理性の諸理論（broad theories of rationality）」と言うときの「諸理論」は「概念」や「定義」と言い換えてもよいもので、「合理性とは何か」についてのさまざまな考え方を指すと見られる。また、それぞれの「諸理論」は必ずしも相互排他的なものとは見られておらず、著者は目的に応じて「薄い理論」と「広い理論」を使い分けている。

328 「志向的状態」とは「志向的な心的状態」のことで、ここで言われている「信念」と「欲求」がその代表であるが、その他「何かについての」という内容を備えた心的状態はいずれも志向的状態の一種である（訳注108と訳注246参照）。また「上位の（high-level）」とはこの場合、行為者が追求する「目的／手段」の連鎖における、より大きな目的に関わるもの、という意味だと解される（訳注114も参照）。これ以外に、この後第8章では「反省的な欲求」に関する議論もなされるが、そちらは「高階の（higher order）欲求」と呼ばれる。

329 前節までの議論から、「すべての信念や欲求がミームである」ような印象を受けた読者も多いと思われるが、ミームとは文化的自己複製子であり、あくまで人が文化的に獲得し、また獲得された時点で何らかの文化的自然選択を受けていると目される信念や欲求のみがミームと呼ばれる。ここに付された本章原注23で述べられているように、どのような信念や欲求がミームでありミームでないのかを確定することは難しいが、例えば遺伝的にプログラムされた生物学的な一次的欲求や、文化とはまったく無関係なプロセスで形成された信念はミームではないとは言えよう。ただしまた、私たちの欲求や信念の多くは、何らかの点で文化的に媒介されたものである、とも言えよう。

330 「薄い合理性理論」を、「その人の信念と欲求」をいわば擬人化して表現している。自分の今現在の信念と欲求に対する反省的な批判なしに、いきなりそれを所与のデータとして計算を開始するような「合理性」の理解ということである。

331 本書において「適応的（adaptive）／不適応（maladaptive）」はおおむね自然選択に基づく遺伝的な適応、それゆえ遺伝子の増殖の最適化につながる特徴を指すという一般的な意味で用いられてきたが、ここに関しては「乗り物の利益に適っていない」という意味で解するべきであろう。

ミームたちを用いて新たな道具的欲求を評価しようというのは、新たに獲得したミームに、既存の不適応なミームと共適応せよと要求するに等しい。この問題を筆者は「共適応ミームのパラドックス」と呼ぶことにしたい。[332]【24】そして、この問題に対する基礎づけ主義的[333]な答えがあるとは筆者には思えない――つまり、ミームを評価するにあたって、完全に中立な立場などないと筆者は考えている。だが、だとしてもなお、科学および合理性というミームプレックスを、私たち自身の目的階層を、宿主としての私たちの役に立つようつくりかえるために利用することは可能である。ただしその作業は、ノイラート的ブートストラッピングの努力を大いに求めるプロジェクトとなる。[334]すなわち、何らかのミームを評価するためには、それ以外の何らかのミームプレックスを用いざるをえないのであり、しかしこのとき用いられたミームプレックスもまた、その後になれば、他の常駐ミーム群による評価にかけられねばならない、ということだ。実に科学とは、まさにこれと同じような頭のよじれそうな、ルーブ・ゴールドバーグ型の〔あるいは「ピタゴラ装置」型の[335]〕ロジックに閉じ込められながら、それでもなお前進を続けているのである。

付言すれば、このミーム洗浄《ミームクレンジング》というノイラート的プロジェクトに使用できるこれ以外のツールが、何人かの哲学者の手ですでに考案され、これと似た知的プロジェクトの中で用いられている、とも筆者は考えている［合理的選好という主題については、Nozick 1993, 139-151を参照[336]］。例えば、哲学者のデレク・パーフィット［Parfit 1984］が提唱するのは、未来の〔複数いる〕自分を別の人々として考え、〔この「未来の被扶養者たち[337]」の人生が今現在の私たちの行動によって決定されるはずだと、はっきり知ったうえで〕いま何をなすべきかを決定するための道徳的計算の中にその「自分たち」を含める、というアプローチだ。これを論じたパーフィットの論考は、本章の前半で述べた原理のいくつかを強化してくれる。未来の自分を思い浮かべるという思考実験は、いまの自分から距離を置くという態度を育んでくれるだろうが、これは、ミーム評価の規則3、すなわち「欲求となるミームについては、将来的に別のミームプレックスを取り入れることを妨げないミームのみを採用せよ」に厳密に従おうとする際に役に立つ思考ツールになってくれる。いまのあなたとは違う、「複数のあなた」を未来の構成要員として含めることで、「いまのあなた」があらゆる効用計算や行為を独り占めしようとするのを防ぐことができるからである。

もうひとつのツールの例は、哲学者ジョン・ロールズ［Rawls 1971, 2000］の著作に求められる。ロールズは「原初状態（Original Position）」と呼ばれる概念を編み出したことで知られている。これは社会正義をめぐる議論をどのように進めればいいのかという問題に対処するための概念である——社会正義の議論というのは社会の参加者たちそれぞれの自己利益だけによって完全に規制できるものではないため、そこに問題が生じるのである。そこで提案された「原初状態」とはひとつの想像上の状況であり、そこで、人は自分が〔そこで構想される〕社会

332 訳注296でも注記したが、「共適応（coadaptation）」とは端的に言えばお互いがお互いに対して適応し合っている状態を指す（「環境への適応」という標準的な見方を当てはめれば、AにとってのB、BにとってのAはそれぞれ「環境」であり、AはBという環境に、BはAという環境に、それぞれ適応している、という状態、ということになる）。ここで既存の常駐ミーム群が不適応なミーム群であるとすれば、不適応なミーム群と共適応できるミームもまた不適応なミームでしかありえない、というのがこのパラドックスの概要と言える。

333 「基礎づけ主義（foundationalism）／反基礎づけ主義（anti-foundationalism）」については訳注298参照。

334 「ノイラート的ブートストラッピングの努力を大いに求めるプロジェクト」とは、同語反復的になってしまうが「徹頭徹尾反基礎づけ主義的なプロジェクト」と言い換えられるだろう。このノイラート的な反基礎づけ主義がどのようなものかについてはこの箇所での著者による説明を参照されたい。

335 ルーブ・ゴールドバーグ（Rube Goldberg: 1883-1970）はきわめて非効率的で奇怪な装置（ルーブ・ゴールドバーグ装置）を描き出した漫画家。いまの日本では、このルーブ・ゴールドバーグ装置のミニチュアを実際に製作して動作させる「ピタゴラ装置」が有名である。

336 ノージックの合理的選好形成の議論も同様の「ツール」の一種とみなされうるが、本章の原注10で解説済みなのでここでは省略したのだと思われる。またノージックのいくつかの思想は、ここでの議論のさらなる掘り下げともみられる反省的自己評価の議論において、第8章で詳しく取り上げられる。

337 原語はfuture dependentsで、一応こう訳せるが、厳密には正確な訳ではないではないかもしれない。名詞のdependentは「自分に依存する人」という意味でそこから「扶養家族、扶養親族」の意味になるが、ここでは生計において「依存している」のではなく、まさにその人生のあり方そのものが今現在の自己の決定や行動に「依存している」（という、かなり特殊な意味で「扶養」されている）ような「他の人々」だということである。

の中でどのような役割を果たすかわからない状態に置かれ、そのうえで公正で公平な社会の原理がどのようなものかを議論せねばならないことになっている。[338] このような概念によってロールズが読者に求めたのは、まずは社会構造にかかわる正義について推論するための構えを採用し、しかるのちに、自分がその社会で何らかの役割を演じることになるのだとしたら、自分はどのような社会を築きたいかを構想する、ということだった。[339]

パーフィットとロールズの洞察はどちらも、私たちが常駐させているミームに反省的な態度で向き合おうとするときの助けになりうる。パーフィットのツールは、未来の自分という立場から見て、取り入れることに意味があるミームプレックスを見極めるのに役立つ。ロールズの「原初状態」の概念は、いまの自分が取り入れているミームが存在しない状態を私たちに想像させることで、未来の人々〔未来の自分〕により公平に向き合い、彼ら〔未来の自分〕に重荷を負わせるべきではないことを教えてくれる。[340]

要するに、「共適応ミームのパラドックス」を解決するために、ノイラート的な評価と反省のための多様なプログラムが、少なくともある程度は有用かもしれないということになる。例えば「科学」という名のノイラート的プロジェクトは、信念として獲得されたミームに含まれる真理内容を純化するのに役立つ。あるいは、「欲求評価」のためのノイラート的プログラムは、私たちの目的ネットワークから寄生者、ジャンク、ウィルスに該当する有害もしくは無益なミームを遠ざけ、純化するのに役立つ。そして、このようなミーム評価にも、また人生のさまざまな局面での選択の指針になってくれる広い合理性理論にも含まれている「反省的態度」は、このダーウィン時代において、（人の意識・思考・感情・意志の源泉としての）「魂」という名のミームプレックスを改めて再構築するための基礎になるはずである。続く最終章では、ここで述べてきたプログラムが現時点でどの程度達成されているのかを総括し、かつまたこの「魂」という伝統的な概念がどの程度存続するのかも概説していきたい。とりわけ「魂」については、ＴＡＳＳという遺伝的プログラムに基づく性癖や、あるいは歴史上の偶発事として寄せ集まったミームプレックスに過ぎないものとしてではなく、むしろ科学的・合理的根拠に基づく反省的な再構築がこれまでになされてきたことを見ていくことになる。読者もすでにおわかりかと思うが、もはや大掛かりな認知改革なくして、「魂」というミームプレックスは存続しえない。このミームプレックスは、「オズの魔法使い」もびっくりのトリックを駆使して私たちを惑わせてきた。[341] しかしそのトリックも、ミームという概念そのものを道具とした科学的洞察と反省によって、いよいよ正体を暴かれようとしている。

読者の中には、ここまでの結論や、続く第8章で筆者が展開しようとする話を、心躍る要素のまったくない、気が滅入るものだと感じる人もいるだろう。だが、思うに重要な問いはむしろ次のような問いかけである――自分は機能的に見て自動機械に等しい存在に過ぎないというほうが、よほど気が滅入ることなのではないか？ つまり、サブパーソナルな存在（遺伝子やミーム）の言いなりになって、選択の余地のないまま（＝遺伝子の言いなり）、もしくは無反省的に（＝ミームの言いなり）、これらの存在が仕掛ける罠にはまって判断・行動することのほうが、よほど勘弁願いたい状況なのではないだろうか？ それと比べれば、第8章で私たちが到達することになる結論は、ずっと心躍るものになるはずだ。

---

338 人々には「無知のベール」がかぶせられており、このベールをかぶると、自分がこれから建設しようとしている社会の中のどのような立場にあるかも、あるいは社会的立場を得るためのどのような手段を手にしているかも（地位、財産、それに能力など）、一切わからない状態に置かれる。そのうえで、これから建設する社会がどのような原理によって営まれるのがよいかの議論を行うのである。

339 ロールズの構想では、このような状況下では誰もが、「仮に自分が最も不遇な立場に置かれた場合にどうなるか」という懸念から、社会全体を挙げて最も不遇な者を支援できるような社会正義の合理性を認める、ということになる。ただここで著者はロールズの実質的論証以上に、その論証の形式に注目していると言えよう。

340 おそらく著者の言う「未来の人々」は、パーフィットのいう「未来の自分たち」であり、ここでも「規則3」の適切な適用の指針をロールズの思考実験から引き出そうとしているのだと思われる。ロールズが社会正義について導けると考えた結論を、合理的な人生計画につながるミーム評価の指針として役立てようということである。

341 『オズの魔法使い』についてはこの後の訳注343参照。

私たちの先祖は、憤怒と激情に駆られた、虚実ないまぜのまことしやかな物語の語り手だった。彼らは他人を言いくるめるために、自らをも言いくるめてきた。幾世代にもわたる成功の中で私たちは間引かれ、その間引きの成功からもたらされた私たちの欠点は、あぜ道に残る轍《わだち》のように遺伝子に深く刻まれた。つまり私たちは、何か都合の悪いものがあるとき、たとえそれが目の前にあっても認めようとしない。私たちは信じたいものしか見ない《ビリービング・イズ・シーイング》。だからこそ、離婚や国境紛争、戦争が起こるわけだし、聖母マリアの像が血の涙を流したり、ガネーシャの像が牛乳を飲んだりするわけだ。それゆえに、形而上学と科学の発明こそは、車輪の発明や農業の発明をもしのぐ、真に勇気ある偉業であった。人間は自らの英知をもって、自らの本性に立ち向かったのである。

――イアン・マキューアン『愛の続き』[McEwan 1998, 181]

『カラマーゾフの兄弟』に登場する大審問官は、信徒たちに嘘をつく。彼らの幸せを守り、神はいないという恐ろしい真実から彼らを守るために。ドストエフスキーはニーチェと同様、ほとんどの人はその真実に耐えられないと考えていた。人生の厳しさや冷酷さ、生きる意味のある人生を創造することのままならなさを直視することなど、彼らにはできないだろうと。しかしそれは、人間を過小評価していると私は思う。より正確にはこうだ――仮に本当のことだとして、それは他のすべての事柄と同様に、昔から私たちに条件づけられてきただけの話である。私たちは、新しい見方に慣れることができるはずだ。

――オーウェン・フラナガン『自己表現――心、道徳、生きる意味（*Self Expressions: Mind, Morals, and the Meaning of Life*）』[Flanagan 1996, 209]

第8章
謎なき魂
——ダーウィン時代に生きる意味を見いだす

いまや、〔デネットのいう〕ダーウィンの万能酸が、文化一般を浸食しつつあることは明らかだ。例えば小説家たちは、認知科学や進化心理学の知見を取り入れて、作品に反映させ始めている。ブッカー賞作家であるイアン・マキューアンは、小説『愛の続き』の謝辞で、以下の作品を挙げている——E・O・ウィルソン『人間の本性について』、スティーヴン・ピンカー『言語を生みだす本能』、ロバート・ライト『モラル・アニマル』、アントニオ・ダマシオ『デカルトの誤り』。マキューアンはまた、ロンドン・スクール・オブ・エコノミクスのカンファレンスで、「今日のダーウィニズム」をテーマとしたセッションを取り仕切ったこともあるという［Malik 2000, 150］。イギリスの作家マーガレット・ドラブルは、近作『オオシモフリエダシャク（*The Peppered Moth*）』で、ミトコンドリアDNAをプロットに取り入れた。このタイトルは、ケトルウェルの有名な研究［1973; Majerus 1998］に由来する。ケトルウェルは、オオシモフリエダシャクが環境に適応して体色を変化させたという観察を根拠に、自然選択による進化を確証したのだった。[342] また、ジャーナリストのアダム・ニコルソン［Nicolson 2000］は、サセックスの小さな農場に移り住んだ日々を回想するなかで、ドーキンスの世界観を通じて、農場の動物たちと初めて触れ合った体験を以下のように綴っている。

子羊は生存機械だ。その大きな頭、大きな口、ずんぐりした4本の黒い脚――立つため、食べるための器官――は、それらをつなぐ袋のような胴体とは不釣り合いな存在感を示している。牝羊の乳房は充実しており、子羊はすぐさまそれを吸う方法を見つける。しっぽをもぞもぞさせながら、本能的な衝動でもって、命の糧である母の乳を腹に流し込むのだ。生き延びるために……私が囲いに近づき、子羊を抱き上げて縮んだへその緒を観察し、たっぷりと満たされた腹部に触れようとすると、母羊が身を固くするのを感じる。目を見開いて守りの態勢に入り、前脚を踏み鳴らしている。わが子を守ろうとピリピリしている母親は、遺伝子が定めた運命の下僕だ。彼女はその人生を、あまりにも多くのことが委ねられた、この脆くて変わりやすい瞬間に捧げるしかない。生後数時間の子羊と、子を守ろうと気を張り詰めた母羊を取り囲む仕切りのなかで、彼らと共に在るこの瞬間こそ、「世界の血液」、すなわち表面的な日常の下に流れる生命の本質に最も近づくひとときだ。この瞬間、カーテンは引かれ、私たちは世界の理を目の当たりにすることになる。[144-145]

今日、ドーキンス的なテーマを扱った著作物が自然科学以外の領域にこれほど多く登場していることは、このテーマが文化に共鳴しはじめた確かなサインと言えるだろう。これらの作家や著述家のなかには、このテーマに恐怖を覚えている者もいるはずだ。しかし、このテーマが未来の人類が生きることになる宇宙の概念をつくりかえるであろうことは、全員が正しく理解している。デイヴィッド・ロッジの最近の小説『考える…(*Thinks …*)』[2001]は、認知科学、意識の科学的解明、進化心理学などの知見を全面的に主題に取り入れていた。同作の謝辞では、ピンカー『心の仕組み』、デネット『ダーウィンの危険な思想』、サール『ディスカバー・マインド!』、エーデルマン『脳から心へ』などが挙げられている。また、ロッジが同作の主人公であるラルフ・メッセンジャーに語らせた以下の言葉は、本書(『ロボットの反逆』)の根拠となっている現代人のジレンマの、最も優れた要約と言えるかもしれない。

ホモ・サピエンスは、進化の歴史のなかで初めて、そして唯一、自分が死すべき存在であることを知った生物です。そこで彼はどうしたか？　なぜそんな羽目になったのか、そしてどうすればそこから抜けだせるのか説明するために、物語をつくりあげたのです。彼は宗教を発明し、埋葬の習慣をこしらえ、死後の世界や不滅の魂にまつわる物語を考えだしました。時を経て、これらの物語はますます周到なものになっていきます。しかし、文化の最新の局面、進化の歴史でいえばつい先ほどのことですが、科学が突如として発展し、私たちの来歴についてこれまでとは異なる物語を紡ぎはじめました。それは、宗教的な物語を完膚なきまでに打ち負かす強力な説明です。そんなわけで、知的な人々の多くはもはや宗教的な物語など信じていません。ところが彼らは、魂や死後の世界など、宗教が編み出した慰めの概念にはいまだに固執しているのです。［Lodge 2001, 101］

科学はまさしく、ラルフ・メッセンジャーが言うように、「私たちの来歴についてこれまでとは異なる物語」を語っている。それは、第1章で見てきたとおりだ。とはいえ、ここでメッセンジャーは、魂のような概念を渇望する人々が求めるものの少なくとも一部を、それと相似の科学的な概念（あるいは相似とまでは言わずとも、よく似た感情的共鳴を引き起こす概念）に置き換えることができるという可能性を、あまりにあっさり否定しているように見える。たしかに、現代の認知科学と〔デネットの言う〕「ダーウィンの万能酸」が意味するものを理解したいまとなっては、仮にも思考する人間にとって、魂という言葉が「身体から切り離された別個の存在とみなされる、人間の生命、感情、思考、行動の原理」［*The Random House College Dictionary*, 1975］という辞書どおりの意味を

342　ガの一種オオシモフリエダシャクの「工業暗化」（工業地帯で白色の個体が減り、黒色の個体が増える現象）は19世紀から報告例があり、自然選択が実際に働いていることを示す事実として知られていたが、ヘンリー・バーナード・ケトルウェルは1950年代にイギリスで本格的な全国調査を実施し、従来想定されていた仮説に詳細な実証的裏付けを与えた。

再び持つことはないだろう。[1] ならば、魂の概念が保証していた己の独自性や超越性への渇望（ある種の「生きる意味」への渇望）を、科学的に真っ当な方法で、少なくとも部分的に満たすことは可能なのだろうか？　これは気の遠くなるほど困難な作業だが、潜在的な見返りを考えれば、努力する価値はあるだろう。

オズの魔法使いの〔ぺてん師としての〕正体が露見するシーンさながら、[343] 魂というミームプレックスが私たちを惑わせてきた手口が科学によって白日のもとに晒されれば、このミームプレックスが大きな変換を迫られることになるのは間違いない。考えてもらいたいが、ここで、魂の概念を一から再構築する試みに乗り出し、生きることの意味[344]を見いださなければ、ひどくみじめな選択肢しか残らないことになる。[345] つまり、脳は実際にどのように働き、人はどのように価値づけや選択を行うのかという科学的な観点から生きる意味を問いなおすことを避けようとすれば、現実を見て見ぬふりをするしかなくなるのである。デネット［1995］はこう言っている。「己を偽れば生きる意味は守れるだろうという考えは、あまりにも悲観的かつ虚無的な考えで、私としてはとても受け入れられない。もしも、それがなしうる最善の手段なのだというのであれば、私は、大切なものなど、けっきょく何もなかったのだという結論をくだすことになるだろう」［22］〔邦訳29頁、訳文一部変更〕。デネットの言うとおりであり、人間は地球上で最も複雑な生物であるにもかかわらず、その複雑な脳が明らかにした知識から目を逸らし、自分たちの発見が意味するものから幼な子のように身を隠さなければならない――そんな考え方に、救いがあるとは到底思えない。本書で取り上げてきた、ランプの魔人《ジーニー》にたとえられる考え方（自己複製子と乗り物を区別すること、心をさまざまな種類に分類すること、私たちの脳に組み込まれたTASSはそれへの気づきがないままでも作動するという事実、人間が不合理な選択をするさまざまな原因など）が、いつまでもランプの中に留まっていると考える理由はない。[346] それらを無視するという選択肢もとりうると考えるのは、まったくもって愚かなことだ。

魔人たちがランプの中には戻ることはないと考えるべき理由はもうひとつある。それは、進化論の考え方は科学技術と共に発展してきたものだということだ。そして、人々は科学技術を手放したくないと考えている。平たく言えばこういうことだ。科学はさまざまな有益なものを提供するのであり、人々はその技術的な恩恵を求めている。すなわち健康の増進、安価な食品、移動手段の充実など、利便性と快適性の向上を科学に期待している。しかしながら、科学がもたらすのは人々が求めるような技術だけではない。それは同時に、概念的、形而上学的な新しい発見の引き金を引く——例えば、私たちは生存機械であること、意識の源にして「自己」による意思決定が行われる非物質的「心」など存在しないこと、一般に浸透している「自由意志」の概念がまったく支離滅裂であること、などだ［Dennett 1984; Flanagan 2002］。科学は私たちに、スノーモービル、ＤＶＤ、電子レンジ、薄型テレビ、携帯電話、ＰＤＡ、ＰＥＴスキャナー、腹腔鏡手術、任天堂ゲーム[347]、がんの治療などをもたらした

343 偉大な魔法使いを名乗っていたオズの魔法使いは、実はオズの国に吹き飛ばされてきた人間のぺてん師で、それがふとした拍子に露見してしまうというシーンであろう。なお、主人公の旅の仲間たちはオズの魔法使いが約束したもの（知恵、感情、勇気）を、旅の中で魔法の力なしに手に入れる、という筋立てなので、この意味でもこの物語は現在の論点とよく一致するように思われる。

344 「生きる（ことの）意味」と訳してきた語は、そのまま訳せば「意味（meaning）」で、「生きる（ことの）」は明確化のための訳者の補足であり、この後も（meaning すべてではなく）適宜補いながら訳す。的外れな補足ではないというのは、この後でいくつか著者自身が「生きる（ことの）」を補って述べている場合もあることからも示されよう（原文に「生きることの」の補いがあるかどうかは、訳文のうえでは特に区別しない）。

345 「みじめな」の原語は demeaning で、「みすぼらしい」を意味する mean の派生語だが、おそらく「生きることの意味」と訳した meaning との対比が意図されている。

346 ややわかりにくいが、「ランプの魔人」は、専門的知識の中に留めおくことを許さない、伝統思想に対する破壊的な含意を秘めた科学的真理の比喩だと思われる。これは「閉じ込めの不可能性」を示唆する点でデネットの「万能酸」の比喩とよく似ている。一方、仮にそれをあくまでも専門家の間だけに留めおこうとしたときに導かれるのが本書「はじめに」冒頭で提起される、専門家と「知的プロレタリアート」たる一般人との間の「階級分化」という「悪夢的なビジョン」であることになるだろう。

347 本書刊行は２００４年で、据え置き型の機種ではＮＩＮＴＥＮＤＯ64（１９９６年）とニンテンドーゲームキューブ（２００１年）、携帯機ではゲームボーイアドバンス（２００１年）が当時の最新機種だが、Nintendo games という単語は少なくとも90年代頃には「家庭用ゲーム機」を指す普通名詞（および動詞）として用いられていたらしく、むしろそのような一般的な意味合いではないかと思う。

が、同時にまた、私たちが自分自身について最もひたむきに、かつ熱烈に抱いている信念を切り崩すような諸帰結ももたらしてきた（第1章でも述べたが、奇妙にも原理主義者はリベラルな人々よりもこのことをよく認識している）。

しかし、極度に全体主義的な独裁政権でもない限り、[348] 片方なしにもう一方を手に入れることはできない。この世界の理《ことわり》の中で人間の存在を捉えなおすことなしに、癌の治療法とコンピュータを手に入れることは不可能なのだ。科学は有益なものを提供すると同時に、人々が大切にしてきた概念の多くを破壊する。考えてみれば、人類は過去にも繰り返し「有益さ」か「〔生きる〕意味」かの選択を迫られ、そのたびに「有益さ」を選んできた。

だが、これはそんなに悪いことなのだろうか？　もし、私たちが（おそらくは無意識のうちに）手放そうとしている「生きることの意味」が、ロッジの小説に登場するラルフ・メッセンジャーが言うような「妄想」「勘違い」「おとぎ話」――科学と合理性という、人類が世界を理解し支配するために必要とする道具を手に入れるよりも、はるか以前に編みだした物語――なのだとしたら、そのようなものに過ぎない「〔生きる〕意味」など捨てて有益さを選択するのもそう悪いことではないかもしれない。むしろいま、私たちはすべてを手にするチャンスを目の前にしているのではないだろうか。すなわち、科学がもたらす物質的便益と、合理的に再構築された自己への感覚（生きる意味の創造者たる、自律的で唯一無二の存在という、新たな意味で理解された自己への感覚）の両方をわがものにするチャンスだ。これは、本章で語られる物語の「プラス面」である。しかし後述するように、そこには危険も残されている。これは物語の「マイナス面」だ。すなわち、現代における唯物論的な科学の勝利は、合理的に再構築された生きる意味にさえ、今後も追及の手を止めないだろう。認知科学は伝統的な魂の概念を破壊したが、合理的に再構築された生きる意味もまた、後述するように、自らを蝕んでしまうリスクを抱えている。このような結果を避けるために、人間は一種のメタ合理性とでも呼ぶべきものを編みだす必要に迫られるだろう。だが、その道筋を説明する前に、ここではまず、人間が自らの生きる意味を探究する際にぶつかる諸問題を探っていきたい。しかるのちに、合理的に再構築された自己、もしくはダーウィン時代における「魂」の、筆者なりの定義を述べたいと思う。

巨大分子と謎のエキス

自己複製分子の試験管培養や、社会遺伝学的な計画に基づく遺伝子操作――遺伝性疾患の根絶、クローン兵士の製造など――は、すでに現実味を帯びつつある。これらの進歩により、私たちの概念をそのアルファベットから徹底的に見直すことが迫られている。この千年間、あらゆる神学的・目的論的な語り《ナラティブ》の様式を構成していた要素としての、崇高な建築者の手になる宇宙的デザインという理神論的な[349]要請、またそれが個々人の独自の運命を導くとする思想といったものは、いまや消え去ろうとしているか、根本的に見なおされようとしている。

――ジョージ・シュタイナー『正誤表：検証された人生（*Errata: An Examined Life*）』［Steiner 1997, 161］

人類は、原始のぬるぬるした蛋白質のスープから偶然の力を借りて生まれただけの存在である。同時に、ベートーヴェンやリンカーンの血族でもある。これらの見方は両立しうるということを私たちは発見した。いまや私たちは、社会的地盤が不安定な成金のように、自分の来歴をいまの身分に合わせて偽ったりしなくても済むようになったのだ。

――リチャード・ローティ［Rorty 1995, 62-63］

348 訳注346でも指摘したように、「はじめに」冒頭で描かれる悪夢的な未来社会の可能性がそれにあたる。

349 「理神論（deism）」とは超自然的な奇跡や啓示は認めない（あるいはそれに重きを置かない）が、造物主としての神の存在は認める合理主義的な神学。いくつかのバリエーションがあるが、ここでは神を「至上の宇宙建築者」として位置づけ、奇跡ではなく自然法則にかなった仕方で神の意図が実現されていく、という思想が想定されていると見られる。

生きることの意味を探求する際に、私たちが犯しつづけている間違いがひとつある。それは「人類の起源」に生きることの意味を求めようとすることだ。この探求はひとつの袋小路であり、その背景にはおおむね次のような考え方があるように思われる――私たちは生きることの意味に高い価値を認めるが、生きることの意味は私たちの起源に求めることができるのだから、私たちの起源はどこか高いところからやってきたはずだ、と。卑俗な表現になってしまうが、ロッジの小説に出てくるラルフ・メッセンジャーの言葉を借りれば、この考えを思いついたとき、私たちはまだ文化的に「全速フル回転」の状態には達していなかった。さまざまな宗教や昔話に登場する特殊創造の思想[350]はすべて、この種の子どもじみたロジックに拠っている。

そんな私たちに、より正確な世界の見方を教え、それに付随してより賢い考え方も教えてくれたのが進化論の発見だった。デネット[1995]が言うように、「ダーウィンの危険な思想」[351]がもたらした重要な洞察のひとつは、生きることの意味とは「高いところからおりてくるものではなく、下から、つまり始めは無精神的であてもないアルゴリズムのプロセスから沸き上がってきて、発展途上で徐々に意味と知性を獲得していったもの」[205]〔邦訳277頁、訳文一部変更〕だということだ。人類は、ひとかたまりの自己複製する巨大分子（デネットはこれを「マクロ」と呼んでいる）が進化した結果に過ぎず、こういった巨大分子はデネットも指摘するように、どうひいき目に見ても無精神的な機械人形《オートマタ》――つまりロボット――でしかない[352]。デネットはこの事実を利用して、私たちの起源の卑しさを強調する。「あなたは娘にロボットと結婚してもらいたいだろうか?」という問いかけに続き、彼はユーモアたっぷりにこう畳みかける。「ダーウィンが正しいとすれば、あなたの曾々……祖母はロボットだったのだ！　いや、実際にはマクロだったのだ」[206]〔邦訳278頁〕。要するに、己を鼓舞するために、自分たちの起源に何かしら救いのある物語を探しているのだとすれば、私たちは間違った場所を探しているということだ。私たちの起源をさかのぼれば、ただの巨大分子に帰着するからである。[2]

人が生きる意味を探すもうひとつの場所は自分の内側だ――つまり意識的な内省の中にそれを探し求めるということである。このように、自らの心の在り様をじっくり観察することで人々が見いだそうとしているのは、筆者が第2章で「プロメテウス型の制御者」と呼んだものだ。「私たちは、自分が神々のように思考を創造しているのだと思いたがっている。気の向くままに思考を操り、制御し、オリンポスの山頂のような高み[353]から判断を下していると思いたいのだ」[Dennett 1995, 346]。

言うまでもなく、プロメテウス型の制御者という考え方は、第2章でも詳しく述べたが、心理学で「ホムンクルス（脳の中の小さな人）問題」と呼ばれるものの一種だ。脳内で起きていることを解き明かそうとする試みが実質的に、「脳内にもうひとり小さな人間がいて、その人間が物事を決定し、いわば操縦桿を引いている」というような説明にとどまっている限り、それは何も解き明かしていない。それは問題を解き明かす代わりに、その「小さな人間」の脳の中では何が起きているのかという、別の問題をそのまま残すことになる。このような説明は、問題をどこまでも先送りするだけだ。

非専門家の人々の大多数が支持する心のモデルは、行為がなされる際の中枢としての、プロメテウス型制御者

350 「特殊創造（special creation）」にはいくつか異なった用法があるが、総じて創造論の支持者が進化論に対して「神の創造」を対置するときの、生物全般、あるいは人類、あるいは人類の魂を創造した神の働きを指すために用いられる（キリスト教によればありとあらゆるものが神の被造物だとされるので、「万物の創造」と区別するために「特殊」という語句が付されているのではないかと思われる）。ここではこの呼称がキリスト教以外の宗教にも拡張して用いられているが、やはり「進化の対立概念としての創造」という意味合いが保存されていると思われる。

351 『ダーウィンの危険な思想』*Darwin's Dangerous Idea* はデネットの著書名。本書第1章で、その主な含意については紹介されていた。

352 これは逆に言えば、ある種の巨大分子は「自動機械」ないし「ロボット」と呼んでよいほどに複雑で高機能な単位だということでもあり、事実デネットは他の場所では（原始生命ではなく、人間の神経細胞内部の分子についてだが）そのような叙述を行っている――「ニューロンの内部の最も単純な可動部品である、モーター蛋白質や、微小管や、その同類たちは、『魔法使いの弟子』の行進するホウキたちによく似た、動機なき自動機械である」（『心の進化を解明する』邦訳250頁）。

353 オリンポス山はギリシャ神話の神々の居所。プロメテウスは（もともとは）その一員である。

（つまり「魂の座」）の立場に行きつくのが常だ。近年では、私たちの心は脳の活動から生まれるものだという考え方に、少なくとも一定の敬意を払う傾向はあるが、このような科学への追従はうわべだけのものに終わるのも常だ。というのも、そうしたホムンクルスに基づくモデルは、――プロメテウス型制御者なるものの内側は、科学的探究が手つかずのままであるため[354]――依然として非専門家たちが熱望する「意識をめぐる謎」を謎のままにし続けるからである。かくして大多数の人々は、プロメテウス型制御者を認めることで――彼らが科学と調和させたがっている宗教的要求としての――超越性を重視する感覚[355]を保持し続ける。〔彼らにとって〕彼らの内なるプロメテウス型制御者の意識（それを神との直接的交流の中で得る人々も多い）は、自らの本質としての魂――独立した、不変の、整合的な単位としての魂――のあらわれなのである。

　いうまでもないが、ここには問題がある。第2章でも見てきたように、意識が何であるとしても、それが独立した、不変の、一貫した単位であることはない、ということだ。現代の認知科学は、一般人がイメージするプロメテウス型制御者の背後にある仮定を、実質的にすべて破壊した。[3]脳とはアウトプットルーチン、情報収集、知識の再構築をスケジューリングする複雑なシステムだ。これらは、実行機能[356]に関わる現代の概念的言語と、行為と内部処理の下位システムの連携による連続制御という考え方の枠内ですべて説明することができる。[4]脳の中に小さい人間はおらず、脳内のどこかに、すべての情報が集約される単一の場所〔いわゆる「デカルト劇場」〕があるわけではなく、「私」がそこにおさまっている単一の場所があるわけでもなく、脳科学用語で魂を意味する「プロメテウス型の制御者」なども存在しない。

　ここで筆者は、「脳科学用語で魂を意味する」という表現を意図的に使った。これは、現代の民俗心理学が、非唯物論的な形而上学と科学のあやしげな混ぜ物になっていることに注意をうながすためだ。人々が科学的証拠を受け入れようとするのは、自分たちが科学的な社会に暮らしていることを自覚し、知的な品位を保ちたいと願っているからだ。したがって、彼らは「自己」という感覚の源泉が脳の構造にあることも、彼らなりの心のモデルの中に脳に関する情報を組み込まなければならないことも知っている。しかし同時に、彼らは「謎のエキス」[357]を自分たちの概念に注入したいとも思っている。神経科学の考え方を無視することはできなくても、それによってすべてを説明することは許されないと、強く感じているのだ。

特殊創造——生きることの意味は、私たちを人類たらしめた特殊な、魔法じみた〔創造という〕働きの中に見いだされるという考え方[358]——と同じく、心のアーキテクチャの解明によって、人生で意味あるものをすべて宿すものとしての、魔法の力を秘めたプロメテウス型制御者が見いだされるだろうと考えるのもまた、知的誤謬である。〔生きることの意味を求めて〕私たちの起源に目を向けても、そこに見いだされるのは自己複製子——すなわち己をコピーする巨大分子——のみだ。それではと、生きることの意味を見いだそうと心のアーキテクチャに目を向けても、同じくらい不快なもの（私たちが気づかないところで動作する自律的下位システム、私たちが「実行機能」

354 前段落で見たように、その内部の探究は永久に先送りされてしまうので、探究のしようがないともいえよう。

355 「超越性を重視する感覚」の原語はthe sense of transcendent importanceで、transcendentは「並外れた、格別の」というほどの意味にもなるので「格別な重要性の感覚」とも訳せるが、前後の文脈からして、宗教的な超越性が含意されていると見られる。自分がプロメテウス的制御者であるという感覚の中に、全知全能なる神の超越性のあり方を読み取るような感覚のあり方ではないかと思われる。

356 「実行機能（executive functioning）」（ないし「実行制御」）については訳注78参照。

357 「謎のエキス」の原語はmystery juiceで、juiceは「体液、分泌液、エキス」のような意味だと解される。明確な用語説明はないが、「物質でありながらも、心の謎と結びついた、科学の解明を許さない存在」を指していると見られる。デネットは20世紀初頭の「生命の神秘」が科学者の間でも信じられていた時代に、著名な遺伝学者ウィリアム・ベイトソンが染色体を「驚異の組織（wonder tissue）」と呼び「最も説得力ある唯物論の射程を超えた存在」だと見なしていた事例を紹介しているが（『思考の技法』第22章）、それと似た発想ではないかと思われる。

358 「特殊創造」については訳注350で説明したが、ここでは特に人類、あるいは人類の魂が（進化ではなく）神によって創造された、という思想を指している（「特殊創造」ということで、生物学的な事実としての進化は認めつつ、人類の魂だけは神の創造によるという思想を指す場合があるが、ここでの記述はその思想にも当てはまるだろう）。

と呼ぶ、監督的注意機能をつかさどる複雑なシステムなど）を目にすることになる。要するに、現代において魂の探求は自己の理解という概念に変換されているのだが、この探求は危険な歩みであることが明らかになってきたのである。その理由は、自己なるものを科学が分析しはじめると、その背後にある謎の除去が始まってしまうことにある。認知科学による詳細な研究を経て、自己なるものは装いを改め、「私（自我）」、デカルト劇場、プロメテウス型の制御者といったものはすべて過去のものになったのである。

とはいえ皮肉にも、この後本章で論じようとしているのは、人間の独自性と価値という、この科学の時代において最も魂という感覚に近いと言えるものが、実際に人間の心のある特長に由来しているということだ。ただしその特長とは、ポピュラーサイエンスの世界における高位聖職者たちが好んで語りたがる「意識」ではない。プロメテウス型の制御者でもない。この両者とよく混同されるが、人間の能力にかかわる、もっと微妙な特長である。重要な点は、それが意識よりも合理性に深く関係する認知的特長であるということだ。

進化論に直面してもなお、私たちは自分たちを他の獣から区別することを望む。それが可能であることをこれより論じていくが、このとき、その区別を可能にする概念を「意識」に求めるのは最適なやり方とは言えないということもまた、以下では論じよう。そこでは、意識とは人間的な認識が備えている、道徳的な点で並外れたいくつかの特長の随伴現象であること、そしてそれら並外れた特長そのものこそが、人間を他の動物と区別しているということが明らかになる。以下、それらの特長に関する筆者なりの立論を行っていくことになるが、まずその手始めに哲学者のジョン・サールが最近投げかけた問いを検討してみたい。

人の判断を決める「文脈と価値観」

ジョン・サール［Searle 2001］は、合理性に関する近著の冒頭で、心理学者ヴォルフガング・ケーラー［Kohler 1927］による有名な「テネリフェ島のチンパンジー」の研究に触れ、教科書でもお馴染みの、チンパンジーたちが披露してみせた問題解決技法の多くを紹介している。例えばある状況では、1匹のチンパンジーが箱と棒、そして手の届かない高さにあるバナナの房を見せられた。するとそのチンパンジーは、箱をバナナの下に置き、箱に登り、棒を使ってバナナを落とすべきなのだということを自ら見つけ出した。ここでサールは、このチンパンジーの行動が道具的合理性の基準をすべて満たしていることを正しく認めるよう、私たちにうながす。チンパンジーは、目的を実現するために効率的な手段を用いた。バナナを手に入れたいという最上位の欲求が、適切な行動をとることで満たされたのだ。

ケーラーのチンパンジーに見られる道具的合理性をもって、サールはこう述べる。彼が「合理性の古典モデル」と呼ぶ範囲においては、人間が持つ合理性はチンパンジーの合理性を拡張したものに過ぎないと。サールが提示する合理性の古典モデルは、かなり限定的かつ恣意的であり、認知科学や意思決定理論の最近の研究に照らし合わせると、いささか戯画化されているように感じられるが、ここではその是非は脇に置いておこう。筆者が強調したいのは、（多少異なる理由によるとはいえ）サールと筆者の意見が一致している点にある。すなわち、人間の合理性とはチンパンジーの合理性の単なる拡張ではないということだ。

ノーベル賞経済学者アマルティア・セン［Sen 1993］は、「無関係な選択肢からの独立性」という合理的選択の原理について論じている。この原理（より厳密にいえば性質アルファ）は、以下のようなユーモラスな状況を想像してみることで説明できるだろう。あるレストランを訪れた客が、ウェイターから今日の料理はステーキとポークチョップの2種類だと告げられた。客はステーキを選んだ。5分後、ウェイターが戻ってきて「言い忘れましたが、ステーキとポークチョップの他にラム肉もあります」と言う。すると客は「それならポークチョップにしよう」と言った。この場合、客は「無関係な選択肢からの独立性」に違反していることになる。おそらく読者にも、この客の選択はひどく奇妙に感じられることだろう。そのことからも、「無関係な選択肢からの独立性」が合理的選択の基本原理であることは納得できるはずだ。形式上では、この客はｘとｙという選択肢を示されたときにはｘを選んだのに、ｘ、ｙ、ｚという選択肢を示されたときにはｙを選んだことになる。

では、次のような状況を考えてみよう。パーティー会場で、あるゲストの前にリンゴがひとつ入ったボウルがある。このゲストはリンゴを手に取らなかった。つまり、リンゴ（ｙ）ではなく、何も取らないこと（ｘ）を選んだ。数分後、パーティーのホストがやってきて、ボウルに洋ナシ（ｚ）を追加する。その直後、ゲストはリンゴを手に取った。さて、このゲストがしたことは、前の例でレストランの客がしたことと同じなのだろうか？このゲストも、ｘとｙが提示されたときはｘを選んだが、ｘ、ｙ、ｚを提示されたときはｙを選んでいる。しかしこの場合、ゲストが「無関係な選択肢からの独立性」に違反しているのかと問われれば、ほとんどの人はノーと答えるだろう。なぜなら、後の状況〔洋ナシが追加された後〕での選択肢ｙは、最初の状況〔追加前〕での選択肢ｙとは別物だからだ。後の状況での選択肢ｙは、単に「リンゴを取る」だが、最初の状況での選択肢ｙは、「人前でボウルに残った最後のリンゴを取る」ことになり、パーティー会場のマナーに鑑みれば、さまざまなマイナス効果をもたらしかねない。ふたつのｙが同じものでない以上、このゲストは「無関係な選択肢からの独立性」に違反したことにはならない。[5]

セン［1993］が示した事例は、選択肢というものが、それが提示された文脈とは独立に判定される客観的効用には収まらない意味を持ちうることを説明している。もちろん、選択肢を消費効用以外の文脈にあてはめることが意味をなさない場合もある。レストランの事例では、最初のシチュエーションでの選択肢ｙを「ラムがメニューにない場合のポークチョップ」、後のシチュエーションでの選択肢ｙを「ラムがメニューにある場合のポークチョップ」と別のものとしてコード化することに意味はなかった。ステーキとポークチョップの比較選択は、メニュー上の他の選択肢とは独立のはずだからだ。一方で、パーティー会場の事例のように、状況的な文脈と、提供された選択肢の消費効用を統合することがまさに適切である場合もある。この状況に含まれている効用を評価するにあたって、最初の状況の効用を「リンゴの消費という正の効用、プラス、ボウルの中の最後の果物に手を出す気まずさの負の効用」のように考察するのは、社会的な観点からは意味をなすことである。

この事例は、人間の合理性と動物の合理性の違いの一端を示している。つまり、意思決定の選択肢をコード化する際に、人間のほうがより多くの文脈的な情報を組み込むのだ。人間は行動の導きとして、微妙な社会的・心理的文脈を選択肢のコードに組み込むが、動物はそのような文脈を組み込まず、客観的な消費効用に基づいて反応する傾向がある（もちろん筆者は、動物たちが彼らなりの社会的環境で生じる出来事に反応できる、という客観的事実を否定するわけではない）[6]。

人間が選択を行う場面で、心理的、社会的、感情的な要素が大量に選択肢に組み込まれていることを証明するのは簡単だ。例えば、引き換えの義務や付帯条件が発生しないお金として5ドル進呈しようと言われたら、ほとんどの人は受け取るだろう。受け取らない理由があろうか？　何もしていないのに金銭を受け取ることに抵抗があるなら、身近な慈善団体に寄付でもすれば気が休まるはずだ。しかし、この5ドルが「最後通牒ゲーム」の文脈で提示されたものなら、おそらく多くの人は受け取りを拒否するだろう。

最後通牒ゲームとは経済学者たちによって行われてきた実験で、次のようなものだ［Davis and Holt 1993; Thaler 1992］。まず、2人のプレイヤーを「配分者」と「受領者」に分ける。ゲームのあいだ、両者は一切コミュニケーションを取らない。配分者は100ドルの賭け金を与えられ、これを好きな配分で受領者に分け与えることができる。ここで受領者が提示された金額をxとしよう。受領者は、その提案を受け入れるかどうかを決めることができる。提案を受け入れた場合、受領者はxドルを受け取り、配分者は100ドルからxドルを引いた金額を手にする。一方、受領者が提案を拒否した場合は、両者とも1セントも手にすることができない。ここで、あなたがこのゲームの受領者だと想像してもらいたい。配分者から5ドルを提示されたら、あなたはどうするだろうか。これまでにこのゲームに参加してきた被験者の大多数と同じ選択をするならば、あなたはこの提案を断り、5ドルを手にする機会を失うはずだ。

大多数の人と同じく、配分者の強欲な提案はあなたにとって侮辱行為である。ならば、その強欲ぶりに罰を与えることは、あなたにとって明らかに5ドル分の価値がある。セイラー〔1992〕は、この選択は「人間らしく」感じられる一方で、厳密な経済学の観点からすれば、同じくらい「不合理」だと指摘する。これについてセイラーはこんなジョークを言っている。もしも私たちが、パングロス主義を極限まで徹底させた経済理論を採用するとしたら、そのような理論の合理性についての仮定〔つまり、人間は決して不合理なことは行わないという仮定〕からして、この問題の最適解は「配分者は1セントを提示すべきであり、受領者はこれを受け入れるべきである」になるだろう！　なにしろ、両者にとって見返りが最大となる反応なのだから――と。

このような厳密な経済学的指針に従う人など実際には皆無だと知っても、驚いたりする読者はいないだろう。セイラー〔1992〕が行った実験によると、配分者が提示した金額の平均値は賭け金の37パーセント、最頻値は50パーセントだった。また、30パーセントを下回る提案は、拒否される危険性がひどく大きいということも明らかになった。これらの実験の参加者は、厳密な経済理論によって予測される「利益を最大化する選択」を拒否することで、「人生にはお金以上に大事なことがある」という自明の理《トゥルーイズム》[359]を示してみせたのだ。彼らの決定を導いたのは、客観的なものとして提示された価値をしのぐ何かだった。この事例もまた、人間の合理性は動物の合理性の単なる拡張ではないことを具体的に示す証明となるはずである。同じような状況で、たった1粒の餌を提示されたなら、腹をすかせた動物の多くはこの1粒を取るだろうと考えられるが、[7] しかし人間は、こうした状況にも別の価値を持ち込み、そこに効用を見いだす。そこで持ち込まれる別の価値の一例が公平性であり、公平性を考慮するということの中には、提供されるものの金銭的価値だけでなく、それがどのように提供されるのかにかかわる多様な文脈の詳細を判断の材料に取り入れることが含意されている。このような考慮は、例えば先述の「ボウルの中の果物」などの、文脈が重要となる他の事例にも表れている――こういった事例において、人間は選択肢がもたらす効用とそれ以外の社会的な価値や考慮とを統合することを明示的に望むものであり、それゆえに文脈が重要になってくるのだ。

最後通牒ゲームの実験で、参加者のほぼ全員が「間違いなく利益を最大化できる選択」を拒否していることは、センが「合理的な愚か者（Rational Fools）」という有名な論文の中で述べている「完全に合理的な人間というものは、社会的愚者[360]といっても過言ではない」という一文を裏づけている［1977, 336］。最後通牒ゲームで1セント玉を受け取るような純然たる経済学的人間[361]は、たしかに「合理的な愚か者」と呼んでも差し支えないように思える。このような行動は、その人物が社会的考慮事項をまったく認知せず、価値観というものを一切持たず、もっぱら金銭的価値のみを選択肢に組み込んでいることを示すものだろうからだ。こうした人物の心のあり方に、何かしら「非人間的」なものを感じるのは、正常な感覚だと筆者も思う。何かしらの価値観や、より大きな人生の目的に照らした反省的評価を伴わない「合理的な選択」など、動物の合理性と大同小異であろう。筆者もまた、

359 「自明の理」と訳したtruismには単なる「真理（truth）」というより「わかり切ったこと、陳腐な真理」という意味がある。ここでは抽象的な理論的真理がどうあれ、世間的な常識に照らして疑いようのない事柄、という意味合いであろう。

360 「愚者」はmoronの訳。moronは「低能、ばか」で、かつて用いられていた専門用語では軽愚者、軽度知的障害者を指す。

361 「経済学的人間」と訳したeconomic manは単に「経済に関わる人間」ではなく、経済学に登場する仮説上の「ホモ・エコノミクス」つまり経済学的な合理性のみを行動原理とする人間を指していると見られる。訳注152参照。

サール［2001］と同じく、人間の合理性とはそれ以上のものである（そしてそうあるべきである）と論じるつもりだ。ただし筆者はそこにいくつかの論点も追加したい。これは筆者の、〔人間は合理性において改善の余地があるという〕改善主義に沿った論点であり、なおかつ、筆者なりに行ってきた、合理性の個人差に関する経験的〔実証的〕研究［Stanovich and West 1998c, 1999, 2000］の結果に適った論点でもあるのだが、特に強調したいのは、私たちはみな、たしかにチンパンジーを上回る合理性を実現しているとしても、いまのところせいぜい、それをほんの少し上回っている程度に過ぎないという点である。私たちはもっとうまくやれるはずなのだ。たしかにほとんどの人間はチンパンジーよりも豊かな合理性を持ち合わせているのだが、だとしても、本来達しうる豊かさの度合いにまでは至っていないのである。

人生にはお金よりも大事なものがあるが、「幸福」より大事なものもある——ノージックの経験機械

上の見出しに掲げた自明の理《トゥルーイズム》の正しさを明らかにするために、ここではノージック［1974, 42-45］が考案した「経験機械」の思考実験を紹介したい。多少、筆者なりのアレンジを加えるつもりだが、アイデアそのものは完全にノージックのものである。

数百年後の未来で、あなたの息子が、人の神経活動に作用する最新のゲーム機を家に持ち帰ってきたとしよう。息子はマシンを電源に接続し、マシンとつながったヘルメット（現在、バーチャルリアリティ体験のデモで装着するようなもの）をかぶって、1日2時間ソファに寝転がるようになった。そのうち2時間は4時間になり、6時間になり、しまいには1日8時間もマシンにつながれっぱなしになる。

どうやら息子はこのゲーム機を「快楽モード」に設定しているらしい。ヘルメットをかぶっている間、息子の中に快楽の感覚――真の幸福――をもたらし続けるのだ。では、あなたは息子に、ヘルメットをかぶったまま一生の大半を過ごしてほしいと思うだろうか？

おそらく読者は抵抗を覚えることだろう。そこで筆者は尋ねたい――なぜ、ためらうのか？　あなたは息子に幸せになってほしいと願っている。さらに、道具的合理性、すなわち個人の効用を最大化するという考え方にも同意しているはずだ。[8] ゲーム機はまさに、その両方を実現しているのである。あなたの息子はこのうえなく幸せで、ヘルメットをかぶっているあいだは「最高の気分だ」という。ならばこれ以上、息子のために何を望むというのか？　ここでノージックは、次のような問いに向き合うよう私たちをうながす。「自分のなかで人生がどのように感じられるかということ以外に、私たちにとって重要なことはあるのだろうか？」と[43]。

この問いに対してあなたは、息子には、漫然とした「幸福の経験」をただ味わうのではなく、むしろ人生を経験し、その中で幸福になってほしい、と思うのではないだろうか。だが、それを聞いた息子は「そう言うと思ったよ」と言う。「このゲーム機には『人生経験モード』もあるんだ。ほら、そっちに切り替えたよ」と。そして息子は、今度は16時間連続でヘルメットの世界に入っていく。

このゲーム機に備わった「人生経験モード」なるものは、人が生涯に経験してみたいと思うようなあらゆる活動――友達をつくる、バンジージャンプをする、野球をする、飛行機に乗る、スケートをする、絵を描くなど――を実際にやっているという経験、およびそれらの活動を実行することで得られる幸福を、脳内でシミュレートするらしい。疑似経験できる活動のレパートリーは数えきれないほどあり、ユーザーは自分が望む活動をリストから選び、後はヘルメットをかぶれば望むだけの時間それを経験できる。あなたの息子が思いつきそうな活動は、ひとつ残らず選択肢に示される。ヘルメットをかぶった息子は、人生経験の何ひとつとしてつかみ損ねることはない。あなたの息子は、あなたと彼の双方が望んだ活動を実際に行っている経験を――同時にまた、あなたが彼に望んだ幸福も――得ることになる。ソファに座ったままで、あなたが彼の人生に求めたあらゆるものを手に入れることができるのだ。ならば、彼がヘルメットを脱ぐ〔合理的な〕理由[362]などないのではないか？

それでもなお、あなたは抵抗を覚えるだろう。そんなあなたは「機械につながれたまま生きるなど、一種の自殺である」というノージック［1974, 43］の意見に、多かれ少なかれ賛同するはずだ。なぜなら私たちは、自分の時間がどのように満たされるかということ以上に、自分が何者であるかということに関心があるからだ。だからこそ、息子には単に「快い経験をしてほしい」という以上に、「こういう人間になってほしい」と望むのだ。かくして、この経験機械という思考実験は、前者を投げ出してでも後者を手に入れたいという意向があなたにはある、ということを明らかにしてくれる。つまりそれは、あなたが支持している価値観[363]の中には、息子が実際に世界と因果的接触を持っている場合にのみ満たされるようなものがあること――そして、このように世界と有効な因果的接触を持つこと、それも、できれば意味のある活動を通じてそうすることが、あなたにとっては、快い経験をするという1階の選好を上回る価値である、ということを明らかにしてくれるのである。

このような経験機械の思考実験が矛先を向けているのは、欲求の内容や構造への批判的吟味は行わないという意味での、「薄い」合理性理論としての道具的合理性を支持する人々（なかでも、効用を快楽として単純化する傾向の大きな人々）である。[364]つまりこの思考実験には、薄い合理性に留まることを望む者など皆無に等しいことを示そうという狙いがある。自分自身を経験機械につなぎっぱなしにしようとするのは、アマルティア・セン［1977］が言うところの「合理的な愚か者」だけである――人生には快楽経験以外の大切なことなどない、と考えるのは合理的な愚か者だけなのだ。

私たちはみな価値観をもつ――つまり私たちはみな、あるタイプの人間になりたいという望みを抱いている。

そして望む通りの人間になるには、（薄い合理性理論の主張に反して）自分の価値観の中に、欲求の内容への評価をも組み込む必要がある［Dworkin 1988; Frankfurt 1971; Taylor 1992］。そのような評価をも組み込んだ「広い合理性理論」において、私たちが欲求を批判的に吟味するために利用するメカニズムとして役立つのが、私たちが支持する高階の価値[365]である。[9] あるタイプの人物となり、あるいはそのような人物であり続けるということは、商品の消費のような、他から切り離されて単独で経験される個別の出来事ではない。むしろそれは、自分の最も深い価値観と合致した人物になるということであり、そこには「象徴的効用」がある。象徴的効用[366]とは、何か他のものの効用を代わりに指し示す行為としての「象徴的行為」をなすことで経験される効用のことだ。行動科学者はこのような「象徴的効用」の概念を明確に認識すべきだと、ノージック［1993］は言葉を尽くして論じてきた。

362　「合理性（rationality）」とは適切な「理由（reason）」に基づく判断や行為のあり方を指すので、英語で考えれば「合理的理由」はほぼ冗語に等しいが、日本語では必ずしもそうではなく、特にここは合理性を主題とする文脈でreasonが登場するのは当然「理由／理性」と「合理性」のつながりを念頭に置いていると思われるので、注意喚起のために補足を行った。

363　「価値観」はvaluesの訳で、単に「諸価値」とも訳せる。「価値観」と訳す場合には、単に複数の価値を支持しているだけでなく、それらの諸価値が互いに支え合って意味のあるまとまり、見方になっているという含みがある。以下適宜訳し分けるが、訳し分けにはある程度は訳者の判断が入る。

364　第3章で見たように、著者は「薄い合理性概念」が効用の内実を不問に付すことで合理性に関する強力な分析ツールが適用可能になるという利点を一方で強調する。なので、ここでも（例えばサールのように）薄い合理性概念を非現実的であるからという理由で全面的に却下しようというのではなく、人間の合理性を薄い合理性概念だけに還元するような過度の単純化を支持する人々を批判しようとしている、と見るべきであろう。

365　前段落末でも言及されていたように、私たちがさまざまな対象に直接的に抱く欲求やそれらに付与する価値が「1階の欲求」や「1階の価値」であり、1階の欲求や価値などに対する反省的評価によって付与される価値が「2階の価値」ということになる。2階の価値はさらなる反省的評価の対象になりうるが、それらを総称すると「高階の価値」ということになる。

366　「象徴的効用」はsymbolic utilityの訳。本書でのsymbol／symbolicは例えば論理式による命題の表現などを指すために用いられることも多く、「象徴」という語感に必ずしもそぐわないため、「シンボル（的）」ないし「記号（的）」のように訳す場合が多かったが、ノージックのこの概念に関しては「象徴（的）」という訳語が適切であろう。

ノージックの「象徴的効用」論

ノージック［1993］は、象徴的効用が発現する状況を、ある行為（あるいはその結果）が「ある状況を象徴するとき、その行為によって象徴される状況の効用が、象徴的なつながりによって行為そのものに帰属させられる」［27］ことだと定義する。[10] そのうえで、私たちは象徴的効用への関心を不合理だと捉えがちだとノージックは指摘する。これは、以下のふたつの状況で起こりやすい。ひとつは、象徴的行為と実際の結果のあいだに因果関係がないことが明らかになったにもかかわらず、象徴的行為が継続される状況だ。このカテゴリーに入りそうな行為として、ノージックは各種の麻薬撲滅策の事例を挙げている。ある薬物対策プログラムに実際の薬物使用を減らす因果的効果はないという証拠が積みあがっているのに、プログラムそのものが麻薬撲滅という人々の関心の象徴となった結果、そのプログラムは継続されることになった。もうひとつは、象徴的なつながり（象徴的行為に意味や表現性[367]を与えているネットワーク）の外側にいるために、その象徴的行為が奇妙に思えたり不合理に感じられたりするという事例だ。例えば、「男らしさの証明」や「面目を保つ」ことへの違和感は、このカテゴリーに入るだろうとノージックは述べている。

象徴的効用ゆえに行われる事柄の多くを、実際に効用を担う結果との因果関係がないから、あるいは象徴的なつながりを支える社会的意味のネットワークが偶発的なものだからといった理由で、不合理であると分類するのは簡単だ。しかしノージックは、象徴的行為を生活から取り除こうとする際は、慎重かつ選択的でなければならない［つまり、無差別、一律にただ取り除くべきではない］と警告している。先述した「経験機械」という発想に対する大部分の人々の反応は、人は誰しも象徴的な意味のない人生など送ることを望んではいない、ということを示している。「あるタイプの人物になりたい」という関心を抱くということは、何かしらの価値観を体現した人生を送りたい、という関心を抱くことであり、しかもここで追い求められている価値観は、直接的〔因果的〕に効用をもたらすわけではなく、むしろ効用をもたらすものを〔象徴として〕指し示す価値観なのである。

もっとも、現代世界においては、意味づけの回路がエスカレートし、波紋を広げるという形で、象徴的効用が暴走に至りうるものであることも、容易に見て取ることができる。ノージックも次のように指摘している。「いさかいにすぐさま象徴的な意味が持ち込まれ、それが争点の重要性をエスカレートさせ、暴力が誘発される、ということはありうる。なかでも避けるべきは、ある行為の因果的帰結が極めて否定的なものであるにもかかわらず、象徴的な意味が持つ肯定的な力の大きさゆえに、その行為が実際になされてしまうような状況だ」〔1993, 31〕。世界貿易センタービルが破壊されたいま、批判的な評価に抵抗しようとする信仰のミームプレックスについて私たちが学んだこと（第7章参照）を踏まえれば、ノージックの警告はひときわ恐ろしく響く。

とはいえ、こうした警告には留意すべきであるとしても、象徴的効用を理由として何かしらの行為を遂行することは、人間行動にとって不可欠な要素であり、あるタイプの人間になろうとする私たちの探求に対して決定的に重要なフィードバックをもたらすものだ。これについてノージック〔1993, 49〕は「人間らしさ《パーソンフッド》」という大きな価値を与えられた概念を取り上げ、そのような概念を保持するのに役立つ象徴的行為が、効用に対して因果関係を持たないにもかかわらず、決して不合理とはいえない理由について、特に優れた議論を展開している。ある行為の遂行が、あるタイプの人物を特徴づけるものであるとしても、その遂行が、そのような人物になることに因果的に貢献するとは限らない。だが、たとえ人々がこの事実を十分に自覚している場合でも、そのような人物

367 ノージックの「表現性（expressiveness）」概念については本章原注10参照。

モデルを象徴する行為を遂行することで、その行為を行う人物という自己イメージを保持することが可能になるかもしれない。そして「そういう人物」としての自己イメージを強化すれば、実際にそのタイプの人物になるために因果的に有効な行動を遂行することが容易になるかもしれないのだ。このように、自己イメージを保持するために象徴的効用を追求することは、最終的にはその人が望んでいること——つまりそのような人物になること——のために因果的に有効な行動を導くという形で、その人の直接的利益を実際にもたらすのである。

例えば、私たちの多くにとって「投票」という行為は、まさにこうした象徴的な機能を果たしている。私たちの多くは、自分の一票が政治システムに与える影響から得られる直接的な効用（選挙によっては10万分の1から100万分の1の重みしかない）が、投票行為そのものに要する労力よりも小さいことを自覚している［Baron 1998; Quattrone and Tversky 1984］。それでもなお、私たちが選挙に行かなくなることはないだろう。なぜなら、投票には象徴的効用があり、私たちが何者であるかを表しているからだ。私たちは、まじめに選挙に行く「タイプの人物」なのである。しかも投票は象徴的効用をもたらすだけではない。投票は一定の自己イメージを保持することによって、国政選挙で一票を投じるよりも効果のある政治行動をとろうとするときに役立つかもしれない。道具的には無益な投票行動によって強化された自己イメージが、後日、オックスファム〔貧困をなくすために活動する世界的なNGO〕に多額の小切手を送ったり、地元の政治問題に関わったり、チェーン店ではなく地元の生産者から物を買うといった行動を支えることになるかもしれないのだ。

本を買うという行為もまた、知的な指向を持つ多くの人々にとっては象徴的な価値をもち、その象徴的効用が、消費効用や使用価値とは完全に切り離されている場合も多い。筆者もまた、多くの人々と同様に、おそらく読むことはないであろう本をたくさん買っている（「引退したらいつでも読める」というのが夢物語だということは十分自覚している）。近年、小説を読む量が減っているにもかかわらず、最新のブッカー賞受賞作品は必ず手に取っている。書評で内容を確認したところ、その本を読む可能性は極めて低いだろうと結論したときですら、そうしてしまうのだ。つまり、小説を読むことによる効用を実際に消費する機会が減ったにもかかわらず、筆者は依然として質の高い小説を読む「タイプ」の人物なのだ――少なくとも最新のブッカー賞受賞作を買うときは、いつも自分にそう言い聞かせている（それが、決して読むことはないであろう、マーガレット・アトウッドの『昏き目の暗殺者』であったとしても）。

何年か前、スティーヴン・ホーキングの『ホーキング、宇宙を語る』がベストセラーになったとき、その大半がコーヒーテーブルの上に置かれたまま、ほとんど読まれていなかったのはなぜか？　知的ステータスを誇示することで得られる効用については問わないでおくとして、この本に消費財としての効用はまるでないにもかかわらず、多くの人がそれを買うことによる象徴的効用を得ていたからだ。テーマの壮大さ、著者の人生への敬意、あるいはその両方のユニークな組み合わせによって、この「史上最大の未読本」は、すばらしい象徴的効用を提供していたのである。

表現的合理性、倫理的選好、コミットメント

私たちは〈生きる〉意味や価値に対して大きな期待を抱いており、より良い存在になるためには自分自身に挑戦しなくてはならないと理解している。もしかしたら私たちは――私たちの一定数は――生きることの意味を過剰に追求しているのかもしれない。

――オーウェン・フラナガン『自己表現――心、道徳、生きる意味』［1996, 201］

人間の合理性はチンパンジーの合理性を拡張したものではない。人間の合理的判断には象徴的効用が重要な役

割を果たすが、チンパンジーの合理性にはそれに該当するものがない。人間の表象能力は、他の動物には不可能なレベルでの象徴的生活を可能にしている。この能力が、知識の獲得や行動統御のブートストラッピング[368]にいかに貢献しているかという点については、数多くの研究がある。[11] 一方、ここで筆者が注目したいのは、こうした表象能力が人間の合理性モデルにどのように関係しているのかという、また別の（これはこれで奥深いと思われる）問いだ。象徴的効用の余地をもたらしたことで、認知の進化は人間に新たな表現の可能性、あるいは新たな価値づけの方法――単なるチンパンジーの合理性の拡張ではない方法――をもたらしたのである。

行為には表現としての機能があり、このような機能はしばしば人々の反応を、手段―目的の関係とは切り離して理解できるもの――にする。この点の認識は、経済学や心理学における理論上の発展において、波紋のように広まり始めている。例えばハーグリーヴス・ヒープ［Heap 1992］は、彼の用語で言う「表現的合理性」を、道具的合理性とは区別するという議論を展開している。それによれば、表現的に合理的な行為に携わるとき、その行為者は自分の価値観を満たそうとしているのではなく、むしろ自分の価値観を明確化し、探求しようとしている。そうしてその行為者はある価値に対する信念を表現し、さらにその表現に対する自分の反応をモニタリングし、そのうえでこのような再帰的なプロセスを、自分の欲求を変化させたり、明確化したりするために利用する、という作業に取り組むのである。こうした探求的な行為は、道具的合理性に基づく費用便益計算にとっては、まったく的外れな入力である――というのも、そのような計算では取り扱われる価値のそれぞれが完全に明確化されたうえで、1階の選好充足に的を絞る単一の心的態度が前提されるのだからである［E. Anderson 1993］。

エーベルソン［Abelson 1996］もまた、合理的選択理論を批判する文章のなかで、道具的動機と表現的動機を区別する必要性を論じており、後者の「表現的動機」に対してノージック［1993］の象徴的効用とほぼ同じ定義を与えている。エーベルソン［1996］によれば、表現的行為とは、遂行されること自体を目的とした価値表現的行為である。その事例として、アメリカにおける南部連合旗の掲揚[369]、イギリスにおけるキツネ狩りへの抗議、妊娠中絶クリニックでのデモ、１９６８年のオリンピックでの２人の黒人陸上選手による差別への抗議などを挙げたうえで、エーベルソンはこれらの象徴的行動の背後にある（また、これらに対する反応としての）熱狂に注目する。完全に道具的な計算には合致しないという理由でこれらの行為を説明できない合理性の理論などは、根本的に欠陥があるとエーベルソンは言う。

ノージック〔1993〕の象徴的効用の概念は、経済学における倫理的選好の概念や、経済理論に「コミットメント」の概念を取り入れる必要性を説いたセン〔1977, 1987, 1999〕の議論とも通じ合う。経済学では、孤立した市場参加者が、自分だけの「消費バンドル〔人々が消費したいと考える製品の組み合わせ〕」にのみ関心を持つという前提に重きを置いているが、セン〔1977〕はこれに対抗する考え方として「共感《シンパシー》」と「コミットメント」の概念を提起する。センによればこれらの概念は次のように説明される。あなたが、誰かが拷問されていることを知り、気分が悪くなったとする。そこであなたは、拷問を止めさせるために動くように動機付けられ、実際にそうする。セン〔1977〕の定義によれば、このようなあなたの対応は「共感」の一事例に分類されることになる。ここで、他者への〔拷問という〕処遇は、当の他者自身のみならず、あなた自身の経験的効用にも直接的な影響〔強い不快感〕を与えている。これと対をなすのが、セン〔1977〕が挙げるもうひとつの事例だ。こちらの事例に登場する人物は、あなたと同様の価値観に基づいて、拷問を止めさせようとする。しかし、この人物の気質はあなたとは異なっている――彼女は拷問のことを考えても、文字通りの意味で気分が悪くなったりはしない。つまり誰か

368　「ブートストラッピング（bootstrapping）」（文字通りには、靴ひもをつかんで自分を宙へ浮かせること）については訳注297参照。ここでは（大まかに言って）シンボルの利用によって外部世界との直接的な関わりなしに多くの情報を処理できる能力を指していると見られる。
369　南部連合は南北戦争で南軍として北軍と交戦状態に入った南部諸州の連合。

が拷問されているという知識は、彼女の価値観を傷つけはしても、彼女の中で現に流れている生々しい感情には影響を与えない。拷問を止めるための介入が成功することは、彼女の価値観に合致しているが、それによって彼女がじかに経験的効用を得ることはない。セン〔1977〕によれば、これは「コミットメント」ということになる。

あるひとつの意味において、コミットメントは共感よりも利己的ではない。コミットメントに基づいて行動する人は、ある価値観を表明しているが、道具的効用の増大を求めているわけではない。一方、共感に基づいて行動する人は、他者の快楽状態を向上させることによって、自分自身への「強化」〔つまり好ましい刺激の提供〕を行っている。[370] セン〔1977〕は、このような共感とコミットメントの違いを説明するために、ふたりの少年が登場するユーモラスな事例を用いている。大きなリンゴと小さなリンゴをもらった少年たちは、それぞれがどちらかを選ぶことになる。少年Aが「きみが先に選べよ」と言うと、少年Bはすぐに大きいほうのリンゴを取る。少年Aはこの行動にひどく腹を立てる。少年Bは困惑し、もし自分が先に選べたのならどちらを取ったのかと少年Aに尋ねる。少年Aは「もちろん小さいほうさ」と答える。これに対して少年Bは「じゃあ何が問題なんだい？　きみはそれこそ欲しいほうを取ったじゃないか！」と返す。

セン〔1977〕は、少年Aの「きみが先に選べよ」という申し出が共感に基づくものであったなら、少年Bの言い分は彼の言うとおりに正しかっただろうと指摘する。しかし、少年Aが憤慨したということは、相手に先に選ばせるというその申し出は、礼儀正しさという原理へのコミットメントに基づくものであり、少年Bの快楽状態に共感的に自己同一化するようなものではなかったことを示している。共感に基づく申し出であったなら、少年Aは少年Bが大きなリンゴを取ったときに効用を得て、腹を立てるどころかむしろ喜んだはずだからだ。

セン〔1977〕は、古くからの経済学の前提を脅かすのは、共感よりもコミットメントのほうだと指摘する。なぜなら、コミットメントは共感とは異なり、選択と個人の福利の結びつきを切断するものだからだ。コミットメントに基づく選択は、実際には（経済学者の基準における）個人の福利には反するかもしれない。例えば選挙で、自分たちの物質的な利益には貢献しない候補者を、自分たちが大切にする社会的価値を表明しているという理由で支持することなどは、それに当たるだろう。これと同じ機能を持つのが、非正統的な経済学の文献［Anderson 1993; Hirschman 1986; Hollis 1992］で議論されている「倫理的選好」だ。倫理的選好もまた、実際に観察される選択（経済学用語では「顕示選好」と呼ぶ）と、経済学が仮定する道具的な最大化〔つまりその個人の利益の実現を最も効率的に行うこと〕とを切り離す。

1970年代に起きた、労働組合に加入していない農場のブドウのボイコット、1980年代の南アフリカ製品のボイコット、1990年代に生まれたフェアトレード製品への関心などは、いずれも倫理的選好が人々の選択に影響を与え、選択と個人的福利の最大化とを切り離した事例であり、標準的な経済学的分析に対する大きな批判になりうるものだ。標準的な経済分析では、選択というものをあくまで分析も反省もなされていない「嗜好」に発するものとして捉えようとする〔経済理論におけるこの仮定については、Hirschman 1986を参照〕。このような分析を用いれば、人々の選択を、世界を快楽の最大化という視野の狭いレンズごしに覗き、込み入った事情をすべて除去して、一次元的な尺度で形式化する枠組みへと押し込めることができるようになる。倫理的選好は、このような世界観にモンキーレンチを投げ込むものだ。[371] 例えばホリス［Hollis 1992］は「効用という概念に生じるひずみ」について次のように指摘する。「4番目に出来のいいナシではなく、5番目に出来のいいリンゴを選好

370 「強化」は行動心理学の用語で、特定の刺激と特定の反応の結びつきを強める要因で、通常はその特定の刺激に伴う好ましい刺激を指す。ここでは「好ましい、快い経験を得ている」というほどの意味である。

371 日本語でいう「一石を投ずる」の誇張表現で、辞書を引くとmonkeywrenchに「邪魔立てするもの」という意味があるが、エドワード・アビー『モンキーレンチ・ギャング』で描かれるように、モンキーレンチはいわゆる環境テロリズムの象徴であり（環境破壊を行う重機の解体工作などに用いられる）、過激かつポリシーある破壊活動、というニュアンスがあると見られる。

する行為者について、その人物はそういう嗜好をもち、その嗜好はそれ以上の理由のない端的な所与であり、当人はそれを内面で理解しており、つまりその人物にとっては5番目に出来のいいリンゴのほうがより大きな効用を持つのだ、と見なすことはできよう。だが、オレンジが高品質であることと、そのオレンジが〔人種差別問題で批判の対象になっていた〕南アフリカ産であることを天秤にかけて、後者のほうが優先される場合、そこにはいかなる共通の尺度があるのだろうか？」［309］。

伝統的な経済モデルを複雑化させることになっても、私たちはそこに象徴的な要素を取り込んでいくべきだ――意思決定理論の提唱者らは近年、より強固にそう主張するようになっている。遅かれ早かれそうしなくてはならないのなら、いまがそのときかもしれない、というわけだ。意思決定に含まれる意味に関する一連の論文のなかで、メディンとその共同研究者たち［Medin and Bazerman 1999; Medin, Schwartz, Blok, and Birnbaum 1999］は、意思決定の機能とは行為者に効用をもたらすことばかりでなく、行為に関わっている他の人々に意味のあるシグナルを送り、当の行為者の自己概念を象徴的に強化することにもあると主張する。メディンとベイザーマン［1999, 541］によると、最後通牒ゲームにおいて掛け金の50パーセントを大きく下回る利益の申し出を拒否する受領者は、そうすることで「自分は強欲な配分者を罰することに積極的な価値を見いだす」というサインを送っているのだという。さらにこの人物は、自分が強欲を容認するような人間ではないということを、（自分自身もしくは他人に対して）象徴的に示しているのかもしれない。メディンとベイザーマンが言及している多くの実験では、当人が大事に守っている価値が脅かされているとき、被験者はアイテムの取引／比較をしたがらないことが示された［Anderson 1993; Baron and Leshner 2000; Baron and Spranca 1997］。例えばペットの犬、家族で何十年も暮らしてきた土地、結婚指輪といったアイテムについて、市場価格で取引を持ちかけられても人々は応じない。メディンとベイザーマンの実験の参加者たちが、こうした申し出を侮辱と見なすのは当然だと考えた代表的な理由は、次のようなものだった――「それは意味の問題であって、お金の問題ではない」。

欲求を評価する方法

人間行動の方程式に意味を持ち込むことは、経済の「薄い合理性」に基づく道具的な計算を著しく複雑にする。実際、意味に基づく意思決定や倫理的選好は、単に1階の選好を複雑にするだけではない（1階の選好が複雑になるというのは、「洋ナシよりオレンジが好き」が「洋ナシよりフロリダ産オレンジが好きで、さらに南アフリカ産オレンジより洋ナシが好き」に変わるという程度のものだ）。それ以上に、この章で論じてきた意味に基づく概念群――象徴的効用、倫理的選好、表現的行動、コミットメント――は、従来の薄い合理性の理論（信念と欲求を所与のものとし、評価を経ていない欲求を達成するための道具的効率のみに焦点を当てた理論）から離れて、人間の合理性をより広く正確に――つまり、チンパンジーの合理性の単なる拡長としてではなく――理解するためのメカニズムを指し示している。

これらの概念は、人間の自己改善という現在進行中の文化的プロジェクト〔認知改革〕にも適用できる。私たちはこれらの高階の概念を用いて、自らの1階の欲求や目的の性格を批判的に吟味することができる。このように、人々が今現在抱いている望みや欲求の評価〔つまり高階の評価〕のために役立つ概念ツールが進歩していくことは、人類の文化史上における重要な成果のひとつと言えよう。それは歴史的偶然として生じた、人類史における現在進行中のプロジェクトである。

第3章でも紹介した「理性は情念の奴隷であり、またただ情念の奴隷であるべきなのであり、理性が、情念に仕え従う以外の役割を要求することは、けっしてできないのである」（［1740］1888, bk. 2, part 3, sec. 3〔邦訳1

60頁〕というヒュームの「名言」を思い出してほしい。このような、道具主義的な狭い合理性概念において、理性の役割はもっぱら、分析を経ていない1階の欲求に従うことにのみ求められている。しかしノージック〔1993〕が言うように、「もし人類《ヒューマン・ビーイング》がヒューム的存在者《ヒューミアン・ビーイング》に過ぎないというなら、それは私たちの地位をおとしめることになるだろう。人間とは単に動物であることに満足しない唯一の動物である……私たちの活動のすべてが、所与の欲求を満たすことを目的としているわけではないというのは、私たちにとって象徴的な重要性を持つ事実である」〔138〕。ここでのノージックの提言によれば、象徴的効用を持つことは、私たちが「ヒューム的連結」（道具的に合理的な行為者において、既存の欲求と行動が正しく因果関係を結んでいること）から抜けだすための手段になる。ノージックは、私たちがヒューム的連結を乗り越える存在だという自己認識を持つことが重要だと考えるのだが、筆者もこれにおおむね同意する。だが、一方でこうも思う。なぜ、ヒューム的連結から抜けだすメカニズムを、象徴化それ自体に限定するのか？

　上述したように、象徴化を含む活動の中には、不合理だと見なすのが適切なものも少なくない――かつては実際の効用を生みだす行為と因果的に結びついていたが、いまではその結びつきが完全になくなってしまった活動などはそれに当たる。第7章での議論を思い返しても、象徴化の多くは有害なミームや無益なミームをかき混ぜて再結合させただけのものだった。このタイプの象徴化活動に目を向ければ、脳の大きな哺乳類が暇にまかせて編みだした副産物的活動と大差ないものに見えてもおかしくない。私たち人間は、もっとうまくやれるはずだ。

　ヒューム的連結に絡めとられてしまった合理性の概念は、認知改革の試みを許さない。ヒューム的な道具的合理性では、ある人の中に存在する欲求は所与のものであって、変化の余地はないと見なされるからだ。いまこそ、ヒューム的連結を断ち切るために私たちの分析処理能力を象徴化に振り向け、第7章でも論じたノイラート的認知改革プロジェクトに役立てようではないか。そして、私たちが今現在抱いている欲求を反省的に評価できるように、私たちの象徴化能力を活用しようではないか。
もっと具体的に言えば、私たちはさまざまな状況で経験される象徴的な意味を楽しむこともできるが、別のやり方でもそれらを使うことができるということだ。上述したように、表現的行為は自己イメージを保持するために活用できるが、このメカニズムをさらに、将来の目的を統御するために用いることもできるのである。認知科学者は、聴覚的な自己刺激が進化の過程で脳モジュール間の認知経路の発達をうながしたと推定しているが〔Dennett 1991 参照〕、これと同じく表現的行為からのフィードバックもまた、私たちの目的や欲求の構造を形成するのに役立つ可能性がある。とはいえ、象徴化能力を利用してヒューム的連結から抜け出すための、これよりも明示的かつ反省的な方法もある——つまり、私たちの1階の欲求について「その欲求は、私たちがなりたいと思うような人物を本当に映し出しているのか？」という観点から評価するために象徴化能力を利用する、という方法である。次節ではそれを探っていきたい。

2階の欲求と選好

ヒュームのテーゼは、意味に関する主張としては旗色が悪い。人は実際に望んでいるものが何であれ、それとは別のものに望むべき価値があると考えることもあれば、実際に望んでいるものであってもそこに望むべき価値はないと考えることもある。私たちはこうした考え方を理解しているようだが、それに意味を通すための分析があればなおよいだろう。

——アラン・ギバード『賢明な選択、適切な感情』〔Gibbard 1990, 12〕

哲学者たちは長いあいだ、最奥の、真実の人格同一性〔あるいは真の自己の同定ないし特定〕を見いだす、という古くて新しい探究において、自己評価の重要性を強調してきた。例えばチャールズ・テイラー［Taylor 1989］が強調するのは、彼が「強い評価」と呼ぶものの重要性だ。テイラーいわく、強い評価とは「私たち自身の欲求や性向、選択によってではなく、むしろこれらから独立した立脚点から、正しいか間違っているか、よいか悪いか、高尚か低俗かを区別し、さらにその判断を行いうる基準まで提供することだ。例えば、私がたいして価値や達成感があるわけではない人生を送っていることは、道徳的な堕落だとは判断されないかもしれないが、にもかかわらず、こうした言葉で私を表現することは、私自身の嗜好や欲求とは独立の別の基準の名において私を非難しているのである」［4――テイラーの「強い評価」の概念に関する優れた論考については、Franagan 1996を参照］。

本章で述べてきた意味に基づく概念（象徴的効用、表現的合理性、コミットメント、倫理的選好など）は、強い評価を行うためのメカニズムの一部に該当する。1階の欲求のあいだで生じる衝突というのは、ほとんどの人にとって馴染み深いものであるが（欲しい服を買ったら同じくらい欲しいCDが買えなくなる、など）、人が倫理的選好を形成するとき、そこに新たな選好間の衝突の可能性をつくりだすことになる。例えばある日筆者が、パキスタンの子どもたちを取り上げたテレビのドキュメンタリー番組を見たとしよう。彼らはサッカーボールを縫う仕事をしているため、学校に通えない。それを知った筆者は、自分たちの誰かがこの状況を何とかしなくてはと心に誓う。しかし2週間後、筆者はスポーツ用品店で、労働組合に加入しているメーカー製の高価なサッカーボールを本能的に避けている自分に気づく。[372] ここで筆者に新たな選好間の衝突が生まれた。自分の1階の欲求を再構築するという困難な作業に挑むか（例えば、自動的に安い製品を好まないように学習する）、さもなければ新しく形成された倫理的選好を無視するか、が衝突するのである。〔自分自身の〕政治的、道徳的、社会的コミットメント［Sen 1977, 1999］とは噛み合わない行為もまた、同様の不整合を生む。コミットメントが1階の欲求や行為における「バックドラフト〔暴発〕」の原因となる場合もあることにも注意したい。[373] 価値観やコミットメントは、1

階の欲求を効率的に満たす必要性だけを考えて行為を組み立てていたときには存在しなかった不整合性を新たに生みだし、私たちの心をかき乱すのである。

つまるところ、私たちの価値観は欲求の評価を開始するための主たるメカニズムだということである。行為／価値観の不整合は、1階の欲求と価値観の双方に対して規範的な批判と評価を開始せよという信号になりうるのだ。このようにして、価値観は欲求の構造をつくりかえる原動力を提供する。それこそが人間の合理性を、チンパンジーをはじめとする動物たちの薄い道具的合理性とは対照的な、広い合理性——そこでは欲求の内容が重要な帰結をもたらす——たらしめているものなのだ。

筆者が「自らの欲求構造に対する批判」と呼んできたものや、テイラーが言うところの「強い評価」は、哲学者のハリー・フランクファート［Frankfurt 1971］がその有名な論文で「2階の欲求」——すなわち、ある欲求を持ちたい、という欲求——と名づけたものによって、もう少ししっかりと説明することができるだろう。[12] 経済学者や意思決定論の研究者［Jeffrey 1974 参照］が、より一般的に使う用語では、このような高階の状態は「2階の選好」と呼ばれ、これは1階の選好のある特定の組み合わせに対する選好とされている。フランクファートは、2階の欲求を持つのは人間だけだと推定したうえで、2階の欲求を持たない生き物（他の動物や人間の赤ん坊）に、

372 労働組合加入メーカー（ユニオン・メイド）のマーク付きならば高価であっても労働者の権利を侵害していない保証があるということで、本書でも何度か「倫理的選好」に関連して言及されている。サッカーボールに関しては、児童労働の問題を受け、1996年にFIFA（国際サッカー連盟）と3つの国際的な労働組合組織により「FIFAライセンス商品に関する労働慣行指針」が締結されて以降、FIFAライセンス契約で生産されるサッカーボール製造業者は、児童労働を含む国際労働基準を遵守することを義務づけられたという（逢見直人「サッカーボールに込められた願い」『日本労働研究雑誌』第47巻第4号、2005年、73-75頁）。

373 「バックドラフト」は字義どおりには「逆気流」だが、特に火事場で、低酸素状態になった部屋に急激に酸素が流れ込み、爆発的に炎が燃え上がる現象を指す。反省的なコミットメントと衝突し、抑え込まれた1階の欲求が、まさに欲求不満の状況に耐えかね、一気に噴出するような状況を指している。

「ウォントン〔思慮分別のない人、の意〕」というどぎつい呼び名をつけた。[374] ただし、2階の欲求を形成しないからといって、ウォントンたちが1階の欲求に無関心・無頓着だというわけではない。薄い、純粋に道具的な意味では、ウォントンも合理的でありえるし、彼らの環境において最適な効率で目的を実現するための行動をとることもできるだろう。彼らは単に、自分たちの目的を検証しなおしたりはしないだけだ。ウォントンたちに欲求はあるが、何を欲求するかということについて彼らは無関心なのである。

この概念を説明するために、フランクファート〔1971〕は3タイプの薬物中毒者を例に挙げている。「ウォントン型中毒者」は、ただ「薬物を手に入れたがる人々」であり、それ以上でもそれ以下でもない。ウォントンの認知装置のそれ以外の部分は、その欲求を満たす最適な方法を見つけることのみに費やされる（この点で、ウォントン型中毒者の依存症患者は申し分なく道具的に合理的だと言いうる）。ウォントンは自らの欲求を見なおしたりしないし、その欲求の良し悪しを気にすることもない。彼にとって、欲求はただの欲求だ。一方、これとは対照的なのが「不本意な中毒者」だ。このタイプの中毒者は、ウォントン型中毒者と同じく、薬物を求める1階の欲求を持つ一方で、このような欲求を持ちたくないという2階の欲求も持ち合わせている。つまり、不本意な中毒者は「薬物を欲求しないこと」を欲求している。しかし、薬物を「摂取したくない」という欲求は、「摂取したい」という欲求ほどには強くない。だから、不本意な中毒者は、結局はウォントンと同じように薬物を摂取してしまう。ただし、不本意な中毒者と彼がとる行動の関係は、ウォントンのそれとは異なる。不本意な中毒者にとって、薬物を摂取するという彼の行為は、自分に属さない、彼にとってよそよそしい行為となっているのであり、この点でウォントンとは異なる。不本意な中毒者は、薬物を摂取する際に自己の概念が踏みにじられてしまっているように感じることさえあるかもしれない。一方、ウォントンが薬物を摂取する際に、そのような感覚は決して起こらない。

最後に登場するのが、「本意からの中毒者」という興味深い事例だ（人間ならではの事例と言える）。本意からの中毒者は、薬物を摂取したいという自らの欲求について考え、それはよいことだと判断した。つまり彼は「薬物を摂取したいという欲求」をじっさいに欲求しているのだ。フランクファート〔1971〕は、本意からの中毒者への理解をうながすための注釈として、もし薬物への渇望が減退しはじめたら、彼らは依存状態を復活させるために何らかの手段を講じようとするだろうと指摘している。本意からの中毒者は、不本意な依存症患者と同じように、依存状態に対する反省を行っているが、この場合は1階の欲求を是認することに決めたというわけだ。

フランクファートが例に挙げた3タイプの薬物中毒者は、いずれも〔外面上〕同じ行動を呈しているが[375]、彼らの欲求の階層に見られる認知のありかたは大きく異なっている。その違いは、現在の行動においては顕示的ではない〔目に見えて現れていない〕ものの、依存状態が続くかどうかの見込みに影響を与える可能性は十分にある。まず、三者の中では不本意な中毒者が（言うまでもなく、あくまで確率の問題としてだが）行動の変化を起こせる最有力候補だ。三者のなかでは彼のみが、内的な認知的葛藤[376]という特徴をそなえている。このような葛藤が存在

374 「ウォントン（wanton）」については訳注12参照。辞書を引くと、名詞では「浮気女、いたずらっ子、甘やかされた子」、形容詞では「みだらな、気まぐれな、（礼儀・道徳に対して）無礼な」などの意味をもつ単語で、それゆえ本文では「どぎつい」と評されているが、同じく本文で示唆されているように「1階の欲求は持つが高階の欲求を持たない存在」を指すための、フランクファートの造語に近い単語だと解してよい。おそらく「望む、欲する」のwantの連想で、「単純に欲するままにふるまう者」のような意味が意図されているのだと思われる（ただし、語源的には中期英語の「教育された、しつけられた」を表すtogenに否定辞の（un-と同系統の）wan-が付いたという成り立ちらしく、動詞wantとの類縁関係はないらしい）。

375 前々節の用語を用いれば同一の「顕示選好」を呈している、と言えよう。

376 「葛藤」はstruggleの訳で、「苦闘、抗い」など、かなり能動的な抵抗の姿勢を含む。「葛藤」は少し前に出てきた「選好間の衝突」と訳したconflictの訳にもなりうる言葉で、能動的な「苦闘」の意味合いがやや弱いのだが、この後頻出する表現なのであまり違和感の大きくない訳語を選んだ（「衝突（conflict）」の場合、単に、相容れない選好を共に有している、という段階で、「葛藤（struggle）」はその解消に苦心するその次の段階、と理解できるかもしれない）。

することで、1階の欲求を不安定にしたり、弱めたりする可能性が少なくとも生じるとはいえよう。一方、ウォントンに内的葛藤という特徴はない。そのため、1階の欲求が揺らぐ見込みは低い。だが実のところ、このようなウォントンも、本意からの中毒者に比べれば、中毒状態が喪失する見込みが大きいのだ。というのも本意からの中毒者には、中毒状態を維持しようとする内的な制御者、すなわち中毒状態にあることを望む2階の欲求があるからだ。それゆえに彼は中毒状態が自然に減退していくのを食い止めるための手段を取ろうとするはずだ。ウォントン型中毒者の場合、中毒状態が自然に減退していくとしても、それが阻止されることはないだろう。むしろ単純に、同じ1階の階層に属する、より大きな力を持つ別の活動が始まるだけだ。なので、ウォントンは中毒状態が消滅しても特に悲しんだりはしない。だからといって幸せにもならないだろう——欲求を取り入れることについても手放すことについても何ら反省を行うことがない、というのが、彼が置かれた状況のロジックなのだから。

欲求を合理的に統合する方法

私たちは動物である。しかし、ある点では自己創造的である。ホモ・サピエンスのような動物が、どのように自己創造、自己制御、自己所有を行うのかは、すべて説明可能だ。「神秘愛好家《ミステリアン》」たちが上から魔法の粉を振りかけようとも、私たちの実態は非神秘的なのである。

——オーウェン・フラナガン『自己表現——心、道徳、生きる意味』(1996, viii)

もちろん人間である以上、私たちはフランクファートが言うウォントンのように行為することもあるし、そうしないこともある。では、ときおりウォントンのように行為してしまうことを、私たちは問題視すべきだろうか?

この問いに答えるなら、それが問題になる状況もあれば、問題にならない状況もあり、その区別は前章までに紹介してきた概念（第7章の図7－1と図7－2にまとめた）を用いればわかる、ということになる。多くの場合、TASS下位システムがもたらす1階の欲求は乗り物全体の目的にも役立つ。だが、本書のこれまでの章は、ウォントン的行動がもたらす危険性について説明してきた。進化的適応環境（EEA）の名残として遺伝子に組み込まれた目的のなかには、特定の状況において現代の環境における乗り物の利益を阻害するものもあるのだ。さらに一部の欲求は、反省の過程を経ずに獲得された、実のところ寄生者に他ならないミームである――それらは己の利益のみを追求し、宿主の役にはほとんど立たない。これら2種類の目的は、人間が広い合理性を獲得するためには、1階の欲求に対する継続的な反省と批判が必要であるという、改善論者の警鐘の根拠にもなっている。

「高階の欲求」〔つまり2階以上の欲求〕という概念に基づいた認知改革プロジェクトのロジックは、ジェフリー[Jeffrey 1974]が2階の評価について述べた研究論文の表記法を用いて説明することができる。彼はこの論文で、意思決定理論で用いられている選好関係〔を表記するための形式的な表記法〕を利用している――こうした〔形式化された〕選好関係は、効用の理論を、意思決定理論を用いて形式的な公理系として定式化する際に使用されてきたものである[Edwards 1954; Jeffrey 1983; Luce and Raiffa 1957; Savage 1954; von Neumann and Morgenstern 1944]。とはいえ、以下でのこの表記法の使用は、厳密な形式にのっとったものではないし、これで専門的な議論を行おうというのでもない。高階の選好について言葉だけで語ろうとすると、何重にも錯綜したややこしい表現になってしまうので、理解を容易にするためにこの表記法を利用するというわけである。[13]

ある人物がAをBよりも選好する場合、その関係は「A pref B」と表すことができる（〔記号として〕単純に「AがBよりも選好されている」というだけのことを意味する）[377]。第3章でも述べたように、この単純な選好関係といくつかの基本公理から、期待効用理論（道具的に合理的な選択の理論）の構造全体を表すことができる。だが、ここでは単にその表記法を利用したいだけなので、そちらの話題には踏み込まない。

さて、ここにジョンという人物がいて、喫煙する（S）と喫煙しない（~S）という選択肢を提示されている。そしてジョンは喫煙することを選ぶ。つまり、こういうことになる。

ジョンは喫煙することを選好する

S pref ~S

これに加えて、ジョンが、（テイラー［1989］の言う意味で）「強い評価」ができる人物であったとも想定しよう。つまり彼は自らの1階の欲求を評価し、見なおすことができるということだ。さらに、ジョンには知識もある。つまり彼は喫煙が健康をひどく害することを知っている。この知識ゆえに、彼はタバコを吸わないでいることを望んでいる。先ほど登場した、不本意な依存症患者と同様に、ジョンも「タバコを吸わないことを望む」ことを望んでいるのだ。したがって、ジョンには2階の選好があるということになり、定式化すればこうなる。

ジョンは「喫煙しないことを選好すること」を選好する

（~S pref S）pref（S pref ~S）

このシナリオでは、ジョンは1階の選好と衝突する2階の選好を持っている。2階の選好のレベルでは、ジョンは「喫煙しないことを選好する」ことを選好しているが、1階の選好としては「喫煙すること」を選好している。結果として生じる対立は、ノージック［1993］が言う「合理的統合」が、ジョンの選択構造に欠けていることを示している。人々は合理的統合を実現することを望むべきだというのが、ノージックが提唱する「広い合理性」理論の中でも特筆すべき主張である。不本意な依存症患者と同じく、ジョンもまた、分析的システムの異なる階層で生じた欲求の不一致に対し、まっとうな態度としての不満足を抱いている。しかし、ノージックの原理（正確には、ノージックの「広い合理性」理論における第4規則）では、ジョンはこの不整合を解消する努力をすべきだとしか述べられていない。どのように不整合を解消すべきなのかは述べられていないのだ。

高階の選好というテーマを扱った哲学文献の初期のもの［Taylor 1989など］では、高階の欲求は常に低階の欲求より優先されるべきだと考える傾向が強くあった。この仮定がなぜ危険なのかは、前章で見てきたとおりだ。たしかに、TASSによって決定された選好が乗り物にとって最適ではない場合は、その人の価値観に沿う、反省的に獲得された2階の選好によって制止されるべきだとは言ってよい。しかし、前章で取り上げた多くの事例は、これ以外の可能性がありうることを示唆していた。例えば、TASSによって決定された、乗り物にとっての実際の利益をもたらす選好が、反省を経ずに獲得されたある種のミームと対立することもあるだろう——例えば、高い複製能力をもち、その人物《パーソン》の価値構造に組み込まれながらも、実際にはその人物の利益には貢献しないようなミームと。[14] この場合、この人物にとって有益でないのは2階の選好のほうである。テイラー［1989］が良しとする「強い評価」への偏向《バイアス》は、常に正当化されるわけではないのだ。このように、高階の評価が必ず低階の欲求に対する優先性をもつべきだということにはならない。むしろ高階の欲求とは、人が合理的統合を実現するための反照的均衡[378]の中に投ずるべき、大きな全体的な構造中の一部でしかない。

377 「選好（する）（preference/prefer）」およびイディオムである prefer A to B については訳注157参照。なお、以下で検討される「選好（する）」はかなり幅広い態度を一般的に指しており、例えば「（高く）評価する」や「欲求する」などが直後に「選好する」と言い換えられる場合も多い（つまり「評価」「欲求」などは広い意味での「選好」の一種として位置づけられるということである）。

言うまでもなく、喫煙の事例では〔私たちに〕強いバイアスが働くため、次にもっと中立的な事例で考えてみよう。

ビルはXよりもYを選好する

その一方で

ビルは「YよりもXを選好すること」を選好する

この場合、変えるべきなのはどちらだろう？　そこに確固たる規則はないが、これまでに述べてきた概念は役立ちうる。とりわけ、遺伝子の利益と乗り物の利益の不一致、ミームの利益と乗り物の利益の不一致という可能性に批判的に注意を向ければ、私たちは当然、分析レベルのどちらの階層が、私たちを、どちらかの自己複製子の乗り物として犠牲にしそうだろうかと、まずは問いかけるべくうながされるはずである。[379]このとき、乗り物の長期的な身体的福利を損なうような帰結が見つかれば、それは合理的統合を実現するために採用できる基準の少なくともひとつとして、一応の有効性をもつ。喫煙の事例でいえば、Y〔喫煙する〕が、TASSに基づいた、乗り物にとっては有害な反応であり、X〔喫煙しない〕が、乗り物の長期的な健康に役立つ、反省的考察に基づいた行為である、と見える場合、乗り物の福利という基準は、2階の選好を尊重し、1階の選好を変えるための行動ステップをとるように命じるだろう。

対照的に、Yが乗り物の福利にとって有益もしくは中立的な行為であり、Xが、信仰に基づくミームに指示された、身体的に高い代償を伴う行為である、という状況も考えられる。この場合は挙証責任は逆転し、2階の選好に二重の挙証責任が課される。そこには、反省能力をもつ人物ならば、それが本当に自分自身の選好なのかどうか、疑念を抱くべき理由がふたつあるのだ。第1の理由は、そこで下された2階の評価〔選好そのものへの反省的評価〕を生み出しているミームプレックスが、批判的な評価をできなくさせてしまうたぐいのそれだということであり、第2の理由は、その選好が乗り物の身体的な健康を犠牲にすることを命じているということである。[380]以上の考察は、反省的評価のもとでは、この2階の選好を支持すべき理由が薄弱なものになることを示している。

もっとも「乗り物の福利」という基準が、常に決定的な基準となるわけではない。いくつかの場合、とりわけ、それ以外の一連の基準および意思決定の規則がひとつに収束して[381]それに対立するような場合には、乗り物の福利という基準は制止されうるだろうし、そうあるべきだ。例えば、さまざまな道徳的ないし倫理的な判断が重なり合う場合、特にそこで乗り物の犠牲が最小限に抑えられる場合には、それらの判断が乗り物の福利という基準に打ち勝つこともあるだろう。[15]

まとめると、選好の合理的な統合を望むことは合理的だが、それをどのように実現すべきかという規則を合理

378 「反照的均衡（reflective equilibrium）」は前章末にも登場した倫理学者ロールズの概念で、ごくごく大まかに言えば、価値判断の形成におけるノイラート的取り組み、あるいは、絶対の第一原理を立てずに、さまざまな考慮事項のバランスあるいは「均衡」を目指すような考察を指す。

379 自己複製子と個体＝乗り物の利益の不一致は比較的少数の事例であるとして、遺伝子と乗り物の利益の不一致は1階の選好に、ミームと乗り物の利益の不一致は2階の選好に見いだされる、と大まかには見込まれよう。

380 この2番目の理由は前段落で「合理的統合を実現するためのひとつの基準」と言われていたものと一致する。この場合、2階の選好がこの基準に抵触するわけである。

381 「収束（converging）」は訳注51で紹介した「証拠収束の原理」に通ずる意味合いで用いられていると思われる。

性の理論が示しているわけではない。1階の選好を2階の選好に一致させることが、必ずしも賢明だというわけでもない（逆もまた然りだ）。むしろ私たちは、ノイラート的評価プロセス（第7章参照）をより積極的に実践していかなくてはならない。〔選好相互の〕整合性とは、そこに整合性を与えてくれるような何らかの仮定をいくつか立てることによって実現せねばならないものだ。とはいえその結果、それ以外の、お互いに絡まり合ったさまざまな選好や目的を検討する中で、そこで立てられた仮定それ自体があやふやなものだと判定され、いずれは変更を迫られるということもありうる。とはいえすべての人は合理的統合を目指すべきだということ自体は揺るがないのであり、1階の選好と2階の選好が不一致をきたしている場合に統合を実現するため、第3の階層の構築にとりかかるというのもまた、ひとつのやり方である。

言うまでもなく、高階の欲求の階層は無限に構築することができる。[16] とはいえ、人間の表象能力には限界もある。ドゥオーキン［Dworkin 1988］は、「〔何らかの必然によってというよりも〕ひとつの偶然的な事実として、人類には、さらに高階の階層を構築するという作業を際限なく反復することはなく、またおそらくそれは不可能である」［19］と指摘している。私にも、大半の人々にとって、非社会的な領域における[382]現実的な限界は3階の欲求の構築までだと思われるので、以下では3階の欲求を取り扱うことにする。

ノージック［1993］は、人々にとって合理的統合を望むことは合理的であると主張する。つまり1階の選好が、2階の評価、あるいは強い評価によって支持されない場合、人々は対立するふたつの選好を調和させるための手段を講じるべきだということだ。そしてこのとき私たちが使える認知ツールのひとつが、自分の3階の選好がどのような状態なのかを問うという方法だ。3階の選好のひとつのタイプは「ある人物が1階の選好よりも2階の評価を選好するのか、それともその逆なのかを評価する」のような構造をもつ。[383] 例えば、先ほど登場した喫煙者のジョンは、自分の気持ちを探ったときに、こう気づくかもしれない。[384]

ジョンは、「喫煙を選好すること」よりも「喫煙を選好することを選好しないこと」を選好する

[(~S pref S) pref (S pref ~S)] pref [S pref ~S]

この場合、ジョンの3階の判断が、2階における「強い評価」を裁可した[385]と言えるかもしれない。[17] この裁可は2階の選好に認知的圧力をかけ、その実効性を高める行動手段（禁煙プログラムに参加する、医師に相談する、友人や親戚の助けを借りる、喫煙者の多いバーに行かないなど）をとることによって、1階の選好を変えさせようとする見込みが大きい。一方、3階の選好が2階の選好を裁可することに失敗すれば、2階の選好の実効力は損なわれるかもしれない。すなわち、

382 「非社会的な領域」という但し書きをつけた理由は明確に確認できなかったが、おそらく社会関係の中には、「心の理論」下位システムの働きを介するなどして当人が自覚していない高階の欲求構造が含まれているからだと思われる。そのような複雑な背景なしで、純粋に当人と事柄との関係だけに限定するとき、明確に反省できるのは3階の欲求どまりになるということであろう。

383 先の訳注377でも指摘した通り、例えばここでの「評価（する）」が前後で「選好（する）」の一種として扱われているように、「選好（する）」はさまざまな態度を一般的に包括する概念として用いられている。ここで言えば、強い衝動にうながされて喫煙を求める態度も、慎重な反省の結果として「喫煙は望ましくない」という評価ないし価値判断を形成する態度も、どちらも「選好」の一種である（それゆえまた「ひとつのタイプ」という言葉からも示唆されるように、3階の選好のあり方にもここで示されたもの以外に幅広い形態があると思われる）。

384 前段落で「自分の3階の選好がどのような状態なのかを問う」と言われていた方法がより具体的に述べられていると言える。人が自らの選好の不一致に気が付き、それぞれの選好について心の中で主題的に注意を向ければ、それぞれの選好に対するさらなる（3階の）「選好の状態」に反省が向かうことになるが、それをここでは「気持ちをさぐる（he probes his feeling）」という表現で表している（probe は「探針を指して探る」という意味）。

385 「裁可した」の原語は has ratified で、法的な「批准、裁可」を指しうる言葉である（次文では ratification という名詞が用いられている）。上位の審級が正当性を認めた、というニュアンスが込められていると見られる。

ジョンは「喫煙を選好しないことを選好すること」よりも「喫煙を選好すること」を選好する（かもしれない）

［S pref ~S］pref［(~S pref S) pref（S pref ~S)］

こちらの場合では、ジョンは自分がタバコを吸いたくなくなるようにと願ってはいるが、この選好は喫煙そのものに対する選好ほど強くはない。そしてこのような3階の選好は、ジョンが依存症から抜けだすための強力な行動ステップをとることを妨害すると想定できようし、そればかりでなく、時間の経過と共に2階の選好そのものに対する確信を掘り崩し、そのような形で、3つの階層すべての〔喫煙支持という〕合理的統合をもたらすことになる、と想定できよう。

3階の選好という考え方は、はっきりとつかむことが難しい場合もあるので、これ以外の捉え方についてもいくつか紹介しておこう。まずはごく一般的な捉え方から紹介すれば、高階の判断とは、より低次の階層に属する選好判断についての「私がその選好判断を選好することは正しいのか？」という問いかけとして捉えることができるかもしれない。あるいは「私は、自分のより低次の階層に属する判断に対する『強い評価者』でありたいのか？」と問うものだと捉えてもいい。そもそも、合理的統合が損なわれるのは、1階の選好に対する強い評価〔高階の評価〕に取り組むことを最初の原因としているのである。だからウォントンは、強い評価を行わないため、合理的統合に関わる問題が生じる余地がない。ところがいったん強い評価がなされてしまうと、例えば次のような自問として概念化される、3階の選好の余地が生じることになる——「私はこの選好に対する強い評価者になることを望んでいるのか？ すなわち、1階の選好に対する強い評価に裁可を与えることを望んでいるのか？ それとも、最初から強い評価などせずに、1階の選好をそのままにしておくことを望んでいるのか？」。

ここからは、具体的な事例を使って3階層までの選好について考えてみたい。いずれも喫煙の事例に比べて、

1階の選好を退けようとする偏向《バイアス》がきつくない事例を扱うが[386]、これには、合理的統合を実現するためのプロセスがどのようなものかを示すという狙いがある——すなわち合理的統合とは、各レベルを相互に調整しつつも、満たすべき条件は満たしていくために、多くの異なった分析レベルを行き来する反省と評価によって推し進められる、継続的なプロセスだということである。

テッサは子どもの頃、クリスマスが大好きだった。ツリーを飾りつけたり、両親が家の外に電飾を吊るすのを手伝ったりするのが好きだった。誰かのためにプレゼントを包むのも、自分のプレゼントを開けるのも好きだった。35歳の大人になったいまでも、ツリー（相変わらず熱心に飾っている）や賛美歌、『クリスマス・キャロル』のお芝居、テレビで放映されるクリスマス映画やミュージカルなど、クリスマスを彩るあらゆるものが大好きだ。したがって、以下のことに間違いはない。

テッサは「クリスマスを祝わない」よりも「クリスマスを祝う」ことを選好する

XMAS pref NOXMAS

唯一の問題は、思春期にテッサが神への信仰を失ったことだ。それ以降も信仰心が回復することはなく、30代になったいま、テッサは無神論者である。そんなテッサは、無神論者がクリスマスを祝うという行為に、どこかおかしなところがありはしないかと疑問を抱いている。テッサはときおり、そこに何かおかしなことがあるのはほ

386 ここで「偏向がきつい」というのは、各事例で取り上げられる選好の持ち主の認知バイアスが強いということではなく、一般常識として、あるいは、選好の持ち主の2階（反省的）考慮事項として、1階の選好（この場合は喫煙）に反対すべき動機や理由が非常に大きく強いということである。

とんど間違いない、とまで思うことがあるのだが、このとき彼女は強い評価に踏み込んでいることになるのであり、そこでの2階の判断を定式化すれば次のようになる。

テッサは「クリスマスを祝うことを選好すること」よりも「クリスマスを祝わないことを選好すること」を選好する

(NOXMAS pref XMAS) pref (XMAS pref NOXMAS)

つまり、自分の本当の選好は「クリスマスを祝わないこと」なのかもしれず、もしもそうならば、自分にとってクリスマスを祝わないことはよりよいことなのではないか、とテッサはときおり考えるわけだ（これは合理的統合の喪失、つまり1階と2階の選好間の不一致の発生である）。

この考えを進めていく中で、テッサはときおり、そこで生じた合理的統合の消失を、3階の判断を持ちだすことによって解決しようとして、上記のような2階の選好を持つことが本当に正しいのかと問いかける。これはつまり、自分の人生の中のこの領域において、自分は強い評価者であるべきかどうかを自問する、ということである。この考えを進めるうち、彼女は自分のこの特定の選好について強い評価を行って、わざわざ心を痛めるべきなのかどうか、疑問に思うべき理由を見つける。テッサの行動によって傷つく人は誰もいない（他の家族は、彼女のようにクリスマスが好きな不可知論者[387]と、実践的なキリスト教徒だ）。テッサがそこから得る喜びは、クリスマスを祝わないことで得られる満足感よりもはるかに大きいように思える。クリスマスを祝わないことで得られるメリットは、せいぜい彼女が無神論者であることを世間に示せるくらいだ（それにしても、ほとんどの知人はテッサが無神論者であることをすでに知っているため、ほんのわずかな効果しかない）。しかも、このところ「クリスマスはあまりに世俗的になってしまった」という嘆きをよく耳にする。これはむしろ、クリスマスが科学的唯物論者〔物質主義者〕にとっては完璧な祝日になったことを意味しているのではないか？ 地元紙の宗教コラムが「クリスマスからキリストの姿が消えてしまった」と繰り返し訴えているのも、テッサにとってはむしろ好都合だ。いまやクリスマスは（少なくとも北米においては）、購買、装飾、歌唱、祝祭が入り乱れる乱痴気パーティーと化し、人生を謳歌している科学的唯物論者にとっては、これまた完璧な祝日になっているからだ。こうしたすべてを考慮した結果、テッサは〔上に述べたような〕高階の分析により、自分の強い評価に裁可が与えられないことを決意する。これを定式化すれば次のようになる。

テッサは「クリスマスを祝わないことを選好すること」よりも「クリスマスを祝うこと」を選好する
〔XMAS pref NOXMAS〕pref〔(NOXMAS pref XMAS) pref (XMAS pref NOXMAS)〕

この高階の分析に照らし合わせれば――つまり、テッサの2階の選好に裁可は与えられなかったということに照らし合わせれば――、テッサが「クリスマスを祝う」という1階の選好を変える見込みは低い。むしろこの3階の判断によって、2階の選好が損なわれ、そのまま弱体化していくことによって、テッサのなかでの合理的統合が強まっていく見込みのほうがずっと大きいだろう。

一方で、3階の判断がどうあるべきかという基準が明確になっていないことで、衝突しあう低階の欲求を合理

387 「不可知論者（agnotics）」は明確に神の存在を否定しないが肯定もしない立場で、文脈にもよると思われるが、一般的には、礼儀の上で神の存在をあからさまに否定しないだけの無神論者、無信仰者を指すものと理解されることが多い（本書でも何度か引用された、「ダーウィンのブルドッグ」と呼ばれたトマス・ハクスリーが使い始めた言葉だとされている）。

的に統合することができなくなっている事例も多く存在する。特にいえば、2階の選好を裁可すべきか否かがはっきりしない場合である。実際、私たちの社会における政治的・道徳的論争の多くは、2階の判断の妥当性をめぐるものだ――例えば、ある特定の倫理的選好が正当化されるかどうかといった議論である。例えば、ジムという男性を考えてみよう。彼はコストコやウォルマートなどの安売りスーパーで買い物をするのが大好きだ。お買い得商品にも目がなく、ある店の品物が町内の別の店ではもっと安く売られていたことに気づくたびに、値切りの交渉を持ちかけている。パキスタンから輸入された、安価なサッカーボールも気に入っている（このエピソードは前に述べた）。要するに、ジムは「安価な品物を買わないこと（お買い得品を見逃すこと）」よりも「安価な品物を買うこと」を選好している。したがって、以下のことに間違いはない。

ジムは「高いもの」よりも「安いもの」を選好する
CS pref ~CS[388]

しかし、こうした習慣に馴染んでからしばらくして、ジムはグローバル貿易の暗い面を知るようになった。例えば、低賃金で過酷な労働を強いられるパキスタンの幼い子どもたちを扱った1時間のテレビ特番を見る機会があった。ジムがわずかな金で息子にサッカーボールを買ってやれるのは、この子どもたちのおかげなのだ。ここ2年ほどで、ジムはこうした一連の光景に強い憤りを覚えるようになった。中国での強制労働、インド亜大陸での児童労働、第三世界へ生産拠点を移すと脅して労働手当を減らそうとする企業、マキラドーラ（メキシコの自由貿易地域[389]）での大規模な公害と環境汚染などに関する記事を読み、そのすべてがウォルマートで買える安価な製品につながっていることも、いまでは理解している。最近ではフェアトレード製品について耳にし、労働組合に加入している生産者の高価な製品をわざわざ購入する友人がいることも知った。いまやジムは、安いものばかり好むのは、きっとよいことではないはずだと思い始めている。つまり、倫理的選好をはぐくみ始めたのだ。実に、いまの彼は、安いものにあれほど大きな選好を抱いてこなければよかった、という選好を抱くまでになっている。定式化すればこうだ。

ジムは「安いものに非常に大きな選好を抱いてこなかったこと」を選好している
(~CS pref CS) pref (CS pref ~CS)

このようなジムは1階の選好と2階の選好の不一致を抱えており、合理的統合を果たすには、1階の選好を逆転させるか、さもなければ1階の選好への強い評価〔という2階の選好〕を撤回しなくてはならない。ところがジムは、第3階のレベルで自分が行き詰まってしまっていることに気が付く。2階の選好を持たなかった頃は、もっと気が楽《らく》だったことをジムは認める。いまや彼は、かつては抱かなかった衝突しあう欲求への対処に苦戦している。ジムとしては、ウォントンのように買い物ができていた頃のほうがましだったと思っている——ただ自らの1階の欲求を満たし、他は何も考えなくてもよかったのだから。

ジムの友人たちによると、買い物に対して反省的な態度をとるようになったことで、ジムはずっと望ましい人物になったという——以前のジムは、単なる買い物ロボットだったのであり、棚に残ったお買い得商品を、別の

388 CSはcheap stuffつまり「安いもの」の頭文字。
389 マキラドーラはメキシコのアメリカとの国境付近にある工業地帯またはその工場、またはそれらへの優遇税制を指す。原材料や部品には関税がかからず、そこから安価な労働力で製品を製造し、輸出する。

買い物ロボットに奪われる前にせっせと回収するだけの人間だったのだ、と。しかしジムに言わせれば、それはそのとおりかもしれないが、買い物ロボットだった頃のほうが、いまよりずっと幸せだった。これに対して友人たちは、安い商品の背後にあるさまざまな問題をジムに思い出させようとする。パキスタンの子どもたちの置かれた境遇、グローバル経済の冷酷なロジック、コストの外部化による製造価格の引き下げがもたらす「底辺への競争〔国家が税減や規制緩和で競い、労働・環境水準が低下する現象〕」などだ。彼らはジムに、ふたつの洗剤メーカー（A社とB社）について想像するように言う。この2社は、同じコストで同じ品質の洗剤をつくっていて、A社が従業員の健康手当を廃止すれば、安くなったA社の洗剤がウォルマートに並び、かつてのジムのような人々がそれに飛びつくことになり、こうなるとB社も同じようなことをせざるを得なくなると。ジムはこの話に納得しはじめ、強い評価者であることは正しいことなのだと思いはじめる。このとき、彼の考えは次のように変わりつつある。

ジムは「安いものを選好すること」よりも「安いものを選好しないことを選好すること」を選好する
［(~CS pref CS) pref (CS pref ~CS)］pref［(CS pref ~CS)］

ここでジムは、『エコノミスト』や『ウォール・ストリート・ジャーナル』の論説にも目を通す。こちらの主旨は、自分の買い物について2階の選好を持つのは間違っている、というものだ。それによれば、買い物カゴに入っている商品がどのようにつくられたかなど気にしないほうが、自分にとっても世界中の人々にとっても幸せなことだというのだ。ジムも、パングロス博士の考え方については聞いたことがあったが、この論説はジムに、新たなレベルでの見方を開く議論のように思われた。しかもこれらメディアは大真面目にそれを語っている。自分たちの言い分を文字通りの意味で信じているのだ。これら信頼すべきメディアの社説は、サッカーボールを縫い合わせるために指が変形してしまったパキスタンの子どもたちについて、どのみち彼らは学校には行かなかっただろうと述べていた。なぜなら、国家があまりにも貧しいからだ。未来のパキスタンの子どもたちが学校に通えるようにするためには、縫製工場の子どもたちがより多くの富を生み出して、国の経済生産性を向上させるしかない、というのである。さらに、洗剤メーカーのA社が従業員への締めつけを強化して、健康手当が廃止され、場合によっては職を失う人々が出たとしても、一向に問題はないとこれらのメディアは言う。すべては会社が大きな利益を上げるためだ。そうすれば、その利益は会社を通じて社会に還元され、経済は活性化し、生産性も向上して、かつて解雇された人々はもっとよい仕事にありつくことができるだろう（もっとも、A社から解雇されたのとまったく同じ人々が恩恵を受けることはないかもしれないのだが、いつか誰かの役には立つはずだ——未来において）とも彼らは主張する。

なんと驚くべき論説だろう。パングロス博士ですら仰天してしまうだろう。[390] ジムにとって必要な情報のすべては、製品の価格に集約されていたというのだ。世界をよりよい場所にしたければ、見るべきヒントはすでに手元にあった。かつてのジムにとって唯一の判断材料であった「価格」という手がかりがあれば十分だったというわけだ。驚くほど素晴らしい論説。ここに至ってジムは、自分が3階での評価を持ち込み、この領域において強い評価者となる必要はないのではないか、と本気で思いはじめる。しかしその寸前、ある気づきがジムを立ち止まらせる。この『ウォール・ストリート・ジャーナル』の新しい視点（少なくともジムにはそう見えた）は、ある部

390 おそらく「パングロス博士」は現代の架空の学者か、あるいは現代のパングロス主義者たちで、その説をさらに過激化させたような社説がこれらの雑誌に載っている、という筋書きなのだと思われるが、ヴォルテールの小説の登場人物そのひとを指していた可能性もある。

分において正しい半面、同じ部分で間違っているようにも思えたのだ。このようなパングロス主義的世界では、ジムの購買行動のみが重視されている。そこでは、私たちが買うものが私たちをつくり、世界をもつくりあげている。これは恐ろしいことでもある、とジムは思い至った。安く設定された価格に応じなければ、この世によいことは何も起こらないということなのだから。もしジムが、ビデオ2本と新しいシャツを買う代わりに、家で子どもたちに本を読むことを選んでいたら、世界の純有益性は本当に下がっていたのだろうか？　先の社説が言っているのはそういうことだ。しかしそんな話は信じがたい、とジムは思った。それに、低価格化の負の影響はどうなるのか？　ジムは、絵のように美しい地元のダウンタウンにある商店がウォルマートのせいで潰れてしまうことなど、かつては望んでいなかった。しかし、実際にはそうなった。ジムのコミュニティや地元の商店街は、ウォルマートの安価な商品のせいで、間接的に破壊されてしまった。しかしそれらの商品は、こうした影響や環境への負荷（交通量の増加など）を、コストの一部として公表してはいなかった（「外部性」と呼ばれるこのような負荷[391]を研究する経済学者もいることをジムはのちに知ったが、彼らの論文が『ウォール・ストリート・ジャーナル』で引用されることはほとんどなかった）。

　ここに至ってジムは、自分には自らの強い評価を裁可できないが、自信をもってそれを撤回できるわけでもないことに気づく。これはジムのみならず、現代社会に住む私たちの多くが置かれている状況だ――つまり、高階の選好と低階の選好を整合させようと苦心し続ける、という状況だ。しかし実のところ、2階の欲求という概念を取り扱った初期の論考で強調されてきたのとは異なり、合理的統合を実現することが、人格の自律性と自己同一性の基準であるわけではない［Dworkin 1988; Lehrer 1997 参照］。前述のような高階の評価に苦戦することそのものが人間たる条件なのであって、必ずしもすべての矛盾を解消する必要はないのである。

　政治的な論争の多くは、特定の人間行動や選択に変化を起こすことを目指すものだが、こうした論争は、人々が行おうとしている特定の「強い評価」が正当なものか否かを問う論争であるとも言える。歴史をさかのぼれば、いわゆる「ビクトリア朝の道徳」を覆そうという文化的潮流も、本質的にはこのような論争だった。つまり、当時の人々の行動を規定していた2階の選好（性は抑圧すべきだというビクトリア朝の戒め――つまり「一定種類の性的営みを選好しないこと」を選好すること）は、その対象となる1階の選好（セックスへの1階の選好を含む）と比べて選好されるべきではないとする、3階での論考がなされたということだ。

なんであれ、3階のレベルでなされる葛藤の結末は、最終的に実現される合理的統合が（それが実現されるとして）どのようなものに定まるのかということに、大きく影響する見込みが大きい。2階での選好に裁可が与えられれば2階の選好に有利になるよう、裁可されなければ1階の選好に有利になるよう、それぞれに偏った分析が行われるだろう。もっとも、3階の選好が最終決定であると考えるべきではない――そこでなされる合理的統合は、単純に評価の階層を増やし、それらの結果を単純に足し合わせるという話に過ぎない。だが反省というものは、それよりももっと深くまでなされねばならないものだ。それというのも、前章の議論を踏まえればいうまでもないことだが、そこでなされている高階の評価は、2階の選好も3階の選好もどちらも、同じ寄生的なミームプレックスから派生したものである可能性があるからだ。フランクファート［1971］が高階の欲求について述べたときには、高階の評価が「乗り物」にとって無益なミームに感染していないことは、一切保証されていなかったのである。

合理的統合という認知作業を行う際は、必ずノイラート的ミームプレックス評価が伴わなくてはならない。このことは、以下のふたつの事例を比較することで明らかになる。先に登場した喫煙者のジョンが、3階での評価

391 「外部性（externalities）」とは経済活動の費用や便益が取引当事者以外に及ぶこと。

によって、2階の欲求——つまりタバコを吸わないという選好——に裁可を与えたとしよう。さらにこのふたつの高階の評価には、ジョンに1階の評価を覆そうとさせるに足る認知的な重みがあり、その結果ジョンはその選好を覆すための行動的措置（セラピーなど）を実行したとも仮定しよう。ここまではよい。だがあることに気が付けば、ここには不穏な要素があることがわかる。つまり、ここで説明したジョンの欲求構造と決断は、ニューヨークの世界貿易センター（WTC）への攻撃で何千人もの命を奪ったテロリストたちのそれと、実はまったく同じ構造を持っているのである。

テロリストたちの欲求構造と決断についての考えうるモデルのひとつは（あえて単純化しているが）次のようなものだ。まず、テロリストといえども多くの人々と同じように、少なくとも一時期は、彼らが思い描くいかなる宗教的殉教よりもウォントン的な生への欲求を抱いていた。定式化すればこうなる。

彼らは「殉教」よりも「生きること」を選好していた

LIFE pref MARTYR[392]

しかし人生のある時点で、信仰に基づくミームプレックスが彼らを都合のいい宿主と見なし、彼らの1階の欲求に対して2階での評価を形成する。つまり、人生のある時点までは、彼らは殉教よりも生を好んでいたが、いまやそれとは違うことを選好するようになった。仮に殉教者になる覚悟こそできていなかったとしても、テロリストとなって殉教した者たちを評価するようになり、自分たちもいつかそうなりたいと願うようになったのだ。定式化すればこうだ。

彼らは「生よりも殉教を選好すること」を選好していた

(MARTYR pref LIFE) pref (LIFE pref MARTYR)

このように不一致を含む選好構造は、安価な品を好きこのむことを望むまいと決めた後も、安価な商品を好みつづけたジムと同じような不満足感をもたらす。そして不一致を含む選好構造がもたらした不満足感は、合理的統合の実現をうながす動機を作り出す。あるいはここから、2階の選好に対する3階の評価——すなわち「殉教を選好することを選好する、という2階の選好を持つ自分は正しいのか?」という自問へとつながった可能性もあったかもしれない。だがこの人物は、もともと2階での評価を行うきっかけになった概念的コミュニティ——強い評価をするという彼の態度を形成する基になったミームプレックスに適した環境と同じコミュニティ——にどっぷり浸かっている。したがって、前述の〔禁煙に至る〕喫煙の例と同じく、3階の評価は2階の選好に裁可を与える見込みが大きい。定式化すればこうだ。

彼らは「生を選好すること」よりも「生よりも殉教を選好すること」を選好する

[(MARTYR pref LIFE) pref (LIFE pref MARTYR)] pref [LIFE pref MARTYR]

これにより、喫煙の事例と同じように、1階の選好の転倒へとつながる認知/行動の大連鎖反応《カスケード》[393]が始まった場合、

392 martyrは「殉教」、lifeは「生きること」を指す単語だが、ここでは大文字化されることで「A / B」「X / Y」のような変数(変項)として取り扱われている(前出の「XMAS / NOXMAS」も同様)。

この人物にとっての合理的統合とは、何千もの罪のない人々を殺害することで実現されることになってしまう。

この不穏な事例が示唆しているのは、各階層における判断を集約したまとまりを――交互に、かつ再帰的に――検討するという、ノイラート的評価プロセスに代わるものはないということだ。私たちは船に乗ったままで選好間の整合を実現させるが、やがて異なったレベルの判断を疑問に付すことになる。その結果、何かの選好が逆転し、それが何らかの不整合をもたらすかもしれない。その不整合は再び反照的均衡の中に組み入れられねばならないのであり、そこでは、異なった階層を優先させることで均衡が取り戻される場合もあるだろう。

筆者が言いたいのは、合理的統合の実現とは、単に全階層の分析を見渡し、少数派の選好を覆すことに尽きるものではない、ということだ。あるいはまた、最も高次の選好を優先するという単純な規則によって実現されるものでもない。合理的統合にあたって必要となる作業のひとつは、高階の評価の基となる価値観を形成しているミームを見なおすことだ。ただし注意すべきは、ミームに由来している可能性があるのは、反省的な高階の選好だけではないことである。前章でも述べたように（図7－2参照）、高階の評価を習慣的に繰り返すうち、反射的に追い求められる1階の目的として、TASSの目的に組み込まれることもあるのだ［Ainslie 1984］。ビクトリア朝の道徳規範やそれと類似の規範が、何度も反復して教え込まれることを求める理由は、言うまでもなくここにある。こうした考え方を推進する人々は、それらを反省的《リフレクティブ》な分析の対象とするのではなく（そうしてしまうと、批判のプロセスによって拒絶される可能性があるためだ）、むしろ反射的《リフレクシブ》[394]な反応に組み込んでしまいたいと望んでいるのである。

哲学者たちは、私たちが高階の判断の上にさらに高階の判断を構築する中で、高階の判断の積み重ねが無限に続きかねない可能性に思い悩んできた。また哲学者たちは、最も高階で構築された欲求に有利になるような分析――その人物の「意志」と呼ばれるものを定義するために、最も高階の欲求に独特の特権を与えるような分析

――に偏る傾向がある。[18] しかし、現代の認知科学は、本書で取り上げたすべての概念――TASS、分析的システムの表象能力、ミーム、薄い合理性と広い合理性の両方におよぶ合理性など――を用いて、いかなる分析上の階層にも特権を与えない、ノイラート的プロジェクトを提言してきた。また哲学者たちは、基礎となるべき、認知分析の特定の階層（より高い階層がよしとされる）を定めなければ、私たちが、人間としての私たち自身の価値と見なしている何か（哲学の論文では、人間らしさ、自律性、アイデンティティ、自由意志などが候補として挙げられている）の存在は危機にさらされると考えてきた。しかし、哲学者のスーザン・ハーリー［Hueley 1989］が力強く論じているように、人間の認知の基礎的な形態なるものが存在しなくても、人間としての私たち自身の価値を見いだす存在として、私たち自身を再構成することは可能なのである。

ハーリー［1989］の指摘によれば、哲学者たちは、より高階の評価の階層をいくつも積み重ね、その最も高みにある点を「真の自己」と定め、それを基礎として用いてきた――あるいはそれと同じことを、欲求の階層構造の外側にある視点を見いだそうと試みることによって行ってきた。しかしハーリー自身は、相互に絡まり合った欲求の結びつきの外側に、「最も高階のプラットフォーム」も「真の自己」も存在しないという、ノイラート的な考え方を支持する。ハーリーは、「自律性の行使には、自分が認める一定の価値に依拠して、自分が認めていたそれ以外の価値を批判し、改訂することも含まれるが、しかしこれは、そこで依拠する価値以外のすべての他の価値から自己を切り離すということではない。また、自律性が拠って立つ基盤は、より高階の態度を次々に積み上げていくことにはなく、むしろ最初の一歩を踏みだすことにある」と論じている［364］。要するに、自己定

393　cascadeは文字通りには何段にも連なる滝のことで、電気学、化学、生化学などで、いくつもの過程が連鎖的に進行する連鎖反応を指すために用いられる。この単語については、「cascade」で画像検索するとイメージがつかめるかもしれない。

394　ここでも「反省的（reflective）」と「反射的（reflexive）」という語源的に類似しながら正反対の意味をもつ表現の対比がなされている。訳注124参照。

義という人間ならではの作業は、価値の階層構造というはしごに足をかけたとき——合理的統合に初めて問題を見いだしたとき——すでにその第一歩を始めている、ということだ。

ハーリー［1989］が説明するノイラート的評価作業では、自己とはより高階の評価を次々に重ねていった果てにある、捉えどころのない消失点《バニシング・ポイント》[395]などではない。むしろ「階層の積み重ねの連鎖をはるか遠くまで進める前から、自己はすでに私たちと共にある……。人間らしさとは、自分自身の態度を深く見なおし、評価しようとする能力、すなわち自己解釈の能力にかかっている」［322］。さらにハーリーは、前章でも紹介した、船を走らせながら再建していくというノイラートの船のたとえを用いて、私たちがある階層の欲求を、別の階層の欲求を批判するために用いることができるのは「ある階層を基礎とし、そこから別の階層を批判し、改訂することに依拠しているが、とはいえ私たちはその過程の中で、常に自分自身であるという居場所を占めているのでなければならない。自己決定とは、私たちが事実何者であるかの、その存在全体から私たちを切り離すことに依拠するものではないのである」［322］と述べる。

ある人が、こうした自己定義および合理的統合という作業に深く携わっているかどうかを知るすべはあるだろうか？　興味深いことだが、おそらく最良の指標となるのは、その人が葛藤をおぼえている、1階の欲求と2階の欲求の不一致が垣間見えたときだ——つまりその人がある一連の価値を公言していながら、そこに自分が公言している価値とは異なるものへの選好が含意されているような場合である。例えば、その人の購買行動は「安売り品を選好する」というその人の1階の選好と整合的であるとしよう。しかしあなたは、その人が支持する価値体系が、「安売り品を選好しない」を含意することを知っており、しかもその人はその価値体系をまさにあなたに公言している、ともしよう。この場合、その人が1階の選好と2階の選好のあいだで対応に葛藤を抱えているのは誰の目にも明らかである。しかし、このような葛藤が見えない場合、その人の選好の階層構造がどのようになっているのかは曖昧になる。実のところその人は強い評価にすでに取り組んだことがあり、その結果1階の選好を支持する2階の選好を手に入れているかもしれない。その場合は内的な葛藤など存在しないので〔＝すでに解決済みなので〕、それが行動に表れることもないだろう。あるいは、その人物は単なるウォントンであり、より高階の選好に対する「垂直型の」葛藤など経験したことさえないのかもしれない（もちろんウォントンも、同じ1階層のなかで基本的欲求どうしがぶつかり合う「水平型の」葛藤を経験することはあるだろう）。もちろん、相手が人間であれば、尋ねれば済む話だ。例えば、フランクファート〔1971〕が言うところの「本意からの中毒者」は、まさしく自分が本意からの中毒者であることを自ら語る。彼は自分の中毒について深く考察し、反省的に「薬物を選好することを選好する」決断をしているのだ。

　とはいえ、強く留意しておきたいのは、ある人に1階／2階の衝突に対処しようとする葛藤が一切見られないとき、私たちはその人物を疑ってしかるべきだということだ——たとえその人が、「2階の選好を形成して1階の選好を検討したところ、驚いたことにこの両者はいつも合致しているように見えた」と主張したとしても。現代の生活はあまりにも矛盾に満ちており、自分の行動がいつも高階の価値観に適っていると主張することは困難だ。実際のところ、人生はあまりに複雑で、潜在的に衝突する道徳的で個人的（人格的）な選択に満ちているため、自分の行動と2階の判断が完璧に合致していると主張する人がいれば、私たちはその人物を尊敬する代わりに、そのような人物はむしろウォントンとして行動しているだけではないか、と勘繰らざるをえない。つまり彼らは単に自分のしたいことをしているだけなのだが、現代社会では強い評価者であることが求められていることを心得ており、自分にも2階の選好があるかのようにふるまっているだけではないか、と。実際、こうした人々に疑

395　消失点（消点）とは遠近法（透視図法）ですべての線が交わる点。いわば無限の遠方がその点の中に含まれていることになる。

いを抱くのはまったく正しい。[19] このように、ある人が合理的統合を実現させるための内的な葛藤を表に示す場合というのは、その人が1階／2階の選好の不一致への葛藤を抱えていることを私たちが知るに至る、ひとつの筋道である。

前段落で述べた、単に強い評価者を装っているだけの〔実際にはそうではない〕人物を、「偽者〔＝偽の強い評価者〕」と呼ぶことにしたい。この「偽者」という現象は、現代の道徳生活の複雑性の背後にあるロジックをあらわにしてくれる。〔「偽者」ならぬ〕「偽善」への攻撃というのは、現代における道徳的非難が痛烈となる一例であるが、そこでは真の強い評価者こそが傷つけられてしまう。偽善を攻撃するためのロジックからは、いくつかのおかしな結果が生みだされるのだ。最初に言えば、偽善者として責められがちな人々というのは、〔じっさいに〕多くの事柄について2階の判断を下す人々ばかりであり、ウォントンや「偽者」〔偽の強い評価者〕はこうした非難を完全に逃れている。例えばルースという女性を考えてみよう。ルースはベジタリアンで、共同住宅に住み、ソーシャルワーカーとして働いており、その他にもこのような人物類型に結びつくと考えられそうな事柄に関心を寄せている。例えば彼女は熱心な環境主義者であり、また反グローバリゼーションのデモにも参加している。ルースの叔父であるラルフは、そんな彼女をしょっちゅう「偽善者」呼ばわりして冷やかす。嬉々としてルースの服のタグを引っ張り、「メイド・イン・マレーシア」〔「あの国に労働組合なんてないぜ、ハハッ」〕や「メイド・イン・チャイナ」〔「奴隷労働の産物かもしれんな、ハハッ」〕の表示を見せつけたり、ルースの冷蔵庫に入っているコンビニ食品が環境に優しくなく、彼女の菜食主義にも反していることを指摘したりして喜んでいるのだ。

こうした叔父の行動のすべてに、ルースは腹を立てている〔彼女自身、コンビニ食品を買うことには常々、実際にためらいを覚えていたのだ〕。仕返しに、叔父を偽善者呼ばわりできる材料が何ひとつないとあってはなおさらである。ラルフは税金を払うのが大嫌いで、それと整合的に、[396] 1980年代には共和党のロナルド・レーガンに投票し、その後もブッシュ父子に投票してきた。巨大なSUV車を運転し、1パイントの牛乳を買うためだけに車を走らせるのだが、そんな時の彼はやはり、ガソリンの消費量や地球温暖化に気を揉んでいる環境活動家たちを「変人」だと思っている。そんな具合で、ラルフの行動に不整合性は一切ない。だからこそルースは叔父に言い返すことができず、どうしようもなく苛立っているのだ。

ここでルースに必要なのは、世の中には偽善者であることよりもっと悪いことがあると気づくことだ。ルースは合理的統合を目指す強い評価者なので、偽善の問題にばかり目を向けるようになっているのだ。たしかに偽善者は、合理的統合には失敗しているかもしれないが（1階の選好を覆したことがほとんどないのであれば、道徳的に脆弱だとも言える）、だとしても偽善者は、少なくとも強い評価によって自己定義を試みようとしているのであり、それにルースは気づくべきだ。ラルフ叔父は、偽善者よりもっとたちが悪い。ラルフはウォントンだ。より正確に言えば――自分は2階の評価を行っている、と主張していることからすれば――強い評価者を装ったウォントンだ。実際には、ラルフは2階の選好を真剣に吟味したことなどないはずだ――ラルフの生活を外部の第三者的視点で吟味すれば、彼の1階の選好と不整合をきたすであろう強い評価を行う余地はたっぷりある（しかし実際には彼はそれに取り組んでいない）ことが明らかになるはずだからである。

ラルフが抱いていると称する価値観については、同じ階層の分析においてさえ、順位づけの上での不整合が見られる。にもかかわらず、ラルフがこの不整合に気がついていないように見えることも、上記の推測を裏づけるものだ。ラルフは伝統的な価値観、安定した家族、結束力のあるコミュニティ、自由市場資本主義に賛成だと言う。しかし、最後のものは、その前の3つと矛盾する。歯止めの利かない資本主義ほど、世界を破壊しつづける

396　社会福祉政策などを縮小させる「小さい政府」路線であることと整合的なのだと思われる。

ものはないからだ。新聞のビジネス面や、企業に支配されたIT系のメディアは、資本主義の「創造的破壊」（より効率的で新しいやり方を推進するために、古い生産方法を捨て去ること）こそが、びっくりするような物質的豊かさを私たちにもたらす源なのだと繰り返し伝えている。これはそれなりの真実なのかもしれない。しかし、資本主義によって「創造的に破壊」されるものの最たる例は、伝統的な価値観、安定した社会構造、家族、そして結束力のあるコミュニティなのである。臨時雇いを推進している人材派遣会社のマンパワーと、地元の商店街を壊滅させることで有名なウォルマートが、今の合衆国における2大雇用主となっているのだから。それゆえ、ラルフ叔父の、グローバル資本主義への彼の支持から導かれる1階の選好と、安定したコミュニティや家族に信を置くことから導かれる2階の選好は整合的ではない[397]——あるいは、仮にラルフがこのような合理的整合性の欠如に目をふさぐのでなければ、そこには不整合が生じるはずである。

ラルフはウォントン（無意識の偽善者）なので、彼の自己定義のレベルはルースよりも低い。2階の判断を下すことで自己定義を試みようとする人々にとってのみ、偽善という非難は可能になる。人格の新たな階層〔すなわち第3階の選好〕は、まさしくルースのように、合理的統合が実現されていないことに気づき、それに悩むことによって初めて追加されるものなのだ。

ネズミ、ハト、チンパンジーが、ヒトより合理的な理由

ルースは2階の評価と1階の選好とのあいだに多くの不一致をきたしており、これは現実世界におけるルースの選択を、ラルフ叔父のウォントン的な欲求に基づく選択以上に不整合なものにすると十分認められうるものだ。そしてこのことは、合理性の概念に対する驚くべき帰結をもたらす。つまり、道具的合理性に対する公理的アプ

ローチ[398]においては、あるタイプの整合性と一貫性が保持されていることが決定的な条件とされている以上［第3章、Luce and Raiffa 1957; Savage 1954; von Neumann and Morgenstern 1944 参照］、ルースの選択はラルフの選択と比べて、合理性の諸公理により大きく違反している、ということになりうる。つまり道具的合理性の基準からすれば、ラルフはルースよりも合理的だということになる。いったい、この結論は正しいのだろうか？

正しいということはありうるだろう。実に、ラルフがルースよりも合理的だと見込まれるというだけでなく、ネズミやハトやチンパンジーもまたルースよりも合理的だと見込まれる。つまり、動物をはじめとするウォントンたちは、大部分の人間よりも合理的である可能性がある。だが、なぜそのようなことがありうるのだろうか？

まず、事実として、人間以外の多くの動物の行動は、実際に合理的選択の諸公理にかなり忠実であることが証明されており［Kagel 1987; Real 1991］、つまり多くの動物は、かなりの程度の道具的合理性を備えているようなのだ。ザッツとフェレジョン［Satz and Ferejohn 1994］も「合理的選択理論の公理に適合するという点で、ハトたちは相当に理にかなったふるまいをしている」と指摘する［77］。このような指摘について、第4章でも解説した、人間がしばしば合理的選択の諸公理に違反することを示す証拠を引き、そこに逆説を見いだしてきた研究者がいる。それどころか、中には（人間の誤りを証明する実験へのパングロス主義的な批判者が多いが）、ハチやハトのような下等動物でさえ高度な道具的合理性を持ち合わせていることが発見されているにもかかわらず、人間の道具的合理性に欠陥があるとするのは、これらの実験にどこか不可解な点があるか、もっと言えば間違いがあっ

397　やや回りくどい言い方だが、「グローバル資本主義への選好」と、「安定したコミュニティや家族への選好」とが1階の選好として相互に不整合的であることはすでに示されており、ここでは、そこから目下の主題である「1階の選好と2階の選好の間の不整合」としての「合理的統合の欠如」もまた容易に導かれることを確認して、それを指摘しているということであろう。

398　第3章で言われていた「（合理的）選択の諸公理」を設定するアプローチ。173頁以下と訳注141参照。

たのではないか、と考えてきた研究者もいる。例えばギーゲレンツァー［1994］は、「マルハナバチ、ネズミ、アリはいずれも、直観に優れた統計学者であり、彼らの環境における頻度分布の変化に極めて敏感である」という事実に注目したうえで「こうした論文を読むと、鳥やハチのほうが、人間よりずっと優れたふるまいを示すことになってしまうように見えるのがなぜなのかと、疑問を抱くはずだ」［142］と述べている。

しかしながら、合理性の高さは生物の複雑さに比例するはずだと想定するのは間違いだ。それどころか、より下等な動物が人間よりも高度な道具的合理性を示すのは、なんら逆説的なことではない。なぜなら、生物の認知構造が単純であるほど、合理的選択の諸原理に従うことは、実のところより容易になるものだからである。

そこに何の逆説もないのは――つまりハチが人間よりも適切に道具的合理性を示すのは驚きではないというのは、ひとつには、合理的選択の諸公理とはすべて、つきつめれば「あらゆる選択は無関連な文脈に影響されるべきではない」ということを、それぞれ別の形で告げるものだからである。つまり第4章でも解説したように、合理的選択の諸公理[399]とは、「どの個人〔ないし個体〕[400]も、あらゆる可能な選択肢に対して事前に選好を持っており、またそれらの選好が単独で完結しており、適切に順序づけられていて[401]、なおかつ安定し不変である」という考え方に基づいている。このような個人に選択肢が提示されると、安定して不変な選好の順序を参照し、個人的効用が最も高いものを単純に選ぶ。ここでの選好の強度――これはそれぞれの選択肢が持つ効用に相当する――は、たとえ選択肢が提示される前であっても脳内に存在している〔ことになっている〕ため、その選択肢が提示される文脈が選好に影響を与えることは――その個人がその文脈を重要だと判断する場合を除けば（この場合、選択肢そのものが決定的な仕方で変化したと判断することに相当する）――決してない、ということになる。しかるに、地球上で最も複雑な生物である人間は、文脈的な特徴に対してとてつもなく敏感な存在である。そしてこのような存在としての人間は、合理的選択の諸公理が曖昧になり、それをどう適用すればよいかはっきりしないような状況に陥りやすい——というのも、文脈的な特徴を選択肢の一部としてコード化すべきかどうかという問題は、〔一般的に見ても〕見解が分かれやすいものだからである。こうした見解の分裂の一部は、当事者の内部で生じる場合もありうるが（ルースの中で、1階の欲求と2階の欲求の葛藤が生じたように）、その場合、さまざまな状況で不整合な選択がなされ、諸公理への違反がいたるところで生じる結果になる。

前述の「無関連な選択肢からの独立性」の原理［Sen 1993］についての議論では、合理的選択の諸公理が、どのようにして〔実際の選択の場面における〕文脈的な効果を排除するのかを説明した。そこでの説明によれば、この原理は「選択肢xとyからxが選ばれたとしたら、選択肢をx、y、zに広げたことにより〔xではなく〕yが選ばれるようになることはありえない〔あるいは、許されない〕」ことを示すものであった。そしてそのうえで、人間社会の文脈により選択肢が狭められたと解釈される場合には、この原理への違反が生じることを具体的事例を挙げて示した（「人前でボウルに残った最後のリンゴを取るのは恥ずかしい」）——これは別の言い方をすれば、人間社会の文脈の複雑さが選択肢の中に正しくコード化されていると想定できる場合に限り、この原理が違反される〔違反が正当化され、許容される〕[402]ということである。ここで重要なのは、この原理があくまで、選択における

399 「合理的選択の諸公理（axioms of rational choice）」はしばしばrationalを落として「選択の諸公理（axioms of choice）」と表記されるが、第3章と同様、意味の明確さを重視して「合理的」を補って訳す（集合論で言われる「選択公理（the axiom of choice）」とは異なるものであることについては訳注141参照）。

400 ここではハトやネズミなどの動物まで合理性が問われる行為者として扱われているので、そこだけを考えるならan individualは「個体」と訳すのが適切かもしれないのだが、合理的意思決定の公理の叙述としてはかなり異例なので、以下も含め「個人」と訳す。日本語に固有の事情である。

401 「選好（preference）」は動詞表現prefer A to B（BよりもAを選好する＝BよりもAを好み、ゆえにAを選ぶ）を含意する概念であり、それゆえ選好が「適切に順序付けられている（well ordered）」という条件は、「単独で完結している（他に依存していない）（complete）」、「安定し不変である（stable）」という他の条件と並び、合理性の前提条件として重要となる。複数の選好間の序列が決定できなかったり、あるいはA＞B、B＞C、C＞Aのように序列が循環する場合、合理的な一貫性が維持できなくなるからである（第4章の「マネー・ポンプ」の事例を参照）。

「無関連な文脈の考慮」〔のみ〕を禁じる原理だという点である。つまり、選択肢xとyがあらゆる状況を通じてまったく変わらない場合に〔のみ〕、新たに選択肢zが加わったことによってxからyに選好を切り替えてはならない、と告げているのである〔それゆえ、例えば社会的な文脈によって、選択肢の追加がxやyの価値を変える場合はその限りではない〕[403]。

これ以外の合理的選択の原理〔諸公理〕もすべて同じように、無関連な文脈が判断に影響を及ぼすべきではないということを、それぞれ別の形で述べたものだ。例えば推移性の原理〔「AをBより、BをCより好むなら、AをCより好むべきである」〕について、改めて考えてみよう。この原理は、選択肢に文脈を加えるべきではないということを暗黙の前提にしている。つまり、最初の比較〔「AをBより」〕における「A」を「Bとの関わりで比較されたA」[404]と呼んだり、3つめの比較〔「AをCより」〕における「A」を「Cとの関わりで比較されたA」と呼んだりしてはいけないということだ。そうでなければ、この原理はあなたの行動にまったく制約を与えないことになり、したがって、この原理にのっとったことで効用を最大化しているという保証がなくなってしまう。この規則では、比較する対象によってAの価値を変えてはならないのだ。

これ以外の合理的選択の公理にも、ここに示されたのと同じ、「選択肢は適切に文脈から切り離されるべきである」という規則は含意されている。例えば、リスク下における効用最大化の理論に基づく、また別の公理としての、いわゆる「独立性の公理」を見てみよう（これは「無関連な選択肢からの独立性〔の公理〕」とは別の公理であり、「代替可能性〔の公理〕」と呼ばれることもある）[Baron 1993a; Broome 1991; Luce and Raiffa 1957; Savage 1954; Shafer 1988; Slovic and Tversky 1974を参照]。この公理は、「どの選択肢をとろうともある何らかの世界状態[405]において生じる結果が同じになるのであれば、比較においてその世界状態は考慮すべきではない」と告げるものだ。つまりこの公理もまた、文脈を無視する特定の仕方を命じている。そして、「無関連な選択肢からの独立性」の事例とまったく同じように、人間は時に、まさにこの公理が「選択肢の評価の際に選択肢の中にコード化してはならない」と告げているような文脈的特徴からの影響を心理状態に及ぼされることによって、この公理に違反することがある。有名な「アレのパラドックス」[Allais 1953]は、こうした状況を示した例のひとつである。アレは、次のような選択式の問いをふたつ出した。

問1　AかBのいずれかを選べ
　A　確実に100万ドルが手に入る
　B　89パーセントの確率で100万ドルが手に入り、
　　10パーセントの確率で500万ドルが手に入るが、
　　1パーセントの確率で何も手に入らない
問2　CかDのいずれかを選べ
　C　11パーセントの確率で100万ドルが手に入るが、

402 著者はここで社会的文脈において「無関連な選択肢からの独立性」の原理への違反が生じる過程を述べているが、該当する叙述に照らすと、これは違反が生じがちな場面や原因を取り上げて考察している（例えばそこに働く心理的なバイアスなどについて）というわけではなく、違反が許容され正当化される条件を考察していると見たほうがいいようである。

403 前訳注と同様、著者の説明がややわかりにくいのだが、ここでもやはり、社会的文脈の複雑性による「独立性」原理への違反とされるものが、厳密にいえばこの原理への違反には該当しない（そこで考慮されている文脈がすでに「無関連」ではなくなっているので）ということを示そうとしていると見られる。

404 少し後で「この規則では、比較する対象によってAの価値を変えてはならない」と言われているように、AとBとの特別な関わりがあり、Bとの比較そのものによってAの価値が変動するような事例が考えられていると見られる。

405 「世界状態（state of the world）」については訳注87参照。この場合「同じ事実が同じように変化して同じ結果に至る」あるいは「結果として同じ事実がもたらされる」のような意味になるだろう。

89パーセントの確率で何も手に入らない

D　10パーセントの確率で500万ドルが手に入るが、
90パーセントの確率で何も手に入らない

多くの人は、問1の選択肢Aと、問2の選択肢Dをより魅力的だと感じるが、これらの選択は「独立性の公理」に反している。ここで私たちは、どちらの問いの選択肢においても、同じ89パーセントの確率という数値が含まれていることを理解する必要がある〔Savage 1954〕。純粋に数字を見れば、問1も問2も実質的になさねばならない選択は「11パーセントの確率で100万ドルが手に入る」か「10パーセントの確率で500万ドルが手に入るが、1パーセントの確率で何も手に入らない」かの、いずれかを選ぶことに尽きるのだ。[406] したがって、もしあなたが問1で選択肢Aを選んだのなら、独立性の公理に基づき、問2では選択肢Cを選ぶべきである（あるいは問1でBを選んだのなら、問2ではDを選ぶべきだ）。

多くの理論家が、なぜ選択肢Dを魅力的だと感じた人々が、それにもかかわらず、最初の問いでは選択肢Aを選ぼうとするのかを解き明かそうとしてきた〔Bell 1982; Loomes and Sugden 1982; Maher 1993; Schick 1987; Slovic and Tversky 1974〕。その説明の多くは、個人が選択肢を解釈する際に、「後悔」のような心理的要因が織り込まれる、という仮定をどこかに組み込んでいる。だが、そこでの後悔という心理状態は、選択肢の不変の部分〔同じ「何も手に入らない」可能性が、Bには1パーセント、Dには90パーセント含まれている〕に由来するものである以上、独立性の公理によれば、文脈として考慮されるべきではないことになるはずだ。〔とはいえ〕例えば選択肢Bの「1パーセントの確率で儲けがゼロ」という結果は、「100万ドルを確実に手にするチャンスがあったのに、結局何も得られなかった！」という後悔としてコード化されるというのは十分ありそうなことだが、選択肢Dにおける「1パーセントの確率で儲けがゼロ」は、「90パーセントの確率で儲けがゼロ」の中に埋没しているため、心理的に同じようにはコード化されない、というわけだ。だが例えばこのような「後悔に基づく文脈化」が正当化できるものかどうかは、激しい議論の的になってきた［Broome 1991; Maher 1993; Schick 1984, 1987; Slovic and Tversky 1974; Tversky 1975］。「人前でボウルに残った最後のリンゴを取る」事例とは異なり、アレのパラドックスでは、選択肢Bの「1パーセントの確率」の部分を、「期待した結果が得られないことによる負の効用」として文脈に加えるべきかどうかは、それほど明確ではないのだ。

筆者がここで意図しているのは、何十年間も膠着しているアレのパラドックスにまつわる議論に決着をつけることではない。ここでの意図はむしろ、人間が意思決定の問題において、人間が微妙な文脈をどのように認識しているのかを強調することにある——こうした微妙な文脈は選択を複雑にしており、それは意思決定における〈選好の〉不安定性[407]を招く要因にもなっているかもしれないのである。こうした文脈的要因に反応することの合理性については、意思決定理論の研究者たちの間で論争が絶えないが、ここからすれば、実際に意思決定を行う当事者たちの心の中でも（意識的にせよ無意識的にせよ）同様の論争が起きている、というのは想像にかたくない。そ

406　アレのパラドックスについてはほぼ同内容の、ただしもう少し詳しい解説が『現代世界における意思決定と合理性』にも登場する（邦訳43–46頁）。そこでの補足の解説を概略的に言えば、要するに問1は問2に「89パーセントの確率で100万ドルもらえる」という追加の条件をただ加えただけだ、ということである。つまりCにこの条件を加えた場合「11パーセント＋89パーセント＝100パーセントで100万円がもらえる」ことになり（＝A）、Dにこの条件を加えた場合、90パーセントの「何も手に入らない確率」に「89パーセントで100万円もらえる確率」が追加される（あるいは埋められる）が、それでも「何も手に入らない」可能性はなお1パーセント残ることになる（＝B）。しかしこのように、まったく同じ条件を上乗せした部分は選択の対象になりえないし、共通の条件は差し引いてかまわない筈なので（どちらの選択肢にも正確に同じ影響を与えているのだから）、選好の順序は変わらないはずである。

407　先に合理的選択の諸公理が成り立つための前提条件として、選好が「適切に順序付けられていること（well ordered）」（順序の適切性）、「単独で完結していること（complete）」（完結性）、「安定し不変であること（stable）」（安定性）の三つが求められることが示されたが、ここではこのうちの「安定性」が失われる状況が想定されている。

してその内面での論争がどう決着するにしても、このような葛藤そのものが、〔文脈的要因への〕反応における不安定性をもたらすことはほぼ確実だ。このような〔反応の〕変動のしやすさは、サヴェージ〔Savage 1954〕およびフォン・ノイマンとモルゲンシュテルン〔von Neumann and Morgenstern1944〕らの公理的アプローチにおいて効用最大化の条件とされている「整合性の諸制約」[408]のうちのひとつに違反するような仕方で、一連の〔不整合な〕選択がなされてしまう見込みを、間違いなく高めるだろう。

ここで、それほど繊細ではない心理を持つ〔動物を含む広義の〕行為者の場合、互いに衝突する心理状態がもたらす複雑な思考活動には引き込まれにくいかもしれない、という点に注目しよう。例えば後悔に対して鈍感な行為者なら、アレの問題についても、「選択肢A対選択肢B」と「選択肢C対選択肢D」を構造的に類似した問題として扱う可能性は高いだろう。つまり、心理的に貧弱な行為者ほど、独立性の公理を固持する見込みは大きく、それゆえ道具的に合理的だと判断されるはずなのである。

ここまで、無関連な選択肢からの独立性の公理、推移性の公理、独立性の公理などについて考えてきたのは、これらの公理に共通する、ある特徴を強調するためだった——すなわち、どの公理も選択肢を取り巻く環境の中の文脈的な側面を捨象することを意思決定当事者に求めている、ということだ。これは、その他の合理的選択の規則に関しても同様である（第4章の記述不変性の公理と手続き不変性の公理に関する議論を参照。また、本書では取り上げなかった「複合クジの単純化」などの考え方についても参照してほしい）。この事実にもうひとつの仮説を組み合わせれば、より下等な動物が人間よりも厳密に、道具的合理性のさまざまな制約条件を満たすことができるという発見がまったく逆説的でないばかりか、実のところ予想されてしかるべきだということへの説明がつく。人間は、社会的な文脈を選択に取り入れる手練れだ[409]（このような特徴は、第4章でも解説したように、「基本的演算バイアス」のひとつである）。すなわち私たち人間は、自分を取り巻く微妙な文脈上の手がかり《キュー》に反応し、社会の流動性やそのニュアンスを敏感に読み取る。これらはすべて、人間が選択肢の中にコード化する文脈的特徴が、もっともな理由からも（社会的世界そのものが安定していない）、もっともとはいえない理由からも（一貫したコード化を行うには手がかりが多岐にわたりすぎている）、安定性を欠いている可能性があることを意味している。

文脈上の手がかり《キュー》を、それぞれの状況ごとに区別してコード化する能力が高まるほど、人間は無数に存在する合理的選択の諸公理を破る機会を自ら生みだすことになる――いずれの合理的選択の公理も、それぞれの選択ごとに選択肢を整合的にコード化するよう求めるものだからだ。したがってコード化される文脈上の手がかり《キュー》が増えるほど、それぞれの意思決定相互の整合性を保つことは難しくなる。つまり、他ならぬ人間が意思決定に持ち込もうとする情報の複雑さこそが、合理的選択の諸公理が求める整合性の要件を満たすことを難しくしているのだ。このような状況は、文脈上の手がかり《キュー》に関して、前述したルースの葛藤とよく対応する。彼女の目的構造は複雑に階層化されていたため、彼女の1階の選好は折に触れて検討されることになり、彼女がそれらに反省を加えない場合と比べて不安定になった。別の言い方をすれば、ルースは（自分の欲求を単に所与のものとして受け入れるのではなく）広い合理性を実現しようとしたからこそ、1階の欲求に対する批判に取り組んだ、ということである。このような2階の（あるいはより高階の）批判的評価に取り組むことは、高階から基層まですべての階層を合理的統合にもたらそうという欲求によって、実のところ道具的合理性を一時的にであれ犠牲にすることに

408 原語は the coherence constraints で、定訳がある可能性があるが確認できなかった。訳としては「首尾一貫性の諸制約」のほうが適切かもしれないが、本書では原則 coherence も consistency も「整合性」と訳し、両者が並んでいる場合に限り、区別のために前者に「(首尾) 一貫性」を当てるという方針をとっているので、ここではそれに準ずる。

409 原語は the great social contextualizers で、そのまま訳せば「社会的文脈化の手練れ」だが、ここまでの叙述では「文脈化」は「文脈的な特徴を選択肢の中にコード化する」（つまり文脈に応じて選択肢の意味を設定し直す）という意味に用いられてきたので、それに応じた訳語とする。ただし語としては「(とりわけ社会的な) 文脈を読み取り、それに応じた解釈を行う」のようなもう少し広い意味をもつ言葉である。

つながるのだ。そして、そこでルースの1階の選好の不安定性がもたらした道具的合理性の損失は、もとをただせば、彼女が高階の選好を形成して、それより下の階層に位置する欲求を批判的に評価するという、より幅広い認知的プログラムに携わろうとしたからこそ起きたことなのだ。一方でラルフ叔父の道具的合理性が、こうした安定性を失わせるプログラムによって脅かされることはないのである。

「厳しい制約下の合理性」から抜け出る

前節やその前の諸節では、公理的な効用理論に基づく道具的合理性の決定的な条件である「整合性」と「安定性」が、なぜ人間の選択にはあまり見られないのかの理由を3つ特定してきた。ここではその3つをそれぞれ「文脈の複雑性」「強い評価に伴う葛藤」「象徴の複雑性」と呼ぶことにする。このうちのひとつめの「文脈の複雑性」はまさに前節で論じたテーマであり、人間は、選択肢の中に数多くの文脈的特徴をコード化することで、それぞれの選択の実施がお互いに不整合になってしまうリスクがその分だけ多くなっている、ということである。一方、認知的に人間より単純な動物たちの場合、TASSシステムが外部からの刺激に対して厳密に反応するため、このような不整合は生じにくい。

ふたつめの「強い評価に伴う葛藤」は、先に登場したルースの例で見るのがわかりやすい。彼女はさまざまな問題に対して一定の価値を支持しているのだが（過剰消費はよくない、人間のあらゆる行動は地球環境に影響を与える、相互接続された世界では先進国のあらゆる選択が途上国の貧困層に影響を与える、など）、これらの価値は人間が非反省的に示す反応への批判的態度を命ずるものであるため、彼女にはさまざまな種類の2階の選好を形成する傾向がある。こうした2階の選好の多くは、純粋に統計的に見ても1階／2階の衝突を数多くの局面で生み出すものだ。このような衝突は1階の選好に不安定さをもたらし、それが「選択の整合性」要件への違反につながるのである。

最後の「象徴の複雑性」は、ひとつめの「文脈の複雑性」と同じ仕方で道具的合理性の維持に問題をもたらす。選択肢が、部分的にであっても「象徴的効用」[410]の観点から評価される限り、社会的な文脈は人間の反応に重要な影響を与えるものだ〔Nozick 1993でも、象徴的効用が社会的に創造されたものであることが強調されている〕。象徴的効用を決定する社会的な手がかり《キュー》が複雑で変動しやすいものであると想定すれば、ここには「文脈の複雑性」仮説と同じ考察が成り立つ(実のところ「文脈の複雑性」と「象徴の複雑性」は同じカテゴリーに属する下位の2項目だと考えることもできよう)。すなわち、まさにその変動のしやすさが不整合を生み出し、その不整合が、道具的合理性の決定的な条件となる、〔選好相互の〕一貫性のある関係を破綻させてしまうことになる、という可能性が大いにあるということである。[411]

以上の3つのメカニズム――「文脈の複雑性」、「強い評価に伴う葛藤」、「象徴の複雑性」――は、いずれも人間の行動を道具的合理性から逸脱させるメカニズムである。多くの論者がさまざまな事例について指摘してきたように、制約がきわめて厳しい状況にある主体[412](競争市場における企業、自給自足の農業社会で暮らす人々、捕食者

410 ノージックの「象徴的効用」概念については398-401頁参照。

411 ここに述べられた、道具的合理性の要件である「整合性」と「安定性」が人間において損なわれる3つの理由と各節の叙述とを関連付けると、手前の近い節から前にさかのぼっていると見られる。つまり、ひとつめの「文脈の複雑性」は前節、ふたつめの「強い評価に伴う葛藤」はその前の「欲求を評価する方法」以下の3節(407-440頁)、3つめの「象徴の複雑性」はその前の、「ノージックの「象徴的効用」論」以下の2節(398-407頁)にそれぞれ対応すると見られる。またこれらの話題全体の導入が、そのさらに2節前のサールの「チンパンジーの合理性」をめぐる問題提起(388頁)から始まっており、そこから現在の節までが、「魂」についての総括的な考察に続く、本章の第2のブロックを構成していると言えるだろう。本章は本書の中でも格別に長大な章なので、整理の目安として注記しておきたい。

が非常に多い環境に生息する動物など）が、合理的選択モデルに最適な行動をとる存在であることを指摘している[Clark 1997, 180-184; Denzau and North 1994; Satz and Ferejohn 1994 など]。これらの主体が置かれた環境は苛酷な単純化を受けており、そこでは、これ以上ないほど狭く定義された合理性――すなわち、自己利益の追求と基礎的なニーズの充足のための道具的合理性――しか価値をもたない（それ以外では、その主体は滅びてしまうのだ）。さらに、これらの環境はすべて、進化的または準進化的（経済市場など）な選択圧[413]にさらされてもいる。かくして、〔前述のような論者たちの〕研究対象として私たちの周りに見いだされる主体はどれもこれも、こうした道具的合理性の狭い基準に適合した主体ばかりとなるのだ[414]。例えば企業は、慈善活動としてのささやかな寄付を別にすれば、象徴的価値を評価することはなく（収益の最低ラインを超えて象徴的行為の価値を重んじる企業は、瞬く間に市場から根絶されてしまうだろう）、利益への欲求と、高階の選好とのあいだで葛藤したりすることもないだろう。企業は、苛酷な環境で生きる動物と同じく、いわば「厳しい制約下での道具的合理性[415]」とでも呼べる合理性を実現しているのだ。パングロス主義的な、人間の合理性をなにかといえば称揚する経済学者たちは、選択の余地が閉ざされた状況ばかり分析しがちである――あるいは、より具体的に言えば、道具的に最適な選択をしない者が容赦なくつけ込まれ食い物にされてしまうような状況ばかり分析しているのである。

だが、いまの時代、大部分の人間はそのような厳しい制約下の、苛酷な選択〔自然選択か、それに準ずる「選択圧」〕にさらされる環境で活動してはいない（市場をはじめ、意図的に制約をつくりだしている労働環境を例外とすれば）。この自由を生かして、大部分の人間は象徴的効用を追求し、それによって複雑かつ文脈依存的な選好を形成するようになったが、これはまた、道具的合理性を定義づけている、整合性の制約に違反しやすい選好を形成するようになった、ということでもある。だが、このことにより、大部分の人間は道具的合理性を実現しているハトに劣る、というわけではない。目的を追求する主体間で合理性の程度は、各主体の複雑さが異なる場合、比較のしようがないものだからである。単純に、規則違反の数を数え上げて、違反の少ない主体のほうがより合理的だと判定することはできない。道具的合理性がどの程度まで実現されたかは、そこで追求されている目的の複雑さに応じて文脈化されなくてはならないのだ。

人間は象徴的合理性を追求する以外に、高階の選好を形成し、それが1階の選好と合理的な形で整合性をもつかどうかを吟味することによって、自らの欲求を評価するという、リスクの大きなプロジェクトに取り組んでもいる。ここで「リスクの大きなプロジェクト」と言ったのは、このプロジェクトによって合理的統合が失われ（つまり、1階の選好と高階の選好が衝突し）、道具的合理性が危険にさらされる可能性があるからだ。こうした認知の批判と合理的再統合のプログラムが続く限りは、1階の選好を最適な形で充足し続けるのは難しくなる。このような道具的合理性の犠牲は、人間が「自分が何を気にかけるかを気にかけることができる」唯一の種であるために支払わねばならない対価だ［Frankfurt 1982］。自己改善と自己決定を目指した内的認知によって自らの欲求の安定性を奪い、それによって欲求と欲求のあいだの整合性をかき乱してしまう種など、私たち以外に存在しないのである。

412　原語は entity で、「存在するもの」というほどの意味だが、「legal entity（法的主体、法人）」「public entity（公的主体、公法人）」のようにも用いられる。ここでは人間以外に動物、企業など多様な種類の行動の主体が問題になっているので、それらを包括できる一般的な言葉を用いたということであろう。

413　「選択圧（selection pressure）」とは自然選択による最適化をうながす環境的要因の強さ、あるいは厳しさを「圧力」にたとえたもので、このような意味での選択圧が強い状況とは、現在主題となっている「制約が極めて厳しい状況」ともよく重なる。

414　前文と併せて、自然選択による適応進化の仕組みを改めて確認していると言えよう。

415　本節のタイトルにも用いられている「厳しい制約下での道具的合理性」の原語は、the instrumental rationality of constraint で、やや表現を補った意訳である（そのまま訳せば「制約の道具的合理性」だろうか）。本段落で詳述されたタイプの道具的合理性のあり方がこの一語に集約されている、と見られる。

合理性を「2段階」で評価する

人々は道具的合理性ばかりでなく、広い合理性概念として理解される合理性も希求している。人々はまた、自らの欲求の充足を望むと共に、自分が正しい欲求を持てているかどうかにも配慮を向けている。ある欲求が、目の前の人生の目的よりも、むしろ太古から受け継がれた遺伝的な目的に従うTASS下位システムに属しているのであれば、そのような欲求は、そのときの環境に応じた長期的な目的を追求する分析的システムによって制止されなくてはならない。あるいは、その欲求が幼少期に獲得されたか、あるいは現在の状況にそぐわない規則の過剰な実施によって習得されたかしたTASS反応であった場合も、[20]やはり思慮深い吟味を経てきたミームプレックスに従う分析的システムによって制止される必要がある。「ロボットの反逆」の完全な実現は、目指す欲求を絶えず批判しつづけるという文脈において道具的合理性を追求することによって可能になるのである。

人間は狭い〔あるいは薄い〕[416]合理性概念ではなく、広い合理性概念として定義される合理性を希求するものであり、それゆえ私たちは自らの合理性を2段階で評価する必要がある。前節で述べたように、私たちが実現すべき道具的合理性の評価は、追求される目的の複雑さを考慮し、認知の批判がもつ動的なあり方を分析した上でなされねばならない。別の言い方をすれば、薄い合理性と広い合理性の双方が評価を必要とするということだ。道具的合理性を検証するための規則はすでに十分明確にされている。一方、広い合理性を評価する際に適用すべき基準は、より複雑で議論の余地があるが〔Nozick 1993「選好評価のための23の基準」の解説を参照〕、以下のようなものが含まれるのは確かだろう。

・「強い評価」がどの程度取り組まれているか
・合理的統合の欠如を遠ざけようとする態度が、どの程度強く［Nozick 1993「第4原理」］、またどの程度そのような欠如の是正に踏み出そうという意向があるか
・すべての2階の欲求について理由を述べることができるか［Nozick 1993「第7原理」］
・不合理な信念へと導く欲求を抱いていないか［Nozick 1993「第9原理」］
・充足不可能な欲求の形成を避けられているか［Nozick 1993「第10原理」］

これ以外にもあり、詳しくはノージックの書物を参照されたい［Nozick 1993］[21]。

あなたの人生設計とは、あなたの脳内で実現されたさまざまな目的構造であるが、このあなたの脳内には、遺伝的なショートリーシュ型の目的に従うTASS下位システム、複雑な目的構造を決定している、反省的に獲得されたミームや同じく複雑な目的構造を決定している、無反省に獲得されたミームが同居している。それゆえ筆者は、この2段階の合理性を実現できるようにするために、（1）分析的システムによってTASSを選択的に制止すること、（2）反省的に信念を獲得すること、（3）反省的に欲求を獲得すること、の3点が重要であることを強調してきた。このうちの（2）と（3）が可能であるのは私たちの認知アーキテクチャのおかげだ。1階の欲求と衝突する2階の欲求を抱いたり、そこに反省を加えたり、それを評価したりするとき、私たちは認知的に、仮説的な心的状態——すなわち現実の自分においては成り立っていない心的状態——を取り扱っている。つまり私たちは自分自身の、因果的な作用を行使しうる現実の心的状態のどこにも対応付けられないような、〔仮

416　以下、「広い合理性」の概念と対比される合理性概念としてしばしば「狭い合理性」の概念が言及されるが、内容的に見てこれまでの「薄い合理性」の概念と同じものと見ていいだろう（もともと「広い」の自然な対義語は「薄い」よりも「狭い」である）。

説上の、自分自身についての」事態をも表象することができるのだ。これは私たちが、ある心的状態を「事実ならざる心的状態」として捉えることができる、ということでもある。認知理論の研究者の多く（〔原〕注11参照）は、このように信念や欲求を世界とデカップリングできる（それらを仮説的状態として捉えられる）という人間の能力の、決定的な重要性（そしてそのような人間の心の特殊性）を強調してきた。これは、分析的システムが備えるさまざまな表象能力（それらは言語という強力なツールによってとてつもない増強を施されている）があるからこそ実現できることである。これらの表象能力によって、人は「もし自分が別の欲求を持っていたら、それはいま持っている欲求より選好に値するはずだ」と、自分に言い聞かせることができる。この能力は人間固有のものであるように思われる。

これらのメタ表象能力によって、私たちは高階の評価を行えるようになり、自分が正しい目的を追求しているかどうかを判定することができる。また、自分の人生や行為に象徴的効用を加えることや、ミーム評価のために必要な、自分の信念から距離を置くことも可能になる。さらには、私たちが宿しているミームや、1階の欲求を批判的に評価することもできるようになる。それによって私たちは、遺伝子およびミームのいずれかが、乗り物としての人間を犠牲にしようとしているのかどうかを評価することができるのだ。

サブパーソナルな存在の気味悪さ

進化生物学という学問の難しさは……例えば物理学の難しさとはまったく異なる。社会的・進化的な謎を追う難しさは、論理学や数学に見られる連鎖の厳密さとも違えば、幾何学の複雑さとも違う……問題はむしろ、社会的に見て言語道断な事柄を考える難しさにあるのだ。

——W・D・ハミルトン『遺伝子王国の細道（*Narrow Roads of Gene Land*）』［1996, 14］

遺伝子とミームという2種類の存在が、宿主(私たち人間)ではなく、彼ら自身のために最適化されているという考え方は、私たちを深くうろたえさせ、苦悩させるものだ。このような狼狽や苦悩こそが、いわゆる「遺伝子の目からの視点」[Barash 2001; Dawkins 1976; Dennett 1995]と呼ばれる生命観が、20世紀のある時期におけるネオ・ダーウィン主義による総合〔いわゆる総合説[419]〕のなかで長らく暗黙の了解とされてきたにもかかわらず、ほんの20年前まで明示されてこなかったこと(また、社会的な言説に浸透するまでさらに10年を要したこと[420])のひとつの理由である。

存在[418]

417 「事態(states of affairs)」については訳注86参照。

418 「存在」と訳したのは前節で「主体」と訳したentityで、もともと非常に一般的な概念を、ここでは非常に一般的な言葉で訳した。遺伝子やミームのような自己複製子にも、たしかに利害ないし利益(interest)を有意味に帰することはできる(その限りで擬人的な語り方も有効である)が、動物や企業のように意思決定の力を備えているわけではなく、(日本語の問題として)「主体」という訳語をあてるのも難しいと思われる。

419 1930年代から40年代に、それに先立つ集団遺伝学の成立を受け、生物学の各分野でダーウィンが提起した自然選択に基づく進化学説の復権が進んだ(科学史家ボウラーらによれば、その前の時期は「ダーウィン主義の失墜」の時代と呼ばれ、多数派の生物学者によって自然選択説の重要性が認められなかった時期が長く続いていた)。この新たな動向は、生物学者ジュリアン・ハクスリーの1942年の書物『進化論―現代的総合』の表題にもなった「進化論の現代的総合」と呼ばれ、ここに成立し、現代でも正統説となっている自然選択説をベースにした進化理論は「進化の総合説」や「ネオ・ダーウィニズム」と呼ばれるようになった(後者の「ネオ・ダーウィニズム」は本来19世紀の立場(当時極端だと見なされた、自然選択中心の立場)を指す用語であり、前者のほうが呼称としては適切だとされるが、両者とも広く流通している)。

420 著者のいう過去20年(本書刊行の20年前なので、1980年代以降)の「遺伝子の目からの視点」の明確化とは、生物学の世界では1960年代を通じて進み、ジョージ・ウィリアムズ『適応と自然選択』(1966年)をひとつの代表とする、動物行動学(行動生態学)を中心とした、自然選択説の厳密化の動向(「血縁選択説」がその代表的な成果)の浸透を指すと見られる。この動向が広く知られるようになったのはE・O・ウィルソン『社会生物学』(1975年)とドーキンス『利己的な遺伝子』(1976年)であり、その影響が広く行きわたったその数年後以降の時期を「過去20年」と概算していると見られる。また、「社会的な言説に浸透するまでさらに10年を要した」とは、ウィルソンの『社会生物学』をきっかけに生じた「社会生物学論争」が終息し、進化心理学の成立など、現代ダーウィニズムの成果の人間理解への適用が広く行われ始めた1990年代以降の動向を指していると見られる。

しかし、これらの痛ましい事実は、目を背けてさえいれば勝手に消える亡霊などではない。これらの事実は人間に、より単純な構造の生物には手の届かない明晰さでもって自己吟味を可能にしてくれた、私たちの各種の表象能力、および科学という文化的達成と連動してもたらされたのである。人間の自己吟味の明晰さは、そこから得られるさまざまな利益にもかかわらず、私たちを新たな、恐ろしい概念に直面させることになったのだ――すなわち、「利己的な遺伝子」と「利己的なミーム」という気味の悪い概念だ。これらのサブパーソナル[421]な存在が私たちの身体と心を組み立て、成り立たせており、しかしまたそれらは必ずしも私たちのためだけに存在しているわけではない（別の言い方をすれば、〔適応としての〕最適化を人々のために行っているのではなく、むしろ人々のなかを横切る形で〔それら自身のために〕行っている）という知見について考えると気味が悪くなる。以下、それがどのように不気味なのかを納得させてくれる、いくつかの事実を挙げていこう。

不気味な事実1　脳の中に、いま起きていることすべてに気づき、すべてをコントロールしている「私」などは存在しない

「無意識的な心」をめぐる議論ならばフロイトのはるか以前からなされてきた。現代の認知科学が〔それらを越えて〕進めてきたのは、私たちが気づいていない脳のプロセスがどのように働いているのかの細部を肉付けしていく作業である。こうした研究で明らかになったのは、脳の中に魂の座としての「私〔自我〕」として特定できるような単一の場所[422]など存在しないということだ。私たちが「私」として経験しているのは、単なる、監督的注意システム[423]の内側から生じてくる感覚[424]に過ぎない。実際のこのシステムは脳全体に分散し、何らの意識的経験も生み出さずに働くＴＡＳＳシステムのアウトプットの最適な利用とスケジューリングを常時果たそうと働いてい

る［Norman and Shallice 1986; Shallice 1988など］。そしてこのことは、次の不気味な事実と相互に作用し合っている。

不気味な事実2　私たちの脳は、もっぱら私たちにとって有益な目的の実現のみに配慮するわけではない存在によって組み立てられた

不気味な事実の1と2がどのように相互作用しているのかを考えると、ことの不穏さはことさらに強まる。TASSの反射的な活動が意味するのは、脳には自律的に機能する部位があり、その部位は、複雑な現代世界に生きる私たちがいま現在追求している目的よりも、自己複製子たちが太古の昔から受け継いできた目的と、より緊密に連動している可能性がある、ということである。また不気味な事実1によれば、TASSシステムのアウト

421 「サブパーソナルな存在」および「パーソナル／サブパーソナル」の区別については訳注5と訳注8を参照。

422 デネットの言う「デカルト劇場 Cartesian theater」という錯誤がその典型である。また注記したように、ここでの一は「自我」と訳される場合も多い。もともとフロイトの「自我（ego）」はラテン語の「私」で、ドイツ語でも「私」を名詞化した das Ich と表記される。

423 「監督的注意システム（supervisory attentional system）」はSASとも略称される。文字通り脳全体に分散しているわけではなく前頭葉と関連付けられているようだが、あくまで認知機能の分析モデルであって「魂の座」のような概念とはかけ離れている。

424 「〜の内側から生じてくる感覚」と訳した部分の原語は what it feels like to be the inside of で、ここで用いられている what it feels like to be あるいは what it is like to be は、トマス・ネーゲルの論文 "What is it like to be a bat?"、つまり「コウモリであるとはどのようなことか？」あるいは「コウモリであるとはどんな感じがするのか？」を典型とする、「意識に直接与えられる感覚」を言い表そうとするときよく用いられる表現（該当論文も、コウモリの、コウモリ自身にとっての一人称的、現象的な意識の現れ方を指すことを意図されている）。そのまま訳せば「〜の内側にあるとはどのような感じかという感覚」とでもなるであろう。ただしネーゲルの場合これは一人称的な感覚の三人称的概念化への還元不可能性という考察に結び付けられるが、ここでこの場合、「私」の感覚が単なる主観的な現われであり、実際にはシステム自体は局在しておらず、脳全体に分散しているという、主観と実態からのズレに焦点が合わされていると言えよう。

プットは、下から「沸き上がってくる」ように分析的システムのスケジューリングに選択肢を提供している、と言えそうである。ところが、不気味にも、ここで沸き上がってきたものは実のところ乗り物である私たちを想定して設計されているわけではなく、主に自己複製子の繁栄という関心に基づいて設計されている下位システム群からもたらされているのだ。[22]

第1章で筆者は、いま現在、私たちの身近に存在し、私たちの身体を組み立てている自己複製子たちは、進化の歴史を通じて、自分たちとその乗り物である私たちとの間に利益の衝突が生じた場合には、きまって自らの利益のために乗り物の利益を犠牲にしてきた自己複製子ばかりであるという、不穏なロジックについて説明した。つまり自己複製子の利益と乗り物の利益が衝突した場合に、自らを複製するよりも乗り物の利益を選ぶ「利己的でない」自己複製子がかつてはあったとしても、もはやこの世には存在しないということだ。[425] ショートリーシュ型のTASSの目的は、常に〔私たち乗り物にとっての〕この危険——自己複製子／乗り物の目的間の対立という危険——をはらんでいる。そのときTASSが自らの業務を果たすやり方の無精神性が、その不気味さの理由である。

続く第2章では、複雑な行動をとる無精神的な生き物（同章のアナバチの例を思い出してほしい）の気味悪さについて論じた。彼らの様子を見ると、私たちはそこに数多くの価値ある性質（知性、意識、思考など）を認めたくなるのだが、しかしふたを開けてみれば、私たちがそこに見いだすのはただの自動装置——自分たちが何をしているのかまったく意識することなく行動する、正真正銘のロボット——の、やみくもな機械的ロジックでしかない。ここに、彼らの気味悪さがある。TASSの無精神的な複雑さにも、同様の不穏さがある。これがとりわけ不穏であるのは、TASSというのは、私たち自身の脳の中に常駐しているものだからだ！（これまた第2章で紹介した、「ジョンの脳の中の火星人」というクラーク［1997］のエッセイを思い出してほしい。）何者かが自分の中に存在すると考えるのは気味の悪いことだ。それが、風邪のウイルスのように一時的なものではなく、脳の奥深くで自分の体を操っているものだとすればなおさらである。しかも、（a）あなたはその存在に気づいていない、（b）彼らはあなたの利益に特化したふるまいをしているわけではないかもしれない、（c）あなた自身を表していると思ってきた「私」なるものは、あなたの脳全体ではないし、その「私」なるものが脳全体をコントロールしているわけでもない。なぜなら、（d）あなたの脳は、「私」に仕えることを目的としていないからだ（むしろあなたの脳は「私」ではなく、サブパーソナルな自己複製子に役立つためにつくられたものである）。

これまで見てきたように、これらの不穏な結論からの唯一の脱出口――遺伝子が生き残るための乗り物として遺伝子に利用されることに、乗り物が反逆する唯一の方法――は、分析的システムが乗り物の長期的な利益に役立つ目的を具体的に設定し、その目的のもとでＴＡＳＳのシステムの自動的なアウトプットを監視し、監督的注意システムを行使することでそれらを制止し、適切な方向転換を行うことだ。もっと簡単に言えば、分析的システムはＴＡＳＳを制止するためのさまざまな能力を行使しなければならない、ということになる。だが、このことはもうひとつの不気味な事実につながる。

不気味な事実３

分析的システムがＴＡＳＳを監視するために利用せねばならないソフトウェアは、遺伝子とは別の自己複製子から構築されており、このサブパーソナルな自己複製子もまた、遺伝子と同様、乗り物の福利と衝突する、それ独自の利益を有している場合がある

425　そのような変異体が生じる可能性が常時あってもおかしくはないが、自然選択を生き延びて数を増やす見込みはないということである。

本章と前章では、この不気味な事実3から生じる不都合な結果を防ぐためにはぜひとも取り組むべき、ノイラート的な認知評価プログラムについて議論した。一方本節では、ここで述べた、私たちを悩ませる気味の悪い事実全般に共通するまた別の側面に注目したい。すなわち私たちは、ある行為の中心に人間の意識を据えさせてくれないようなもの全般に対して、身ぶるいしてしまう、ということだ。[23] 私たちは、人間（より具体的には人間の意識）を主役に据えさせてくれないもの全般に対しては、そこに根本的な重要性を認めがたいと思ってしまうものなのだ（これはきっと、現代の民俗心理学が、ホムンクルスの存在しない心という見解にまだ対応できていないからだろう）。意識的な制御がないにもかかわらず発動するTASS、自らの意志を働かせる遺伝子[426]、人間の役に立つかどうかにかかわらず自らの複製のみに配慮するミーム――これらはすべて、「人間ファースト」の宇宙観の正しさを揺るがす。これに対して私たちが懸念を抱くのは正しい。人間の福利がこの世で最高の価値のひとつだと考えるならば、人間のレベル[427]単独での最適化を妨げる、サブパーソナルな存在を懸念するのは正しいことなのである。

現代文化とは、サブパーソナルな存在たちの影響が人間の利益と対立すると判明した場合に、その不都合な影響を阻止するための試みとも言える。第1章では、遺伝子工学を「ロボットの反逆」の究極形として描いたが[428]、それは地球史上初めて、乗り物が遺伝子に利用される代わりに、逆に遺伝子を利用した事例だからである。同様に、文化的な制度も時として、宿主を傷つけるかもしれない利己的なミームを防ぐための進化を遂げる。例えば、一部の国々ではマルチ商法（正真正銘の悪質な寄生型ミーム）が違法とされているが、これは、経済的損失によって個人の「あるいはパーソナルレベルの」福利を損なうミームウイルスの感染から国民を守るためだ。本書もまた、サブパーソナルな存在がいかに個人の幸福を損なうかについての人々の自覚を向上させることを目的とした、文化的産物のひとつと言える。

ドルに結びつけられた欲求

とはいえ、文化進化[429]とは常に新たな課題を投げかけてくるものだ。そしていま、私たちは新たな課題に直面しようとしているのかもしれない。すなわち私たちはいま、社会的、経済的、技術的発展の段階を迎えているのであり、そのなかで、私たちがこれまで苦労して勝ち取ってきた「サブパーソナルな存在たちの目的よりも、乗り物である自分たち自身の価値を重視する能力」を維持するには、一種のメタ合理性が必要になるだろう。[430]

意思決定理論の研究者や認知心理学者は、いわゆる「囚人のジレンマ」や「共有地（コモンズ）のジレンマ[431]」と呼ばれる状況を入念に研究してきた［Colman 1995; Hargreaves Heap and Varoufakis 1995; Komorita and Parks

426 塩基配列としてのＤＮＡ断片に文字通りの「意志」が宿っているということではなく、脳内の遺伝的プログラムの発動として形成された（いわゆる）意志は、そのプログラムのもとになった遺伝子の「利益」（自己複製）を「目指して」いるという意味では、「その遺伝子の意志」と見なすことができる、という意味であろう。

427 ここで「人間のレベル（human level）」と言われているものは、前に「パーソナルレベル」と呼ばれていたものと同じであろう。「人間のレベル単独で（the single human level）」というのは、複製子と人間の利害が一致する場合には（こちらのほうが一般的だともいわれるが）、複製子が人間の福利の最適化を妨げることがないからであろう。

428 これは本文中ではなく、第1章の原注21においてである。

429 本書では「進化（evolution）」の概念はおおむね（ダーウィン主義的に説明される）生物学的な進化に限定して用いられているが、「文化進化」の概念は何度か登場する。明確な定義はないが、自然選択類似の過程としてのミーム進化を含め、生物学的進化と似たアプローチで考察可能な時間的変化の過程として理解されていると思われる（例えば「文明の進歩」のような価値判断を含む概念とは区別されると見られる）。

430 「メタ合理性」についてはこの後で定義が出てくるが、「メタ」がいわゆる再帰的関係を示す接頭辞であることを踏まえれば、「合理性に向けて適用される合理性」すなわち、自らの合理性のあり方に反省的吟味を加え、そのあり方自体を合理的に見直していくような合理性であることは語義のみでも理解されうる。

431 「共有地の悲劇」という呼称も一般的である（本書２９３-２９４頁ではそちらの呼称で紹介されている）。

1994]。いずれも、複数の行為者が相互作用する状況だ。その本質となる構図をごく簡単に説明すると、以下のようになる。まず、そこでの行為者は自分自身にとっての効用を最大化しようとしており、また各々の行為者にとって、ある意思決定理論の原理（一般に「優越性原理」と呼ばれる）[432]に適った合理的な反応（狭く合理的＝narrowly rational の頭文字を取って「NR」と呼ぶことにする）はただひとつしかない。ところが、このゲームは相互作用的――すなわち、得られる報酬は他の個人がどのような反応をとるかに左右される――である。つまりまず、もしもプレイヤー全員がNRの反応を選択した場合、全員が得る報酬は少なくなる。一方、これとは別の反応（他のプレイヤーに対して協力的＝cooperative ということで「C」とする）については、専門用語を使えば、Cに対するNRの「優越」が成り立っている（つまり、他の行為者がどのような反応を取ろうと、Cを選べば損をしてしまう）[433]のだが、とはいえもしもプレイヤー全員がCを選んだ場合、いずれかのプレイヤーがNRを選んだ場合よりも、プレイヤー全員がはるかに大きな報酬を得ることになるのである。[434]

ゴミのポイ捨てにはこのロジックが成り立つ。自宅から遠く離れた都市をドライブしているとき、飲み物で満杯になったままの紙コップの扱いに困り、それを車の窓から投げ捨てることで、筆者が多くの利得を得るとしよう。その紙コップを二度と目にすることはないし、筆者が住む町の風景が汚されるわけでもないので、筆者にとってマイナスの効用はない。つまり、非常に狭い意味に解された合理性概念によれば、筆者にとってポイ捨ては合理的である――つまりこれは、NR反応〔狭い合理性反応〕である。ここで問題なのは、一人ひとりのドライバーが同じように推論することも、この狭い合理性に適っているということだ。ところが、こうして誰もがNR反応を選んだ場合、結果として、周りは誰もが目を背けたがるようなゴミだらけの景観になってしまう。もし私たち全員が、自分たちにとってのささやかな利便性を犠牲にして紙コップを投げ捨てないという選択をしていたら（すなわちC反応をとったら）、私たち全員が、ゴミのない風景という大きな利益を得ていたことだろう。そんなわけで、

C反応は集団全体で見られた場合には優れているのだが、しかしここで、NR反応の悪質な「優越性」に注目してほしい。みなさんが全員、協力して紙コップを捨てなかったとして、もし筆者が自分の紙コップを捨てたとすれば、筆者は清潔な景観という利益と同時に、紙コップを始末することによる利便性も得られる（つまり、C反応を選んだ場合よりもよい結果を得ることになる）。一方、仮にみなさんが全員紙コップを投げ捨てた場合も、コップを投げ捨てるというNR反応を選んだほうが筆者は得をする。なぜなら、もしも筆者がコップを捨てなかった場合も清潔な景観が手に入ることはなく、そのうえにコップを捨てることによる利便性を放棄することにもなるからだ。ここでの問題は、誰もが同じ「優越性」のロジックを認め、それゆえに全員が紙コップを投げ捨ててしまうことによって、私たち全員の幸福度が、全員がCを選んだ場合より下がってしまう、ということにある。[24]

囚人のジレンマと共有地のジレンマが示しているのは、[435]合理性は合理性自体に対する自警活動を行わなくてはならない、ということだ。私たちは、（狭い意味で）合理的であることが本当に合理的なのかどうかを絶えず自問

432 「優越性原理（dominance principle）」については、同じ著者の『現代世界における意思決定と合理性』にやや詳しい解説が登場するが（邦訳39－43頁）、本書でも取り上げられている「当然原理（sure-thing principle）」の別名であり（本書１８６頁以下、訳注188も参照）、「もしあなたが、事象Xが生じる場合はAをBよりも選好し、事象Xが生じない場合もまたAをBよりも選好するならば、あなたがBよりもAを選好することは確定している（つまり、そこで選好および選択の変更が生じるのは不合理である）」という原理を指す。なお、dominance（dominate）はゲーム理論の文献などでは「支配（する）」と訳されることが多い（von Neumann and Morgenstern 1944 の邦訳ではほぼ同義概念の superiority に「支配」、dominance に「優越」の訳語が当てられているが、この2つの漢語は同一原語の訳語として互換的に用いられているようである）。

433 前注でも述べたように、ゲーム理論の文献ではこの場合のCに対するNRの関係を表す dominated を「支配している」とか「支配的である」のように訳すことが多いが、これは前注で述べたように、Cに対してNRの「優越性原理」が成り立っている、つまり「他の行為者がどのような選択肢を取ろうともNRを選ぶことが効用を最大化する（それゆえNRを選好すべきである）」というのと同じである。

434 この書き方だと「他の行為者がどのような反応を取ろうと、Cを選べば損をしてしまう」という先の規定と食い違うように見えてしまうが、そういうことではない。Cを選んだ場合の「はるかに大きな報酬」は、それでも「他の行為者がCを選び、自分がNRを選んだ場合に得られる報酬」には及ばず、また仮に他の行為者がNRを選んだ場合、自分がCを選ぶと極度に少ない報酬しか得られないので、結局「他の行為者がCを選ぼうと、NRを選ぼうと、自分がNRを選ぶほうが報酬が大きい」ということになるのである。詳しくはこの後の叙述を参照。

し続けなければならない。いまや、世界の歴史は新たな段階に入っている可能性がある——すなわち、合理性そのものが環境を変化させ、極めて特殊なタイプの囚人のジレンマが生じる状況を作り出しているという可能性だ。この可能性が事実成り立っているとすれば、そこで求められるのは「メタ合理性」とでも呼ぶべき合理性、すなわち、合理的な判断を用いて合理性自身を制御する合理性だ。このレベルにまで到達しなければ、私たちはまた別のサブパーソナルな最適化——ある意味で、合理性そのものが生み出したそれ[436]——によって、道徳的頽廃に陥ってしまう[437]危険にさらされうる。

　社会評論家の多くが、西洋社会の裕福で成功を遂げたマジョリティに降りかかる逆説的な不安感[438]について叙述してきた。[25] 私たちは、さまざまな商品に飽食しつつ、それらを手放そうという兆しすらまったく示さないように思われる一方で、環境の別の側面が劣化していることを察知しており、それに対してどうすればいいのかわかっていない。この10年間で、北米の多くの自治体では通勤時間が2倍になった。子ども時代は長期にわたる消費の狂宴に変貌した。いい仕事に就くには大都市圏に住まなければならないと若い世代が考えるようになり、小規模なコミュニティは消滅した。音楽作品と映画作品はどんどん粗悪になっていき、子どもたちはますます早期からそれらに晒されるようになった。食中毒や水質汚染はますます頻繁に起こり、規模も大きくなっている。美しい自然を訪れるには延々と続く渋滞に巻き込まれねばならない。厳しい労働を強いられている若者たちは、しかるべき学歴を持たないという理由で社会から取り残されている。喘息や自己免疫疾患は増加の一途をたどり、幼児の肥満は過去最高を記録している。非都市部や小さな町は、増えつづける「大型店《ビッグボックス》」と、その醜悪な建物に汚されている。いまほど豊かでなかった30年前にはフルタイムで稼働していた図書館が、開館時間を短縮するようになっている。北米のほとんどの都市では夏場のスモッグ警報が年々増加している——私たちがかつてない規模で商品やサービスを享受しているかたわらで、このすべては進行しているのだ。

こうした問題の多くを引き起こし、社会に矛盾を持ち込んでいるかのように見える「囚人のジレンマ」について熱弁をふるってきた論者は一定数いる［Frank 1999; Frank and Cook 1995 など］。一方で、富の集中が民主的なプロセスに与える影響が社会の優先順位を歪め、こうした問題の一因になっていると主張する論者もいる［Greider 1992; Lasn 1999; Lindblom 2001 など］。これらの分析（互いに相容れないわけではない）が、どちらも部分的に正し

435　2つのジレンマの詳細な解説がないままだったが、このうち「囚人のジレンマ」についてはすぐ前に付された本章原注24に詳しい解説がある。「共有地のジレンマ（共有地の悲劇）」は、建前上公平かつ平等に所有されているはずの共有地は、その自由で平等な利用という前提ゆえに、特定の利用者の囲い込みによる占有を妨げないため、きわめて不公平で不平等な利用状況に至る、という考察である。この考察には、人類学者などから、現実の共有地の利用状況に当てはまらないという批判があるが、少なくとも各利用者がNRつまり狭い合理性反応のみに従うと想定する場合には、このような状況に終わる見通しが大きいと言える。

436　ここでは、これまで考察されてきた、TASS反応を通じての遺伝子の自己複製の最適化、ミームプレックスに基づく判断を通じてのミームの自己複製の最適化に続く、第3の「サブパーソナルな最適化」が取り上げられている。これは主に本節表題に掲げられ、この後考察の主題になる市場経済の中に見いだされる「サブパーソナルな最適化」を主に想定していると思われるが、この段階ではそれよりも広い、薄い道具的合理性（またはNR反応）に無反省に従う態度全体を第三の「サブパーソナルな最適化」と位置づけているとも見られる。つまり、「薄い合理性」において目指される目的の最適化がこれらの「サブパーソナルな最適化」に並べられており、あるいはそのような合理性の追求が「人格未満の」態度だと見なされている、と見ることもできる（これは読みようによっては、「ロボットの反逆」をなしうる「ロボット」は、すでに通俗的な意味で理解された「ロボット」（与えられたプログラムを実行することしかできない機械）に留まらないロボット、自己反省可能なロボットだということになるかもしれない）。

437　「道徳的頽廃に陥ってしまう」の原語はdemoralizedで、各種辞書においてもdemoralizeには「（道徳的に）腐敗させる、頽廃させる」の意味はあり、また筆者は以下で、非情な市場メカニズムがわれわれの倫理観すら蝕んでいくような状況についてこの言葉を用いていると見られるので、以下もこの訳語を当てるが、各種辞書によればまた、この意味はやや古い用法で、現在は「うろたえさせる／士気をくじく」のような意味にもなる（そのほうが一般的である）らしいことがわかる（英語のmoralは「道徳」だが、同語源のmoraleは「意気」や「士気」を意味する。実際、この前に登場した箇所では本書でも「うろたえさせる」と訳した）。これ以下の箇所のdemoralizingもまた「ショッキングな、狼狽せざるをえない」というほどの意味合いで読むことも可能だと思われるが、もともとの語義も含意として無視できないと思われるので、それを表に出す訳語を採用した。ただし、やや説明的な訳語だということはご理解願いたい。

438　以後も何度か登場する「不安感」と訳したmalaiseは「不定愁訴」とも訳される。個人の原因不明の不安感と共に不安感社会全体の停滞感、倦怠感を意味することもできる、フランス語由来の名詞で、含みの多い表現と思われる。

いことは疑いないが、ここでそれらを詳述することが筆者の目的ではない。その代わりに筆者は、個々人のパーソナルレベルにおいて最適化を行うのではなく、むしろ個々人を横断して最適化を行うプロセスにひそむ道徳的頽廃のロジックを、進化の過程との類比を用いて明るみに出したい。驚くべきことに、市場社会では、このロジック――まさに、私たちの現在の不安感をもたらしている可能性のあるロジック――が、個人的《パーソナル》な欲求においてまでも働くようにされているのである。

本書では、合理性のある側面について説明する際に、「効用最大化」や「最適化」という用語を用いてきたが、このたぐいの用語は、適切に機能している経済市場での活動を特徴づけるために用いられる用語だ。このような特徴づけにおいて、市場とは、効率的であり、最適化されていて、人々の欲求を満たし、選好の充足を最大化するものだと言われており、また最後に、より日常語に近い言い方で「人々が望むものを与えるもの」だとも言われる。[26] 例えば『ＭＩＴ現代経済学事典』は、「最適」という用語を定義するなかで、次のように述べている。「経済学とは大部分において、集団や個人がいかにして最適な手筈を実現しうるかを分析することに注力している……通常、経済システムの目的とは、個人の欲求の充足にあると想定される」[Pearce 1992, 315-316]。ここまではまことに穏当な説明のように思えるのだが、それもこの先にある一文を読むまでのことである。「最適な状態を実現しようとするとき、われわれは通常、財や資源の欠乏によって制約される――個人の場合であれば、自身の所得によって制約される」[316]。

ここでは、人々の欲求充足に関して「最適な手筈」は「個人の所得によって制約される」と言われるのだが、これは一体全体どういう意味なのか？ イェール大学の経済学者チャールズ・リンドブロム［Lindblom 2001］は、この言葉を理解できるようにするための糸口として、市場システムは大衆の選好に反応するがゆえに効率的なのだという主張が「言いすぎである」ということをまずは容認する。むしろリンドブロムによれば、市場システムは「せいぜい、技能や資産の自発的提供によって表示される選好にしか反応しない。技能や資産の配分が変われば、市場が反応する選好もそれに応じて変化する」のである[168]。これは、MIT事典の「所得による制約」が何を言っているのかのヒントになる。つまり市場が目的とする最適配分とは、資産に裏打ちされた欲求を充足させるということだ。

この点について、ミシガン大学の哲学者エリザベス・アンダーソンは、あらゆる経済用語が混沌の霧の中に覆い隠していることを率直に語っている。「市場とは欲求に応える仕組みである。市場は『有効需要』――すなわち商品に対する支払い能力に裏打ちされた欲求に対して反応するのだ」[Anderson 1993, 146]。これが、MIT事典の「所得によって制約される」という上品ぶった表現や、リンドブロムの「資産の自発的提供によって表示される選好」という表現が意味するものだ。筆者としては、いっそうあけすけな言い方をすることを提案したい。アメリカ以外の国々の読者には申し訳ないが、「市場とはドルと結びつけられた欲求の充足を最適化するものである」と言えば、この状況を説明するロジックがより明確になるだろう。市場についてのこの捉え方は、哲学や心理学における認知の信念／欲求への分析との結びつきが一層緊密であり、それゆえまた、これらの学問の観点から、市場で何が起きているのか、なぜそれが先に述べたような現代社会の不安と関係しているのかの評価を行うことも、より容易にしてくれる。

ひとつの、サブパーソナルな存在の一種である欲求があり[439]、市場は人々を横断するかたちで[440]、このサブパーソナルな存在である欲求を最適化している。MIT事典が定義する最適化は、人々の欲求充足の最適化を意味してはいない。市場擁護論者がそのような誤解を積極的に広めているだけだ。たしかに、大衆紙でたびたび繰り返される「市場は人々が望むものを与えてくれる」というアドバイスを、一般の人々が「市場は欲求を充足させた人々の数を最大化させるように働いてくれる」という意味だと解釈するのは自然なことだ。しかし、経済的効率性というものが、ここで人々が考えているような事柄に関わっているわけではないということは、いましがた見た通りである。つまり、自由市場の用語で言うところの「人々の欲求」とは、人々を横断してかき集められた欲求群を意味する。そして、市場が充足させられる唯一の種類の欲求は、ドルに結びつけられた欲求のみであるため、市場が実際に最適化するのは「人々を横断してかき集められた、ドルに結びつけられた欲求」という、サブパーソナルな集塊であることになる（もちろん、この集塊の中で、各自がそれぞれの欲求を満たすためにそれぞれ利用できるお金の多寡には、個人間でとてつもない差がある）。

私たちはサブパーソナルな最適化から生じる醜悪な帰結に気づかないでいることが多いのだが、これは私たちが配分を最適化しようとするとき、人々をなるべく多く満足させようという発想で配分を考える習慣があるためだ。これはつまり公平性の観点からの配分ということだが、このような観点に立つ場合、例えば、分析の単位として個々の人物《パーソン》に注目することが求められる。ハロウィンの子どもたちが筆者の家にお菓子をもらいに来たら、筆者は一人ひとりにキャンディをふたつずつ取るように言うだろう。あるいは、子どもたちのサッカーチームを指導するコーチも、すべての選手にほぼ均等に個人指導の時間を設けようとするものだ。この場合、筆者もコーチも、すべての子どもたちがふたつずつキャンディを受け取り、すべての選手がほぼ均等に指導を受けたのなら、ことはまことに最適に運んだと感じるだろう。いずれの場合にも、市場と同様に、キャンディの数なり、コーチの時間なりに制約はある。そしてこのような状況にあって世間の人々が考える最適な配分とは、（キャンディなり、サッカーの指導なりに対する）欲求を充足できる平等なチャンスを各人が得る、ということだ。

配分の問題を考えるとき、大多数の人々は自然な傾向として、結果の有効性を判定する際の適切な単位は「全体としての一個の人間」だと考える。市場効率性という概念は、このデフォルトの前提を根本的な形で覆すものだ。[27] 功利主義的な道徳理論が、これとよく似た「人々を横断して何かをかき集める」という考え方に基づいて結果の評価を行うことでさまざまな困難に直面することになるのはよく知られている。[28]つまり功利主義の「最大多数の最大幸福」という学説は、実際の事例でも想像上の事例でも、ある人と他の人が別々の個人であるという事実が重要となるような事例を取り扱おうとするとき困難に陥る。例えばノージック［1974, 41］による「効用モンスター」の思考実験を見てみよう。効用モンスターは、他人の苦しみを目にすることで莫大な効用を得るという性質を持っている。5人の人間が苦しみ、効用を失うと、効用モンスターは5人分の損失を合わせたものより大きな効用を得る。一人ひとりの効用を単純に足し合わせるだけの功利主義的計算に従うなら、5人は効用モンスターの犠牲になるべきだ。そのほうが、総体としては大きな効用が生じる結果となるからである。

効用モンスターにわざわざエサをやるなんておかしい、だって個人個人は分離された存在であるということを認識せず、複数の人間を横断して欲求充足をかき集めるなど、おかしな話ではないか——そう思われよう。しかしこれこそが、市場の均衡が実現するものなのだ。つまりドルに結びつけられた複数の欲求間での取引が、市場の均衡を通じて最適化されるとき、そこでは、同じ人間の中にあるふたつの欲求と、別々の人間の中にあるふたつの欲求の違いがそれとして認識されることはないのである。そんな市場経済においては、結果としてノージッ

439　ここの原文はAn individual desire is a subpersonal entity.とあり、主語の部分は一読すると「ある個人の（その個人自身が抱く）欲求は」と読めそうだが、この後の叙述と照らす限りそうではなく（これと対比するためにもう少し直訳に近づければ）「ある特定の欲求は、サブパーソナルな存在である」のように、ある種の欲求そのものを取り上げ、指示していると見られる。また仮に「個人の」と読むとしても、後ろとのつながりからして「ある個人の、ある欲求は」と、あくまで特定の欲求を指していると見るべきだろう。ただ、「およそ個人の欲求とは一般に何らかのサブパーソナルな存在である」と読むことはできて、このように読んでも本書の主張やこの後の叙述と食い違うわけではない。それだけで見られた単一の欲求は、その個人の人格（パーソン）そのものの端的な表現であるというより、人格を構成するサブパーソナルな要素のひとつに過ぎない、とは言えるからである。

440　先にも登場したが原語はacross people。訳しにくい表現だが、人々の内部の「サブパーソナルな存在」と呼ばれた欲求に狙いを定め、その部分だけを最適化させる（その欲求だけの充足を最大化する）、という構図である。

クの事例に登場する効用モンスターのような存在になってしまう人々も出てくる。彼らは、自分の欲求に結び付けられた途方《モンストラス》もない額のお金を持っており、それによって市場システムにおいて世界を意のままにすることができる。

作家のウォレス・ショーンは、長いモノローグが続く一人芝居『熱病（*The Fever*）』の中で、このロジックを雄弁に語っている。彼はまず、歴史上のどの時点であっても、世界が何かをもたらす能力の度合いが定まったものであること、すなわち、実際に充足されることになる欲求の分量は定まっていることを、次のように説明する。

> あらゆる瞬間において、私にわかるのは、世界は人々が必要とするものを生みだす独特な力能を持ち合わせているということだ。一定量の耕作可能な土地、一定数の労働者、一定の機械の備えは常に確保されている……そして、一日一日の生産能力は見るからに小さい。しかもその度合いは定まっていて、動かせない。あらゆる要素が動かしがたく定まっているのである。そして過ぎ去ったすべての日々を見渡せば、どの一日でも、定まった数の人々が働き、定まった量の資源が取りだされて活用され、定まった量の商品が生産されて小さな山を築いていたのがわかる。それは、あまりにささやかな営みだ。無限の可能性が広がる盤面のうえで、有限の生産能力が日々分配されているのだ。
> [Shawn 1991, 63–65]

地球の生産能力が定まっていて動かしがたいということは、当然ながら、日々のさまざまな活動によって人々の欲求を充足させるとしても、そこで実際に充足される欲求の分量は定まっており動かしがたい、ということを意味する。ショーンはこの一人芝居の中で、それはどのようにして定められたのかと問いかける（「起こりえたあらゆる物事のなかで、実際に起きたのは何だったのか？」）。実行されうる物事の組み合わせの種類が無限にあるなら、ある一日で満たされうる欲求の組み合わせの種類も無数に存在する。そのなかで何が実際に選ばれたのか。その答えはこうだ。

何がなされるかを決めるのは、金《かね》を持つ人々だ。彼らは自分が求めるものに、持てる量に応じて金を投じる。その1ドル1ドルが、その日なされる活動の部分部分を決定する。それゆえ、金を少ししか持たない人には少しの決定権しかなく、たくさん持つ人にはたくさんの決定権があり、何も持たない人は何ひとつ決められない。それゆえ世界は、自らの生産能力の範囲内で金の指示に従い、できることを終えたら活動を止める。こうして一日が終わる。この日、いくつかの出来事が起きた。金が宝飾品に投じられたのなら、銀が指輪の形に加工されたことだろう。オペラに投じられたのなら舞台衣装が縫われ、シャンデリアが見えない糸で吊るされただろう。

この営みのなかに、驚くべき瞬間がある——毎日、その日が始まる前、市場が開く前、入札が始まる前に、一瞬の混乱が起こるのだ。このとき金は沈黙したまま、まだ何も発信していない。その決断は保留され、静止したまま、様子を探っている。その日に起きる出来事の数は定まっている——飢えた子どもたちのために食糧が生産されれば、あるオペラは上演されなくなる。あるオペラが実際に上演されれば、食糧は生産されず、子どもたちは命を落とす。

[65]

金《かね》が物語る、あるいは金が沈黙を守るという印象的なイメージによって、ショーンは私たちにとっての〈市場における個人と金銭の捉え方における〉「図」と「地〈背景〉」を見事に反転させてみせた[441]——〈実際には背景に過ぎない〉個々の人間を舞台の中心に立つ主役だと思い込むのは、私たちの背景で働く致命的な性癖である。しかし、市場の均衡が実際にどのように機能しているかを理解するためには、この性癖は抑えられなくてはならない。世の中で行われていることのバランスを決定しているのは、人間ではなく金だということである。つまり、世界がドルと結びつけられた欲求にしか反応しない以上、市場において「人々が欲しいものを手に入れる」などと言うのは間違いなのだ。むしろ遺伝子やミームの場合のように擬人化して表現するならば「ドルと結びつけられた欲

441 錯視図形「ルビンの壺」を典型とする「図と地の反転」の比喩については訳注212参照。ここでは、「個人」と「金銭〈に結びつけられた欲求〉」について「図と地の反転」が言われている。

求こそが、欲しいものを手に入れる」のだ。あえてこのように表現することで、遺伝的な最適化との類似性が浮き彫りになる――第1章でも述べたように、遺伝的な最適化は個人を横断して生じるのであり、そこでは、その効果がそれぞれの個人に平等に与えられるかどうかという配慮などない。同様に、ドルに結びつけられた欲求を市場が充足させるとき、その欲求が一個人の内にあるものなのか、それとも多数の人間のあいだに分散しているものなのかについて、市場が配慮を向けることはない。各々の個人《パーソン》がどれだけ欲求を充足させられるかは、市場の最適化とは関連しないのである。

私たちは、今やおびただしい数に達した億万長者たち（『フォーブス』誌のリストには、2002年3月18日時点で497人が挙げられている）が手にしている富に、何か不快なものを感じながらも、それをどう言葉にしていいのかわからずにいる（陳腐な愚痴ならば吐けるが、それらは市場擁護論者の弁舌巧みな疑義により、取るに足らないものと見なされるようになっている）。筆者としては、人々が暗に感じ取りながらも言葉にできないでいるのは、億万長者が「効用モンスター」に似ているということなのではないか、と指摘したい。ショーンの戯曲でも言及されているように、世界の平均的な人々と比べて（さらに言えば、合衆国内に限定して比べても！）、億万長者の欲求は（それがドルと結びつけられていることによって）神のごとき圧倒的に不釣り合いな影響を世界に与えている。その様子は、人間はみな等しい価値を持つという私たちの信念をあざ笑うかのようだ。

億万長者たちがこの世界でしたいと望むことは何であれ、毎日のように――今日も、明日も、彼が天寿をまっとうするまで――何十億ドルというその資産が持つ正味の価値の範囲において、実際になされることだろう。富豪たちが実際に（「買う」のごく日常的な意味において）何を買おうが買うまいが、その事実は変わらない――それが、どのような経済理論よりも鮮明にショーンの戯曲が開示した洞察である。例えば、ある億万長者が明日の時点で100億ドル相当の米国債を所有していたとしよう。この億万長者が満たすであろう欲求とは「自分のお金を持ちつづけたい（そして、そのお金からしかるべきリターンを得たい）」というものだ（もっとも、このレベルの資産家になると、リターンを得ることは資産を持ちつづけること以上に重要ではないと推察される）。一方でこの億万長者は、明日にでも100億ドルをバングラデシュの国債に振り替えることで、世界に大きな影響を与えることができる。そうすることで、より高いリターンを得ることもできるはずだ。だがそうすれば、億万長者は自分のお金を、そうしなかった場合よりもいくぶんか大きなリスクにさらすことになる。実際に彼がバングラデシュ国債を買っていないという事実からも、彼は余剰のリターンを得るより自分のお金を守りたいのだろうということが推察される。その欲求を、より実態に即して表現するなら「何が何でも自分のお金を持ちつづけたい」ということになるだろう。そして、バングラデシュの国債よりも米国債のほうが、その欲求をよく満たすようだ。

ここで改めて、億万長者がバングラデシュの国債を買えば――効用モンスターの行為とまったく同じように――世界中に波及効果を生み、多くの人々に影響を与えるだろうということに注目してほしい。100億ドルも余分に需要が生まれれば、必然的にバングラデシュ国債の金利は下がり、債務負担は軽減され、何百万もの国民に利益をもたらすだろう。しかし、現実には債券は買われず、余分な需要も生まれず、バングラデシュは何も変っていない。市場に巣くうモンスターは、例えばこのように、まさにショーンの戯曲が描いたとおりの仕方で、世界中で毎日行われていることに影響を与えている。このような市場経済では、たとえ裕福な人々でさえ特有の疎外感をおぼえるのだが[442]、ここまでの考察からして、この疎外感は、部分的には、遺伝子やミームとは別の種類の

442 ここで指摘されている「疎外感（alienation）」は、どの程度意識されているかはともかく、初期マルクスが（あるいは、田上孝一氏の研究によればマルクスが終生一貫して）資本の自己運動の中に見いだした「疎外」（ドイツ語ならばEntfremdung）と通じるものがあるかもしれない。マルクスの場合は生産の主体の手を離れた疎外（外化、疎遠化）ということになるが、いずれにしてもカネがそれ自身のロジックで自己増殖していく過程の「よそよそしさ」が指摘されている。

サブパーソナルな最適化に発しているといえよう。そうしたサブパーソナルな最適化は私たちに不快だと感じられるが、これはそのような最適化が、多くの人々が大切にしている、個々の人間を分け隔てる境界線をまったく無視する形でなされるからだ。このバングラデシュの事例や同様の状況は、ドルと結びつけられた欲求が極端に偏った分配へとつながるロジックを明らかにしてくれる。このロジックが市場のあらゆる営みを貫いているのであり、そこには、ドルを保有している個人の道徳性や性格上の気質も、その個人が状況を改善させる手だてを講じるか否かも、関わりをもたない。筆者がここで焦点を合わせたいのも、個人の道徳性ではなく、むしろこの状況に内在するロジックに他ならない。

　ドルと結びつけられた欲求に基づく目的充足の最適化は人々の道徳的頽廃を招きよせる、と述べておいたが、実のところそれは、この最適化の過程のふたつの特徴に由来している。ひとつは、これまで主題的に論じてきたもので、「このような最適化は、個々の人間《パーソン》以外の存在のためになされている」という特徴だ。だが道徳的頽廃を招き寄せるふたつめの特徴もこれと同じく重要であり、またこのふたつの特徴は互いに関わり合っている。そのふたつめとはすなわち「市場というものが、実際の市場選択行動に表れない価値を一切認識しない」という特徴である。ハウスマンとマクファーソン［Hausman and McPherson 1994］によると、ほとんどの経済理論には、本章でも解説した認知改革のプログラム――すなわち、1階の選好と高階の選好のあいだに整合性を求めることで合理性的統合を実現しようとする試み――を、ことさらに無視しようとする動向が見られる。経済理論において、選好は理論的な探究の対象とならない所与のものとして扱われる［Hirschman 1986］。このような選好がどのようにして生まれたのか、またその背後にどのような価値があるのか、ないのかは、市場や経済理論には関連しない主題なのだ。ハウスマンとマクファーソン［1994］も指摘するように、「市場とは政治討議の場ではなく、したがってそこで個々人の道理[443]は重視されない」［264］。

現代の生活を支配するに至っている市場というものには、このように道徳的頽廃を招く側面があるわけだが、人々も市場のそうした側面には気づいている。すでに論じたように、人間は象徴的なものに効用を与え、倫理的な2階の選好を持ち、表現的理由に基づく行為[444]に取り組み、意味に基づく判断を下す。なのに、実際の消費者の選択という形で利益を生まない限り、そのどれもが市場にとっては意味をなさない。しかしながら私たちは、購入のしようのないもの、例えばきれいな空気や公園といった公共財にも価値を見いだす。さらに、忘れられがちだが、私たちが価値を認めていながらも、決して購入の対象にはならないため、市場に何の影響も及ぼさない非公共財も多数存在する。例えば筆者は、低所得層の人々には低価格の住宅を提供すべきだという考えを支持している。しかし、裕福な層に属する筆者が低所得者向けの住宅を購入することはないだろうし、したがってこうした住宅の需要を喚起して市場を刺激することもないだろう。市場は、筆者がこの価値観を表明するためのメカニズムを提供していない。この価値観にドルは結びつけられておらず、したがって市場の変化を刺激する力もないからだ。

もちろん、政府や民主主義はそのために存在する。そこでは、ひとり一票の原則をもとに政治的プロセスに参加することで、私たちは自分の価値観を表現することができる（話を簡潔にするため、市場で力を持つ「500ポンドのゴリラ」こと巨大企業が、個人単位を基盤とするはずの政治プロセスまでいかに歪めてしまうかという明白な事実

443 「個々人の道理」と訳したのはone's reasons。reasonは「理性」であり「理由」でもある概念で、各自なりに理にかなった、筋が通った、納得のいく言い分、ということである。「合理的な言い分」と言ってもいいのだが、それこそ単なる「薄い合理性」ではなく、道徳的な意識を含む当人の価値観全体に照らして筋の通った、納得のいく理由ということなので「道理」という言葉を当てた。

444 「表現的理由に基づく（for expressive reasons）」行為とは、本章401‐403頁で言われている「表現的合理性」に基づく行為としての「表現的行為」すなわち「遂行されること自体を目的とした価値表現的行為」を指すということであろう（「理由（reason）」と「合理性（rationality）」の意味のつながりに関しては訳注362参照）。

については、寛大にすぎる対応ではあるが、あえて触れないことにする〔Greider 1992; Johnson and Broder 1996; Lindblom 2001を参照〕)。民主主義とは、人々が自分自身の価値観を表現するひとつの方法であり、その目的のために、人々の意見をより平等に重んじるという、少なくともその努力を行うことで、人々の重要性をより明示的に認めるような手段を講じている。しかし、過去30年間の社会的・経済的動向に関する有識者の見解は、政府の影響力が弱まり、市場の影響力が強まったという点でほぼ一致している。このように、消費的な選好とは直接関係のない価値観を表現する私たちの能力は、物質的な発展と共に確実に衰えており、このことが、21世紀に入ったいまの世界を覆っている不安感や疎外感の一因となっている。自分たちが感じている変化を説明できる経済学の語彙を身につけていない人々でさえ、うなりをあげて猛回転する「ターボ資本主義」〔Luttwak 1999〕〔政府による経済の管理を排除して、市場の力を最大限に引き出そうとする動向〕という時代の流れを感じ取っている。この流れの中では、生活のペースと獲得の量がつめ車式に〔後戻りできない仕方で〕ひたすら増大するのと比例して何かが最適化されてはいるが、それが何であれ、私たち一人ひとりの生活状況や、私たちにとって価値あるものとは関係がないように見える。何かがこれまでになく効率的に働いているのは間違いないが、正しいものが最適化されているようには到底思えないのである。

前述した通り、経済学という学問は1階の欲求が批判の対象になるという考え方を激しく拒み、取り入れようとしない。本章で論じてきたように、こうした批判に取り組むことこそが、人が人生に生きる意味を見出し、人間ならではの認知の力を活用する方法のひとつであることを思えば、市場に支配された世界に人々が疎外感と道徳的頽廃を招くものを見いだすのは驚くことではない。経済分析（形式的かつ高度に定量的な最適性の分析を含む）は、人間がウォントンであるという前提に基づいてなされている。人間が強い評価者であるという考え方は、このような分析を形骸化させてしまう——強い評価者である人間は、現在の自分の選好以外の選好を持とうと選好することも、自分では消費しないものに価値を見いだすことも、自らの欲求を全面的に考察しなおした結果、それを不合理であると評価することもできる存在なのだから〔つまり、ウォントンではまったくないのだから〕[445]。ハーシュマン〔Hirschman1986, 145-147〕の議論によると、経済学者は2階の選好という考え方にひどく抵抗し、また、1階の選好と高階の選好の折り合いをつけることで合理的統合を実現しようとする一貫した試みによって、1階の選好そのものが変わる可能性があるという考え方を格別に嫌悪する（彼らのエレガントなモデルが揺らぐからだ）。実際のところ経済学者たちは、1階の選好の変化は「確たる理由もなく、往々にして気まぐれに起こる」という仮説を本気で支持しようとしている、とハーシュマンは論じる〔146〕。経済学者がこの仮説を好むのは、もしも選好の変化というものが、1階の欲求充足の追求〔というフランクファート的ウォントンに唯一可能な行為〕と同じように気まぐれ《ウォントン》な現象である、ということになれば[446]、その限りで、人間の自己利益に関する経済学のいくつかの前提と、それらの前提を基礎とする最大化および最適化の分析は、まことに順調に進むことになるからである（ここにあるロジックは、次のようにはしゃいでいる親の言葉によく似ている――「もしもジョニーのある科目のCが実はAで、別の科目のDが実はBだったなら、おやまあ！　ジョニーは優等生リストに載っていたはずだ！　ジョニーすごいぞ！」）。

445　フランクファートの「ウォントン」の定義を確認しておけば、「強い評価能力、あるいは1階よりも上の選好能力を一切欠く存在」であった。この後、フランクファート的な「ウォントン」のこの意味が重要になってくるので改めて注記しておく。

446　忠実に訳しようがないところだが、ここで筆者は、「1階の選好の変化は（反省による合理的な自己修正ではありえず）単なる気まぐれに生じる現象である」という経済学者の仮説を批判するために、フランクファートの特殊な術語である名詞のwanton（反省能力を欠く生物を指す）と、日常語の形容詞wanton（「気まぐれな」を示す）を重ね合わせている。人間が「1階の選好しかもたない」という意味のwantonであり、同時に、選好の変化は「気まぐれに生じるだけ」という意味でwantonであるならば、破れ鍋に綴じ蓋のようなもので万事上首尾に分析されるではないか、と揶揄しているわけである。

しかし、一般の人々の感覚は経済学者とは異なる。１９９０年代に台頭した「倫理的消費《エシカル・コンシューミズム》」運動は、「ドルと結びつけられた欲求への翻訳ができない価値観に市場は反応しない」という認識から引き出されたものだった。そしてその結果、倫理的な投資信託やフェアトレードコーヒーといった商品が人気を博し、倫理的な生産活動という概念によって、人々は自分の価値観を市場に反映させることができるようになった。こうした倫理的消費者《エシカル・コンシューマー》運動は、市場のプロセスに一定の価値観を挿入しようとする明示的な試みを体現している――従来の市場プロセスにはこのような価値観が欠けていたため、「世の中はたしかによくなっているのに、同じくらい悪くなっている」という、物質主義〔あるいは唯物論〕がもたらす逆説的な感情を生んできたのだ。だがこの逆説は、以下のことを認識すれば解消する。すなわち、いま私たちの生活を支配している市場は、ドルと結びついた1階の欲求を充足させる実に強力なメカニズムだが、他の無数に多くの欲求や価値観を――とりわけ、市場原理と結びつかない価値観や、個人が金融資産を持たないためにドルと結びつけられていない1階の欲求を――全面的に無視している、ということを。

市場には、先に取り上げた「強い評価」をめぐる議論と緊密に関わりあう側面がある――すなわち市場には、合理的統合のプロセスに特有のバイアスを加える、という側面があるのだ。そこでの議論において強調しておいたのは、合理的統合についてノイラート的な見方を取る場合、表象されるすべての階層は等しく批判的評価の対象となる、ということだった。つまり、哲学文献におけるかつての見方とは異なり、[447] そこで高階の選好に優先権が与えられたりはしないということだ。ところが、市場とは、このノイラート的な構造とまるで正反対に、1階の欲求に対して徹底した優先権を授ける。[448] そもそも2階の欲求は消費者行動には表れないため、市場からは不可視の存在なのだ。前述したように、経済学者は欲求を嗜好とみなし、分析の余地のない所与のものと考えている。彼らは欲求の変化を、合理的熟慮を踏まえたさまざまな高階の判断の統合というプロセスの結果ではなく、気まぐれで予測不能な嗜好の変化として捉えたがる。市場における人間を純粋なウォントンとする見方は人間の行動を形式的かつ定量的にモデル化するのに役立つため、経済学者は1階の欲求にのみ注目する傾向があるのだ。

言うまでもなく、気まぐれな選好変化という仮定がどれほど広く適用できるかについては、大いに議論の余地がある。しかし、それ以上に考慮に値する重要な点がある――市場とは、気まぐれな選好変化という仮定を真理たらしめるように働く、ということだ。つまり市場は人々に気まぐれ《ウォントン》／無反省な行動をうながすよう作用するのだ。[449] アンダーソン〔Anderson 1993〕は、価値観の表現と経済の関係を分析するなかで、次のように指摘している。「（経済学では）人々が商品の価値に対する評価を正しく表現するための唯一の方法は、自己吟味を受けていない選好充足を通じての表現のみである、と想定されている……市場は人々が当該商品を欲しがる理由を評価することなく、所与の欲求にのみ反応するのである」〔194〕。

市場が人間行動のウォントン的な側面しか識別できていないことを具体的に示す方法は数多くある。そのひとつは、本章で登場した「不本意な安売り品中毒者」[450] であるジムを思い出すことだ。ジムは、「安価な品物を〔中毒的に〕選好する」という1階の選好を持っていた。しかしジムは、〔ドキュメンタリー番組に啓発された結果〕〔自

447 本章の「高階の選好というテーマを扱った哲学文献の初期のもの〔Taylor 1989 など〕では、高階の欲求は常に低階の欲求より優先されるべきだと考える傾向が強くあった」（417頁）という箇所と対応している。より広い文脈で言えば、「ノイラートの船」の議論が登場した認識論や科学論における古典的な「基礎づけ主義」に対する「ノイラートの船」の立場からの異議申し立てと同じ構図に当てはまると言えよう。

448 これは、あらゆる階層の選好を徹底的に批判的に検討するノイラート的試みと最も強く対立すると言えるが、それ以外にもできるだけ上位の、より反省的な階層に優先権を与える、という哲学的な立場とも正反対に、反省が欠如した選好を最優先に据えるというのが興味深い。

449 少し前の訳注446で指摘したwantonの二義がここでも効果的に重ねられている。厳密に言えばここは形容詞なので直接的には「気まぐれ」の意味だが、「自己反省能力を欠く存在」というフランクファート的な「ウォントン」の意味が明らかに重ねられている（なお、wanton は形容詞としてもそれほど一般的な語ではなく、ルビの付いていない「気まぐれ」は capricious などの別の単語である）。

450 前述の事例では、ジムは「中毒者」とまでは言われていなかったのだが、ここではフランクファートの事例に登場する薬物中毒患者と同類扱いされている。

分が安価な品物をそれほど選好しないことを選好する」という、2階の選好も持つに至っていたので、「不本意な〔安売り品〕中毒者」として特徴づけられたのだった。さて、ここに新たな登場人物であるドンが登場する。ドンもまた、安価な品物を選好する人物として特徴づけられる。しかしジムとは違い、ドンはウォントンなのだ。つまりドンは自分の選好について一度たりとも考えをめぐらせたことがない。この両者とも、いまのところは1階の選好に基づいて行為している。しかしジムは、将来的に変わる可能性がある。なぜならジムは自分の欲求の合理的統合ができていない状態にあるので、将来のどこかの時点で1階の選好を引っくり返す可能性があるからだ。一方、ウォントンであるドンが行動を変えようとする可能性はずっと低い。この点で、ジムとドンの心理構造はまったく異なる。

ここで気づくべき重要な点は、市場がジムとドンを区別しないということだ。ジムが合理的統合に成功して1階の選好をひっくり返さない限り、市場は彼の2階の選好には無関心である。いや、実情はもっと悪い。ジムの1階の選好は他の大多数の消費者の選好と一致しているため、市場はジムの1階の選好がますます満たされやすくなるように（規模の経済[451]、広告、人気のある選好を客寄せとして利用するなど、多種多様な経済と販売のメカニズムによって）日々調整を行う。その結果、ジムの1階の選好が行為に移されることが増え、それはさらに強い習慣として定着し、それにより、高階の倫理的判断によって覆されにくくなっていくのである。[29]

市場の視野の中に人間のウォントン的な側面しか入らなくなる、という以外の状況が生じる筋道もある。それは、市場が（もちろん無言のまま[452]）サブパーソナルな存在と共謀するような状況である。つまり、TASSにはショートリーシュ型の遺伝的〔に求めるようにプログラムされた〕目的が数多く組み込まれている。これらはほぼ普遍的な目的であり、それゆえにドルと結びつけられた多くの欲求を生みだす。そして驚くことではないが、市場は実際、こうした遺伝子由来で生み出された利害関心に反応してきた。つまり「規模の経済」が、この種のさまざまな遺伝的欲求の充足を安価かつ簡単なものにしてきた。実際、遺伝的欲求はほぼ普遍的なので、それらを誘発すること[453]（そうやって人々の生活に割り込んで入り[454]、それらを充足させてやることで利益を得ること）は、市場にとって抗しがたいまでの魅力をもつのだ。ヴァージニア大学の経済学者スティーヴン・ローズ［Rhoads 1985］は、企業が歴史の本やシェイクスピアの芝居よりも、バーベキューコンロやテレビドラマの『ダラス』（ローズ自身、1980年代に脚本の執筆にかかわっていた）の広告を多く出したがるのは仕方のないことだと指摘する。それは「企業にはハイカルチャーを避けようとする生得的なバイアスがかかっているからなどではなく、単に人々が前者を買うように仕向けるには、より多くの説得とより多くの資金が必要になるからだ」［158］。ショートリーシュ型の遺伝的目的は、誘発が容易で、ドルに結びつけられるようになる欲求を多数生みだす。その後、市場の容赦ないロジックが、それらの目的の実現にかかる費用を安価にしていく。やがて、それらの目的実現にかかる費用の「安価さ」は正のフィードバック・ループ[455]の一部となる——他の条件が同じであれば、人々はより安価に充足される欲求を選好するはずであり、なぜならそうすれば、別の欲求充足に向けられるお金が余るからである。

誰もがショートリーシュ型の遺伝的目的を持っているのに対し、2階の欲求を持つ「強い評価者」はごく少数

451　「規模の経済（economics of scale）」とは前述のとおり生産規模の拡大に伴い、収益性が向上することを指す（『ブリタニカ国際大百科事典』）。

452　「無言のまま（tacitly）」とは通常は「秘密裏に」という意味になるが、ここでは「共謀」の相手が「物言わぬ」自己複製子である、という意味で「もちろん」なのであり（またもちろん「市場」も言語を発話しうる知的主体ではない）、この種の「共謀」が「もちろん秘密裏になされる」と断定しているわけではなかろう。

453　「誘発すること」の原語 priming がもともとポンプの汲み出しの予備動作であり、心理学的な「意味論的プライミング」もその意味に発する、というのは訳注100で解説した通りだが、ここでは市場が有益な資源としての欲求を「汲み上げている」と共に、心理学的な「プライミング」に近い仕方で人々の欲求を煽り立てている、という意味合いも示唆されて、印象深い表現と言える。

454　「生活に割り込んで入り」と訳した部分の原語は jump in で、「話に途中から割り込む」という意味。本来の生活のなかでは生じなくともかまわなかった原始的な欲求を煽り立てている、という図であろう。

だ。もちろん、人々は市場を通じて、より深く考慮された高階の選好を表現することもできるのだが（放し飼いの卵や、フェアトレードのコーヒーを買うなど）、しかしそれらは統計的に見てごく小さな部分しか占めず、広告を通じて反応の引き金を引くことが難しく、「規模の経済」も働かない。結果として、ＴＡＳＳに基づく無分別な欲求を取り囲む正のフィードバック・ループは、人々の2階の判断にさえ影響を与えうる——「まあ、みんながやっているのなら、そう悪いことでもないだろう」という具合に。このように、市場はさまざまなショートリーシュ型のＴＡＳＳの目的を取り込み、それらを効果的に充足させるように働くので、象徴的・倫理的な選択の多くはこの種の目的に対抗するように展開されなくてはならない。象徴的・倫理的な選好は普遍性に乏しく、それを持つ人々の中で継続的に活性化されているわけですらない（強い評価者でさえ、たいていの時間をウォントンとして過ごす——ＴＡＳＳの一部になるくらいにまで、2階の判断を繰り返し習慣づけない限りは）。この種の選好は広く行きわたったものでもないので、市場がそれを安価に得られる欲求に変えることもない。

ＴＡＳＳに基礎を置く欲求をどんどん安価にしていく正のフィードバック・ループは、エルスター［1983］による、いわゆる「適応的選好」（「簡便的選好」とも呼びうる）[456]の議論と関係づけて説明できる。適応的選好とは、行為者が生活する特定の環境において充足の容易な選好を指す。市場は、広く行きわたり、かつ容易に充足可能な欲求を適応的選好へと変える。例えば、もしあなたがファストフードやテレビのホームコメディ、ビデオゲーム、ドライブ、暴力的な映画、アルコールといったものを好むとしたら、市場はあなたが望むものがごく容易に、かつ非常にリーズナブルな費用で手に入るようにしてくれている。一方、あなたが〔美術館での〕絵画の鑑賞、演劇、原始林の散策、フランス映画、脂肪分ゼロの食品といったものを好む場合、あなたがそれなりに裕福なら、もちろんこれらの選好を充足させることができるだろうが、しかし、それは先の事例よりはるかに手間がかかり、費用もかさむ。このように選好とは適応性〔充足の容易さ〕ないし簡便性においてさまざまであり、[457]市場は、批判的評価を受けていない1階の選好充足の簡便性を高めていく。反省を経ていないショートリーシュ型のＴＡＳＳ選好は、普遍的であるがゆえに、簡便的な選好であらざるをえないだろう。そして、2階の評価によってこの種のＴＡＳＳ選好を覆そうとする者も少数派なので、広く保有され、それゆえに安価に充足できるものとなるだろう。このようにして市場は、1階の欲求への批判的評価を困難にする――本章でも論じてきたように、その作業こそが人間らしさ《パーソンフッド》の本質の一部であるにもかかわらず。あなたの遺伝子も市場も、あなたにとっての象徴的効用や、あなたの2階の欲求には配慮しないのである。【30】

455 「正のフィードバック・ループ」とはある循環的な過程（ループ）のアウトプットがインプットに加算される、つまりあるループで生じた産物が、そのループで進んでいる過程をさらに強めるような循環過程で、「負のフィードバック・ループ」の逆。例えばサーモスタットは「温度が上がりすぎると温度を下げ（ヒーターなどのスイッチを切り）、温度が下がると温度を上げる（スイッチを再投入する）」のように「産物がループを抑制する」という「負のフィードバック・ループ」だが、この符号を逆転させ「温度の上昇を感知するとさらなる温度上昇を引き起こす」仕組み（温度上昇を感知し、ヒーターの出力を上げたり、投下燃料を増やしたりなどする）を作れば「正のフィードバック・ループ」になる。「遺伝子―文化共進化説」をはじめとする共進化の概念はしばしば過去における正のフィードバック・ループの存在を仮定するが（捕食者と被捕食者の間の「軍拡競争」や、訳注318で紹介した言語進化の理論など）、ここで生じるループも遺伝的傾向と文化的産物の関わりがあるという点では一致する部分がある。

456 「適応（的）」と訳されるadaptation（adaptive）は本書においてほぼ自然選択の産物としての遺伝的適応を指すために用いられているが、この用語に関しては遺伝的、進化的適応を指してはいない。つまりたしかにここでは選好と環境の間の適合関係が名指されているのだが、その適合関係は（進化的適応による場合も含むかもしれないが）進化的適応以外の仕方での調節の産物である場合もありうる（例えば、以下の事例では市場のシステムがその調整を担っている）。著者が「簡便的選好（convenient preference）」という別の呼称を併記するのはこのような考慮もあるのかもしれない。

457 このうち「適応性（adaptedness）」ないし「簡便性（convenience）」が大きい選好がすなわち「適応的選好」ないし「簡便的選好」である、ということである（「簡便性」と訳したconvenienceも「手に入れやすさ、充足のしやすさ」を意味する）。

「メタ合理性」はなぜ必要か

価値観が人間の行動に果たす役割は幅広い。これを否定することは民主主義の思想から逸脱することになるばかりか、合理性というものを制限してしまうことにもなる。私たちが、義務や理想を利益や効用と同じように考えることができるのは、理性の力があるからこそだ。この思考の自由を否定することは、私たちの合理性が及ぶ範囲を著しく制限することになる。

——アマルティア・セン『自由と経済開発』[1999, 272]

これまでの議論からすると、私たちの生活に対する市場の支配が、すでに私たちの広い合理性を脅かし始めているかもしれない、というのが現状であるようだ。ここには深い皮肉がある。というのも西洋の市場社会は、近代思想《モダニズム》の本質的特徴というべき道具的合理性が具現化した社会だからである。本章で筆者は「厳しい制約下の合理性」の名で、制約が厳しく、選択圧が強い環境[458]には、合理的選択モデルによく適合する行動をとる主体がしばしば存在するという議論をいくつかの事例に沿って論じた。企業が個人よりも高い道具的合理性を示すのは、彼らが常に下位の主体（労働者）との目的の対立の可能性を自覚してきたからだ。一方、個人の場合、下位の主体（TASS）との目的の対立が注目されるようになったのは、ごく最近になってからの話である。

このように、個人のレベルよりも企業のレベルのほうが合理性の度合いが極端に高い。そして言うまでもないが、企業がこのような合理性の不釣り合いにつけ込み、個人を食い物にすることはありえて[459]、実際にもそれがなされていることはよく知られている。例えば広告の効果の大部分はこの不釣り合いにつけ込んだものである。市場は目ざとく、人間の不合理性につけ込んで利益を上げようとする（クレジットカードのキャッシング金利などもそうだ)。そして言うまでもなく、個人の不合理性につけ込み、食い物にしようとするこうした市場の動きは、すでに私たちの一般的な環境の一部に組み込まれるようになっており、それは私たちの行動を形成する力となる。ノージック[1993]はこのような制度的合理性[460]がさまざまな行動特性[461]のそれぞれに対して有利、不利、さまざまな見返りを与え[462]、それが社会を永続的に変えてしまうまでに至る経過を論じた。ノージックはマックス・ウェーバー[Weber 1968]による「ゲマインシャフト(共同体と個人的なつながり)」から「ゲゼルシャフト(形式的な規則と制度)」への移行についての研究を取り上げながら、制度として具現化された道具的合理性の原理が、いかに合理性というミームプレックス[463]を蔓延させたかを強調している。それによれば、道具的合理性という狭い見方は、いまや自らの領域を拡大することを明示的な目的とする制度(例えば企業がそうだ)を通して、

458　「選択圧」については訳注413参照。厳密には生物学の用語だが「環境から及ぼされる、最適化への強いうながし」のように広く解釈すれば、まさにここで言われている企業が置かれた環境などにも適用できる。

459　「つけ込んで食い物にする」はexploit(exploitation)の訳。「搾取する」とも訳せるのだが、これはかなり限定された意味を持つので、現在の文脈では誤訳になってしまうだろう。

460　「制度的合理性(institutional rationality)」についての明確な説明は出ていなかったが、直後で言われる「制度として具現化された道具的合理性の原理」を指していると見られる。すぐ前の段落で言われていた「(合理性に基づく)市場の動きが私たちの一般的な環境の一部に組み込まれ」ており、このような環境に組み込まれた合理性としての「制度的合理性」が(前段落の言葉で言えば)「私たちの行動を形成する力」となっている、というのが現代の状況だということである。

461　「行動特性(behavioral trait)」は以下のノージックの議論で主題となるが、「合理性」をはじめとする、人間の行動を左右する人間の内的な特性(性格、態度、能力など)を広く指している。以下で具体的に挙げられているのは、「共感」「想像力」「独創性」などである。これ以下では単に「特性」と名指される。

462　「見返り」と訳したrewardは行動心理学でいう「報酬」つまり強化子を指している可能性もある。

463　この後で著者も指摘することだが、「ミームプレックス」は著者の用語で、ノージックの考察を著者なりの概念化で要約したということであり、ノージック自身がこの用語を用いているわけではない。「TASS」などの他の用語についても、本書にはいくつか同様のケースがある。

世界を自分たちに適合するようにつくりかえている。自らの環境を改変するばかりでなく、〔(道具的)合理性以外の〕他のすべての〔行動〕特性が置かれる環境をも改変してしまうことで、自分〔つまり合理性〕だけが繁栄を享受できる環境を拡大しようとしているのだ。その環境において合理性の限界生産力は増大し、他の特性のそれは減少する。かつては等しく重要であった特性が、合理性よりも劣ったものとされる。これは合理性による、共感、想像力、独創性といった他の特性に対する挑戦である――合理性に、他の特性が快適に存在し、繁栄できるようなシステムは構築できるのか。[Nozick 1993, 180]

興味深く、かつ皮肉なことに、ノージックが〔道具的合理性が減少させていくものとして〕言及した〔「共感、想像力、独創性といった」〕「他の〔行動〕特性」のなかには、広い合理性への関心を反映した特性も含まれている――つまり、そのような〔道具的合理性よりも「劣ったもの」とされる〕特性は、価値観、生きる意味、倫理的選好などに訴えて1階の欲求を批判的に評価検討できるようになる〔行動〕特性なのだ。道具的関係へ向かうようにされている諸制度には、世界（その中の個人も含む）を自分たちの思い通りに〔あるいはその似姿として〕[464]形成できる力がある。この力は、私たちがより高度な合理性――自らの価値観や目的を再形成するために表象能力を全面的に活用できるような合理性〔つまり道具的合理性よりも広い合理性〕――を獲得できるようになるために有している能力に対して、現実的な脅威をつきつけるものである。

ここで誤解してほしくないのは、筆者は何も、合理性を制度として具現化すること自体を否定したいわけではないということだ。なにより本書の主要なテーマは、合理性とその制度化が、遺伝子のレベルではなく人間のレベルにおける最適化を行うための条件を創出するための――まさに「ロボットの反逆」を開始するための――手段を提供してくれる、ということにある。とはいえ、人間がごく最近になって達成したもうひとつの自己洞察（第2の自己複製子、すなわちミームの存在に気づいたこと）が、この構図を非常に複雑にしているということは言える。

道具的合理性による乗り物の利益の最大化の過程が成功したかどうかは、その乗り物である人物の人格そのものが自己同一化すべきいくつかの目的によって定義されるが、私たちは、それらの目的を単なる所与のものと見なすべきではない。そうでなければ、私たちはまたしても〔ミームを含む〕自己複製子の利益に自らを捧げてしまう羽目になる。むしろそれらの目的は、ノイラート的な過程による批判的な検討を受けねばならないのである。

この最後に述べたプログラムは認知改革のプログラムに他ならないが、このプログラムは現在のさまざまな制度の支配によって脅威にさらされている――それらの制度が私たちを、これ以上ないほどに狭い意味で解された道具的合理性へと強引に関わらせていると見られるからである。本節の見出しで示唆した通り、この結末を回避するには、メタ合理性が不可欠だと筆者は考えている。すなわち、合理性は合理性に対して批判的評価を加えねばならない。また重要な点だが、合理性は道具的合理性に基づく強力な最適化のプロセスをどのようなときに働かせるべきなのか見極めねばならない。そしてその逆に、自らの目的を評価検討しようとする私たちの試みが道具的合理性によって挫かれようとしているのなら、いかにそれを抑えるべきかをも、合理性は見定めなくてはならない。

この種の、〔合理性が合理性自身を対象とするという〕再帰的な合理性の検討の必要性は、先に引用したノージック［1993］のいくつかの文言からも示唆される。とりわけ、以下の言葉に注目してほしい。「世界を自分たちに適合するようにつくりかえている」「自分だけが繁栄を享受できる環境を拡大しようとしている」「これは、合理性による、共感……に対する挑戦である」「……システムは構築できるのか」。ここでノージックは、その用語は用いずに、道具的合理性をミームプレックス――それ自体の生命を持つ、相互に連動し合った諸観念が属する母

464　いずれにしても比喩的な言い回しであるが、原語の in their own image は「思い通りに」という以外に、「神が人間を自らの似姿（image）として創造した」というキリスト教の神話にちなんだ表現かもしれない。

体――として扱っている。このミームプレックスは、社会的・制度的なミームプレックスである「市場資本主義」と共進化してきたため、それ自体で自己批判的なプロジェクトに取り組むようになるだろうという期待はもてない。ミームプレックスに期待できるのは自己複製のみである。ミームプレックスとしての道具的合理性は、ミーム圏の中での自己複製における成功をうながす〔自然〕選択を受けてきたのであって、宿主が価値を認める別のミームプレックスと出会った場合に自己を抑制することをうながす〔自然〕選択を受けてきたわけではない。その代わりにその宿主が、合理性の一部を用いて合理性そのものを批判的に評価するというノイラート的プロジェクトに取り組まなくてはならないのである。

また単に、認知改革のプロセスに取り組まねばならないのが（ミームプレックスではなく）宿主である、というだけでなく、この〔道具的合理性という〕ミームプレックスを制限する必要が出てきた場合も（つまり、複数の欲求を合理的に統合するために一時的に道具的関心を縮小しなくてはならない場合）、ミームプレックスが協力してくれるとは期待できない。たしかに私たちは、道具的合理性というミームプレックスを自分たちの目的のために利用しているのだが、このミームプレックスは私たちの目的のためにここに存在しているわけではない。前章でも解説したとおり、このミームプレックスは〔内部のミーム相互での〕共進化を遂げており、ある種の自己防衛をすると予期できる[465]――実のところ、ひとたび宿主の脳にインストールされると、反省的検討に対する予防措置を自らにほどこすと予期できるのである。例えばアンダーソン［1993］は、人々は市場社会の中での自分たちが道具的効用を最大化する存在としてふるまっている、という認識を承認しがたいものだと見なすのだが、その同じ人々が無反省な態度で思考し行動するとき、彼らは、まさにこのようなデフォルトの態度から逃れられないように見える、と論じている。これに対するアンダーソンの見立ては以下の通りだ。「これは、市場が私たちの生活において格別な存在感を示してくるからであり、同時に、市場に際限のない拡大をうながしているイデオロギーが存在するからでもある……市場は、ある極めて重要な、価値評価に関わる問いをその意思決定の枠外に放置している――すなわち、ある特定の商品に関する私たちの行動を、市場規範によって律することは果たして妥当なのか、という問いを」[219]。

言うまでもなく、第7章で論じたように、複製と拡散に成功したミームプレックスの多くは自らへの評価を排除する戦略をとっている。市場を通じて追求される狭い道具的合理性もまた、共進化を遂げたミームプレックスとしてこの戦略により守られている。そのことはおそらく、広い合理性に基づく合理的統合（1階の欲求への批判的評価）に向けられたあらゆるプログラムに対してこのミームプレックスが敵意を示している、ということからも示唆されよう。例えば、倫理的消費運動、フェアトレード製品、環境に配慮した生産活動などを目指す運動は、ウォール・ストリート・ジャーナル紙、ビジネスの擁護者、各国の通商代表部、市場推進者といった面々によって、毎度ひどく叩かれている。これは、一見不可解な現象だ。結局のところ、環境に配慮している生産活動も生産活動には違いないのだし、フェアトレードは貿易であるし、倫理的な消費活動は消費活動なのだから。ここで疑われるのは、このミームプレックスが、自らの領域を拡大しやすくするために組み込んでいた前提を最終的に掘り崩しかねない「滑りやすい坂道」[466]に対する防護策をとっているのではないかということだ。例えば、先に述べたような市場の改革は、商品の価格には関連するすべての情報が反映されているという前提を突き崩すことで、市場を複雑にしてしまう。さらに、市場においてとるべき唯一の行動は、吟味を経ていない1階の欲求

465 ここでは一貫して「ミームプレックスとしての道具的には何が期待できて何が期待できないか?」という問いかけがなされており、ここも同じ問いかけの延長なのだが、ここでは「期待できる」と訳してきたcan be expectedを「予期できる」としか訳せず（英語ではどちらも意味しうる）、見たところ問いがぶれたように見えるので注記しておく。

466 「滑りやすい坂道」については訳注308参照。ここでの議論にひきつければ、例えば倫理的消費も消費なのだからという理由でそれを是認することで、その中に潜む反市場主義的な思想を是認する結果につながることを恐れている、ということになるかもしれない。

——所与として扱われる単純な嗜好としての欲求——の充足のために最も効率的な方法を追求することだ、という前提も疑問視される。これらの改革によって、ミームプレックスはずっと複雑になり、あらゆる文脈に適応する力も弱まるだろう。その結果、ミームプレックスの複製力は損なわれるかもしれない——以上の説明は、先のような、本来は市場の維持を前提しているはずのいくつかの改革に対して、不当に激しい抵抗が見られることへの理由づけになるかもしれない。

「人間《パーソナル》の自律」の条件を定式化する——多種多様なサブパーソナルな存在の脅威に抗して

社会における倫理の進歩は、宇宙の仕組みを模倣することでも、ましてそこから逃げることでもなく、それと闘うことによって成し遂げられる。

——T・H・ハクスリー『進化と倫理』（Huxley［1894］1989 141）

少なくとも筆者が見るところ、ここに至って人間《パーソナル》[467]の自律に必要な、ノイラート的な自己吟味プログラムの全貌が、ついに明らかになった。道具的合理性は、人間《パーソナル》の完全な自律の必要条件ではあるが、十分条件ではない。たしかに私たちは道具的に合理的であることを望むが、先に見たとおり、それはハチにだって可能なのだ。人間が、人間以外の動物には実現できないものとしての自律的合理性を実現すべきだとすれば、認知改革のためのより幅広いプログラムが必要となる。例えば、道具的合理性を追求することに加えて、認識論的合理性を改善するプログラムを追求することもまた、私たち人間には不可欠である。世界のあり方について誤った前提に立ったまま合理的に目的を追求しても、私たちの欲求充足は成功しないだろう。また、信念という形で私たちに宿るミームはそれ自身の利害を持つ〔利害を問いうる〕自己複製子であり[468]、それゆえに評価検討の対象とならねばならない。欲求についても同様だ。私たちはまず、自分たちの利益をTASSに組み込まれたさまざまな1階の欲求そのものと同一視してしまわないよう気を配らねばならない。これらの欲求が、大古から引き継がれた遺伝子の利益を支持することに重きを置いていて、私たちが現在追求する長期の目的には役に立たない可能性はあるのだ。だがまた、私たちの分析的システムが採用している長期の目的の多くはミームであるため、これらも評価検討される必要がある。

危険を覚悟のうえで、私たちは強い評価、すなわち1階の欲求を評価検討するというプログラムに取り組む必要がある。1階の欲求と2階の評価に不一致が生じる場合、合理的統合のノイラート的プログラムに乗り出さねばならない。あらゆるノイラート的プログラムの常として、そこにはリスクも伴う——出港した段階で立っている板が腐っている可能性もあるのだ。

ここまで述べてきたプログラムは、ミツバチや、あるいは——少なくともこの問題に関して言えば——チンパンジーの合理性にはまったく手の届かないものだ。このプログラムを「メタ合理性プログラム」と呼ぶのは正当だろう——そこでは合理性そのものが、合理性それ自身の評価検討と、合理性進化[469]の文化的産物をも組み込んだ諸制度の評価検討のために利用されるのである。人間の合理的統合を——「ヒューム的連結」を脱して——完全

467 personal autonomy はもちろん「人間（個人）の自律」ということだが、これはまたサブパーソナルな自動過程に流されない、パーソナルレベルでの自律の実現ということでもある。

468 改めて確認しておくと、自己複製子であれば自然選択（かそれと類似の選別過程）を経ている可能性があり、自然選択を経たと見られる自己複製は複製の成功に関する最適化を受けている見込みが大きい。この「複製の成功に関する最適化を受けている」というのは「それ自身の複製という利益を追求しようとしている」と見なすことができるため、複製子については「複製の成功」という利害を有意味に問うことができる。核酸の断片や観念がそれ自身が意思決定を行う行為主体であるわけではなく、デネットのいう「無知な受益者」として最適化を受けているということである。

に実現することは、創造力を要する開かれた〔あるいは果てのない〕作業であり、その困難さはこれまで過小に見積もられてきたかもしれない。気の遠くなる難題と見えるが、果たして私たちの手に負えるのだろうか？

私たちの手に負えるのか？——心的生活で大切にすべきこと

前節の議論を踏まえると、市場社会で見られる狭い道具的合理性は、人間の合理性の文化的進化におけるひとつの極大値[470]と言えるかもしれない。そのうえで、それよりも広い合理性概念を追求するという課題が人間の手に負えると信じるべき理由はあるのだろうか？　筆者としては、その課題は事実私たち人間の手に負える、と訴えたい。このように、人間が持つさまざまな幅広い評価能力について筆者が楽観的である理由は、私たちが持つ、表象能力を活用しようとする強い衝動に発している。

人間の、さまざまな表象能力を用いて2階の評価に取り組もうとする欲求は強力なものだ。これは作家のジョナサン・フランゼン［Franzen 2001］が父親について語った、印象深く悲痛なエピソードからも明らかだ。それによればフランゼンの家族は、しばらくアルツハイマー病を患っていた父親を老人ホームから自宅に連れ帰り、感謝祭のディナーを共にした。その頃には父親の認知症はかなり進行しており、「場所が変わったところで、父は1歳児ほどの関心も示さなかった」とフランゼンは振り返る［89］。続いてフランゼンは、椅子の上でうなだれる父親を写真に撮ったことや、フランゼンの妻が話しかけても無言で肩をすくめるだけだった父親の姿を、哀切を込めて綴っている。遠くから電話をかけてきた他の息子たちにどうにか感謝を伝えることはできたものの、父親がディナー中に言葉を発したのはそのときくらいだった。しかしディナーの後、フランゼンが父親を再び老人ホームに送り届けたとき、目を見張ることが起きた。フランゼンの妻が車椅子を取りにホームへ小走りに入っていき、フランゼンと父親がエントランスの前で待っているとき、父親が突然こう言ったのだ。「ここに戻ってこなければいけないくらいなら、出てこないほうがよかった」。

フランゼンはその言葉に唖然とした。少なくともその瞬間、父親が自分の置かれた状況を自覚し、それに対して評価を行っていることがわかったからだ。彼はこう言う。「私は何よりも、父の意志が明らかにまだ存続していることに衝撃を受けた。あの日、老人ホームの外で父が自らを奮い立たせて言葉を発したとき、父は自己鍛錬の名残のようなもの、意識と記憶の奥底にある活力の蓄えのようなものを発散していたのだと思わずにはいられない。同時に、その翌朝になって父が虚脱状態に陥ったのは、病院でひとりきりになった最初の夜もそうだったように、父がその意志を放棄したからだと思わずにはいられないのだ」[89]。このフランゼンの言葉はまったく正しいと筆者は訴えたい。そして、この悲痛な瞬間に深く思いを寄せると同時に、認知科学の立場から、冷静で、状況から一歩距離を置いた分析を加えることに、不連続性はまったくないとも訴えたい。では、認知科学はこの出来事について何を教えてくれるだろう？　何よりまず、アルツハイマー病の犠牲者であるフランゼンの父親は、遺伝子と呼ばれる自己複製子の無精神的かつ無配慮なロジックによって尊厳を傷つけられている——彼らが複製される見込みのある時期が終わってしまえば、生存機械であるフランゼンの父親のことなど、遺伝子はカケラも

469　「合理性進化」は rational evolution の訳で「合理的進化」とも訳せよう。これ以上詳しい説明はないのだが、著者が「進化」という言葉をおおむね厳密に用いていることからして、これもまたボトムアップ式に進行する自然的な変化の過程を指していると思われる。しかしまたそこで発展しているのは合理性であり、合理性が己自身を批判的、反省的、あるいは合理的に発展させる自然過程という意味では「合理的な進化」とも呼びうるものであろう。

470　「極大値（local maxima）」は数学で用いられる関数の値についての用語。ここでは一種の比喩であろう。また、確認できていないが、文字通り「局所的な最大値」を指しており、「真にグローバルな最大値に至っていない」という意味合いで言われている可能性もある。この場合、進化生物学でいう「適応度地形（fitness landscape）」の問題と重なる観点からの指摘であろう。

気にかけない。彼らが唯一配慮の対象とする自己複製の結末は、とうの昔に確定している以上、生存機械がどんな形で解体していこうと、遺伝子は満足なのである。私たちの創造主は、私たちが最大の価値を認めているもの、すなわち自己の感覚にはまったく価値を置いていない。だが、フランゼンや他の識者［Shenk 2001など］も論じているように、アルツハイマーに特有の恐怖とは、肉体よりも先に自己が死んでしまうことにある。

アルツハイマー病の進行に伴う脳の劣化は、子どもの発達と逆のプロセスをたどる――最後に獲得した認知能力が、最初に失われるのだ。病気が進行すると、患者はウォントンになる――つまり赤ん坊のように、その場その場で生じた欲求に反応するだけになる。老人ホームの前で起きた出来事にフランゼンが衝撃を受けたのは、父親の、自分の置かれた状況に対して2階の評価を行わないウォントンとしてのあり方に慣れてしまっていたからだ。しかし、この出来事に対するフランゼンの悲痛な描写と分析は、まさにここで核心を突く。「意志」と呼ばれる古風な言葉を、私たちの脳内の並列的ハードウェア上の直列的なバーチャルマシンを走らせるための認知的努力を指すものとして捉えるなら、彼の父親はこのときその「意志」を行使していた。そして、分析的プロセッサを走らせた瞬間に父親が行ったのは、それを使って強い評価を下すことだった――人生最後の意志の行使として（認知症はこの後も進行し、ほどなく父親は亡くなった）。

フランゼンの描写には多少の脚色や思い入れもあるだろうが、私たちとしても次のことは言えよう――たしかに父親は感謝祭の食事を楽しんだのだろうし、宴に参加したがっていたのも間違いないが、とはいえ彼は「老人ホームを出ることを望まない」ことを選好していた、と。つまりフランゼンの父親は、持てる最後の認知能力――2階の判断に必要な各表象能力を維持できるだけの認知能力――を行使して、ウォントン以外の何かであろうと闘ったのだ。アルツハイマー患者の中でもTASSは作動しているが、「本能的直感」を持ち上げる人々の期待には反して、自己というものの最も中心に位置し、自己複製子の利益に抗する反逆――それこそが人間の文化である――を可能にしてくれる、さまざまな表象能力を維持することはできない。

フランゼンの父親は、認知的意志の最後のかけらによって、無配慮な造物主たる自己複製子に反逆した。この最後の認知的意志の行使をもって、世界について自分の視点から判断するという、人間的な行為者の権利を主張したのだ。フランゼンの父親は、認知能力が限界を迎えるまでこの反逆を貫いた。一方、自己複製子は世界についての判断などは行わない――彼らはただそこにそのように存在しているだけだ。私たち人間だけが、世界について判断する。そしてフランゼンの父親のエピソードは、そうせずにはいられない私たちの衝動の根強さを証明するものだ。

このエピソードからは、神のいない世界、あるいはダーウィンの洞察から引き出されうる、諸々の容赦のない結論に向き合いつつある世界のなかで人間独自の重要性をどこに求めるかという、現在進行中の文化的対話に関わる、いくつかの帰結を引き出しうるかもしれないと筆者は思う。人間の独自性の根拠として、一般向け科学書の著者が好んで引き合いに出すのは「意識」であるが、認知科学における意識という概念の位置づけは、控えめに言っても混乱を極めている。認知科学には、私たちが自然言語で「意識」と言うとき、基本的に私たちは何について話しているのかよくわかっていない、ということを示す影響力の大きな学派がいくつかある［Churchland and Churchland 1998; Dennett 1991, 2001; Wilkes 1988］。神経科学における意識に関する推測の多くは、明るみになれば当惑を招くに違いない二元論的な想定を、いまだに隠し持っている。あまりにも賢すぎるホムンクルス[471]を舞台のそでに潜ませているような意識の理論は多い。私たちはいまだ、意識という概念について、分散処理、モジュール性、認知制御といった新しい理論の文脈で整合的に語る方法を（それがあるとして）見つけ出さねばな

471 「ホムンクルス」の概念は何度か登場したが（101–103頁など）、繰り返せば、機構が不明な心的能力の説明の中に、説明されねばならないはずの能力（多くは民俗心理学的にのみ理解された能力）をブラックボックスのように前提してしまっている概念ということである。

らない段階にあるのだ。

もちろん研究文献を見れば、さまざまな意識の側面が論じられている。[31] そしていくつかの側面については、少なくともそこそこ科学的だと言いうる合意が得られ、ある程度理解は進んできた。〔日常言語で流通している〕多種多様な意識概念を構成する要素は、「選択的注意」、「気づき〔アウェアネス〕」[472]、「実行制御」、「記憶アクセスの意識」といったさまざまな側面として解釈され、さまざまな度合いで、それぞれ科学的な理解をもたらしてきた。ところが奇妙なことに、ここに述べた意識のさまざまな側面は、意識についての論者たち[473]が人間の独自性を決定づける認知的特徴と目して注目するものではない。むしろこのような論者たちが焦点を合わせるのは、哲学者たちが「クオリア」と呼ぶものである――それは、いわゆる「生《なま》の感覚」であり、意識の内的経験であり、あるいは「内側からの、ある種の感じ」[474]であるような何かだとされている〔クオリアに対する極めて懐疑的な見解としては、Dennett 1988を参照〕。不可解だと言ったのは、クオリアこそ、科学的にも哲学的にもまったく合意が得られていない意識の一側面だからである。学者[475]のなかには、クオリアの本来的な説明不可能性を「証明」できるだろうと考えている者がいる[476]――一方、このような学者たちはそもそも解決できないような形で問いを設定するという意味論的なトリックを仕掛けている、と考えるまた別の学者たちもいる〔双方の代表的な見解としては、Chalmers 1996; Dennett 1988, 1991, 2001; McGinn 1999; Shear 1998を参照〕。

フラナガン〔Flanagan 1992〕は、こういったクオリアのような意識の側面は科学的な説明を受け付けないと思っている人々を名指すために「ミステリアン〔神秘愛好家〕」という呼称を造語した。何かが人間の理性による説明の手を逃れてしまうとしたら、科学者も哲学者も当然それを嘆くだろうとみなさんは予想するだろう。ところが、私や他の人々〔Churchland 1995; Dennett 1995ほか〕にとっては不可解なことに、ミステリアンたちはそれを嘆くどころか、むしろ嬉々として受け入れているように見える――このような態度を、ミステリアンという立場の背後に隠された、もっと大きな意図を示唆するものだと受け取る論者もいる［Dennett 1995「クレーンとスカイフック」の議論を参照］。加えて言えば、クオリアを科学の枠外に置きたがっているミステリアンたちは、同時にまたクオリアを人間の独自性や重要性の根拠として称揚しようと傾いている人々でもある（クオリアは何らかの意味で決定的な存在であるにもかかわらず、科学はそれについて何も語ることができない、というのが彼らの見解だ）。〔生きることの、ないし人間存在の〕意味を謎の中に求めようとするこのような傾向は、歴史上もよく見られたものだ［Dennett 1995; Raymo 1999 参照］。

これほどまでに、意識を人間らしさの決定的な特徴と見なすことが既定路線とされてこなかったならば、上述のような論争や混乱もこれほど不穏なものにはならなかっただろう。結局のところ、さまざまな論者が意識への賛歌の中で実質的に述べているのは、人間をユニークな存在にしている何かは、私たちが正しく語ることができるかどうかさえあやふやなものである、ということだけだ。筆者の意図は、クオリアにまつわる論争をここで解決することではない。単純に、人間の認知の他の重要な側面に注意を向けることにある。クオリアのような、認知における「何かであるような感じ」と言われるような性質[477]が科学的説明の対象になるものかどうかは脇に置い

472 「気づき（awareness）」については訳注61参照。括弧内に記したように「アウェアネス」と片仮名訳される場合もあるようである。

473 「意識についての論者たち」は原文では commentators で、具体的にどのような人々なのか明確ではないが、後述の二元論的な現代哲学者たちや、前述の「一般向け科学書の著者」、および彼らに賛同する人々を想定していると思われる。

474 原文は what it “feels like from the inside” で、訳注424で紹介した What is it like to be a bat? を「コウモリであるとはどんな感じか？」と訳せるとしたら、それとほぼ同じ意味で（is と feels はこの場合ほぼ同義で、主語と補語を結ぶ繋辞である）「内側から眺めるときの、その感じられ方」のような意味になる。この「AがBのように感じられる（A is like to be B または A feels like to be B）」は、ここでいう「意識の内的経験」をそれとして名指すための定番の表現として定着していったようである。

475 一般に「学者（scholar）」は「科学者（scientist）」と区別された「人文学者」を指す。

476 この説明に直接に当てはまるのは哲学者コリン・マッギンの、「新神秘主義（新ミステリアニズム）」だと思われる。

て、私たちはノージック［1974］の「経験機械」の教訓から、人生には内的経験以上の意味があるかもしれないと考えたほうがよさそうだ。

　筆者が提言したいのは、〔意識あるいはクオリアではなく〕本書終盤で解明を進めた諸々の広い合理性概念こそが、認知的生活の有意味さを見定める、有益な基準《ベンチマーク》[478]を提供してくれるだろう、ということだ。といっても、広い合理性こそが生きることの意味や意義を示す唯一の目印だと言いたいわけではない。ただ、意識は人間の独自性を示す唯一の指標ではないし、実のところ最良の指標でもないかもしれない、と言いたいのである。いずれにせよ状況は〔「意識か、さもなくば合理性か」という〕ゼロサムゲームというわけではない――人間の独自性を示す指標は数多くありえて、そのひとつを証明したからといって、他の指標の重要性が否定されるわけではない。生きる意味の目印となる他の概念を探究することは、現在進行中の意識の研究の重要性を引き下げるものではないのだ。

　人間の価値観は、しばしば1階の選好に対する批判的検討という形で役割を果たす。例えば、1階の選好と高階の選好のあいだの整合性〔という価値〕を実現させようとする葛藤が、人間の認知に固有の特長となっている。この特長こそが、人間の心の他のどんな特長と比べても、他の動物たちと私たち人間とを最もくっきりと区別する特長であり、これに比べると現象的意識[479]は、脳の複雑さに応じてさまざまに異なるとはいえ、動物界全般で生じている見込みがずっと大きい。

〔意識という主題とは対照的に〕広い合理性というのは、首尾一貫した形で語ることが少なくとも可能な主題である。たしかに狭い合理性にも、広い合理性にも、それらをどうモデル化するかをめぐって込み入った議論があり、筆者としても、そうした議論の複雑性を無視するつもりはない。とはいえ人間の人間らしさを定義づける特長としては、科学的探究と折り合いがつく特長、少なくともそう思える特長に的を絞るほうが望ましいかもしれない、というのが筆者の提案である。狭い道具的合理性を支えている認知のメカニズムについては、すでに多くの先進的な研究の対象となっている。[32]広い合理性については、すでに哲学上の首尾一貫した議論がいろいろとなされており、これは、人間にとって人生を価値ある人生たらしめているものを目指していく今後の探究の前進を、少なくとも希望させてくれるものだ。[33]強い評価——すなわち心的状態の自己評価——を可能にしている認知構造は、現在進行中のさまざまな議論および実験の主題である。[34]要するに認知科学は、自らを自律的に評価することに価値を置く主体（人間）の内なるロジックを明らかにし始めている。そのロジックを可能にしているこれらのメカニズムの独自性は、ダーウィンと神経科学の時代にあって、科学的に説得力のある自己の概念がどのようなものでありうるかを探る探究が始まるとき、有益な着眼点となるだろう。これはいわゆる「意識の謎」（クオリアの謎）の背後に立てこもるという、少々侮辱的な動向よりも、ずっと自己尊重的な探究方向であるように思われる。ジョナサン・フランゼンの父親の場合、ウォントンであったことで、より好ましい意識経験を得ていたかもしれないが、周囲の人々は明らかに、彼が2階の評価能力を維持するほうがよいと思っていた。ここでもう一度、ノージックの経験機械の思考実験の別バージョンを考えてみよう。ウォントンとしての快適な意識経験が保証されるからという理由で、ウォントンになる（つまりは、2階の評価を形成する能力を放棄する）ことを選好する者などいるだろうか？

私たちの内的経験が、脳における莫大な規模の複雑な因果的結びつきの内部でなされている認知活動の産物で

477 原語は"what it feels like to be"で、訳注424と訳注474を参照。

478 benchmarkは基準点、指標という意味だが、コンピュータのスペックをテストするためのプログラムがこの名で呼ばれており、著者もそれを念頭に置いている可能性がある。

479 「現象的意識」はクオリアや「どのような感じか？」といった意識の主観的な現象の側面を特に強調するときに用いられる。チャーマーズなどは、現象面を度外視して考察できる意識の機能面を指す場合に、区別のため「心理学的意識」という言葉を使う。

あるというのは少なくともそれほど議論の余地はない知見である。つまり私たちの経験は、脳という巨大なシステムの自己監視、感覚作用への反応、監督的注意の実行、高次の抽象度でなされる表象活動、その他、同様に重要なさまざまな認知活動の所産だということだ。だがひょっとすると私たちは、これら認知活動の所産としての内的経験よりも、むしろその認知活動それ自体に改めて注目する必要があるのかもしれない。もしかすると、私たちが人間の心的活動に認めたがっている重要性は、認知活動〔脳内の情報処理〕に伴う内的経験よりも、むしろ認知活動それ自体に属すべきものではないだろうか。言い方を変えれば、ひょっとして認知活動の経験よりも重要なものがあるのかもしれない。もしかすると、さまざまな認知活動を行うことが〔経験と〕同じくらい重要なのかもしれない（いま一度、経験機械のエピソードに対してどう感じたか思い出してほしい）。

もしかすると私たちは、教育者たちが学習過程における自尊感情の重要性を誤って認識してきたのと同じ仕方で、意識の重要性を過大評価してきたかもしれない。1990年代、「学業の成績が悪いのは、児童の自尊感情が低いからである」という仮説がものすごい勢いで流行した。だがその後、学業成績と自尊感情の関係性は、学校関係者が想定していたものとは逆であるらしいことが判明する。つまり、学校で（あるいは人生の他の側面で）優れた成果を上げることが自尊感情の高さにつながるのであり、その逆ではないということだ。[35] つまり自尊感情は、その個人が取り組んだ生産的な活動に、単純に同伴していただけだったのである。少なくとも部分的には、意識もこれと同様に、認知活動に同伴している。重要で価値のある認知活動――知覚的なものであれ、表象的なものであれ――は、意識的な状態を引き起こす見込みが大きい。そして言うまでもなく、認知活動の因果的効力や価値のすべてを意識の経験的な側面に帰そうとするのは、第2章でも述べたホムンクルスの誤謬を別の装いで繰り返しているだけだ。

私たちが認知活動に認める価値を、その活動に対応する経験だけに帰すべきではない。その価値の一部は認知活動そのもの、とりわけ1階の欲求に対する強い評価や、ミームに対する自己批判的な評価などに帰されてしかるべきである。もしかすると私たちは生きることの意味の探究を向ける先を意識や内的感覚(クオリア)から転じ、この世界における私たちを自律的で独自な行為者たらしめているさまざまな評価的認知活動へと向けていくことで、有益な成果を得られるかもしれない。

私たちが生きることの意味を創造するのは、2階の評価に努めるときであり、階層の異なる選好の合理的統合の実現に努めるときであり、1階の選好同士の整合性を実現させようと試みるときであり、人生における象徴的な意味を見逃すまいと構えているときであり、乗り物としての自身を大切にし、絶えず変化する技術化された環境の中で、TASSに組み込まれた遺伝的性癖に自分の利益を犠牲にさせまいとするときだ。これらの活動はすべて、真に人間にのみ固有なものを定義する活動である。人間は、地球上のあらゆる形態の生命の中で、人間にのみ独自の方法——すなわち合理的な自己決定——により、自らの生をコントロールする力を手にしているのである。

謝辞

本書はさまざまな場所で編み上げられていった。筆者が籍を置く研究機関に加え、トロント大学、そして英国コーンウォールのセント・アイヴスから、スコットランドのオーバン、さらにサンフランシスコまで。アン・カニンガムは、サンフランシスコおよびカリフォルニア大学バークレー校で筆者のホストとなってくれた。リチャード・ウェストはトロントにあるわが家のバルコニーで、幾晩にもわたって話し相手になってくれた。長年にわたり、リチャードは本書でも示したアイデアについて重要な壁打ち相手になってくれている。パウラ・スタノヴィッチは、本書の執筆をなし遂げるために最も必要とされるものを筆者に与えてくれた――プロジェクトに対する献身、自信、情熱である。彼女が筆者の信念を支えてくれなければ、本書は完成を見なかっただろう。パウラとリチャードは筆者にとってのルナー・ソサエティ〔かつて英国に存在した科学者の秘密結社〕なのである。

本書の草稿段階では、次のような人々から有益な批評をいただいた。スーザン・ブラックモア、ジョナサン・エヴァンズ、ダニエル・カーネマン、アーロン・リンチ、デイヴィッド・オーヴァー、ディーン・キース・サイモントン、キム・ステレルニー、ロバート・スターンバーグ、リチャード・ウェスト。特にシカゴ大学出版局の校正者たち、キム・ステレルニー、デイヴィッド・オーヴァーからは極めて洞察に富んだ示唆を得た。査読者たちは寛大にも本書の流儀を理解したうえで、その線に沿って批評してくれた。本書の主張は特定の実証的な知見に依拠するものではなく、むしろ不肖筆者が大まかに描き出した認知科学の幅広いテーマに依拠している。手練れの評者たちはみな、ちょうど筆者にとって最良の助けとなるレベルで本書に向き合ってくれた。

シカゴ大学出版局の担当編集者、T・デイヴィッド・ブレントは、筆者が本書を通じてなし遂げたかったことを予見するという並外れた能力の持ち主だった。彼は主要なテーマを見抜いたばかりか、特定の議論を洗練されたものにするのに手を貸してくれた。リチャード・アレンの文書校正はどこまでも思慮深く有益だった。エリザベス・ブランチ・ダイソンは補佐役として、制作のさまざまな局面で見事な働きを見せてくれた。

多くの学恩を蒙っていることは本文に明らかで、参考文献リストはそれをまとめたものである。しかしそれでもなお、次の人々の仕事には特に触発されたことを記しておきたい。ダニエル・デネット、ロバート・ノージック、ダニエル・カーネマン、エイモス・トヴェルスキー、ジョナサン・エヴァンズ、そしてデイヴィッド・オーヴァー。

本書の執筆中、筆者が所属する学科の主任——キース・オートリーとジャネット・アスティントン——は、研究活動にとって極めて快適な空気を醸成してくれた。学科事務員のメアリー・マクリは驚くような熱意でもって技術面での作業や事務作業を請け負ってくれた。本書の執筆は、筆者がトロント大学におけるカナダ・リサーチ・チェア〔カナダ政府が運営する、優れた研究者を支援するプログラム〕に選出されたことで大いに進めやすくなった。本書で議論されたテーマの一部に関して、筆者自身で実証研究を行うことができたのは、カナダ社会・人文科学研究機構による継続的な支援があればこそである。

ロビン・マクファーソンとジョルジュ・ポトウォロフスキは、参考文献の照合という大事な仕事をしてくれた。ロビンは驚異の何でも屋で、学問的仕事も学校業務も精力的にこなして本書の制作に寄与した。キャロライン・ホーは、筆者の手がふさがっているときにはシニアとして研究室のリーダーになってくれた。マリリン・カートイとアン・カニンガムは筆者の私的な知的支援チームの常任メンバーだ。

最終的に第4、5、6章にまとめたアイデアは、以下に示す既出の論文を利用している。「人間認知の基礎的

［著者］
キース・E・スタノヴィッチ
カナダ・トロント大学応用心理学・人間発達部門名誉教授。認知心理学者として教育心理学、とりわけ読字能力の研究で多くの業績をあげ、この分野で多くの賞を受賞している。また、近年は本書の主題である「合理性」の心理学を主要な研究テーマとしている。邦訳された著書に『心理学をまじめに考える方法』『私たちを分断するバイアス』（共に誠信書房）、『現代世界における意思決定と合理性』（太田出版）などがある。本書は2008年にみすず書房より発行された『心は遺伝子の論理で決まるのか』の新訳による復刊。

［訳者］
木島泰三（きじま・たいぞう）
1969年生まれ。法政大学大学院人文科学研究科哲学専攻博士後期課程満期退学。現在、法政大学ほかで非常勤講師。博士（文学）。専門はスピノザおよびホッブズを中心にした西洋近世哲学。著書に『自由意志の向こう側』ほか、翻訳書にキース・スタノヴィッチ『現代世界における意思決定と合理性』（太田出版）、ダニエル・デネット『心の進化を解明する』（青土社）、ブルース・ウォーラー『道徳的責任廃絶論』（平凡社）ほか。

［訳者］
藤田美菜子（ふじた・みなこ）
翻訳者・編集者。翻訳書にピーター・スコット-モーガン『NEO HUMAN　ネオ・ヒューマン』（東洋経済新報社）、カマラ・ハリス『私たちの真実』（共訳、光文社）、バラク・オバマ『約束の地 大統領回顧録』（共訳、集英社）、マイケル・ウォルフ『炎と怒り』（共訳、早川書房）ほか。

THE ROBOT'S REBELLION　ロボットの反逆
――ヒトは生存機械《サバイバルマシン》にすぎないのか

2025年3月25日　第1刷発行

著　者――キース・E・スタノヴィッチ
訳　者――木島泰三、藤田美菜子
発行所――ダイヤモンド社
〒150-8409　東京都渋谷区神宮前6-12-17
https://www.diamond.co.jp/
電話／03･5778･7233（編集）　03･5778･7240（販売）
解説――――読書猿
装丁デザイン―中ノ瀬祐馬
本文デザイン―布施育哉
DTP･図版作成―エヴリ・シンク
校正――――鷗来堂
製作進行――ダイヤモンド・グラフィック社
印刷――――堀内印刷所（本文）・新藤慶昌堂（カバー）
製本――――ブックアート
編集協力――城戸千奈津
編集担当――田中怜子

ISBN 978-4-478-11676-0

索　引

※「原注 *XnY*」は *X* 頁、注番号 *Y* を意味する

カ

サ

タ

ナ

マ

ヤ

ラ

ワ

原　注

第１章

1. 正確には、ドーキンス［1976］がこの言葉で言わんとしたことは、「複製という形での、遺伝子の潜在的な準・不死性」である［34］。

2. もちろんドーキンス［1976］は、『利己的な遺伝子』で論じられている概念を発明したというよりも、いまや進化科学の主流派となったハミルトン［Hamilton 1964］、メイナード・スミス［Maynard Smith 1974, 1976］、トリヴァース［Trivers 1971, 1974］、ウィリアムズ［Williams 1966］らの研究を総合したのである。このドーキンスによる総合において強調されるのは、「遺伝子の目からの視点」とも呼ばれる比較的最近の洞察だ。それによれば、進化の影響を完全に理解するためには、生物個体や生物種だけに焦点を合わせるのではなく、最も基本的な単位である遺伝子と、その遺伝子が競合する対立遺伝子よりも繁殖上の成功をおさめるためのメカニズムにも焦点を合わせなければならない、ということになる。ハミルトン［1964］、ウィリアムズ［1966］、ドーキンス［1976］は、そのメカニズムが本質的に三層構造になっていることを教えてくれる。すなわち、〔第１に〕遺伝子は自らのコピーを直接つくるかもしれない。また〔第２に〕遺伝子はある生物体（いわゆる乗り物、次節参照）の構築を助け、そのうえでその生物が生存すること、および――その生物の構築を助けてくれた――遺伝子を再生産することを助けるかもしれない。あるいは〔第３に〕、遺伝子は、その遺伝子が構築した生物個体を動かして、その生物個体が、その遺伝子と同じコピーを運んでいる他の生物個体を助けるようにさせるかもしれない。なお、「遺伝子の目からの視点」を包括しつつも、なおかつマルチレベルの自然選択も重視する議論については、Sober and Wilson 1998 および Sterelny and Griffiths 1999 を参照のこと。

3. ラドクリフ・リチャーズ［Richards 2000］は、「いま最も重要な論争は、ダーウィン主義者と反ダーウィン主義者の間で起きているのではない。むしろ、いずれもダーウィニズムという閾《いき》を乗り越えたものの、しかしダーウィン主義的な説明が自分たちをどこまで遠くへ連れて行ってしまうのかについて意見が一致しない人々の間で起きているのだ」と指摘している［26］。

4. 筆者によるこの概念の使用法はごくごく一般的なレベルにとどまるもので、このレベルにおいては、筆者の論証の中に生物科学における何らかの特定の論争の帰趨に依拠する要素は含まれない。デネット［1995］が指摘するように、「進化理論においては活発な論争が渦巻いているが、ダーウィニズムから脅威を受けていると感じている人々は、この事実に安堵すべきではない。論争のほとんどは――すべてではないにせよ――『単なる科学』をめぐるものであって、それぞれの論争でどちらが勝とうと、その結果がダーウィンの基本的な考え

方を覆すことはない種類のものだ。このダーウィンの考え方は、科学におけるどの考え方にも劣らず確かなものであり、実際、人生の意味とその可能性に関する私たちのビジョンに対して広範な帰結を含み持っている」[19]〔邦訳24頁に該当〕。同様に、本書で論じられている主要な結論はどれも、進化生物学における多くのミクロな論争がどう決着するかにはまったく影響されない。他の読みやすい要約としては、以下を参照。Cairns-Smith 1996; Eigen 1992; Maynard Smith and Szathmáry 1999; Ridley 2000; and Szathmáry 1999。より「遺伝子中心的」ではなく、マルチレベル選択説を強調した議論については、Gould 2002; Sober and Wilson 1998 および Sterelny and Griffiths 1999 を参照のこと。

5. 自己複製子の活動を擬人化して記述するのは、生物学の著作でよく使われる省略表現に過ぎないことを理解すべきである。例えば、「自己複製子は攻撃を防ぐために蛋白《たんぱく》質の保護コーティングを発達させた」という記述は、「コーティングを施した乗り物をつくる自己複製子が個体群内での頻度を高めた」というぎこちない言葉で表現することもできる。筆者はこれからも、自己複製子や遺伝子が「目的」や「利益〔利害関心〕」を持つといった比喩的な言葉を用いるというこの慣習に従っていくが、これは、こうした表現があくまでも省略形に過ぎないということを読者が理解していると確信してのことだ。ブラックモア［1999］が述べるように、「『遺伝子がXを望んでいる』という省略形は、常に『Xを行う遺伝子は受け継がれる見込みが大きい』と言い換えることができる」［5］が、複雑な議論を行おうと思えば、後者の表現は煩雑になる。したがって、筆者はドーキンス［1976］に倣い、「遺伝子について、あたかも意識的な目的があるかのように語ることを許容しておき、そうしたい場合にはその紛らわしい言葉をきちんとした用語に再翻訳することもできる、という保証を常時確保しておく」［88］ことにする。ドーキンスは、こうしたアプローチは「それを理解する用意のできていない人々の手に渡らない限り無害である」［278］と指摘したうえで、「遺伝子が利己的であると言うのは、原子が嫉妬の感情を持っているとでも言うようなものだ」と訳知り顔で生物学者をたしなめた、ある哲学者の言葉を皮肉っている。ドーキンスが言及した哲学者ならいざ知らず、本書の読者にとっては、そのようなことは指摘するまでもないはずだと信用している。

6. その後の著作で、ドーキンスは［特に1982, 15-19を参照］〔邦訳40-43頁〕「ロボット」という用語の使用によって引き起こされた彼の著作に対する誤解を正そうとしてきた。言うまでもなく、ドーキンスはこの用語を通俗的な用法ではなく、サイバネティクスに由来する専門的な意味で使っている。サイバネティクスにおける「ロボット的《ロボティック》」という表現が「柔軟性のなさ」を含意しないことは、『利己的な遺伝子』が書かれた当時（1976年）よりもよく知られるようになった。それどころか、高レベルのコンピュータ・プログラミングの多くは、変化する環境からの入力に柔軟に対応する能力をロボットや人工知能にいかに装備させるかということにこそ主眼を置いている。さらに、現代のロボットは環境内を動き回るにあたり、プログラマーによるその都度の制御を受けるのではなく、むしろロボットがその環境において動作を開始する以前にプログラミングは完了していなければならないということが、現在ではより一般的に認識されている。これと類比的に、遺伝子もまた、乗り物を製造するためのコードを書くにあたって、乗り物がその環境で遭遇するものが実際にどのようなものであ

るのかを事前に正確に知ることはできないということだ。この節では、こうした性質（遺伝子自体に先見の明がない）が、事実上、遺伝子の鎖をすり抜けるような乗り物の創造を促す可能性があることを見ていく。

7. このテーマについては、Hull［1982, 1988, 2000, 2001］をはじめ、Plotkin［1994］、Sterelny［2001b］、Sterelny and Griffiths［1999］、Williams［1985］などを参照のこと。

8. Dawkins［1976］、Dennett［1984］、Plotkin［1988］はいずれもこの火星探査のロジックについて論じている。

9. デネットは短いが挑発的な著書『心はどこにあるのか？』〔原題『いくつもの種類の心』〕［1996, Dennett 1975, 1991, 1995 も参照］の中で、私たちの脳に重なり合って具現化されたショートリーシュ戦略とロングリーシュ戦略を、異なる「心」――同じ人間の脳の中に組み込まれ、問題を解決するためにそれぞれ同時に作動する複数の心――として説明している。このように複数の心が存在していることは、未来の世界を予測するメカニズムがどんどん強力になっていったことを反映している。複数の心の存在はまた、遺伝子による直接的なコントロールの度合いが弱まったことの反映でもある。このうち「ダーウィン型の心」は、事前に配線された反射を利用し、それによって固定配線的な表現型としての行動パターンを生み出す（比喩的に言うと、遺伝子がこうした心をつくり上げたときに「Xが起きたらこうしなさい、それが最善だから」と「命じた」わけだ)。「スキナー型の心」は、オペラント条件付けを用いて、予測不可能な環境に適応するように自らを形成する（比喩的に言うと、遺伝子が「何が最善なのかを学びながら物事を進めなさい」と「命じた」)。「ポパー型の心」（哲学者カール・ポパーにちなむ）は、さまざまな可能性を表象し、それを内部でテストしてから反応することができる（比喩的に言うと、遺伝子が「何が最善なのかを考えてから実行しなさい」と「命じた」)。「グレゴリー型の心」（心理学者リチャード・グレゴリーにちなむ）は、〔ポパー型の心が行う〕反応の事前のテストの助けとして、他者によって発見されたメンタルツール〔心の道具〕［Clark 1997 を参照］を活用する（比喩的に言うと、遺伝子が「問題解決のために他者が使用したメンタルツールを模倣し、使いなさい」と「命じた」)。ゴドフリー＝スミス［Godfrey-Smith 1996］とデネット［1975］は、柔軟な知能を持つ乗り物を構築することが遺伝子に利益をもたらす状況や、一方でより厳格な反応の事前プログラミングが効果的な場合についても論じている［Papineau 2001; Pollock 1995; Sterelny 2001b も参照］。

10.「ダーウィン型の心」という言葉は、デネット［1991, 1995, 1996］が提唱した「知性の塔」のモデルに由来する。

11. ミツバチのような単純な生物について、厳密な遺伝的目的ではない「利益」を語るのは奇妙なことに思えるかもしれないが、セン［2002］は、私たちは実際に人間以外の動物に対してもクオリティ・オブ・ライフの尺度を当てはめていること、そして、そのような判断にある程度の人間中心主義が含まれることは避けられないことを論じている。「動物だって

死ぬより生きているほうがいい」という考え方も、こうした人間中心主義が最も穏便な形で表れたものと言える。

12. 読者のみなさんをいらだたせるリスクは承知で、当然ながらこの言葉づかいは比喩的なものであるということを繰り返しておきたい。このような志向性[1]の言葉を遺伝子の影響を記述するのに用いるのは、「行動Xの〔個体群内での〕頻度を増加させる遺伝子は、行動Xの頻度を増加させる作用を持たない対立遺伝子よりも頻度を増加させる」といった面倒な言い方を省略するのに便利だからである。このような志向性の言葉を用いる生物学者で、遺伝子が意識的に計算を行っていることを含意させようとしている者などいない。生物学者たちが言っているのは単に、あたかもそのような計算をしたかのようにふるまって身体に影響を与える遺伝子が、遺伝子プールを満たすようになる、というだけのことだ。やはりそこで、遺伝子による意識的な計算は含意されていない。遺伝子にとっての「利益〔利害関心〕」という考え方がそこまで奇妙でないというのは、フォード・モーター社の利益〔利害関心〕やミネアポリス市の利益〔利害関心〕について語るのがそこまで奇妙ではない、というのと似たようなものだ。遺伝子もまた、これらの例と同様に分散した存在の集まりであり、集合的に、意識の働きなしである量を最大化しようとしている「かのように」ふるまう。だからこそ「自然選択の無意識的な行動を人間になぞらえて語るという生物学者の慣例が、ここでは当然とされている」[Dawkins 1993, 22-23] わけだ。作家のロバート・ライト [Wright 1994, 26] は、このような擬人化された比喩は、ダーウィニズムが含意する冷徹な諸帰結と道徳的な折り合いをつけるのに役立つことを論じているが、筆者もここで用いた比喩が、まさにその目的にかなうだろうと感じている。

13. 血縁選択と利他行動に関する文献には、進化生物学における古典的な研究が数多くある。例えば、Cronin 1991; Hamilton 1964, 1996; Maynard Smith 1975; Williams 1996。

14. Dawkins 1976, 1982; Sterelny 2001a; Sterelny and Griffiths 1999 および Williams 1992 を参照。Sterelny [2001a] は、分離歪曲因子とはアウトロー遺伝子——生物のゲノム中の他の遺伝子を犠牲にしてそれ自身〔のみ〕の自己複製を促進することからそう呼ばれる——の一例であることを指摘したうえで、アウトロー遺伝子そのものはまれであるとも指摘している。しかし、こうしたアウトロー遺伝子は、進化のサブパーソナルな[2]ロジックをむき出しにするという点で、単なる数の問題を超えた理論的重要性を持っている。分離歪曲のような効果の存在は、遺伝子の目からの生命観を採用すべき必要性を証明するものだ。生物個体に表れる、一定数の〔その個体からすると〕的外れな、ないしは有害な特徴や働き〔つまり表現型〕[3]は、生物個体というものが、そもそも——その生物個体自身の利益のためにではなく——遺伝子の利益のために組み立てられた存在であるために表れるのである。

1 「志向性」と訳した intentionality についてはこの後の本文訳注 246 を参照。
2 「サブパーソナルな(subpersonal)」については本文訳注 5 参照。
3 原文は effects on individual organism come about で、要するにそのような表現型効果が(遺伝子型から)生じるということなのだが、ここでの effects を一言で表現できる平易な言葉が見つからなかった。

15. 集団選択[4]をめぐる問題を扱った文献は多い。Cronin 1991; Dawkins 1976, 1982; Hamilton 1996; Maynard Smith 1975, 1998; Williams 1966, 1996など。集団選択効果が実際に生じる状況についての議論としては、Sober and Wilson 1998およびSterelny and Griffiths 1999を参照。

16.「種のため」あるいは「集団のため」という考え方にまつわる問題のもうひとつの例として、有性生殖を行う動物の性比が常に一定に保たれている、という現象を見てみよう。ゾウアザラシのようなハーレムを形成する動物の多くでは、1頭のオスが100頭のメスに提供できるだけの精子を生産する。一方で、圧倒的多数を占めるオスたちは交尾をすることのないまま生涯を終える。あぶれた独身のオスたちは、集団の一部を繁殖させることに使えたはずの資源を盛大に使い果たすのである。もし生物学的条件が「種のため」であるならば、ハーレムを形成する動物の性比が半々になることはないだろう。種の観点からは非効率であるにもかかわらず、ゾウアザラシの雄雌比が半々である理由は、「遺伝子の目からの視点」を採用する生物学によってしか説明できない——ゲーム理論的には［Maynard Smith 1974, 1976, 1998; Skyrms 1996］、「確実な《シュア・シング》」メスに賭ける遺伝子の期待値は、「リスキーな」オスに賭ける期待値と同じだということである（遺伝子中心ではなく、マルチレベル選択理論に焦点を合わせた性比の議論については、Sober and Wilson 1998を参照）。

17. 厳密に言えば、エリアBには概念的に異なる2つの部分エリアがある。すなわち、〔第1に〕現在の遺伝子の利益に役立ち、乗り物の利益には反する諸目的に当たる部分エリアと、〔第2に〕遺伝子の〔現在の〕利益にも、乗り物の利益にも、どちらにも役立たない諸目的に当たる部分エリアである。後者のような目的が存在するのは、それらが、私たちの脳が進化した太古の環境（進化的適応環境［the environment of evolutionary adaptation］、EEA）の中で生じた遺伝的目的だからである。つまり環境は進化的適応の変化よりも速く変化しうるので、遺伝的目的が現在の環境に常に完全に適応しているわけではないこともありうるのだ。これらの目的が、いま現在遺伝的適応度を促進しているのか——それとも、過去における繁殖適応度[5]を促進していただけ〔で現在はそうではない〕のか——という点は、本書の議論には関連しない。どちらの場合でも、乗り物の諸目的から逸脱した諸目的が、遺伝子によって脳内に組み込まれている、ということに変わりはないからだ。例えば、脂肪分を過剰に消費することが現在の繁殖適応度に役立っていようといまいと、「脂肪分を過剰に消費する傾向は乗り物にとって（私たちの大部分にとって！）邪魔な傾向である」ということも、「それが乗り物に備わっているのは、過去のどこかの時点で繁殖適応度に役立っていたからだ」、ということも、どちらも言えるのである。

18. 初期の社会生物学における、いわゆる「遺伝の誤謬（genetic fallacy）」については、Symons 1992を参照。この10余年、進化心理学がいかに心理学に大きなインパクトを与えたか、その記録は以下を含むさまざまな文献で読める。Barrett, Dunbar, and Lycett 2002; Bjorklund and Pellegrini 2002; Buss 1999, 2000; Cosmides and Tooby 1992, 1994b; Geary

---

4　なお、本章原注2と4で言及されている「マルチレベル選択説」とは実質上、バージョンアップされた現代版集団選択説である。

5　「繁殖適応度」という表現については本文訳注106参照。

and Bjorklund 2000; Geary and Huffman 2002; Over 2003a, 2003b; Pinker 1997, 2002; Tooby and Cosmides 1992。

19. 推論上の誤りについては、Kahneman and Tversky 1984, 1996, 2000; Gilovich, Griffin, and Kahneman 2002; および本書の第 4 章を参照。進化論的な考察を施した文献も、Brase, Cosmides, and Tooby 1998; Cosmides and Tooby 1996; Fiddick, Cosmides, and Tooby 2000; Gigerenzer 1996b; Over 2003a; Rode, Cosmides, Hell, and Tooby 1999 など、いまや枚挙に暇がない。

20. 正確に言えば、自分のゲノムを大切にしていると言う人たちの中に、彼らが大切にしているものが本当のところ何であるのか、理解している人がいるのかどうか筆者は疑わしく思っているということだ。例えば、自分のゲノムに価値を置くと言うのであれば、それが自分の子どもに価値を置くのと同じではないことを完全に理解していなければならない。子どもを持つことが自分のゲノムを複製するわけではないこと、またゲノムがサブパーソナルな存在であるという事実もはっきりと理解していなければならない。

21. 実際のところ、人間の健康と長寿を目的とした遺伝子工学と遺伝子治療は、ドーキンス［1976］の言う生存機械が成し遂げた究極の勝利と言えるかもしれない。自己複製子の手で彼らの生存機械として仕えるべく組み立てられた私たちが、自分自身の目的、つまり遺伝子の目的ではない目的（例えば、生殖年齢を過ぎても生存すること）のために、彼ら〔自己複製子たち〕を〔つまり遺伝子工学の技術を〕利用するのだから。ウィリアムズ［1988］はこのような例を用いて、ドーキンス［1976］に対するステント［Stent 1978］の「自分の遺伝子に反逆することは矛盾である」という議論に反論した。ウィリアムズ［1988］は、ステントが「まさにそのような反逆に基づく名だたる技術（毛染め、扁桃腺切除など）の重要性を見逃していたのだろう」［403］と指摘している。

第 2 章

1. この区別を厳密に異なるカテゴリーとして捉えるべきか、それとも、段階的に異なる、一連のさまざまな処理スタイルがあって、それが反映されているということなのか、どちらとして捉えるべきなのかは論争の的になっている。明確に区別された認知のタイプとして語ることは、本書で提起する問題の説明を容易にするだろう。一方で、そこまでの断絶を認めず、もっと連続的な概念を採用したとしても、説明上の容易さ以外はほとんど失われないだろう。

2. アルゴリズム的な分析レベルと志向的な分析レベル（それぞれ一連の目的階層という観点から理解される）の違いについては第 6 章で説明する。脳が多くの異なる下位システムから構成されているという考え方は、さまざまな分野で繰り返し概念化されてきたことは注記すべきである――人工知能における「心の社会」［Minsky 1985］、フロイト的な類比［Ainslie 1982; Elster 1989; Epstein 1994］をはじめ、哲学、経済学、意思決定科学などの領域には、

いくつもの自己の概念の議論［Ainslie 1992, 2001; Bazerman, Tenbrunsel, and Wade-Benzoni 1998; Dennett 1991; Elster 1985; Hogarth 2001; Loewenstein 1996; Medin and Bazerman 1999; Parfit 1984; Schelling 1984］が存在する。

3. 脳に多くの異なるシステムがあるという考え方は、決して目新しいものではない。プラトン［Plato 1945］は、「魂の反省的な部分を理性的と呼ぶことができ、飢えや渇きを感じ、性的情念や他のあらゆる欲望に惑わされる部分、すなわちある欲求の充足に快を覚える部分を非理性的衝動と呼ぶことにしよう」［137］〔邦訳上巻355頁に該当〕と論じている。しかし新しいのは、認知科学者がこれらのシステムの生物学と認知構造を理解し始めていることであり［Goel and Dolan 2003; Harnish 2002; Kahneman and Frederick 2002; Lieberman 2000; Metcalfe and Mischel 1999; Pinker 1997; Sloman 1999; Sloman and Rips 1998; Slovic et al. 2002; Smith, Patalino, and Jonides 1998; Sternberg 1999; Willingham 1998, 1999; T. Wilson 2002; Wilson and Keil 1999］、その進化的・経験的〔事実的〕起源について検証可能な推測を提唱し始めていることである［Barkow, Cosmides, and Tooby 1992; Carruthers 2002; Carruthers and Chamberlain 2000; Evans and Over 1996; Mithen 1996; Pinker 1997; Reber 1992a, 1992b, 1993; Shiffrin and Schneider 1977; Stone et al. 2002］。

4. 構成性については、Fodor and Pylyshyn 1988; Pinker 1997; Sloman 1996を参照。分析的処理と知能の関連については、Engle, Tuholski, Laughlin, and Conway 1999; Kane and Engle 2002およびStanovich and West 2000を参照のこと。分析的処理と抑制的制御を関連付ける文献は多数ある。例えば、Barkley 1998; Case 1992; Dempster and Corkill 1999; Dienes and Perner 1999; Harnishfeger and Bjorklund 1994; Kane and Engle 2002; Norman and Shallice 1986; Zelazo and Frye 1998など。

5. 自律システムについては以下を参照。Anderson 1998; Bargh and Chartrand 1999; Baron-Cohen 1995, 1998; Carr 1992; Coltheart 1999; Cosmides and Tooby 1994b; Fodor 1983; Hirschfeld and Gelman 1994; Lieberman 2000; Logan 1985; Navon 1989; Pinker 1997; Reber 1993; Rozin 1976; Samuels 1998; Shiffrin and Schneider 1977; Sperber 1994; Stanovich 1990; Uleman and Bargh 1989。

6. モジュール性については以下を参照。Anderson 1992; Baron-Cohen 1998; Coltheart 1999; Fodor 1983; Gardner 1983; Hirschfeld and Gelman 1994; Samuels 1998; Karmiloff-Smith 1992; Sperber 1994; Thomas and Karmiloff-Smith 1998。

7. モジュール化されたプロセスの無知性的な本性［例：Dennett 1991; Fodor 1983, 1985; Karmiloff-Smith 1992］、および迅速に実行されるプロセスが持つ進化上の重要性［例：Buss 1999; Cosmides and Tooby 1992, 1994b; Pinker 1997］については、多くの議論がなされてきた。

8. 筆者の言うTASSという概念は、フォーダー［Forder 1983］が言うモジュールよりも緩

やかに定義される。まず、筆者の言うTASSは生得的なメカニズムのみから構成されるものではない。また筆者のTASS概念は、性質4と5の基準についても緩やかで、「TASSのほとんどの下位システムは、分析的処理と比べれば被包性が高く侵入困難である」という程度の話であり、性質としてはずっと弱い。筆者が採用した後者の戦略は、特定のモジュールが完全な被包性という基準を満たすか否かという論争からTASSの概念を解放するものだ。実際、他の多くの理論家たち[例えば、Karmiloff-Smith 1992; Tsimpli and Smith 1998]も、フォーダー流のモジュールの定義の厳格さ、とりわけ被包性の定義に関する厳格さを緩めた場合にどのような帰結が得られるのかを探究してきた。例えば、Tsimpli and Smith [1998] は、「心の理論」[6]のメカニズムは「準モジュール」だと呼んでいるが、それはそのメカニズムが完全に侵入不可能であったり、完全に被包的であったりするようには見えないからである[Carruthers 1998; Baron-Cohen 1995; Sperber 1994, 1996 も参照]。

9. このようにTASSは、前章で述べた過去の進化史に基づいて組み込まれた反射的なダーウィン型の心と、個人がその人生で獲得し、反射に近いものとなった知覚・認知反応の両方を包含している。

10. 表2.2にリストアップしたモジュールのいくつかについては、以下を参照。Atran 1998; Barrett, Dunbar, and Lycett 2002; Baron-Cohen 1995; Carey 1985; Carruthers 2002; Carruthers and Chamberlain 2000; Cosmides and Tooby 1992; Hirshfeld and Gelman 1994; Leslie 1994; Mithen 1996; Pinker 1997; Tooby and Cosmides 1992。

11. ギーゲレンツァーとトッド [Gigerenzer and Todd 1999] も、同じような比喩——適応的な道具箱《ツールボックス》——を使っている。「整備士は車のエンジンを整備する際に、作業ごとに特定のスパナやペンチ、スパークプラグのゲージを取り出すのであって、すべての作業箇所を大きなハンマーでひたすら叩いたりはしないが、これと同様に、思考の領域が異なればそれぞれに特化した道具が必要になる。これが、『適応的な道具箱』の基本的な考え方だ——すなわち、推論や推理の特定の領域のために、進化が人間の心に組み込んだ専門的な認知メカニズムの集合体である」[30]。

12. 進化心理学者——とりわけコスミデスとトゥービー [Cosmides and Tooby 1992, 1994b] に顕著である——は、心を進化的適応の産物として提示したいと考えているし、進化が生み出せたのはモジュール的な構造だけであるという信念から、心というものは完全にモジュール化されたものだと決めてかかっている。しかし、進化論的な〔心理学〕理論の支持者の中にも反対する人々はいる。以下を参照。Foley 1996; LaCerra and Bingham 1998; Over 2000, 2002, 2003a, 2003b; Samuels 1998; Smith, Borgerhoff Mulder, and Hill 2001; Sterelny and Griffiths 1999。

13. 賢いホムンクルスをより単純なホムンクルスに分解していくことで、そのふるまいに含

6 「心の理論（theory of mind）」については本文訳注68参照。

まれる謎がどんどん減っていくようにできれば、そこでは本物の科学的進歩がなし遂げられていることになる。「知性を小さくて愚かな単位へと分解していった果てに、それはもはや知性とはとても呼べないものになる」[Dennett 1995, 133]〔邦訳184頁に該当〕からだ。

14. 手始めに、以下の文献に当たるとよいだろう。Baars 1997; Baddeley 1996; Baddeley, Chincotta, and Adlam 2001; Harnish 2002; Kimberg and Farah 1993; Miyake and Shah 1999; Pennington and Ozonoff 1996; Shallice 1988, 1991; West 1996。これらはいずれも、ホムンクルス問題に屈することなく中央実行制御、戦略的制御、注意処理、意思決定などの概念について語る、科学的に妥当な方法があることを示している。

15. ここには、前章において、遺伝子について語るときに志向性の言葉を使うことについて筆者が指摘した警告と明確に並行する問題がある。「遺伝子が望んでいる」という表現を用いたとして、それは遺伝子の中に意識的な欲求があることを含意しない。実際の生物学的説明の中では、それがどのように表現されるかをみなが認識してさえいれば、便宜上、擬人化された言葉を使っても害はない。同様に、実行制御や分析的システムによるTASS出力の制止について語ったとして、それは明示的な意思決定を行う〔「機械の中の」〕幽霊のようなホムンクルスが脳にいることを含意したりはしない。このような言い回しは、認知制御の機械論的モデルの言葉へと換金〔つまり翻訳〕可能なのである〔原語の cash out は手形などを現金化すること〕。すでにしばらく前から､制御の順序づけをある種の認知的アーキテクチャ——複数の分散システムが、それらの演算結果を中間産物として格納するワークスペースを共有する、という構成の認知アーキテクチャ——において継続できる機構を示す実際的なモデルは提起されている[Anderson 1983; Baars 1997; Johnson-Laird 1988; Lindsay and Norman 1977; Newell 1990; Selfridge and Neisser 1960]。このようなシステムによってモデル化されうる生物について語るとき、実行制御の言葉を用いることには何の間違ったところもない——そこでの高次の制御を述べている言葉はすべて適切な科学的な装いの言葉に換金〔翻訳〕できるのであり、いかがわしい素性の知性を備えたホムンクルスなど想定する必要はないのである。

16. 典型的な機械論的モデルとして筆者が念頭に置いているバージョンはいくつかあり、筆者が大いに参考にしている以下の資料の中に見いだすことができる。Anderson 1983; Baars 1997; Baddeley 1996; Carruthers 2002; Clark 1997; Dennett 1991; Evans and Over 1996; Johnson-Laird 1988; Miyake and Shah 1999; Newell 1990; Norman and Shallice 1986; Perner 1998。

17. 分析的処理は、より領域特異的なTASSモジュール間の情報を何らかの形で統合することによって働くという考え方については、認知科学の世界では多様な形での肉付けを受けてきた[Clark and Karmiloff-Smith 1993; Karmiloff-Smith 1992; Mithen 1996; Pinker 1997; Rozin 1976]。おそらくRozin[1976]の議論がこの考えの古典的なバージョンであり、後に続くバリエーションの土台となった。彼の見解は、行動の柔軟性、ひいては知能の向上は、TASSの周縁的なモジュールの出力が（複数の接続を通じて）より多くの中枢システムやア

ウトプットシステムで利用可能になる度合いに応じている、というものだ。一方、デネットの考えはこれとは異なる。ロジンの考えでは脳の配線が変更される（ハードウェアの変更）のに対し、デネットの考えでは、大規模並列システムとしてのTASSシステムの演算能力が、TASSとは異なるロジック（すなわち、直列的で、分析的で、構成的なロジック）を持つひとつの別なソフトウェアを走らせるために援用される、ということになる。

18.〔並列処理的な演算機構上で〕直列的な〔処理の〕シミュレーションを走らせ続ける能力における個人差は、反応時間などのスピードを要する課題と知能とが相関する理由に関係するかもしれない。Deary［2000］はこの分野の記念碑的な論文で、なぜ初歩的な情報処理タスクが知能と相関するのかを説明することこそが、実のところ難しい、という理論的逆説の存在を喝破した。筆者の推測するところでは［Stanovich 2001］、そもそも、こうした課題が何らかの生得的な「心的速度」を計測するものとなっているからではまったくないからなのだ（ディアリーは、仮に神経伝導速度の違いを一定とした場合、RT-IQ関係はほとんど変わらないことを示す証拠を取り上げている）。むしろそうした課題は、脳のコネクショニスト・ネットワーク[7]の利用可能な演算能力――すなわち直列的な処理をシミュレートし続けるために利用可能な演算能力――の間接的な指標として機能しているのかもしれない、ということだ。もちろん、作業記憶《ワーキングメモリ》など、直列的〔処理の〕シミュレーションを継続するために利用可能な演算能力を示す、より直接的な指標は他にもある。そして、そうした指標が知能とより大きな相関を示していることは驚くに当たらない。このように考えると、一般知能とは、2つの基本的な性質（おそらくは、ホーン／キャテル・モデル［Horn 1982; Horn and Cattell 1967］で言うところの「流動性」と「結晶性」に該当する）の個人差を包含するものと見なせるだろう。ひとつは、直列的〔処理の〕シミュレーションを継続するための並列ネットワークの演算能力（ホーン／キャテル・モデルで言う流動性知能に近い）。もうひとつは、直列的〔処理の〕シミュレーションの際に使用される文化的ツールの力であり、デネット［1991］の「知性の塔」モデルにおける「グレゴリー型の心」である（この性質における個人差は、ホーン／キャテル・モデルにおける結晶性知能のばらつきに該当するかもしれない）。

19. 言語的なインプットはまた、コネクショニスト・ネットワークにおける、いわゆる文脈固定機能［Clark 1996］を即座に果たすために役立ちうる［Rumelhart, Smolensky, McClelland, and Hinton 1986を参照］。〔人間同士の〕言語によるやりとりは、仮に連合主義的ネットワーク[8]に任せてしまえば、プロトタイプ[9]を抽出するために長い時間のかかる、数十回におよぶ試行錯誤を要することになりかねないところで、ただ一度の離散的な〔つま

7 「コネクショニスト・ネットワーク」は代表的な並列処理モデル。著者は脳内の並列処理のネットワークがこのモデルで組み立てられていると想定して議論している。
8 人間の認知の仕組みとして想定された「観念連合（association）」は18世紀のヒュームなどにさかのぼる概念だが、本書でもしばしば参照されるジョン・アンダーソンは「新連合主義」と呼ばれる神経回路のモデルを提起しており、ここでそのモデルが想定されている可能性もあるが、むしろここで念頭に置かれているのは、より単純かつ単調な、まさに「機械的」な並列的情報処理（初期の「パーセプトロン」のような）ではないかと思われる。それが、極めて効率的な言語的コミュニケーションと対比されているということである。
9 認知科学における「プロトタイプ」については本文訳注59参照。

りデジタル的な〕[10]コミュニケーションによって、あらかじめ存在していたプロトタイプを活性化させることができる。クラーク［Clark 1996］は、文脈固定子〔として働く言語的インプット〕が「平常のインプットと並んで追加で与えられ、(単独では) 当該プロトタイプを活性化させられない平常のインプットが、当該プロトタイプを活性化できるようにさせる」ときの機構を論じている［117］。クラークの論ずるところでは、「〔人間同士の〕言語的なやり取りは、素早く、焦点を絞り込んだ文脈固定的情報を提供する一手段と見なされうる」［117］という。

最後に、分析システムの機能において言語に重要な役割を〔研究者が〕措定することと、ほとんどの理論がTASS内に言語のためのモジュールを措定しているという事実の間にはいかなる不整合も存在しない、ということは注記すべきである。カラザース［Carruthers 2002］は、中枢システムが非モジュール的な目的のためにTASSモジュールを徴用する、という見方のどこにも奇妙な点はないことを示すための議論を行っている。私たちが何か視覚的なイメージを想像で思い浮かべるとき、私たちはTASS内の視覚モジュールの動作を徴用していることは一般に受け容れられている(カラザースは、実際に何かを見ているときと、〔視覚的な〕想像を行っているときに視覚皮質の一部の領野のある部分が活性化されていることを示唆する証拠を引いている)。カラザースの論じるところでは、周縁的な言語モジュールがある種の非モジュール的な推論と問題解決に徴用されていることはありうるのである。

20. 分析システムの作話的傾向については、その自己中心的な〔つまり自分を物語の中心に据えようとする〕傾向[11]と並んで、多く議論されてきた。例えば以下のようなものがある。Calvin 1990; Dennett 1991, 1996; Evans and Wason 1976; Gazzaniga 1998b; Johnson 1991; McFarland 1989; Moscovitch 1989; Nisbett and Ross 1980; Nisbett and Wilson 1977; Wegner 2002; T. D. Wilson 2002; Wolford, Miller, and Gazzaniga 2000; Zajonc 2001; Zajonc and Markus 1982。

21. 多くの理論家が仮説的思考の諸側面について論じている。Atance and O'Neill 2001; Bickerton 1995; Carruthers 2002; Clark and Karmiloff-Smith 1993; Cosmides and Tooby 2000a; Currie and Ravenscroft 2002; Dennett 1984; Dienes and Perner 1999; Evans and Over 1999; Glenberg 1997; Jackendoff 1996; Lillard 2001; Perner 1991, 1998; Sperber 2000b, 2000c; Sterelny 2001b; Suddendorf and Whiten 2001; M. Wilson 2002。多くの理論家が、仮説思考の初期の重要な焦点[12]は、他者の心（仮定された意図の状態）であったかもしれないことを論じてきた。Baldwin 2000; Bogdan 2000; Davies and Stone 1995a, 1995b; Dennett 1996; Humphrey 1976; Perner 1991; Tomasello 1998, 1999; Wellman 1990; Whiten and Byrne 1997; Zelazo, Astington, and Olson 1999。メタ表象の概念には多くの微妙な違いがある。以下を参照。Dennett 1984; Perner 1991; Sperber 2000b; Suddendorf and Whiten

10 「離散的（discrete）」については本文訳注82参照。無意識的に進行する並列的な情報処理は比較的「アナログ」に近いが、言語情報は明確に分節化され白黒のはっきりした「デジタル」な構造をもつということである。

11 ここでいう「自己中心的（egocentric）」は「利己的」（つまり自己利益のみを追求する）の意味ではなく、本文で「分析的システムは、一貫した物語を維持しようと試み、それによって自分が始めたわけでもない活動のすべてを説明しようとする」と言われている傾向を指すと見られる。

12 「初期の焦点」とは、それが進化的に獲得された時代の主要な機能、目的を指すと見られる。

2001; Whiten 2001。

22. 気づきの伴わない知覚に関する文献は多い。以下を参照。Cheesman and Merikle 1984, 1986; Greenwald 1992; Holender 1986; Marcel 1983; Merikle, Smilek, and Eastwood 2001; Purcell, Stewart, and Stanovich 1983。意識されない気づきの伴わない意味論的プライミングに関する文献もまた同様に多い。以下を参照。Fischler 1977; Masson 1995; Neely and Keefe 1989; Stanovich and West 1983; Stolz and Neely 1995。

23. ガザニガの著作は多岐にわたる。以下を参照。Gazzaniga 1989, 1997, 1998a, 1998b; Gazzaniga and LeDoux 1978; Wolford, Miller, and Gazzaniga 2000。ここで注目すべきは、「インタープリター」プロセスは意識的な気づきの範囲内でも、その外でも、どちらでも発生しうるとガザニガ［1998b, 24］が想定していることだ。ただし本書では明示的に〔つまり意識を伴って〕行われる「インタープリター」プロセス――すなわち、分析的システムのプロセスとして行われるもの――に重点を置いて論じる。

24. カプグラ症候群については以下を参照。Davies and Coltheart 2000; Stone and Young 1997; Young 2000。仮説を維持するためのバイアスのかかった処理については以下を参照。Mele1997, 2001。

25. 筆者はここで、低次の心（TASS）が常に高次の心（分析的システム）に支配されるべきだという単純なプラトン主義的な立場を称揚しているわけではない。第 7 章と第 8 章で論じるように、TASS と分析的システムの衝突においては、TASS の側に身を置くべく決断すべき場合もある。哲学的文献でこうした事例を取り上げたものもある［Bennett 1974; MacIntyre 1990］そこではマーク・トウェインの作品に登場するハックルベリー・フィンが、奴隷の友人の逃亡を助けるべきだという感情と、奴隷の逃亡を助けることは道徳的に間違っているという分析的判断との間で生じる衝突を経験した、という事例が考察されている。

26. 多くの有用な情報処理操作や適応的な行動が TASS によって行われていること［例えば、Cosmides and Tooby 1994b; Evans and Over 1996; Reber 1993; Gigerenzer 1996b; Gigerenzer and Todd 1999; Pinker 1997］、および、心的生活の多くが TASS アウトプットで満ちあふれていること［例えば、Cummins 1996; Evans and Over 1996; Hilton 1995; Hogarth 2001; Levinson 1995; Myers 2002; Reber 1993; Wegner 2002; T. D. Wilson 2002］が、認知科学一般におけるデフォルトの前提であるのは確かだ。また、第 7 章と第 8 章で強調されるように、TASS と分析的システムの間の対立において、すべてが後者に有利に解決されるべきということでもない。

27. ポロック［1991, 1995］のモデルでは、感情は実践的推論（すなわち手段／目的の推論）のための Q&I モジュールとして考えられているが、この着想はすでに多くの理論家によって探究されてきた［例えば、Cacioppo and Berntson 1999; Damasio 1994; de Sousa 1987; Frank 1988; Johnson-Laird and Oatley 1992, 2000; Oatley 1992, 1998; Simon 1967］。もち

ろん、意識的な合理的思考を用いて非合理的な感情に打ち勝つべきだという考えは、プラトンにまでさかのぼる［Nathanson 1994 参照］。とはいえ、感情的な要因が不合理性を招く場合というのは、この種の〔プラトンにまでさかのぼる類の〕ものが唯一というわけでもない。実のところ感情統御が不調をきたすには、ふたつの異なる仕方がある。このふたつの不調は大まかにいうと、行動統御に関与する感情が「多すぎる」場合と「少なすぎる」場合にそれぞれ対応している。〔「感情が多すぎる」場合はプラトンの事例のようによく知られているとして、〕感情が少なすぎる場合というのは、Q&I 感情モジュールが十分に活動していない可能性がある場合であり、これにより不調が生じるというのは認知科学では一般的な考えであるが［Damasio 1994; de Sousa 1987; Oatley 1992］、いまだ民俗心理学には浸透していないままである[13]。一方、認知科学のいくつかのアーキテクチャは、感情が多すぎる場合と少なすぎる場合の両方の可能性を認めている［Damasio 1994; Johnson-Laird and Oatley 1992; Loewenstein, Weber, Hsee, and Welch 2001; Oatley 1992; Pollock 1991, 1995; Stanovich 1999］。さらに重要なのは、このふたつの異なるタイプの合理性の欠陥に関する経験的〔実証的〕な証拠が存在することである。背外側前頭前野の損傷は、実行機能障害（および／または作業記憶《ワーキングメモリ》障害）と関連づけられており、これは TASS によって実行される自動化されたプロセスを制止できなかった失敗として解釈できる［Dempster 1992; Dempster and Corkill 1999; Duncan et al. 1996; Harnishfeger and Bjorklund 1994; Kane and Engle 2002; Kimberg, D'Esposito, and Farah 1998; Norman and Shallice 1986; Shallice 1988］。これとは対照的に、前頭前野内側からの損傷は、情動の混乱を伴う行動統御の問題と関連している［Bechara et al. 1994, 1997, 2000; Damasio 1994］。前者に困難をきたす事例は知能の低下と関連しているが、後者に困難をきたす事例ではそれには関連しない［Damasio 1994; Duncan et al. 1996］。これは、心理測定学的知能は TASS の作動よりも分析的処理と強く関連しているという考え方と一致している［Stanovich 1999; Stanovich and West 2000］。

28. 分析的システムによる TASS 処理の制止は多くの場合有効な結果をもたらすが、必ずそうなるわけではない。TASS を制止しないほうが個人の目的に適う場合にもかかわらず、メタ認知的判断〔自分自身の認知に対する反省的な判断〕がおかしな方向に働いた結果として TASS 処理を制止してしまうことはたしかにありうる。ウィルソンとスクーラー［Wilson and Schooler 1991］の研究は、その一例を示すものだ。彼らは被験者に異なるブランドのイチゴジャムの選好を評価させ、その評価を専門家の評価（コンシューマー・レポートの評価）と比較した。この実験で、被験者のうち、分析的に評価するよう奨励されたグループは、そうでないグループに比べて、専門家と一致する評価を下すことが少なかったことがわかった。このように、認知システムは TASS を制止する閾値を低く設定しすぎるという誤りを犯す可能性がある。制止に対する閾値が低すぎると、『スタートレック』のミスター・スポックのような超合理性が生じ、状況によっては目的達成に対して有害な働きをする可能性がある。同様の議論は道徳の領域でも成り立つ（本章〔原〕注 25 で述べたハックルベリー・フィン

13 「感情が少なすぎる」不調についてはここで引かれているダマシオの研究が有名であり、脳の損傷で感情の起伏に乏しくなった人物が、いわば警戒信号としての「ソマティック・マーカー」が働かなくなった状態になり、計算能力に不備はないにもかかわらず、不合理な意思決定を頻繁に行うようになってしまった事例が取り上げられている。

の例を思い出してほしい)。

29. 第1章の〔原〕注17で発した注意はここでも重要である。本書で筆者が何かを遺伝的目的と呼ぶとき、それは必ずしも、その目的が現在の繁殖適応度[14]のために役立っているという意味ではなく、過去のある時期、進化的適応環境(EEA)と呼ばれるものの中での繁殖適応度に役立っていた、という意味である。

30. 選択課題に関する文献は膨大にある[総説はEvans, Newstead, and Byrne 1993; Manktelow 1999を参照]。また、多くの異なった反応傾向が記録されてきた[Cummins 1996; Dawson, Gilovich, and Regan 2002; Gebauer and Laming 1997; Hardman 1998; Johnson-Laird 1999, 2001; Liberman and Klar 1996; Manktelow and Evans 1979; Newstead and Evans 1995; Sperber, Cara and Girotto 1995; Stanovich and West 1998a]。マッチングバイアスについては、Evans 1984, 1989, 1995, 1998, 2002bの研究を参照。しかし、ヒューリスティックなTASSに基づく処理がどのようにPQ選択につながるかについては、他にもいくつかのモデルがあることを忘れてはならない[例えば、Oaksford and Chater 1994, 1996; Sperber, Cara, and Girotto 1995]。

31.「代表性〔ヒューリスティック〕」を「属性の置き換え〔ヒューリスティック〕」の一形態とする現在の解釈については、Kahneman and Frederick 2002を参照のこと。この問題における「連言錯誤」の原因として、他のTASSヒューリスティックも提起されている。その多くには会話において想定されている〔暗黙裡の〕諸前提を、〔TASSが〕自動的に適用してしまう、という説明を含んでいるが、これらについては第4章で述べる。

32. 自分の本能的直感と自己同一化することが、図2.2のDとラベル付けされたエリア——意識的かつ反省的に追求される乗り物の目的ではなく、遺伝子の利益のための目的が属するエリア——をつくり出すことになる、という点に留意されたい。

第3章

1. 進化的適応と合理性が分離されることの一般的な理由として、自然選択が「よりましなもの(better than)」の原則に基づいて働き[Cosmides and Tooby 1996, 11参照]、合理性は最大化[Gauthier 1975]の観点から定義されるということが挙げられる。リドレー[Ridley 2000]はこの点を捉えて、進化を「短期視野的(short-termish)」[15]と呼んでいる。進化の関心は長期的な戦略よりも直近の利益にあるからだ。これと対照的に、人間の合理性は長期的な利益を組み込むことを是とするものである[Ainslie 2001; Haslam and Baron 1994; Loewenstein 1996; Parfit 1984; Sabini and Silver 1998]。

---

14 本文訳注106参照。
15 「短期間」を表すshort-termをやや強引に形容詞化した造語で、short-termやlong-termが今後の計画や展望について言われることを考慮し「短期視野的」としてみた。

2. 哲学者のダニエル・デネット［1995］は、「他のいかなる種の構成員も、人間でいう人生への展望に当たるものを持っているかどうか定かではない」［339］〔邦訳448頁に該当〕とユーモアを交えて指摘している。デネットはまた、人間が人生への展望を持ってしまうことが、かえって〔他の動物には無縁な〕独身主義を誓ったり、特定の栄養価の高い食品を食べることを禁じたり、ある種の性行動を規制したりといった、遺伝的な目的を完全に覆すようなさまざまな行動につながる可能性があることも指摘している。

3. 道具的合理性とは、信念の合理性――しばしば認識的合理性（後述）と呼ばれる――とは対照的に、行為の合理性に関するものである。「道具的合理性」、「実践的合理性」、「実用的合理性」、「手段／目的合理性」といった用語は、すべてこの行為の合理性を特徴づけるために用いられてきたものだが［Audi 1993b, 2001; Evans and Over 1996; Gauthier 1975; Gibbard 1990; Harman 1995; Nathanson 1994; Nozick 1993; Schmidtz 1995; Sloman 1999; Stich 1990］、本書ではこれらの用語を相互に交換可能な用語として使用する。

4. ここでは当面の議論のために、ヒュームの言う「情念」を、それに対応する既存の諸々の欲求として解釈している。ここで注記しておくべきなのは、意思決定科学者たちは定まった慣例として、ここで引用したヒュームの言葉を道具的合理性を特徴づけるために引くのであるが、これはそこからさらに進んで、ヒューム哲学〔そのもの〕についての特定の考察を導くことを意図したものではないということである。特にいえば、このような慣例的な引用は〔その意図として〕、ヒュームが強欲な利己性を提唱する人物だった、という見方を含意するためになされているわけではない、ということである。実情は正反対なのであり、ヒュームの中心的な関心事は、社会的美徳と共同体への配慮〔の実現〕にあったのである。

5. 意思決定科学における効用理論に関する文献は多い――Baron 1993, 1999; Broome 1991; Dawes 1998; Fishburn 1981, 1999; Gardenfors and Sahlin 1988; Gauthier 1975; Jeffrey 1983; Kahneman 1994; Kahneman and Tversky 2000; Kleindorfer, Kunreuther, and Schoemaker 1993; Luce and Raiffa 1957; McFadden 1999; Pratt, Raiffa, and Schlaifer 1995; Resnik 1987; Savage 1954; Starmer 2000 を参照。

6. 薄い合理性の理論を否定するもうひとつの専門的な観点からの理由は、何人かの理論家が論じているように、この理論が認識論的な考察を扱わないことで、最終的に理論そのものを切り崩すことになるからだ。これらの理論家は、私たちが問題の表象に何の制約も設けなければ――つまり、課題となっている状況に対する信念がどのようなものであってもお構いなしに、そこに合理的選択の公理を適用するのであれば――、最終的には道具的合理性の原理など成立しないことになってしまうことを論じてきた［Broome 1990; Hurley 1989; Schick 1987, 1997; Sen 1993; Shweder 1987; Tversky 1975］。この問題についてはStanovich 1999 の第4章で詳しく論じている。

7. ここでの主題を越えた広い範囲に目を向ければ、他にも複雑な問題が生じるが、それらをも扱えるようにした合理性のモデルの例としては、Bratman 1987; Bratman et al. 1991;

Newell 1982, 1990; Pollock 1991, 1995; Schmidtz 1995; Stich 1996 を参照。

8. 意思決定科学者にとっての効用関数とは、選好順序を数値で表したものである［Luce and Raiffa 1957; Starmer 2000］。カーネマン［1994］が指摘したように、経済学者が使用する効用概念は「快楽主義心理学とのつながりや主観的状態への言及を遠ざけようと徹底的に浄化されてきた」［20］が､現代の認知科学はもはやこの「浄化《クレンジング》」を要求していない［Diener, Suh, Lucas, and Smith 1999; Kahneman, Diener, and Schwarz 1999; Mellers 2000］。

9. 広い合理性理論に移行すること――すなわち認識に対する評価〔認識的合理性への考慮〕と欲求への実質的な批判的検討とを包含する理論に移行すること――には、代償が伴わないわけではない。それは、哲学において最も厄介な問題のいくつかを引き受けることを意味する［Earman 1992; Goldman 1986; Harman 1995; Millgram 1997; Nozick 1993; Richardson 1997; Schmidtz 1995, 2002; Schueler 1995］。ひとつの問題は、実践的合理性に関する関心は常に認識論的合理性に打ち勝ってしまうので、後者による評価が事実上不可能になるように思われることである。フォーリー［Foley 1991］は、信念に対する認識的理由付けと実践的理由付け〔つまり認識的合理性に基づく判断と実践的ないし道具的合理性に基づく判断〕が分離してしまうケースについて論じている。かくして、実践的合理性と認識論的合理性を同時に考慮することにより、合理的基準の適用は確実に複雑なものになってしまうことになる［Pollock 1995］。

10. 道具的合理性は､ロボットの反逆のための必要条件ではあるが､十分条件ではない。実際、〔道具的合理性の実現以外に〕ふたつの条件が必要である――ひとつは、その個人の目的が最適な形で実現されていなければならないこと、もうひとつは、その目的は乗り物〔としてのその個人〕の人生〔全体〕の利益と調和したものでなければならない､ということである。とりわけ後者の条件は中心的な重要性を持つ。というのも、理論的に見れば、もしもこの条件がなければ、その人物はショートリーシュ型の遺伝的目的だけを持ち、その実現だけを最大化するような生物としか見なせないことになってしまうからだ。そのような生物は道具的に合理的であると見なされるだろうが、それは乗り物の利益と特別に調和した目的をまったく実現していないからであるに過ぎない。進化心理学者が強調してきたように、多くのダーウィン型生物がこの意味で道具的に合理的であることに疑いはない（合理的な下等生物という逆説については第８章で具体的に論じる）。

しかし、分析的処理が発現し、分析的システムがもたらすさまざまなロングリーシュ型の目的が追求されるようになると、自己複製子の利益と乗り物の利益とが重なり合わない部分が出てくる可能性が高まる。したがって、道具的合理性の評価とともに、これらの目的の評価（これこそ広い合理性理論が意味するものだ）が重要になってくるのである。この問題については、第８章で幅広く論じる。

11.「人間の不合理性は不可能である」ということを概念的に論証する議論については、Cohen1981; Henle 1962; Wetherick 1995 を参照。これらの論証に対する反論については、Stanovich 1999; Stein 1996; Shafir and LeBoeuf 2002 を参照されたい。

第 4 章

1. 古典的には、主観的期待効用（SEU）理論は、行為の期待効用を、その行為から生じる可能性のある諸結果それぞれの確率の合計にそれぞれの結果の効用を掛けたものとして定義する。

2. 推移性の原理の違反に関してはしっかりした文献がまとまっている。例えば、Dawes 1998; Mellers and Biagini 1994; Slovic 1995; Starmer 2000; Tversky 1969; Tversky and Kahneman 1986。

3. 以下を参照されたい。Kahneman and Tversky［1973, 1979, 1982, 1984, 1996, 2000］; Tversky and Kahneman［1973, 1981, 1982, 1983, 1986］。ヒューリスティックとバイアス研究の系統に属するレビュー論文には以下のものがある。Baron 2000; Connolly, Arkes, and Hammond 2000; Dawes 1998; Evans 1989; Evans and Over 1996; Fischhoff 1988; Gilovich, Griffin, and Kahneman 2002; Kunda 1999; Manktelow 1999; McFadden 1999; Medin and Bazerman 1999; Shafir and LeBoeuf 2002; Shafir and Tversky 1995; Stanovich 1999。

ここで強調しておきたいのは、この章で取り上げてきた推論における問題が生じるのは、実験室や、筆者がこれまで物語形式で紹介してきたような事例に限られないということである。それらは単なるクイズゲームの誤答のたぐいではない。本書のこの先を通じて、多くの実践的な領域の、さまざまな重要な局面でもちあがるこれ以外の誤りの事例を見ていくことになる――例えば、財務計画、医療上の意思決定、職業上の意思決定、家族計画、資源配分、税金対策、保険加入などである。このような推論上の誤りが持つ実際的な重要性については重厚な文献の蓄積がある。以下の議論を参照されたい。Baron 1998, 2000; Bazerman 1999, 2001; Bazerman, Baron, and Shonk 2001; Belsky and Gilovich 1999; Dawes 2001; Fridson 1993; Gilovich 1991; Hastie and Dawes 2001; Kahneman and Tversky 2000; Margolis 1996; Myers 2002; Russo and Schoemaker 2002; Welch 2002。

4. この種の文献を紹介したものとしては、Anderson 1990; Evans 1989, 2002a, 2002c; Evans and Over 1996, 1999; Friedrich 1993; Johnson-Laird 1999, 2001; Klayman and Ha 1987; McKenzie 1994; Mynatt, Doherty, and Dragan 1993; Oaksford and Chater 1994; Over and Green 2001; Wasserman, Dorner, and Kao 1990 を参照のこと。

5. 第 2 章で取り上げた話題を思い出していただきたいが、このような課題（そしてこの先で取り上げる諸課題）に対して、被験者が答えをひねり出そうとしているように見えるという事実は、不正確な応答をするという被験者の傾向が TASS の自動的な応答バイアスによるものだという理論とは矛盾しない。思考というものは、多く TASS によって惹起された初期反応を合理化する[16]ことであるという研究もある［Evans 1996; Evans and Wason 1976; Roberts and Newton 2001］。

16 「合理化（rationalization）」については本文訳注 119 参照。

6. 多くの研究において、人間は安定し、適切に順序づけられた選好を持っているという仮定が疑問視されている。以下を参照されたい。Camerer 1995; Dawes 1998; Fischhoff 1991; Gilovich, Griffin, and Kahneman 2002; Hsee, Loewenstein, Blount, and Bazerman 1999; Lichtenstein and Slovic 1971; McFadden 1999; Payne, Bettman, and Schkade 1999; Shafer 1988; Shafir and LaBoeuf 2002; Shafir and Tversky 1995; Slovic 1995; Tversky, Sattath, and Slovic 1988。

7. この論文についてはいくつかの出版物でレビューされている。Kahneman and Tversky 2000; Payne, Bettman, and Johnson 1992; Slovic 1995 を参照。選好の逆転とその原因に関する、いわゆる「構築された選好」説については、以下を参照。Camerer 1995; Grether and Plott 1979; Hausman 1991; Kahneman 1991; Lichtenstein and Slovic 1971; Shafir and Tversky 1995; Starmer 2000; Tversky 1996b; Tversky and Kahneman 1981, 1986; Tversky, Slovic, and Kahneman 1990; Tversky and Thaler 1990。本章と第 2 章で論じた課題遂行における変則例のすべてが、進化的適応である TASS の傾向性によるものかどうかは定かではない。そのいくつかは後天的に獲得された TASS の傾向性によるものかもしれない。

8. このような選択と値付けのパターンは、ある金額 $M、すなわち A が $M よりも選好されるが、$M が B より選好されるような $M が存在することを意味している。ところが、もちろん被験者は B を A よりも選好しているのであり、ここには非推移性があると結論されることになる。

9. 認知科学者は、「手続き不変性」に対するこのような違反が起こる理由をいくつか明らかにしてきた［Slovic 1995 参照］。例えばそのひとつとして、「反応適合性」効果[17]が挙げられる。これはすなわち、反応が自分で価格を設定するモードに入っている場合、自分がどちらを選択するかを決める場合よりも、契約から得られる金銭的結果がより重視されることを意味する（例えば、2500 ドルという結果は、自分で選択する場合の意思決定よりも、自分で価格設定する場合の意思決定において、より重きをなすことになる）[18]。また、第 2 章で論じた「アンカリング（係留）」と「調整（アジャストメント）」も作用する。人々が価格設定をしようとすることで、まざまざと目にとまる金額へのアンカリングに導かれ、その後、アンカリングされた金額から〔何年後かという〕時間に応じた金額の下方修正を行うとすれば、このことは契約 A の価格設定が高いことの説明になるだろう。というのもアンカリングと調整に関する研究によると、人々が〔アンカリング後に〕行う調整は、ごくごく小さなものであることが知られているからである［Mussweiler, Strack, and Pfeiffer 2000］。

17 「反応適合性（response compatibility）」（または刺激反応適合性）とは、刺激（認識）と反応（認識に応じた行動）の適合性が大きいほど反応が素早く生じるという効果。

18 スロヴィックの論考によると、詳細についてはいくつかの説が出されているが、刺激の尺度と反応の尺度が一致しないことで、両者を関連付けようとする心的な働きが生じ、それが刺激のインパクトを引き下げる誤りを招く、というのが基本的な着想であるらしい［Slovoc 1995, 367］。

10. 道具的合理性と認識論的合理性の実験研究に関する文献については、広範なレビューが数多くある。以下を参照。Baron 2000; Camerer 1995; Connolly, Arkes, and Hammond 2000; Dawes 1998, 2001; Evans 2002c; Evans and Over 1996; Gilovich, Griffin, and Kahneman 2002; Kahneman and Frederick 2002; Kahneman and Tversky 2000; Kuhberger 2002; Kuhn 1991, 2001; Manktelow 1999; Shafir and LeBoeuf 2002; Stanovich 1999; Stanovich and West 2000。

11. ここで、〔「基本的演算バイアス」における〕「バイアス」という用語は「優勢な性向や傾向」［*The Compact Edition of the Oxford Short English Dictionary,* 211］を示すために使われているのであって、処理上の誤りを示しているわけではないことは大いに強調されるべきである。処理バイアスが必ずしも認知的誤りを意味しないことは、ヒューリスティクスとバイアス研究の文献を批判する人々によって繰り返し強調されている点であるが［Funder 1987; Gigerenzer 1996a; Hastie and Rasinski 1988; Kruglanski and Ajzen 1983］、しかし実際には、それこそがヒューリスティクスとバイアスの研究者自らが当初から一貫してとってきた立場だったのである［Kahneman 2000; Kahneman and Tversky 1973, 1996; Tversky and Kahneman 1974］。したがって、本書で「バイアス」という言葉が使われれば、それは「誤り」ではなく「デフォルトの〔初期設定の〕値」を意味している。そして、〔この意味での〕演算バイアスは脳の進化的適応に起因するという想定［Cosmides and Tooby 1994b］の下では、バイアスは多くの状況で有効である見込みが大きいのである。

12. TASSが〔人間の心的生活の〕広い範囲に浸透していることは、進化心理学者とその批判者の双方が同意するところである。Cosmides and Tooby 1992; Evans 2002a, 2002c; Evans and Over 1996; Over 2003a; Stanovich 1999, 2003を参照のこと。

13. 社会的知能仮説については、現在多方面からの膨大な文献がある。Baldwin 2000; Barton and Dunbar 1997; Blackmore 1999; Bogdan 2000; Brothers 1990; Byrne and Whiten 1988; Bugental 2000; Caporael 1997; Cosmides 1989; Cosmides and Tooby 1992; Cummins 1996, 2002; Dunbar 1998; Gibbard 1990; Gigerenzer 1996b; Goody 1995; Humphrey 1976, 1986; Jolly 1966; Kummer, Daston, Gigerenzer, and Silk 1997; Levinson 1995; Mithen 1996, 2000, 2002; Sterelny 2001b; Tomasello1998, 1999; Whiten and Byrne 1997。

14. リンダ問題において、実際上の推論[19]が確率論のロジックに違反しているように見えることを示唆した研究者の多くは、この問題をグライス［Grice 1975］の合理的コミュニケーションの諸規範に関連付けて分析している。以下を参照されたい。Adler 1984, 1991; Dulany and Hilton 1991; Hertwig and Gigerenzer 1999; Hilton 1995; Hilton and Slugoski 2000; Macdonald and Gilhooly 1990; Mellers, Hertwig, and Kahneman 2001; Politzer and

19 「実際上の」と訳したpragmaticは言語学における、後述のグライスが専門的に研究した「語用論」も意味する。ここには、文法や確率論の原則、合理的選択の公理などを「実際の場面で適用する」という共通の意味が想定されており、それがグライス的な「語用論」的考察への参照と（暗黙裡に）結びついていると見ることもできよう。

Noveck 1991; Slugoski and Wilson 1998。コミュニケーションに関する、いわゆる「グライス的格律」[20]がここで重要になるが、この格律を適切に理解するためには「話し手の意図を理解するためには、聞き手は話されたことの意味だけでなく、話し手が協調的であろうとしているという前提のもと、所与の文脈に何が含意されているのかも把握しなければならない」という点の理解が鍵となる[21]。そしてヒルトン［Hilton 1995］は、これらがコミュニケーションにおける認知の合理的側面であることを、念入りに私たちに思い出させようとする。このような理論家たちが、こうした文脈で連言錯誤を犯すことは認知の誤りを意味しない、という見解を抱いているのは明らかである。また、リンダ問題の実験結果を説明するに際して、これを情報の自動的な社会化（前述の基本的演算バイアスの2番目に該当する）と結びつけてきた理論家も多い。

15. 確率学習が生じる状況では、人間以外の動物も人間も、全般に確率マッチングを近似するふるまいを示す［Estes 1964, 1976, 1984］。人間の確率推論についての実験方法にはさまざまな種類のものがある。以下を参照。Fantino and Esfandiari 2002; Gal and Baron 1996; Tversky and Edwards 1966 および West and Stanovich 2003。

16. 進化心理学者は、代替的な表象によって認知的誤りはほとんどなくなると主張することがある［Brase, Cosmides, and Tooby 1998; Cosmides 1989; Cosmides and Tooby 1996; Gigerenzer 1991, 2002; Gigerenzer and Hoffrage 1995］。しかし、より「進化的にやさしい」表象が、こうした認知的誤りを軽減させることは確かであるものの、完全には取り除けないことが、現在明らかになりつつある。以下を参照。Brenner, Koehler, Liberman, and Tversky 1996; Cheng and Holyoak 1989; Evans, Simon, Perham, Over, and Thompson 2000; Girotto and Gonzalez 2001; Griffin and Varey 1996; Harries and Harvey 2000; Lewis and Keren 1999; Macchi and Mosconi 1998; Manktelow and Over 1991, 1995; Mellers and McGraw 1999; Mellers, Hertwig, and Kahneman 2001; Sloman, Over, and Stibel 2003; Tversky and Kahneman 1983。

17. さまざまなヒューリスティックが属性の置換を含むとする解釈の最新版については、Kahneman and Frederick 2002 を参照。

18. 学校教育と脱文脈化は、多くの理論家によって関連付けられている。例えば、Anderson, Reder, and Simon 1996; Bereiter 1997, 2002; Cahan and Artman 1997; M. Chapman 1993; Donaldson 1978, 1993; Floden, Buchmann, and Schwille 1987; Hirsch 1996; Luria 1976; Neimark 1987; Paul 1984, 1987; Piaget 1972; Siegel 1988; Sigel 1993 など。

---

20 グライスの格律についてはこの後の本文に付した訳注213参照。

21 偶然かもしれないが、ここでの著者には、「〜を理解するためには（to understand)」という言い回しを「説明そのもの」と「説明されるべき内容」に反復的に用いることで、語の使用そのものを通じて内容理解を深めようという意図があるのではないかと推察される。

第５章

1.「膨大なモジュール性」をテーゼとして提起している文献については、Tooby and Cosmides 1992 および Cosmides and Tooby 1994b を参照のこと。このテーゼをめぐる議論と批判については、Over 2003b; Samuels 1998 および Samuels, Stich, and Tremoulet 1999 を参照。

2. 知能が社会的地位、所得、雇用の予測指標となるという点は、さまざまな文献で論じられている。Brody 1997; Gottfredson 1997; Hunt 1995; Lubinski and Humphreys 1997; Schmidt and Hunter 1992, 1998 を参照。他の研究では、遺伝性の人格変数[22]が予測指標として論じられている。Austin and Deary 2002; Buss 1999, 394; Matthews and Deary 1998 を参照。

3. 一般知能が副産物であるか適応であるかという論争の結果は、本書での議論に影響するものではないが、多くの理論家［例えば、Foley 1996; LaCerra and Bingham 1998; Smith, Borgerhoff Mulder, and Hill 2001］が、ヒト科の祖先の環境に必要とされることは刻々と連鎖的に変化したのであり、そこでは「膨大なモジュール性」テーゼに反して、柔軟な一般知能が必要とされただろうと論じていることには留意すべきである（同様の議論の哲学バージョンについては、Nozick 1993, 120 も参照のこと）。

4. Evans, et al.［2000; Macchi and Mosconi 1998 も参照］は、「基準率の誤謬」のいわゆる頻度バージョンの多くが計算的により単純なものであることを示している。この混同〔つまり、単なる「計算の易しさ」と「表象様式の進化的やさしさ」との混同〕は、これまでの研究において、頻度の表象の促進効果が過大評価されてきたことを意味している。

5. 同様に、上記の議論でも述べたように、ギーゲレンツァーは繰り返し、進化的により好都合な問題表象によって認知的錯覚（合理的推論の諸原理への違反）は「消える」と言うわけだが、そこにはこれらの違反がまったく重要ではないという含意がある。私たちは、合理性の諸公理が乗り物にとって重要であること（それらに従わない乗り物は効用を最大化できないこと）を知っているので、ギーゲレンツァーらは、進化的合理性こそが私たちにとって重要な唯一の合理性だという結論を私たちに引き出させたがっていると判断するほかない。これはまさに、クーパー［Cooper 1989］の指摘と一致する（ただしこの点について、〔認知心理学における〕生態学的理論の支持者たちの著作では、より微妙で、表立ってそれを言い立てない書き方になっている）。

6. 現代心理学において主要な勢力となった進化心理学の出現については、いくつかの包括的な概観がすでに存在している。Badcock 2000; Barkow, Cosmides, and Tooby 1992; Barrett, Dunbar, and Lycett 2002; Bjorklund and Pellegrini 2000; Buss 1999; Cartwright 2000; Cosmides and Tooby 1994b, 2000b; de Waal 2002; Geary and Bjorklund 2000; Kenrick 2001; Pinker 1997, 2002; Plotkin 1998; Tooby and Cosmides 1992; Wright 1994。

22　本文訳注 216 参照。

第6章

1. ヒューリスティクスとバイアス研究者が観察した実験室での結果が、実際の生活でも起こることについては、現在しっかりした文献がまとまっている。この節で示した例はその中のさまざまな文献から取られたものである。Arkes and Ayton 1999; Baron 1998; Bazerman, Baron, and Shonk 2001; Belsky and Gilovich 1999; Dawes 1988, 2001; Fridson 1993; Gilovich 1991; Kahneman 1994; Kahneman and Tversky 2000; Margolis 1996; Piattelli-Palmarini 1994; Plous 1993; Redelmeier, Shafir, and Aujla 2001; Redelmeier and Tversky 1990, 1992; Russo and Schoemaker 2002; Saks and Kidd 1980; Shermer 1997; Sternberg 2002; Sutherland 1992; Thaler 1992; Welch 2002; Yates 1992。

2. 第3章で参考にしたのはこの分野の文献であった。例を挙げておく。Baron 1993; Harman 1995; Jeffrey 1983; Kleindorfer, Kunreuther, and Schoemaker 1993; Nathanson 1994; Nozick 1993。

3. 哲学者は「インテンショナル」という言葉を、日常語の用法〔「意図的」〕とは多少違った用法〔「志向的」〕で使用するが、この場合、専門的でない用法として解してもそれほど大きな逸脱は生じないだろう〔つまりここでは「志向的」であると共に「意図的」でもある現象が取り上げられており、後者の意味で理解しても大きな誤解は生じない〕。

4. 実際、アンダーソン［Anderson 1990］はこのレベルの分析に「合理性レベル」という用語を使っている。「物理・生物学的レベル」および「アルゴリズムレベル」という用語をめぐる論争が生じていないのとは対照的に、第3のレベルを表す用語はさまざまであり、論争を招いている。筆者はデネット［1987］の用語を借用し、この分析レベルを「志向的レベル」と呼んできた。アンダーソン［1990］が代案とする用語としての「合理性レベル」は、この分析レベルの概念上の焦点〔つまり合理性〕を正しく指し示している。そしてこのような用語選定は、アンダーソン［1990］のプロジェクトにはよく適している――というのも、この分析レベルでは合理性が成り立っている〔人間はこのレベルでは常に合理的にふるまう〕、という仮定に基づいて適応主義モデルを構築しよう、というのがアンダーソンのプロジェクトなのだから。しかしながらこの用語選定は、現在の議論においては不適切である。というのも、第4章で詳述したように、人間の〔アンダーソンの言うところの〕「合理性レベル」の記述モデル[23]は、〔このレベルにおいて〕人間が常に合理的であるとは限らないことを示しているのだからである！　したがって、「志向的レベル」という用語のほうが適切なのである。認知科学におけるさまざまな分析レベルについての一般的な議論に関しは、以下を参照。Anderson 1990, 1991; Dennett 1978, 1987; Horgan and Tienson 1993; Levelt 1995; Marr 1982; Newell 1982, 1990; Oaksford and Chater 1995; Pollock 1995; Pylyshyn 1984; Sterelny 1990。

---

23 「記述モデル」は合理的選択の諸公理のような「規範モデル」の対概念で、人間の合理的行動を生み出すメカニズムを捉えるための事実記述的なモデル。本文訳注134参照。

5. 知能の根底にある基本的な認知能力の数々については重厚な研究が蓄積されてきた。以下を参照のこと。Ackerman, Kyllonen, and Richards 1999; Carpenter, Just, and Shell 1990; Deary 2000; Engle, Tuholski, Laughlin, and Conway 1999; Fry and Hale 1996; Hunt 1978, 1987; Lohman 2000; Sternberg 1982, 2000; Vernon 1991, 1993。

6.「思考性向」という概念の近辺に位置する用語は、心理学において驚くほど多様である。理論家たちが採用してきた呼称を挙げておこう――「知的スタイル」[Sternberg 1988, 1989]、「認知的感情」[Scheffler 1991]、「心の習慣」[Keating 1990]「推論の傾向性」[Kitcher 1993, 65-72]、「認識的動機」[Kruglanski 1990]、「構成的メタ推論」[Moshman 1994] などだ（Ennis 1987; Messick 1984, 1994; and Perkins 1995 も参照）。本書では、合理性を促進する働きをする「思考性向」と「認知スタイル」に的を絞りたい。筆者はかねてよりこのタイプの〔合理性を促進する〕思考性向に注目してきたが [Sá, West, and Stanovich 1999; Kokis, Macpherson, Toplak, West, and Stanovich 2002; Stanovich 1999; Stanovich and West 1997; Toplak and Stanovich 2002]、これは他の研究者も同様である。Baron 1985a, 2000; Cacioppo, Petty, Feinstein, and Jarvis 1996; Kardash and Scholes 1996; Klaczynski, Gordon, and Fauth 1997; Kruglanski and Webster 1996; Kuhn 1991; Perkins, Jay, and Tishman 1993; Schoenfeld 1983; Schommer 1990, 1994; Sinatra and Pintrich 2003; Sternberg 1997b, 2001 を参照。

7. ただし注記しておくべきだが、TASS の志向的レベルの目的状態が〔外部の観察者、研究者によって〕それとして帰属される〔見なされる〕ものである場合がより多いと見込まれるのに対し、分析的システムのそれは認知アーキテクチャにおいて実際に表象されている（つまり、生物個体内で高レベルの制御状態として実現されている）場合がより多いと見込まれる。「目的を追求するシステム」と「目的へと方向づけられたシステム」との対照については McFarland [1989] を参照。

8. 顔認識、構文処理、頻度検出などの基本的な TASS 処理には、ほとんどばらつきが見られない [Hasher and Zacks 1979; Pinker 1994, 1997]。進化的適応がどのようにばらつきを消し去るのかという問題については、Tooby and Cosmides 1990 および Wilson 1994 を参照のこと。一方、分析的システムのアルゴリズムレベルにはばらつきが見られるが、その理由については、Over and Evans 2000 を参照のこと。

9. 推論の遂行成績を予測するためには計算能力だけでなく、個々人の目的と認識価値（これらは志向的レベルの構成概念[24]である）を評価する必要があることが研究で明らかになっている。以下を参照。Kardash and Scholes 1996; Klaczynski, Gordon, and Fauth 1997; Kokis et al. 2002; Sá, West, and Stanovich 1999; Schoenfeld 1983; Sinatra and Pintrich 2003; Stanovich 1999; Stanovich and West 1997, 1998c; Sternberg 1997b; Toplak and Stanovich 2002。

---

24 「構成概念（construct）」については本文訳注 57 参照。

10. 合理性の評価が脳の認知リソースによって条件づけられているという見通しが、多くの著者によって論じられてきた。以下を参照のこと。Cherniak 1986; Gigerenzer and Goldstein 1996; Goldman 1978; Harman 1995; Oaksford and Chater 1993, 1995, 1998; Osherson 1995; Simon 1956, 1957; Stich 1990。

11. 〔本節冒頭で〕引用されたテトロックとメラーの一節［Tetlock and Mellers 2002］からの引用が示すように、この議論は実に論争的なものとなっている。以下を参照。Cohen 1981; Dawes 1983, 1988; Evans 2002a; Gigerenzer 1996a; Jepson, Krantz, and Nisbett 1983; Kahneman 1981; Kahneman and Tversky 1983, 1996; Krantz 1981; Kuhberger 2002; Samuels, Stich, and Bishop 2002; Samuels, Stich, and Tremoulet 1999; Shafir and LeBoeuf 2002; Stanovich 1999; Stanovich and West 2000; Stein 1996; Vranas 2000。

12. この大規模な文献は、多くの有用な研究でレビューされている。以下を参照。Baron 2000; Dawes 1998, 2001; Evans and Over 1996; Gilovich, Griffin, and Kahneman 2002; Johnson-Laird 1999; Kahneman and Tversky 2000; Klaczynski 2001; Oaksford and Chater 2001; Over 2002; Shafir and LeBoeuf 2002; Stanovich 1999; Stanovich and West 2000。

13. あるタイプの「基準率問題」[25]と、いわゆる「偽の合意効果」が該当する。以下を参照。Birnbaum 1983; Dawes 1989, 1990; Koehler 1996; Krueger and Zeiger 1993; Mueser, Cowan, and Mueser 1999; Stanovich 1999。

14. 知能と合理的な思考性向の間の相関が不完全であることは、数多くの研究で報告されている。本章の〔原〕注6と9で引用した研究を参照。

15. 合理的思考の教育に関する文献は散発的ではあるが、ある程度の進展は見られる。以下を参照。Adams 1989; Adams and Feehrer 1991; Baron and Brown 1991; Beyth-Marom, Fischhoff, Quadrel, and Furby 1991; Lipman 1991; Mann, Harmoni, and Power 1991; Nickerson 1988; Nisbett 1993; Paul, Binker, Martin, and Adamson 1989; Perkins and Grotzer 1997; Sternberg 2001; Swartz and Perkins 1989; Tishman, Perkins, and Jay 1995; Williams, Blythe, White, Li, Sternberg, and Gardner 1996。

16. さまざまな分野の多くの論者が、このような状況は現代生活に特徴的なことかもしれないと論じている。以下を参照。Clark 1997, 180-184; Denzau and North 1994; Hargreaves Heap 1992; Nozick 1993, 124-25, 180-181; Satz and Ferejohn 1994; Thaler 1987。

17. いくつかの悪名高い事例では、企業がその最高経営責任者（CEO）に自らの報酬を事実

---

25 「基準率問題（base-rate problems）」については『現代世界における意思決定と合理性』邦訳 98-105 頁に詳しい説明がある。「事前確率」とも呼ばれる基準率の見積もりについて人々が錯誤を犯しやすいという考察である。「偽の合意効果（false consensus effect）」は人が自分の信念や行動を世間で合意された標準的なものだと思いがちだという一種のバイアスを指す。

上決定させていた。こんなことをすれば、往々にして企業とその従業員にとって悲惨な結果を招くことになる。

第 7 章

1. 複雑なのは、第 2 章で論じたように、分析的システムは習慣づけを通じて、より長期的な目的に役立つ、後天的に獲得された反応（上司がそばを通り過ぎたら微笑みかける）をTASS のアルゴリズム内で実現できるということだ。

2. 筆者によるミームの定義は、アウンガー［Aunger 2002］の議論に沿ったものであるが、ここでの筆者の議論において定義の正確さは不可欠なものではない。ミームの定義およびその他の関連する定義については、アウンガー［2000a］の編著作の寄稿者たちによって論じられている［Blackmore 1999; Dennett 1991, 1995; Dugatkin 2000; Lynch 1996 も参照］。「ミーム」という用語は時に、いわゆるミームプレックス——相互に絡まり合った観念の集合体が一括で複製される、互いに共適応[26]し合ったミームたちの集合体——を指すために、より一般的な意味合いで使われることもある［Blackmore 1999; Speel 1995 参照］。共適応し合ったミームの集合体については、Dennett 1993, 204-205 を参照。

アーロン・リンチ（私信）は、「ミーム」という用語がさまざまな通俗化によって汚染されているという理由から、代わりにより中立的な「文化的自己複製子」という用語を使うことを提案している。また、ミームという用語は、一部の学者にとっては、筆者がここで使っている用語よりもはるかに強い意味合いを含んでいることにも留意すべきである。例えば、スペルベル［Sperber 2000a］は、ミームという用語を「文化複製子」全般の同義語としてではなく、「その運搬者／被感染者《キャリア》[27]である人間に利益をもたらすがゆえに〔自然〕選択されたのではなく、それ自身に利益をもたらすがゆえに〔自然〕選択された」複製子を指すものとして使っている［163］。つまり、スペルベルはこの用語を後述するカテゴリー 4 のみに割り当てているのである。対照的に、筆者のこの用語の使い方は（文化的自己複製子の同義語として）より一般的であり、以下に挙げる 4 つのカテゴリーすべてを包含している。

3. ミームは自己複製子であると同時にインタラクター〔相互作用子〕でもある。ここでは、ハル［Hull 1982］の造語であるインタラクターのほうがより適切だ[28]。というのもミームは遺伝子のように乗り物を組み立てるわけではないからだ。その代わりに、ミームは脳を宿主として利用すると共に、他の脳に複製となる応答を開始させるシグナルを送るためのメカニズムとしても利用する。未来のミームが送るシグナルのテンプレートは、本やコンピュータ、その他のメディアに保存されている［Aunger 2002 を参照］。

この章の議論では、ミームの概念が自己複製子たるものの最小限の要件を満たしているこ

---

26 「共適応（co-adaptation）」については本文訳注 296 と 332 を参照。
27 carriers は「宿主」と同様の概念だが、スペルベルの文化感染モデルに引き寄せれば、「保菌者」の意味合いも持ちうる。
28 ハルの用語「インタラクター（interactor）」については、本文 46 頁参照。本書の用語でいう「乗り物」に該当する。

とを確証できれば十分である。ミームの性質内に、遺伝子のあらゆる性質の類似物が見いだされることを確証する必要まではないのだ。ブラックモア［Blackmore 1999］は、遺伝子に関わる概念のすべてについて、それと対応するミームの対応物を期待すべきではないという警告を発している。ミームの概念について論評してきた主要な理論家はみな、ミームと遺伝子の非類似性に注目してきた［Aunger 2000b, 2002］。例えば、二者の重要な違いは、第1に、ミームは遺伝子よりも複製の忠実度が低いこと、第2に、乗り物は意図的にミームの〔いわば〕突然変異[29]を創り出すが、遺伝的な突然変異を創り出すことはできない点にある［Blackmore 1999; Runciman 1998; Sperber 1985; ただし、Hull 2001 を参照］。複製の忠実度の低さの問題は特に注目されている。Blackmore 1999; Boyd and Richerson 2000; Dawkins 1982, 1999; Sperber 1985, 1996 を参照。

しかし、これらの相違はいずれも、真の自己複製子としてのミームの地位を損なうものではない。まず、ハル［2001］は、遺伝子とミームの相違が誇張されたものであることを示すための鋭い議論を行っている。さらにハル［2000］は、ミーム学とはミームと遺伝子の類比に依拠するものではまったくなく、むしろ、最も一般的なレベルでのユニバーサル・ダーウィニズムの選択原理〔自然選択か、それと同じ型の過程を支える原理〕に依拠するものであることを論じている。「ミーム学は〔遺伝子とミームの〕類比に訴える推論をまったく必要としていない。そうではなく、〔自然〕選択について確立された一般的な説明が、いくつか異なった種類の「差異化を伴う複製」[30]に同じ資格をもって適用されている、ということなのだ」［45-46］。私たちが遺伝子を基準《ベンチマーク》にするのは、遺伝子が先に登場したため、それを特権視しがちなバイアスを抱えているからに過ぎない。真の自己複製子であるためには、遺伝子の個別の性質をすべて詳細に反復する必要はない――遺伝子とは、たまたま最初に発見された自己複製子に過ぎないのだから。デネット［1991］が指摘するように、「植物の進化がその道を切り開くまで、動物の遺伝子がこの惑星に存在し得なかったように[31]（中略）ミームが進化を始めたのは、動物の進化が、ミームのためのシェルターとなる脳と、ミーム伝達の媒体《メディア》となるコミュニケーションの習慣を持つホモ・サピエンスという種を生み出し、その道を切り開いたからに他ならない」［202］。つまり、ミームは発見されるべき最後の複製子でもないということだ[32]［Aunger 2002 参照］。

4. Dennett 1991, 204-205 を参照。

---

29 「突然変異（mutation）」は遺伝子に生じる変異を指すので（現在では必ずしも急激で不連続なものだけではなく、微小で連続的な遺伝的変異も「突然変異」と呼ばれる）、この表現は比喩的なものと見るべきだろう。

30 「差異化を伴う複製（differential replication/differential reproduction）」は、遺伝子が自己複製を続けていく過程でときおり（複製ミスとして）突然変異が生じ、その突然変異が（主に自然選択の働きで）進化的な変化を引き起こしていく、という過程で、ダーウィン的な進化の基本的な経過を指す。ミームが複製子である限り、複製と変異という同じ過程を核酸塩基の複製と変異とは別の仕方で実現することが見込まれる。

31 細かい話だが、多細胞生物としての狭義の植物と動物は相互に独立に平行的に進化してきたと見られるので、この比喩はあまり正確ではないかもしれない（ただし、地上の植物と動物についてはおそらくこのシナリオが成り立つ）。デネットの前後の説明を読むと「植物と動物」というより「光合成をおこなう生物（光合成細菌など）と酸素呼吸可能な生物」を想定しているようである。

32 「発見された自己複製子」という発想はドーキンス『利己的な遺伝子』初版末尾で、ミームを遺伝子に次いで第2に発見された自己複製子として扱っている箇所を想定していると思われる。おそらく著者は第3、第4の自己複製子の可能性を明確に想定しているというより、遺伝子とミームが「自己複製子」という大きな類の中の相並ぶメンバーであるに過ぎない、という構造を強調しようとしているのだと思われる。

5. 例えば、アウンガー［2000a］の編著には、そのようなものがいくつか紹介されている。

6. ミームが生き残る理由の分類については、Blackmore［1999］、Dennett［1991, 1995］、Lynch［1996］を参照のこと。もちろん、ひとつのミームが複数のカテゴリーに分類されることもある。ミームが広まるのは、それが乗り物に役立つからかもしれないし、遺伝的性向に適っているからかもしれないし、自己増殖性があるからかもしれない。しかしながら、デネット［1995］が論じてきたように、複製子と乗り物の利害の不一致は、特に理論的に興味深い状況をつくり出すので、本章ではその状況を大いに取り上げることとなった。同様にブラックモア［2000a］も、1999年の著書では不都合で危険なミームを不釣り合いなまでに強調していたことを認めているのだが、これはミーム理論の視点と、社会生物学および遺伝子—文化共進化の論者たち［例えば、Cavalli-Sforza and Feldman 1981; Durham 1991; Lumsden and Wilson 1981］の視点との対比を際立たせるためであった。最後に、進化心理学者が言うところの誘発文化[33]については、Sperber 1996; Atran 1998 および Tooby and Cosmides 1992 を参照されたい。〔原〕注2で述べたように、筆者がミームという言葉を使ったからといって、これは誘発文化を否定するものではない。

7. Lynch［1996］と Blackmore［1999］は、これらの下位カテゴリーの多くについて論じている。

8. Dawkins［1993］と Blackmore［2000a］は、ほとんどの宗教は本質的に「私を複製せよ」というミームプレックスであり、「それを支えるのは、脅しであり約束であり、自らの主張を検証させない手管である」［Blackmore 2000a, 35-36］と主張している。

9. 以下、「共適応ミームのパラドックス」の節と第8章において、筆者は『不思議の国のアリス』的と呼ぶほかはない、その奇妙な特徴を見ていくことにする。それは、まさにこれらの自己複製子こそが私たち自身（少なくとも、私たちが「私〔自我〕」と呼ぶ脳内プロセス）であるということだ。

10. 筆者が提案するミーム評価のための規則1は、ノージック［Nozick 1993］の合理的選好形成原理の分類法の原則Vに関係づけられる。ノージックは、他のすべての条件が同じであれば、人々が、「どんな選好形成にとっても必要な前提条件」を選好することは自然なことだと指摘する。そのような前提条件の明白な候補としては、生命、自由、栄養、耐え難い苦痛の不在、などが挙げられる。これは、ノージックの原則Vの言葉を引けば「人は、それを選好しない特別な理由がない限り、いかなる選好に基づく選択にとっての前提条件(手段となる条件）が充足されることを選好している」［142］ということになる。これと矛盾する事例として挙げられるのはもちろん自殺であるが、この原則が排除するのは理由のない自殺だけなので、実際には矛盾ではない。この原則はじっさい、理由のない死を望むことを不合理と定義している。

33 「誘発文化（evoked culture）」は、文化的な類似性、あるいは文化現象の共有をミーム説のように「模倣」に求めるのではなく、人類の認知機構の共通性ゆえにその都度同じ型の文化現象が形成されるとする見方。

11. ここで論じた原則は、乗り物中心のミーム評価を強調するものではあるが、これは社会を無視することが合理的であるという意味ではない。この規則も、それに続く規則も、利他的欲求や社会的欲求が目的構造の合理的な一部であることを排除するものではない。それどころか、状況によってはそのような目的こそが合理的なものとして処方されることもある。Baron 1998; Flanagan 1996; Gauthier 1986, 1990; Nozick 1993; Parfit 1984; Rawls 1971; Scanlon 1998; Schmidtz 1995; Skyrms 1996; Wolfe 1989 を参照。

12. 進化的適応である TASS モジュールは、太古から続く環境において生じるさまざまな〔恒常的に生じる〕偶発的出来事に基づいて〔それらによって引き金が引かれることで〕実行される[34]。これらは信号検出理論［Swets, Dawes, and Monahan 2000］のロジックに基づく厳密な統計的推測の表れである。TASS モジュールの引き金を引く刺激の基準は、真理性の最大化〔表象が最も現実に対応する〕を目する規則に従ってではなく、むしろ「ヒット」（正しい刺激に正しく反応すること）の相対的利益と、偽陽性（正しい刺激がない場合に反応すること）および偽陰性（正しい刺激がある場合に反応しないこと）の相対的コストをとりまとめて計算することで設定される。要するに、多くの TASS モジュールは EEA における遺伝的適応度を最大化するように設計されており、合理性の諸理論が要求する真なる信念を最大化するようには設計されていないのだ［Cooper 1989; Skyrms 1996; Stein 1996; Stich 1990］。

13. このようなミームの例は、以下の文献に多数紹介されている。Dawkins 1993; Dennett 1991, 1995 および Lynch 1996。

14. この種の、ミームが巻き起こしたヒステリー症状を取り上げた文献は多い。Dawes 2001; Garry, Frame, and Loftus 1999; Loftus 1997; Loftus and Ketcham 1994; Pezdek and Banks 1996; Pezdek and Hodge 1999; Piper 1998; Shermer 1997; Spanos 1996。

15.「ミーム圏」という用語はデネットのものである［1991, 1995］。批判的思考《クリティカル・シンキング》の文献が「一歩距離を置く」技術を重視している事例については、Baron 2000; Paul 1984, 1987; Perkins 1995 および Stanovich 1999 を参照。信念のバイアスは心理学者たちによってさまざまな方法で研究されている。Baron 2000; Evans, Barston, and Pollard 1983; Goel and Dolan 2003; Nickerson 1998; Stanovich and West 1997 を参照。

16. ミームプレックス内で相互に助け合う関係にあるミームは、ゲノム内の遺伝子が協力的であるのと同じ理由で、〔ミームプレックスを構成するミーム群と〕矛盾するミームが脳のスペースを獲得するのを防ぐ構造を形成する見込みが大きいだろう［Ridley 2000］。〔遺伝子においては〕新たに突然変異した対立遺伝子がゲノム内の他の遺伝子と協力的なものでない場合、乗り物の欠陥が生じやすくなるが、これは他の遺伝子が必要としている協力をその

---

34 「偶発的出来事」と訳した contingency は行動心理学において強化や弱化のような学習による変化を指す「随伴性」を指すために用いられるが、本文中のいくつかの箇所と同じく、生物が生きていく上で生物に降りかかる環境内のさまざまな出来事を指していると見られる。ただし、それが TASS の引き金になる以上、遺伝的なメカニズムにとっては「織り込み済み」の事態ではあり、完全な「予測外」の偶発事ということでもないと思われる。

新たな対立遺伝子が与えてくれないからである。そして これと同じように、常駐しているミームたちが選ぶのもまた協力的なミーム——自分たちにとって有利なミーム——である。これは、認知心理学の実験では至るところで観察される信念バイアス効果［例えば、Evans, Barston, and Pollard 1983; Nickerson 1998］の原因である可能性がある——以前から常駐しているミームたちと矛盾をきたすミームは、容易には同化されないということである。

個人差に関する不可解な発見——信念バイアスには多くの領域特異性があるように思われるという発見——も、あるいはミーム学の観点に立てば説明できるかもしれない［Sá, West, and Stanovich 1999; Toplak and Stanovich 2003］。〔これらの発見によると〕ある領域で高い信念バイアスを示す人が、別の領域でもそれを示すとは限らず、また一方で人々がどの程度の信念バイアスを示すかについても、領域間で大きな違いがある［Toplak and Stanovich 2003］。ここで、〔ミーム学の観点を導入するならば〕大なり小なり信念バイアスで特徴づけられるのは人々ではなく、むしろ信念バイアスの程度が異なるミームたち、すなわちミーム圏の中でその「座」をめぐって競合し、同居し得ないミームを撃退するよう構造化されている、強度の異なるミームたちだということになる。もちろん、——これはミームが遺伝子と異なる点のひとつだが——ミームには対立遺伝子の固定した座がなく、対立遺伝子があったとしてもその数は必ずしも有限ではない[35]。しかし、これは一般論としてそう言えるというだけかもしれない。進化心理学者が、いわゆる「疫学的文化」[36]と対立するものとして強調したがる「誘発文化」の領域には、遺伝子座や対立遺伝子のようなものがあるかもしれない——誘発文化の領域は進化的に固定された領域であって、この領域がまず〔遺伝子座に対応する〕「スロット」を用意し、地域ごとに異なる環境がその「スロット」に、親族関係、あるいはもしかすると宗教心や至高の存在への信仰（さまざまな支配的世界観）への信仰などの事物をはめ込んでいくのである。それゆえ、ある人物の信念バイアスが大きいか小さいかという一般的な傾向があるわけではないが、だとしても、ある種のミームプレックスが、他のミームよりも優れた、自らと矛盾するミームに抵抗するということはあるかもしれないのである。

17. 私たちに、因果的説明を追い求める生得的なメカニズムが備わっている可能性は十分あるが、しかし神秘的な信念もまた、それが文化から取り入れたものならば、科学と同様に、進化したメカニズムの自由パラメーター〔つまりメカニズムに許容されうる動作のバリエーション〕の範囲内に収まるかもしれない［McCauley 2000, D. S. Wilson 2002 および Keil and Wilson 2000 のいくつかの寄稿を参照］。しかし、〔神秘的信念と科学という〕これらふたつのミームプレックスは、乗り物に対してまったく異なる影響を及ぼすかもしれない。

---

35 自然選択は染色体上の対応する遺伝子座を占める遺伝子間の競合として理解できるが、ミーム間の競合の場合、例えばある音楽ミームの「ライバル」は無限に多い可能性がある。デネットは『心の進化を解明する』355-360 頁でこの問題を取り上げ、（その前の 352 頁からの議論を踏まえ）文化的な情報が多かれ少なかれ「デジタル化」されている点に着目した考察を行っている。

36 「疫学的文化」は進化心理学において「誘発文化」（原注への訳注 33 参照）と対比される文化のあり方で、まさにミームを典型とする文化的創作物が伝達によって広まっていくという文化のあり方。なお、前出の「誘発文化」の箇所で参照されていたスペルベルは「文化の疫学モデル」を提起しているが、これは発想としては「誘発文化」に近い部分がある。そこで強調されるのは「感染源」や「病原体」そのものではなく、むしろそれらに対する心の反応の定型性だからである（例えば風邪をひいたときの熱や咳は「模倣」されるというよりも、同じウィルスに対する免疫機構などの反応の共通性によって、その都度類似の現象として生成されるようなものである）。

18.〔合理的に見て〕擁護のしようがないミームが用いる武装解除戦略の一例は、「誰もが自分の意見を持つ権利がある」という現代の合言葉を隠れ蓑にすることである。文字通りに受け取れば、この主張は当然だがつまらない主張しか含んでいない。「意見」とは心に浮かぶ思い——ミームだ——を指す言葉に過ぎない。私たちは全体主義社会に生きているわけではない。私たちのような自由な社会では、ミームによってその宿主が他人に危害を加えることがないかぎり、人々は当然のこととして好きなミームを宿していい。このいわゆる「意見を表明する権利」を否定した人など存在しないのである。ならば、この自由な社会で議論に参加する人の中に、マインド・コントロール（文字通り、意見を言う権利を奪う〔という仕方で制御・支配《コントロール》する〕こと）を行おうとする人はほとんどいないのに、この権利を求める声がよく聞かれるのはなぜなのだろうか。実際にはまったく意味のない言説であるにもかかわらず、なぜ人々は「誰にでも意見を言う権利がある」という当然だがつまらない言葉を口にし続けるのかを考えてみると、この言葉を口にすることで、人々が実はそれによって、何かしらの、当然でも、つまらなくもない成果を得ようと意図しているのではないか、という疑念が生じるのだ［Ruggiero 2000 参照］。

「自分の意見を持つ権利」という文句を口にすることで、その人は自分の考えを支える擁護論を〔別途に〕用意する必要などないのだ、という追加の信号を発信しているのであり、つまりは批判を受けつけないものとしてその意見を差し出しているのだ。ここで重要なのは、多くの人々が望んでいるのは、ただ自分の意見を表明し保持する権利ではなく、ずっとそれ以上の何かであるということである。つまり彼らが本当に望んでいるのは、自分たちの意見に対する批判を抑圧することなのだ。仮にどんなに少なく見積もっても、彼らは、対話相手に対して、そのミームを合理的に擁護せよという要求に抗うように求めてはいるのだ。こうした、「意見を言う権利」を盾に相手〔の言い分〕を無力化するというトリックは、私たちの寛容の概念と共生的な仕方で[37]結び付いているため、現代社会では非常に効果的に機能することが多い。いったん相手が「意見を言う権利」の盾を掲げると、その意見の正当性を問い続けることは失礼にあたると考えられている。つまり、ミームを攻撃から守るための非常に有効な戦略とは、そのミームを意見としてラベル付けし、その論理性や経験的裏付けが弱い場合に「意見を言う権利」という切り札を使うことだということである。

19. しかし、なぜ私たちが抱いているさまざまな信念に自己同一化すべきではないというのか、と問う人もいるかもしれない。答えはこうだ——もちろん、ある範囲までは、〔むしろ積極的に〕自分の信念に自己同一化すべきだ。つまり信念の中には、自己の本質的な一部と見なされるべきものもあるのだ——特に、選抜テストをくぐり抜け、反省的に獲得されたミームプレックスはそうである。ブラックモア［1999］は、自己という概念をそれ自体がミームプレックスであるものとして扱うが、しかし彼女はこのいわゆるミームプレックスとしての自己を、しばしば敵対的な目で見すえる。一方筆者はと言えば、自己のミームプレックスとそれが人間的利益をもたらす可能性に対して、より肯定的な態度をとる（ミームプレック

37　ここで「共生的に（symbiotically）」はミーム論の観点から生態学的な意味合い、つまり異なる生物が利害の一致により共に生活している状態を指す意味を念頭に置いていると見られる。ちなみに、通常、「共生」と言えば相互に利益を売る共存共栄の状態を指すが、生態学の用語としては、この種の「相利共生」以外に、共生者の一方しか益を受けない（しかし他方も害は蒙らない）という「偏利共生」も存在する。

スとしての自己は、乗り物レベルでの目的を妨害するようなTASS反応を批判するのに必要な姿勢を強める助けになってくれる可能性がある)。しかしまた、ブラックモア［1999］が論じているように、ミームの適切な大掃除も必要かもしれない。裏付けのないミームを剪定することで、人生を豊かにする新しい考え方が私たちの脳に住み着く余地が生まれるかもしれない。一方、反省的に獲得されたものではないミームについては、それと自己同一化すべき理由がほとんど見当たらない――例えば、生まれつき持ち合わせていたり、親から与えられたり、人生初期の環境から身につけたりといった、私たちにはほとんど制御の余地がなかった偶然的な性格特徴であるようなミームがそうである。私たちが現在身につけているTASS反応――素早く自動的に引き金を引かれるようになっている反応――のいくつかは、私たちの背景に偶然入り込んだミーム的特徴、すなわち、かつての習慣化によって自動TASSマイクロモジュールとして働くまでになった、ミーム的特徴である。大人として人生を送る上で、これらをあえて生じさせるべき理由はほとんど見当たらない――いまや私たちは、脳内に入り込み、私たちの行動の習慣的特徴になるまでに長い間常駐するに至ったミームたちを、反省的に制御できるのだから。

しかしながら、現在常駐しているミームから自分を切り離す技能を使いこなせるようになるのは難しいかもしれない。というのも、何人かの著者が指摘しているように、私たちは無批判な信念保有者となるように、遺伝的〔自然〕選択を受けてきたからである［Boyer 1994, 2001; Dawkins 1995a; McCauley 2000 参照］。とはいえ、筆者の研究グループは、自分に常駐している信念と、馴染みのない信念とのそれぞれに対する人々の向き合い方には、少なくともほどほどとはいえる個人差があることを示してきた［Sá, West, and Stanovich 1999］。

20. チャーチランド［Churchland 1989, 1995］が強調するように、認知科学が進歩すれば、人々が自分の認知プロセスを調べたり、あるいはそれについて話したりするやり方に重大な影響を与えるかもしれない。実際、過去の心理学的理解の進展はこのような効果をもたらしてきた。いまや人々は日常的に「内向性」や「外向性」といったものについて話し、「短期記憶」といった用語を用いて自分自身の認知的遂行性能を調べている――こういった自己分析のための言語ツールは100年前にはなかったものだ。こうした、私たちの心を記述するための民俗〔心理学〕的言語が進化していることを認識するのは重要である［Churchland 1989; Gopnik 1993; Stich 1983; Wilkes 1988］。「内向性」「短期記憶」「フロイト的失言」「劣等コンプレックス」〔「劣等感」を指す、日常語の「コンプレックス」〕「抑圧」などは、現在では心についての民俗理論[38]にすっかり織り込まれている［D'Andrade 1987］。コンピュータ科学や認知心理学から取り込まれた、情報処理に関する概念も同様である［Stanovich 1989;

38 「心についての民俗理論（folk theory of the mental）」とは「民俗心理学（folk psychology）」に他ならないが、ここで「民俗心理学」が「俗流化した心理学説」ではまったくないことに注意しなければならない（著者がここで「民俗心理学」という用語の使用を避けたのはこの混同を警戒してのことかもしれない）。「民俗心理学」はおそらく〈心の理論〉下位システムなどの助けを借りて他者の心理を読み取り、推測できる技能であり、学問としての心理学が確立するはるか以前（おそらく石器時代）から存在していた。しかしその内容は時代によって変動あるいはアップデートもされうるというのが著者の考察であり、学術的な心理学の知見はその一助となるということである（反面でかつての「俗流フロイト主義」、現代における「俗流エボサイ」などの一知半解の説明がひとり歩きする危険もありうるだろう）。

Turkle 1984]。これらの概念は、そのすべてが明瞭かつ有益といったものではない。とはいえ、いくつかの概念についてはそう言える——つまり、それらを使うことによって、私たちはより反省的で自覚的な認知的存在になれるのである。

21. もちろん、本節の批判がすべての進化心理学者に当てはまるというつもりはない。例えば、ピンカー［1997］は「文化は鎖《リーシュ》につながれている」という見方を支持しておらず、複製子と乗り物の利害が異なることの意味を明確に認識している。「遺伝子は人形使いではない。彼らは脳と身体をつくるためのレシピとして働き、その後は〔脳と身体に〕道を譲るのである。彼らは身体に散らばり、自らの行動目的を持ったまま、彼ら自身の並行宇宙に生きる」［401］。

とはいえ進化心理学者たちがある特定のタイプの誤りを助長している、という状況はある。これは彼らに、トゥービーとコスミデス［1992］が「標準社会科学モデル（SSSM, Standard Social Science Model）」と呼ぶものを攻撃する傾向があるためだ。トゥービーとコスミデスの見立てでは[39]、ほとんどの社会科学者にとってのSSSMのデフォルトの前提は、「個人は多かれ少なかれ自分の文化の受動的な受け手であり、その文化の産物である」［1992, 32］というものだという。トゥービーとコスミデスは、彼らが「疫学的文化」と呼ぶものの重要性を削減し、いわゆる「誘発文化」の重要性と、その前提である次のような認識を強調したいのである——「私たちの発達的・心理的プログラムは、社会的・文化的世界を招き入れるように進化してきたが、最終的にそこで招き入れられるのは、適応的に有用な効果をもたらす傾向のある部分に限られる」［87；「表象の疫学」に関する関連論考についてはSperber 1996を参照］。進化心理学者がミームの概念を敵視するのは、このような理由からである。

対照的に、ミーム論者はミームの疫学的性質の重要性を強調する傾向があるが、とはいえ、誘発される〔つまり誘発文化として獲得される〕ミームの重要性を否定する者はいない[40]［関連する議論についてはBoyd and Richerson 2000を参照］。サイエンス・ライターのロバート・ライト［Wright 1994］によれば、トゥービーとコスミデスの主張をつきつめれば、さまざまな観念とは「それらが住みついた脳と何らかの調和を持たなければならない」という主張に言い換えられることになる［366］。しかし、トゥービーとコスミデス［1992］とは異なり、ライトは自己複製子／乗り物の区別という文脈でこの事実を自覚することから導かれうる諸帰結に気づいている。それゆえライト［1994］は、〔先の言い換えのとおりに〕さまざまな観念が、それらが住みついた脳との間で何らかの調和を持たなければならない、という指摘に続けて「その調和が長期的な観点からその脳にとってよいものであるとは限らない」と警告している［366、強調は筆者］。この驚くべき（そしてまだ過小評価されている）事実に気がついた脳は、文化がその人にとって機能不全に陥ったときに、文化を遺伝子の鎖《リーシュ》から解

39 「見立てでは」と訳した箇所は動詞としてthinkではなくfeelが使われており、「彼らの主観的な見解である」という含みが大きいようである。

40 ミーム論の観点からすると、文化現象が「自己複製」を行うときのメカニズムの一部に「誘発文化」が含まれることは認め得ることであり、これはデネットが『解明される宗教』のミーム論を論じた付録の中の、スペルベルに近い立場をとる宗教人類学者パスカル・ボイヤーの説へのコメントの中でも表明されている見方である（ただし文化現象における「誘発文化」の比重があまりにも多いという場合、文化的な単位それ自体を自己複製子として取り上げることの理論的な重要性は削減されるかもしれない）。

放するという（たしかに困難な）プロセスを開始することができる。進化心理学者は、ミーム／遺伝子の連携を断ち切るミームの力を過小評価しているように思われるのである。

22. 文化的進歩という概念の、相対主義的観点からの否定をアプリオリな[41]課題と見なし、それに取り組むようなことのない人であれば、文明の歴史はまさにこの趨勢を反映していると論じることは大いにありそうだ。例えば女性の解放と生殖生活のコントロールがすぐに思い浮かぶ。

23. 第2章のハックルベリー・フィンの例を思い出してほしい。奴隷の逃亡や、白人がその助けをすることは道徳的に間違っているというハックの思想は、友情や同情といったTASSの感情と対立するミームであった。この場合、ハックがこのミームに「とらわれる」ことなく、TASSに基づく感情に従ってくれることを私たち読者は切に願っている、ということに注意しよう。

ブラックモア［1999, 42-46; 2000b］は、何がミームと見なされるべきで、何がミームと見なされるべきではないかを論じている。例えば、主観的経験、感覚経験、生得的行動はミームではないと彼女は指摘する。TASSにおけるショートリーシュの遺伝的目的のいくつかをミームと見なすのは適切ではないが、分析的システムのロングリーシュの目的の多くはミームであろう（「教育は将来の人生に多くのチャンスをもたらす」、「結婚関係は望ましいものである」、「おしゃれな身なりをすることは重要である」）。これらの問題には依然として大きな論争がある。ハル［2000］のある章には、ミーム科学における概念的区別について格別に有益な議論が含まれている。

24. 哲学者のダニエル・デネット［1991］は共適応ミームのパラドックスについて、「ミーム対私たち」という構図を描くべきではないと論ずる文脈で言及している——私たちの意識的な自己の大部分は（いわゆる仮想《バーチャル》マシン・ソフトウェアとして）インストールされたミームプレックスなのだから、というのがデネットがそこで挙げる理由である。デネットは「異質で危険なミームから自らを守ろうと奮闘する『独立した』心などというのは神話である」［207］〔邦訳247頁に該当〕と警告している。デネット［1993］はここで、科学的ミームプレックスが私たちの他のミームを評価するのに役立つとするドーキンス［1993］の楽観的な見方を批判している。ドーキンス［1993］がこの問題に対して基礎づけ主義に基づく解決策を証明できていないという点については、筆者もデネット［1993］に同意する。しかしドーキンスが科学と合理性のミームプレックスを、私たち自身の目的階層を、宿主にいっそう役立つ形で、ノイラート的な仕方で再構築するのに決定的に重要なものとして称揚しているのは正しいとも思う。

---

41 「アプリオリな」とは「経験によらずに知られる」という意味の術語だが、この場合は「証明抜きで、あるいは問答無用で前提されるべき、自明な」というほどの意味。「かたくなで教条主義的な文化相対主義者」ということである。

第 8 章

1. オーウェン・フラナガンは、本書の完成後に筆者の目に留まった彼の素晴らしい著書『魂の概念（*The Concept of the Soul*）』［Flanagan 2002］の中で、現代の魂の概念は、非物質的な心、不死への展望、個人の本質としての魂、そして自由意志の概念という、4 つの考えを包含していると論じている。フラナガンは、筆者が本書で取り上げたトピックの多くを該博な知識をもって探究している。

2. ここで筆者が言いたいのは、広く知られているジョークのことである。スティーヴン・ホーキングの『ホーキング、宇宙を語る』［1988］にも登場するジョークだ。このジョークのあるバージョンでは、哲学者ウィリアム・ジェイムズは、太陽系について講義した後、決然とした態度の老婦人に声をかけられる。「私たちは太陽の周りを回る球の上に住んでいるのではありません」と彼女は言った。「私たちは巨大な亀の背中にある地殻の上に住んでいるのです」。ジェイムズは優しく対応することにした。「あなたの説が正しいとしたら、この亀は何の上に立っているのですか？」婦人はこれに対して、「最初の亀はもちろん、2 番目のもっと大きな亀の背中に立っています」と言う。「しかしその 2 番目の亀はなんの上に？」とジェイムズ。老婦人は勝ち誇ったように叫ぶ。「無駄ですよ、ジェイムズさん。どこまで行っても下には亀がいるんですから！」

3. 現代の認知科学は一般人が抱いている心と意識に関するイメージと衝突する面がいくつかあり、それについては非常に多くの文献がある。例えば、P. M. Churchland 1989, 1995; P. S. Churchland 1986, 2002; P. M. Churchland and P. S. Churchland 1998; Clark 1997, 2001; Coltheart and Davies 2000; Crick 1994; Dennett 1991, 1998; Gazzaniga 1998a; Harnish 2002; Minsky 1985; Ramachandran and Blakeslee 1998。

4. 第 2 章で述べたように、認知科学における実行制御[42]の議論には、尊重されるべき方法と尊重するに値しない方法がある。この用語が、ホムンクルスが座して意思決定を行っていることを意味するかぎり、科学的見地からはジョークと変わるところがない。一方で、いくつかの自動的な心的システムのアウトプットが互いに衝突したり不確定であったりする場合に必要となる、能力負荷の大きなスケジューリング〔処理の順序などの設定〕の演算を指すのであれば、そのような存在を仮定することには科学的な正当性がある。実行機能や注意監視システムという科学的に健全な概念には、多くの例がある［Norman and Shallice 1986］。

5. 選択肢をどのように文脈化すべきかという問題は、筆者［1999, 第 4 章］や、ハーリー［Hurley 1989, 55-106］が解釈の適格性の問題として論じている解釈問題の別バージョンである［Moldoveanu and Langer 2002 も参照］。

6. 例えば、チンパンジーは優越的な個体を前にすると、リンゴをひとつ取るのも控えるか

42　本文訳注 78 参照。

もしれない（控えない動物もいるかもしれない――例えば私たちのペットの多くはこのような間違いを犯し、その結果他の動物に噛まれてしまう）。ここで主張されているのは、ただ人間は他の動物よりも複雑な――それはとてつもなく複雑な――文脈情報を処理しているということに過ぎない。

7. もちろんこれについては、「もし仮に動物が実験を理解できたとすれば、そんな彼らはほとんど人間同様の存在なのだから、人間と同じように反応するはずだ」、という有名なジョークもある。実のところ本章で紹介する議論は、それが分析的システムの表象能力に依存しているという意味では、まさにそういう議論を行っているとも言えるのである。付言しておくと、このようなゲームを繰り返すうちに、高等な霊長類が懲罰的拒否を用いて相手の反応を形成することを学習できるようになるかどうかは未解決の問題であることには留意すべきである。筆者の知る限り、最後通牒ゲームに関する動物実験がなされたことはないのだ。

8. 第3章で取り上げた話題を思い出してほしい。意思決定の理論家にとって効用とは選好順位を数値で表したものであり、そこからは「快楽主義心理学とのいかなるつながり」をも排除するのが伝統である［Kahneman 1994, 20］。しかしながら、最近の認知科学は、福利や快楽的強度といった主観的概念を心理学に逆輸入することに寛容になっている［Diener, Suh, Lucas, and Smith 1999; Kahneman, Diener, and Schwarz 1999; Mellers 2000］。

9. あるタイプの人物になることの象徴的価値は、多くの哲学的議論［Dworkin 1988; Flanagan 1996; Frankfurt 1971; Gewirth 1998; Nozick 1981, 1993; Schick 1984; Taylor 1992; Turner 2001］において強調されてきたが、経済学［Hirschman 1986; Sen 1977, 1987, 1999］や意思決定理論［Abelson 1996; Beach 1990; Hargreaves Heap 1992; Medin and Bazerman 1999; Medin, Schwartz, Blok, and Birnbaum 1999］においては、ようやく少しずつではあるが認識されつつある、という段階である。

10. この定義は、因果的期待効用理論における効用を行為に帰属させる方法との類比に基づいている。古典的な考え方では、帰結の効用がその帰結を招いた行為にさかのぼって帰属されるのは、両者の間に因果関係があるためである。例えば、筆者がラジオのスイッチを入れると決めたとき、そのスイッチを入れるという行為に効用ありと割り当てるが、実際には効用を持つのはスイッチを入れることではなく、出てくる音楽である。筆者がラジオのスイッチを入れる行為にそれがあると割り当てる期待効用は、音楽を聴くという帰結そのものによって、その行為に帰属する。同じく象徴的効用は一種の「帰属」を伴うが、それは因果的関係ではなく、むしろ象徴的関係に基づくものである。ノージック［1993］は、象徴的帰納の事例について、2つの見方がありえることを論じている。ひとつは、さかのぼって割り当てられるものが文字通りの意味で効用である、という見方である。もうひとつは「表現的行為」という、次のような見方である――「ある行為とある状況との象徴的結びつきは、何らかの態度、信念、価値、感情などの表現となることを可能にしてくれる。効用ではなく、表現性こそが、さかのぼった割り当てを行うのだ。…… このような表現を行うことが、その人にとって高い効用を持つからこそ、人は象徴的行為を遂行するのである」［28］。例え

ばノージックは、1回限りの囚人のジレンマゲーム[43]における道具的に非合理な協力的反応が、自分自身を協力的な人間として見せるという象徴的関心から生じるかもしれないことを論じている。ただし、この2つの状況を区別することはしばしば困難であり、またその区別は今回の議論にとって重要ではない。

11. これに関する文献は多くの資料にまとめられている。例えば、Atance and O'Neill 2001; Carruthers and Chamberlain 2000; Clark 2001; Cosmides and Tooby 2000a; Currie and Ravenscroft 2002; Davies and Stone 1995a, 1995b; Deacon 1997; Dennett 1984; Dienes and Perner 1999; Donald 1991, 2001; Glenberg 1997; Karmiloff-Smith 1992; Malle, Moses, and Baldwin 2001; Mithen 1996; Nelson 1996; Perner 1991, 1998; Sperber 2000b, 2000c; Suddendorf and Whiten 2001; Tomasello 1999; Wellman 1990; Zelazo, Astington, and Olson 1999。

12. フランクファート［1971］は2階の欲求と2階の意志を区別している。「2階の意志」は個人が特定の欲求が自分の意志になってほしいと望むときに生じる。以下に続く議論では、この区別や他のいくつかの哲学的な区別を無視する。実際、フランクファートの論文をめぐる哲学的論争には重要なものが多いが、筆者が提起したい問題とは関係がないため、ここでは触れない［Harman 1993; Scanlon 1998 参照］。例えば、フランクファートは2階の概念と自由意志の問題を関連付けたが、それは本書で扱う議論の範囲を超えている［Harman 1993; Lehrer 1990, 1997; Watson 1975 参照］。以下では、ジェフリー［Jeffrey 1974］に倣って、これらの問題を回避していることを示すために、2階の判断の説明として選好関係を用いることにする。自分自身の目的に対するスタンスをめぐる心理学的問題については、パーナー［Perner 1998］のすぐれた議論を参照されたい。

しかし、もうひとつ注意点がある。筆者としては、「価値観〔諸価値〕」と「2階の欲求」を同じものだとしたくはないということだ。ここの議論では、価値観は2階の選好や欲求として記述されうる状態の構造や評価を促すものと見なされている。しかし、高階の選好は必ずしも価値観から生じるわけではない。すべての2階の判断に道徳的根拠が必要というわけではないのだ。道徳的価値というよりも、個人的あるいは自己中心的な関心事を代弁する高階の評価も多く存在する。フランクファート［1982］が指摘するように、私たちは家族の伝統、数学的優美さの追求、目利きへの傾倒など、さまざまな個別的理想を用いて1階の欲求を批判するが、その多くは道徳的領域にはない（そしてその多くはミームプレックスである）。

13. ハーリー［Hueley 1989, 57］は、選好関係に対する学問分野ごとの微妙に異なる概念について論じている――すなわち選好関係において関係づけられているのは諸々の対象である（経済学）、諸々の行為である（意思決定理論）、諸々の命題である（ジェフリーが1983年に提唱したシステム）といった具合に、さまざまな見方がなされている。意思決定理論には、

43 「囚人のジレンマ」については本章原注24参照。「1回限りの」というのは、同じ「囚人のジレンマ」ゲームでも複数回繰り返される設定にした場合、最適戦略が変わってくるという研究を受けての但し書きであろう。

選好関係の本性に関する専門的な文献がある［Broome 1991; Maher 1993］。ここでは、欲求の強さについて語る方法として、選好という用語を緩やかに使用する。2階の選好の考え方については、かなりの理論的議論が集積しており［Harman 1993; Lehrer 1997; Lewis 1989; Maher 1993; Sen 1992］、いくつかの経験的〔実証的〕研究もある［Sahlin 1981 など］。

14. 1階の選好は常にTASSに由来するものでもないし、常にショートリーシュ型の遺伝的目的であるわけでもないことに注意されたい。同様に、すべての2階の判断は分析的処理に由来すると想定すべきでもない（2階の判断の中には、習慣化と自動化を経た果てにTASSの一部となったものもある）。これまでの章で説明したように、潜在的な組み合わせの可能性はもっと広い。

15. 2階の選好が選好ネットワークの一貫性を実現するために使われるもうひとつの方法は、衝突し合っている1階の選好どうしを解決に導くことである［Lehrer 1997を参照］。AとBの2つの行為があり、ある人が行為Aについて、それをしないことよりもすることを選好し、行為Bについても、それをしないことよりすることを選好するとしよう。唯一の問題はAとBが衝突し合っていることである。両者は相容れない欲求から生じており、相反する行為である――両方を行うことは不可能であり、さらにその人のそれぞれに対する1階の選好の強さは同じである。この人はどうすればいいのだろうか？　おそらく、1階の選好に対する強い評価に取り組むことが助けになるだろう。その人は、導きとして、2階の選好の構造を参考にすることができる。ここで、この人がAを選好しないことを選好しているが、しかし実際にはBを選好している、としよう。この場合、2階の選好が衝突の解決に役立つ。Bに関してより高度な合理的統合が行われていることから、この衝突はBを支持する方向で解決されるべきだと論証されるだろう。

16. 複数の高階の欲求からなる階層［Dworkin 1988; Frankfurt 1971; Hurley 1989; Lehrer 1997; Zimmerman 1981］や、高階の階層に対し、人間の表象能力によって課される限界［Davies and Stone 1995a, 1995b; Dienes and Perner 1999; Perner 1991; Sperber 2000b, 2000c; Wellman 1990］については多くの議論がなされている。

最後に注記すべきは、ヴェルマン［Velleman 1992］が、合理的統合のプロセスを推進する動機が存在しなければならないことを論じながら、この動機は諸々の〔合理的な〕理由をもって行為したいという欲求であろうと提議していることである。

17. ここでの「裁可（ratified）」という用語の使用は、意思決定理論におけるジェフリー［1983］の「裁可可能性（ratifiability）」の概念と混同されてはならない。

18. 多くの哲学的分析では、いわゆる「意志の弱さ」[44]という現象は、人が2階の選好と不整合な1階の選好に基づいて選択することと定義される。そのような分析では、いわゆる意志

44 「意志の弱さ」は「アクラシア」というギリシャ語に対応し、（まさに人間の合理性に関わる問題として）古代から哲学的論争の的になってきた。

は2階の選好と同一視され、1階の選好がそれとは別の反応を命じるという事実は、その意志を阻害するものと解釈される。現在行っている分析は、「意志」というホムンクルス的でデカルト主義的な響きを持つ概念だけでなく、2階レベルを真の自己と自動的に自己同一化することをも退ける［この伝統に対する議論や批判については、Bennett 1974; Dworkin 1988; Elster 1983; Frankfurt 1971, 1982; Hurley 1989; Lehrer 1997; MacIntyre 1990; Schick 1984; Zimmerman 1981を参照］。3階の判断の可能性だけがここでの問題ではない。現在のモデルにおいて、2階の判断に優先性が保証されるわけではまったくない、ということを示すことができる例は簡単に思いつく。例えば、あなたが高級ワインに対する味覚を洗練させた、としよう。つまりあなたは何年か前、「ワインとはいいものだ」という分析的な判断を下し、洗練された味覚を身につけるべく、一連の明示的な規則を利用したのだ（「毎週新しいワインを3種類飲む」など）。さてそれから20年経ち、あなたは高級ワインに対する1階の選好をTASS内に組み込むまでになった。そんなあなたは最近、あるカルト的宗教に入信した。その宗教は、ある2階の信念をミームプレックスの一部としてあなたに与えた——「高級ワインを選好することは堕落であるから、私は高級ワインを選好しないことを選好する」という信念を。伝統的な分析では、このような2階の選好に対して（あなたの自己同一性《アイデンティティ》や人間性における）優先性が与えられる。一方、現在提起している見方では、この種の特権化がなされることはない——どちらの選好もノイラートの船を構成する板であり、等しくテストを必要としているのだ。第2章と第7章で述べたハックルベリー・フィンの例をもう一度思い出してほしい。

同様のことは、私たちの人生の楽しみについても成り立つ。人生の楽しみの多くは、1階のTASSに基づく傾向性の充足からもたらされるのだが、たとえ念入りな認知改革が行われたとしても、人生のこの基本的な特徴が、形の上で顕著に崩れることはない、という見通しをもつべきだろう[45]。

19. 私たちはまた、合理的統合を欠いた1階の選好を一度も覆すことができなかった強い評価者にも疑念を抱くだろう。相反する1階の選好を逆転させることに成功したことがないのであれば、2階の価値観の誠実さを疑うべきだろう。

20. いくつかの誤りは、分析的システムによる規則の学習によって生じうる——それらの規則が〔習慣化を通じて〕TASSのデフォルト値として具現された後に、不適切な状況で柔軟性を欠く形で引き金を引かれた場合、過剰に一般化されてしまうのである。アークスとアイトン［Arkes and Ayton 1999］は、「サンクコストの誤謬」[46]が犯されたときに起こることを描写している。例えば「無駄遣いしてはならない」という規則を過剰に一般化してしまうのもそれだ。この規則は、その実践者にとってはTASSの初期設定として自動的に引き金が引かれるかもしれない（だからこそ、子どもよりも大人のほうがサンクコストを誤って尊重し

---

45 旧訳ではこの最後の段落が欠落していた。

46 サンクコスト（埋没費用）とは回収不可能なコストのこと（本文253頁、257頁でも言及があった）。合理性の観点からすれば回収不可能なコストは今後の行動に影響を与えるべきでないのだが、「これだけ投資したのだから回収しなければならない」とさらにコストを追加する誤謬が「サンクコストの誤謬」であり「コンコルドの誤謬」とも言われる。『現代世界における意思決定と合理性』邦訳197—200頁、277—276頁参照。

てしまうという愚を犯す)。

21. 合理性の2段階評価は、先の章で批判されたパングロス主義の理論家にとっての脱出口と見なされるべきではない。(例えば経済学の) パングロス主義者は、見たところの合理的制約への違反が生じたことを説明するために、「それはその個人が、高階の選好に基づく認知的な批判的評価のプログラムに取り組むために、道具的合理性を犠牲にしているからだ」という理由を挙げるような立場をとっているわけではない。彼らの主張はむしろ、「行為者に影響を与える内的・外的な妨害に関係なく、完全な道具的合理性は実現されている」というものである。

この2段階の評価の過程において私たちが疑いなく見いだすのは、道具的レベルでのある種の不合理性は、個人が1階の欲求の充足以上のものを希求しているがゆえに生じるものだ、ということである (つまり、このような欲求に対する批判そのものが、公理的な基準による道具的合理性の実現を時として頓挫させるのだ)。しかしながら、第4章の概観から明らかになったように、薄い合理性理論に照らした場合の不合理性がすべてそのような要因によるというわけではない。では、道具的合理性からの逸脱が、強い評価者としての葛藤によって引き起こされたものであることを、どのようにして見分けることができるのだろうか。もしその違反が、合理的選択の諸公理とは折り合わないような仕方での文脈の識別[47]に関わるものであれば、私たちは、意思決定者から重要な情報を集めたうえで、ウィルソンとブレッケ [Wilson and Brekke 1994] の「心的汚染」という概念を適用することができる。ここで言う「心的汚染」とは、自分の意思決定の中に組み込むことを望んでいない要因が、その人の行動に影響を及ぼす場合に生じるとされているものである。第4章で説明したフレーミング効果に関する実験 (例として、200人生存バージョンと400人死亡バージョンの病気問題を挙げておいた) を思い出してほしい。このような問題で、被験者は実験後のインタビューにおいて、その2つのバージョンは同一なものであり、文言の影響を受けるべきではないと聞かされ、それに同意する。こうしてそれに同意したということはつまり、その2つのバージョンを別々の選択肢と見なすような文脈化〔文脈の解釈〕を、その被験者は望んではいない、ということである[48]。〔ここで生じているような〕「記述不変性」の違反は、真の意味での道具的合理性の失敗だ。つまり2つのバージョンのシナリオを別々の選択肢と見なすような文脈化〔文脈解釈〕は、象徴的効用に基づく〔価値の〕差異化や[49]、高階の選好レベルでの強い評価から生じる〔選好の〕不安定性によって引き起こされたものではないということだ。このように、合理性の2段階評価は道具的レベルでの評価を複雑にするが、それでもなお、

47 「文脈の識別」と訳した differential contextualization は忠実に訳せば「文脈の差異化」ないし「差異化的な文脈化」となる。「文脈化」はある情報を文脈に関連付ける、あるいはその情報が属する文脈を見分け、解釈するということで、「差異化的な」というのは複数の文脈を別々のものとして区別するということである。

48 著者は明記していないが、これが少し前で言われている「意思決定者から重要な情報を集めたうえで……心的汚染という概念を適用する」という作業の具体的例示になっている。病気問題の実験では多くの被験者が「記述不変性」という道具的合理性の公理に違反するが、事後のインタビューによって、被験者が行っていた文脈の識別 (あるいは差異化的な文脈化) は被験者自身が意思決定に組み込むべきではないものだったと認識していることがわかるので、そこでは広い合理性に基づく葛藤などによってではなく、単純に心的汚染が道具的合理性の公理への違反を招いたと結論できる、ということである。

49 「象徴的効用に基づく〔価値の〕差異化」と訳した箇所の原語は differential symbolic utility で、事柄や実践をその象徴的効用に応じて評価する、という意味だと解される。

薄い合理性理論への違反を特定することは可能なのである。

22. 複雑で例外的なのは、特定の反応を実践するために明確な分析的システムの決定によって自動化されたTASSプロセスである。

23. 神に注目の的を絞る宗教観はこの例外に当たる、と思われるかもしれないが、よく考えてみると、ほとんどの場合、神はその注意の的を人間の営みにだけ絞って人間を見下ろしている。神は人間の遺伝子に目を向けてはいないし、自動人形のように動く動物にも注意は向いていない。神の目はまっすぐ私たち人間に絞られているのだ。実際、多くの宗教観では、神は私たちの意識的自己と直接接触している。よく見ると、多くの宗教は間接的に、人間、そして人間の意識を舞台の中心に据えている。ラドクリフ・リチャーズ［Richards 2000］とデネット［1995］は、世界で観察されるあらゆる複雑性は、意識的な意図を私たち自身か神のどちらかに帰することによって説明されなければならないと感じる傾向について論じている。デネット［1995］はこれを「最初に心が来る（mind comes first）」と呼び、人間の思考における強力なデフォルトの前提だとしている。

24. 古典的な囚人のジレンマゲーム［Sen 1982］では、ふたりの犯罪者が一緒に犯罪を犯し、別々の監房に入れられる。検察官は共謀による軽微な犯罪の証拠を持っているが、共謀による重大な犯罪を立証するのに十分な証拠を持っていない。それぞれの囚人は、重大犯罪について別々に自白するよう求められる。ひとりが自白し、もうひとりが自白しない場合、自白した囚人は釈放され、もうひとりは重大犯罪に対して20年の全刑期を受ける。両者が自白した場合、両者とも有罪となり、10年の禁固刑を受ける。どちらも自白しなかった場合、両者とも軽いほうの罪で有罪判決を受け、両者とも2年の禁固刑を受ける。ふたりとも、「相手がどちらの選択を取った場合でも、自白しないよりは自白したほうが得だ」という「優越性」のロジックに気がつく。そのため、ふたりとも狭い合理性に基づいて自白し（NR)、両者とも重大犯罪で有罪判決を受け、10年の刑を言い渡される。これは自白しなかった場合(C、協力的な反応）にふたりして2年の刑を受けるよりもはるかに悪い結果だ。

25. これは、これらの社会で貧困層が直面している問題の重要性を軽視しているわけではない。単に、中産階級に焦点を合わせたときに、こうした社会的趨勢がより顕著に表れるということである。例えば、de Zengotita 2002; Frank 1999; Frank and Cook 1995; Kuttner 1998; Lasn 1999; Myers 2000; Schlosser 2001を参照。

26. 経済学者は、市場が達成する合理的な結果を特徴づけるために、「パレート効率」や「パレート改善」といった専門用語を使う。この専門用語は、これらの効率性の概念が実際にはいかに限定的な条件しか満たしていないかを、一般庶民から隠している。経済システムがジョンとフィルに経済力（お金）を配分する3つの仮想社会を考えてみよう。社会Aでは、ジョンは5000ドルの富を獲得し、フィルは8000ドルの富を獲得する。他の2つの想像上の社会では、結果は次のようになる：

社会B：ジョン9000ドル、フィル5万5000ドル

社会C：ジョン5万3000ドル、フィル5万4000ドル
社会Aから社会Bへの移行は、専門用語ではパレート改善と呼ばれ、これはもっともであるように見える。しかし、BからCへの移行はパレート改善とは見なされないことに注目すれば、完全市場の効率性がいかに弱いかがわかる。これは冗談ではない［Hausman and McPherson 1994; Pearce 1992; Quirk 1987 参照］。

27. 市場は、人々が、関連する欲求（人々ではなく、欲求）を最適に充足させるような仕方で、欲求とドルをシャッフルし直すことを可能にする。したがって、市場の効率性は非常に特殊なタイプの効率性であり、素人が考える効率性や最適性に対応づけられるものではない（経済分析ではほとんど常に分配に関わる概念が無視されてしまう、というのはそれに当たる）。市場は、すべての人が取引によって自分の地位を向上させることを可能にし、技能や資産の事前の分配を所与として、こうした向上がこの特別な意味において効率的であることを保証する。この再配分はまた非常に特殊なものであり、経済学者が「事前決定」と呼ぶものの後に行われる。事前決定とは、人々が市場にもたらし、取引を可能にする技能や金融資産のことである［Lindblom 2001］。リンドブロムが論じているように、市場は「人々が事前決定による非効率性を消去したり、それから逃れたりすることを許さない」のである。この意味で、市場の効率性は『手遅れ』な効率性である。つまり市場の効率性が発揮されるのは、効率性を考慮して行われたのではない事前の意思決定が、すでに結果をほぼ決定してしまった時である」［2001, 172］。要するに、直近の市場取引以前の資産の配分、つまり、次の取引で誰が何を手に入れるかを圧倒的に決定する配分そのものが、「市場の効率性」の概念ではまったく説明できないのである。

28. 個人間の効用比較という主題は非常に論争の多い複雑なものである。以下を参照のこと。Baron 1993a; Brink 1993; Elster and Roemer 1991; Hurley 1989, 360; Nagel 1997, 123; Parfit 1984, 330; Rawls 1971, 27-29, 187; Sen and Williams 1982。

29. 市場による1階の選好の強化という避けがたいロジックと、それが助長する価値観の侵食については、広く論評され、議論されるようになってきてはいる。例えば、『ニューヨーク・タイムズ』紙への投書［Simms 2002］は、次のように論じている。「価格に、しかも価格のみに固執し、それに付随する損害を顧みないことほど、この国にダメージを与えたものはない」。その後この投書は、醜悪な大型店《ビッグ・ボックス》の建築物、存続可能な小規模都市経済の破壊、労働者の通勤時間を増大させる果てしないスプロール化〔都市の急速な発展による市街地の無秩序化と無秩序な拡大の現象〕、そして「致命的なほどにエネルギッシュなライフスタイル」を引き合いに出し「価格が麻薬となり、われわれは中毒者国家になったと結論づけるしかない」と述べている。

30. 市場と同じように、遺伝子はあなたがウォントンであるのか、強い評価者であるのかを、あなたの選択を決定づける1階の選好が同じである限りは、区別しない。もし遺伝子が、あなたがBよりもAをすることを気にかけ、それに従ってあなたの選好を構造化したのであれば、遺伝子はあなたの2階の選好がどうであろうと（あなたが［(B prefA) pref (A pref B)］

であろうと)、あなたが実際に1階の選好をAからBへと切り替えない限り、それを気にかけることはない。

31. 意識のさまざまな側面に関する文献については、幾度となくレビュー論文が書かれている。例えば、Atkinson, Thomas, and Cleeremans 2000; Block 1995; Carruthers 2000; P. S. Churchland 2002; Flanagan 1992; Rosenthal 1986; Wegner and Wheatley 1999; Wilkes 1988。アクセス意識については、Baars 1997, 2002; Damasio 1999; Dehaene and Naccache 2001; Dennett 2001; Nozick 2001 および Pinker 1997 を参照。

32. 第4章およびその他多数の研究プログラムを参照。Ainslie 2001; Gigerenzer and Todd 1999; Gilovich, Griffin, and Kahneman 2002; Goel and Dolan 2003; Hastie and Dawes 2001; Hogarth 2001; Kahneman and Tversky 2000; Stanovich 1999; Todd and Gigerenzer 2000。

33. 以下を参照。Flanagan 2002; Millgram 1997; Nathanson 1994; Nozick 1993; Rawls 2001; Scanlon 1998。

34. 心的状態の表象に関する経験的〔実証的〕・哲学的文献は広範囲に及ぶ。以下を参照。Carruthers 1998, 2002; Clark 2001; Clark and Karmiloff-Smith 1993; Dienes and Perner 1999; Evans and Over 1999; Leslie 2000; Lillard 2001; Perner 1991, 1998; Sperber 2000b; Sterelny 2001b; Tomasello 1999; Wellman 1990; Whiten 2001; Zelazo, Astington, and Olson 1999。

35. 因果の連鎖が逆方向を辿る可能性があるという議論については、Baumeister, Boden, and Smart 1996; Dawes 1994; Kahne 1996; Ruggiero 2000 および Stout 2000 を参照。

参考文献

Abelson, R. P. 1996. The secret existence of expressive behavior. In *The rational choice controversy,* ed. J. Friedman, 25–36. New Haven, Conn.: Yale University Press.

Ackerman, P., P. Kyllonen, and R. Richards, eds. 1999. *Learning and individual differences: Process, trait, and content determinants.* Washington, D.C.: American Psychological Association.

Adams, M. J. 1989. Thinking skills curricula: Their promise and progress. *Educational Psychologist* 24: 25–77.

Adams, M. J., and C. E. Feehrer. 1991. Thinking and decision making. In *Teaching decision making to adolescents,* ed. J. Baron and R. V. Brown, 79–94. Hillsdale, N.J.: Lawrence Erlbaum Associates.

Adler, J. E. 1984. Abstraction is uncooperative. *Journal for the Theory of Social Behaviour* 14: 165–81.

—. 1991. An optimist's pessimism: Conversation and conjunctions. In *Probability and rationality: Studies on L. Jonathan Cohen's philosophy of science,* ed. E. Eells and T. Maruszewski, 251–82. Amsterdam: Editions Rodopi.

Ahluwalia, R., and Z. Gurhan-Canli. 2000. The effects of extensions on the family brand name: An accessibility-diagnosticity perspective. *Journal of Consumer Research* 27: 371–81.

Ainslie, G. 1982. A behavioral economic approach to the defence mechanisms: Freud's energy theory revisited. *Social Science Information* 21: 735–80.

—. 1984. Behavioral economics II: Motivated involuntary behavior. Social *Science Information* 23: 247–74.

—. 1992. *Picoeconomics.* Cambridge: Cambridge University Press.

—. 2001. *Breakdown of will.* Cambridge: Cambridge University Press.〔『誘惑される意志─人はなぜ自滅的行動をするのか』山形浩生訳，NTT 出版，2006〕

Allais, M. 1953. Le comportement de l'homme rationnel devant le risque: Critique des postulats et axioms de l'scole americaine. *Econometrica* 21: 503–46.

Allan, L. G. 1980. A note on measurement of contingency between two binary variables in judgment tasks. *Bulletin of the Psychonomic Society* 15: 147–49.

Alloy, L. B., and N. Tabachnik. 1984. Assessment of covariation by humans and animals: The joint influence of prior expectations and current situational information. *Psychological Review* 91: 112–49.

Anderson, E. 1993. *Value in ethics and economics.* Cambridge, Mass.: Harvard University Press.

Anderson, J. R. 1983. *The architecture of cognition.* Cambridge, Mass.: Harvard University Press.

—. 1990. *The adaptive character of thought.* Hillsdale, N.J.: Lawrence Erlbaum Associates.

—. 1991. Is human cognition adaptive? *Behavioral and Brain Sciences* 14: 471–517.

Anderson, J. R., L. M. Reder, and H. A. Simon. 1996. Situated learning and education. *Educational Researcher* 25, no. 4: 5–11.

Anderson, M. 1992. *Intelligence and development: A cognitive theory.* Oxford: Blackwell.

—. 1998. Mental retardation, general intelligence, and modularity. *Learning and Individual Differences* 10: 159–78.

Arkes, H. R., and P. Ayton. 1999. The sunk cost and Concorde effects: Are humans less rational than lower animals? *Psychological Bulletin* 125: 591–600.

Arkes, H. R., and A. R. Harkness. 1983. Estimates of contingency between two dichotomous variables. *Journal of Experimental Psychology: General* 112: 117–35.

Atance, C. M., and D. K. O'Neill. 2001. Episodic future thinking. *Trends in Cognitive Sciences* 5: 533–39.

Atkinson, A. P., M. Thomas, and A. Cleeremans. 2000. Consciousness: Mapping the theoretical landscape. *Trends in Cognitive Sciences* 4: 372–82.

Atran, S. 1998. Folk biology and the anthropology of science: Cognitive universals and cultural particulars. *Behavioral and Brain Sciences* 21: 547–609.

Audi, R. 1993a. *Action, intention, and reason.* Ithaca, N.Y.: Cornell University Press.

—. 1993b. *The structure of justification.* Cambridge: Cambridge University Press.

—. 2001. *The architecture of reason: The structure and substance of rationality.* Oxford: Oxford University Press.

Aunger, R. 2000a. *Darwinizing culture: The status of memetics as a science.* Oxford: Oxford University Press.〔『ダーウィン文化論─科学としてのミーム』ロバート・アンジェ編，佐倉統ほか訳　産業図書，2004〕

—. 2000b. Introduction. In *Darwinizing culture: The status of memetics as a science,* ed. R. Aunger, 1–23. Oxford: Oxford University Press.〔邦訳あり．→

Aunger, R. 2000a〕
—. 2002. *The electric meme: A new theory of how we think*. New York: Free Press.
Austin, E. J., and I. J. Deary. 2002. Personality dispositions. In *Why smart people can be so stupid*, ed. R. J. Sternberg, 187–211. New Haven, Conn.: Yale University Press.
Baars, B. J. 1997. *In the theater of consciousness: The workspace of the mind*. Oxford: Oxford University Press.
—. 2002. The cognitive access hypothesis: Origins and recent evidence. *Trends in Cognitive Sciences* 6: 47–52.
Babad, E., and Y. Katz. 1991. Wishful thinking — Against all odds. *Journal of Applied Social Psychology* 21: 1921–38.
Badcock, C. 2000. *Evolutionary psychology: A critical introduction*. Cambridge, England: Polity Press.
Baddeley, A. 1996. Exploring the central executive. *Quarterly Journal of Experimental Psychology* 49A: 5–28.
Baddeley, A., D. Chincotta, and A. Adlam. 2001. Working memory and the control of action: Evidence from task switching. *Journal of Experimental Psychology: General* 130: 641–57.
Baldwin, D. A. 2000. Interpersonal understanding fuels knowledge acquisition. *Current Directions in Psychological Science* 9: 40–45.
Ball, J. A. 1984. Memes as replicators. *Ethology and Sociobiology* 5: 145–61.
Baltes, P. B. 1987. Theoretical propositions of lifespan developmental psychology: On the dynamics between growth and decline. *Developmental Psychology* 23: 611–26.
Barash, D. 2001. *Revolutionary biology: The new gene-centered view of life*. New Brunswick, N.J.: Transaction.
Bargh, J. A., and T. L. Chartrand. 1999. The unbearable automaticity of being. *American Psychologist* 54: 462–79.
Bar-Hillel, M., and D. Budescu. 1995. The elusive wishful thinking effect. *Thinking and Reasoning* 1: 71–103.
Barkley, R. A. 1998. Behavioral inhibition, sustained attention, and executive functions: Constructing a unifying theory of ADHD. *Psychological Bulletin* 121: 65–94.
Barkow, J. H. 1989. *Darwin, sex, and status: Biological approaches to mind and culture*. Toronto: University of Toronto Press.
Barkow, J., L. Cosmides, and J. Tooby, eds. 1992. *The adapted mind*. New York: Oxford University Press.
Baron, J. 1985. *Rationality and intelligence*. Cambridge: Cambridge University Press.
—. 1993. *Morality and rational choice*. Dordrecht: Kluwer.
—. 1998. *Judgment misguided: Intuition and error in public decision making*. New York: Oxford University Press.
—. 1999. Utility maximization as a solution: Promise, difficulties, and impediments. *American Behavioral Scientist* 42: 1301–21.
—. 2000. *Thinking and deciding*. 3d ed. Cambridge: Cambridge University Press.
Baron, J., and R. V. Brown, eds. 1991. *Teaching decision making to adolescents*. Hillsdale, N.J.: Lawrence Erlbaum Associates.
Baron, J., and S. Leshner. 2000. How serious are expressions of protected values? *Journal of Experimental Psychology: Applied* 6: 183–94.
Baron, J., and M. Spranca. 1997. Protected values. *Organizational Behavior and Human Decision Processes* 70: 1–16.
Baron-Cohen, S. 1995. *Mindblindness: An essay on autism and theory of mind*. Cambridge, Mass.: MIT Press.〔『自閉症とマインド・ブラインドネス』長野敬，長畑正道，今野義孝訳，青土社，（新装版）2002〕
—. 1998. Does the study of autism justify minimalist innate modularity? *Learning and Individual Differences* 10: 179–92.
Baron-Cohen, S., H. Tager-Flusberg, and D. J. Cohen, eds. 2000. Palaeoanthropological perspectives on the theory of mind. *Understanding other minds: Perspectives from developmental cognitive neuroscience*. 2d ed. Oxford: Oxford University Press.
Barrett, L., R. Dunbar, and J. Lycett, J. 2002. *Human evolutionary psychology*. Princeton, N.J.: Princeton University Press.
Barton, R. A., and R. Dunbar. 1997. Evolution of the social brain. In *Machiavellian intelligence II: Extensions and evaluations*, ed. A. Whiten and R. W. Byrne, 240–63. Cambridge: Cambridge University Press.〔邦訳あり．→ Whiten, A., and R. W. Byrne, eds. 1997〕
Baumeister, R. F., J. M. Boden, and L. Smart. 1996. Relation of threatened egotism to violence and aggression: The dark side of high self-esteem. *Psychological Review* 103: 5–33.
Bazerman, M. 1999. *Smart money decisions*. New York: Wiley.
—. 2001. Consumer research for consumers. *Journal of Consumer Research* 27: 499–504.
Bazerman, M., J. Baron, and K. Shonk. 2001. *"You can't enlarge the pie": Six barriers to effective government*. New York: Basic Books.
Bazerman, M., A. Tenbrunsel, and K. Wade-Benzoni. 1998. Negotiating with yourself and losing: Understanding and managing conflicting internal preferences. *Academy of Management Review* 23: 225–41.
Beach, L. R. 1990. *Image theory: Decision making in personal and organizational contexts*. Chichester,

England: Wiley.
Bechara, A., A. R. Damasio, H. Damasio, and S. Anderson. 1994. Insensitivity to future consequences following damage to human prefrontal cortex. *Cognition* 50: 7–15.
Bechara, A., H. Damasio, D. Tranel, and A. R. Damasio. 1997. Deciding advantageously before knowing the advantageous strategy. *Science* 275 (Feb. 26): 1293–95.
Bechara, A., D. Tranel, and H. Damasio. 2000. Characterization of the decision-making deficit of patients with ventromedial prefrontal cortex lesions. *Brain* 123: 2189–2202.
Bell, D. E. 1982. Regret in decision making under uncertainty. *Operations Research* 30: 961–81.
Belsky, G., and T. Gilovich. 1999. *Why smart people make big money mistakes — And how to correct them: Lessons from the new science of behavioral economics.* New York: Simon and Schuster. 〔『人はなぜお金で失敗するのか』鬼澤忍訳, 日本経済新聞社, 2003〕
Bennett, J. 1974. The conscience of Huckleberry Finn. *Philosophy* 49: 123–34.
Bereiter, C. 1997. Situated cognition and how to overcome it. In *Situated cognition: Social, semiotic, and psychological perspectives,* ed. D. Kirshner and J. A. Whitson, 3–12. Mahwah, N.J.: Lawrence Erlbaum Associates.
—. 2002. *Education and mind in the knowledge age.* Mahwah, N.J.: Lawrence Erlbaum Associates.
Beyth-Marom, R., B. Fischhoff, M. Quadrel, and L. Furby. 1991. Teaching decision making to adolescents: A critical review. In *Teaching decision making to adolescents,* ed. J. Baron and R. V. Brown, 19–59. Hillsdale, N.J.: Lawrence Erlbaum Associates.
Bickerton, D. 1995. *Language and human behavior.* Seattle: University of Washington Press.
Birnbaum, M. H. 1983. Base rates in Bayesian inference: Signal detection analysis of the cab problem. *American Journal of Psychology* 96: 85–94.
Bjorklund, D. F., and A. D. Pellegrini. 2000. Child development and evolutionary psychology. *Child Development* 71: 1687–1708.
—. 2002. *The origins of human nature: Evolutionary developmental psychology.* Washington D.C.: American Psychological Association. 〔『進化発達心理学—ヒトの本性の起源』無藤隆監訳, 新曜社, 2008〕
Blackmore, S. 1999. *The meme machine.* New York: Oxford University Press. 〔『ミームマシンとしての私』垂水雄二訳, 草思社, 2000〕
—. 2000a. The memes' eye view. In *Darwinizing culture: The status of memetics as a science,* ed. R. Aunger, 25–42. Oxford: Oxford University Press. 〔邦訳あり. → Aunger, R. 2000a〕
—. 2000b. The power of memes. *Scientific American* 283, no. 4 (October): 64–73.
Block, N. 1995. On a confusion about a function of consciousness. *Behavioral and Brain Sciences* 18: 227–87.
Bogdan, R. J. 2000. *Minding minds: Evolving a reflexive mind by interpreting others.* Cambridge, Mass.: MIT Press.
Borges, B., D. G. Goldstein, A. Ortmann, and G. Gigerenzer. 1999. Can ignorance beat the stock market? In *Simple heuristics that make us smart,* ed. G. Gigerenzer and P. M. Todd, 59–72. New York: Oxford University Press.
Boyd, R., P. Gasper, and J. D. Trout, eds. 1991. *The philosophy of science.* Cambridge, Mass.: MIT Press.
Boyd, R., and P. J. Richerson. 2000. Memes: Universal acid or a better mousetrap? In *Darwinizing culture: The status of memetics as a science,* ed. R. Aunger, 143–62. Oxford: Oxford University Press. 〔邦訳あり. → Aunger, R. 2000a〕
Boyer, P. 1994. *The naturalness of religious ideas: A cognitive theory of religion.* Berkeley and Los Angeles: University of California Press.
—. 2001. *Religion explained: The evolutionary origins of religious thought.* New York: Basic Books. 〔『神はなぜいるのか?』鈴木光太郎, 中村潔訳, NTT 出版, 2008〕
Braid, M. 2001. "All I have to do is believe." *Independent Magazine* (London). October 6, 10–17.
Brainerd, C. J., and V. F. Reyna. 2001. Fuzzy-trace theory: Dual processes in memory, reasoning, and cognitive neuroscience. In *Advances in child development and behavior,* vol. 28, ed. H. W. Reese and R. Kail, 41–100. San Diego: Academic Press.
Brase, G. L., L. Cosmides, and J. Tooby. 1998. Individuation, counting, and statistical inference: The role of frequency and whole-object representations in judgment under uncertainty. *Journal of Experimental Psychology: General* 127: 3–21.
Bratman, M. E. 1987. *Intention, plans, and practical reason.* Cambridge, Mass.: Harvard University Press. 〔『意図と行為—合理性、計画、実践的推論』門脇俊介, 高橋久一郎訳, 産業図書, 1994〕
Bratman, M. E., D. J. Israel, and M. E. Pollack. 1991. Plans and resource-bounded practical reasoning. In *Philosophy and AI: Essays at the interface,* ed. J. Cummins and J. Pollock, 7–22. Cambridge, Mass.: MIT Press.
Brauer, M., W. Wasel, and P. Niedenthal. 2000. Implicit and explicit components of prejudice. *Review of General Psychology* 4: 79–101.
Brenner, L. A., D. J. Koehler, V. Liberman, and A. Tversky. 1996. Overconfidence in probability and frequency judgments: A critical examination. *Organizational Behavior and Human Decision Processes* 65: 212–19.
Brewer, N. T., and G. Chapman. 2002. The fragile basic anchoring effect. *Journal of Behavioral Decision Making* 15: 65–77.

Brink, D. 1993. The separateness of persons, distributive norms, and moral theory. In *Value, welfare, and morality,* ed. R. G. Frey and C. W. Morris, 252–89. Cambridge: Cambridge University Press.

Brody, N. 1997. Intelligence, schooling, and society. *American Psychologist* 52: 1046–50.

Bronfenbrenner, U., P. McClelland, E. Wethington, P. Moen, and S. J. Ceci. 1996. *The state of Americans.* New York: Free Press.

Broome, J. 1990. Should a rational agent maximize expected utility? In *The limits of rationality,* ed. K. S. Cook and M. Levi, 132–45. Chicago: University of Chicago Press.

—. 1991. *Weighing goods: Equality, uncertainty, and time.* Oxford: Blackwell.

Brothers, L. 1990. The social brain: A project for integrating primate behaviour and neuropsychology in a new domain. *Concepts in Neuroscience* 1: 27–51.

Brown, H. I. 1977. *Perception, theory and commitment: The new philosophy of science.* Chicago: University of Chicago Press. 〔『科学論序説—新パラダイムへのアプローチ』野家啓一，伊藤春樹訳，培風館，1985〕

Bugental, D. B. 2000. Acquisitions of the algorithms of social life: A domain-based approach. *Psychological Bulletin* 126: 187–219.

Buss, D. M. 1989. Sex differences in human mate preferences: Evolutionary hypotheses tested in 37 cultures. *Behavioural and Brain Sciences* 12: 1–49.

—. 1999. *Evolutionary psychology: The new science of the mind.* Boston: Allyn and Bacon.

—. 2000. The evolution of happiness. *American Psychologist* 55: 15–23.

Buss, D. M., M. G. Haselton, T. Shackelford, A. Beske, and J. Wakefield. 1998. Adaptations, exaptations, and spandrels. *American Psychologist* 53: 533–48.

Byrne, R. W., and A. Whiten, eds. 1988. *Machiavellian intelligence: Social expertise and the evolution of intellect in monkeys, apes, and humans.* Oxford: Oxford University Press. 〔『ヒトはなぜ賢くなったか』藤田和生，山下博志，友永雅己監訳，ナカニシヤ出版，2004〕

Cacioppo, J. T., and G. G. Berntson. 1999. The affect system: Architecture and operating characteristics. *Current Directions in Psychological Science* 8: 133–37.

Cacioppo, J. T., R. E. Petty, J. Feinstein, and W. Jarvis. 1996. Dispositional differences in cognitive motivation: The life and times of individuals varying in need for cognition. *Psychological Bulletin* 119: 197–253.

Cahan, S., and L. Artman. 1997. Is everyday experience dysfunctional for the development of conditional reasoning? *Cognitive Development* 12: 261–79.

Cairns-Smith, A. G. 1996. *Evolving the mind: On the nature of matter and the origin of consciousness.* Cambridge: Cambridge University Press. 〔『「心」はなぜ進化するのか—心・脳・意識の起源』北村美都穂訳，青土社，2000〕

Calvin, W. 1990. *The cerebral symphony.* New York: Bantam.

Camerer, C. 1995. Individual decision making. In *The handbook of experimental economics,* ed. J. H. Kagel and A. E. Roth, 587–703. Princeton, N.J.: Princeton University Press.

Caporael, L. R. 1997. The evolution of truly social cognition: The core configurations model. *Personality and Social Psychology Review* 1: 276–98.

Carey, S. 1985. *Conceptual change in childhood.* Cambridge, Mass.: MIT Press.

Carpenter, P. A., M. A. Just, and P. Shell. 1990. What one intelligence test measures: A theoretical account of the processing in the Raven Progressive Matrices Test. *Psychological Review* 97: 404–31.

Carr, T. H. 1992. Automaticity and cognitive anatomy: Is word recognition "automatic"? *American Journal of Psychology* 105: 201–37.

Carroll, J. B. 1993. *Human cognitive abilities: A survey of factor-analytic studies.* Cambridge: Cambridge University Press.

—. 1997. Psychometrics, intelligence, and public perception. *Intelligence* 24: 25–52.

Carruthers, P. 1998. Thinking in language? Evolution and a modularist possibility. In *Language and thought: Interdisciplinary themes,* ed. P. Carruthers and J. Boucher, 94–119. Cambridge: Cambridge University Press.

—. 2000. The evolution of consciousness. In *Evolution and the human mind: Modularity, language and meta-cognition,* ed. P. Carruthers and A. Chamberlain, 254–75. Cambridge: Cambridge University Press.

—. 2002. The cognitive functions of language. *Behavioral and Brain Sciences* 25: 657–726.

Carruthers, P., and A. Chamberlain, eds. 2000. *Evolution and the human mind: Modularity, language and meta-cognition.* Cambridge: Cambridge University Press.

Cartwright, J. 2000. *Evolution and human behavior.* Cambridge, Mass.: MIT Press.

Case, R. 1992. The role of the frontal lobes in the regulation of cognitive development. *Brain and Cognition* 20: 51–73.

Cavalli-Sforza, L. L., and M. W. Feldman. 1981. *Cultural transmission and evolution: A quantitative approach.* Princeton, N.J.: Princeton University Press.

Chaiken, S., A. Liberman, and A. H. Eagly. 1989. Heuristic and systematic information within and beyond the persuasion context. In *Unintended thought,* ed. J. S. Uleman and J. A. Bargh, 212–52. New York: Guilford Press.

Chalmers, D. J. 1996. *The conscious mind: In search of a fundamental theory.* Oxford: Oxford University Press.

Chapman, M. 1993. Everyday reasoning and the revision of belief. In *Mechanisms of everyday cognition,* ed. J. M. Puckett and H. W. Reese, 95–113. Hillsdale, N.J.: Lawrence Erlbaum Associates.

Cheesman, J., and P. M. Merikle. 1984. Priming with and without awareness. *Perception and Psychophysics* 36: 387–95.

—. 1986. Distinguishing conscious from unconscious perceptual processes. *Canadian Journal of Psychology* 40: 343–67.

Cheng, P. W., and K. J. Holyoak. 1989. On the natural selection of reasoning theories. *Cognition* 33: 285–313.

Cherniak, C. 1986. *Minimal rationality.* Cambridge, Mass.: MIT Press.

Churchland, P. M. 1989. *A neurocomputational perspective: The nature of mind and the structure of science.* Cambridge: MIT Press.

—. 1995. *The engine of reason, the seat of the soul.* Cambridge, Mass.: MIT Press.〔『認知哲学—脳科学から心の哲学へ』信原幸弘, 宮島昭二訳, 産業図書, 1997〕

Churchland, P. M., and P. S. Churchland. 1998. *On the contrary: Critical essays, 1987–1997.* Cambridge, Mass.: MIT Press.

Churchland, P. S. 1986. *Neurophilosophy: Toward a unified science of the mind/brain.* Cambridge, Mass.: MIT Press.

—. 2002. *Brain-wise: Studies in neurophilosophy.* Cambridge, Mass.: MIT Press.〔『ブレインワイズ—脳に映る哲学』村松太郎訳, 新樹会創造出版, 2005〕

Clark, A. 1996. Connectionism, moral cognition, and collaborative problem solving. In *Mind and morals,* ed. A. May, M. Friedman, and A. Clark, 109–27. Cambridge, Mass.: MIT Press.

—. 1997. *Being there: Putting brain, body, and world together again.* Cambridge, Mass.: MIT Press.

—. 2001. *Mindware: An introduction to the philosophy of cognitive science.* New York: Oxford University Press.

Clark, A., and A. Karmiloff-Smith. 1993. The cognizer's innards: A psychological and philosophical perspective on the development of thought. *Mind and Language* 8: 487–519.

Code, L. 1987. *Epistemic responsibility.* Hanover, N.H.: University Press of New England.

Cohen, L. J. 1981. Can human irrationality be experimentally demonstrated? *Behavioral and Brain Sciences* 4: 317–70.

—. 1983. The controversy about irrationality. *Behavioral and Brain Sciences* 6: 510–17.

—. 1986. *The dialogue of reason.* Oxford: Oxford University Press.

Consumer Reports. 1998. Buying or leasing a car. Vol. 63, no. 4 (April): 16–22.

Colman, A. M. 1995. *Game theory and its applications.* Oxford: Butterworth-Heinemann.

Coltheart, M. 1999. Modularity and cognition. *Trends in Cognitive Sciences* 3: 115–20.

Coltheart, M., and M. Davies, eds. 2000. *Pathologies of belief.* Oxford: Blackwell.

Connolly, T., H. R. Arkes, and K. R. Hammond, eds. 2000. *Judgment and decision making: An interdisciplinary reader.* 2d ed. Cambridge: Cambridge University Press.

Cooper, W. S. 1989. How evolutionary biology challenges the classical theory of rational choice. *Biology and Philosophy* 4: 457–81.

Cosmides, L. 1989. The logic of social exchange: Has natural selection shaped how humans reason? Studies with the Wason selection task. *Cognition* 31: 187–276.

Cosmides, L., and J. Tooby. 1992. Cognitive adaptations for social exchange. In *The adapted mind,* ed. J. Barkow, L. Cosmides, and J. Tooby, 163–205. New York: Oxford University Press.

—. 1994a. Better than rational: Evolutionary psychology and the invisible hand. *American Economic Review* 84: 327–32.

—. 1994b. Beyond intuition and instinct blindness: Toward an evolutionarily rigorous cognitive science. *Cognition* 50: 41–77.

—. 1996. Are humans good intuitive statisticians after all? Rethinking some conclusions from the literature on judgment under uncertainty. *Cognition* 58: 1–73.

—. 2000a. Consider the source: The evolution of adaptations for decoupling and metarepresentation. In *Metarepresentations: A multidisciplinary perspective,* ed. D. Sperber, 53–115. Oxford: Oxford University Press.

—. 2000b. Evolutionary psychology and the emotions. In *Handbook of emotions,* 2d ed., ed. M. Lewis and J. M. Haviland-Jones, 91–115. New York: Guilford Press.

Crick, F. 1994. *The astonishing hypothesis.* New York: Simon and Schuster.〔『DNAに魂はあるか—驚異の仮説』中原英臣訳, 講談社, 1995〕

Cronin, H. 1991. *The ant and the peacock.* Cambridge: Cambridge University Press.〔『性選択と利他行動—クジャクとアリの進化論』長谷川真理子訳, 工作舎, 1994〕

Cummins, D. D. 1996. Evidence for the innateness of deontic reasoning. *Mind and Language* 11: 160–90.

—. 2002. The evolutionary roots of intelligence and rationality. In *Common sense, reasoning, and rationality,* ed. R. Elio, 132–47. Oxford: Oxford University Press.

Currie, G., and I. Ravenscroft. 2002. *Recreative minds.* Oxford: Oxford University Press.

Cziko, G. 1995. *Without miracles: Universal selection*

theory and the second Darwinian revolution. Cambridge, Mass.: MIT Press.
Daly, M., and M. Wilson. 1983. *Sex, evolution, and behavior.* 2d ed. Belmont, Calif.: Wadsworth.
Damasio, A. R. 1994. *Descartes' error.* New York: Putnam.〔『デカルトの誤り—情動、理性、人間の脳』田中三彦訳，筑摩書房，2010〕
—. 1999. *The feeling of what happens.* New York: Harcourt Brace.〔『無意識の脳自己意識の脳—身体と情動と感情の神秘』田中三彦訳，講談社，2003〕
D'Andrade, R. 1987. A folk model of the mind. In *Cultural models in language and thought,* ed. D. Holland and N. Quinn, 112–48. Cambridge: Cambridge University Press.
Davenport, T., and J. Beck. 2001. *The attention economy.* Cambridge, Mass.: Harvard Business School Press.〔『アテンション！』髙梨智弘ほか訳，シュプリンガー・フェアラーク東京，2005〕
Davies, M., and M. Coltheart. 2000. Introduction: Pathologies of belief. In *Pathologies of belief,* ed. M. Coltheart and M. Davies, 1–46. Oxford: Blackwell.
Davies, M., and T. Stone, eds. 1995a. *Folk psychology.* Oxford: Blackwell.
—, eds. 1995b. *Mental simulation.* Oxford: Blackwell.
Davis, D., and C. Holt. 1993. *Experimental economics.* Princeton, N.J.: Princeton University Press.
Dawes, R. M. 1983. Is irrationality systematic? *Behavioral and Brain Sciences* 6: 491–92.
—. 1988. *Rational choice in an uncertain world.* San Diego, Calif.: Harcourt Brace Jovanovich.
—. 1989. Statistical criteria for establishing a truly false consensus effect. *Journal of Experimental Social Psychology* 25: 1–17.
—. 1990. The potential nonfalsity of the false consensus effect. In *Insights into decision making,* ed. R. M. Hogarth, 179–99. Chicago: University of Chicago Press.
—. 1994. *House of cards: Psychology and psychotherapy based on myth.* New York: Free Press.
—. 1998. Behavioral decision making and judgment. In *The handbook of social psychology,* ed. D. T. Gilbert, S. T. Fiske, and G. Lindzey, 1: 497–548. Boston: McGraw-Hill.
—. 2001. *Everyday irrationality.* Boulder, Colo.: Westview Press.
Dawkins, R. 1976. *The selfish gene.* New ed., 1989. New York: Oxford University Press.〔『利己的な遺伝子（40周年記念版）』日高敏隆ほか訳，紀伊國屋書店，2018〕
—. 1982. *The extended phenotype.* New York: Oxford University Press.〔『延長された表現型—自然淘汰の単位としての遺伝子』日高敏隆，遠藤知二，遠藤彰訳，紀伊國屋書店，1978〕
—. 1983. Universal Darwinism. In *Evolution from molecules to men,* ed. D. S. Bendall, 403–25. Cambridge: Cambridge University Press.
—. 1986. *The blind watchmaker.* New York: Norton.〔『盲目の時計職人—自然淘汰は偶然か？』中嶋康裕ほか訳，日高敏隆監修，早川書房，2004〕
—. 1993. Viruses of the mind. In *Dennett and his critics,* ed. B. Dahlbom, 13–27. Cambridge, Mass.: Blackwell.
—. 1995. Putting away childish things. *Skeptical Inquirer,* January, 139.
—. 1996. *Climbing mount improbable.* New York: Norton.
—. 1999. Foreword. In S. Blackmore, *The meme machine,* vii-xvii. New York: Oxford University Press.〔『ミーム・マシーンとしての私』垂水雄二訳，草思社，2000〕
Dawson, E., T. Gilovich, and D. T. Regan. 2002. Motivated reasoning and performance on the Wason selection task. *Personality and Social Psychology Bulletin* 28: 1379–87.
Deacon, T. 1997. *The symbolic species: The co-evolution of language and brain.* New York: Norton.〔『ヒトはいかにして人となったか—言語と脳の共進化』金子隆芳訳，新曜社，1999〕
Deary, I. J. 2000. *Looking down on human intelligence: From psychometrics to the brain.* Oxford: Oxford University Press.
Dehaene, S., and L. Naccache. 2001. Towards a cognitive neuroscience of consciousness: Basic evidence and a workspace framework. *Cognition* 79: 1–37.
Dempster, F. N. 1992. The rise and fall of the inhibitory mechanism: Toward a unified theory of cognitive development and aging. *Developmental Review* 12: 45–75.
Dempster, F. N., and A. J. Corkill. 1999. Interference and inhibition in cognition and behavior: Unifying themes for educational psychology. *Educational Psychology Review* 11: 1–88.
Denes-Raj, V., and S. Epstein. 1994. Conflict between intuitive and rational processing: When people behave against their better judgment. *Journal of Personality and Social Psychology* 66: 819–29.
Dennett, D. C. 1975. Why the law of effect will not go away. *Journal of the Theory of Social Behavior* 2: 169–87.
—. 1978. *Brainstorms: Philosophical essays on mind and psychology.* Cambridge, Mass.: MIT Press.
—. 1984. *Elbow room: The varieties of free will worth wanting.* Cambridge, Mass.: MIT Press.
—. 1987. *The intentional stance.* Cambridge, Mass.: MIT Press.〔『「志向姿勢」の哲学—人は人の行動を読めるのか？』若島正，河田学訳，白揚社，1996〕
—. 1988. Precis of *The intentional stance. Behavioral and Brain Sciences* 11: 493–544.
—. 1991. *Consciousness explained.* Boston: Little, Brown.〔『解明される意識』山口泰司訳，青土社，1998〕
—. 1993. Back from the drawing board. In *Dennett and his critics,* ed. B. Dahlbom, 203–35. Cambridge,

Mass.: Blackwell.
—. 1995. *Darwin's dangerous idea: Evolution and the meanings of life.* New York: Simon and Schuster. 〔『ダーウィンの危険な思想』山口泰司ほか訳，青土社，2001〕
—. 1996. *Kinds of minds: Toward an understanding of consciousness.* New York: Basic Books. 〔『心はどこにあるのか』土屋俊訳，草思社，1997〕
—. 2001. Are we explaining consciousness yet? Cognition 79: 221–37.
Denzau, A. T., and D. C. North. 1994. Shared mental models: Ideologies and institutions. *Kyklos* 47: 3–31.
de Sousa, R. 1987. *The rationality of emotion.* Cambridge, Mass.: MIT Press.
de Waal, F. 2002. Evolutionary psychology: The wheat and the chaff. *Current Directions in Psychological Science* 11, no. 6: 187–91.
de Zengotita, T. 2002. The numbing of the American mind: Culture as anesthetic. *Harper's Magazine,* April, 33–40.
Diener, E., E. M. Suh, R. E. Lucas, and H. L. Smith. 1999. Subjective well-being: Three decades of progress. *Psychological Bulletin* 125: 276–302.
Dienes, Z., and J. Perner, J. 1999. A theory of implicit and explicit knowledge. *Behavioral and Brain Sciences* 22: 735–808.
Donald, M. 1991. *Origins of the modern mind: Three stages in the evolution of culture and cognition.* Cambridge, Mass.: Harvard University Press.
—. 2001. *A mind so rare: The evolution of human consciousness.* New York: Norton.
Donaldson, M. 1978. *Children's minds.* London: Fontana Paperbacks.
—. 1993. *Human minds: An exploration.* New York: Viking Penguin.
Drabble, M. 2001. *The peppered moth.* Toronto: McClelland and Stewart.
Dube, F. 2001. Quebec man kills self in act of road rage. *National Post* (Toronto), Nov. 9, A3.
Dugatkin, L. A. 2000. *The imitation factor: Evolution beyond the gene.* New York: Free Press.
Dulany, D. E., and D. J. Hilton. 1991. Conversational implicature, conscious representation, and the conjunction fallacy. *Social Cognition* 9: 85–110.
Dunbar, R. 1998. Theory of mind and the evolution of language. In *Approaches to the evolution of language,* ed. J. R. Hurford, M. Studdert-Kennedy, and C. Knight, 92–110. Cambridge: Cambridge University Press.
Duncan, J., H. Emslie, P. Williams, R. Johnson, and C. Freer. 1996. Intelligence and the frontal lobe: The organization of goal-directed behavior. *Cognitive Psychology* 30: 257–303.
Durham, W. 1991. *Coevolution: Genes, culture, and human diversity.* Stanford, Calif.: Stanford University Press.
Dworkin, G. 1988. *The theory and practice of autonomy.* Cambridge: Cambridge University Press.
Dyer, F. N. 1973. The Stroop phenomenon and its use in the study of perceptual, cognitive, and response processes. *Memory & Cognition* 1: 106–20.
Earman, J. 1992. *Bayes or bust.* Cambridge, Mass.: MIT Press.
Edelman, G. M. 1992. *Bright air, brilliant fire: On the matter of the mind.* New York: Basic Books. 〔『脳から心へ―心の進化の生物学』金子隆芳訳，新曜社，1995〕
Edwards, K., and E. E. Smith. 1996. A disconfirmation bias in the evaluation of arguments. *Journal of Personality and Social Psychology* 71: 5–24.
Edwards, W. 1954. The theory of decision making. *Psychological Bulletin* 51: 380–417.
Eigen, M. 1992. *Steps towards life.* Oxford: Oxford University Press.
Einhorn, H. J., and R. M. Hogarth. 1981. Behavioral decision theory: Processes of judgment and choice. *Annual Review of Psychology* 32: 53–88.
Elster, J. 1983. *Sour grapes: Studies in the subversion of rationality.* Cambridge: Cambridge University Press.
—. 1989. *Solomonic judgements.* Cambridge: Cambridge University Press.
Elster, J., and J. E. Roemer, eds. 1991. *Interpersonal comparisons of well-being.* Cambridge: Cambridge University Press.
Engle, R. W., S. W. Tuholski, J. E. Laughlin, and A. R. A. Conway. 1999. Working memory, short-term memory, and general fluid intelligence: A latent-variable approach. *Journal of Experimental Psychology: General* 128: 309–31.
Ennis, R. H. 1987. A taxonomy of critical thinking dispositions and abilities. In *Teaching thinking skills: Theory and practice,* ed. J. Baron and R. Sternberg, 9–26. New York: W. H. Freeman.
Epstein, S. 1994. Integration of the cognitive and the psychodynamic unconscious. *American Psychologist* 49: 709–24.
Estes, W. K. 1964. Probability learning. In *Categories of human learning,* ed. A. W. Melton, 89–128. New York: Academic Press.
—. 1976. The cognitive side of probability learning. *Psychological Review* 83: 37–64.
—. 1984. Global and local control of choice behavior by cyclically varying outcome probabilities. *Journal of Experimental Psychology: Learning, Memory, and Cognition* 10, no. 2: 258–70.
Evans, J. St. B. T. 1984. Heuristic and analytic processes in reasoning. *British Journal of Psychology* 75: 451–68.
—. 1989. *Bias in human reasoning: Causes and consequences.* London: Lawrence Erlbaum Associates. 〔『思考情報処理のバイアス―思考心理学からのアプローチ』中島実訳，信山社出版，1995〕

—. 1995. Relevance and reasoning. In *Perspectives on thinking and reasoning*, ed. S. E. Newstead and J. St. B. T. Evans, 147–71. Hove, England: Lawrence Erlbaum Associates.
—. 1996. Deciding before you think: Relevance and reasoning in the selection task. *British Journal of Psychology* 87: 223–40.
—. 1998. Matching bias in conditional reasoning: Do we understand it after 25 years? *Thinking and Reasoning* 4: 45–82.
—. 2002a. Logic and human reasoning: An assessment of the deduction paradigm. *Psychological Bulletin* 128: 978–96.
—. 2002b. Matching bias and set sizes: A discussion of Yama (2001). *Thinking and Reasoning* 8: 153–63.
—. 2002c. The influence of prior belief on scientific thinking. In *The cognitive basis of science*, ed. P. Carruthers, S. Stich, and M. Siegal, 193–210. Cambridge: Cambridge University Press.
Evans, J. St. B. T., J. Barston, and P. Pollard. 1983. On the conflict between logic and belief in syllogistic reasoning. *Memory & Cognition* 11: 295–306.
Evans, J. St. B. T., S. E. Newstead, and R. M. J. Byrne. 1993. *Human reasoning: The psychology of deduction*. Hove, England: Lawrence Erlbaum Associates.
Evans, J. St. B. T., and D. E. Over. 1996. *Rationality and reasoning*. Hove, England: Psychology Press. 〔『合理性と推理』山祐嗣訳，ナカニシヤ出版，2000〕
—. 1999. Explicit representations in hypothetical thinking. *Behavioral and Brain Sciences* 22: 763–64.
Evans, J. St. B. T., D. E. Over, and K. Manktelow. 1993. Reasoning, decision making and rationality. *Cognition* 49: 165–87.
Evans, J. St. B. T., J. H. Simon, N. Perham, D. E. Over, and V. A. Thompson. 2000. Frequency versus probability formats in statistical word problems. *Cognition* 77: 197–213.
Evans, J. St. B. T., and P. C. Wason. 1976. Rationalization in a reasoning task. *British Journal of Psychology* 67: 479–86.
Fantino, E., and A. Esfandiari. 2002. Probability matching: Encouraging optimal responding in humans. *Canadian Journal of Experimental Psychology* 56: 58–63.
Fiddick, L., L. Cosmides, and J. Tooby. 2000. No interpretation without representation: The role of domain-specific representations and inferences in the Wason selection task. *Cognition* 77: 1–79.
Fischhoff, B. 1988. Judgment and decision making. In *The psychology of human thought*, ed. R. J. Sternberg and E. E. Smith, 153–87. Cambridge: Cambridge University Press.
—. 1991. Value elicitation: Is there anything there? *American Psychologist* 46: 835–47.
Fischler, I. 1977. Semantic facilitation without association in a lexical decision task. *Memory & Cognition* 5: 335–39.
Fishburn, P. C. 1981. Subjective expected utility: A review of normative theories. *Theory and Decision* 13: 139–99.
—. 1999. The making of decision theory. In *Decision science and technology: Reflections on the contributions of Ward Edwards*, ed. J. Shanteau, B. A. Mellers, and D. A. Schum, 369–88. Boston: Kluwer Academic Publishers.
Flanagan, O. 1992. *Consciousness reconsidered*. Cambridge, Mass.: MIT Press.
—. 1996. *Self expressions: Mind, morals, and the meaning of life*. New York: Oxford University Press.
—. 2002. *The problem of the soul*. New York: Basic Books.
Floden, R. E., M. Buchmann, and J. R. Schwille. 1987. Breaking with everyday experience. *Teachers College Record* 88: 485–506.
Fodor, J. 1983. *The modularity of mind*. Cambridge, Mass.: MIT Press. 〔『精神のモジュール形式』伊藤笏康訳，産業図書，1985〕
—. 1985. Precis of *The modularity of mind*. *Behavioral and Brain Sciences* 8: 1–42.
Fodor, J. A., and Z. W. Pylyshyn. 1988. Connectionism and cognitive architecture: A critical analysis. *Cognition* 28: 3–71.
Foley, Richard. 1987. *The theory of epistemic rationality*. Cambridge, Mass.: Harvard University Press.
—. 1991. Rationality, belief, and commitment. *Synthese* 89: 365–92.
Foley, Robert. 1996. The adaptive legacy of human evolution: A search for the EEA. *Evolutionary Anthropology* 4: 194–203.
Frank, M. G., and T. Gilovich. 1988. The dark side of self- and social perception: Black uniforms and aggression in professional sports. *Journal of Personality and Social Psychology* 54: 74–85.
Frank, R. H. 1988. *Passions within reason: The strategic role of the emotions*. New York: Norton. 〔『オデッセウスの鎖―適応プログラムとしての感情』山岸俊男監訳，サイエンス社，1995〕
—. 1999. *Luxury fever: Why money fails to satisfy in an era of excess*. New York: Free Press.
Frank, R. H., and P. J. Cook. 1995. *The winner-take-all society*. New York: Free Press.
Frankfurt, H. 1971. Freedom of the will and the concept of a person. *Journal of Philosophy* 68: 5–20. 〔ハリー・G・フランクファート「意志の自由と人格という概念」近藤智彦訳，門脇俊介，野矢茂樹編『自由と行為の哲学』春秋社，2010，99-127 頁〕
—. 1982. The importance of what we care about. *Synthese* 53: 257–72.
Franzen, J. 2001. My father's brain: What Alzheimer's takes away. *The New Yorker*, September 10, 81–91.
Fridson, M. S. 1993. *Investment illusions*. New York: Wiley.
Friedrich, J. 1993. Primary error detection and

minimization (PEDMIN) strategies in social cognition: A reinterpretation of confirmation bias phenomena. *Psychological Review* 100: 298–319.
Frisch, D., and J. K. Jones. 1993. Assessing the accuracy of decisions. *Theory & Psychology,* 3: 115–35.
Fry, A. F., and S. Hale. 1996. Processing speed, working memory, and fluid intelligence. *Psychological Science* 7: 237–41.
Funder, D.C. 1987. Errors and mistakes: Evaluating the accuracy of social judgment. *Psychological Bulletin* 101: 75–90.
Gal, I., and J. Baron. 1996. Understanding repeated simple choices. *Thinking and Reasoning* 2: 81–98.
Gardenfors, P., and N. Sahlin, eds. 1988. *Decision, probability, and utility: Selected readings.* Cambridge: Cambridge University Press.
Gardner, H. 1983. *Frames of mind.* New York: Basic Books.
Garry, M., S. Frame, and E. F. Loftus. 1999. Lie down and tell me about your childhood. In *Mind myths: Exploring popular assumptions about the mind and brain,* ed. S. Della Sala, 113–24. Chichester, England: Wiley.
Gauthier, D. 1975. Reason and maximization. *Canadian Journal of Philosophy* 4: 411–33.
—. 1986. *Morals by agreement.* Oxford: Oxford University Press.〔『合意による道徳』小林公訳，木鐸社，1999〕
—, ed. 1990. *Moral dealing: Contract, ethics, and reason.* Ithaca, N.Y.: Cornell University Press.
Gazzaniga, M. S. 1989. Organization of the human brain. *Science* 245: 947–52.
—. 1997. Why can't I control my brain? Aspects of conscious experience. In *Cognition, computation, and consciousness,* ed. M. Ito, Y. Miyashita, and E. T. Rolls, 69–80. Oxford: Oxford University Press.
—. 1998a. *The mind's past.* Berkeley and Los Angeles: University of California Press.
—. 1998b. The split brain revisited. *Scientific American,* July, 51–55.
Gazzaniga, M. S., and J. E. LeDoux. 1978. *The integrated mind.* New York: Plenum.〔『二つの脳と一つの心―左右の半球と認知』柏原恵龍ほか訳，ミネルヴァ書房，1980〕
Geary, D. C., and D. F. Bjorklund. 2000. Evolutionary developmental psychology. *Child Development* 71: 57–65.
Geary, D. C., and K. J. Huffman. 2002. Brain and cognitive evolution: Forms of modularity and functions of mind. *Psychological Bulletin* 128: 667–98.
Gebauer, G., and D. Laming. 1997. Rational choices in Wason's selection task. *Psychological Research* 60: 284–93.
Gewirth, A. 1998. *Self-fulfillment.* Princeton, N.J.: Princeton University Press.
Gibbard, A. 1990. *Wise choices, apt feelings: A theory of normative judgment.* Cambridge, Mass.: Harvard University Press.
Gigerenzer, G. 1991. How to make cognitive illusions disappear: Beyond "heuristics and biases." *European Review of Social Psychology* 2: 83–115.
—. 1993. The bounded rationality of probabilistic mental models. In *Rationality: Psychological and philosophical perspectives,* ed. K. Manktelow and D. Over, 284–313. London: Routledge.
—. 1994. Why the distinction between single-event probabilities and frequencies is important for psychology (and vice versa). In *Subjective probability,* ed. G. Wright and P. Ayton, 129–61. Chichester, England: Wiley.
—. 1996a. On narrow norms and vague heuristics: A reply to Kahneman and Tversky (1996). *Psychological Review* 103: 592–96.
—. 1996b. Rationality: Why social context matters. In *Interactive minds: Lifespan perspectives on the social foundation of cognition,* ed. P. B. Baltes and U. Staudinger, 319–46. Cambridge: Cambridge University Press.
—. 1998. Ecological intelligence: An adaptation for frequencies. In *The evolution of mind,* ed. D. D. Cummins and C. Allen, 9–29. New York: Oxford University Press.
—. 2002. *Calculated risks: How to know when numbers deceive you.* New York: Simon and Schuster.〔『数字に弱いあなたの驚くほど危険な生活―病院や裁判で統計にだまされないために』吉田利子訳，早川書房，2003〕
Gigerenzer, G., and D. G. Goldstein. 1996. Reasoning the fast and frugal way: Models of bounded rationality. *Psychological Review* 103: 650–69.
Gigerenzer, G., and U. Hoffrage. 1995. How to improve Bayesian reasoning without instruction: Frequency formats. *Psychological Review* 102: 684–704.
Gigerenzer, G., U. Hoffrage, and A. Ebert. 1998. AIDS counselling for low-risk clients. *AIDS Care* 10: 197–211.
Gigerenzer, G., U. Hoffrage, and H. Kleinbolting. 1991. Probabilistic mental models: A Brunswikian theory of confidence. *Psychological Review* 98: 506–28.
Gigerenzer, G., Z. Swijtink, T. Porter, L. Daston, J. Beatty, and L. Kruger. 1989. *The empire of chance.* Cambridge: Cambridge University Press.
Gigerenzer, G., and P. M. Todd. 1999. *Simple heuristics that make us smart.* New York: Oxford University Press.
Gilbert, D. 1991. How mental systems believe. *American Psychologist* 46: 107–19.
Gilovich, T. 1991. *How we know what isn't so.* New York: Free Press.〔『人間この信じやすきもの―迷信・誤信はどうして生まれるか』守一雄，守秀子訳，新曜社，1993〕

Gilovich, T., D. W. Griffin, and D. Kahneman, eds. 2002. *Heuristics and biases: The psychology of intuitive judgment.* New York: Cambridge University Press.

Girotto, V., and M. Gonzalez. 2001. Solving probabilistic and statistical problems: A matter of information structure and question form. *Cognition* 78: 247–76.

Glenberg, A. M. 1997. What memory is for. *Behavioral and Brain Sciences* 20: 1–55.

Godfrey-Smith, P. 1996. *Complexity and the function of mind in nature.* Cambridge: Cambridge University Press.

Goel, V., and R. J. Dolan. 2003. Explaining modulation of reasoning by belief. *Cognition* 87: B11–B22.

Goldman, A. I. 1978. Epistemics: The regulative theory of cognition. *Journal of Philosophy* 75: 509–23.

—. 1986. *Epistemology and cognition.* Cambridge, Mass.: Harvard University Press.

Goldstein, A. 1994. *Addiction: From biology to drug policy.* New York: W. H. Freeman.

Goldstein, D. G., and G. Gigerenzer. 1999. The recognition heuristic: How ignorance makes us smart. In *Simple heuristics that make us smart,* ed. G. Gigerenzer and P. M. Todd, 37–58. New York: Oxford University Press.

—. 2002. Models of ecological rationality: The recognition heuristic. *Psychological Review* 109: 75–90.

Goody, E. N., ed. 1995. *Social intelligence and interaction: Expressions and implications of the social bias in human intelligence.* Cambridge: Cambridge University Press.

Gopnik, A. 1993. How we know our minds: The illusion of first-person knowledge of intentionality. *Behavioral and Brain Sciences* 16: 1–14.

Gordon, R. A. 1997. Everyday life as an intelligence test: Effects of intelligence and intelligence context. *Intelligence* 24: 203–320.

Gottfredson, L. S. 1997. Why g matters: The complexity of everyday life. *Intelligence* 24: 79–132.

Gould, S. J. 1989. *Wonderful life: The Burgess shale and the nature of history.* New York: Norton.〔『ワンダフル・ライフ―バージェス頁岩と生物進化の物語』渡辺政隆訳，早川書房，（文庫版）2000〕

—. 1996. *Full house: The spread of excellence from Plato to Darwin.* New York: Harmony Books.〔『フルハウス―生命の全容：四割打者の絶滅と進化の逆説』渡辺政隆訳，早川書房，（文庫版）2003〕

—. 2002. *The structure of evolutionary theory.* Cambridge, Mass.: Harvard University Press.

Grealy, L. 1995. *Autobiography of a face.* New York: HarperPerennial.〔『顔を失くして「私」を見つけた』実川元子訳，徳間書店，1998〕

Greenwald, A. G. 1992. New look 3: Unconscious cognition reclaimed. *American Psychologist* 47: 766–79.

Greenwald, A. G., and M. R. Banaji. 1995. Implicit social cognition: Attitudes, self-esteem, and stereotypes. *Psychological Review* 102: 4–27.

Greenwald, A. G., M. R. Banaji, L. A. Rudman, S. D. Farnham, B. A. Nosek, and D. S. Mellott. 2002. A unified theory of implicit attitudes, stereotypes, self-esteem, and self-concept. *Psychological Review* 109: 3–25.

Greider, W. 1992. *Who will tell the people?* New York: Simon and Schuster.〔『アメリカ民主主義の裏切り―誰が民衆に語るのか』中島健訳，青土社，1994〕

Grether, D. M., and C. R. Plott. 1979. Economic theory of choice and the preference reversal phenomenon. *American Economic Review* 69: 623–38.

Grice, H. P. 1975. Logic and conversation. In *Syntax and semantics,* vol. 3, *Speech acts,* ed. P. Cole and J. Morgan, 41–58. New York: Academic Press.

Griffin, D. W., and C. A. Varey. 1996. Toward a consensus on overconfidence. *Organizational Behavior and Human Decision Processes* 65: 227–31.

Griffiths, P. E. 1997. *What emotions really are.* Chicago: University of Chicago Press.

Grigorenko, E. L. 1999. Heredity versus environment as the basis of cognitive ability. In *The nature of cognition,* ed. R. J. Sternberg, 665–96. Cambridge, Mass.: MIT Press.

Gur, R., and H. Sackheim. 1979. Self-deception: A concept in search of a phenomenon. *Journal of Personality and Social Psychology* 37: 147–69.

Hacking, I. 1975. *The emergence of probability.* Cambridge: Cambridge University Press.

—. 1990. *The taming of chance.* Cambridge: Cambridge University Press.〔『偶然を飼いならす―統計学と第二次科学革命』石原英樹，重田園江訳，木鐸社，1999〕

Haidt, J. 2001. The emotional dog and its rational tail: A social intuitionist approach to moral judgment. *Psychological Review* 108: 814–34.

Hallman, T. 2002. *Sam: The boy behind the mask.* New York: Putnam.〔『サム―あたたかな奇跡』鈴木彩織，学習研究社，2003〕

Hamilton, W. D. 1964. The genetical evolution of social behaviour (I and II). *Journal of Theoretical Biology* 7: 1–52.

—. 1966. The moulding of senescence by natural selection. *Journal of Theoretical Biology* 12: 12–45.

—. 1996. *Narrow roads of gene land.* Oxford: W. H. Freeman.

Hardin, G. 1968. The tragedy of the commons. *Science* 162: 1243–48.

Hardman, D. 1998. Does reasoning occur on the selection task? A comparison of relevance-based theories. *Thinking and Reasoning* 4: 353–76.

Hargreaves Heap, S. P. 1992. *Rationality and economics.* Cambridge: Cambridge University Press.

Hargreaves Heap, S. P., and Y. Varoufakis. 1995. *Game theory: A critical introduction.* London: Routledge. 〔『ゲーム理論—批判的入門』荻沼隆訳，多賀出版，1998〕
Harman, G. 1993. Desired desires. In *Value, welfare, and morality,* ed. R. G. Frey and C. W. Morris, 138–57. Cambridge: Cambridge University Press.
—. 1995. Rationality. In *Thinking,* ed. E. E. Smith and D. N. Osherson, 3: 175–211. Cambridge, Mass.: MIT Press.
Harnish, R. 2002. *Minds, brains, and computers.* Oxford: Blackwell.
Harnishfeger, K. K., and D. F. Bjorklund. 1994. A developmental perspective on individual differences in inhibition. *Learning and Individual Differences* 6: 331–56.
Harries, C., and N. Harvey. 2000. Are absolute frequencies, relative frequencies, or both effective in reducing cognitive biases? *Journal of Behavioral Decision Making* 13: 431–44.
Harris, P. L. 2001. The veridicality assumption. *Mind and Language* 16: 247–62.
Harvey, N. 1992. Wishful thinking impairs belief-desire reasoning: A case of decoupling failure in adults? *Cognition* 45: 141–62.
Hasher, L., and R. T. Zacks. 1979. Automatic processing of fundamental information: The case of frequency of occurrence. *Journal of Experimental Psychology: General* 39: 1372–88.
Haslam, N., and J. Baron. 1994. Intelligence, personality, and prudence. In *Personality and intelligence,* ed. R. J. Sternberg and P. Ruzgis, 32–58. Cambridge: Cambridge University Press.
Hastie, R., and R. M. Dawes. 2001. *Rational choice in an uncertain world.* Thousand Oaks, Calif.: Sage.
Hastie, R., and K. A. Rasinski. 1988. The concept of accuracy in social judgment. In *The social psychology of knowledge,* ed. D. Bar-Tal and A. Kruglanski, 193–208. Cambridge: Cambridge University Press.
Hausman, D. M. 1991. On dogmatism in economics: The case of preference reversals. *Journal of Socio-Economics* 20: 205–25.
Hausman, D. M., and M. McPherson. 1994. Economics, rationality, and ethics. In *The philosophy of economics: An anthology,* 2d ed., ed. D. M. Hausman, 252–77. Cambridge: Cambridge University Press.
Hawking, S. 1988. *A brief history of time.* New York: Bantam Books. 〔『ホーキング，宇宙を語る』林一訳，早川書房，1995〕
Henle, M. 1962. On the relation between logic and thinking. *Psychological Review* 69: 366–78.
Hentoff, N. 1980. *The first freedom: The tumultuous history of free speech in America.* New York: Delacorte Press.
—. 1992. *Free speech for me—But not for thee.* New York: HarperCollins.
Hertwig, R., and G. Gigerenzer. 1999. The 'conjunction fallacy' revisited: How intelligent inferences look like reasoning errors. *Journal of Behavioral Decision Making* 12: 275–305.
Hilton, D. J. 1995. The social context of reasoning: Conversational inference and rational judgment. *Psychological Bulletin* 118: 248–71.
Hilton, D. J., and B. R. Slugoski. 2000. Judgment and decision making in social context: Discourse processes and rational inference. In *Judgment and decision making: An interdisciplinary reader,* 2d ed., ed. T. Connolly, H. R. Arkes, and K. R. Hammond, 651–76. Cambridge, Mass.: Cambridge University Press.
Hirsch, E. D. 1996. *The schools we need: And why we don't have them.* New York: Doubleday.
Hirschfeld, L. A., and S. A. Gelman, eds. 1994. *Mapping the mind: Domain specificity in cognition and culture.* Cambridge: Cambridge University Press.
Hirschman, A. O. 1986. *Rival views of market society and other recent essays.* New York: Viking.
Hoch, S. J. 1987. Perceived consensus and predictive accuracy: The pros and cons of projection. *Journal of Personality and Social Psychology* 53: 221–34.
Hofstadter, D. R. 1982. Can creativity be mechanized? *Scientific American,* October, 18–34.
Hogarth, R. M. 2001. *Educating intuition.* Chicago: University of Chicago Press.
Holender, D. 1986. Semantic activation without conscious identification in dichotic listening, parafoveal vision, and visual masking: A survey and appraisal. *Behavioral and Brain Sciences* 9: 1–66.
Hollis, M. 1992. Ethical preferences. In *The theory of choice: A critical guide,* ed. S. Hargreaves Heap, M. Hollis, B. Lyons, R. Sugden, and A. Weale, 308–10. Oxford: Blackwell.
Horgan, T., and J. Tienson. 1993. Levels of description in nonclassical cognitive science. In *Philosophy and cognitive science,* ed. C. Hookway and D. Peterson, 159–88. Cambridge: Cambridge University Press.
Horn, J. L. 1982. The theory of fluid and crystallized intelligence in relation to concepts of cognitive psychology and aging in adulthood. In *Aging and cognitive processes,* ed. F. I. M. Craik and S. Trehub, 847–70. New York: Plenum.
Horn, J. L., and R. B. Cattell. 1967. Age differences in fluid and crystallized intelligence. *Acta Psychologica* 26: 1–23.
Hsee, C. K., G. F. Loewenstein, S. Blount, and M. H. Bazerman. 1999. Preference reversals between joint and separate evaluations of options: A review and theoretical analysis. *Psychological Bulletin* 125: 576–90.
Hull, D. L. 1982. The naked meme. In *Learning, development, and culture: Essays in evolutionary epistemology,* ed. H. C. Plotkin, 273–327. Chichester,

England: Wiley.
—. 1988. *Science as a process: An evolutionary account of the social and conceptual development of science.* Chicago: University of Chicago Press.
—. 2000. Taking memetics seriously: Memetics will be what we make it. In *Darwinizing culture: The status of memetics as a science,* ed. R. Aunger, 43–67. Oxford: Oxford University Press.〔邦訳あり. → Aunger, R. 2000a〕
—. 2001. *Science and selection: Essays on biological evolution and the philosophy of science.* Cambridge: Cambridge University Press.
Hume, D.［1740］1888. *A treatise of human nature.* Edited by L. A. Selby-Bigge. London: Oxford University Press.〔『人間本性論　第 2 巻―情念について』石川徹，中釜浩一，伊勢俊彦訳，法政大学出版局，2011（ほか邦訳多数）〕
Humphrey, N. 1976. The social function of intellect. In *Growing points in ethology,* ed. P. P. G. Bateson and R. A. Hinde, 303–17. London: Faber and Faber.
—. 1986. *The inner eye.* London: Faber and Faber.〔『内なる目―意識の進化論』垂水雄二訳，紀伊國屋書店，1993〕
—. 1993. *A history of mind: Evolution and the birth of consciousness.* New York: HarperPerennial.
Hunt, E. 1978. Mechanics of verbal ability. *Psychological Review* 85: 109–30.
—. 1987. The next word on verbal ability. In *Speed of information-processing and intelligence,* ed. P. A. Vernon, 347–92. Norwood, N.J.: Ablex.
—. 1995. *Will we be smart enough? A cognitive analysis of the coming workforce.* New York: Russell Sage Foundation.
—. 1999. Intelligence and human resources: Past, present, and future. In *The future of learning and individual differences research: Processes, traits, and content,* ed. P. Ackerman and P. Kyllonen, 3–28. Washington, D.C.: American Psychological Association.
Hurley, S. L. 1989. *Natural reasons: Personality and polity.* New York: Oxford University Press.
Hurst, L. 2001. Suicide warriors: Deactivating extremists not easy, experts say. *Toronto Star.* November 3, A1-A4.
Huxley, T. H.［1894］1989. *Evolution and ethics.* Princeton, N.J.: Princeton University Press.〔『進化と倫理』上野景福訳，育成社，1948〕
Jackendoff, R. 1996. How language helps us think. *Pragmatics and Cognition* 4: 1–34.
James, L., and D. Nahl. 2000. *Road rage and aggressive driving: Steering clear of highway warfare.* Amherst, N.Y.: Prometheus Books.
Jeffrey, R. C. 1974. Preferences among preferences. *Journal of Philosophy* 71: 377–91.
—. 1983. *The logic of decision.* 2d ed. Chicago: University of Chicago Press.
Jepson, C., D. Krantz, and R. Nisbett. 1983. Inductive reasoning: Competence or skill? *Behavioral and Brain Sciences* 6: 494–501.
Johnson, E. J., J. Hershey, J. Meszaros, and H. Kunreuther. 2000. Framing, probability distortions, and insurance decisions. In *Choices, values, and frames,* ed. D. Kahneman and A. Tversky, 224–40. Cambridge: Cambridge University Press.
Johnson, H., and D. S. Broder. 1996. *The system: The American way of politics at the breaking point.* Boston: Little, Brown.
Johnson, M. K. 1991. Reality monitoring: Evidence from confabulation in organic brain disease patients. In *Awareness of deficit after brain injury,* ed. G. Prigantano and D. Schacter, 121–40. New York: Oxford University Press.〔『脳損傷後の欠損についての意識性―臨床的・理論的論点』中村隆一監訳，医歯薬出版，1996〕
Johnson-Laird, P. N. 1983. *Mental models.* Cambridge, Mass.: Harvard University Press.〔『メンタルモデル―言語・推論・意識の認知科学』海保博之監修，産業図書，1988〕
—. 1988. *The computer and the mind: An introduction to cognitive science.* Cambridge, Mass.: Harvard University Press.〔『心のシミュレーション―ジョンソン＝レアードの認知科学入門』海保博之ほか訳，新曜社，1989〕
—. 1999. Deductive reasoning. *Annual Review of Psychology* 50: 109–35.
—. 2001. Mental models and deduction. *Trends in Cognitive Sciences* 5: 434–42.
Johnson-Laird, P. N., and R. M. J. Byrne. 1991. *Deduction.* Hillsdale, N.J.: Lawrence Erlbaum Associates.
—. 1993. Models and deductive rationality. In *Rationality: Psychological and philosophical perspectives,* ed. K. Manktelow and D. Over, 177–210. London: Routledge.
Johnson-Laird, P., and K. Oatley. 1992. Basic emotions, rationality, and folk theory. *Cognition and Emotion* 6: 201–23.
—. 2000. Cognitive and social construction in emotions. In *Handbook of emotions,* 2d ed., ed. M. Lewis and J. Haviland-Jones, 458–75. New York: Guilford Press.
Johnson-Laird, P. N., and F. Savary. 1996. Illusory inferences about probabilities. *Acta Psychologica* 93: 69–90.
Jolly, A. 1966. Lemur social behaviour and primate intelligence. *Science* 153: 501–6.
Kagel, C. J. 1987. Economics according to the rats (and pigeons too): What have we learned and what we hope to learn. In *Laboratory experimentation in economics*: Six points of view, ed. A. Roth, 587–703. New York: Cambridge University Press.
Kahne, J. 1996. The politics of self-esteem. *American Educational Research Journal* 33: 3–22.
Kahneman, D. 1981. Who shall be the arbiter of our

intuitions? *Behavioral and Brain Sciences* 4: 339–40.

—. 1991. Judgment and decision making: A personal view. *Psychological Science* 2: 142–45.

—. 1994. New challenges to the rationality assumption. *Journal of Institutional and Theoretical Economics* 150: 18–36.

—. 2000. A psychological point of view: Violations of rational rules as a diagnostic of mental processes. *Behavioral and Brain Sciences* 23: 681–83.

Kahneman, D., E. Diener, and N. Schwarz, eds. 1999. *Well-being: The foundations of hedonic psychology.* Thousand Oaks, Calif.: Sage.

Kahneman, D., and S. Frederick. 2002. Representativeness revisited: Attribute substitution in intuitive judgment. In *Heuristics and biases: The psychology of intuitive judgment,* ed. T. Gilovich, D. Griffin, and D. Kahneman, 49–81. New York: Cambridge University Press.

Kahneman, D., and J. Snell. 1990. Predicting utility. In *Insights into decision making,* ed. R. M. Hogarth, 295–310. Chicago: University of Chicago Press.

Kahneman, D., and A. Tversky. 1973. On the psychology of prediction. *Psychological Review* 80: 237–51.

—. 1979. Prospect theory: An analysis of decision under risk. *Econometrica* 47: 263–91.

—. 1982. On the study of statistical intuitions. *Cognition* 11: 123–41.

—. 1983. Can irrationality be intelligently discussed? *Behavioral and Brain Sciences* 6: 509–10.

—. 1984. Choices, values, and frames. *American Psychologist* 39: 341–50.

—. 1996. On the reality of cognitive illusions. *Psychological Review* 103: 582–91.

—, eds. 2000. *Choices, values, and frames.* Cambridge: Cambridge University Press.

Kahneman, D., P. P. Wakker, and R. Sarin. 1997. Back to Bentham? Explorations of experienced utility. *The Quarterly Journal of Economics* 112, no. 2: 375–405.

Kane, M. J., and R. W. Engle. 2002. The role of prefrontal cortex working-memory capacity, executive attention, and general fluid intelligence: An individual-differences perspective. *Psychonomic Bulletin and Review* 9: 637–71.

Kao, S. F., and E. A. Wasserman. 1993. Assessment of an information integration account of contingency judgment with examination of subjective cell importance and method of information presentation. *Journal of Experimental Psychology: Learning, Memory, and Cognition* 19: 1363–86.

Kardash, C. M., and R. J. Scholes. 1996. Effects of pre-existing beliefs, epistemological beliefs, and need for cognition on interpretation of controversial issues. *Journal of Educational Psychology* 88: 260–71.

Karmiloff-Smith, A. 1992. *Beyond modularity: A developmental perspective on cognitive science.* Cambridge, Mass.: MIT Press.〔『人間発達の認知科学―精神のモジュール性を超えて』小島康次，小林好和監訳，ミネルヴァ書房，1997〕

Keating, D. P. 1990. Charting pathways to the development of expertise. *Educational Psychologist* 25: 243–67.

Keil, F. C., and R. A. Wilson, eds. 2000. *Explanation and cognition.* Cambridge, Mass.: MIT Press.

Kekes, J. 1990. *Facing evil.* Princeton, N.J.: Princeton University Press.

Kenrick, D. T. 2001. Evolutionary psychology, cognitive science, and dynamical systems: Building an integrative paradigm. *Current Directions in Psychological Science* 10: 13–17.

Kettlewell, H. 1973. *The evolution of melanism.* Oxford: Oxford University Press.

Kimberg, D. Y., M. D'Esposito, and M. J. Farah. 1998. Cognitive functions in the prefrontal cortex—working memory and executive control. *Current Directions in Psychological Science* 6: 185–92.

Kimberg, D. Y., and M. J. Farah. 1993. A unified account of cognitive impairments following frontal lobe damage: The role of working memory in complex, organized behavior. *Journal of Experimental Psychology: General* 122: 411–28.

Kirkpatrick, L., and S. Epstein. 1992. Cognitive-experiential self-theory and subjective probability: Evidence for two conceptual systems. *Journal of Personality and Social Psychology* 63: 534–44.

Kirkwood, T., and R. Holliday. 1979. The evolution of ageing and longevity. *Proceedings of the Royal Society of London B,* 205: 531–46.

Kitcher, P. 1993. *The advancement of science.* New York: Oxford University Press.

Klaczynski, P. A. 2001. Analytic and heuristic processing influences on adolescent reasoning and decision-making. *Child Development* 72: 844–61.

Klaczynski, P. A., D. H. Gordon, and J. Fauth. 1997. Goal-oriented critical reasoning and individual differences in critical reasoning biases. *Journal of Educational Psychology* 89: 470–85.

Klayman, J., and Y. Ha. 1987. Confirmation, disconfirmation, and information in hypothesis testing. *Psychological Review* 94: 211–28.

Klein, G. 1998. *Sources of power: How people make decisions.* Cambridge, Mass.: MIT Press.

Klein, G. S. 1964. Semantic power measured through the interference of words with color-naming. *American Journal of Psychology* 77: 576–88.

Kleindorfer, P. R., H. C. Kunreuther, and P. J. H. Schoemaker. 1993. *Decision sciences: An integrative perspective.* Cambridge: Cambridge University Press.

Koehler, J. J. 1993. The influence of prior beliefs on scientific judgments of evidence quality. *Organizational Behavior and Human Decision Processes* 56: 28–55.

—. 1996. The base rate fallacy reconsidered:

Descriptive, normative, and methodological challenges. *Behavioral and Brain Sciences* 19: 1–53.
Kohler, W. 1927. *The mentality of apes.* 2d ed. London: Routledge and Kegan Paul.
Kokis, J., R. Macpherson, M. Toplak, R. F. West, and K. E. Stanovich. 2002. Heuristic and analytic processing: Age trends and associations with cognitive ability and cognitive styles. *Journal of Experimental Child Psychology* 83: 26–52.
Komorita, S. S., and C. D. Parks. 1994. *Social dilemmas.* Boulder, Colo.: Westview Press.
Krantz, D. H. 1981. Improvements in human reasoning and an error in L. J. Cohen's. *Behavioral and Brain Sciences* 4: 340–41.
Kroll, L., and L. Goldman. 2002. The global billionaires. *Forbes* 169, no. 6 (March 18): 119–32.
Krueger, J., and J. Zeiger. 1993. Social categorization and the truly false consensus effect. *Journal of Personality and Social Psychology* 65: 670–80.
Kruglanski, A. W. 1990. Lay epistemics theory in social-cognitive psychology. *Psychological Inquiry* 1: 181–97.
Kruglanski, A. W., and I. Ajzen. 1983. Bias and error in human judgment. *European Journal of Social Psychology* 13: 1–44.
Kruglanski, A. W., and D. M. Webster. 1996. Motivated closing the mind: "Seizing" and "freezing." *Psychological Review* 103: 263–83.
Kuhberger, A. 2002. The rationality of risky decisions: A changing message. *Theory & Psychology* 12: 427–52.
Kuhn, D. 1991. *The skills of argument.* Cambridge: Cambridge University Press.
—. 1996. Is good thinking scientific thinking? In *Modes of thought: Explorations in culture and cognition,* ed. D. R. Olson and N. Torrance, 261–81. New York: Cambridge University Press.
—. 2001. How do people know? *Psychological Science* 12: 1–8.
Kummer, H., L. Daston, G. Gigerenzer, and J. B. Silk. 1997. The social intelligence hypothesis. In *Human by nature: Between biology and the social sciences,* ed. P. Weingart, S. D. Mitchell, P. J. Richerson, and S. Maasen, 157–79. Mahwah, N.J.: Lawrence Erlbaum Associates.
Kunda, Z. 1990. The case for motivated reasoning. *Psychological Bulletin* 108: 480–98.
—. 1999. *Social cognition: Making sense of people.* Cambridge, Mass.: MIT Press.
Kuttner, R. 1998. *Everything for sale: The virtues and limits of markets.* Chicago: University of Chicago Press.
LaBerge, D., and S. Samuels. 1974. Toward a theory of automatic information processing in reading. *Cognitive Psychology* 6: 293–323.
LaCerra, P., and R. Bingham. 1998. The adaptive nature of the human neurocognitive architecture: An alternative model. *Proceeds of the National Academy of Sciences* 95: 11290–94.
Langlois, J. H., L. Kalakanis, A. J. Rubenstein, A. Larson, M. Hallam, and M. Smott. 2000. Maxims or myths of beauty? A meta-analytic and theoretical review. *Psychological Bulletin* 126: 390–423.
Langer, E. J. 1989. *Mindfulness.* Reading, Mass.: Addison-Wesley.〔『心はマインド…—“やわらかく”生きるために』斎藤茂太訳，フォー・ユー，1989〕
Langer, E. J., A. Blank, and B. Chanowitz. 1978. The mindlessness of ostensibly thoughtful action: The role of "placebic" information in interpersonal interaction. *Journal of Personality and Social Psychology* 36: 635–42.
Lasn, K. 1999. *Culture jam: The uncooling of America.* New York: William Morrow.
Laudan, L. 1996. *Beyond positivism and relativism.* Boulder, Colo.: Westview Press.
Lefkowitz, B. 1997. *Our guys: The Glen Ridge rape and the secret life of the perfect suburb.* Berkeley and Los Angeles: University of California Press.
Lehrer, K. 1990. *Theory of knowledge.* London: Routledge.
—. 1997. *Self-trust: A study of reason, knowledge, and autonomy.* Oxford: Oxford University Press.
Leslie, A. M. 1987. Pretense and representation: The origins of "theory of mind." *Psychological Review* 94: 412–26.
—. 1994. ToMM, ToBY, and agency: Core architecture and domain specificity. In *Mapping the mind: Domain specificity in cognition and culture,* ed. L. A. Hirschfeld and S. A. Gelman, 119–48. Cambridge: Cambridge University Press.
—. 2000. How to acquire a representational theory of mind. In *Metarepresentations: A multidisciplinary perspective,* ed. D. Sperber, 197–223. Oxford: Oxford University Press.
Levelt, W. 1995. Chapters of psychology. In *The science of the mind: 2001 and beyond,* ed. R. L. Solso and D. W. Massaro, 184–202. New York: Oxford University Press.
Levinson, S. C. 1995. Interactional biases in human thinking. In *Social intelligence and interaction,* ed. E. Goody, 221–260. Cambridge: Cambridge University Press.
Lewis, C., and G. Keren. 1999. On the difficulties underlying Bayesian reasoning: A comment on Gigerenzer and Hoffrage. *Psychological Review* 106: 411–16.
Lewis, D. 1989. Dispositional theories of value. *Proceedings of the Aristotelian Society,* supplementary vol. 63, 113–37.
Liberman, N., and Y. Klar. 1996. Hypothesis testing in Wason's selection task: Social exchange cheating detection or task understanding. *Cognition* 58: 127–56.
Lichtenstein, S., and P. Slovic. 1971. Reversal of

preferences between bids and choices in gambling decisions. *Journal of Experimental Psychology* 89: 46–55.
Lieberman, M. D. 2000. Intuiton: A social cognitive neuroscience approach. *Psychological Bulletin* 126: 109–37.
Lillard, A. 2001. Pretend play as twin Earth: A social-cognitive analysis. *Developmental Review* 21: 495–531.
Lindblom, C. E. 2001. *The market system*. New Haven, Conn.: Yale University Press.
Lindsay, P., and D. Norman. 1977. *Human information processing*. 2d ed. New York: Academic Press. 〔『情報処理心理学入門 1-3』中溝幸夫，箱田裕司，近藤倫明訳，サイエンス社，1983–1985〕
Lipman, M. 1991. *Thinking in education*. Cambridge: Cambridge University Press.
Lodge, D. 2001. *Thinks . . .* London: Secker and Warburg. 〔『考える…』高儀進訳，白水社，2001〕
Loewenstein, G. F. 1996. Out of control: Visceral influences on behavior. *Organizational Behavior and Human Decision Processes* 65: 272–92.
Loewenstein, G. F., E. U. Weber, C. K. Hsee, and N. Welch. 2001. Risk as feelings. *Psychological Bulletin* 127: 267–86.
Loftus, E. F. 1997. Memory for a past that never was. *Current Directions in Psychological Science* 6: 60–65.
Loftus, E. F., and K. Ketcham. 1994. *The myth of repressed memory: False memories and allegations of sexual abuse*. New York: St. Martins.
Logan, G. D. 1985. Skill and automaticity: Relations, implications, and future directions. *Canadian Journal of Psychology* 39: 367–86.
Lohman, D. F. 2000. Complex information processing and intelligence. In *Handbook of intelligence*, ed. R. J. Sternberg, 285–340. Cambridge: Cambridge University Press.
Loomes, G., and R. Sugden. 1982. Regret theory: An alternative theory of rational choice under uncertainty. *The Economic Journal* 92: 805–24.
Lubinski, D. 2000. Scientific and social significance of assessing individual differences: "Sinking shafts at a few critical points." *Annual Review of Psychology* 51: 405–44.
Lubinski, D., and L. G. Humphreys. 1997. Incorporating general intelligence into epidemiology and the social sciences. *Intelligence* 24: 159–201.
Luce, R. D., and H. Raiffa. 1957. *Games and decisions*. New York: Wiley.
Lumsden, C. J., and E. O. Wilson. 1981. *Genes, mind and culture*. Cambridge, Mass.: Harvard University Press.
Luria, A. R. 1976. *Cognitive development: Its cultural and social foundations*. Cambridge, Mass.: Harvard University Press.
Luttwak, E. 1999. *Turbo-capitalism: Winners and losers in the global economy*. New York: Harper Collins.
Lynch, A. 1996. *Thought contagion*. New York: Basic Books.
Macchi, L., and G. Mosconi. 1998. Computational features vs frequentist phrasing in the base-rate fallacy. *Swiss Journal of Psychology* 57: 79–85.
Macdonald, R. R., and K. J. Gilhooly. 1990. More about Linda *or* conjunctions in context. European *Journal of Cognitive Psychology* 2: 57–70.
MacIntyre, A. 1990. Is akratic action always irrational? In *Identity, character, and morality*, ed. O. Flanagan and A. O. Rorty, 379–400. Cambridge, Mass.: MIT Press.
Macintyre, B. 2001. Word bombs. *The Times* (London), October 9, sect. 2, 2–3.
MacLeod, C. M. 1991. Half a century of research on the Stroop effect: An integrative review. *Psychological Bulletin* 109: 163–203.
—. 1992. The Stroop task: The "gold standard" of attentional measures. *Journal of Experimental Psychology: General* 121: 12–14.
MacLeod, C. M., and P. A. MacDonald. 2000. Interdimensional interference in the Stroop effect: Uncovering the cognitive and neural anatomy of attention. *Trends in Cognitive Sciences* 4, no. 10: 383–91.
Maher, P. 1993. *Betting on theories*. Cambridge: Cambridge University Press.
Majerus, M. E. N. 1998. *Melanism: Evolution in action*. Oxford: Oxford University Press.
Makin, K. 2001. Man recants repressed "memories." *Globe and Mail* (Toronto), November 3, A12.
Malik, K. 2000. *Man, beast and zombie: What science can and cannot tell us about human nature*. London: Weidenfeld and Nicolson.
Malle, B. F., L. J. Moses, and D. A. Baldwin, eds. 2001. *Intentions and intentionality: Foundations of social cognition*. Cambridge, Mass.: MIT Press.
Manktelow, K. I. 1999. *Reasoning and Thinking*. Hove, England: Psychology Press.
Manktelow, K. I., and J. St. B. T. Evans. 1979. Facilitation of reasoning by realism: Effect or non-effect? *British Journal of Psychology* 70: 477–88.
Manktelow, K. I., and D. E. Over. 1991. Social roles and utilities in reasoning with deontic conditionals. *Cognition* 39: 85–105.
—. 1995. Deontic reasoning. In *Perspectives on thinking and reasoning: Essays in honour of Peter Wason*, ed. S. E. Newstead and J. St. B. T. Evans, 91–114. Hove, England: Lawrence Erlbaum Associates.
Mann, L., R. Harmoni, and C. Power. 1991. The GOFER course in decision making. In *Teaching decision making to adolescents*, ed. J. Baron and R. V. Brown, 61–78. Hillsdale, N.J.: Lawrence Erlbaum Associates.
Marcel, A. J. 1983. Conscious and unconscious

perception: Experiments on visual masking and word recognition. *Cognitive Psychology* 15: 197–237.
—. 1988. Phenomenal experience and functionalism. In *Consciousness in contemporary science,* ed. A. J. Marcel and E. Bisiach, 121–58. Oxford: Oxford University Press.
Margolis, H. 1996. *Dealing with risk.* Chicago: University of Chicago Press.
Markovits, H., and G. Nantel. 1989. The belief-bias effect in the production and evaluation of logical conclusions. *Memory and Cognition* 17: 11–17.
Markowitz, H. M. 1952. The utility of wealth. *Journal of Political Economy* 60: 151–58.
Marr, D. 1982. Vision. San Francisco: W. H. Freeman.〔『ビジョン―視覚の計算理論と脳内表現』乾敏郎，安藤広志訳，産業図書，1987〕
Masson, M. E. J. 1995. A distributed memory model of semantic priming. *Journal of Experimental Psychology: Learning, Memory and Cognition* 21: 3–23.
Matthews, G., and I. J. Deary. 1998. *Personality traits.* Cambridge: Cambridge University Press.
Maynard Smith, J. M. 1974. The theory of games and the evolution of animal conflict. *Journal of Theoretical Biology* 47: 209–21.
—. 1975. *The theory of evolution.* 3d ed. Cambridge: Cambridge University Press.
—. 1976. Evolution and the theory of games. *American Scientist* 64: 41–45.
—. 1998. *Evolutionary genetics.* 2d ed. Oxford: Oxford University Press.
Maynard Smith, J. M., and E. Szathmáry. 1999. *The origins of life.* Oxford: Oxford University Press.〔『生命進化８つの謎』長野敬訳，朝日新聞社，2001〕
McCauley, R. N. 2000. The naturalness of religion and the unnaturalness of science. In *Explanation and cognition,* ed. F. C. Keil and R. A. Wilson, 61–85. Cambridge, Mass.: MIT Press.
McEwan, I. 1998. *Enduring love.* London: Vintage.〔『愛の続き』小山太一訳，新潮社，2000〕
McFadden, D. 1999. Rationality for economists? *Journal of Risk and Uncertainty* 19: 73–105.
McFarland, D. 1989. Goals, no goals, and own goals. In *Goals, no goals, and own goals: A debate on goal-directed and intentional behavior,* ed. A. Montefiori and D. Noble, 39–57. London: Unwin Hyman.
McGinn, C. 1999. *The mysterious flame: Conscious minds in a material world.* New York: Basic Books.〔『意識の「神秘」は解明できるか』石川幹人，五十嵐靖博訳，青土社，2001〕
McKenzie, C. R. M. 1994. The accuracy of intuitive judgment strategies: Covariation assessment and Bayesian inference. *Cognitive Psychology* 26: 209–39.
McNeil, B., S. Pauker, H. Sox, and A. Tversky. 1982. On the elicitation of preferences for alternative therapies. *New England Journal of Medicine* 306: 1259–62.
Medin, D. L., and M. H. Bazerman. 1999. Broadening behavioral decision research: Multiple levels of cognitive processing. *Psychonomic Bulletin and Review* 6: 533–46.
Medin, D. L., H. C. Schwartz, S. V. Blok, and L. A. Birnbaum. 1999. The semantic side of decision making. *Psychonomic Bulletin and Review* 6: 562–69.
Mele, A. R. 1987. Recent work on self-deception. *American Philosophical Quarterly* 24: 1–17.
—. 1997. Real self-deception. *Behavioral and Brain Sciences* 20: 91–136.
—. 2001. *Self-deception unmasked.* Princeton, N.J.: Princeton University Press.
Mellers, B. A. 2000. Choice and the relative pleasure of consequences. *Psychological Bulletin* 126: 910–24.
Mellers, B. A., and K. Biagini. 1994. Similarity and choice. *Psychological Review* 101: 505–18.
Mellers, B. A., R. Hertwig, and D. Kahneman. 2001. Do frequency representations eliminate conjunction effects? An exercise in adversarial collaboration. *Psychological Science* 12: 269–75.
Mellers, B. A., and A. P. McGraw. 1999. How to improve Bayesian reasoning: Comment on Gigerenzer and Hoffrage (1995). *Psychological Review* 106: 417–24.
Mercer, T. 2000. Navigating the shark-eat-shark world of 'compassionate' airfares. *Globe and Mail* (Toronto), September 16, T5.
Merikle, P. M., D. Smilek, and J. D. Eastwood. 2001. Perception without awareness: Perspectives from cognitive psychology. *Cognition* 79: 115–34.
Messick, S. 1984. The nature of cognitive styles: Problems and promise in educational practice. *Educational Psychologist* 19: 59–74.
—. 1994. The matter of style: Manifestations of personality in cognition, learning, and teaching. *Educational Psychologist* 29: 121–36.
Metcalfe, J., and W. Mischel. 1999. A hot/cool-system analysis of delay of gratification: Dynamics of will power. *Psychological Review* 106: 3–19.
Milgram, S. 1974. *Obedience to authority.* New York: Harper and Row.〔『服従の心理―アイヒマン実験』岸田秀訳，河出書房新社，（改訂版）1995〕
Miller, G. 2001. *The mating mind.* New York: Anchor Books.〔『恋人選びの心―性淘汰と人間性の進化』長谷川真理子訳，岩波書店，2002〕
Millgram, E. 1997. *Practical induction.* Cambridge, Mass.: Harvard University Press.
Millikan, R. G. 1993. *White Queen psychology and other essays for Alice.* Cambridge, Mass.: MIT Press.
Minsky, M. 1985. *The society of mind.* New York: Simon and Schuster.
Mitchell, P., E. J. Robinson, J. E. Isaacs, and R. M. Nye. 1996. Contamination in reasoning about false belief: An instance of realist bias in adults but not children. *Cognition* 59: 1–21.

Mithen, S. 1996. *The prehistory of mind: The cognitive origins of art and science*. London: Thames and Hudson.〔『心の先史時代』松浦俊輔, 牧野美佐緒訳, 青土社, 1998〕
—. Palaeoanthropological perspectives on the theory of mind. In *Understanding other minds: Perspectives from developmental cognitive neuroscience*, 2d ed., ed S. Baron-Cohen, H. Tager-Flusberg, and D. J. Cohen, 488–502. Oxford: Oxford University Press.
—. 2002. Human evolution and the cognitive basis of science. In *The cognitive basis of science*, ed. P. Carruthers, S. Stich, and M. Siegel, 23–40. Cambridge: Cambridge University Press.
Miyake, A., and P. Shah, eds. 1999. *Models of working memory: Mechanisms of active maintenance and executive control*. New York: Cambridge University Press.
Moldoveanu, M., and E. Langer. 2002. False memories of the future: A critique of the application of probabilistic reasoning to the study of cognitive processes. *Psychological Review* 109: 358–75.
Morton, O. 1997. Doing what comes naturally: A new school of psychology finds reasons for your foolish heart. *The New Yorker* 73 (Nov. 3): 102–7.
Moscovitch, M. 1989. Confabulation and the frontal systems: Strategic versus associative retrieval in neuropsychological theories of memory. In *Varieties of memory and consciousness*, ed. H. L. Roediger and F. I. M. Craik, 133–60. Hillsdale, N.J.: Lawrence Erlbaum Associates.
Moshman, D. 1994. Reasoning, metareasoning, and the promotion of rationality. In *Intelligence, mind, and reasoning: Structure and development*, ed. A. Demetriou and A. Efklides, 135–50. Amsterdam: Elsevier.
Mueser, P. R., N. Cowan, and K. T. Mueser. 1999. A generalized signal detection model to predict rational variation in base rate use. *Cognition* 69: 267–312.
Mussweiler, T., F. Strack, and T. Pfeiffer. 2000. Overcoming the inevitable anchoring effect: Considering the opposite compensates for selective accessibility. *Personality and Social Psychology Bulletin* 9: 1142–50.
Myers, D. G. 2000. *The American paradox: Spiritual hunger in an age of plenty*. New Haven, Conn.: Yale University Press.
—. 2002. *Intuition: Its powers and perils*. New Haven, Conn.: Yale University Press.
Mynatt, C. R., M. E. Doherty, and W. Dragan. 1993. Information relevance, working memory, and the consideration of alternatives. *Quarterly Journal of Experimental Psychology* 46A: 759–78.
Nagel, T. 1997. *The last word*. New York: Oxford University Press.
Nathanson, S. 1994. *The ideal of rationality*. Chicago: Open Court.
National Highway Traffic Safety Administration. 1999. *Traffic safety facts 1999: Children*. Fact sheet: DOT HS 809 087. Washington, D.C.: NHTSA. Retrieved November 24, 2000, from the World Wide Web: http://www.nhtsa.dot.gov/people/ncsa/pdf/child99.pdf.
Navon, D. 1989. The importance of being visible: On the role of attention in a mind viewed as an anarchic intelligence system. *European Journal of Cognitive Psychology* 1: 191–238.
Neely, J. H., and D. E. Keefe. 1989. Semantic context effects on visual word processing: A hybrid prospective-retrospective processing theory. In *The psychology of learning and motivation*, ed. G. H. Bower, 24: 207–48. San Diego: Academic Press.
Neimark, E. 1987. *Adventures in thinking*. San Diego: Harcourt Brace Jovanovich.
Neisser, U., G. Boodoo, T. Bouchard, A. W. Boykin, N. Brody, S. J. Ceci, D. Halpern, J. Loehlin, R. Perloff, R. Sternberg, and S. Urbina. 1996. Intelligence: Knowns and unknowns. *American Psychologist* 51: 77–101.
Nelson, K. 1996. *Language in cognitive development: The emergence of the mediated mind*. Cambridge: Cambridge University Press.
Neumann, P. J., and P. E. Politser. 1992. Risk and optimality. In *Risk-taking behavior*, ed. J. F. Yates, 27–47. Chichester, England: Wiley.
Neurath, O. 1932–33. Protokollsatze. *Erkenntis* 3: 204–14.〔所収『現代哲学基本論文集 I』坂本百大編, 勁草書房〕
Newell, A. 1982. The knowledge level. *Artificial Intelligence* 18: 87–127.
—. 1990. *Unified theories of cognition*. Cambridge, Mass.: Harvard University Press.
Newstead, S. E., and J. St. B. T. Evans, eds. 1995. *Perspectives on thinking and reasoning*. Hove, England: Lawrence Erlbaum Associates.
Nickerson, R. S. 1988. On improving thinking through instruction. In *Review of Research in Education*, vol. 15, ed. E. Z. Rothkopf, 3–57. Washington, D.C.: American Educational Research Association.
—. 1996. Hempel's paradox and Wason's selection task: Logical and psychological puzzles of confirmation. *Thinking and Reasoning* 2: 1–31.
—. 1998. Confirmation bias: A ubiquitous phenomenon in many guises. *Review of General Psychology* 2: 175–220.
Nicolson, A. 2000. *Perch Hill*. London: Penguin Books.
Nisbett, R. E. 1993. *Rules for reasoning*. Hillsdale, N.J.: Lawrence Erlbaum Associates.
Nisbett, R. E., and L. Ross, L. 1980. *Human inference: Strategies and shortcomings of social judgment*. Englewood Cliffs, N.J.: Prentice-Hall.
Nisbett, R. E., and S. Schachter. 1966. Cognitive manipulation of pain. *Journal of Experimental Social Psychology* 21: 227–36.
Nisbett, R. E., and T. D. Wilson. 1977. Telling more

than we can know: Verbal reports on mental processes. *Psychological Review* 84: 231–59.

Norman, D. A., and T. Shallice. 1986. Attention to action: Willed and automatic control of behavior. In *Consciousness and self-regulation,* ed. R. J. Davidson, G. E. Schwartz, and D. Shapiro, 1–18. New York: Plenum.

Nozick, R. 1974. *Anarchy, state, and utopia.* New York: Basic Books.〔『アナーキー・国家・ユートピア―国家の正当性とその限界』嶋津格訳，木鐸社，1992〕

—. 1981. *Philosophical explanations.* Cambridge, Mass.: Harvard University Press.〔『考えることを考える』坂本百大ほか訳，青土社，1997〕

—. 1989. *The examined life.* New York: Simon and Schuster.〔『生のなかの螺旋―自己と人生のダイアローグ』井上章子訳，青土社，1993〕

—. 1993. *The nature of rationality.* Princeton, N.J.: Princeton University Press.

—. 2001. *Invariances: The structure of the objective world.* Cambridge, Mass.: Harvard University Press.

Oaksford, M., and N. Chater. 1993. Reasoning theories and bounded rationality. In *Rationality: Psychological and philosophical perspectives,* ed. K. Manktelow and D. Over, 31–60. London: Routledge.

—. 1994. A rational analysis of the selection task as optimal data selection. *Psychological Review* 101: 608–31.

—. 1995. Theories of reasoning and the computational explanation of everyday inference. *Thinking and Reasoning* 1: 121–52.

—. 1996. Rational explanation of the selection task. *Psychological Review* 103: 381–91.

—, eds. 1998. *Rationality in an uncertain world.* Hove, England: Psychology Press.

—. 2001. The probabilistic approach to human reasoning. *Trends in Cognitive Sciences* 5: 349–57.

Oatley, K. 1992. *Best laid schemes: The psychology of emotions.* Cambridge: Cambridge University Press.

—. 1998. The structure of emotions. In *Mind readings,* ed. P. Thagard, 239–57. Cambridge, Mass.: MIT Press.

Orwell, G. 1950. *Shooting an elephant and other essays.* New York: Harcourt, Brace and World.〔「象を撃つ」は，所収『オーウェル評論集（1）』川端康雄編，平凡社，1995〕

Osherson, D. N. 1995. Probability judgment. In *Thinking,* vol. 3, ed. E. E. Smith and D. N. Osherson, 35–75. Cambridge, Mass.: MIT Press.

Over, D. E. 2000. Ecological rationality and its heuristics. *Thinking and Reasoning* 6: 182–92.

—. 2002. The rationality of evolutionary psychology. In *Reason and nature: Essays in the theory of rationality,* ed. J. L. Bermudez and A. Millar, 187–207. Oxford: Oxford University Press.

—, ed., 2003a. *Evolution and the psychology of thinking: The debate.* Hove, England: Psychology Press.

—. 2003b. From massive modularity to metarepresentation: The evolution of higher cognition. In *Evolution and the psychology of thinking: The debate,* ed. D. Over, 121–44. Hove, England: Psychology Press.

Over, D. E., and J. St. B. T. Evans. 2000. Rational distinctions and adaptations. *Behavioral and Brain Sciences* 23: 693–94.

Over, D. E., and D. W. Green. 2001. Contingency, causation, and adaptive inference. *Psychological Review* 108: 682–84.

Pacini, R., and S. Epstein. 1999. The interaction of three facets of concrete thinking in a game of chance. *Thinking and Reasoning* 5: 303–25.

Papineau, D. 2001. The evolution of means-ends reasoning. In *Naturalism, evolution and mind,* ed. D. M. Walsh, 145–78. Cambridge: Cambridge University Press.

Parfit, D. 1984. *Reasons and persons.* Oxford: Oxford University Press.〔『理由と人格』森村進訳，勁草書房，1998〕

Parkin, A. J. 1996. *Explorations in cognitive neuropsychology.* Oxford: Blackwell.

Partridge, J. 1997. *Changing faces: The challenge of facial disfigurement.* 3d ed. East Grand Rapids, Mich.: Phoenix Society for Burn Survivors.〔『チェンジング・フェイス―もっと出会いを素晴らしく』原田輝一訳，集英社，2002〕

Paul, R. W. 1984. Critical thinking: Fundamental to education for a free society. *Educational Leadership* 42, no. 1: 4–14.

—. 1987. Critical thinking and the critical person. In *Thinking: The second international conference,* ed. D. N. Perkins, J. Lockhead, and J. Bishop, 373–403. Hillsdale, N.J.: Lawrence Erlbaum Associates.

Paul, R., A. Binker, D. Martin, and K. Adamson. 1989. *Critical thinking handbook: High school.* Rohnert Park, Calif.: Center for Critical Thinking and Moral Critique.

Payne, J. W., J. R. Bettman, and E. J. Johnson. 1992. Behavioral decision research: A constructive processing perspective. *Annual Review of Psychology* 43: 87–131.

Payne, J., J. Bettman, and D. Schkade. 1999. Measuring constructed preferences: Towards a building code. *Journal of Risk and Uncertainty* 19: 243–70.

Pearce, D. W. 1995. *The MIT dictionary of modern economics.* Cambridge: MIT Press.

Pennington, B. F., and S. Ozonoff. 1996. Executive functions and developmental psychopathology. *Journal of Child Psychology and Psychiatry* 37: 51–87.

Perkins, D. N. 1995. *Outsmarting IQ: The emerging science of learnable intelligence.* New York: Free Press.

Perkins, D. N., and T. A. Grotzer. 1997. Teaching intelligence. *American Psychologist* 52: 1125–33.
Perkins, D. N., E. Jay, and S. Tishman. 1993. Beyond abilities: A dispositional theory of thinking. *Merrill-Palmer Quarterly* 39: 1–21.
Perner, J. 1991. *Understanding the representational mind.* Cambridge, Mass.: MIT Press.〔『発達する「心の理論」―4歳：人の心を理解するターニングポイント』小島康次，佐藤淳，松田真幸訳，ブレーン出版，2006〕
—. 1998. The meta-intentional nature of executive functions and theory of mind. In *Language and thought: Interdisciplinary themes,* ed. P. Carruthers and J. Boucher, 270–83. Cambridge: Cambridge University Press.
Pezdek, K., and W. P. Banks, eds. 1996. *The recovered memory/false memory debate.* San Diego: Academic Press.
Pezdek, K., and D. Hodge. 1999. Planting false childhood memories in children: The role of event plausibility. *Child Development* 70: 887–95.
Philip, I. 2001. Ban on religious hate. *The Independent* (London), October 5, Review section, 2.
Piaget, J. 1972. Intellectual evolution from adolescence to adulthood. *Human Development* 15: 1–12.
Piattelli-Palmarini, M. 1994. *Inevitable illusions: How mistakes of reason rule our minds.* New York: Wiley.
Pinel, J., S. Assanand, and D. R. Lehman. 2000. Hunger, eating, and ill health. *American Psychologist* 55: 1105–16.
Pinker, S. 1994. *The language instinct.* New York: William Morrow.〔『言語を生みだす本能』椋田直子訳，NHK出版，1995〕
—. 1997. *How the mind works.* New York: Norton.〔『心の仕組み―人間関係にどう関わるか』山下篤子，椋田直子訳，NHK出版，2003〕
—. 2002. *The blank slate: The modern denial of human nature.* New York: Viking.〔『人間の本性を考える―心は「空白の石版」か』山下篤子訳，NHK出版，2004〕
Piper, A. 1998. Multiple personality disorder: Witchcraft survives in the twentieth century. *Skeptical Inquirer* 22, no. 3: 44–50.
Plato. 1945. *The republic.* Translated by Francis MacDonald Cornford. New York: Oxford University Press.〔『国家』藤沢令夫訳，岩波文庫，1979（ほか邦訳多数)〕
Plomin, R., J. C. DeFries, G. E. McClearn, and P. McGuffin. 2001. *Behavior genetics.* 4th ed. New York: Worth.
Plomin, R., and S. A. Petrill. 1997. Genetics and intelligence: What's new? *Intelligence* 24: 53–77.
Plotkin, H. C. 1988. Behavior and evolution. In *The role of behavior in evolution,* ed. H. C. Plotkin, 1–17. Cambridge, Mass.: MIT Press.
—. 1994. *Darwin machines and the nature of knowledge.* Cambridge, Mass.: Harvard University Press.
—. 1998. *Evolution in mind: An introduction to evolutionary psychology.* Cambridge, Mass.: Harvard University Press.
Plous, S. 1993. *The psychology of judgment and decision making.* New York: McGraw-Hill.
Politzer, G., and I. A. Noveck. 1991. Are conjunction rule violations the result of conversational rule violations? *Journal of Psycholinguistic Research* 20: 83–103.
Pollock, J. L. 1991. OSCAR: A general theory of rationality. In *Philosophy and AI: Essays at the interface,* ed. J. Cummins and J. L. Pollock, 189–213. Cambridge, Mass.: MIT Press.
—. *Cognitive carpentry: A blueprint for how to build a person.* Cambridge, Mass.: MIT Press.
Popper, K. R. 1963. Conjectures and refutations: *The growth of scientific knowledge.* New York: Harper and Row.〔『推測と反駁―科学的知識の発展』藤本隆志ほか訳，法政大学出版局，1980〕
Posner, M. I., and C. R. R. Snyder. 1975. Attention and cognitive control. In *Information processing and cognition: The Loyola Symposium,* ed. R. L. Solso, 55–85. New York: Wiley.
Pratt, J. W., H. Raiffa, and R. Schlaifer. 1995. *Introduction to statistical decision theory.* Cambridge, Mass.: MIT Press.
Purcell, D. G., A. Stewart, and K. E. Stanovich. 1983. Another look at semantic priming without awareness. *Perception & Psychophysics* 34: 65–71.
Pylyshyn, Z. 1984. *Computation and cognition.* Cambridge, Mass.: MIT Press.〔『認知科学の計算理論』信原幸弘訳，産業図書，1988〕
Quattrone, G., and A. Tversky. 1984. Causal versus diagnostic contingencies: On self-deception and on the voter's illusion. *Journal of Personality and Social Psychology* 46: 237–48.
Quine, W. 1960. *Word and object.* Cambridge, Mass.: MIT Press.〔『ことばと対象』大出晁，宮舘恵訳，勁草書房，1996〕
Quirk, J. P. 1987. *Intermediate microeconomics.* 3d ed. Chicago: Science Research Associates.〔『現代ミクロ経済学』久保雄志訳，マグロウヒル出版，1988〕
Radcliffe Richards, J. 2000. *Human nature after Darwin: A philosophical introduction.* London: Routledge.
Radnitzky, G., and W. W. Bartley, eds. 1987. *Evolutionary epistemology, rationality, and the sociology of knowledge.* La Salle, III.: Open Court.
Ramachandran, V. S., and S. Blakeslee. 1998. *Phantoms in the brain.* New York: William Morrow.〔『脳のなかの幽霊』山下篤子訳，角川書店，1999〕
Rauch, J. 1993. *Kindly inquisitors: The new attacks on free thought.* Chicago: University of Chicago Press.〔『表現の自由を脅すもの』飯坂良明訳，角川書店，1996〕
Rawls, J. 1971. *A theory of justice.* Oxford: Oxford

University Press.〔『正義論』矢島鈞次訳，紀伊國屋書店，1979〕
—. 2001. *Justice as fairness: A restatement.* Cambridge, Mass.: Harvard University Press.〔『公正としての正義　再説』田中成明ほか訳，岩波書店，2004〕
Raymo, C. 1999. *Skeptics and true believers.* Toronto: Doubleday Canada.
Real, L. A. 1991. Animal choice behavior and the evolution of cognitive architecture. *Science* 253: 980–86.
Reber, A. S. 1992a. An evolutionary context for the cognitive unconscious. *Philosophical Psychology* 5: 33–51.
—. 1992b. The cognitive unconscious: An evolutionary perspective. *Consciousness and Cognition* 1: 93–133.
—. 1993. *Implicit learning and tacit knowledge.* New York: Oxford University Press.
Redelmeier, D. A., E. Shafir, and P. S. Aujla. 2001. The beguiling pursuit of more information. *Medical Decision Making* 21, no. 5: 376–81.
Redelmeier, D. A., and A. Tversky. 1990. Discrepancy between medical decisions for individual patients and for groups. *New England Journal of Medicine* 322: 1162–64.
—. 1992. On the framing of multiple prospects. *Psychological Science* 3: 191–93.
Resnik, M. D. 1987. Choices: *An introduction to decision theory.* Minneapolis: University of Minnesota Press.
Rhoads, S. E. 1985. *The economist's view of the world: Government, markets, and public policy.* Cambridge: Cambridge University Press.
Richardson, H. S. 1997. *Practical reasoning about final ends.* Cambridge: Cambridge University Press.
Richardson, J. H. 2001. *In the little world: A true story of dwarfs, love, and trouble.* New York: HarperCollins.
Ridley, Mark. 1996. *Evolution.* 2d ed. Cambridge, Mass.: Blackwell Science.
—. 2000. *Mendel's demon: Gene justice and the complexity of life.* London: Weidenfeld and Nicolson.
Ridley, Matt. 1999. *Genome: The autobiography of a species in 23 chapters.* New York: HarperCollins.〔『ゲノムが語る 23 の物語』中村桂子，斉藤隆央訳，紀伊國屋書店，2000〕
Rips, L. J. 1994. *The logic of proof.* Cambridge, Mass.: MIT Press.
Rips, L. J., and F. G. Conrad. 1983. Individual differences in deduction. *Cognition and Brain Theory* 6: 259–85.
Roberts, M. J., and E. J. Newton. 2001. Inspection times, the change task, and the rapid-response selection task. *Quarterly Journal of Experimental Psychology* 54A: 1031–48.
Rode, C., L. Cosmides, W. Hell, and J. Tooby. 1999. When and why do people avoid unknown probabilities in decisions under uncertainty? Testing some predictions from optimal foraging theory. *Cognition* 72: 269–304.
Rodkin, L. I., E. J. Hunt, and S. D. Cowan. 1982. A men's support group for significant others of rape victims. *Journal of Marital and Family Therapy* 8: 91–97.
Rorty, R. 1995. Cranes and skyhooks. *Lingua Franca,* July/August, 62–66.
Rose, M. R. 1991. *Evolutionary biology of aging.* New York: Oxford University Press.
Rose, S., L. J. Kamin, and R. C. Lewontin. 1984. Not in our genes: *Biology, ideology and human nature.* London: Penguin Books.
Rosenthal, D. 1986. Two concepts of consciousness. *Philosophical Studies* 49: 329–59.
Rozin, P. 1976. The evolution of intelligence and access to the cognitive unconscious. *Progress in Psychobiology and Physiological Psychology* 6: 245–80.
—. 1996. Towards a psychology of food and eating: From motivation to module to model to marker, morality, meaning and metaphor. *Current Directions in Psychological Science* 5, no. 1: 18–24.
Rozin, P., and A. E. Fallon. 1987. A perspective on disgust. *Psychological Review* 94: 23–41.
Rozin, P., L. Millman, and C. Nemeroff. 1986. Operation of the laws of sympathetic magic in disgust and other domains. *Journal of Personality and Social Psychology* 50: 703–12.
Ruggiero, V. 2000. Bad attitude: Confronting the views that hinder students' learning. *American Educator* 24, no. 2: 10–15.
Rumelhart, D. E., P. Smolensky, J. L. McClelland, and G. E. Hinton. 1986. Schemata and sequential thought processes in PDP models. In *Parallel distributed processing: Explorations in the microstructure of cognition,* vol. 2, ed. J. L. McClelland and D. E. Rumelhart, 7–57. Cambridge, Mass.: MIT Press.〔『PDP モデル―認知科学とニューロン回路網の探索』甘利俊一監訳，産業図書，1989〕
Runciman, W. G. 1998. The selectionist paradigm and its implications for sociology. *Sociology* 32: 163–88.
Ruse, M. 1998. *Taking Darwin seriously.* Amherst, N.Y.: Prometheus Books.
Russo, J. E., and P. Schoemaker. 2002. *Winning decisions: Getting it right the first time.* New York: Doubleday.〔『勝てる意思決定の技術―最初の決断で正しい答えを導き出すために』齋藤英孝訳，ダイヤモンド社，2003〕
Sá, W., R. F. West, and K. E. Stanovich. 1999. The domain specificity and generality of belief bias: Searching for a generalizable critical thinking skill. *Journal of Educational Psychology* 91: 497–510.
Sabini, J., and M. Silver. 1998. *Emotion, character, and responsibility.* New York: Oxford University Press.
Sahlin, N. 1981. Preference among preferences as a

method for obtaining a higher-ordered metric scale. *British Journal of Mathematical and Statistical Psychology* 34: 62–75.
Saks, M. J., and R. F. Kidd. 1980. Human information processing and adjudication: Trial by heuristics. *Law and Society* 15: 123–60.
Samuels, R. 1998. Evolutionary psychology and the massive modularity hypothesis. *British Journal for the Philosophy of Science* 49: 575–602.
Samuels, R., S. P. Stich, and M. Bishop. 2002. Ending the rationality wars: How to make disputes about human rationality disappear. In *Common sense, reasoning and rationality*, ed. R. Elio, 236–68. New York: Oxford University Press.
Samuels, R., S. P. Stich, and P. D. Tremoulet. 1999. Rethinking rationality: From bleak implications to Darwinian modules. In *What is cognitive science?*, ed. E. Lepore and Z. Pylyshyn, 74–120. Oxford: Blackwell.
Satz, D., and J. Ferejohn. 1994. Rational choice and social theory. *Journal of Philosophy* 91: 71–87.
Savage, L. J. 1954. *The foundations of statistics.* New York: Wiley.
Scanlon, T. M. 1998. *What we owe to each other.* Cambridge, Mass.: Harvard University Press.
Scheffler, I. 1991. *In praise of the cognitive emotions.* New York: Routledge.
Schelling, T. C. 1984. *Choice and consequence: Perspectives of an errant economist.* Cambridge, Mass.: Harvard University Press.
Schick, F. 1984. *Having reasons: An essay on rationality and sociality.* Princeton, N.J.: Princeton University Press.
—. 1987. Rationality: A third dimension. *Economics and Philosophy* 3: 49–66.
—. 1997. *Making choices: A recasting of decision theory.* Cambridge: Cambridge University Press.
Schlosser, E. 2001. *Fast food nation.* Boston: Houghton Mifflin.〔『ファストフードが世界を食いつくす』楡井浩一訳，草思社，2001〕
Schmidt, F. L., and J. E. Hunter. 1992. Development of a causal model of processes determining job performance. *Current Directions in Psychological Science* 1: 89–92.
—. 1998. The validity and utility of selection methods in personnel psychology: Practical and theoretical implications of 85 years of research findings. *Psychological Bulletin* 124: 262–74.
Schmidtz, D. 1995. *Rational choice and moral agency.* Princeton, N.J.: Princeton University Press.
—, ed. 2002. *Robert Nozick.* Cambridge: Cambridge University Press.
Schoenfeld, A. H. 1983. Beyond the purely cognitive: Belief systems, social cognitions, and metacognitions as driving forces in intellectual performance. *Cognitive Science* 7: 329–63.
Scholl, B. J., and A. M. Leslie. 2001. Minds, modules, and meta-analysis. *Child Development* 72: 696–701.
Schommer, M. 1990. Effects of beliefs about the nature of knowledge on comprehension. *Journal of Educational Psychology* 82: 498–504.
—. 1994. Synthesizing epistemological belief research: Tentative understandings and provocative confusions. *Educational Psychology Review* 6: 293–319.
Schueler, G. F. 1995. *Desire: Its role in practical reason and the explanation of action.* Cambridge, Mass.: MIT Press.
Schustack, M. W., and R. J. Sternberg. 1981. Evaluation of evidence in causal inference. *Journal of Experimental Psychology: General* 110: 101–20.
Scitovsky, T. 1976. *The joyless economy: The psychology of human satisfaction.* Oxford: Oxford University Press.〔『人間の喜びと経済的価値—経済学と心理学の接点を求めて』斎藤精一郎訳，日本経済新聞社，1979〕
Searle, J. R. 1992. *The rediscovery of mind.* Cambridge, Mass.: MIT Press.〔『ディスカバー・マインド！—哲学の挑戦』宮原勇訳，筑摩書房，2008〕
—. 2001. *The rationality of action.* Cambridge, Mass.: MIT Press.〔『行為と合理性』塩野直之訳，勁草書房，2008〕
Selfridge, O., and U. Neisser. 1960. Pattern recognition by machine. *Scientific American* 203: 60–68.
Sen, A. K. 1977. Rational fools: A critique of the behavioral foundations of economic theory. *Philosophy and Public Affairs* 6: 317–44.
—. 1982. Choices, orderings and morality. In A. K. Sen, *Choice, welfare and measurement*, 74–83. Cambridge, Mass.: Harvard University Press.〔『合理的な愚か者—経済学＝倫理学的探究』大庭健，川本隆史訳，勁草書房，1989〕
—. 1987. *On ethics and economics.* Oxford: Blackwell.〔『経済学の再生—道徳哲学への回帰』徳永澄憲，松本保美，青山治城訳，麗澤大学出版会，2002〕
—. 1993. Internal consistency of choice. *Econometrica* 61: 495–521.
—. 1999. *Development as freedom.* New York: Knopf.〔『自由と経済開発』石塚雅彦訳，日本経済新聞社，2000〕
—. 2002. On the Darwinian view of progress. In A. K. Sen, *Rationality and freedom*, 484–500. Cambridge, Mass.: Harvard University Press.
Sen, A. K., and B. Williams, eds. 1982. *Utilitarianism and beyond.* Cambridge: Cambridge University Press.
Sennett, R. 1998. *The corrosion of character.* New York: Norton.〔『それでも新資本主義についていくか—アメリカ型経営と個人の衝突』斎藤秀正訳，ダイヤモンド社，1999〕
Shafer, G. 1988. Savage revisited. In *Decision making: Descriptive, normative, and prescriptive interactions*, ed. D. Bell, H. Raiffa, and A. Tversky, 193–234. Cambridge: Cambridge University Press.
Shafir, E. 1994. Uncertainty and the difficulty of

thinking through disjunctions. *Cognition* 50: 403–30.
Shafir, E., and R. A. LeBoeuf. 2002. Rationality. *Annual Review of Psychology* 53: 491–517.
Shafir, E., and A. Tversky. 1995. Decision making. In *Thinking*, ed. E. E. Smith and D. N. Osherson, 3: 77–100. Cambridge, Mass.: MIT Press.
Shallice, T. 1988. *From neuropsychology to mental structure*. Cambridge: Cambridge University Press.
—. 1991. Précis of *From neuropsychology to mental structure*. Behavioral and Brain Sciences 14: 429–69.
Shanks, D. R. 1995. Is human learning rational? *Quarterly Journal of Experimental Psychology* 48A: 257–79.
Shaw, G. B. 1921. *Back to Methuselah*. London: Constable and Co.〔『思想の達し得る限り』相良徳三訳，岩波書店，1931〕
Shawn, W. 1991. *The fever*. London: Faber and Faber.
Shear, J., ed. 1998. *Explaining consciousness—The 'hard problem.'* Cambridge, Mass.: MIT Press.
Shenk, D. 2001. *The forgetting: Alzheimer's, portrait of an epidemic*. New York: Doubleday.〔『だんだん記憶が消えていく―アルツハイマー病：幼児への回帰』松浦秀明訳，光文社，2002〕
Shepard, R. N. 1987. Evolution of a mesh between principles of the mind and regularities of the world. In *The latest on the best: Essays on evolution and optimality*, ed. J. Dupre, 251–75. Cambridge, Mass.: MIT Press.
Shermer, M. 1997. *Why people believe weird things*. New York: W. H. Freeman.〔『奇妙な論理が蔓延するとき』岡田靖史訳，早川書房，（文庫版）2003〕
Shiffrin, R. M., and W. Schneider. 1977. Controlled and automatic human information processing: II. Perceptual learning, automatic attending, and a general theory. *Psychological Review* 84: 127–90.
Shweder, R. A. 1987. Comments on Plott and on Kahneman, Knetsch, and Thaler. In *Rational choice: The contrast between economics and psychology*, ed. R. M. Hogarth and M. W. Reder, 161–70. Chicago: University of Chicago Press.
Siegel, H. 1988. *Educating reason: Rationality, critical thinking, and education*. New York: Routledge.
Sigel, I. E. 1993. The centrality of a distancing model for the development of representational competence. In *The development and meaning of psychological distance*, ed. R. Cocking and K. Renninger, 141–58. Hillsdale, N.J.: Lawrence Erlbaum Associates.
Simms, R. 2002. Saving at Wal-Mart, but paying a price. *New York Times*, March 3.
Simon, H. A. 1956. Rational choice and the structure of the environment. *Psychological Review* 63: 129–38.
—. 1957. *Models of man*. New York: Wiley.〔『人間行動のモデル』宮沢光一監訳，同文舘出版，1970〕
—. 1967. Motivational and emotional controls of cognition. *Psychological Review* 74: 29–39.
—. 1983. *Reason in human affairs*. Stanford, Calif.: Stanford University Press.〔『意思決定と合理性』佐々木恒男，吉原正彦訳，文真堂，1987〕
Sinatra, G. M., and P. R. Pintrich, eds. 2003. *Intentional conceptual change*. Mahwah, N.J.: Lawrence Erlbaum Associates.
Skyrms, B. 1996. *The evolution of the social contract*. Cambridge: Cambridge University Press.
Sloman, S. A. 1996. The empirical case for two systems of reasoning. *Psychological Bulletin* 119: 3–22.
—. 1999. Rational versus arational models of thought. In *The nature of cognition*, ed. R. J. Sternberg, 557–85. Cambridge, Mass.: MIT Press.
—. 2002. Two systems of reasoning. In *Heuristics and biases: The psychology of intuitive judgment*, ed. T. Gilovich, D. Griffin, and D. Kahneman, 379–96. New York: Cambridge University Press.
Sloman, S. A., D. Over, and J. M. Stibel. 2003. Frequency illusions and other fallacies. *Organizational Behavior and Human Decision Processes* 91: 296–309.
Sloman, S. A., and L. J. Rips, eds. 1998. *Similarity and symbols in human thinking*. Cambridge, Mass.: MIT Press.
Slovic, P. 1995. The construction of preference. *American Psychologist* 50: 364–71.
Slovic, P., M. L. Finucane, E. Peters, and D. G. MacGregor. 2002. The affect heuristic. In *Heuristics and biases: The psychology of intuitive judgment*, ed. T. Gilovich, D. Griffin, and D. Kahneman, 397–420. New York: Cambridge University Press.
Slovic, P., and A. Tversky. 1974. Who accepts Savage's axiom? *Behavioral Science* 19: 368–73.
Slugoski, B. R., and A. E. Wilson. 1998. Contribution of conversation skills to the production of judgmental errors. *European Journal of Social Psychology* 28: 575–601.
Smith, E. A., M. Borgerhoff Mulder, and K. Hill. 2001. Controversies in the evolutionary social sciences: A guide for the perplexed. *Trends in Ecology and Evolution* 16: 128–35.
Smith, E. E., A. L. Patalino, and J. Jonides. 1998. Alternative strategies of categorization. In *Similarity and symbols in human thinking*, ed. S. A. Sloman and L. J. Rips, 81–110. Cambridge, Mass.: MIT Press.
Smith, E. R., and J. DeCoster. 2000. Dual-process models in social and cognitive psychology: Conceptual integration and links to underlying memory systems. *Personality and Social Psychology Review* 4: 108–31.
Sober, E., and D. S. Wilson. 1998. *Unto others: The evolution and psychology of unselfish behavior*. Cambridge, Mass.: Harvard University Press.
Spanos, N. P. 1996. *Multiple identities and false memories: A sociocognitive perspective*. Washington: American Psychological Association.

Speel, H. C. 1995. Memetics: On a conceptual framework for cultural evolution. Paper presented at the Conference on Einstein meets Magritte, Free University of Brussels, June 1995.

Sperber, D. 1985. Anthropology and psychology: Towards an epidemiology of representations. *Man* 20: 73–89.

—. 1994. The modularity of thought and the epidemiology of representations. In *Mapping the mind: Domain specificity in cognition and culture*, ed. L. A. Hirschfeld and S. A. Gelman, 39–67. Cambridge: Cambridge University Press.

—. 1996. *Explaining culture: A naturalistic approach.* Oxford: Blackwell. 〔『表象は感染する—文化への自然主義的アプローチ』菅野盾樹訳，新曜社，2001〕

—. 2000a. An objection to the memetic approach to culture. In *Darwinizing culture: The status of memetics as a science*, ed. R. Aunger, 163–73. Oxford: Oxford University Press. 〔邦訳あり．→ Aunger, R. 2000a〕

—, ed. 2000b. *Metarepresentations: A multidisciplinary perspective.* Oxford: Oxford University Press.

—. 2000c. Metarepresentations in evolutionary perspective. In *Metarepresentations: A multidisciplinary perspective*, ed. D. Sperber, 117–37. Oxford: Oxford University Press.

Sperber, D., F. Cara, and V. Girotto. 1995. Relevance theory explains the selection task. *Cognition* 57: 31–95.

Stanovich, K. E. 1989. Implicit philosophies of mind: The dualism scale and its relation to religiosity and belief in extrasensory perception. *Journal of Psychology* 123: 5–23.

—. 1990. Concepts in developmental theories of reading skill: Cognitive resources, automaticity, and modularity. *Developmental Review* 10: 72–100.

—. 1993. Dysrationalia: A new specific learning disability. *Journal of Learning Disabilities* 26: 501–15.

—. 1994. Reconceptualizing intelligence: Dysrationalia as an intuition pump. *Educational Researcher* 23, no. 4: 11–22.

—. 1999. *Who is Rational? Studies of Individual Differences in Reasoning.* Mahwah, N.J.: Lawrence Erlbaum Associates.

—. 2001. Reductionism in the study of intelligence: Review of "Looking Down on Human Intelligence" by Ian Dreary. *Trends in Cognitive Sciences*, 5: 91–92.

—. 2003. The fundamental computational biases of human cognition: Heuristics that (sometimes) impair reasoning and decision making. In *The psychology of problem solving*, ed. J. E. Davidson and R. J. Sternberg, 291–342. New York: Cambridge University Press.

Stanovich, K. E., A. Cunningham, and R. F. West. 1981. A longitudinal study of the development of automatic recognition skills in first graders. *Journal of Reading Behavior* 13: 57–74.

Stanovich, K. E., and R. F. West. 1983. On priming by a sentence context. *Journal of Experimental Psychology: General* 112: 1–36.

—. 1997. Reasoning independently of prior belief and individual differences in actively open-minded thinking. *Journal of Educational Psychology* 89: 342–57.

—. 1998a. Cognitive ability and variation in selection task performance. *Thinking and Reasoning* 4: 193–230.

—. 1998b. Individual differences in framing and conjunction effects. *Thinking and Reasoning* 4: 289–317.

—. 1998c. Individual differences in rational thought. *Journal of Experimental Psychology: General* 127: 161–88.

—. 1998d. Who uses base rates and P(D/~H)? An analysis of individual differences. *Memory & Cognition* 28: 161–79.

—. 1999. Discrepancies between normative and descriptive models of decision making and the understanding/acceptance principle. *Cognitive Psychology* 38: 349–85.

—. 2000. Individual differences in reasoning: Implications for the rationality debate? *Behavioral and Brain Sciences* 23: 645–726.

Starmer, C. 2000. Developments in non-expected utility theory: The hunt for a descriptive theory of choice under risk. *Journal of Economic Literature* 38: 332–82.

Stein, E. 1996. *Without good reason: The rationality debate in philosophy and cognitive science.* Oxford: Oxford University Press.

Steiner, G. 1997. *Errata: An examined life.* London: Weidenfeld and Nicolson. 〔『G・スタイナー自伝』工藤政司訳，みすず書房，1998〕

Stent, G. S. 1978. Introduction. In *Morality as a biological phenomenon*, ed. G. S. Stent, 1–18. Berkeley and Los Angeles: University of California Press.

Sterelny, K. 1990. *The representational theory of mind: An introduction.* Oxford: Blackwell.

—. 2001a. *Dawkins vs. Gould: Survival of the fittest.* Duxford, England: Icon Books. 〔『ドーキンス vs. グールド—適応へのサバイバルゲーム』狩野秀之訳，筑摩書房，2004〕

—. 2001b. *The evolution of agency and other essays.* Cambridge: Cambridge University Press.

Sterelny, K., and P. E. Griffiths. 1999. *Sex and death: An introduction to philosophy of biology.* Chicago: University of Chicago Press.

Sternberg, R. J., ed. 1982. *Handbook of human intelligence.* Cambridge: Cambridge University Press.

—. 1988. Mental self-government: A theory of intellectual styles and their development. *Human*

Development 31: 197–224.
—. 1989. Domain-generality versus domain-specificity: The life and impending death of a false dichotomy. *Merrill-Palmer Quarterly* 35: 115–30.
—. 1997a. The concept of intelligence and its role in lifelong learning and success. *American Psychologist* 52: 1030–37.
—. 1997b. *Thinking styles*. Cambridge: Cambridge University Press.〔『思考スタイル―能力を生かすもの』松村暢隆，比留間太白訳，新曜社，2000〕
—, ed. 1999. *The nature of cognition*. Cambridge, Mass.: MIT Press.
—, ed. 2000. *Handbook of intelligence*. Cambridge: Cambridge University Press.
—. 2001. Why schools should teach for wisdom: The balance theory of wisdom in educational settings. *Educational Psychologist* 36: 227–45.
—, ed. 2002. *Why smart people can be so stupid*. New Haven, Conn.: Yale University Press.
Stich, S. P. 1983. *From folk psychology to cognitive science*. Cambridge: MIT Press.
—. 1990. *The fragmentation of reason*. Cambridge: MIT Press.〔『断片化する理性―認識論的プラグマティズム』薄井尚樹訳，勁草書房，2006〕
—. 1996. *Deconstruction of the mind*. New York: Oxford University Press.
Stolz, J. A., and J. H. Neely. 1995. When target degradation does and does not enhance semantic context effects in word recognition. *Journal of Experimental Psychology: Learning, Memory and Cognition* 21: 596–611.
Stone, T., and A. W. Young. 1997. Delusions and brain injury: The philosophy and psychology of belief. *Mind and Language* 12: 327–64.
Stone, V. E., L. Cosmides, J. Tooby, N. Kroll, and R. T. Knight. 2002. Selective impairment of reasoning about social exchange in a patient with bilateral limbic system damage. *Proceedings of the National Academy of Sciences* 99: 11531–36.
Stout, M. 2000. *The feel-good curriculum: The dumbing down of America's kids in the name of self-esteem*. Cambridge, Mass.: Perseus Publishing.
Suddendorf, T., and A. Whiten. 2001. Mental evolution and development: Evidence for secondary representation in children, great apes, and other animals. *Psychological Bulletin* 127: 629–50.
Sutherland, S. 1992. *Irrationality: The enemy within*. London: Constable.
Swartz, R. J., and D. N. Perkins. 1989. *Teaching thinking: Issues and approaches*. Pacific Grove, Calif.: Midwest Publications.
Swets, J. A., R. M. Dawes, and J. Monahan. 2000. Psychological science can improve diagnostic decisions. *Psychological Science in the Public Interest* 1: 1–26.
Symons, D. 1992. On the use and misuse of Darwinism in the study of human behavior. In *The adapted mind*, ed. J. Barkow, L. Cosmides, and J. Tooby, 137–59. New York: Oxford University Press.
Szathmáry, E. 1999. The first replicators. In *Levels of selection in evolution*, ed. L. Keller, 31–52. Princeton, N.J.: Princeton University Press.
Taylor, C. 1989. *Sources of the self: The making of modern identity*. Cambridge, Mass.: Harvard University Press.
—. 1992. *The ethics of authenticity*. Cambridge: Cambridge University Press.〔『「ほんもの」という倫理』田中智彦訳，産業図書，2004〕
Tetlock, P. E., and B. A. Mellers. 2002. The great rationality debate. *Psychological Science* 13: 94–99.
Thaler, R. H. 1980. Toward a positive theory of consumer choice. *Journal of Economic Behavior and Organization* 1: 39–60.
—. 1987. The psychology of choice and the assumptions of economics. In *Laboratory experimentation in economics: Six points of view*, ed. A. E. Roth, 99–130. Cambridge: Cambridge University Press.
—. 1992. *The winner's curse: Paradoxes and anomalies of economic life*. New York: Free Press.〔『セイラー教授の行動経済学入門』篠原勝訳，ダイヤモンド社，（改題版）2007．本書中の訳語「最後通牒ゲーム」は旧版『市場と感情の経済学』に倣っているが，左記の改題新版では「究極ゲーム」〕
Thomas, M., and A. Karmiloff-Smith. 1998. Quo vadis modularity in the 1990s? *Learning and Individual Differences* 10: 245–50.
Tishman, S., D. N. Perkins, and E. Jay. 1995. *The thinking classroom: Learning and teaching in a culture of thinking*. Needham, Mass.: Allyn and Bacon.
Todd, P. M., and G. Gigerenzer. 2000. Precis of *Simple heuristics that make us smart*. *Behavioral and Brain Sciences* 23: 727–80.
Tomasello, M. 1998. Social cognition and the evolution of culture. In *Piaget, evolution, and development*, ed. J. Langer and M. Killen, 221–45. Mahwah, N.J.: Lawrence Erlbaum Associates.
—. 1999. *The cultural origins of human cognition*. Cambridge, Mass.: Harvard University Press.〔『心とことばの起源を探る―文化と認知』大堀壽夫ほか訳，勁草書房，2006〕
Tooby, J., and Cosmides, L. 1990. On the universality of human nature and the uniqueness of the individual: The role of genetics and adaptation. *Journal of Personality* 58: 17–67.
—. 1992. The psychological foundations of culture. In *The adapted mind*, ed. J. Barkow, L. Cosmides, and J. Tooby, 19–136. New York: Oxford University Press.
Toplak, M., and K. E. Stanovich. 2002. The domain specificity and generality of disjunctive reasoning: Searching for a generalizable critical thinking skill. *Journal of Educational Psychology* 94: 197–209.

—. 2003. Associations between myside bias on an informal reasoning task and amount of post-secondary education. *Applied Cognitive Psychology* 17: 851–60.
Trivers, R. L. 1971. The evolution of reciprocal altruism. *Quarterly Review of Biology* 46: 35–57.
—. 1974. Parent-offspring conflict. *American Zoologist* 14: 249–64.
Tsimpli, I., and N. Smith. 1998. Modules and quasi-modules: Language and theory of mind in a polyglot savant. *Learning and Individual Differences* 10: 193–216.
Turkle, S. 1984. *The second self: Computers and the human spirit.* New York: Simon and Schuster.
Turner, M. 2001. *Cognitive dimensions of social science.* Oxford: Oxford University Press.
Tversky, A. 1969. Intransitivity of preferences. *Psychological Review* 76: 31–48.
—. 1975. A critique of expected utility theory: Descriptive and normative considerations. *Erkenntnis* 9: 163–73.
—. 1996a. Contrasting rational and psychological principles of choice. In *Wise choices*, ed. R. Zeckhauser, R. Keeney, and J. Sebenius, 5–21. Cambridge, Mass.: Harvard Business School Press.
—. 1996b. Rational theory and constructive choice. In *The rational foundations of economic behaviour*, ed. K. J. Arrow, E. Colombatto, M. Perlman, and C. Schmidt, 185–97. London: Macmillan.
Tversky, A., and W. Edwards. 1966. Information versus reward in binary choice. *Journal of Experimental Psychology* 71: 680–83.
Tversky, A., and D. Kahneman. 1973. Availability: A heuristic for judging frequency and probability. *Cognitive Psychology* 5: 207–32.
—. 1974. Judgment under uncertainty: Heuristics and biases. *Science* 185: 1124–31.
—. 1981. The framing of decisions and the psychology of choice. *Science* 211: 453–58.
—. 1982. Evidential impact of base rates. In *Judgment under uncertainty: Heuristics and biases*, ed. D. Kahneman, P. Slovic, and A. Tversky, 153–60. Cambridge: Cambridge University Press.
—. 1983. Extensional versus intuitive reasoning: The conjunction fallacy in probability judgment. *Psychological Review* 90: 293–315.
—. 1986. Rational choice and the framing of decisions. *Journal of Business* 59: 251–78.
Tversky, A., S. Sattath, and P. Slovic. 1988. Contingent weighting in judgment and choice. *Psychological Review* 95: 371–84.
Tversky, A., and E. Shafir. 1992. The disjunction effect in choice under uncertainty. *Psychological Science* 3: 305–9.
Tversky, A., P. Slovic, and D. Kahneman. 1990. The causes of preference reversal. *American Economic Review* 80: 204–17.
Tversky, A., and R. H. Thaler. 1990. Anomalies: Preference reversals. *Journal of Economic Perspectives* 4: 201–11.
Uchitelle, L. 2002. Why it takes psychology to make people save. *New York Times*, January 13.
Uleman, J. S., and J. A. Bargh, eds. 1989. *Unintended thought.* New York: Guilford Press.
Velleman, J. D. 1992. What happens when somebody acts? *Mind* 101: 461–81.
Vernon, P. A. 1991. The use of biological measures to estimate behavioral intelligence. *Educational Psychologist* 25: 293–304.
—. 1993. *Biological approaches to the study of human intelligence.* Norwood, N.J.: Ablex.
von Neumann, J., and O. Morgenstern. 1944. *The theory of games and economic behavior.* Princeton, N. J.: Princeton University Press. 〔『ゲーム理論と経済行動（刊行60周年記念版）』武藤滋夫訳；中山幹夫翻訳協力，勁草書房，2014〕
Vranas, P. B. M. 2000. Gigerenzer's normative critique of Kahneman and Tversky. *Cognition* 76: 179–93.
Wason, P. C. 1966. Reasoning. In *New horizons in psychology*, ed. B. Foss, 135–51. Harmondsworth, England: Penguin.
—. 1968. Reasoning about a rule. *Quarterly Journal of Experimental Psychology* 20: 273–81.
Wasserman, E. A., W. W. Dorner, and S. F. Kao. 1990. Contributions of specific cell information to judgments of interevent contingency. *Journal of Experimental Psychology: Learning, Memory, and Cognition* 16: 509–21.
Watson, G. 1975. Free agency. *Journal of Philosophy* 72: 205–20.
Weber, M. 1968. *Economy and society.* New York: Bedminster Press. 〔『経済と社会』世良晃志郎ほか訳，創文社〕
Wegner, D. M. 2002. *The illusion of conscious will.* Cambridge, Mass.: MIT Press.
Wegner, D. M., and T. Wheatley. 1999. Apparent mental causation: Sources of the experience of will. *American Psychologist* 54: 480–92.
Weiskrantz, L. 1986. *Blindsight: A case study and implications.* Oxford: Oxford University Press.
—. 1995. Blindsight: Not an island unto itself. *Current Directions in Psychological Science* 4: 146–51.
Welch, D. A. 2002. *Decisions, decisions: The art of effective decision making.* Amherst, N.Y.: Prometheus Books.
Wellman, H. M. 1990. *The child's theory of mind.* Cambridge, Mass.: MIT Press.
West, R. L. 1996. An application of prefrontal cortex function theory to cognitive aging. *Psychological Bulletin* 120: 272–92.
West, R. F., and K. E. Stanovich. 2003. Is probability matching smart? Associations between probabilistic choices and cognitive ability. *Memory & Cognition* 31: 243–51.

Wetherick, N. E. 1993. Human rationality. In *Rationality: Psychological and philosophical perspectives*, ed. K. Manktelow and D. Over, 83–109. London: Routledge.
—. 1995. Reasoning and rationality: A critique of some experimental paradigms. *Theory & Psychology* 5: 429–48.
Whiten, A. 2001. Meta-representation and secondary representation. *Trends in Cognitive Sciences* 5: 378.
Whiten, A., and R. W. Byrne, eds. 1997. *Machiavellian intelligence II: Extensions and evaluations*. Cambridge: Cambridge University Press.〔『新たなる展開』友永雅己ほか監訳，ナカニシヤ出版，2004〕
Wilkes, K. V. 1988. *Real people: Personal identity without thought experiments*. Oxford: Oxford University Press.
Williams, G. C. 1957. Pleiotropy, natural selection, and the evolution of senescence. *Evolution* 11: 398–411.
—. 1966. *Adaptation and natural selection*. Princeton, N.J.: Princeton University Press.
—. 1985. A defense of reductionism in evolutionary biology. *Oxford Surveys in Evolutionary Biology* 2: 1–27.
—. 1988. Huxley's *Evolution and ethics* in sociobiological perspective. *Zygon* 23: 383–407.
—. 1992. *Natural selection: Domains, levels and challenges*. Oxford: Oxford University Press.
—. 1996. *Plan and purpose in nature*. London: Phoenix Paperbacks.〔『生物はなぜ進化するのか』長谷川眞理子訳，草思社，1998〕
Williams, W., T. Blythe, N. White, J. Li, R. J. Sternberg, and H. Gardner. 1996. *Practical intelligence in school*. New York: HarperCollins.
Willingham, D. B. 1998. A neuropsychological theory of motor-skill learning. *Psychological Review* 105: 558–84.
—. 1999. The neural basis of motor-skill learning. *Current Directions in Psychological Science* 8: 178–82.
Wilson, D. S. 1994. Adaptive genetic variation and human evolutionary psychology. *Ethology and Sociobiology* 15: 219–35.
—. 2002. *Darwin's cathedral*. Chicago: University of Chicago Press.
Wilson, E. O. 1978. *On human nature*. Cambridge, Mass.: Harvard University Press.〔『人間の本性について』岸由二訳，筑摩書房，1997〕
Wilson, M. 2002. Six views of embodied cognition. *Psychonomic Bulletin and Review* 9: 625–36.
Wilson, M., and M. Daly. 1992. The man who mistook his wife for a chattel. In *The adapted mind*, ed. J. Barkow, L. Cosmides, and J. Tooby, 289–322. New York: Oxford University Press.
Wilson, R. A., and F. C. Keil, eds. 1999. *The MIT encyclopedia of the cognitive sciences*. Cambridge, Mass.: MIT Press.
Wilson, T. D. 2002. *Strangers to ourselves*. Cambridge, Mass.: Harvard University Press.〔『自分を知り、自分を変える—適応的無意識の心理学』村田光二監訳，新曜社，2005〕
Wilson, T. D., and N. Brekke. 1994. Mental contamination and mental correction: Unwanted influences on judgments and evaluations. *Psychological Bulletin* 116: 117–42.
Wilson, T. D., and J. W. Schooler. 1991. Thinking too much: Introspection can reduce the quality of preferences and decisions. *Journal of Personality and Social Psychology* 60: 181–92.
Wolfe, A. 1989. *Whose keeper? Social science and moral obligation*. Berkeley and Los Angeles: University of California Press.
Wolford, G., M. B. Miller, and M. S. Gazzaniga. 2000. The left hemisphere's role in hypothesis formation. *Journal of Neuroscience* 20 (RC64): 1–4.
Wright, R. 1994. *The moral animal: Evolutionary psychology and everyday life*. New York: Vintage Books.〔『モラル・アニマル』小川敏子訳，講談社，1995〕
Yang, Y., and P. N. Johnson-Laird. 2000. Illusions in quantified reasoning: How to make the impossible seem possible, and vice versa. *Memory & Cognition* 28: 452–65.
Yates, J. F., ed. 1992. *Risk-taking behavior*. Chichester, England: Wiley.
Young, A. W. 2000. Wondrous strange: The neuropsychology of abnormal beliefs. In *Pathologies of belief*, ed. M. Coltheart and M. Davies, 47–73. Oxford: Blackwell.
Zajonc, R. B. 2001. Mere exposure: A gateway to the subliminal. *Current Directions in Psychological Science* 10: 224–28.
Zajonc, R. B., and H. Markus. 1982. Affective and cognitive factors in preferences. *Journal of Consumer Research* 9: 123–31.
Zelazo, P. D., J. W. Astington, and D. R. Olson, eds. 1999. *Developing theories of intention*. Mahwah, N.J.: Lawrence Erlbaum Associates.
Zelazo, P. D., and D. Frye. 1998. Cognitive complexity and control: II. The development of executive function in childhood. *Current Directions in Psychological Science* 7: 121–26.
Zimmerman, D. 1981. Hierarchical motivation and freedom of the will. *Pacific Philosophical Quarterly* 62: 354–68.

な演算バイアス――（ときに）推論と意思決定を阻害するヒューリスティック」［*The Psychology of Problem Solving*, ed.J.E.Davidson and R.J.Sternberg, New York: Cambridge University Press, 2003］、「進化的目的VS.道具的目的――進化心理学はいかに人間の合理性を誤解しているか」［R.F.Westとの共著、*Evolution and the Psychology of Thinking: The Debate*, ed. D.Over, Hove, England: Psychology Press, 2003］、「合理性、知性、そして認知科学における分析のレベル――合理性障害は問題か？」［*Why Smart People Can be So Stupid*, ed.R.J.Sternberg, 124-158（New Haven, Conn.: Yale University Press, 2002)］。